Ulrich Sarcinelli (Hrsg.)
Politikvermittlung und Demokratie
in der Mediengesellschaft

Schriftenreihe Band 352

Ulrich Sarcinelli (Hrsg.)

Politikvermittlung und Demokratie in der Mediengesellschaft

Beiträge zur politischen Kommunikationskultur

Bundeszentrale für politische Bildung

Bonn 1998
© Bundeszentrale für politische Bildung
Redaktion: Birgitta Gruber, G. Annette Schmidt
Eine Buchhandelsausgabe besorgt der
Westdeutsche Verlag, Wiesbaden.
Diese Veröffentlichung stellt keine Meinungsäußerung
der Bundeszentrale für politische Bildung dar.
Für die inhaltlichen Aussagen tragen die Autoren die Verantwortung.
Satzherstellung: Fotosatz Froitzheim AG, Bonn
Druck: Graphischer Großbetrieb Pößneck, Thüringen
ISBN 3-89331-313-3 · ISSN 0435-7604

Inhalt

I. Einleitung und Grundlegung

ULRICH SARCINELLI
Politikvermittlung und Demokratie:
Zum Wandel der politischen Kommunikationskultur   11

MAX KAASE
Demokratisches System und die Mediatisierung von Politik   24

ULRICH SAXER
Mediengesellschaft: Verständnisse und Mißverständnisse   52

OTFRIED JARREN
Medien, Mediensystem und politische Öffentlichkeit im Wandel   74

II. Medialer Wandel und Politikvermittlung:
    Strukturen, Prozesse und Strategien

KLAUS-DIETER ALTMEPPEN/MARTIN LÖFFELHOLZ
Zwischen Verlautbarungsorgan und »vierter Gewalt«.
Strukturen, Abhängigkeiten und Perspektiven
des politischen Journalismus   97

GÜNTER BENTELE
Politische Öffentlichkeitsarbeit   124

JÜRGEN WILKE
Politikvermittlung durch Printmedien   146

FRANK MARCINKOWSKI
Politikvermittlung durch Fernsehen und Hörfunk   165

JENS TENSCHER
Politik für das Fernsehen – Politik im Fernsehen.
Theorien, Trends und Perspektiven   184

Hans J. Kleinsteuber/Barbara Thomass
Politikvermittlung im Zeitalter von Globalisierung und
medientechnischer Revolution. Perspektiven und Probleme   209

III. Regierungssystem und Politikvermittlung:
     Mediatisierung von Politik, demokratische Willensbildung
     und politische Entscheidungsfindung

Barbara Pfetsch
Regieren unter den Bedingungen medialer Allgegenwart   233

Edwin Czerwick
Parlamentarische Politikvermittlung –
zwischen »Basisbezug« und »Systembezug«   253

Ulrich Sarcinelli
Parteien und Politikvermittlung:
Von der Parteien- zur Mediendemokratie?   273

Rüdiger Schmitt-Beck
Wähler unter Einfluß. Massenkommunikation,
interpersonale Kommunikation und Parteipräferenz   297

Sigrid Baringhorst
Zur Mediatisierung des politischen Protests.
Von der Institutionen- zur »Greenpeace-Demokratie«?   326

IV. Die Bürger als Zuschauer, Betroffene und als Akteure:
    Zur Nutzung und Wirkung von Medien

Uwe Hasebrink
Politikvermittlung im Zeichen individualisierter Mediennutzung.
Zur Informations- und Unterhaltungsorientierung des Publikums   345

Heinz Bonfadelli
Jugend, Politik und Massenmedien.
Was Jugendliche aus den Massenmedien über Politik erfahren   368

Michael Schenk
Mediennutzung und Medienwirkung als sozialer Prozeß   387

ULRICH SARCINELLI/MANFRED WISSEL
Mediale Politikvermittlung, politische Beteiligung
und politische Bildung:
Medienkompetenz als Basisqualifikation
in der demokratischen Bürgergesellschaft   408

V. Anhang

JOCHEN HOFFMANN
Glossar   431

JOCHEN HOFFMANN
Auswahlliteratur   441

Die Autorinnen und Autoren   459

Gliederung der Beiträge
Eine ausführliche Übersicht   463

I.
Einleitung und Grundlegung

ULRICH SARCINELLI

Politikvermittlung und Demokratie: Zum Wandel der politischen Kommunikationskultur

1. Politikvermittlung – ein politischer Allerweltsbegriff?

»Politikvermittlung«, so hieß es in dem 1987 veröffentlichten gleichnamigen Band[1], umschreibe das Faktum, daß jedes demokratische System spezifischer Verfahren und Institutionen bedürfe, durch die Politik zwischen Herrschenden und Beherrschten, zwischen den politischen Führungseliten und den Bürgern vermittelt werde. Politikvermittlung trägt also dem Postulat Rechnung, daß politisches Handeln in der Demokratie zustimmungsabhängig und infolgedessen auch begründungsbedürftig ist. Der seinerzeit in der wissenschaftlichen Diskussion neue Begriff zielt nicht nur auf »government by discussion« als *essential* demokratischer Regierungsweise, also auf die Verpflichtung zur »Legitimation durch Kommunikation«[2]. Er umschreibt auch ein grundlegendes Phänomen gesellschaftlicher Ordnungsbildung, denn ohne Verbindung und Vermittlung, ohne Information und Kommunikation ist eine Kenntnisnahme und -gabe von Wünschen, Forderungen, von Meinungen und Widerständen nicht möglich, ist gesellschaftliches Zusammenleben schwer vorstellbar[3]. Der Tatbestand, daß Medien in den Vermittlungsprozessen moderner Gesellschaften inzwischen eine Schlüsselrolle einnehmen, rechtfertigt es, von einer »Mediengesellschaft« zu sprechen.

Nun ist Politikvermittlung in der Mediengesellschaft schon in wissenschaftlicher Hinsicht ein außerordentlich disparates Feld, wiewohl der Begriff in einer Zeit geprägt wurde, die noch einigermaßen übersichtlich und durch mehr oder weniger klare Fronten mit einer überschaubaren Medienlandschaft gekennzeichnet war. Inzwischen haben sich unter anderem Struktur und Kultur, haben sich institutionelle Voraussetzungen einerseits und Verhaltensweisen andererseits als Bedingungsrahmen für Politikvermittlung in der Mediengesellschaft gründlich verändert. Der Begriff selbst ist mittlerweile über die engeren Fachkreise hinaus zu einem ge-

---

1 Vgl. Ulrich Sarcinelli, Politikvermittlung und demokratische Kommunikationskultur, in: ders. (Hrsg.), Politikvermittlung. Beiträge zur politischen Kommunikationskultur, Bonn 1987, S. 19.
2 Vgl. ders., Repräsentation oder Diskurs? Zu Legitimität und Legitimitätswandel durch politische Kommunikation, in: Zeitschrift für Politikwissenschaft, 8 (1998) 2, S. 549–569.
3 Siehe dazu Thomas Bruns/Frank Marcinkowski, Politische Information im Fernsehen, Opladen 1997, insb. S. 19–28.

läufigen Terminus geworden. Die schnelle alltagssprachliche Übernahme des Terminus »Politikvermittlung« als politischer Allerweltsbegriff hing und hängt wohl auch damit zusammen, daß Politik als medienvermitteltes Phänomen mehr oder weniger vertraut ist, zugleich aber ein überzeugendes analytisches Gesamtkonzept zur Politikvermittlung in der modernen Demokratie fehlte. Bis in die zweite Hälfte der achtziger Jahre hinein beschränkte sich die Beschäftigung mit Fragen der Politikvermittlung und der politischen Kommunikation hierzulande auf einen kleinen Kreis fachlich Interessierter. Davon kann inzwischen keine Rede mehr sein. Es liegt nunmehr eine Vielzahl von Spezialstudien vor, die mehr oder weniger präzise Befunde zum Verhalten politischer Kommunikatoren oder zu Fragen politischer Wirkungen liefern, sei es im Rahmen von Wahlkampfkommunikation, von politischer Öffentlichkeitsarbeit oder von Politik in bestimmten Medien wie insbesondere dem Fernsehen[4]. Ausgesprochenen Seltenheitswert haben demgegenüber Versuche einer systematischen Erschließung des Gesamtfeldes von Politikvermittlung und politischer Kommunikation[5].

Jedenfalls deckt der Begriff Politikvermittlung ein außerordentlich disparates Feld politischer Kommunikationsleistungen ab. Diese reichen von kommunikativen Sozialtechniken etwa im Rahmen des politischen Marketing bis hin zu Aktivitäten mit Bildungsabsicht. In funktional differenzierten Systemen erbringt Politikvermittlung demnach unterschiedliche Teilfunktionen. Je nach Akteur, Situation und Politikfeld kann es – in ganz unterschiedlichen Mischungen – um Politikvermittlung im Sinne von Information, um Politikvermittlung als Appellation oder Persuasion, um Politikvermittlung mit dem Ziel der Partizipation oder auch um Politikvermittlung in politisch-pädagogischer Absicht gehen. In der Verbindung von Politikvermittlung und Demokratie stellt sich allerdings die Frage nach den Maßstäben, nach dem normativen Bezugsrahmen. Es sind vor allem vier Kriterien, an denen sich Politikvermittlung in der Demokratie auch heute messen lassen muß[6]:
– *Zugangspluralität und -offenheit:* Der Zugang zum Informations- und Kommunikationssystem darf in der Demokratie nicht exklusiv sein. Politikvermittlung in der Mediengesellschaft muß sich deshalb aus einer Vielzahl von Quellen speisen.
– *Richtungspolitische Pluralität:* Durch die Vielfalt von Informationsmöglichkeiten muß Politikvermittlung die Pluralität politischer Richtungstendenzen zum Ausdruck bringen.
– *Pluralität von Komplexitätsgraden:* Durch ein differenziertes Angebot mit unterschiedlichen Komplexitätsgraden muß Politikvermittlung verschiedene Adressatengruppen und Teilöffentlichkeiten erreichen können.
– *Kommunikative Rückkopplung:* Schließlich darf Politikvermittlung keine einseitig gerichtete Elite-Bürger-Kommunikation sein. Vielmehr muß sie auch offen sein für Interessenvermittlung vom Bürger zur politischen Führung.

---

4 Vgl. dazu die Literaturübersicht von Jochen Hoffmann in diesem Band.
5 Vgl. die Versuche einer systematischen Erschließung des Forschungs- und politisch-praktischen Handlungsfeldes politische Kommunikation: Otfried Jarren/Ulrich Sarcinelli/Ulrich Saxer (Hrsg.), Politische Kommunikation in der demokratischen Gesellschaft. Ein Handbuch mit Lexikonteil, Opladen 1998; Winfried Schulz, Politische Kommunikation. Theoretische Ansätze und Ergebnisse empirischer Forschung, Opladen-Wiesbaden 1997.
6 Nachfolgend in Anlehnung an U. Sarcinelli (Anm. 1), S. 23.

Dieser bereits in den achtziger Jahren definierte normative Bezugsrahmen für Politikvermittlung kann auch heute noch Gültigkeit beanspruchen. Dagegen hat sich der politisch-mediale Raum, in dem Politikvermittlung stattfindet, und hat sich Öffentlichkeit unter den Bedingungen der modernen Mediengesellschaft gründlich gewandelt. So ist die Medienlandschaft der achtziger Jahre von einem einigermaßen überschaubaren System von Angebotsmedien zu einem zunehmend unübersichtlichen System von Nachfragemedien geworden, stehen *Public Service*-Funktionen der Medien unter dem Druck von Publikums- und Unterhaltungsorientierung, korrespondieren die unverkennbaren »Medien-Gewinne« mit ebenso unverkennbaren »Institutionen-Verlusten«[7]. Schließlich differenziert sich Öffentlichkeit als »ein »offenes Kommunikationsforum« mit unterschiedlichen »Arenen«, »Sprechern« und »Beobachtern« weiter aus, eine Öffentlichkeit, die nur dann als politisch bezeichnet werden kann, wenn sie offen und diskursiv ist und als überzeugend wahrgenommen und akzeptiert wird[8].

2. Politikvermittlung jenseits medieninszenierter Darstellungspolitik

Wird bereits mit einem komplexeren Öffentlichkeitsbegriff und im Rahmen eines differenzierteren Verständnisses von öffentlicher Meinung deutlich, wie schwierig es ist, die spezifischen Leistungen von Politikvermittlung zu erfassen, so erscheint ein weiterer kritischer Einwand angebracht. Die ganz überwiegende Konzentration der Diskussion auf mediale Politikvermittlung, also auf »Politikdarstellung« in den Medien, mag in demokratietheoretischer Hinsicht zunächst plausibel sein. Schließlich sind freie Meinungsbildung und Öffentlichkeit für freiheitliche Systeme konstitutiv. Das besondere Interesse für mediale Politikvermittlung ist auch empirisch konsequent, zumal die zunehmend professionelle Herstellung von Öffentlichkeit – heißt sie nun Information, Öffentlichkeitsarbeit, politische Inszenierung oder wie auch immer – mehr denn je als ein zentraler Kompetenzbereich der Politik selbst angesehen wird. Es stellt sich jedoch die Frage, ob die nahezu exklusive Ausrichtung auf das Mediale bei der Beschäftigung mit Politikvermittlung nicht Fehleinschätzungen begünstigt.

Wenngleich das Öffentlichkeitsprinzip in der Demokratie unverzichtbar ist, so kann doch nicht übersehen werden, daß die mediale »Darstellungspolitik« als ereignisreiches und konflikthaft erscheinendes Wettbewerbssystem nur einen spezifischen Ausschnitt politischer Wirklichkeit abdeckt. Dies verstellt leicht den Blick

---

7 Otfried Jarren (Hrsg.), Politische Kommunikation in Hörfunk und Fernsehen. Elektronischen Medien in der Bundesrepublik Deutschland, in: Gegenwartskunde, Sonderheft 8, Opladen 1994, S. 23–34.
8 Zum Arenakonzept von Öffentlichkeit vgl. Friedhelm Neidhardt, Öffentlichkeit, öffentliche Meinung, soziale Bewegungen, in: ders. (Hrsg.), Öffentlichkeit, öffentliche Meinung, soziale Bewegungen, Kölner Zeitschrift für Soziologie und Sozialpsychologie, Sonderheft 34, Opladen 1994, insb. S. 8 ff.; siehe ebenso Dieter Rucht, Politische Öffentlichkeit und Massenkommunikation, in: Otfried Jarren (Hrsg.), Medienwandel – Gesellschaftswandel? 10 Jahre dualer Rundfunk in Deutschland. Eine Bilanz, Berlin 1994, S. 161–178.

darauf, daß es auch eine bisweilen sehr wirkungsreiche Politikvermittlung in eher medienfernen, wenig spektakulären, verhandlungsdemokratischen[9] Strukturen, Gremien und Prozessen gibt. In der Demokratie der Bundesrepublik Deutschland sind politisches Handeln und politische Akteure weit weniger handlungssouverän, als der mediale Anschein glauben läßt. Vielmehr ist die politische Praxis auf ein hohes Maß an Konsens und Verhandlung angewiesen. Wir haben es also – in sehr vereinfachender Sicht – mit zwei politischen Wirklichkeiten zu tun, die zwar »irgendwie« aufeinander bezogen sind, über deren spezifische Wechselbeziehung wir jedoch noch relativ wenig wissen. So spricht langfristig zwar einiges für eine »Transformation des Politischen«[10], für einen »schleichenden‹ Institutionenwandel«[11], vielleicht sogar für eine generelle Gewichtsverschiebung demokratischer Regierungsweisen von »einem parlamentarisch-repräsentativen System« hin zu einem »medial-präsentativen System«[12]. Eine breite empirische Fundierung dieser Versuche zur generellen theoretischen Neubestimmung des Verhältnisses von Politikvermittlung und Demokratie in der Mediengesellschaft steht jedoch noch aus.

Mit der einseitigen Konzentration auf Politikvermittlung als medienzentriertem Phänomen folgt die politische Kommunikationsforschung zwar den öffentlichen Aufmerksamkeitszyklen, steht andererseits aber auch in der Gefahr, das gewiß vorhandene Spannungsverhältnis zwischen der *Politikdarstellung* in den Medien und der *Politikherstellung*[13] in den Verhandlungs- und Entscheidungssystemen von Politik und Gesellschaft zu überzeichnen. Zwar ist die Vorstellung von öffentlichkeitsfreien Arkanbereichen mit dem Demokratieprinzip nicht vereinbar, doch kann nicht darüber hinweggesehen werden, daß es auch in der Demokratie medienferne Bereiche und Prozesse der Routine- und Entscheidungspolitik[14] gibt: Demokratische Politik reduziert sich nicht auf Politikvermittlung im Sinne von medienadressierter Dar-

---

9 Vgl. als Überblick Roland Czada/Manfred G. Schmidt (Hrsg.), Verhandlungsdemokratie, Interessenvermittlung, Regierbarkeit. Festschrift für Gerhard Lehmbruch, Opladen 1993. Siehe dazu weitere Hinweise in Kap. 2 meines Beitrages zu »Parteien und Politikvermittlung« in diesem Band.
10 So spricht einiges für die interessante These von der »Transformation des Politischen«. Solange diese These aber nicht im Kontext politischer Entscheidungs- und Verhandlungssysteme einem empirischen Test unterzogen wird, bleibt sie eine interessante Hypothese. Vgl. das ansonsten anregende Buch von Thomas Meyer, Die Transformation des Politischen, Frankfurt/M. 1994.
11 Vgl. Gerhard Göhler, Einleitung, in: ders. (Hrsg.), Institutionenwandel, in: Leviathan, Sonderheft 16 (1996), Opladen 1997, S. 9.
12 U. Sarcinelli (Anm. 2), S. 552.
13 Zu dieser Unterscheidung vgl. Ulrich Sarcinelli, Mediale Politikdarstellung und politisches Handeln. Analytische Anmerkungen zu einer notwendigerweise spannungsreichen Beziehung, in: Otfried Jarren (Hrsg.), Politische Kommunikation in Hörfunk und Fernsehen, Opladen 1994, S. 35–50; Ulrich Sarcinelli, Symbolische Politik. Zur Bedeutung symbolischen Handelns in der Wahlkampfkommunikation der Bundesrepublik Deutschland, Opladen 1987.
14 Vgl. Klaus von Beyme/Hartmut Weßler, Politische Kommunikation als Entscheidungskommunikation, in: O. Jarren/U. Sarcinelli/U. Saxer (Anm. 5), S. 312–323. Zu neuen Formen diskursiver, verständigungsorientierter Beteiligungsverfahren vgl. auch den systematischen Überblick bei Ortwin Renn/Bettina Oppermann, Politische Kommunikation als Partizipation, in: O. Jarren/U. Sarcinelli/U. Saxer (Anm. 5), S. 352–361.

stellung, Begründung und Rechtfertigung, also Politikvermittlung »nach außen«. Eine Politikvermittlung im weiteren Sinne hat sich auch zu bewähren bei der Durchsetzung »nach innen«. In der Demokratie wird nicht nur über Probleme öffentlichkeitswirksam kommuniziert. In ihr müssen auch Entscheidungen getroffen und Probleme gelöst werden. Auch dies begründet Legitimität im demokratischen System[15]. Demokratien sind auf Dauer nur lebensfähig, wenn sie einerseits auf Akzeptanz bei ihren Bürgern stoßen und andererseits die zentralen Probleme zu lösen in der Lage sind. Zu beidem hat Politikvermittlung einen Beitrag zu leisten.

3. Grundlegung und disziplinäre Zugänge (zu Teil I)

Der theoretischen Grundlegung, begrifflichen Klärung und systematischen Einordnung von Merkmalen, Problemen und Folgen der Politikvermittlung in der Mediengesellschaft dienen die Beiträge des ersten Abschnittes.

Aus kommunikationssoziologischer Sicht bezeichnet *Ulrich Saxer* Mediengesellschaften als moderne Gesellschaften, in denen Medienkommunikation, also über technische Kommunikation realisierte Bedeutungsvermittlung, eine allgegenwärtige Prägekraft entfaltet. Sie sei deshalb als sogenanntes Totalphänomen anzusehen, das auf der Ebene von Institutionen, von Organisationen wie auch im individuellen und kollektiven Vermittlungsprozeß präsent ist. Medien müssen dabei als problemlösende und -schaffende Systeme begriffen werden. Über den Stellenwert politischer Kommunikation bei der Realisierung von Politik herrsche weithin Unsicherheit. So stehe einer zunehmenden Darstellungsmacht in der medialen Vermittlung eine Herstellungsohnmacht im politischen Entscheidungsprozeß gegenüber. Ebenso sei auch das Wirkungsvermögen der Medienkommunikation vor allem auf die politischen Einstellungen beschränkt. Kennzeichnend für die Mediengesellschaft seien schließlich auch Interdependenzen und fragwürdige Symbiosen zwischen Mediensystem und politischem System, die bisweilen auch gemeinsam an den Bürgern vorbeipolitisierten. Ambivalent sei schließlich der Zusammenhang von Medienwandel und Demokratieentwicklung. Das Publikum bestimme im Prozeß der Medienkommunikation immer maßgeblicher mit. Damit beeinflussen aber auch zunehmende Individualisierung, Privatisierung und Hedonisierung der Lebensstile und Mentalitäten die gegenwärtige und zukünftige politische Kommunikation. Nach kurzen Szenarien zur institutionellen Entwicklung, zur Medienentwicklung und Demokratieentwicklung bleibt für den Schweizer Kommunikationssoziologen offen, wieweit unter dem verstärkten Einfluß der Medienrealität sachgerechte politische Meinungsbildung für Nichtspezialisten überhaupt möglich sein wird.

Einen Überblick über die neuere Entwicklung der politikwissenschaftlichen Kommunikationsforschung gibt *Max Kaase*. Vor dem Hintergrund der strukturellen Veränderungen der Medienlandschaft fragt er zunächst nach dem adäquaten Demokratiemodell. Während den neuen Impulsen für eine zivilgesellschaftliche Belebung des politischen Systems eine gewisse normative Bedeutung zuzumessen sei,

---
15 Zur demokratietheoretischen Begründung vgl. U. Sarcinelli (Anm. 2).

führe doch an der Institutionalisierung politischer Gleichheit der Bürger über das inklusive *One-person-one-vote*-Prinzip und damit auch an einer über die Medien gewährleisteten Öffentlichkeit kein Weg vorbei. Für die politische Meinungs- und Willensbildung der Bürger komme es entscheidend auf die Qualität des öffentlichen Diskurses zwischen den Bürgern, den festen und fluiden Assoziationen und den politischen Positionsträgern im Rahmen massenmedialer Vermittlung an. In Anerkennung der bisher festzustellenden Fortschritte in der Forschung legt der Verfasser doch eine Reihe von Forschungsdefiziten offen. Diese betreffen generell die Struktureffekte des sich verändernden Mediensystems, insbesondere die langfristigen Auswirkungen einer tendenziell zunehmenden Fremd- und Selbstdarstellung politischer Akteure in den Massenmedien auf das Bild des Bürgers. Sie beziehen sich auf die Kenntnisse über die Vermittlungsleistungen der Massenmedien in Wahlkampfphasen.

Schließlich seien auch die Kenntnisse darüber rudimentär, wie sich die Darstellungsdominanz symbolischer Politik in den Massenmedien auf die Binnenstruktur des demokratischen Entscheidungsprozesses auswirkt. Insgesamt plädiert der am Wissenschaftszentrum Berlin tätige Politikwissenschaftler dafür, die sich aus der Mediatisierung von Politik ergebenden Konsequenzen unter demokratietheoretischem Blickwinkel vor allem mit langem Atem und auf gesicherter empirischer Grundlage zu analysieren. Ohne Aufgeregtheit und voreilige Schlüsse, wohl aber mit angemessener theoretischer Konzeptualisierung sowie mit klugen, empirisch abgestützten Forschungsprogrammen werde es möglich sein, sich mit der bemerkenswerten Anpassungsfähigkeit der Demokratie an die veränderten Rahmenbedingungen auseinanderzusetzen.

Medien sind sowohl Indikatoren als auch relevante Faktoren des sozialen Wandels. Daß sich mit den Veränderungen des Mediensystems auch der Charakter politischer Öffentlichkeit verändert, zeigt *Otfried Jarren* in seinem Beitrag auf. Die strukturellen Verschiebungen von auf allgemeine Verteilung angelegten Massenmedien mit Programmcharakter hin zu stärker individuell nutzbaren Abrufmedien, der Ökonomisierungsdruck, der technische Wandel wie auch der Wandel der Medienkultur beschleunigten die Veränderungen des medialen Ordnungsrahmens weg von öffentlichen und hin zu kommerziellen Funktionen. Diese Entwicklungen führten dazu, daß Medien sich zunehmend von gesellschaftlichen Organisationen entkoppelten, nicht mehr überwiegend als Resonanzboden für externe Themen fungierten und an Autonomie gewännen. Politische Öffentlichkeit werde zu einer Öffentlichkeit unter vielen. Auf dem größer werdenden »Marktplatz« müsse immer wieder neu ausgehandelt werden, was unter Politik zu verstehen sei, mit der Folge einer zunehmend erschwerten gesellschaftlichen Verständigung und Integration.

4. Medialer Wandel und Politikvermittlung: Strukturen, Prozesse und Strategien (zu Teil II)

Mit den Veränderungen des politischen Journalismus im Spannungsverhältnis von »Verlautbarungsorgan« und »vierter Gewalt« beschäftigen sich *Klaus-Dieter Alt-*

meppen und *Martin Löffelholz.* Sie verweisen auf den grundlegenden Wandel von einer eher individuumzentrierten zur einer vermehrt systemischen Beschreibung von Journalismus, der zunehmend unter den Bedingungen großbetrieblicher Produktionsweise arbeite. In Auswertung der neueren empirischen Journalismusforschung kommen die Verfasser – im Gegensatz zum verbreiteten Klischee eines politisch einseitigen Journalismus in Deutschland – zu einem insgesamt nuancierteren Bild, was Rollenselbstverständnisse, politische Einstellungen und konkrete Arbeit anbelangt. Funktional differenzierte Gesellschaften bedingten zudem eine Ausdifferenzierung journalistischer Rollen. Die ökonomische Kolonialisierung des Journalismus, der Zwang zur Befriedigung individualistischer Erwartungen und Ansprüche, neuartige Präsentationsformate sowie medienspezifische Rationalisierungen ließen nur begrenzt Raum für einen kontrollierenden Journalismus im Sinne einer »vierten Gewalt«.

Politische Öffentlichkeitsarbeit bzw. politische Public Relations gehört zu den in der Mediengesellschaft expandierenden Arbeitsfeldern. Mit dieser spezifischen Politikvermittlung beschäftigt sich *Günter Bentele.* In organisationsbezogener Perspektive versteht er politische Public Relations als Teil des Kommunikationsmanagements politischer Institutionen und Akteure mit ihren internen und externen Umwelten. Neben politischer Werbung, politischer Berichterstattung und direkter Kommunikation sei politische Öffentlichkeitsarbeit eine Form politischer Kommunikation mit der Funktion der Information, der Selbstdarstellung und Persuasion. Politische Öffentlichkeitsarbeit leiste einen Beitrag zur Herstellung von Öffentlichkeit, indem sie redaktionellen Stoff, Themen, Informationen und Sachkompetenz liefere, auf die Journalisten und Medien zunehmend angewiesen seien. Insofern erfülle Öffentlichkeitsarbeit eine für die Demokratie ähnlich tragende Rolle wie der Journalismus. In sieben Thesen gibt der Verfasser abschließend einen Ausblick auf die Entwicklungsrichtungen dieses sehr dynamischen Feldes im Rahmen der Politikvermittlung.

Mit der Fixierung des öffentlichen Interesses auf das Fernsehen erscheint auch heute noch die Zeitung als ein für die Politikvermittlung »unterschätztes Medium« (Schönbach). Wie *Jürgen Wilke* zeigen kann, hat sich dieses Medium historisch wie auch aktuell entgegen allen Untergangsvisionen als außerordentlich wandlungsfähig erwiesen: von der hoheitlich-diplomatischen Verlautbarungspresse über die Pluralisierung einer Meinungs- und Parteipresse bis zu den gegenwärtigen inhaltlichen und optischen Veränderungen im Zuge der Multimedialisierung. Während die journalistischen Selektionsregeln für alle Medienarten vergleichbar sind, habe die durchweg privatrechtliche Organisation von Zeitungen traditionell zu einer stärkeren Orientierung am Markt geführt. Dennoch gibt es nach wie vor trotz aller Konzentrationsentwicklungen ein differenziertes Spektrum von Printmedien: Dabei sei die Tageszeitung immer noch das Basismedium der Bevölkerung geblieben. In der Politikvermittlung komme den überregionalen Qualitätszeitungen eine Meinungsführerrolle zu.

Im Zentrum der öffentlichen Diskussion über den Zusammenhang von Politik und Medien stehen schon seit geraumer Zeit die elektronischen Medien und insbesondere das Fernsehen. Während *Frank Marcinkowski* in seinem Beitrag mit Blick auf die Empirie eine nüchterne Bilanz der Politikvermittlung durch Hörfunk und

Fernsehen zieht, konzentriert sich *Jens Tenscher* in einer eher normativ-kritischen Sicht auf die Wechselbeziehung zwischen Politik und Fernsehen. Was ihre Reichweite anbelangt, so seien die elektronischen Medien im Vergleich zu anderen Sozialisationsagenturen wie Familie, Schule oder Organisationen der politischen Gesellschaft (Partien, Verbände etc.) eine Art Dauergast. Das elektronische Mediensystem, so *Marcinkowski,* arbeite insbesondere seit der Einführung privater Medien Mitte der achtziger Jahre selbstreferent. Denn Rundfunk orientiere sich vornehmlich an internen Regeln wie Einschaltquoten und medienspezifischer Konkurrenz und weniger an Wünschen der Politik oder gesellschaftlicher Gruppen. Mit Blick auf empirische Analysen rät der Autor zu mehr Gelassenheit und warnt vor übereilten Pauschalurteilen, denn weder lasse sich langfristig eine allgemeine Marginalisierung und Boulevardisierung feststellen, noch könne von einer generellen Entpolitisierung des Publikums ausgegangen werden. Es gebe keinen einfachen linearen Zusammenhang zwischen der Nutzung politischer Berichterstattung in elektronischen Medien und politischer Informiertheit, politischen Einstellungen und politischem Verhalten. Insgesamt verhilft der nüchterne, systemtheoretisch abgestützte Blick auf die mittlerweile umfangreichen Datenbestände zu einer analytisch differenzierten und allen Generalthesen gegenüber kritischen Auseinandersetzung mit den Politikvermittlungsleistungen von Fernsehen und Hörfunk.

Spricht *Marcinkowski* noch vorsichtig von einem Stilwandel der Politik, so sieht *Jens Tenscher* eine wachsende, symbiotische Verflechtung von Politik und Massenmedien mit Konsequenzen für die Politik ebenso wie für das (Fernseh-)Bild von Politik. So verfüge die Politik mittlerweile über ein breites Repertoire zur Beeinflussung der Berichterstattung vor allem des Fernsehens, dem Leitmedium der Politikvermittlung. Mit dem steigenden Bemühen, Politik für das Fernsehen im Wege von Öffentlichkeitsarbeit, symbolischer Politik, Ereignisinszenierung etc. zu produzieren, korrespondieren Veränderungen der Politik im Fernsehen. Dabei thematisiert der Verfasser kritisch die spezifischen, schwer überschaubaren Genres: von den klassischen Nachrichtensendungen und politischen Magazinen, politischen Diskussions- und Interviewsendungen bis hin zu neuen Mischformen der Berichterstattung, wie Infotainmentsendungen. Insgesamt sieht der Autor Anzeichen für einen Bedeutungsverlust des Politischen im Fernsehen, wie er überhaupt einen Strukturwandel von einem noch dualen zu einer zunehmend amorphen Fernseh-Politik-Landschaft zu erkennen glaubt.

Auf die enge Verknüpfung von Kommunikationstechnik und Herrschaftsordnungen gehen *Hans J. Kleinsteuber* und *Barbara Thomaß* in ihrem Beitrag über Politikvermittlung im Zeitalter von Globalisierung und medientechnischer Revolution ein. Die vor allem »von oben« vorangetriebene Entwicklung elektronischer Medien zeige immer auch Gegentendenzen. Zwar würden Medien unter dem Kommerzialisierungsdruck zunehmend als Dienstleistung begriffen, weiche die *Public-Service*-Funktion einer privat-kommerziellen Orientierung und sei Politikvermittlung für international operierende Medienunternehmen deshalb eher randständig. Doch andererseits erlaube der Satelliteneinsatz technisch die Überwindung staatlicher Grenzen und erschwere staatliche Zensurversuche. Gezielte offizielle Informationen seien damit ebenso endgültig obsolet geworden. Das Internet, als Gegenstück zur zentralistischen, von wenigen Akteuren mit großer politischer

Artikulationsmacht beherrschten Satellitentechnik, führe zu einer totalen Distanzvernichtung und könne damit zur idealen Ergänzung dezentral arbeitender, international vernetzter Bewegungen werden. Insgesamt gehe allerdings mit der Vervielfältigung medial dargestellter Politik ihre Entautoritarisierung einher. Mit der medial beförderten Ausdifferenzierung von Wertorientierungen und Normen nehme die integrative Funktion der Medien ab. Offen bleibt für die Autoren, wer letztlich den größeren Nutzen aus diesen Entwicklungen zieht.

5. Regierungssystem und Politikvermittlung: Mediatisierung von Politik, demokratische Willensbildung und politische Entscheidungsfindung (zu Teil III)

Politisches Handeln, was immer man darunter verstehen mag, ist in der Mediengesellschaft tendenziell Handeln unter den Augen der Medien. Zwar gibt es nach wie vor medienferne politische Entscheidungskerne bzw. -prozesse, gleichwohl hat der Druck zur permanenten »Legitimation durch Kommunikation« auf alle politischen Akteure zugenommen. Welche sind nun die Merkmale des Regierens unter den Bedingungen medialer Allgegenwart? Noch in guter Erinnerung ist in diesem Zusammenhang der Ausspruch des Altbundeskanzlers Helmut Schmidt, er müsse den größten Teil seiner Zeit damit verbringen, für richtig erkannte Entscheidungen nach innen und außen zu vermitteln.

Barbara Pfetsch geht demgegenüber von einem anderen Regierungsverständnis aus. Regieren *(government)* sei heute ein kontinuierlicher und komplexer Prozeß des Interdependenzmanagements zwischen politischem System einerseits und gesellschaftlichen sowie medialen Akteuren andererseits. Dies gelte für die Entscheidungsebene und in besonderer Weise für die Kommunikationsebene. Das Management der Interdependenzen gesellschaftlicher Teilsysteme erfordere vom Regierungssystem spezifische kommunikative Leistungen. Diese zielten letztlich auf die Beobachtung und Beeinflussung der öffentlichen Meinung. Denn für die Regierung wie auch für andere politische Akteure fungierten die Medien einerseits als Umweltbeobachtungssystem, das auf gesellschaftliche Problemlagen und Konflikte aufmerksam mache. Zugleich konstruierten sie für Bürger wie für politische Akteure gleichermaßen Realität. Zwar könne die Regierung als Kommunikator mit einem Aufmerksamkeitsbonus rechnen, doch sei sie andererseits kein homogen operierender Akteur. Zwar gebe es eine Professionalisierung regierungsamtlicher Öffentlichkeitsarbeit, doch brächten die Veränderungen in der Struktur des Mediensystems nicht nur Chancen, sondern auch Risiken mit sich. Verstärkte Publikumsorientierung, veränderte Berichterstattungsstandards, Wandel von Sendeformaten, kürzere Aufmerksamkeitsrhythmen für politische Sachfragen, aber auch der leichtere Medienzugang für unkonventionelle und außerparlamentarische Akteure veränderten die Bedingungen für Regierungskommunikation, wobei sich die Frage stellt, ob nicht bisweilen »Kommunikationspolitik« über die »Sachpolitik« triumphiert.

Im parlamentarischen Regierungssystem ist das Parlament der Ort, dessen Funktionen nahezu alle direkt oder indirekt mit Politikvermittlung in Verbindung stehen. *Edwin Czerwick* erschließt dieses kommunikative Handlungsfeld über eine zweidimensionale Funktionsdifferenzierung. Parlamentarische Politikvermittlung habe, sofern sie auf die Öffentlichkeit gerichtet sei, Basisbezug. Sie diene der Volkswillensbildung durch Identifizierung und Politisierung gesellschaftlicher Probleme sowie durch die Rechtfertigung politischen Handelns. Zugleich unterliege sie damit weithin den Imperativen der »Darstellungspolitik«. Andererseits gebe es auch einen auf die Staatswillensbildung zielenden Systembezug, sofern es um Interessenausgleich im politischen System und seinen Institutionen gehe. Das Parlament brauche beides, die gesellschaftliche Rückbindung ebenso wie die Durchsetzung politischer Entscheidungen nach innen. Neben der Akzeptanzsicherung ziele parlamentarische Politikvermittlung immer auch auf das Aufeinanderabstimmen der gesellschaftlichen und politischen Machtstrukturen mit den politischen Möglichkeiten. Beides müsse eng aufeinander bezogen werden.

Die von *Ulrich Sarcinelli* aufgeworfene Frage nach dem Wandel der Parteiendemokratie in eine Mediendemokratie signalisiert nicht ein neuerliches Mal das Ende der Parteien. Vielmehr stehen neben der Politikvermittlung in der Parteibinnenkommunikation und in der Parteiaußenkommunikation auch neue institutionelle Arrangements auf dem Prüfstand, mit denen die Parteien auf politisch-kulturelle, mediale und staatlich-institutionelle Herausforderungen antworten. Insgesamt ergibt sich dabei ein wesentlich nuancierteres Bild, als es gängigerweise in der populären Parteien- und Medienkritik gezeichnet wird. Unverkennbar befänden sich die deutschen Parteien in einem Modernisierungsdilemma: Nach wie vor verstünden sie sich als Mitgliederparteien, zugleich orientierten sie sich verstärkt an Logik und Gesetzmäßigkeiten der Mediengesellschaft. Zum Zwecke medialer Resonanz optimierten sie medienzentrierte Kommunikation, bemühten sich aber auch um die Erweiterung von Spielräumen zur handlungsorientierten Kommunikation. Auch wenn die deutschen Parteien »amerikanischer« würden, so sei dieser Vergleich doch nur begrenzt aussagefähig. Insgesamt stünden die Parteien in dem Zwang, ihre Thematisierungskompetenz in der Mediengesellschaft weiter zu optimieren, ohne sich der entsprechenden politischen Resonanz sicher sein zu können.

Freie und gleiche Wahlen sind in der repräsentativen Demokratie das wichtigste Instrument der Bürger, um in den Prozeß der Herstellung gesamtgesellschaftlich verbindlicher Entscheidungen einzugreifen. Dies erklärt auch, daß Wahlkämpfe als besondere Test- und Anwendungsfälle für Politikvermittlung gerade in politisch-kommunikativer Hinsicht besonderes Interesse verdienen. Dabei kommt der im Beitrag von *Rüdiger Schmitt-Beck* thematisierten Frage, inwieweit gesellschaftliche Informationsflüsse Wahlentscheidungen prägen, hohe Aufmerksamkeit zu. Dies betrifft die Wirkungen interpersonaler, vor allem aber massenkommunikativer Informationsquellen. Die Wähler seien, so der Verfasser, keine unbeschriebenen Blätter. Ihre Medienrezeption sei vielmehr durch Prädispositionen wie beispielsweise die Parteiidentifikation geprägt; die Zuwendung zu Informationsquellen erfolge demnach auch selektiv, ohne daß sich die Informationszufuhr allerdings vollständig kontrollieren lasse. Dies gelte für die Massenmedien jedoch in geringerem

Umfang als für persönliche Gesprächspartner. Dabei ließen sich hochgradig politisierte Wähler von Informationen weniger stark beeindrucken und folgten eher ihren Vorprägungen als weniger politisch Sensibilisierte. Die Informationsvermittlung im Rahmen intimer, affektgeladener Primärbeziehungen erweise sich als einflußmächtig. Gering politisierte Wähler würden besonders von ihren Ehe- und Lebenspartnern, aber auch von ihren Freunden beeinflußt. Insgesamt macht der Beitrag deutlich, daß Informationen die gesamte Wählerschaft in sehr unterschiedlicher Weise beeinflussen können.

Während sich die Beiträge von *Pfetsch, Czerwick* und *Sarcinelli* mit den institutionellen Kernbereichen des politischen Systems und ihren spezifischen Politikvermittlungsanforderungen beschäftigen, konzentriert sich *Sigrid Baringhorst* auf die Bedingungen, Strategien und Entwicklungen zur Bildung von Gegenöffentlichkeit. Auch Protestieren sei kommunikatives Handeln, sei Thematisierung von Widerspruch, Konflikt und Ablehnung in alternativen Medien oder in der massenmedialen Öffentlichkeit. Inzwischen gestalteten die Protestakteure ihre interne Organisation nach modernen Managementmethoden und entwickelten eine hohe Kompetenz bei der mediengerechten Inszenierung von Politik sowie bei der strategischen Beeinflussung der öffentlichen Meinung. Die Verfasserin gibt nicht nur einen Einblick in Erfolgskriterien für öffentlich beachtete Protestkampagnen, sondern setzt sich auch in legitimatorisch-kritischer Hinsicht mit Tendenzen einer »Greenpeace-Demokratie« auseinander. Diese könne ein legitimes Politikkorrektiv zur etablierten Institutionenpolitik, jedoch nicht ein Ersatz für den demokratischen Geltungsanspruch im Wege der »Legitimation durch Verfahren« sein.

6. Die Bürger als Zuschauer, Betroffene und als Akteure: Zur Nutzung und Wirkung von Medien (zu Teil IV)

Im Mittelpunkt des letzten Teiles der Publikation steht der Bürger als eine Art Zwitterwesen, nämlich in der Doppelgestalt des »Mediencitoyen« und des »Medienbourgeois«. Dahinter steckt einerseits die normative Erwartung, daß sich Bürger informieren müßten, um überhaupt kompetent ihre Bürgerrolle wahrnehmen zu können. Andererseits ist als Alltagsfaktum evident, daß der Mensch nicht nur das »Brot« der Medieninformation braucht, sondern auch die »Spiele« der Medienunterhaltung sucht. Die folgenden vier Beiträge geben einen Einblick in verschiedene Aspekte der politikspezifischen Mediennutzung und -wirkung. Übergreifend steht dabei die Frage im Mittelpunkt, welche Chancen und Probleme sich aus der medialen Angebotsdifferenzierung und der damit verbundenen Individualisierung des Nutzungsverhaltens für die Bildung einer demokratischen Öffentlichkeit ergeben.

Daß die ebenso einprägsame wie geläufige Gegenüberstellung von Informations- versus Unterhaltungsorientierung der Komplexität des Mediennutzungsverhaltens nicht mehr gerecht wird, verdeutlicht der Beitrag von *Uwe Hasebrink*: Ausschlaggebend seien nicht in erster Linie die erweiterte und veränderte Angebotsstruktur und die größere Verfügbarkeit von Kanälen, auch wenn es durchaus

Anhaltspunkte für ein duales Publikum mit klaren Profil- und Funktionszuschreibungen gegenüber den Programmangeboten gebe und die Menschen durch politische Informationsangebote insgesamt schwerer erreicht würden. Entscheidender sei vielmehr die Frage, ob man mit dem gängigen Leitbild vom wohlinformierten und zur politischen Beteiligung bereiten Bürger der Komplexität medialer Umwelt noch gerecht werde. *Hasebrink* plädiert statt dessen dafür, von einem Modell der Alltagsrationalität in der Informationsrezeption im Gegensatz zu den bisherigen wissenschaftlichen Rationalitätsannahmen auszugehen. Nutzungsmotive seien sehr variabel. Wenn es immer schwerer werde, Information und Unterhaltung auf der Angebotsseite klar zu unterscheiden, so gelte dies auch für die Rezipienten.

Eine im Zusammenhang mit Mediennutzung besonders interessierende Gruppe sind Jugendliche. Dies verwundert nicht, ist die Jugend doch in der Auseinandersetzung mit der Zukunft von Gesellschaft und Demokratie immer auch eine Art Projektionsfläche gesellschaftlicher und politischer Erwartungen, Ängste und Hoffnungen. Ausgehend von einem differenzierten Jugendverständnis zeigt *Heinz Bonfadelli* unter Berücksichtigung der einschlägigen empirischen Studien, daß junge Menschen durchaus nicht apolitisch, allerdings weniger am institutionalisierten Politiksystem und mehr an konkreten Themen interessiert sind. Medien spielten in der Jugendsozialisation eine große Rolle. Die Multimedia-Generation nutze die unterschiedlichen Medien überall und zu jeder Tageszeit, allerdings in nur geringem Maße zur politischen Information. Frühe Medienautonomie und hohe Konsumkompetenz sei dabei kennzeichnend. Der Verfasser sieht eine Kluft zwischen einer Minderheit, die eigenaktiv und informationsorientiert ihr politisches Wissen aus den Printmedien bezieht und einer apolitischen Mehrheit, die vor allem elektronische Medien angebots- und unterhaltungsorientiert nutzt und allenfalls nebenbei mit Informationen konfrontiert werde. Die Erosion traditioneller Werte und Ordnungen und die starke Medienpräsenz im Jugendalltag, zusammen mit einer zunehmend emotionalisierten, personalisierten und an Skandalen orientierten TV-Berichterstattung könnten vor allem im weniger gebildeten, apolitischen und fernsehfixierten Jugendsegment zur Gefahr werden, weil Ohnmachtsgefühle, Desorientierung und Verunsicherung verstärkt würden.

Ausgehend von der Gegenüberstellung von Medienmacht und Publikumsmacht plädiert *Michael Schenk* unter Verweis auf die hohe Selektivität der Medienrezeption und auf die Bedeutung sozialer Beziehungen in Netzen für ein Modell begrenzter Effekte. Der Beitrag bildet damit ein Gegengewicht zur pauschalen Kritik an der vermeintlichen Manipulationsmacht der Medien. Zwar seien die Massenmedien für die Diffusion von Nachrichten die zentrale Informationsquelle und diene interpersonale Kommunikation eher als Anschlußkommunikation. Politische Kommunikation im Alltag konzentriere sich vor allem aber auf den Kernbereich der sozialen Netze. In diesen Netzen mit hoher Meinungskongruenz finde eine wechselseitige Koorientierung und Verständigung statt. Soziale Prozesse intervenierten infolgedessen in den Fluß der Medienbotschaften. Eine intensive Bürgerkommunikation, die in den sozialen Netzwerken im Alltag stattfinde, diene der Bewertung, Interpretation und Einstufung der medialen Politikdarstellung. Die sozialen Netzwerke bildeten so einen stabilen Mechanismus, eine Art Schutzschild, vor dem die mediale Politikvermittlung auch ihre Grenzen finde.

Wie alle großen technologischen Umbrüche, so beleben auch die gegenwärtigen medialen Veränderungen die Phantasie, mobilisieren Ängste ebenso wie euphorische Zukunftserwartungen, schwanken die Einschätzungen zwischen Prognosen zum Verfall demokratischer Öffentlichkeit einerseits und Hoffnungen auf eine stärkere Partizipation über die »Cyberdemokratisierung« von Staat und Gesellschaft andererseits. Im abschließenden Beitrag zu diesem Band ziehen *Ulrich Sarcinelli* und *Manfred Wissel* eine nüchterne Zwischenbilanz dieser Entwicklungen. Dabei wird deutlich, daß die Mediennutzungs- und Medienwirkungsforschung bereits eine solide empirische Basis zur Einschätzung politischer Partizipation sowie zur Bestimmung der Aufgaben politischer Bildung in der veränderten Medienumwelt liefert. Demgegenüber ist der fast anthropologisch zu nennende, von intelligenten Spekulationen nicht freie Optimismus vom nunmehr unbegrenzt diskursorientierten Bürger in einer elektronischen Beteiligungsdemokratie weit entfernt von der Partizipationswirklichkeit. Mehr denn je fehle es an Orientierung gebenden Instanzen, und hier habe auch und gerade politische Bildungsarbeit ihren Ort. Sie müsse auf den kategorialen Fragen bei der Auseinandersetzung mit den medialen Wirklichkeitsangeboten und -konstruktionen ebenso beharren wie auf der Auseinandersetzung mit politischer Wirklichkeit jenseits der Medien. Medienkompetenz als eine Basisqualifikation in der demokratischen Bürgergesellschaft könne deshalb auch nicht Ersatz, vielmehr müsse sie integraler Bestandteil politischer Bildungsarbeit sein.

7. Literaturhinweise und Glossar

Den Abschluß des Bandes bildet zum einen ein Literaturverzeichnis mit einer systematischen Zusammenstellung relevanter Fachliteratur, zum anderen ein Glossar. Beides erarbeitete *Jochen Hoffmann*. Die Auswahlliteratur bezieht sich auf die in den Beiträgen verwandte Literatur, geht teilweise aber auch darüber hinaus. Sie soll Einstiegshilfen zur vertiefenden Weiterarbeit geben. Die begrenzten Übertragungsmöglichkeiten von Forschungsergebnissen aus anderen politisch-kulturellen Kontexten, insbesondere aus dem amerikanischen politischen System, waren entscheidend dafür, daß nur ausgewählte angelsächsische Titel in das Literaturverzeichnis aufgenommen wurden.

Das Glossar soll all denen, die nicht mit den neueren medien- und kommunikationsspezifischen Fachbegriffen vertraut sind, eine Verständnishilfe sein. Die kurzen Erläuterungen können ausführliche lexikalische oder Handwörterbuchdefinititonen und -erklärungen[16] selbstverständlich nicht ersetzen.

---

16 Vgl. ausführlichere Erläuterungen im Handbuch- und Lexikonteil bei: O. Jarren/U. Sarcinelli/U. Saxer (Anm. 5).

MAX KAASE

Demokratisches System und die Mediatisierung von Politik

1. Was ist eigentlich das Problem?

Noch vor rund einer Dekade hatte der Autor anhand einer Analyse ausgesuchter sozialwissenschaftlicher Fachzeitschriften beklagt, daß vor allem in Soziologie und Politischer Wissenschaft das weite Feld von Medien und Massenkommunikation unterthematisiert sei[1]. Inzwischen kann man sich, nimmt man die Zahl der einschlägigen Publikationen zum Maßstab, des Eindrucks nicht erwehren, daß dieser Bereich zumindest in der Politischen Wissenschaft außerordentlich in Mode gekommen ist und daß sich vor allem vielerorts große Sorge über das Verhältnis von demokratischer Politik und Massenmedien ausbreitet[2]. Offenbar, so scheint es, ist diese Beziehung inzwischen so prekär geworden, daß, ähnlich wie in den Zeiten der Legitimitätskrisendiskussion in den späten sechziger und frühen siebziger Jahren behauptet, der Bestand der liberalen Demokratie in Deutschland und anderswo ernsthaft in Gefahr geraten könnte[3].

---

1 Max Kaase, Massenkommunikation und politischer Prozeß, in: ders. (Hrsg.), Politische Wissenschaft und politische Ordnung – Analysen zu Theorie und Empirie demokratischer Regierungsweise, Opladen 1986; ders., Fernsehen, gesellschaftlicher Wandel und politischer Prozeß, in: ders./Winfried Schulz (Hrsg.), Massenkommunikation. Theorien, Methoden, Befunde. Kölner Zeitschrift für Soziologie und Sozialpsychologie, Sonderheft 30, Opladen 1989, S. 97–117.

2 Z. B. Gerhard Göhler (Hrsg.), Macht der Öffentlichkeit – Öffentlichkeit der Macht, Baden-Baden 1995; Otfried Jarren/Heribert Schatz/Hartmut Weßler (Hrsg.), Medien und politischer Prozeß; Politische Öffentlichkeit und massenmediale Politikvermittlung, Opladen 1996; Peter Glotz, Die politische Krise als Kommunikationskrise. Eine kommunikationswissenschaftliche Makroanalyse, in: Aus Politik und Zeitgeschichte, B 36–37/97, S. 3–7; Hermann Fünfgeld/Claudia Mast (Hrsg.), Massenkommunikation. Ergebnisse und Perspektiven, Opladen 1997; Karl Rohe (Hrsg.), Politik und Demokratie in der Informationsgesellschaft, Baden-Baden 1997; Winfried Schulz, Politische Kommunikation. Theoretische Ansätze und Ergebnisse empirischer Forschung, Opladen 1997; Heribert Schatz/Otfried Jarren/Bettina Knaup (Hrsg.), Machtkonzentration in der Multimediagesellschaft? Beiträge zu einer Neubestimmung des Verhältnisses von politischer und medialer Macht, Opladen 1997; Otfried Jarren/Ulrich Sarcinelli/Ulrich Saxer (Hrsg.), Politische Kommunikation in der demokratischen Gesellschaft. Ein Handbuch mit Lexikon, Opladen–Wiesbaden 1998; Otfried Jarren/Friedrich Krotz (Hrsg.), Öffentliche Kommunikation unter Vielkanalbedingungen, Baden-Baden 1998.

3 Wenn dies so sein sollte, dann wäre es selbstverständlich Anlaß zu ernsthafter Sorge und müßte in seinen Ursachen- und Entwicklungskonstellationen dringend untersucht werden.

Drei Interpretationen sind für die augenblickliche intensive Zuwendung zum Verhältnis von demokratischer Politik und Massenmedien denkbar. Zum ersten hat das Erlöschen des totalitären Kommunismus *als politischer Ordnungsform* in Konkurrenz zur liberalen Demokratie nach einer kurzen Periode von Staunen und Zufriedenheit in den westlichen Demokratien nun die Frage nach der *Qualität* demokratischer Politik auf die Tagesordnung gebracht. Deren Beantwortung ist ohne eine angemessene theoretische Konzeptualisierung[4] und eine entsprechende empirische Umsetzung allerdings nicht möglich und bedarf im übrigen eines systematischen internationalen Vergleichs. Hierbei wäre dann das Mediensystem als zentrales Element zu berücksichtigen.

Eine zweite Hypothese könnte sich auf die technisch induzierte grundsätzliche Veränderung des Mediensystems von der dominanten Wenige-an-alle-Struktur der üblichen Massenkommunikation hin zu einer Differenzierung vor allem in Richtung von Alle-an-alle- bzw. Wenige-an-wenige-Strukturen beziehen, wie sie z. B. im Internet oder über differenzierte, technisch kontrollierte Zugangsbedingungen (digitales Fernsehen, d-box) möglich wird. In diesem Zusammenhang fällt häufig auch das Stichwort der elektronischen Demokratie[5].

Drittens schließlich könnte die Dualisierung des Rundfunksystems, d. h. das Hinzutreten von privaten zu öffentlich-rechtlich verfaßten Veranstaltern und damit die wachsende Bedeutung wirtschaftlicher gegenüber rundfunkpolitischen Gesichtspunkten in vielen Ländern Europas, als der Beginn einer prinzipiell veränderten Rolle vor allem der elektronischen Medien im politischen Prozeß angesehen werden. Damit verbunden ist die Befürchtung, daß sich die Qualität des über die Medien vermittelten Diskurses zwischen Bürgern und Politik (dort vor allem in Form der Parteien und Politiker als ihrer hauptsächlichen, institutionell vorgesehenen Protagonisten) bereits nachhaltig verschlechtert habe und noch weiter verschlechtern werde[6].

Diesen Vermutungen soll in den folgenden Kapiteln weiter nachgegangen werden. Allerdings sind hierfür noch konzeptionelle und methodologische Vorklärungen notwendig.

Andererseits ist es aber auch denkbar, daß sich hier wieder eine Themenkarriere angebahnt hat, die, ähnlich wie der genannte Legitimitätskrisendiskurs, der Neokorporatismus oder die Zivilgesellschaft, für eine Weile die wissenschaftlichen Gemüter beschäftigt, um dann wieder auf die Statur von Forschungsinteressen unter vielen anderen zu schrumpfen.

4 Dieter Fuchs, Kriterien demokratischer Performanz in liberalen Demokratien, in: Michael Th. Greven (Hrsg.), Demokratie – eine Kultur des Westens? 20. Wissenschaftlicher Kongreß der Deutschen Vereinigung für Politische Wissenschaft, Opladen–Wiesbaden 1998 (i. E.).

5 Stefan Marschall, Politik »online« – Demokratische Öffentlichkeit dank Internet?, in: Publizistik, 42 (1997) 3, S. 304–324; John Street, Remote Control? Politics, Technology and »Electronic Democracy«, in: Journal of Communication, 12 (1997) 1, S. 27–42; Thomas Zittel, Über die Demokratie in der vernetzten Gesellschaft. Das Internet als Medium politischer Kommunikation, in: Aus Politik und Zeitgeschichte, B 42/97, S. 23–29; Stephen Barnett, New Media, Old Problems. New Technology and the Political Process, in: European Journal of Communication, 12 (1997) 2, S. 193–218.

6 Jay G. Blumler, Wandel des Mediensystems und sozialer Wandel: Auf dem Weg zu einem Forschungsprogramm, in: Publizistik, 42 (1997) 1, S. 16–36.

2. Welches Demokratiemodell soll gelten?

Akzeptiert man die Prämisse, daß kennzeichnendes Merkmal der Länder der OECD-Welt ihre Differenzierung in funktional spezifische Teilsysteme ist, und akzeptiert man ferner, daß sich das politische (Teil-)System gegenüber anderen Teilsystemen (z. B. Wirtschaft, Wissenschaft) durch die Fähigkeit auszeichnet, der Gesamtgesellschaft autoritativ Werte zuzuweisen[7], dann läßt sich Demokratie – als Idee oder als Verfahren – primär dem politischen System zuordnen. Für dieses stellt sie eine konstitutionell, institutionell und prozedural fixierte politische Form dar, die allerdings erst über die Ideen der Gleichheit, Rechtsstaatlichkeit und unveräußerlichen Menschenrechte ihre konkrete Ausgestaltung erfahren kann.

Je nachdem, ob man sich dieser Ausgestaltung mit dem Suchraster existierender Politien[8] oder normativer Prinzipien nähert, wird man zu sehr unterschiedlichen Ansatzpunkten und Befunden gelangen. So hat etwa Arend Lijphart mit seiner bahnbrechenden Untersuchung über die institutionelle Ausgestaltung der Demokratien der achtziger Jahre die beiden Modelle der majoritären oder Westminster-Demokratie auf der einen und der Konsensusdemokratie auf der anderen Seite unterschieden, wobei ihre Differenz im wesentlichen in den Verfahren des Herrschaftserwerbs und der Herrschaftsausübung liegt[9]. Andere Autoren sehen die zentrale Differenz zwischen nationalstaatlichen liberalen Demokratien in der Struktur und der institutionellen Einbettung der Exekutive, wobei dort zwischen einer präsidentiellen und einer parlamentarischen Variante unterschieden wird[10]. Fuchs schließlich arbeitet vier normative Demokratiemodelle heraus (libertäres Modell; liberales Modell; Modell des demokratischen Sozialismus; republikanisches Modell), denen neben bestimmten Grundrechten und dem sie schützenden Unterbau des Rechtsstaats vor allem vier institutionelle Merkmale gemeinsam sind:
1. pluralistischer Wettbewerb;
2. periodische gleiche, freie und geheime Wahlen;
3. repräsentative Willensbildung;
4. Gewaltenteilung[11].

---

7   David Easton, A Systems Analysis of Political Life, New York 1965, S. 21.
8   Der Begriff der Politie bezieht sich, englischem Sprachgebrauch folgend, auf die Gesamtheit der institutionellen Strukturen eines politischen Systems. Zu dieser polity tritt in der Bezeichnung politics die prozessuale Dimension von Politik sowie, als policy, der Bereich der Ziele und Mittel von öffentlichem politischen Handeln in den verschiedenen politischen Feldern. In der Politikwissenschaft spricht man daher auch gelegentlich vom trias polity, politics und policy. Siehe dazu auch Ulrich von Alemann, Grundlagen der Politikwissenschaft, Opladen 1994.
9   Arend Lijphart, Democracies. Patterns of Majoritarian and Consensus Government in Twenty-One Countries, New Haven – London 1984.
10 So z. B. Arend Lijphart (Hrsg.), Parliamentary versus Presidential Government, Oxford 1992; Juan J. Linz/Arturo Valenzuela, The Failure of Presidential Democracy, Baltimore 1994.
11 Dieter Fuchs, Wohin geht der Wandel der demokratischen Institutionen in Deutschland? Die Entwicklung der Demokratievorstellungen der Deutschen seit ihrer Vereinigung, in: Gerhard Göhler (Hrsg.), Institutionenwandel, in: Leviathan, Sonderheft 15, Opladen 1997, S. 253–284.

In einer anderen Arbeit hat Fuchs diese Überlegungen weiterentwickelt und vor allem stärker fokussiert[12]. Während er im Prinzip mit Dahl[13] als die zentralen Kriterien für die Bestimmung einer Politie als Demokratie einmal die Inklusivität, d. h. die Gewährung von Bürgerschaftsrechten *(citizenship)* an (fast) alle in einem Lande lebenden Menschen, und zum anderen die Möglichkeit der Beteiligung an regelmäßigen freien Wahlen mit dem Ziel der Wahl oder Abwahl von Regierungen ansieht, geht er an verschiedenen Stellen über diese Minimaldefinition hinaus. Hiervon ist für diesen Beitrag von besonderem Interesse, daß, von Dahl als *enlightened understanding* bezeichnet, die Partizipation der Bürger am politischen Prozeß und an den periodisch abgehaltenen Wahlen einerseits die Fähigkeit der informierten Teilnahme am öffentlichen politischen Diskurs, mehr noch aber das Vorhandensein eines solchen voraussetzt. Dies gilt insbesondere, weil der Bürger sich in der Regel nur in Ausnahmefällen über die Beteiligung an Wahlen hinaus in der Politik engagiert (selbst wenn dieses Engagement in seiner unverfaßten Variante über die Jahre in Westeuropa kontinuierlich zugenommen hat[14]), sieht man einmal von der massenmedial vermittelten kontinuierlichen, aber passiven Aufnahme von politischen Informationen ab.

Mit der Frage nach den strukturellen Bedingungen, unter denen sich die Bürger hoch informiert kontinuierlich am politischen Meinungs- und Willensbildungsprozeß beteiligen können, richtet Fuchs[15] das Augenmerk auf eine wichtige Schwachstelle insbesondere direktdemokratischer Theorieansätze. Unzureichend berücksichtigt werden Bedingungen und Prozesse, unter denen sich öffentliche Meinung in modernen Flächenstaaten als Ersatz für die zumindest der Idee nach überschaubare direkte politische Meinungs- und Willensbildung der Bürger in den Agoren der griechischen Stadtstaaten konstituieren kann.

Vielleicht kommt die mangelnde Beachtung von Öffentlichkeit und der sie mit herstellenden Massenkommunikationsmittel nicht zuletzt deswegen zustande, weil diese intervenierende Variable als so selbstverständlich notwendig und gegeben betrachtet wird. Allerdings ist es wohl auch eine Frage der theoretischen Perspektive, mit welchem Gewicht und in welcher Ausprägung das Konzept von Öffentlichkeit als zentralem intermediären – eben zwischen Bürger und politischen Akteuren und Institutionen vermittelnden – Mechanismus demokratietheoretisch verankert wird.

Hier hat nun Habermas mit seiner Idee der deliberativen Politik (und Demokratie) ein wichtiges, einen hohen Anspruch formulierendes Strukturkonzept vorgelegt. Es geht ihm darum, »daß das demokratische Verfahren Diskurse und Ver-

---

12 Vgl. D. Fuchs (Anm. 4).
13 Robert A. Dahl, Democracy and Its Critics, New Haven 1989, S. 220–224.
14 Max Kaase/Kenneth Newton, Beliefs in Government. Beliefs in Government Serie, Bd. 5, Oxford 1995; Richard Topf, Beyond Electoral Participation, in: Hans-Dieter Klingemann/Dieter Fuchs (Hrsg.), Citizens and the State. Beliefs in Government Serie, Bd. 1, Oxford 1995, S. 52–92.
15 Vgl. D. Fuchs (Anm. 4). Die »Lösung« des Informationsproblems, so Fuchs, erfolgt entweder durch die aus der Marktökonomie bekannte, aber unrealistische Prämisse vollständiger Information oder aber wird, wie etwa am Beispiel von Benjamin R. Barber, Strong Democracy. Participatory Politics for a New Age, Berkeley 1984, ersichtlich an künftige, zur Zeit noch nicht bekannte institutionelle und prozedurale Arrangements übergeben.

handlungen mit Hilfe von Kommunikationsformen institutionalisiert, die für alle verfahrenskonform erzielten Ergebnisse die Vermutung der Vernünftigkeit begründen sollen. ... Die deliberative Politik gewinnt ihre legitimierende Kraft aus der diskursiven Struktur einer Meinungs- und Willensbildung, die ihre sozialintegrative Funktion nur dank der Erwartung einer vernünftigen *Qualität* (Hervorhebung J. H.) ihrer Ergebnisse erfüllen kann. Deshalb bietet das *diskursive Niveau der öffentlichen Debatte* (Hervorhebung M. K.) die wichtigste Variable.«[16]

Die diesbezüglichen Überlegungen von Habermas sind aufs engste mit seinem Konzept der Zivilgesellschaft verbunden, die als ein Assoziationswesen von »spontan entstandenen Vereinigungen, Organisationen und Bewegungen« der »rechtsstaatlich institutionalisierten Meinungs- und Willensbildung im parlamentarischen Komplex« gleichsam gegenübersteht und mit diesem Komplex interagiert[17]. In diesem Konzept von politischer Öffentlichkeit als dem Ort kontinuierlichen, freien und vorinstitutionellen Diskurses auf hohem Reflexionsniveau bleibt bemerkenswerterweise die Rolle des einzelnen Bürgers eigentümlich unterspezifiziert, auch wenn der *citoyen* als Leitvorstellung vermutlich mitgedacht wird: »Die Diskurstheorie macht das Gedeihen deliberativer Politik nicht von einer kollektiv handlungsfähigen Bürgerschaft abhängig, sondern von der Institutionalisierung entsprechender Verfahren und Kommunikationsvoraussetzungen sowie vom Zusammenspiel institutionalisierter Beratungen mit informell gebildeten öffentlichen Meinungen.«[18]

Die Habermassche Fixierung auf den Diskurs als zentrales Instrument für die Herstellung von zivilgesellschaftlich bestimmter politischer Öffentlichkeit in Demokratien über ein mehr oder weniger spontan entstandenes Assoziationswesen ignoriert – von den genannten normativen Zielsetzungen dominiert –, die immer noch gültige und erst im internationalen Vergleich ihre Bedeutung entfaltende Errungenschaft der liberalen Demokratie: die *Institutionalisierung politischer Gleichheit der Bürger* über das inklusive *One-person-one-vote*-Prinzip, das sich in einem auf Wettbewerb und öffentliche Kontrolle ausgerichteten politischen System unter rechtsstaatlich verbindlicher Absicherung von Grund- und Schutzrechten entfalten kann.

Interessant ist, wie Habermas sich mit einer demokratietheoretischen Position, wie sie etwa von Dahl unter dem Etikett der Polyarchie vertreten wird, auseinandersetzt. Er bringt nämlich seine Kritik gerade an der Stelle an, an der Dahl aus

---

16 Jürgen Habermas, Faktizität und Geltung. Beiträge zur Diskurstheorie des Rechts und des demokratischen Rechtsstaats, Frankfurt/M. 1992, S. 368–369. Unter der hier besonders interessierenden Perspektive der Struktur und Funktion von Öffentlichkeit sind dessen Kernelemente im Kontrast zur liberalen Demokratie von Jürgen Gerhards, Diskursive versus liberale Öffentlichkeit. Eine empirische Auseinandersetzung mit Jürgen Habermas, in: Kölner Zeitschrift für Soziologie und Sozialpsychologie, 49 (1997), S. 1–34, z. B. in Anlehnung an John Rawls, Political Liberalism, New York 1993, oder analog zu Dahl herausgearbeitet (und übrigens in der empirischen Analyse als wenig realitätsgerecht befunden) worden; für eine Erweiterung der Schematik von Gerhards unter expliziter Einbeziehung der Massenmedien siehe Winfried Schulz, Changes of Mass Media and the Public Sphere, in: the public, 4 (1997) 2, S. 57–69, hier S. 59.
17 J. Habermas (Anm. 16), S. 443, 448.
18 Ebd., S. 362.

der Beobachtung, daß ein zentrales Ziel einer Verbesserung der weiterentwickelten Polyarchie (Polyarchie III) die Verringerung der Kluft zwischen Regierenden und Regierten sein müsse, spekulative Schlußfolgerungen für neue, deliberative(re) Verfahren der Bürgerbeteiligung zieht[19]. So ergreift Habermas die Chance einer Annäherung deliberativer und liberaler Demokratiekonzeptionen über die Brücke einer realistischen und gleichzeitig zukunftsoffenen Bestimmung der Bürgerrolle letztlich nicht, obgleich hierfür in seinen Überlegungen sogar Ansatzpunkte zu entdecken sind.

Auf dem gedanklichen Weg zur Polyarchie III entwickelt Dahl das Konzept eines *minipopulus*, einer zufällig ausgewählten Stichprobe von etwa 1000 Bürgern, mit dem Ziel der Institutionalisierung deliberativer und gleichzeitig repräsentativer demokratischer Meinungsbildung über alle relevanten politischen Themen. Dieser Prozeß weist große Ähnlichkeit mit den von Fishkin[20] propagierten *deliberative polls* auf und geht weit über die von Dienel[21] entwickelte und inzwischen vielfältig international erprobte Planungszelle hinaus. Gemeinsam ist den genannten, im Prinzip einem liberalen Politikverständnis verpflichteten Überlegungen – die im übrigen sehr stark auf die durch die Telekommunikation eröffneten neuen Möglichkeiten der Individualvernetzung setzen – der explizite Respekt vor dem Institut der gleichen Wahl und dem Wert politischer Gleichheit. Hinter dieser Akzentsetzung verbirgt sich gleichzeitig die aus langjähriger Erfahrung mit politischer Bürgerpartizipation nicht zuletzt in den USA gewonnene Einsicht, daß politisches Involvement der Bürger bisher immer selektiv und abhängig von den individuellen Ressourcen der Partizipanten erfolgt und daher über institutionelle Kanäle in einem repräsentativen, gleichheitsfördernden System von *checks* und *balances* zu mäßigen ist.

Auch wenn solche Überlegungen einen grundlegenden Zweifel an der Tragfähigkeit diskurstheoretisch fundierter Konzepte von politischer Öffentlichkeit in ihrer Funktion im politischen Prozeß erkennen lassen, so soll doch die förderliche Funktion normativer Demokratiemodelle für politischen Wandel hin zu einer »besseren« Demokratie hier nicht bezweifelt werden.

Dies gilt vor allem dann, wenn man sie in Verbindung mit den Optionen für neue institutionelle Arrangements bringt, die durch wirtschaftliches Wachstum und technologische Innovationen, wie die erst am Anfang stehende Telekommunikation eine darstellt, ermöglicht werden. Zu fragen ist allerdings, wie weit solche Utopien sinnvollerweise ausgreifen sollten, wenn sie, etwa bezüglich der Chance umfassender Reflexion der Bürger über alle Komplexitäten zeitgenössischer demokratischer Politik, eine vorstellbare Realität allzusehr übersteigen. So könnte sich nämlich ihr normativer Impetus im gesamtgesellschaftlichen Diskurs in das von niemandem gewünschte Gegenteil einer strukturellen Frustration der Bürger mit dieser Politik verkehren.

---

19 R. A. Dahl (Anm. 13), S. 338–341.
20 James S. Fishkin, The Voice of the People. Public Opinion and Democracy, New Haven–London 1995.
21 Peter C. Dienel, Die Planungszelle. Der Bürger plant seine Umwelt. Eine Alternative zur Establishment-Demokratie, Opladen 1991².

3. Bürger und Politik in der Demokratie

Seit die Empirische Sozialforschung die einschlägigen Fragen stellt, zeigt sich, daß Politik den Bürgern *im Vergleich zu anderen Lebensbereichen* wie Beschäftigung und Familie als randständig gilt. Diese Feststellung impliziert *nicht*, daß Politik, für sich genommen, als unwichtig angesehen wird; sie stellt in der Wahrnehmung der Bürger durchaus eine zentrale Rahmenbedingung für ihr tägliches Leben dar. Diese Gewichtung entspricht vielmehr der arbeitsteiligen Logik moderner differenzierter Gesellschaften und findet ihre politisch-institutionelle Entsprechung in der indirekten, repräsentativen Ausformung des politischen Institutionen- und Prozeßsystems in Flächenstaaten.

Von dieser Feststellung unberührt bleibt der Umstand, daß sich direktdemokratische Elemente in durchaus unterschiedlicher Tiefe und Häufigkeit in Demokratien auffinden lassen. Überdies haben die Bürger in den liberalen Demokratien seit den sechziger Jahren ihr politisches Aktionsrepertoire sowie, darauf basierend, auch ihr reales politisches Engagement kontinuierlich erhöht, etwa in Form der Beteiligung an Bürgerinitiativen.

In den zahlreichen Studien zur politischen Partizipation hat sich jedoch immer wieder, auch im internationalen Vergleich, gezeigt, daß diejenigen Bürger systematisch überrepräsentiert sind, die über Prozesse der Selbstselektion durch hohe Motivation (Betroffenheit) besser mit Ressourcen der unterschiedlichsten Art ausgestattet sind. Dieser Befund ist erwähnenswert, weil sich diese Differenz im Vergleich zur Gesamtbevölkerung auch in unterschiedlichen Akzentsetzungen bezüglich der politischen Ziele und Mittel, die man für erstrebenswert hält, sowie in unterschiedlichen Chancen der Berücksichtigung dieser Akzentsetzungen im politischen Entscheidungsprozeß auswirkt[22]. Das liberale *essential* des *one person one vote* hatte aber gerade das Ziel, diese von der strukturellen wie kognitiven Ausstattung her prinzipiell nicht aufhebbaren Unterschiede zwischen den Bürgern, soweit dies möglich ist, politisch zu neutralisieren.

Auch wenn man sich, normativ gesehen, einen möglichst hohen Informationsstand der Bürger über Politik wünscht, ist es für die Operationsweise von Demokratien *in bezug auf das Institut der gleichen Wahl* zunächst einmal völlig unerheblich, auf welcher Informationsgrundlage ein Wähler seine Stimme abgibt. Dies entspricht prozedural dem liberaldemokratischen Prinzip, daß der Bürger im Rahmen der rechtlichen Regelungen über sein Leben und damit auch über den Grad seines politischen Engagements frei entscheiden kann. So stellt sich die Situation nach rund einhundertjähriger Erfahrung in den meisten europäischen Demokratien dar, und es ist auch in Zukunft nicht damit zu rechnen, daß sich die bisher beobachteten Unterschiede in politischer Kompetenz und politischem Interesse zwischen Bürgern nivellieren werden. Diesbezügliche Forschungen legen vielmehr nahe, daß es sich bei diesen Unterschieden um Strukturphänomene bei durchaus möglichen Ver-

---

22 Zusammenfassend hierzu Max Kaase, Vergleichende Politische Partizipationsforschung, in: Dirk Berg-Schlosser/Ferdinand Müller-Rommel (Hrsg.), Vergleichende Politikwissenschaft. Ein einführendes Studienhandbuch, Opladen 1997³, S. 159–174; R. Topf (Anm. 14).

schiebungen des Gesamtniveaus nach oben handelt[23]. Vieles spricht dafür, daß grundlegende Verbesserungen, z. B. des Zugangs zu politischen Informationen, über die modernen Medien der Telekommunikation selektiv genutzt werden, d. h. überdurchschnittlich von Bevölkerungsgruppen, die im Hinblick auf kognitive und physische Ressourcen ohnehin schon privilegiert sind.

Nun kann der im Konzept der deliberativen Demokratie implizierte Anspruch an einen möglichst informierten und qualitätsvollen Diskurs den einzelnen Bürger nicht aussparen, selbst wenn die zivilgesellschaftliche Fundierung in erster Linie nach einem spontanen lebendigen Assoziationswesen verlangt. Insofern wäre es nur konsequent, für diesen *citoyen* kognitive und motivationale Mindeststandards als Eintrittsvoraussetzung zu formulieren. Entsprechend ergäbe sich hier ein Berührungspunkt zu der neueren zivilgesellschaftlichen Debatte um einen angereicherten Bürgerbegriff. Dort ist eine demokratietheoretisch insofern bemerkenswerte Wendung erfolgt, als, über die formalen Mitgliedschaftsregeln weit hinausgehend, »nach der spezifischen Qualität bzw. Qualifikation, die ein Bürger haben muß, um *wirklich* (Hervorhebung M. K.) als solcher zu gelten«[24], gefragt wird. Dabei ist es, nimmt man diese normativ fundierte Position ernst, nur konsequent, wenn man – nach welchen Kompetenzkriterien der *citoyen* letztlich auch definiert sein möge – den nächsten Schritt tut und das so festgestellte Vorhandensein oder Nichtvorhandensein einer akzeptablen demokratischen Qualifikation zum Anlaß des Entzugs oder einer Einschränkung der Bürgerrechte nimmt. Münkler weist allerdings darauf hin, daß diese Überlegung nur dann zwingend greift, wenn eine eventuell unzureichende Bürgerkompetenz »im Hinblick auf die funktionalen Voraussetzungen des politischen Systems nicht durch institutionelle Arrangements für kompensierbar oder substituierbar gehalten wird«[25].

An dieser Stelle ist es sicherlich von Interesse, darüber zu spekulieren, wie solche elitären Perspektiven zumindest in den Diskurshorizont sozialwissenschaftlicher oder kultureller (kulturkritischer) Eliten gelangen. Daß hier das Verlöschen des Kommunismus als politischer Ordnungsform und damit ein neuer Anreiz für demokratiekritische Reflexionen eine Rolle gespielt haben könnte, wurde bereits weiter vorne erwähnt. Ein zweiter Stimulus mag die schon einige Zeit andauernde kommunitarismustheoretische Debatte gewesen sein[26]. Dort wird in der republikanischen Tradition der griechischen Stadtstaaten, des antiken Rom und der italienischen Stadtstaaten des Mittelalters[27] die Notwendigkeit der Verschränkung von Rechten – in liberaler Denkweise dominant – und Pflichten für ein lebenswertes, bürgernahes Gemeinwesen zu einem neuen Thema gemacht. Dieses hat vor dem Hintergrund der gravierenden Entkirchlichung (Säkularisierung) und damit dem

---

23 Russell W. Neumann, The Paradox of Politics. Knowledge and Opinion in the American Electorate, Cambridge–London 1986.
24 Herfried Münkler, Der kompetente Bürger, in: Ansgar Klein/Rainer Schmalz-Bruns (Hrsg.), Politische Beteiligung und Bürgerengagement in Deutschland, Baden-Baden 1997, S. 153–172, hier S. 156.
25 Ebd., S. 160.
26 Siehe dazu pars pro toto Daniel Bell, Communitarianism and its Critics, Oxford 1993.
27 Margaret Canovan, Republicanism, in: Seymour Martin Lipset (Hrsg.), The Encyclopedia of Democracy, Bd. III, Washington D. C. 1995, S. 1058–1061.

Verfall transzendentaler Werte als gesellschaftlich-politischer Gestaltungsvorgaben eine zusätzliche Bedeutung erlangt. Besonders bemerkenswert ist jedoch, daß sich mancherorts die These vom *Verlust bzw. Verschwinden* des politischen Bürgers überhaupt Geltung verschaffen konnte, denn für diese Behauptung kann keinerlei empirische Evidenz von allgemeiner Gültigkeit ins Feld geführt werden.

Zusammenfassend läßt sich jedenfalls erstens sagen, daß die auf der Unterstellung hoher und vergleichbarer Bürgerkompetenz beruhende Idee von deliberativer Demokratie im Ergebnis ungleichheitsfördernd ist und damit eine Grundprämisse liberaler Demokratie verletzt. Zum zweiten gibt es keinen Grund zu der Annahme, daß sich das politische Kompetenzniveau der Bürger in den Demokratien der OECD in den letzten 30 Jahren deutlich verschlechtert hat; eher ist das Gegenteil der Fall. Diese Feststellung besagt allerdings nicht, daß dieses Niveau insgesamt nicht nachhaltig steigerbar wäre. Sie besagt auch nicht, daß es unter neuen Kommunikationsbedingungen nicht sinken könnte oder daß es in diesem Bereich nicht Unterschiede zwischen demokratischen Staaten gäbe, die man nicht zuletzt der Verfaßtheit der je spezifischen Mediensysteme zuschreiben könnte[28]. Allerdings ist erneut daran zu erinnern, daß für die meisten Bürger und ihr tägliches Leben Politik nach wie vor eher randständig und eine Änderung dieser Situation nicht zu erwarten ist. Bei der so strukturell bewirkten Distanz zur Chance eigener Erfahrungen im politischen Prozeß *im Detail* kommt es daher für die politische Meinungs- und Willensbildung der Bürger entscheidend darauf an, von welcher Qualität der kontinuierliche Diskurs in der Öffentlichkeit zwischen einzelnen Bürgern, den von ihnen gebildeten festen oder flüchtigen Assoziationen und den Inhabern politischer Rollen im Subsystem der Politik im Rahmen der adäquaten Wahrnehmung der zentralen Vermittlungsfunktionen der Massenmedien ist.

4. Einige ausgesuchte Probleme der Massenkommunikationsforschung

Barbara Pfetsch hat in einem neueren Beitrag zu Recht darauf hingewiesen, daß das Verhältnis von Politik und Massenmedien inzwischen zwar Gegenstand zahlreicher Spekulationen und Visionen sei, daß es jedoch gerade hier an systematischer empirischer Forschung fehle[29]. Diese Aussage, zutreffend wie sie ist, bedarf dennoch der Differenzierung, damit aus ihr Ansätze für entsprechende Schwerpunktsetzungen gewonnen werden können.

Beginnen muß man dabei im Feld der theoretischen Grundlegung des Forschungsgebietes. Ein herausragendes Beispiel für diese Problematik, der sich das

---

28 Michael A. Dimock/Samuel L. Popkin, Political Knowledge in Comparative Perspective, in: Shanto Iyengar/Richard Reeves (Hrsg.), Do the Media Govern? Politicians, Voters and Reporters in America, Thousand Oaks–London–New Delhi 1997, S. 217–224.
29 Barbara Pfetsch, Zur Beobachtung und Beeinflussung öffentlicher Meinung in der Mediendemokratie. Bausteine einer politikwissenschaftlichen Kommunikationsforschung, in: K. Rohe (Anm. 2), S. 45–54; ähnlich auch W. Schulz (Anm. 2), S. 12.

von Neidhardt 1994 herausgegebene Sonderheft der Kölner Zeitschrift für Soziologie und Sozialpsychologie in vielen Facetten widmet[30], ist die Konzeptualisierung von Öffentlichkeit und öffentlicher Meinung. Unabhängig davon, ob man sich dieser Thematik eher aus analytisch-empirischem oder aus normativem Blickwinkel nähert: Solange[31] irgend*eine* theoretisch begründete, empirisch überprüfbare und vor allem intersubjektiv transportierbare Operationalisierung erfolgt, hat der wissenschaftliche Diskurs zumindest eine Verankerung erfahren, über die sich sprechen und streiten läßt[32]. Mit dieser argumentativen Zuspitzung soll verdeutlicht werden, daß nicht verlangt wird, angesichts der Komplexität dieses Forschungsfeldes den Versuch *einer* allgemeingültigen Operationalisierung vorzunehmen, auch wenn dies bedeutet, daß sich Ergebnisse der Forschung zu dieser Thematik überwiegend auf sehr unterschiedliche Sachverhalte beziehen. Wie schwer man sich mit der Konzeptualisierung von Öffentlichkeit und öffentlicher Meinung im übrigen tut, erschließt ein Blick auf die einschlägige Literatur schnell. Für diesen Beitrag sind

– Offenheit als konstitutives Merkmal von Öffentlichkeit im Sinne einer potentiell alle Mitglieder eines politischen Systems erreichenden Kommunikationsstruktur[33], und damit als
– ein Forum »für alle, die etwas sagen, oder das, was andere sagen, hören wollen«[34],
– öffentliche Meinung als ein Resultat fortlaufender öffentlicher Kommunikation[35], und
– die Ausdifferenzierung sowie Institutionalisierung von Öffentlichkeit in Form eines gesellschaftlichen Teilsystems Massenkommunikation[36]

die konzeptuellen Grundlagen für die Bearbeitung der Thematik von Mediatisierung und Politik.

Wie mehrfach betont, übernehmen die Massenmedien als zentraler kollektiver Akteur des Mediensystems vielfältige Vermittlungsfunktionen für die Gesamtge-

---

30 Friedhelm Neidhardt (Hrsg.), Öffentlichkeit, öffentliche Meinung, soziale Bewegungen, in: Kölner Zeitschrift für Soziologie und Sozialpsychologie, Sonderheft 34, Opladen 1994; siehe ferner Theodore L. Glasser/Charles T. Salmon (Hrsg.), Public Opinion and the Communication of Consent, New York–London 1995.
31 Eine Option ist z. B. die in den USA dominante Betrachtung von public opinion als der durch repräsentative Umfragen gemessenen Aggregierung von Einstellungen.
32 Diese Position wird ganz selbstverständlich von Philip E. Converse, Changing Conceptions of Public Opinion in the Political Process, in: Public Opinion Quarterly, 51 (1987) 4.2, S. 512–524, hier S. 514, vertreten, der in einer Auseinandersetzung mit Blumer zu folgendem Ergebnis kommt: »... Es ist ironisch, daß genau die Art von ›eine Person – eine Stimme‹ – Informationen, wie sie heutzutage in allen Repräsentativbefragungen routinemäßig berichtet wird, übereinstimmend in der ganzen Welt als die gängige Definition von öffentlicher Meinung angesehen wird. ... Im großen und ganzen sind wir der Meinung, daß zwischen unserem Verständnis öffentlicher Meinung, und den üblichen Operationalisierungen (s. o.; M. K.) eine größere Übereinstimmung besteht, als dies für viele andere Konzepte in den Sozialwissenschaften gilt, und für diesen Umstand sind wir dankbar.« Siehe zu diesem Problem ferner B. Pfetsch (Anm. 29), S. 46.
33 W. Schulz (Anm. 2), S. 88.
34 F. Neidhardt (Anm. 30), S. 7.
35 W. Schulz (Anm. 2), S. 91.
36 Jürgen Gerhards, Politische Öffentlichkeit. Ein system- und akteurstheoretischer Bestimmungsversuch, in: F. Neidhardt (Anm. 30), S. 77–105.

sellschaft; bezogen auf das politische System der Demokratie sind sie in dieser Funktion nicht zuletzt wegen ihrer Öffentlichkeitskomponente für die Integration und den Meinungsbildungsprozeß in zeitgenössischen Gesellschaften unverzichtbar. Kontinuität und Prozeßhaftigkeit öffentlicher Kommunikation stellen nun aber für die Forschung eine enorme Herausforderung dar. Der Mehrebenencharakter moderner Vergesellschaftung erfordert komplexe Pläne für die Datenerhebung, so wie sie etwa im dynamisch-transaktionalen Modell der Massenkommunikation ihren methodologischen Ausdruck gefunden haben[37]. Vor diesem Hintergrund wird nachvollziehbar, warum in der gegenwärtigen Kommunikationsforschung die experimentelle Vorgehensweise an Bedeutung gewinnt[38]. Insgesamt fehlt es vor allem an systematischen, insbesondere international vergleichend angelegten Längsschnittstudien, die gerade für die Untersuchung von *Wandel* unverzichtbar sind; dies ist mit ein Grund dafür, daß so viele Aussagen über Veränderungen, etwa in Form der These von der zunehmenden Personalisierung in der Politik, auf schwacher empirischer Grundlage stehen.

Ein letzter Aspekt im Kontext dieses Abschnitts bezieht sich auf die notwendige Problematisierung des starken amerikanischen Einflusses auf die Massenkommunikationsforschung in Deutschland und wohl in Europa insgesamt. Die wechselvolle Geschichte der Integration amerikanischer wahlsoziologischer Konzepte in die deutsche und europäische Forschung hat schon früh gezeigt[39], daß sich die politisch-institutionelle Struktur und die politische Kultur der USA grundlegend von der der europäischen Demokratien unterscheiden. Ähnliches gilt – erst in den letzten Jahren durch die Dualisierung des Rundfunks in Deutschland etwas abgemildert – auch für das Mediensystem. Wie diskrepant Befunde bezüglich des politischen Systems im europäisch-amerikanischen Vergleich sein können, zeigen auch Analysen zum Niedergang des politischen Vertrauens in den USA[40] und die ganz anders lautenden Ergebnisse für Europa[41]. Vor einer vorschnellen Übertragung von Konzepten und Ergebnissen der amerikanischen Massenkommunikationsforschung auf deutsche und europäische Verhältnisse kann daher nur gewarnt werden, ohne daß

---

37 Werner Früh, Medienwirkungen: Das dynamisch-transaktionale Modell, Opladen 1991.
38 Bahnbrechend war hier die Studie von Shanto Iyengar/Donald R. Kinder, News That Matters. Television and American Opinion, Chicago–London 1997, der in den USA inzwischen eine Vielzahl anderer Arbeiten gefolgt ist. Erwähnenswert in diesem Zusammenhang ist eine neuere Arbeit von Joseph N. Cappella/Kathleen Hall Jamieson, Spiral of Cynicism. The Press and the Public Good, New York–Oxford 1997. Die Diffusion dieser experimentell orientierten methodischen Akzentverschiebung zeigt sich auch in Deutschland. Siehe dazu etwa Werner Früh/Christoph Kuhlmann/Werner Wirth, Unterhaltsame Information oder informative Unterhaltung? Zur Rezeption von Reality-TV, in: Publizistik, 41 (1996) 4, S. 428–451; Hans-Bernd Brosius/Dirk Engel, »Die Medien beeinflussen vielleicht die anderen, aber mich doch nicht«: Zu den Ursachen des Third-Person-Effekts, in: Publizistik, 42 (1997) 3, S. 325–345.
39 Ian Budge/Ivor Crewe/Dennis Farlie (Hrsg.), Party Identification and Beyond, London 1976.
40 Joseph Nye/Philip Zelikow/David King, Why People Don't Trust Government, Harvard 1997.
41 Dieter Fuchs/Giovanna Guidorossi/Palle Svensson, Support for the Democratic System, in: Hans-Dieter Klingemann/Dieter Fuchs (Hrsg.), Citizens and the State. Beliefs in Government Serie, Bd. 1, Oxford 1995, S. 323–353.

damit ihr Anregungscharakter in Frage gestellt werden soll[42]. Im übrigen liegt hier genau aus diesem Grunde ein besonders interessanter Anreiz für vergleichende Mehrebenenanalysen.

5. Massenmedien, Mediatisierung und politischer Prozeß: Strukturierung des Forschungsfeldes

5.1 Entscheidungspolitik und Darstellungspolitik

Das Element von Demokratie, das letztlich deren Überlegenheit über politisch totalitär und ökonomisch planwirtschaftlich verfaßte Systeme zur Wirkung gebracht hat, besteht in der Institutionalisierung von Kreativität und Veränderungspotential über Wettbewerb sowie die Chance des Wandels (z.B. über einen Regierungswechsel) unter den Rahmenbedingungen einer offenen Gesellschaft. Offenheit in Form des Strukturelementes Öffentlichkeit ist multifunktional zu verstehen und berührt auch andere gesellschaftliche Teilsysteme neben der Politik. Für letztere jedoch ist Offenheit – und damit ein pluralistisch verfaßtes System von Massenmedien – konstitutiv.

Auch in einer stationären, sich nicht mehr wandelnden Demokratie wäre somit die Frage nach dem Verhältnis von Massenkommunikation und Politik eine relevante Themenstellung. Um so mehr muß dies dann in einer Situation gelten, in der beide Teilsysteme, Politik und Massenmedien, sowie ihre Relation zueinander sich in kontinuierlichem und gelegentlich sogar tiefgreifendem Wandel befinden. Auf einen solchen prozessualen Sachverhalt beziehen sich die folgenden Überlegungen zur Mediatisierung von Politik.

Nun soll bei der hier unabdingbaren begrifflichen Präzisierung nicht die enge und dauerhafte Beziehung zwischen Politik und Medien als neues Forschungsthema entdeckt werden; eine solche Schwerpunktsetzung wäre trivial und bestenfalls der Routine-Mainstreamforschung zu überantworten. Vielmehr soll einem *Prozeß* – eben Mediatisierung – nachgespürt werden, über den das Verhältnis zwischen Massenmedien und Politik in einer für den Bestand und die Leistungsfähigkeit (Performanz) von Demokratien folgenreichen Weise verändert wird. Dabei ist jedoch zunächst einmal dem eigenständigen Charakter der beiden Subsysteme Rechnung zu tragen, denn nur so kann die Mediatisierungsproblematik in Perspektive gebracht werden.

---

42 Das ist auch das Ergebnis der auf 11 Länderanalysen fußenden Analyse von David L. Swanson/Paolo Mancini, Politics, Media, and Modern Democracy. An International Study of Innovations in Electoral Campaigning and Their Consequences, Westport, CT-London 1996, die als Arbeitshypothesen über die medial bedingten Veränderungen des Verhältnisses von Massenmedien und Demokratie in Wahlkämpfen mit zwei alternativen Grundhypothesen – Amerikanisierung oder Modernisierung – beginnen und sich letztlich für eine Variante des Modernisierungsmodells – das »modern model of campaigning« – als dem erklärungsfähigeren Ansatz entscheiden.

Zunächst einmal gibt es bisher keine Forschung, die es, nach welchen Kriterien immer, gestatten würde, den Anteil an sächlichen, personellen und zeitlichen Mitteln genauer zu bestimmen, der im politischen System durch die komplexen Prozesse der Entscheidungsfindung *ohne irgendwelche Einwirkungen durch die Massenmedien* gebunden wird; er dürfte jedoch sehr hoch sein. Für die Rolle der Massenmedien in der Demokratie bedeutet das: »Der Einfluß der Massenmedien entscheidet sich ... nicht an der *inszenierten symbolischen Politik*. Letztlich kann er sich nur an der *effektiven Entscheidungspolitik* bewähren.«[43] Und hier ist festzuhalten, daß im riesigen Feld der Routinepolitik die Massenmedien lediglich eine marginale Rolle spielen, weil dort überwiegend Probleme abgearbeitet werden, die in ihrem Nachrichtenwert angesichts der knappen Aufmerksamkeitsressource der Massenmedien unterhalb ihrer Wahrnehmungsschwelle bleiben, auch wenn sie von zentraler Bedeutung für den Politikprozeß sind. Das heißt – und alleine schon diese Beobachtung verdient herausgehoben zu werden –, daß die Massenmedien, der Binnenlogik ihrer Handlungsmaximen verpflichtet, sich in besonderer Weise öffentlichkeitswirksamer Themen der symbolischen Politik annehmen[44] und diese zudem noch selektiv aufbereiten.

Aus diesen Überlegungen resultiert eine erste, folgenreiche Präzisierung der Mediatisierungsproblematik. Symbolische Politik bezieht sich in erster Linie auf die öffentliche Repräsentation von Politik im dauernden Kampf um den Erwerb und um den Erhalt politischer Herrschaftspositionen[45]. Es geht also um die massenmedial vermittelte Beeinflussung der Wähler durch politische Akteure letztlich mit dem Ziel, ihre Stimme in einer unweigerlich irgendwann wieder stattfindenden Wahl bestimmten Kandidaten und Parteien zu geben. Daraus ergeben sich konsequenterweise als Forschungsschwerpunkte[46]:
1. die Bestimmung der langfristigen Effekte, die sich aus der Fremd- und Selbstdarstellung der politischen Akteure in den Massenmedien auf das Bild der Bürger von demokratischer Politik ergeben;
2. die Analyse der in den verschiedenen Demokratien unterschiedlich langen Phase des Wahlkampfs, d. h. der auf die Spitze getriebenen Konfrontation der politischen Akteure mit dem Ziel der Bestätigung oder des Erwerbs der Demokratie eigenen Herrschaftspositionen auf Zeit, unter dem besonderen Blickwinkel der Vermittlungsleistung der Massenmedien;
3. die Untersuchung der Folgen der Darstellungsdominanz symbolischer Politik in den Massenmedien auf die *Binnenstruktur* des demokratischen Entscheidungsprozesses.

In diesen Fällen ist als theoretisch sinnvolle Konkretisierung der Mediatisierungshypothese also zu untersuchen, ob sich unter dem Einfluß von Akteuren, Medien und/oder Bürgern das Verhältnis zwischen Massenmedien und Politik in letzter Zeit

---

43 Klaus von Beyme, Die Massenmedien und die politische Agenda des parlamentarischen Systems, in: F. Neidhardt (Anm. 30), S. 320–336, hier S. 331. (Heraushebung im Original).
44 Ebd., S. 334.
45 Ulrich Sarcinelli, Symbolische Politik. Zur Bedeutung symbolischen Handelns in der Wahlkampfkommunikation der Bundesrepublik Deutschland, Opladen 1987.
46 Siehe dazu, mit etwas anderer Schwerpunktsetzung, auch Heinrich Oberreuter, Medien und Demokratie. Ein Problemaufriß, in: K. Rohe (Anm. 2), S. 11–24.

mehr oder weniger grundlegend *verändert* hat. Für die *Bewertung* dieses Wandels ist zu beachten, daß die Massenmedien in den demokratischen Flächenstaaten zwar in der Vermittlung zwischen Bürgern und Politik stets das unverzichtbare Verbindungsglied waren. Dabei kann aber hinsichtlich der politischen Meinungsbildung der Bürger ein ausschlaggebendes *Gewicht* der Massenmedien in Konkurrenz zu anderen intermediären Instanzen, darunter vor allem den *persönlichen* Kommunikationsnetzwerken und der Zugehörigkeit zu Interessengruppen und anderen Assoziationen, keinesfalls selbstverständlich unterstellt werden[47].

5.2 *»Elektronische Demokratie« – zum technisch induzierten Übergang von der Massen- zur Individualkommunikation*

Die politikwissenschaftliche Diskussion zu einem demokratietheoretischen Hauptthema – politische Partizipation – hat nach der Etablierung des allgemeinen und gleichen Wahlrechts in diesem Jahrhundert in den Staaten der OECD-Welt immer wieder die Frage nach einer Ausweitung der Partizipationsoptionen, ihrer Institutionalisierung und den damit verbundenen Chancen und Risiken zum Gegenstand gehabt. Angesichts der politisch-ethischen Aufladung vieler direktdemokratischer Überlegungen kann es nicht überraschen, daß insbesondere das Aufkommen des Internet (als dem Schlüsselbeispiel für die Individualisierung von Massenkommunikation) sehr schnell zu Spekulationen, aber auch zu konkreten Versuchen von Enthierarchisierung und Qualitätsverbesserung politischer Kommunikation in Demokratien durch Information geführt hat[48].

Auch die neuen, elektronischen Kommunikationswege und die sich daraus ergebenden Möglichkeiten des direkten Informations- und Meinungsaustauschs zwischen politischen Akteuren und Bürgern müssen im umfassenderen Zusammenhang mit der politikwissenschaftlichen Beteiligungsforschung gesehen werden[49]. Dabei stößt man schnell auf das Problem, daß diese Innovationen, ähnlich wie von der Wissenskluftforschung immer wieder festgestellt, zumindest zur Zeit und vermutlich noch auf längere Sicht besonders durch diejenigen Teile der Bevölkerung genutzt werden, die in ihrem Wissen und in ihrer wirtschaftlichen Ausstattung kognitiv und ökonomisch privilegiert sind. Damit ist wieder einmal das Problem der so vorprogrammierten Ungleichheit der Einflußchancen auf politische Entscheidungen aufgeworfen. Die bisher hohe sozialstrukturelle Selektivität dieser neuen, elektronischen Formen der direkten Kommunikation kann auch nicht ohne Folgen für die Ausgewogenheit und Qualität des politischen Diskurses zwischen

---

47 Michael Schenk/Patrick Rössler, Das unterschätzte Publikum. Wie Themenbewußtsein und politische Meinungsbildung im Alltag von Massenmedien und interpersonaler Kommunikation beeinflußt werden, in: F. Neidhardt (Anm. 30), S. 261–295; Michael Schenk, Soziale Netzwerke und Massenmedien. Untersuchungen zum Einfluß der persönlichen Kommunikation, Tübingen 1995; siehe ferner den Beitrag von Rüdiger Schmitt-Beck in diesem Band.
48 Siehe hierzu die in Anmerkung 5 angegebene Literatur.
49 Sidney Verba, The 1993 James Madison Award Lecture: The Voice of the People, in: PS – Political Science and Politics, 26 (1993) 4, S. 677–686.

Herrschaftsträgern und Bürgern bleiben, der in der indirekten Demokratie liberaler Prägung zumindest in Form von vielfältigen öffentlichen Abwägungen vor wichtigen Entscheidungen institutionalisiert ist.

Natürlich muß man, »um den Ansprüchen der Demokratie zu genügen, ... weiter nach Politikformen suchen, die die Kommunikationsfähigkeit der Politik steigern, ohne ihre Entscheidungsfähigkeit zu gefährden«[50], und – so wäre hinzuzufügen – dabei den Aspekt der Verallgemeinerungsfähigkeit und Übertragbarkeit dieser Formen (neben der Sicherung politischer Gleichheit) auf eine Vielzahl von unterschiedlichen Entscheidungssituationen nicht aus dem Auge verlieren. Angesichts der Hilflosigkeit der für die Elektronisierung des deliberativen Diskurses durchaus phantasievoll eintretenden Protagonisten gegenüber solchen demokratietheoretischen Problemen müssen die Erfolgschancen dieser Suche für demokratische Flächenstaaten vorerst noch äußerst skeptisch beurteilt werden. Dennoch kann man Street in seinen Überlegungen durchaus folgen, der auf das Potential technologischer Innovationen auch für innovative demokratische Strukturen hinweist: »Technischer Wandel bringt neue Ideen, Möglichkeiten und neue Demokratievorstellungen mit sich. Gleichzeitig müssen diese neuen Konzepte kritischer politischer Analyse unterworfen werden, die ihrerseits auf bestimmte Demokratiekonzepte bezogen sein soll.«[51]

Die kritischen Überlegungen dieses Abschnitts beziehen sich in erster Linie auf die Verschränkung politischer Herrschaftsträger sowie Institutionen und Bürger im politischen Willensbildungs- und Entscheidungsprozeß. Nicht bezweifelt werden kann, daß die neuen Kommunikationswege schon jetzt bestimmte Teile des politischen wie des Mediensystems erfaßt haben und dort ihre Spuren hinterlassen. Das gilt etwa für die schwindende Rolle lokaler Parteiorganisationen, die in viel direkterer Weise als früher durch elektronische Informationen und Mitteilungen aus den Parteizentralen gesteuert werden[52], für das Verhältnis zwischen politischen Akteuren und den Medien[53] und für die notwendigen Veränderungen der Journalistenrolle[54].

Während also insgesamt die Schlußfolgerung gerechtfertigt erscheint, daß der technisch induzierte Wandel der Kommunikationsstrukturen zumindest auf lange Sicht das Verhältnis zwischen Politik, Bürger und Massenkommunikation vielfältig berühren wird, sind zumindest für die deutsche Demokratie diese Wirkungen bestenfalls in ersten Ansätzen zu beobachten. Hieraus sind zwei prinzipielle Schluß-

---

50 Wolfgang van den Daele/Friedhelm Neidhardt, »Regierung durch Diskussion« – Über Versuche, mit Argumenten Politik zu machen, in: dies. (Hrsg.), Kommunikation und Entscheidung. Politische Funktionen öffentlicher Meinungsbildung und diskursiver Verfahren. WZB-Jahrbuch 1996, Berlin 1996, S. 9–51, hier S. 48.
51 J. Street (Anm. 5), S. 40. (Übersetzung M. K.).
52 Otfried Jarren/Markus Bode, Ereignis- und Medienmanagement politischer Parteien. Kommunikationsstrategien im »Superwahljahr 1994«, in: Bertelsmann Stiftung (Hrsg.), Politik überzeugend vermitteln. Wahlkampfstrategien in Deutschland und den USA, Gütersloh 1996, S. 65–114, hier S. 73.
53 Michael X. Delli Carpini, Voters, Candidates, and Campaigns in the New Information Age. An Overview and Assessment, in: Press/Politics, 1 (1996) 4, S. 57–75.
54 Robert M. Entman, Educating for the New Information Age, in: Press/Politics, 2 (1997) 1, S. 96–103.

folgerungen zu ziehen. Zum ersten bedarf es umgehend eines demokratietheoretisch angeleiteten Diskurses über Chancen und Risiken dieser Entwicklungen, dessen Ergebnisse zu gegebener Zeit für die Funktionsweise des demokratischen Prozesses fruchtbar gemacht werden müssen. Darüber hinaus ist dieser Wandel kontinuierlich, und das heißt längsschnittlich in angemessenen Forschungsanordnungen zu untersuchen, damit die ins Kraut schießenden Spekulationen an der Realität überprüft und daraus dann die notwendigen ordnungspolitischen Gestaltungsoptionen gewonnen werden können.

5.3 Die Bürger und die Massenmedien: Zur Entwicklung der Nutzung von Fernsehen, Hörfunk und Zeitung in Deutschland

In Deutschland wie in zahlreichen anderen Ländern Westeuropas kann als die größte Veränderung nach der Einführung und flächendeckenden Verbreitung des Fernsehens in den sechziger Jahren die Dualisierung in den achtziger Jahren gelten[55]. Auch in diesem Fall war der Wandel der technologischen und politischen Rahmenbedingungen für eine Entwicklung ausschlaggebend, über die zur Jahrtausendwende die überwiegende Mehrzahl der Zuschauer mittels Anschlusses an Kabelnetze oder den Zugriff auf direktstrahlende Satelliten mit einer Vielzahl von Fernseh- und Radioprogrammen versorgt sein werden. Ein neuer Quantensprung in der Herstellung differenzierter Nutzungsoptionen ist hier demnächst noch durch die Einführung des digitalen Rundfunks über spezielle Empfangsgeräte zu erwarten. Der vermutlich folgenreichste Wandel, die Integration des Rundfunks in übergreifende Multimediaarrangements über Netze, soll hier nur noch einmal erwähnt, nicht aber erneut diskutiert werden.

Vor allem über zwei weithin durch Veröffentlichungen zugängliche Informationsquellen[56] lassen sich diese Entwicklungen präzise dokumentieren. Aus diesen Studien sollen nur die für die Mediatisierungsproblematik wichtigsten Angaben referiert werden:
– Seit Beginn der Dualisierung 1985/86 hat sich der Zuschaueranteil der öffentlich-rechtlich verfaßten Fernsehprogramme (ARD, ZDF, 3. Programme und

---

55 Die Zahlen in diesem Abschnitt beziehen sich nur auf die alten Bundesländer, weil nur dort wirkliche Längsschnittanalysen möglich sind. Die hier berichteten Ergebnisse sind mehrheitlich veröffentlicht in Klaus Berg/Marie-Luise Kiefer (Hrsg.), Massenkommunikation V. Eine Langzeitstudie zur Mediennutzung 1964–1995, Baden-Baden 1996. Dort können auch Daten für die neuen Bundesländer nachgelesen werden, in denen die Studie »Massenkommunikation« erstmals 1990 und dann wieder 1995 durchgeführt wurde.

56 Dabei handelt es sich um die seit 1964 in regelmäßigen Zeitabständen im Auftrag von ARD und ZDF bisher siebenmal durchgeführte Umfrage »Massenkommunikation« und die Analyse der aus den täglich durch telemetrische Messung in einer repräsentativen Stichprobe der deutschen Fernsehhaushalte gewonnenen Reichweitendaten der Fernsehanbieter. Diese Daten werden für das jeweils zurückliegende Jahr regelmäßig in der Zeitschrift Media Perspektiven veröffentlicht. Für 1996 siehe hierzu Wolfgang Darschin/Bernward Frank, Tendenzen im Zuschauerverhalten. Fernsehgewohnheiten und Programmbewertungen 1996, in: Media Perspektiven, (1996) 4, S. 174–185.

einige Spezialprogramme) in der Hauptfernsehzeit (20 Uhr bis 1 Uhr) auf etwas über 40 Prozent, zu den anderen Fernsehzeiten deutlich darunter eingependelt;
- Eine besondere Bedeutung gewinnt der gerade genannte Sachverhalt durch das zwischen den beiden Anbietertypen sehr unterschiedliche Mischungsverhältnis von Information und Unterhaltung im Programmangebot: deutlich mehr politische Information bei den öffentlich-rechtlichen als bei den privaten Anbietern[57];
- Der Zeitaufwand für die Nutzung von Fernsehen und Hörfunk ist nach der Dualisierung deutlich angestiegen; lediglich die Tageszeitung verbleibt auf dem schon seit Anfang der sechziger Jahre erreichten Nutzungsniveau bei insgesamt leicht abnehmender Tendenz; an einem durchschnittlichen Werktag wird lediglich ein kleiner, zwischen zwei und vier Prozent schwankender Anteil der Bevölkerung von keinem der drei Medien, hingegen rund 80 Prozent von zwei oder drei Medien erreicht;
- Bezüglich vor allem der Reichweiten, aber auch der Nutzungsdauer von Fernsehen, Hörfunk und Tageszeitung ergeben Kohortenanalysen im großen und ganzen ein Bild der Kontinuität. Bemerkenswert ist der Befund, daß sich die jüngste nach 1975 geborene Kohorte wieder stärker als ihre Vorgängerkohorten dem Fernsehen zuwendet und vom Hörfunk abzuwenden scheint. Dabei kommt dieser stärkere Fernsehkonsum allerdings, und zwar auch bei Befragten mit formal höherer Bildung, in erster Linie den Angeboten der privaten Veranstalter zugute. Insgesamt belegen die Daten der Fernsehnutzung eine massive Umorientierung zugunsten der privaten Fernsehprogramme, je jünger die Geburtenkohorten sind;
- Vielleicht am dramatischsten sind die Veränderungen in der Nutzung der Tageszeitung. In der Kohorte der nach 1974 Geborenen liegt der Anteil der regelmäßigen Nutzer mit höherer Schulbildung bei knapp der Hälfte und bei Befragten mit Volksschulbildung bei rund einem Drittel. Natürlich könnten sich mit dem Altern dieser Kohorte diese Nutzungsdaten noch ändern, doch zeigt die Analyse auch der nächstälteren Kohorte (geboren zwischen 1955 und 1974), daß

---

57 Da die Struktur des Programmangebots auch eine rundfunkpolitisch wichtige Dimension berührt, sind die hierzu vorgelegten Analysen nicht ohne Bezug zum jeweiligen Auftraggeber zu interpretieren. Dies gilt sowohl für die im Auftrag vom ARD und ZDF regelmäßig präsentierten Studien von Udo Michael Krüger, so etwa: Programmprofile im dualen Fernsehsystem 1985–1990, Baden-Baden 1992; Boulevardisierung der Information im Privatfernsehen, in: Media Perspektiven, (1996) 7, S. 362–374; Politikberichterstattung in den Fernsehnachrichten. Nachrichtenangebote öffentlich-rechtlicher und privater Fernsehsender 1996 im Vergleich, in: Media Perspektiven, (1997) 5, S. 256–268; Unterschiede der Programmprofile bleiben bestehen. Programmanalyse 1996: ARD, ZDF, RTL, SAT.1 und PRO SIEBEN im Vergleich, in: Media Perspektiven, (1997) 7, S. 354–366, als auch für den von Klaus Merten im Auftrag des Vereins Privater Rundfunk und Telekommunikation erstellten Bericht Konvergenz der deutschen Fernsehprogramme. Eine Langzeituntersuchung 1980–1993, Münster–Hamburg 1994. Den Anspruch auf eine balancierte Analyse erhebt Hans-Jürgen Weiß, Programmalltag in Deutschland. Eine Analyse von sieben Fernsehvollprogrammen im April 1997, in: Arbeitsgemeinschaft der Landesmedienanstalten (Hrsg.), Programmbericht zur Lage und Entwicklung des Fernsehens in Deutschland 1996/97, Berlin 1997, S. 158–204.

in beiden Bildungsgruppen die Zeitungsnutzung über Zeit nicht zunimmt, sondern geringer wird[58];
- Im Vergleich zu 1985 haben Fernsehen und Hörfunk kontinuierlich an Glaubwürdigkeit verloren. Lediglich die Tageszeitung hat ihre diesbezügliche Position 1995 deutlich, ja geradezu bemerkenswert verbessert[59].

6. Zur Mediatisierung von Politik: ausgewählte Befunde

6.1 Zur Präsentation von Politik in den Massenmedien und ihren Folgen

Ein wichtiger Befund eines in den sechziger Jahren von Elisabeth Noelle-Neumann durchgeführten Feldexperiments im Zusammenhang mit der Einführung des Fernsehens in der Bundesrepublik war unter anderem, daß sich mit der Anschaffung eines Fernsehgeräts zwar das subjektive Interesse der Befragten an Politik erhöht, gleichzeitig aber auch ihr Bild von Politik stark vereinfacht hatte und daß dieser Effekt kaum bei regelmäßigen Lesern von politischer Information in Zeitungen auftrat[60]. Ein vergleichbares Ergebnis hat Holtz-Bacha bei ihrer Überprüfung der These von der fernsehinduzierten Politikverdrossenheit durch Negativismus in der politischen Berichterstattung (Videomalaise) festgestellt[61].

In der einschlägigen Literatur gilt inzwischen als gesichert, daß in der Kombination von dominanten Nachrichtenfaktoren (wie eben Negativismus), die erst eine Nachricht zur öffentlichen Nachricht machen, und der Eigenlogik der elektronischen Medien politische Weltbilder entstehen, die ohne die ergänzende Tiefeninformation von Tageszeitungen der Differenziertheit und Komplexität demokratischer Politik in zeitgenössischen Gesellschaften nicht gerecht werden. Dabei ist zusätzlich zu fragen, in welchem Maße überhaupt das Rationalitätskriterium der Begründungspflichtigkeit im politischen Diskurs, das im Mittelpunkt einer Studie von Kuhlmann steht, durch die Akteure der politischen Massenkommunikation beachtet wird[62].

---

58 Zur Nutzung der Tageszeitungen siehe Klaus Schönbach (Hrsg.), Zeitungen in den Neunzigern: Faktoren ihres Erfolgs. 350 Tageszeitungen auf dem Prüfstand, Bonn 1997.
59 K. Berg/M.-L. Kiefer (Anm. 55), S. 25–79, 158–180, 251–254. Vgl. insbesondere auch die Beiträge von Uwe Hasebrink, Heinz Bonfadelli und Jürgen Wilke in diesem Band.
60 Elisabeth Noelle-Neumann, Das Fernsehen und die Zukunft der Lesekultur, in: Werner D. Fröhlich/Rolf Zitzlsperger/Bodo Franzmann (Hrsg.), Die verstellte Welt. Beiträge zur Medienökologie, Frankfurt/M. 1988, S. 222–254.
61 Christina Holtz-Bacha, Ablenkung oder Abkehr von der Politik? Mediennutzung im Geflecht politischer Orientierungen. Opladen 1990; von Interesse in diesem Zusammenhang ist auch eine die Periode von 1955 bis 1985 abdeckende Inhaltsanalyse der Hörfunknachrichten des Hessischen Rundfunks durch Hans Mathias Kepplinger/Helga Weissbecker, Negativität als Nachrichtenideologie, in: Publizistik, 36 (1991) 3, S. 330–342, nach der Negativismus in den Nachrichten eine zunehmend größere Rolle gespielt hat. Siehe ferner Horst Pöttker, Politikverdrossenheit und Medien. Daten und Reflexion zu einem virulenten Problem, in: O. Jarren/H. Weßler (Anm. 2), S. 59–71.
62 Christoph Kuhlmann, Die öffentliche Begründung politischen Handelns. Eine theoretische und empirische Studie zur Argumentationsrationalität in der politischen Massenkom-

In einer stichprobenbasierten Inhaltsanalyse von vier überregionalen Qualitätstageszeitungen, je zwei großen öffentlich-rechtlichen und privaten Fernsehsendern, vier Hörfunksendern und – als Repräsentation des politischen Systems – den Pressemitteilungen der Bundestagsfraktionen und Bundesministerien im März 1995 ergab sich bei den insgesamt mehr als 10 000 Analyseeinheiten nur ein Anteil von gut 40 Prozent von begründungsbedürftigen Urteilen, die auch tatsächlich begründet wurden[63]. Am bemerkenswertesten an dieser äußerst differenzierten Analyse ist jedoch der Umstand, daß die Medien sowohl den Anteil als auch den Umfang der Begründungen in den Pressemitteilungen der politischen Akteure kräftig reduzieren. Unterstellt, der Forschungsansatz der Studie ist tragfähig, bedeutet dies, daß die Versuche der politischen Akteure, ihre Aussagen und dabei nicht zuletzt ihre Ziele mit detaillierten Begründungen zu versehen, wenigstens teilweise von der operativen Logik der Medien ausgehebelt werden. Zumindest an diesem Punkt ist also eine pauschale Politikbeschimpfung nicht angebracht[64].

Eine der seltenen international vergleichenden Untersuchungen zum Wissen über internationale Politik in sieben OECD-Ländern im Januar 1994 wirft ein interessantes Licht auf mögliche Struktureffekte des Mediensystems. Fünf Fragen waren zu beantworten; am besten informiert zeigten sich die Deutschen (58 Prozent beantworteten alle oder vier Fragen richtig), und am schlechtesten informiert waren die Amerikaner (57 Prozent beantworteten keine oder nur eine Frage richtig). Die Autoren weisen zur Interpretation dieser Befunde auf zwei Sachverhalte hin: die Bedeutung der öffentlich-rechtlichen Rundfunkanstalten für die Information über Politik[65], und die *relativ* höchste Häufigkeit des Zeitungslesens in Deutschland[66].

Damit richtet sich das Interesse gleichsam automatisch auf die Frage, ob sich in den Einstellungen zur Politik bereits Effekte der Dualisierung und der damit verbundenen Veränderung der Sehgewohnheiten nachweisen lassen. Ferner ist zu fragen, ob diese möglicherweise durch neue Akzentsetzungen der öffentlich-rechtlichen Rundfunkanstalten in Struktur und Inhalt ihrer Programme befördert werden, wie dies die Konvergenzthese unterstellt. Diese These besagt, »daß sich die zuschauerstärksten Vollprogramme des dualen Fernsehsystems aufgrund gleichartiger Randbedingungen auf längere Sicht strukturell, inhaltlich und qualitativ einander

---

munikation. Dissertation an der Fakultät für Sozialwissenschaften und Philosophie der Universität Leipzig, 1997.
63 C. Kuhlmann (Anm. 62), S. 261.
64 Hier liegt im übrigen ein Verweis auf die Untersuchung von J. N. Cappella/K. H. Jamieson (Anm. 38) nahe, die in ihren experimentellen Untersuchungen in den USA festgestellt haben, daß die medieneigene Tendenz, politische Themen in einen auf die Interessen der Akteure (strategy stories) und nicht auf die Probleme und Lösungsoptionen (issue stories) bezogenen Bezugsrahmen einzubetten, mit für die wachsende politische Entfremdung der amerikanischen Bevölkerung verantwortlich ist; siehe dazu J. Nye/Ph. Zelikow/D. King (Anm. 40). Folgt man Capella und Jamieson, so sind die amerikanischen Massenmedien anscheinend in einem Prozeß der Reflexion über diese Zusammenhänge begriffen, eine Entwicklung, die man sich auch für die deutschen Massenmedien dringend wünschen würde.
65 Siehe dazu auch Wolfgang Darschin/Imme Horn, Die Informationsqualität der Fernsehnachrichten aus Zuschaueransicht. Ausgewählte Ergebnisse einer Repräsentativbefragung zur Bewertung des Fernsehprogramms, in: Media Perspektiven, (1997) 5, S. 269–275.
66 M. A. Dimock/S. L. Popkin (Anm. 98), S. 223.

anpassen werden«[67]. Nun kann nach dem weiter vorne Gesagten kein Zweifel daran bestehen, daß es in bezug auf das politische *Informationsangebot* nach wie vor gravierende Unterschiede zwischen den beiden Anbietertypen gibt und daß die Nachrichten der öffentlich-rechtlichen Sender in bezug auf Qualität und Glaubwürdigkeit denen der privaten Sender weit überlegen sind[68].

Besonders interessant ist jedoch die Beantwortung der Frage, ob sich durch die Systemkonkurrenz die Binnenstruktur des Nachrichtenangebots geändert hat und in welche Richtung. Hierzu liegen zwei neuere inhaltsanalytische Untersuchungen vor, die jeweils das Programmangebot 1986 und 1993 bzw. 1994 auf der Grundlage einer Stichprobe der Nachrichtensendungen von ARD, ZDF, RTL und SAT.1 vergleichend analysieren. In beiden Studien finden sich Belege für eine Konvergenz der Nachrichtenformate[69], und zwar in einem doppelten Sinne: Zum einen nähern sich beide Anbietertypen insgesamt in ihrer Nachrichtenpräsentation deutlich an, und zum anderen erfolgt diese Annäherung differenziert bei den Privaten durch eine im Vergleich zu 1986 kräftige Erhöhung des Politikanteils auf das fast konstante Niveau der öffentlich-rechtlichen Anstalten und bei letzteren über Anpassungen an die Privaten im Bereich der formalen Präsentation der Nachrichten (Dramatik, Aktionshaltigkeit)[70].

Insgesamt sind also bei den politischen Nachrichten keine massiven Effekte der Dualisierung auf die Politikwahrnehmung der Bürger zu erwarten. Dies sieht allerdings in bezug auf die Infotainisierung, d. h. die Amalgamierung von Nachrichten und Unterhaltung, möglicherweise anders aus. Zumindest deuten die Ergebnisse eines Experiments zum Reality-TV darauf hin, daß »das Fernsehen offenbar durch die Gestaltung und Etikettierung seiner Sendungen mitbeeinflussen kann, was Zuschauer als informativ und relevant empfinden. In letzter Konsequenz könnte sich dadurch der Informationsbegriff des Publikums verändern...«[71].

Solche Wirkungszusammenhänge werden wegen ihrer Komplexität und Kontextabhängigkeit sicherlich, wenn überhaupt, erst langfristig und graduell ihren Einfluß auf das Mediensystem insgesamt entfalten. Dennoch bietet die Dualisierung schon jetzt – nach etwa einer Dekade – zumindest die Chance, nach Anzeichen für die Beeinflussung des Politikbildes in der Bevölkerung zu suchen. Für eine solche Analyse liegt es nahe, die Zuschauerschaft nach ihren Präferenzen für die Programme der beiden Anbietertypen zu differenzieren[72]. In einer Repräsentativbe-

---

67 Thomas Bruns/Frank Marcinkowski, Konvergenz Revisited. Neue Befunde zu einer älteren Diskussion, in: Rundfunk und Fernsehen, 44 (1996), S. 461–478.
68 W. Darschin/I. Horn (Anm. 65).
69 Nach Barbara Pfetsch, Konvergente Fernsehformate in der Politikberichterstattung? Eine vergleichende Analyse öffentlich-rechtlicher und privater Programme 1985/86 und 1993, in: Rundfunk und Fernsehen, 44 (1996), S. 479–498, hier S. 482, beschreiben Medienformate, »die spezifischen Regeln und Eigengesetzlichkeiten, die inhaltliche Informationen in die klar erkennbare Form und das Muster eines Mediums überführen und dadurch zeitlich und räumlich strukturieren«.
70 B. Pfetsch (Anm. 69); T. Bruns/F. Marcinkowski (Anm. 67). Siehe ferner die Beiträge von Frank Marcinkowski und Barbara Pfetsch in diesem Band.
71 W. Früh/Ch. Kuhlmann/W. Wirth (Anm. 38), S. 449.
72 Für einen frühen Versuch auf der Grundlage telemetrischer Messungen siehe Uwe Hasebrink/Friedrich Krotz, Wie nutzen Zuschauer das Fernsehen?, in: Media Perspektiven,

fragung der hessischen Bevölkerung im Zusammenhang mit der Landtagswahl 1995 kamen Oehmichen und Simon dabei zu dem Ergebnis, daß die häufige Nutzung privater Fernsehprogramme sowohl die Sicht von Politik negativ beeinflußt als auch die Wahlbeteiligung mindert[73]. Vergleichbares fanden Kaase und Bauer-Kaase in einer Analyse der Nichtbeteiligung bei der Bundestagswahl 1994[74].

Neben diesen eher punktuellen Analysen hat Winfried Schulz erstmals einen umfassenden empirischen Test der Folgen von »Informationsnutzung unter Vielkanalbedingungen« auf der Grundlage der Daten der Studie »Massenkommunikation V« vom Herbst 1995 vorgelegt[75]. Dabei zeigte sich, daß in einem komplexen Beziehungsgeflecht von unabhängigen Variablen die Nutzung der privaten Fernsehprogramme allgemein, eine Unterhaltungsorientierung der Zuschauer und auch die Informationsnutzung im privaten Fernsehen die Einstellungen zur Politik negativ beeinflussen. Es muß allerdings hervorgehoben werden, daß die in einer Regressionsanalyse ermittelten Effekte zwar alle in die »richtige« Richtung deuten, aber sehr gering sind.

Zusammenfassend zu diesem ersten Teilthema, der Analyse des Politikbildes der Fernsehzuschauer unter den Bedingungen der Dualisierung des Rundfunksystems, ist festzuhalten, daß die theoretisch zu erwartenden Befunde tatsächlich identifiziert werden konnten. Die geringen Effektstärken sind dabei kein prinzipieller, sondern lediglich ein relativierender Einwand. Angesichts der Kürze der Zeit, in der die Dualisierung der Nachfrage durch eine flächendeckende Verbreitung der privaten Anbieter erst wirksam werden konnte, sind diese Ergebnisse Anlaß zur Aufmerksamkeit. Sie verdienen kontinuierliche Forschungsbemühungen genauso wie ein Nachdenken der medialen Akteure.

6.2 Zur Mediatisierung von Wahlkämpfen

Auch wenn in der Bundesrepublik die Wahlbeteiligung seit mehr als zehn Jahren rückläufig ist, so kann doch nicht bezweifelt werden, daß in Demokratien freie kompetitive Wahlen nach wie vor *der* Mechanismus sind, über den politische Herrschaft zugewiesen und legitimiert wird. Lange Zeit galt die Information der Bürger über die bei der Wahl anstehenden Politikalternativen als wichtige Funktion von

---

(1993) 11/12, S. 515–527. Ein weiteres, eher strukturelles Problem der Dualisierung, die zunehmende Fragmentierung des Publikums durch die Ausdifferenzierung des Programmangebots und seiner Nutzung, sprechen Christina Holtz-Bacha, Das fragmentierte Medien-Publikum. Folgen für das politische System, in: Aus Politik und Zeitgeschichte, B 42/97, S. 13–21, und W. Schulz (Anm. 2), S. 94–101, an. Auf dieses Thema kann hier nicht weiter eingegangen werden.

73 Ekkehardt Oehmichen/Erik Simon, Fernsehnutzung, politisches Interesse und Wahlverhalten, in: Media Perspektiven, (1996) 11, S. 562–571.
74 Max Kaase/Petra Bauer-Kaase, Zur Beteiligung an der Bundestagswahl 1994, in: Max Kaase/Hans-Dieter Klingemann (Hrsg.), Wahlen und Wähler. Analysen aus Anlaß der Bundestagswahl 1994, Opladen – Wiesbaden 1998, S. 85–112.
75 W. Schulz (Anm. 2), S. 141–150; ders., In der expandierenden Medienöffentlichkeit verdüstert sich das Bild der Politik. Fragen der Informationsnutzung unter Vielkanalbedingungen, in: O. Jarren/F. Krotz (Anm. 2).

Wahlkämpfen. Da diese Erwartung schon immer an der Realität der politischen Auseinandersetzung gescheitert ist und scheitern mußte, kann es nicht überraschen, daß Umfragen immer wieder die aus dieser strukturellen Antinomie resultierende Unzufriedenheit der Bürger mit den Themen und Formen des Wahlkampfs zu Protokoll gegeben haben.

Wahlkämpfe gehören in den Bereich der symbolischen Politik, weil in ihnen de facto keine politischen Sachfragen auf der Grundlage eines rationalen Diskurses, der zwischen Zielen und Mitteln abwägt, entschieden werden. Sie dramatisieren vielmehr punktgenau, d. h. auf den Wahltag hin, die Bedeutung der anstehenden Wahlentscheidung und versuchen, die Bürger zur Beteiligung zu mobilisieren. Insofern stellen sie in der Gesamtheit der Bemühungen der Protagonisten eine umfassende systemische Anstrengung dar, für die zu treffende Wahl eine möglichst breite Akzeptanzbasis zu schaffen; Wahlen konnten bestenfalls in lange zurückliegenden Zeiten größter ideologischer Polarisierung als eine angemessene Methode betrachtet werden, mit der Stimmabgabe für eine Partei und potentiell eine Regierung gleichzeitig auch ein differenziertes Politikprogramm auszuwählen.

Mit der Konzentration auf das abzugebende Votum in Wahlkämpfen ist eine massive Intervention in den Routine-Politikprozeß verbunden; diese Problematik kommt in der anscheinend allen Gruppen der Gesellschaft, den Medien und den politischen Akteuren gemeinsamen Auffassung zum Ausdruck, angesichts einer im Prinzip noch in weiter Ferne liegenden, aber doch bereits absehbaren Wahl »gehe nichts mehr«, was zu treffende politische Entscheidungen anbelangt. Insofern wäre übrigens eine zeitlich eng begrenzte Wahlkampfperiode wie etwa in England, die sich dort dem großen Freiraum des Premierministers zur Festsetzung des Wahltermins verdankt, durchaus wünschenswert.

Wenn nun von der Mediatisierung von Wahlkämpfen gesprochen wird, so denkt man in der Regel an zwei Aspekte: die zunehmende Rolle des Fernsehens – die in Europa durch die Dualisierung des Mediensystems und die damit verbundene Öffnung für bezahlte Parteienwerbung noch eine besondere Dynamik erhält –, und die Ausdifferenzierung spezifischer Wahlkampfstäbe in den Parteizentralen mit der Aufgabe der detaillierten Planung des Wahlkampfs vom Werbemitteleinsatz bis zum (Pseudo-) Ereignismanagement.

Die demokratietheoretische Problematisierung veränderter Wahlkämpfe konzentriert sich auf zwei Sachverhalte: einerseits den Vorwurf der Entsachlichung von Politik in Verbindung mit einer kandidatenbezogenen Personalisierung, andererseits auf die Sorge vor der Manipulation der Bürger wie der Medien durch die Politik, aus denen letztlich eine politische Entfremdung der Bevölkerung resultieren könne. So verständlich diese Befürchtungen sind, so sehr bedürfen sie jedoch der Überprüfung auf ihren Realitätsgehalt.

Zunächst muß noch einmal in Erinnerung gerufen werden, daß Wahlen das konstitutive Element im demokratischen Wettbewerb sind. Insofern ist vorab zu klären, ob die nicht zu bezweifelnde Mediatisierung von Wahlkämpfen die Chancengleichheit der Wettbewerber berührt. Dies erscheint in durchlässigen Gesellschaften durch die zu erwartende schnelle Diffusion neuer Wahlkampfmethoden eher unwahrscheinlich, vorausgesetzt, daß – wie z. B. über die staatliche Parteienfinanzierung – ein Mindestmaß an Ressourcenausstattung für alle Akteure gesichert ist. Zum zweiten finden Wahlkämpfe stets unter Bedingungen statt, die den Handlungsspielraum der politischen Akteure und der Massenmedien einengen. Swanson und Mancini verweisen dabei in ihrer vergleichenden Bestandsaufnahme moderner Wahlkämpfe auf das Wahlsystem, die Struktur des Parteienwettbewerbs, die gesetzlichen Regulierungen von Wahlkämpfen, die nationalen politischen Kulturen und – last but not least – die nationalen Mediensysteme[76]. Hier liegt angesichts der beträchtlichen Variationen dieser Faktoren in den demokratischen Staaten ein weites und erfolgversprechendes Feld für die international vergleichende Massenkommunikationsforschung.

Zu fragen ist drittens nicht nur nach den mediatisierungsbedingten Veränderungen der Wahlkämpfe, sondern auch nach deren Wirkungen. Diese Problematik soll beispielhaft an der These von der Personalisierung der Wahlkämpfe erörtert werden. Darunter kann vieles verstanden werden. Es erscheint vertretbar, das Mediatisierungskonzept auf der Handlungsseite der Wähler als zunehmendes Gewicht der Kandidaten für die individuelle Wahlentscheidung jedes Wählers zu operationalisieren. Dem entspricht auf der Handlungsseite der politischen Akteure, insbesondere der Parteien, die Strategie, ihren Kandidaten höchste Sichtbarkeit und Akzeptanz nicht zuletzt durch Ereignismanagement und durch medienbezogene direkte und indirekte Werbestrategien zu verschaffen.

Die Bundestagswahl 1994 stellt wohl den bisherigen Höhepunkt in den Personalisierungsstrategien der beiden großen Parteien dar. Vor allem die CDU hatte ihren Wahlkampf massiv auf die Präsentation des amtierenden Bundeskanzlers Kohl abgestellt[77]. Dennoch zeigen Analysen[78], daß die Erholung der Union bis hin zu ihrem knappen Wahlerfolg entscheidend nicht durch den Kanzler, sondern durch ein politisches Thema – die Verbesserung der wirtschaftlichen Aussichten im Frühjahr 1994 und die damit bestätigte prinzipielle Kompetenzzuschreibung für wirtschaftliche Fragen an die CDU/CSU – entscheidend befördert worden ist. Es kann sogar gefragt werden, ob die ausschließliche Konzentration der CDU auf Kohl in der letzten Phase des Wahlkampfs bei Verzicht auf jegliche Sachbezüge die Zustimmung der Wähler zur amtierenden Bundesregierung nicht letztlich gemindert hat.

Systematisch ist zur Personalisierung von Politik zunächst einmal zu bedenken, daß in einer parlamentarischen Demokratie als Parteienstaat die (Kanzler-)Kandidatenrolle zwar ausdifferenziert werden kann, sie aber funktional noch nicht einmal annähernd die Hauptakteure des politischen Prozesses abdeckt[79]. Zwar ge-

---

76 D. L. Swanson/P. Mancini (Anm. 42), S. 17–20.
77 Herbert Müller, Stimmungsumschwung. Die Strategie der Union im Wahlkampf 1994, in: Heinrich Oberreuter (Hrsg.), Parteiensystem am Wendepunkt? Wahlen in der Fernsehdemokratie, München–Landsberg/L. 1996, S. 165–180; Peter Radunski, Politisches Kommunikationsmanagement. Die Amerikanisierung der Wahlkämpfe, in: Bertelsmann Stiftung (Hrsg.), Politik überzeugend vermitteln, Gütersloh 1996, S. 33–64; O. Jarren/M. Bode (Anm. 52).
78 Bernhard Weßels, Wahlpräferenzen in den Regionen: Stabilität und Veränderung im Wahljahr 1994 – oder: Die »Heimkehr« der CDU/CSU-Wähler von 1990, in: M. Kaase/H.-D. Klingemann (Anm. 74), S. 259–284.
79 In einer Inhaltsanalyse der Medienberichterstattung zur Bundestagswahl 1990 hat Max Kaase, Is There Personalization in Politics? Candidates and Voting Behavior in Germany, in: International Political Science Review, 15 (1994), S. 223–242, hier S. 216, gezeigt, daß sich

stattet der Wahlkampf für die Planung der Parteien andere Hervorhebungen; dennoch stellt sich als entscheidende Frage, welchen Effekt solche Akzentsetzungen auf das letztlich entscheidende Verhalten des Wählers in der Wahlkabine haben. Für den bundesrepublikanischen Parteienstaat ist hier – etwa auch im Vergleich zu den USA – zu einer zurückhaltenden Bewertung zu raten.

Die diesbezüglichen Überlegungen müssen bei dem Problem beginnen, daß die Einstellungen der Bürger zu den Parteien, ihrer Problemlösungskompetenz und zu den Kandidaten eng miteinander zusammenhängen; häufig stimmen alle drei oder zumindest zwei dieser Orientierungen in ihrer Richtung überein, so daß es aus statistischen Gründen schwer ist, den Effekt einer einzelnen Orientierungsdimension zu ermitteln. Die Chance einer größeren Unabhängigkeit dieser Dimensionen ergibt sich allerdings mit dem möglicherweise weiteren Verfall der traditionellen Parteibindungen der Wähler. Dies würde bedeuten, daß die Kanzlerkandidaten ihr Gewicht vor allem bei den parteiunabhängigen Wählern in die Waagschale werfen können.

Insgesamt weisen neuere Analysen darauf hin, daß das Beeinflussungspotential von Wahlkämpfen und Wahlkampfstrategien für das Wahlverhalten der Bürger überschätzt wird[80]. Man kann davon ausgehen, daß die Parteien die Ergebnisse der einschlägigen Forschung zur Kenntnis nehmen und auch entsprechend darauf reagieren werden. Hinzu kommt, daß, wie Lass gezeigt hat, »die Wahlentscheidung in der Demokratie ... durch Personalisierung nicht trivialisiert, sondern zusätzlich fundiert« wird, weil Leistungsbewertungen im Mittelpunkt stehen[81]. Die genannten

---

lediglich 6,3 Prozent der Akteursmessungen auf die Kanzlerkandidaten von CDU und SPD bezogen.
80 In einer Längsschnittbetrachtung konnte M. Kaase (Anm. 79) bei Bundestagswahlen in der Zeit bis 1987 für die Gesamtheit der Wähler keinen Anstieg der Bedeutung der Kandidatenvariablen feststellen. Eine nach Parteinähe und Parteikompetenz differenzierende Analyse der Bundestagswahlen 1990 und 1994 von Oscar W. Gabriel/Angelika Vetter, Bundestagswahlen als Kanzlerwahlen? Kandidatenorientierungen und Wahlentscheidungen im parteienstaatlichen Parlamentarismus, in: M. Kaase/H.-D. Klingemann (Anm. 74), S. 505–536, kommt insofern zu einer anderen Bewertung des Kandidateneffekts, als dieser erstens zwischen Wahlen und zweitens nach Wählergruppen variiert. Bei den parteigebundenen Wählern und den Wählern, die ihre Entscheidung von Sachfragen abhängig machen, ist der Kandidateneinfluß sehr gering; lediglich in der – zahlenmäßig allerdings sehr kleinen – Gruppe der parteifernen Wähler treten zum Teil massive Kandidateneffekte auf. Dieser Befund wird auch durch die Arbeit von Carsten Zelle, Modernisierung, Personalisierung, Unzufriedenheit: Erklärungsversuche der Wechselwahl bei der Bundestagswahl 1994, in: M. Kaase/H.-D. Klingemann (Anm. 74), S. 221–258, bestätigt, der den Wählerwechsel zwischen Bundestagswahlen untersucht hat. Da er das Gesamtgewicht der Personenorientierung für Wahlverhalten als sehr gering einschätzt, gelangt er zu dem bemerkenswerten Schluß, daß gerade eine zunehmende Personenorientierung in der Planung von Wahlkämpfen erreichen könnte, was die Parteien sicherlich nicht intendieren: eine sich von den Parteien lösende Wählerschaft; zu anderen Ergebnissen bezüglich der Bedeutung der Kandidatenorientierung mit einem neuen Analyseansatz kommt Hermann Schmitt, Issue-Kompetenz oder Policy-Distanz? Zwei Modelle des Einflusses politischer Streitfragen auf das Wahlverhalten und die empirische Evidenz aus drei Nachwahlumfragen zur Bundestagswahl 1994, in: M. Kaase/H.-D. Klingemann (Anm. 74), S. 145–172.
81 Jürgen Lass, Vorstellungsbilder über Kanzlerkandidaten. Zur Diskussion um die Personalisierung von Politik, Wiesbaden 1995, S. 193. Diese Einschätzung wird allerdings in der

deutschen und internationale Befunde relativieren insgesamt den direkten Einfluß der Politikstrategen und der Medien auf die Wahlentscheidung der Bürger[82], die sich, wie bereits weiter vorne angemerkt[83], stets auch gegen die persönlichen Netzwerke der Wähler durchsetzen müssen, in welche diese eingebettet sind.

Faßt man die Überlegungen dieses Abschnitts zusammen, so ist einerseits unbestritten, daß sich Wahlkämpfe wegen der Allgegenwart des Fernsehens und der Verfügbarkeit moderner Darstellungs- und Kommunikationstechnologien sowie einer sehr viel professionelleren Planung durch die Parteizentralen in ihren Erscheinungsformen und Schwerpunktsetzungen stark gewandelt haben. Andererseits muß die Frage nach den Wirkungen dieses Wandels auf das politische Wissen, die Informationsverarbeitung und die Verhaltensweisen der Bürger eher zurückhaltend beantwortet werden. Wenn der einschlägige Diskussionskontext jedenfalls eine Gefährdung der liberalen Demokratie durch die Mediatisierung der Wahlkämpfe nahelegt, so wird hier wohl doch mit Kanonen auf Spatzen geschossen.

6.3 Massenmedien und politischer Prozeß

In den beiden vorangegangenen Abschnitten ging es jeweils um das über die Massenmedien vermittelte Verhältnis zwischen Bürgern und den Institutionen sowie Verfahrensweisen des politischen Systems. Zu fragen ist jedoch auch, ob ein Wandel im System der Massenkommunikation auch *interne* Elemente des politischen Systems berührt. Als ein Beispiel wurde bereits der vermutete Einfluß der Mediatisierung auf die lokalen Parteiorganisationen genannt[84].

Von besonderem Interesse ist sicherlich, in welchem Umfang die technisch ermöglichte Allgegenwart der Medien und – im Falle des Fernsehens – die Bildhaftigkeit der dabei entstehenden Dokumente die politischen Akteure so beeinflussen,

---

Literatur nicht durchgängig geteilt. So betont Klaus Kindelmann, Kanzlerkandidaten in den Medien. Eine Analyse des Wahljahres 1990, Opladen 1994, in einer Analyse der Bundestagswahl 1990 nicht nur die Rolle der Medien in der Wahrnehmung der Kanzlerkandidaten allgemein und dabei deren Prägung durch die redaktionellen »Linien«, sondern auch ihre Bedeutung für die Konstruktion der Persönlichkeitsbilder der Kandidaten durch das Publikum. Diese Persönlichkeitsbilder erweisen sich als ähnlich wichtig wie die wahrgenommene Sachkompetenz, ein Befund, der von Hans Mathias Kepplinger/Hans-Bernd Brosius/Stefan Dahlem, Wie das Fernsehen Wahlen beinflußt. Theoretische Modelle und empirische Analysen, München 1994, in einer kombinierten Inhalts-, Rezeptions- und Wähleranalyse zur Bundestagswahl 1990 in Mainz nicht nur bestätigt, sondern, relativ gesehen, zugunsten des Überwiegens der wahrgenommenen Charaktereigenschaften gegenüber der Sachkompetenz der Kandidaten bei der Wahlentscheidung sogar noch akzentuiert wird.

82 Siehe dazu für England John Curtice, Is the *Sun* Shining on Tony Blair? The Electoral Influence of British Newspapers, in: Press/Politics, 2 (1996) 2, S. 9–26, und allgemein Diana C. Mutz/Joe Soss, Reading Public Opinion. The Influence of News Coverage on Perceptions of Public Sentiment, in: Public Opinion Quarterly, 61 (1997), S. 431–451.

83 M. Schenk/P. Rössler; M. Schenk (Anm. 47).

84 Ein zweites Beispiel ist der Anstieg der Zahl der Vorwahlen in den USA als Ergebnis der grass roots- und horse race-Orientierung vor allem des Fernsehens, über den Rubin berichtet. Siehe dazu Richard L. Rubin, Press, Party, and Presidency, New York 1981, S. 181–210.

daß daraus konstitutionelle, institutionelle und verfahrensmäßige Veränderungen im regelhaften politischen Willensbildungspozeß entstehen. Unter dem Aspekt der *symbolischen Politik* geht es bei der Veränderung von Akteurkognitionen vor allem um die antizipierten bzw. gewollten Effekte der öffentlichen *Darstellung* von Politik, d. h. um die bewußte Auswahl derjenigen Präsentationskontexte (*framing*) und Inhalte, die den Akteuren zur Verwirklichung ihrer Ziele als besonders dienlich erscheinen. In diesen Bereich fallen insbesondere Strategien der Ereigniskonstruktion und der Instrumentalisierung der Medien über Nachrichtenwerte, also die Indienstnahme eines Kernelements der medienspezifischen Binnenlogik.

Noch bedeutsamer ist die Beantwortung der Frage, inwieweit das Wissen der politischen Akteure um die herrschaftskonstitutive Bedeutung der *symbolischen Politik* für die Beibehaltung bzw. das Erreichen wichtiger Herrschaftspositionen Verfahren und vor allem Inhalte der *Entscheidungspolitik* bestimmt. Kommen z. B. bestimmte Problemlagen nur deswegen nicht auf die politische Tagesordnung, weil man ihre Öffentlichkeitswirkung, etwa wegen fehlender Lösungskonzepte und Lösungskompetenz oder wegen eines Einschnitts in Besitzstände und bestehende Interessenlagen, fürchtet? Werden bewährte deliberative Verfahren der Entscheidungspolitik durch die Umdefinition von Problemlagen mit dem Ziel ihrer herrschaftspolitischen Neutralisierung bzw. durch die Übertragung in den Bereich der symbolischen Politik entwertet oder außer Kraft gesetzt? Bei dieser Thematik geht es also um Gesichtspunkte, die nicht den öffentlichen Diskurs über Politik, sondern die institutionelle Struktur von Demokratien unter den Gesichtspunkten von ziel-mittel-orientierter Problemwahrnehmung, Problembearbeitung und Entscheidungsfähigkeit, also ihre Leistungen (Performanz) und Legitimität berühren[85].

Hierzu liegen kaum systematische Forschungen vor. Theoretische Überlegungen von Manheim[86] und eine komparative Untersuchung von Pfetsch über das *news management* von Regierungen[87] geben jedoch Anlaß zu der Vermutung, daß die Mediatisierung von Politik im Kommunikationszeitalter über Veränderungen im internen demokratischen Politikprozeß gerade diejenigen Strukturen beschädigen könnte, die über die Institutionalisierung von Systemoffenheit und Kreativität die politische Ordnung der Demokratie als die bisher leistungsfähigste Form ausgewiesen haben.

---

85 Ulrich Sarcinelli, Mediale Politikdarstellung und politische Kultur. 10 Thesen, in: Gewerkschaftliche Monatshefte, 47 (1996) 5, S. 265–280.
86 Jarol B. Manheim, Strategische Kommunikation und eine Strategie für die Kommunikationsforschung, in: Publizistik 49 (1997) 1, S. 62–72; U. Sarcinelli (Anm. 85); ferner Ulrich Sarcinelli, Mediale Politikdarstellung und politisches Handeln: analytische Anmerkungen zu einer notwendigerweise spannungsreichen Beziehung, in: Otfried Jarren, Politische Kommunikation in Hörfunk und Fernsehen, Opladen 1994, S. 35–50.
87 Barbara Pfetsch, Government News Management – Strategic Communication in Comparative Perspective. Unveröffentlichtes Manuskript, Wissenschaftszentrum Berlin für Sozialforschung, Berlin 1997.

7. Resümee

Demokratische Politik ist ohne ein ausdifferenziertes Mediensystem nicht möglich, das die unabdingbaren Vermittlungsleistungen zwischen dem politischen und den anderen gesellschaftlichen Teilsystemen erbringt. Insofern berührt jede Veränderung des Verhältnisses von Massenmedien und Politik auch die Demokratie insgesamt. Demokratie als politische Ordnungsform lebt von der Offenheit ihrer Meinungsbildungsprozesse und der Kontrolle der Bürger über die zu treffenden Entscheidungen. Aus diesem Grund muß die Frage nach den Bedingungen dieser Offenheit und Kontrolle und damit nach der demokratischen Legitimation von Politik immer wieder neu gestellt werden.

Dennoch bewährt sich Demokratie auch an den Leistungen, welche das Institutionensystem und die in ihm wirkenden Akteure erbringen. Für Flächenstaaten hat sich, in im Detail unterschiedlicher Form und Tiefe, das System der indirekten Demokratie in der Summe als hinreichend funktionsfähig erwiesen. Zeitgenössische, in Subsysteme ausdifferenzierte Gesellschaften operieren arbeitsteilig und gestatten so die Ausbildung funktionaler Teileliten. Der Preis, den der Bürger für die Arbeitsteiligkeit zahlen muß, ist seine im Interesse der politischen Gleichheit institutionell begrenzte Teilnahmechance an Politik. Komplexe Politien erfordern nicht zuletzt spezialisierte Politikrollen zur Erzeugung kollektiver politischer Güter und keine Freizeitpolitiker, wie dies für eine Betroffenheitspolitik zur Wahrnehmung regionaler und bereichsspezifischer Interessen gerade noch ausreichen mag. An dieser Strukturproblematik ändern auch normative Vorstellungen einer deliberativen Politik unter Beteiligung aller Bürger nichts. Es ist ihnen nicht vorzuwerfen, daß sich ihr Wissen um politische Strukturen und Prozesse bei allen Unterschieden, z. B. nach formaler Bildung, in der Summe doch als äußerst rudimentär darstellt[88]; dieser Sachverhalt ist jedoch wegen seiner strukturellen Qualität bei der Organisation des demokratischen politischen Prozesses stets im Auge zu behalten.

Bezüglich der Wirkungsmächtigkeit der Massenmedien auf die politischen Orientierungen der Bürger ist die Forschung stets – mehr oder weniger – davon ausgegangen, daß massenmedial vermittelte Botschaften auf individuelle Prädispositionen treffen, die als Filter für die Aufnahme und Interpretation dieser Botschaften wirken[89]. Dies war in vielerlei Hinsicht ein beruhigender Befund. Zaller hat allerdings diese Annahme auf der Grundlage kognitionspsychologischer Überlegungen prinzipiell in Frage gestellt[90] und schließt damit an Forschungen an, welche schon lange auf das Phänomen der Stabilität politischer Orientierungen für die Summe aller Bürger bei hoher *individueller* Instabilität, d. h. beim einzelnen Bürger, hingewiesen haben[91]. Die Suche nach Bedingungen für die beste verfügbare Qua-

---

88   Werner J. Patzelt, Ist der Souverän unaufgeklärt? Die Ansichten der Deutschen über Parlament und Abgeordnete. Als Manuskript vervielfältigt, Institut für Politikwissenschaft der Universität Dresden, Dresden 1996.
89   Vergleiche hierzu die Beiträge von Rüdiger Schmitt-Beck und Michael Schenk in diesem Band.
90   John R. Zaller, The Nature and Origins of Mass Opinion, Cambridge 1992.
91   Philip E. Converse, Attitudes and Non-Attitudes: Continuation of a Dialogue, in: Edward R. Tufte (Hrsg.), The Quantitative Analysis of Social Problems, Reading 1970, S. 168–189; Max

lität von Sachinformationen ist gerade unter der Annahme individueller Einstellungsschwankungen für einen rationalen Diskurs und darauf aufbauende Entscheidungen für Demokratien lebensnotwendig. Bei dieser Suche stößt Zaller auf die reale und potentielle Rolle von Expertengruppen *(expert communities)* und entwickelt ein »idealisiertes System öffentlicher Information, in dem sich politische Ideen und Perspektiven unter verschiedenen Politikspezialisten entwickeln und über Politiker und die Massenmedien in die Bevölkerung diffundieren«[92].

Dieser Rekurs auf die Qualität pluralistisch verfaßter Elitediskurse relativiert in den Augen Zallers sowohl die Rolle der Politiker als auch die der Massenmedien, weil er argumentative Rahmenbedingungen setzt, denen sich beide Teilsysteme in einer offenen Gesellschaft nicht leicht entziehen können. Entsprechendes würde letztlich auch für die Mediatisierungsproblematik gelten.

Hier eröffnen sich also ganz neue Forschungsperspektiven. Dies ändert jedoch nichts daran, daß auch die Konsequenzen aus der Mediatisierung von Politik unter demokratietheoretischem Blickwinkel vor allem mit langem Atem und auf einigermaßen gesicherter empirischer Grundlage analysiert werden müssen. So ist dieser Aufsatz letztlich ein Plädoyer für eine Forschung, die sich dem wichtigen Thema von Mediatisierung und Demokratie mit Augenmaß, ohne Aufgeregtheit und ohne voreilige Schlüsse, wohl aber mit der angemessenen theoretischen Konzeptualisierung, mit klugen Forschungsprogrammen und mit solider empirischer Forschung nähert. Die Demokratie als Ordnungsform ist schon oft in der Krise gesehen, ja sogar totgesagt worden. Bisher jedoch hat sie eine bemerkenswerte Anpassungsfähigkeit an veränderte Rahmenbedingungen bewiesen. Es gibt vorerst keinen Grund zu der Annahme, daß sich dies in Zukunft – und sei es wegen der Mediatisierung der Politik – grundlegend ändern wird. Dazu bedarf es allerdings der etwa auf der Grundlage des Zallerschen Expertendiskurses durch Einsicht gewonnenen oder durch politische Konflikte erzwungenen Bereitschaft der politischen Herrschaftsträger, aus Fehlentwicklungen zu lernen und sie zu korrigieren. Für die Sicherung dieser Lernbereitschaft des politischen Systems ist ein pluralistisch verfaßtes System der Massenkommunikation unverzichtbar; dies gilt insbesondere dann, wenn es als gesellschaftliches Teilsystem ebenfalls über diese Lernbereitschaft verfügt.

Kaase, Das Mikro-Makro-Puzzle der Empirischen Sozialforschung: Anmerkungen zum Problem der Aggregatstabilität bei individueller Instabilität in Panelbefragungen, in: Kölner Zeitschrift für Soziologie und Sozialpsychologie, 38 (1986) 2, S. 209–222.
92 J. R. Zaller (Anm. 90), S. 328.

ULRICH SAXER

Mediengesellschaft: Verständnisse und Mißverständnisse

Nach dem Wunsch des Herausgebers sollen die Beiträge dieses Teils zentrale Konzepte klären und der theoretischen Grundlegung und systematischen Einordnung von Problemen dienen, die sich im Zusammenhang mit Politikvermittlung in sogenannten Mediengesellschaften ergeben. Dementsprechend suchen die folgenden Ausführungen zuerst die Karriere des Begriffs »Mediengesellschaft« zu rekonstruieren, diesen so gut wie möglich zu präzisieren und dann auf den herausgearbeiteten Begriffsdimensionen wesentliche, aus medialer Politikvermittlung resultierende Problemlagen zu diskutieren. Es liegt dabei in der Natur solcher Einführungsartikel, daß sie die behandelte Thematik nicht erschöpfen und im Fall einer sehr kontroversen Diskussion wie der hier gegebenen auch keine einhellige Zustimmung finden können. In diesem Sinn möchte der Verfasser dieses Beitrags nur hoffen, in diesem wenigstens die Einverständnisse über die Mediengesellschaft als Ort von Politikvermittlung zutreffend zu nennen und zu charakterisieren und die verbreiteten diesbezüglichen Mißverständnisse nicht noch zu vermehren.

1. »Mediengesellschaft«: Zur Karriere eines Begriffs

1.1 Gesellschaftswandel

Die Charakterisierung moderner Gesellschaften als »Mediengesellschaften« ist vor allem unter dem Eindruck eines international sich abzeichnenden entsprechenden Gesellschaftswandels gängig geworden, zumindest in mit Medien stärker befaßten Fachkreisen. Insofern reiht sich diese, erst zögernd[1], dann immer selbstverständlicher gebrauchte Redeweise in eine ganze Reihe anderer Versuche ein, die Komplexität und die Dynamik moderner Gesellschaften anhand eines besonders prägnanten Merkmals, sei es die vermehrte Freizeit (»Freizeitgesellschaft«: Horst W. Opaschowski) die daraus resultierenden neuen Erlebnismöglichkeiten (»Erlebnisgesellschaft«: Gerhard Schulz), ihre erhöhte Risikoträchtigkeit (»Risikogesell-

---

1 Winfried Schulz, Politik in der Mediengesellschaft. Veränderungen der politischen Realität durch Massenkommuniation. Antrittsvorlesung vom 11. Januar 1984 an der Friedrich-Alexander-Universität Erlangen – Nürnberg, Nürnberg 1984.

schaft«: Ulrich Beck) oder auch ihren gesteigerten Informations- bzw. Kommunikationsbedarf (»Informationsgesellschaft«, »Kommunikationsgesellschaft«) zumindest terminologisch einzufangen, wenn schon die großen Theorien zur Erklärung der entfesselten gesellschaftlichen Evolution nicht mehr greifen[2]. Insofern ist von vornherein das nur *relative* Aussagevermögen auch eines Etiketts wie »Mediengesellschaft« zu bedenken.

Immerhin läßt sich, kaum bestreitbar, eine historische Gesamtentwicklung gerade unter dem Stichwort »Gesellschaftsevolution« erkennen, die solche kommunikationsakzentuierten Gesellschaftscharakterisierungen nahelegt. Da die Zähmung ihrer evolutionären Dynamik und die Bewältigung der damit verbundenen Zunahme an Komplexität – immer mehr gesellschaftliche Subsysteme, d. h. Handlungszusammenhänge, um zusätzliche Dienstleistungen, Wissenschaften, Güter etc. bilden sich in ihnen aus – allmählich zum Hauptproblem der modernen Großgesellschaften geworden ist[3], gewinnt *Kommunikation,* der Prozeß der Zeichen- bzw. Bedeutungsvermittlung für ihren Zusammenhalt und ihr Funktionieren immer größeres Gewicht. Der Informations- bzw. Kommunikationsbedarf in ihnen wächst nicht nur linear, sondern exponentiell, weil jedes zusätzliche gesellschaftliche Teilsystem sowohl interne als auch externe Kommunikationsstrukturen ausdifferenzieren und betätigen muß. Zudem leben immer mehr Menschen dieser Gesellschaften in unterschiedlichen Bewußtseinswelten, und die Sensibilität für Kommunikationsdefizite und die Nachfrage nach gruppen-, ja individuumsgerechten Kommunikationsangeboten steigt in ihnen unablässig, so daß sie zu den drei traditionellen Sektoren Landwirtschaft, Industrie und Dienstleistungen einen Quartärsektor Information bzw. Kommunikation zur Meisterung dieser Überkomplexität ausbilden. In diesem nimmt Medienkommunikation natürlich eine dominierende Position ein.

Als *Mediengesellschaften* können mithin, in einem ersten terminologischen Zugriff, moderne Gesellschaften bezeichnet werden, in denen Medienkommunikation, also über technische Hilfsmittel realisierte Bedeutungsvermittlung, eine allgegenwärtige und alle Sphären des gesellschaftlichen Seins durchwirkende Prägekraft entfaltet, ein sogenanntes soziales Totalphänomen (Marcel Mauss) geworden ist. Medienkommunikation tritt in diesen auf drei Ebenen auf: nämlich erstens gesamtgesellschaftlich, namentlich auf der Ebene der Institutionen (Makrolevel), zweitens auf der Ebene der Organisationen (Mesolevel) und drittens auf der Ebene der konkreten individuellen und kollektiven Vermittlungsprozesse (Mikrolevel). Sie ist zudem national- wie weltgesellschaftlich präsent und entwickelt überall dort ein überaus vielfältiges Leistungsvermögen. Um dieser scheinbar unbegrenzten Funktionalität von Medienkommunikation willen werden in Mediengesellschaften die wirtschaftlichen und personellen Investitionen in den Quartärsektor immer gigantischer, und zwar eben als Antwort auf einen nicht minder gigantisch anwachsenden Bedarf nach ihr.

---

2 Walter Bühl, Sozialer Wandel im Ungleichgewicht: Zyklen, Fluktuationen, Katastrophen, Stuttgart 1990, S. 1 ff.
3 Helmut Willke, Systemtheorie entwickelter Gesellschaften, Weinheim – München 1989.

1.2 Medium

Soweit das heute wohl in Fachkreisen gängige Verständnis von »Mediengesellschaft« und seine wandlungstheoretische Basis. Eigenartigerweise hat man sich indes bei der Karriere dieses Begriffs sehr viel weniger Gedanken über sein Bestimmungswort »Medien« gemacht als über sein Grundwort »Gesellschaft« – analog zum neuerlichen Aufkommen einer Medienwissenschaft, der es nach wie vor an einem einvernehmlichen Verständnis ihres Gegenstandes fehlt[4]. Aus diesem Versäumnis resultieren natürlich immer weitere *Mißverständnisse*, da man sich eben über das angenommene Hauptcharakteristikum dieses neuen Gesellschaftstyps zu wenig im klaren bzw. einig ist. Auf diese Weise werden immer wieder unterschiedliche Dimensionen des komplexen Phänomens Medien angesprochen, aber nicht klar ausgewiesen.

Es wird daher hier kein weiterer alltagsweltlicher Medienbegriff mit vornehmlich instrumentellem Bezug zu Kommunikation postuliert, sondern aus dem heterogenen wissenschaftlichen Sprachgebrauch und der diesbezüglichen multidisziplinären Forschungspraxis die folgende *Nominaldefinition* abgeleitet: Medien sind komplexe institutionalisierte Systeme um organisierte Kommunikationskanäle von spezifischem Leistungsvermögen. Dieser vom Verfasser seit langem[5] und mehrfach vertretene terminologische Einigungsvorschlag wird immerhin neuerdings gelegentlich beachtet[6].

Medien sind also grundsätzlich durch *fünf* mehr oder minder stark ausgeprägte *Merkmale* gekennzeichnet, gemäß denen sich auch die einschlägigen Forschungshauptrichtungen konturieren:
– Als (technische) *Kommunikationskanäle* sind sie, erstens, geeignet, unterschiedliche Zeichensysteme (visuelle, auditive, audiovisuelle) mit unterschiedlicher Kapazität zu transportieren. Bewährte massenmedial etablierte Kommunikationstechnologien, wie z. B. die durch das Buch oder den Film realisierten, werden durch neue – wie etwa das Fernsehen – nicht verdrängt, sondern lediglich zur funktionalen Anpassung an die gewandelte Marktkonstellation genötigt. Irrige Vorstellungen über Medienkonkurrenz führen immer wieder zu Fehleinschätzungen des Durchsetzungs- und politischen Leistungsvermögens von Medien, z. B. der Presse[7][8] im Vergleich zur Television.

---

4 Helmut Schanze/Peter Ludes (Hrsg.), Qualitative Perspektiven des Medienwandels. Positionen der Medienwissenschaft im Kontext »Neuer Medien«, Opladen 1997.
5 Ulrich Saxer, Grenzen der Publizistikwissenschaft. Wissenschaftswissenschaftliche Reflexionen zur Zeitungs-/Publizistik-/Kommunikationswissenschaft seit 1945, in: Publizistik, 25 (1980) 4, S. 532.
6 Werner Faulstich, Das Medium als Kult, Göttingen 1997, S. 10; Otfried Jarren, Auf dem Weg in die »Mediengesellschaft«? Medien als Akteure und institutionalisierter Handlungskontext. Theoretische Anmerkungen zum Wandel des intermediären Systems, in: Kurt Imhof/ Peter Schulz (Hrsg.), Politisches Raisonnement in der Informationsgesellschaft, Zürich 1996, S. 85.
7 Wolfgang Riepl, Das Nachrichtenwesen des Altertums mit besonderer Rücksicht auf die Römer, Leipzig – Berlin 1913, S. 5.
8 Klaus Schönbach/Wolfgang Eichhorn, Medieneinwirkung und ihre Ursachen. Wie wichtig sind Zeitungsberichte und Leseinteressen?, Konstanz 1992.

- Medien erfüllen, zum zweiten, bestimmte Zwecke, müssen sich also *organisieren*, denn nur so bringen sie ihre jeweilige Medientechnik wirkungsvoll zum Tragen. Der Organisierbarkeit von Medien stellen sich indes durch die Eigenart ihres Produkts selber, nämlich immer wieder andere Aussagetypen, Widerstände entgegen. Sie müssen ja, mit anderen Worten, ständig das kulturwirtschaftliche Grundproblem der massenhaften Produktion von geistigen Unikaten lösen, und dies mit Hilfe sogenannter »Kreativer«. Die Sicherung von Organisationsstabilität bei Wahrung ausreichender Flexibilität stellt daher Medienunternehmen vor größte Probleme: Jegliche medienpolitisch motivierte Übertragung von Effizienzidealen, die auf Betriebe mit weitestgehend standardisierten Produkten zutreffen, verfehlt die Eigenrationalität von Medienorganisationen und beeinträchtigt damit deren Funktionieren.
- Medienkommunikation resultiert aus Herstellungs-, Bereitstellungs- und Empfangsprozessen. Daher bilden Medien, drittens, *komplexe Systeme*, allerdings sehr unterschiedlich ausgeprägt: Ein kleines Landblatt weist viel weniger komplexe Strukturen auf als eine große Fernsehstation, und der Zusammenhang, gewissermaßen die Systemhaftigkeit, eines Mediums bezüglich seiner Klientel ist entschieden stabiler bei einer Abonnements- als bei einer (Straßen-)Verkaufszeitung. Wieweit und wie Publikumsbindungen an Medien sich entwickeln und für die Vermittlung politischer Inhalte sich auswirken, steht daher im Brennpunkt des Interesses eines wirklich professionellen politischen Marketings und der entsprechenden Marktforschung. Das Scheitern entsprechend konzipierter nationaler Medienpolitiken und die Schimäre einer neuen Welt-Informationsordnung belegen[9], daß die hochkomplexen nationalen und gar das internationale Mediengesamtsystem medienpolitisch nicht mittels simpler und zentralisierter Regelungsmechanismen zielgerecht gesteuert werden können.
- Viertens wirkt das soziale Totalphänomen Medienkommunikation eben in alle erdenklichen Schichten des individuellen und kollektiven Seins hinein: problemlösend und problemschaffend (vgl. *Abschnitt* 1.3), *funktional wie dysfunktional*, in kultureller, wirtschaftlicher und politischer wie in sozialer Hinsicht. Politikvermittlung durch Medien muß daher stets auch unter der Perspektive dieser anderen Bereiche gewürdigt werden, vollzieht sie sich doch z. B. ebenfalls über Wirtschaftswerbung, sozialanwaltschaftlichen Journalismus und den entsprechenden Einsatz kultureller Symbole.
- Schließlich und fünftens werden Medien um ihres umfassenden Funktionspotentials willen in das jeweilige gesellschaftliche Regelungssystem eingefügt, *institutionalisiert*. Diese Einfügung kann wiederum sehr unterschiedlich geartet und vor allem auch verschieden intensiv sein: Dem demokratietheoretischen Postulat von Medienfreiheit widerspricht z. B. die durchgehende politische Instrumentalisierung der Mediensysteme, wie totalitäre Regimes sie praktizieren, radikal. Charakteristika und Problemlagen von Mediengesellschaften können demnach nur sachgerecht angesprochen werden, wenn diesen fünf Dimensionen von Medien insgesamt Rechnung getragen wird. Die Diskussion über die Im-

---

9 Christian Breunig, Kommunikationspolitik der UNESCO. Dokumentation und Analyse der Jahre 1946 bis 1987, Konstanz 1987, S. 78 ff.

plikationen zunehmender Medialität von Gesellschaften und zumal über den Wandel von Mediensystemen selber[10] verfehlt sonst unweigerlich die Komplexität ihres Gegenstandes und hat fatale Verkürzungen der Perspektive zur Folge. So führt insbesondere die einseitige Fixierung auf kommunikationstechnologische Weiterentwicklungen – als wären da nicht soziokulturelle Barrieren zu überwinden – regelmäßig in die prognostische Irre, gegenwärtig vor allem im Zusammenhang mit dem Internet. Zudem verhindert die Vernachlässigung der immer dichteren Intermedialität, d. h. der wechselseitigen Durchdringung verschiedener Varianten von Medienkommunikation, sowohl auf Seiten ihrer Anbieter als auch ihrer Nutzer, jede realistische Einschätzung des Medienbeitrags an die Politikvermittlung in modernen Demokratien.

1.3 Medien als problemlösende und -schaffende Systeme

Um nun den Zusammenhang zwischen den so verstandenen Medien und Gesellschaften möglichst umfassend zu erkennen und darzutun, empfiehlt sich eine *funktionale Perspektive*, d. h. das Ansetzen beim Problemlösungs- und -schaffungsvermögen von Medienkommunikation. Dieses hängt ja von der Konstellation der anderen Merkmale ab und steht zugleich gewöhnlich im Zentrum des Interesses an Medienkommunikation: Was leistet diese tatsächlich für Gesellschaften und um welchen Preis? Wenn alles Leben Problemlösen ist, wie der Wissenschaftstheoretiker Karl R. Popper formuliert hat[11], dann muß allerdings vorgängig auch ein Einverständnis darüber geschaffen werden, was überhaupt als »Problem« angesprochen werden kann und soll. Gleichfalls muß festgehalten werden: Jegliche soziale Erfindung – und so auch die Medien – löst zwar Probleme; sie schafft wiederum aber auch Folgeprobleme bzw. muß als Sozialsystem auch ihre Abstimmung auf die Umwelt, die Integration ihrer Elemente, ihre Zielverwirklichung und Strukturerhaltung bewältigen. Probleme ihrerseits können als Abweichungen von Sollzuständen verstanden werden, die von irgendwelchen Instanzen definiert werden und daher keineswegs selbstverständlich sind.

Aus diesem hier nur skizzierten Erkenntnishintergrund resultiert, daß eine *funktionale Analyse* von Sozialphänomenen wie der Medienkommunikation stets das in Frage stehende Problem und das System, auf das es bezogen werden kann, ausweisen sollte: Es gibt nicht *die* Informationsfunktion der Medien, sondern nur spezifische Informationsleistungen von Medienkommunikation bezüglich der Bedarfslagen spezifischer Systeme. Ferner ist eben neben dem Problemlösungsaspekt (»Funktion«) stets auch derjenige des Problemschaffens (»Dysfunktion«) mitzubedenken.

Für Medienkommunikation muß dabei eine besondere Analyseschwierigkeit gemeistert werden. Sie gründet in dem Umstand, daß ein soziales Totalphänomen

---

10 Ulrich Saxer, Medientransformationen – Bilanz nach einem Jahrzehnt dualen Rundfunks in Deutschland, in: Walter Hömberg/Heinz Pürer (Hrsg.) Medien-Transformation. Zehn Jahre dualer Rundfunk in Deutschland, Konstanz 1996, S. 19–44.
11 Karl R. Popper, Alles Leben ist Problemlösen, München-Zürich, S. 1 ff.

unendlich vielfältige Funktionalität und Dysfunktionalität entwickelt. Die Bemühungen, erschöpfende Funktionskataloge für Medienkommunikation aufzustellen, sind denn auch allesamt unbefriedigend geblieben. Dabei behindert insbesondere auch ein enges Konzept von Medienwirkungen, das diese vorwiegend auf der Mikroebene mißt, die umfassende funktionale Analyse von Medienkommunikation. Sachgerechter ist es daher, von ihren gesellschaftlichen Auswirkungen zu sprechen. Diese reichen von Leistungen der Raumintegration und der Zeitstrukturierung über solche zur sozialen Rangverteilung und zur Sozialisation bis zu solchen in den allerverschiedensten Situationen im individuellen Lebenszyklus, in kollektiven Krisen oder auch im kollektiven Alltag[12].

Was schließlich den spezifischen Beitrag von Medienkommunikation für die *Politikvermittlung* betrifft, so läßt sich eine weitere Problematik im Lichte der bisherigen Forschung nicht übersehen: eine erhebliche Unsicherheit über den tatsächlichen Stellenwert politischer Kommunikation bei der Realisierung von Politik überhaupt. Dies mag eine Folge davon sein, daß die Analyse politischer Kommunikation in Politologie und Soziologie »nach wie vor randständig«[13] ist. Es kann aber auch daherrühren, daß die Allgegenwärtigkeit und zugleich Flüchtigkeit von Kommunikation es erschweren, sie als Forschungsgegenstand und Verursacher von Wirkungen klar zu fassen.

Obwohl die Dichte der Beziehungen zwischen Medienkommunikation und Politik unverkennbar ist und weiter zunimmt, vermag Kommunikation in den empirischen Untersuchungen gewöhnlich nur einen beschränkten Teil der politischen Entwicklungen zu erklären, etwa bei Wahlen und Abstimmungen. Kommunikation stellt offenbar zwar sehr häufig eine notwendige, aber nur selten eine hinreichende Bedingung für politische Prozesse von größerer Tragweite dar. Wenn zudem Politikher- und -darstellung analytisch unterschieden und in Gestalt symbolischer Politik die letztere nicht selten als Entsubstantialisierung von Politik interpretiert wird[14], dann zeugt dies gleichfalls von einer eigentümlichen wissenschaftlichen Ambivalenz hinsichtlich des tatsächlichen politischen Gewichts von Medienkommunikation, ihrer effektiven politischen Entscheidungsrelevanz. Aus all diesen Gründen ist die folgende funktionale Analyse von Medienkommunikation als Vermittlungsmechanismus von Politik in Mediengesellschaften mit etlichen Unwägbarkeiten belastet.

---

12 Ulrich Saxer, Medien als problemlösende Systeme. Die Dynamik der Rezeptionsmotivation aus funktional-struktureller Sicht, in: Siegener Periodicum zur Internationalen Empirischen Literaturwissenschaft, 10 (1991) 1, S. 45–79.
13 Max Kaase/Winfried Schulz, Perspektiven der Kommunikationsforschung in: Kölner Zeitschrift für Soziologie und Sozialpsychologie, Sonderheft 30 (1989), S. 9.
14 Vgl. Ulrich Sarcinelli, Symbolische Politik. Zur Bedeutung symbolischen Handelns in der Wahlkampfkommunikation der Bundesrepublik Deutschland, Opladen 1987; ders., Mediale Politikdarstellung und politisches Handeln: Analytische Anmerkungen zu einer notwendigerweise spannungsreichen Beziehung, in: Otfried Jarren (Hrsg.); Politische Kommunikation in Hörfunk und Fernsehen. Elektronische Medien in der Bundesrepublik Deutschland, Opladen 1994, S. 35–50.

2. Medien als Institution

2.1 Institutionalisierung von Medienkommunikation

Es liegt nahe, für diese Analyse beim fünften Medienmerkmal anzusetzen, ihrem *institutionellen Charakter*. Für Demokratien, die dem Prinzip der Medienfreiheit verpflichtet sind, und zumal angesichts der in jüngster Zeit zunehmenden Deregulierung von Mediensystemen mag dieser Ausgangspunkt der funktionalen Analyse freilich erstaunen. Auch für Medienkommunikation und in jedem Gesellschaftstyp gilt indes, daß sie, sobald ihre Leistungen als unverzichtbar erfahren werden, gemäß bestimmten Regelungsmustern in den Dienst der Gesellschaft bzw. ihrer Mitglieder gestellt, eben institutionalisiert wird. Es muß ja gewährleistet sein, daß ihre vor allem in Mediengesellschaften so vielfältige Funktionalität dauernd gesichert ist.

Dementsprechend wurde der Erscheinungsrhythmus der Zeitungen im 16. und 17. Jahrhundert allmählich stabilisiert, und die Gesellschaftsmitglieder lernen mit jedem neuen Kommunikationsmittel korrespondierende Rollen von Medienproduzenten und -konsumenten. *Institutionen* sind ja kollektive Regelungsmuster, die sich auf wichtige menschliche Bedürfnisse beziehen und darum auch auf spezifischen Sinndeutungen basieren. Medieninstitutionen fungieren zudem maßgeblich als Sinnverbreiter und werden daher von autoritären Regimes auch gemäß ganz anderen politischen Leitideen geordnet als in Demokratien. Schließlich verfügen Institutionen vielfach auch über ein materielles Substrat, Medien natürlich über spezifische kommunikationstechnische Produktions- und Verbreitungsapparate. Es ist offenkundig, daß bei der Institutionalisierung neuer Medien alle fünf erwähnten Charakteristika von Medien zum Tragen kommen, zugleich aber auch gesamtgesellschaftliche Konstellationen wie der jeweilige wirtschaftlich-technische Entwicklungsstand, und dabei namentlich die bereits gegebene Medienversorgung, die jeweilige Kultur und politische Verfassung.

Wie freilich die Geschichte der Zensur verrät, die überwiegend eine Historie der Fehlschläge und auch der Lächerlichkeiten ist, verläuft der normale Prozeß der Institutionalisierung im Falle von Medien vielfach alles andere als pannenfrei, zumal wenn intensive politische oder kulturelle Kontrollen diesen leiten wollen. Die Schwierigkeiten beginnen ja eben bereits beim Produkt von Medien, geistigen Unikaten, deren Her- und Bereitstellung politisch, kulturell und auch wirtschaftlich nur sehr bedingt steuerbar ist. Intervenieren solche Kontrollen intensiv in die *Eigenrationalität von Medienorganisationen*, verhindern sie deren unerläßliches, flexibles Funktionieren. Zensur und umfassende aktuelle Berichterstattung lassen sich nun einmal nicht vereinen. Dies sollten trotz der Exzesse einer entfesselten Journalistenkonkurrenz besorgte Medienwächter auch in heutigen demokratischen Gesellschaften nicht vergessen.

Der Institutionalisierung von Medienkommunikation ist also gewissermaßen ihre *Entinstitutionalisierung* immer wieder beigesellt. So nehmen sich bereits die Erwartungen an die Leistungsfähigkeit von Medienunternehmen in vielen Demokratien eigentümlich ambivalent aus: Zum einen sollen diese ökonomisch selbsttragend, ja profitabel wirtschaften, zum anderen aber auch als eine Art öffentlicher

Dienst fungieren. Diese institutionelle Konstruktion ist von vornherein essentiell instabil. Zudem unterbindet ja das demokratische Prinzip der Medienfreiheit die intensive Verrechtlichung von Medienkommunikation. Wenn aber deren Mechanismen der Selbstkontrolle, namentlich in Gestalt von Medien-Organisationsethik oder Normen der journalistischen Berufskultur, nicht mehr greifen, dann wird die bisherige Regelungsform brüchig.

Entinstitutionalisierung kann aber auch, auf der *Mikroebene,* überkommene journalistische Lösungen von Kommunikationsaufgaben und, auf dem *Organisationslevel,* die traditionelle Ressortbildung in Mitleidenschaft ziehen. Journalistische Darstellungsformen wie Nachricht oder Bericht, mit sozusagen institutioneller Seriositätsgarantie, werden nämlich zunehmend – auch im öffentlich-rechtlichen Rundfunk – in sogenanntes Infotainment[15], Mischformen von Information und Unterhaltung, überführt. Diese lehren letztlich die Radio- und Fernsehpublika, politische Berichterstattung, wie offenbar auch Politik selber, müsse man dann doch nicht so ernstnehmen, wie ehedem geltend gemacht wurde. Und wenn neuerdings für viele Medien die überkommene Orientierung ihrer Redaktionsorganisation an den institutionalisierten Gesellschaftssystemen wie Wirtschaft, Innen- oder Außenpolitik etc. von neuen Seiten und Sendeformaten mit Lebensstilausrichtung be- oder gar zurückgedrängt wird, dann ist zweifellos ein Entinstitutionalisierungsprozeß von erheblicher Tragweite in Gang gekommen.

2.2 *Institutioneller Wandel in Mediengesellschaften*

Solche Entwicklungen sollten aber nicht geschichtsblind und kulturkritisch einfach der Mediengesellschaft angelastet werden. Die institutionelle Einbindung von Medienkommunikation war schon in der industriellen Gesellschaft, also vor dem Aufscheinen der Informations- bzw. Mediengesellschaft seit den siebziger Jahren, prekär. Schon in der industrialisierten Gesellschaft, die die Medienkommunikation mit heterogenen Großpublika zur vollen Entfaltung brachte, dabei diese ebenso informierte wie amüsierte und vor allem auch Massenkonsummärkte erschloß, war ja Medienkommunikation, insbesondere diejenige mittels Radio und Fernsehen, in dreifacher Hinsicht *institutionell fragwürdig:* Seit Ben Jonsons entsprechendem Verdikt im Jahre 1625[16] konnte der Manipulationsverdacht gegenüber einem offenbar unabhängig vom tatsächlichen Ereignisanfall pausenlos Nachrichten verbreitenden Informationsapparat nie dauerhaft beschwichtigt werden. Durch ihre immer intensivere Verbindung mit der kommerziellen Werbung und der Unterhaltungsindustrie, als Gegeninstitutionen zum sonstigen Regelungssystem zumal in deutschsprachigen Ländern von zweifelhafter Reputation, wurde auch die institutionelle Geltung von Massenkommunikation immer wieder beeinträchtigt. Gegeninstitutionell, d. h. im Widerspruch zur sonstigen institutionalisierten Wertwelt, zerschleißt ja die Werbewirtschaft unablässig die dort entwickelten differenzierten Sinngebungen im Dienst eines banalen Materialismus, und die Unter-

---

15 Medienwissenschaft Schweiz, Themenheft »Infotainment«, (1991) 2.
16 Ben Jonson, The Staple of News, Oxford 1966.

haltungsindustrie gibt diese ständig der Lächerlichkeit preis. Die Komödie lebt schließlich von der Umwertung aller Werte! Diese institutionelle Widersprüchlichkeit zumal von Massenkommunikation prägt auch noch die allmählich dominante (Ziel-)Gruppenkommunikation der *postindustriellen Ära* oder eben Mediengesellschaft und erklärt einige ihrer sonst schwer verständlichen Auffälligkeiten. Wohl richten sich die Medienangebote immer gezielter an spezifische Bevölkerungskategorien, aber die Tripelproduktion von Information, Unterhaltung und Werbung, von Orientierungsofferte, Amüsement und Überredung bleibt. Sie wird überdies unter dem unbestrittenermaßen wachsenden Einfluß der Werbewirtschaft auf die Medienproduktion weiter in Richtung von deren Ökonomisierung gedrängt. Das staatliche Wirkungsvermögen andererseits wird unter dem steigenden Druck fundamentaldemokratischer Berechtigungsansprüche von überall her zunehmend überfordert: Allgegenwärtig ist ja der Staat, aber niemanden stellt er zufrieden. Während es bei diesem verbreiteten Mentalitätswandel – Stichwort:»Staatsverdrossenheit« – und wachsendem Wechselwähleranteil dem politisch-administrativen System immer schwerer fällt, den politischen Prozeß zielgerecht zu steuern, schafft sich das Mediensystem im Gefolge der Verluste anderer Institutionen, Kirchen, Parteien etc. an gesellschaftlicher Prägekraft zunehmend eigenen Gestaltungsraum und weitet seinen gesamtgesellschaftlichen, insbesondere seinen politischen Einfluß auf deren Kosten aus.

Ihre wachsende strukturelle Macht in hochdynamisierten, individualisierten und pluralistischen Gesellschaften zu Lasten der auf Dauer und auf vergleichsweise homogenisierte, komplementäre Verhaltensmuster und grundsätzlichen Wertkonsens angelegten sonstigen Institutionen verdanken die Medien, wie vor allem Otfried Jarren eindringlich analysiert und beschrieben hat[17], in erster Linie *ihrer Entkoppelung von solchen Institutionen.* Der historische Niedergang der Parteipresse ist hierfür ebenso symptomatisch wie ihre zunehmende juristische Entpflichtung in Gestalt der erwähnten Deregulierung. Das Mediensystem entwickelt sich in diesem Prozeß zu einem durchaus neuen Typ von Institution, auf den aber der Begriff immer noch zutrifft. Die Medieninstitution befriedigt ja durchaus auch ein wichtiges gesellschaftliches Bedürfnis, aber eben nun unter einem nur geringen Sinnkonsens. Sie lehrt und läßt dementsprechend die vielfältigsten Muster von Publikumsrollen – in einem sehr beschränkten Strukturiertheits- und Verpflichtungsgrad – praktizieren, und zwar grundsätzlich in kurzen Intervallen, jedoch immer wieder und somit auch dauerhaft. Im intermediären System, das mehr und mehr zwischen gesellschaftlichen Bedürfnissen und politisch-administrativem System vermittelt bzw. vermitteln muß, erobert so die Medieninstitution eine führende Rolle und entfaltet dabei zugleich verstärkt ihre spezifische Eigenrationalität.

Diese besteht darin, daß sie Politik, Wirtschaft und Kultur in *Medienrealität* umwandelt, und zwar gemäß ihren spezifischen Selektions- und Präsentationsroutinen, darunter namentlich die sogenannten Nachrichtenfaktoren bzw. -werte[18]. Hierbei handelt es sich um einen branchenbewährten Erkennungs- und Auffälligkeitscode,

---

17 O. Jarren (Anm. 6), S. 79 ff.).
18 Joachim Friedrich Staab, Formale Struktur und empirischer Gehalt des Nachrichtenwert-Theorie, Freiburg–München 1989.

der Neugier zu wecken vermag und darum zum Ansprechen heterogener Massenpublika sehr geeignet ist. Nähe z. B., zeitliche wie räumliche, gilt in diesem Code für beachtenswerter als Ferne, Prominenz für berichtenswürdiger als Nichtprominenz. Störungen, Durchbrechungen von Normalität gelten als informativer denn jene, und die Personalisierung von Prozessen, d. h. die Zurückführung auch kompliziertester politischer Vorgänge auf Entscheidungen einzelner Personen des öffentlichen Lebens erscheint nachvollziehbarer als die sachgerechte Wiedergabe derselben als eines grundsätzlich abstrakt-kollektiven Geschehens.

Diese *Strukturierungsprinzipien von Medienrealität*[19], die natürlich nach außen nie ausgewiesen, aber unter Kommunikationsspezialisten seit langem bekannt sind, strukturieren ihrerseits immer mehr die Kommunikationssysteme von Mediengesellschaften und damit auch diese selber um. Noch das kamerabewußte Winken der notorischen Straßenbefragten oder das nicht minder bildschirmbewußte Verhalten von Präsenzpublika in Fernsehsendungen verrät überdeutlich, daß immer mehr Mitglieder dieser Gesellschaften nicht mehr naiv beim Herstellen von Öffentlichkeit(en), vor allem im Fernsehen, mitspielen. Die Politiker, die am stärksten und unmittelbarsten auf Medienkommunikation für die Realisierung ihrer Ambitionen angewiesen sind, wären gut beraten, diese kollektiven Medien-Lernprozesse ihrer – potentiellen – Wähler ernster zu nehmen und gewissenhafter zu studieren als bislang.

So wie nämlich das Mediensystem sich immer konsequenter gemäß diesen Routinen seiner Eigenrationalität enfaltet, desto unvermeidlicher werden in Mediengesellschaften Kommunikationsstrategien entwickelt, die – von außen – Medienkommunikation im Sinne bestimmter Interessen *zu instrumentalisieren* suchen. Die Expansion von Öffentlichkeitsarbeit[20], die immer größere Bereitschaft der Mitglieder von Mediengesellschaften, sich auf Medienkommunikation einzustellen, und ihr wachsender Wille, für ihre jeweiligen Zwecke Medienöffentlichkeit zu deren besserer Legitimation und Durchsetzbarkeit zu schaffen, vergrößert zugleich die strukturelle Macht von Medienkommunikation wie sie diese beeinträchtigt. Da nämlich öffentliche Aufmerksamkeit unweigerlich ein beschränktes Gut bleibt, kann die exzessive Zunahme von Konkurrenz um sie nur ihre immer größere Zersplitterung zur Folge haben. Dies bedeutet somit auch einen schrumpfenden Grenznutzen von Medienkampagnen für die politische Mobilisierung von Bürgern. Entsprechend erweitert sich die Kommunikationsstrategie der Pubic Relations einerseits von der medialen auf die interpersonale, die unvermittelte Kommunikation und andererseits auf die Produktion statt lediglich auf die Registrierung von Ereignissen. In Medienereignissen[21], die zu Ehren der Medien veranstaltet und entsprechend deren Nachrichtenwerten organisiert werden, kommen Mediengesellschaften sozusagen zu sich selbst.

---

19 Vgl. unter anderem Hans Mathias Kepplinger, Ereignismanagement. Wirklichkeit und Massenmedien, Zürich–Osnabrück 1992; Niklas Luhmann, Die Realität der Massenmedien, Opladen 1996.
20 Michael Kunczik, Public Relations. Konzepte und Theorien, Köln u. a. 1993; Ulrich Saxer, Public Relations als Innovation, in: Horst Avenarius/Wolfgang Armbrecht (Hrsg.), Ist Public Relations eine Wissenschaft? Eine Einführung, Opladen 1992, S. 47–76.
21 Vgl. H. M. Kepplinger (Anm. 19).

3. Medienimpact und Medienentwicklung

3.1 Darstellungsmacht und Herstellungsohnmacht?

In seinen »Maximen und Reflexionen« formulierte bereits J. W. Goethe eine Kritik an der Mediengesellschaft und ihren Politikern: »Was von seiten der Monarchen in die Zeitungen gedruckt wird, nimmt sich nicht gut aus: denn die Macht soll handeln und nicht reden.«[22] Ein Widerspruch wird hier beschworen, der viel später auf den analytischen Gegensatz von *Politikher- und -darstellung* gebracht[23] und für die ganze Diskussion um »Politische Kommunikation als Entscheidungskommunikation«[24] bestimmend geblieben ist. Goethe geht in seiner Kritik an damaligen Monarchen anscheinend davon aus, deren Machtressourcen seien dermaßen unbeschränkt und unangefochten, daß sie der Notwendigkeit, diese ihre Macht publizistisch zu legitimieren, enthoben seien. Nichts könnte in krasserem Gegensatz zu dem stehen, was heute unter dem Etikett »Gefälligkeitsdemokratie« als Abdankung von Real- vor Symbolpolitik beanstandet wird, dem Überhang an Reden über allgemeinverbindliche Entscheidungen, die Politik erwirken und umsetzen soll.

Das Problem ist aber natürlich komplexer, als daß es sich auf solch anschauliche Gegenüberstellungen bringen ließe, geht es doch darum, Politik als *ressourcengestütztes Kommunizieren* zu begreifen[25]: Auch die sogenannte Kanonenboot-Diplomatie als Drohsystem bedarf bekanntlich einer entsprechenden Marine und funktioniert nicht als bloßer Bluff. Oder noch genauer: Inwieweit beruht Politik auf Überredungsmacht, inwieweit auf sonstiger Machtausübung, »Macht« als Chance verstanden, anderer Akteure Handlungsspielraum im Sinne eigener Interessen einzuschränken, und »Politik« als jenes System, das letztverbindlich Macht zuordnet?

Unbestrittenermaßen erschöpft sich Machtausübung, die nicht als legitim eingeschätzt wird, rascher als solche, deren Berechtigung anerkannt wird. Kommunikative Privilegierung wird denn auch seit eh und je von allen Machtanwärtern und -inhabern angestrebt und durchgesetzt, freilich je nach politischer Ordnungs- und Gesellschaftskultur unterschiedlich radikal. In demokratischen Mediengesellschaften z. B. ist es unerläßlich, daß politische Macht sich gewissermaßen verschleiert, tarnt. Die Medienwirkungsforschung[26] hat ja immer wieder festgestellt, daß Medien, die als unabhängig gelten, überzeugender wirken denn offenkundig im Dienste bestimmter Interessen operierende Kommunikationskanäle.

---

22   Johann Wolfgang Goethe, Maximen und Reflexionen, Hamburger Ausgabe, Bd. 12, Hamburg 1994[12], S. 383.
23   U. Sarcinelli (Anm. 14); Otfried Jarren/Patrick Donges/Hartmut Weßler, Medien und politischer Prozeß. Eine Einleitung, in: Otfried Jarren/Heribert Schatz/Hartmut Weßler (Hrsg.); Medien und politischer Prozeß. Politischer Öffentlichkeit und massenmediale Politikvermittlung im Wandel, Opladen 1996, S. 10 ff.
24   Klaus von Beyme/Hartmut Weßler; Politische Kommunikation als Entscheidungskommunikation, Manuskript 1997.
25   Zum Ganzen vgl.: Rundfunk und Fernsehen, Themenheft »Macht und Medien«, 31 (1983) 3/4.
26   Michael Burgoon, Messages and Persuasive Effects, in: James H. Bradac (Hrsg.), Message Effects in Communication Science, Newbury Park 1989, S. 129–163.

Politische Kommunikationsmacht wird somit in demokratischen Mediengesellschaften unweigerlich unter unklaren Vorzeichen ausgeübt und letztlich bestritten, *dissimuliert*. Wohl werden größtmögliche Anteile an politischer Macht andauernd, d. h. über die gesamte jeweilige Legislaturperiode, herbeigeredet, verteidigt etc., aber der Präsentationsgestus, mit dem dies geschieht, ist mehr und mehr derjenige der unparteiischen Benachrichtigung, und das Gütesiegel dafür ist das jeweilige Image der betreffenden Person, Partei oder Materie. Politische Glaubwürdigkeitsverluste sind demnach gewissermaßen systemimmanent, weil das Öffentlichkeitsprinzip, d. h. die Forderung nach Transparenz der politischen Vorgänge, das Etablieren und Behaupten von Images und das Vertuschen tatsächlicher Überredungsabsichten und Kungeleien, sich gegenseitig durchkreuzen und zugleich verstärken[27].

Was insgesamt die Medien-Wirkungsforschung denn auch ermittelt hat, deutet auf ein vergleichsweise beschränktes politisches Wirkungsvermögen von Medienkommunikation im *Einstellungsbereich* hin. Dies hängt freilich auch mit der Konzentration dieser Forschung auf kurzfristiges Geschehen, mit dem Paradefall der Wahlkommunikation, zusammen. Ein ungleich höheres Gewicht als der Beeinflussung politischer Grundüberzeugungen muß hingegen dem Thematisierungsvermögen (»agenda setting«) von Medienkommunikation gerade auch in politischen Fragen zugemessen werden: Was sie nicht aufgreift, bleibt dem allgemeinen politischen Bewußtsein weitgehend fremd. Umgekehrt hat die entsprechende, freilich auch nicht unumstrittene Forschung[28] wiederholt ermittelt, wie zumal die Thematisierung politischer Sachverhalte und Personen durch das Fernsehen mehr Interesse weckt als das vielfach trockene realpolitische Geschäft selber.

Umso mehr versuchen daher die Politiker ihrerseits ihre Themen und Anliegen den Medien aufzudrängen, eben unter anderem mit der Organisation von Medienereignissen und dem Besetzen publizitätsträchtiger Begriffe. *Strukturiertes politisches Wissen* vermögen indes Radio und Fernsehen viel weniger effizient zu vermitteln als die Printmedien, die über die Schrift grundsätzlich aktivere geistig-intellektuelle Aneignung ihrer Gehalte verlangen als die stärker emotionalisierenden elektronischen Medien. Die politische Vorstellungswelt von Vielsehern, die zudem wenig lesen, ist denn auch undifferenzierter als diejenige von Viellesern[29]. Viele Politiker wären demzufolge gut beraten, wenn sie die Erkenntnis der PR-Praktiker[30] beherzigten, daß im immer komplexeren System Öffentlichkeit Versuche, Themen von außen zu lancieren, nur schwer steuerbar sind, totales »issue management« eine Illusion ist und Kampagnen entsprechend häufig wenig erfolgreich verlaufen. Immerhin sind von der Kampagnenforschung weitere Resultate zu erwarten, die hel-

---

27 Vgl. zu dieser Problematik Wolfgang Donsbach u. a., Beziehungsspiele – Medien und Politik in der öffentlichen Diskussion, Gütersloh 1993.
28 Hans-Bernd Brosius, Agenda-Setting nach einem Vierteljahrhundert Forschung: Methodischer und theoretischer Stillstand?, in: Publizistik, 39 (1994) 3, S. 269–288.
29 Gerhard Schmidtchen, Irrational durch Information – Paradoxe Folgen politischer Massenkommunikation –, in: Helga Reimann/Horst Reimann (Hrsg.), Information, München 1977, S. 56 ff.
30 Horst Avenarius, Public Relations. Die Grundform der gesellschaftlichen Kommunikation, Darmstadt 1995, S. 209.

fen, solche Prozesse zu optimieren[31]. Trotzdem ist die Frage dringlich, wieweit noch mehr »Medien-Spektakel«[32] überhaupt der politischen Kultur zugute kommt, und wieweit die Mediengesellschaft tatsächlich ein politisches Wissen zu verbreiten vermag, das den Bürgern in Demokratien eine optimale Teilhabe am politischen Prozeß gestattet.

3.2 Interdependenz und Symbiose

Unvermeidlich kommen also auch in diesen Ausführungen zur Mediengesellschaft immer wieder Aspekte des politischen Stils und der Ethik zur Sprache, desgleichen die Frage, wie die Menschen die zunehmend dominante Medialität politisch bewältigen. Die Wissenschaft freilich spricht insbesondere hierzu nicht mit einer Stimme – Konsens aber besteht darüber, daß dieses Phänomen die Gesellschaften *bis in ihre Kapillaren prägt,* aber eben in vielfach überraschender Weise. So können gute Kenntnisse der Popmusik leistungsschwachen Schülern auf dem Pausenhof alternatives Prestige verleihen[33]. Wie andererseits heute Medientauglichkeit eine Voraussetzung für große politische Karrieren ist, belegt unter anderem das Beispiel des ehemaligen Schauspielers Ronald Reagan. Wie spektakulär Medienbesitz in politische Macht umgemünzt werden kann, zeigt sich an der Person Silvio Berlusconis. Freilich veranschaulicht der letztere »zugleich die Instabilität und das Episodische einer vornehmlich mediengestützten Karriere«[34]. Wieweit beider Populismus zur Trivialisierung politischer Kultur beigetragen hat, bliebe erst noch zu untersuchen.

Sicher ist aber auf jeden Fall, daß die *Interdependenzen* zwischen Medien und politischem System immer dichter werden. Umgekehrt hat eine neuere Analyse aus Anlaß des negativen eidgenössischen Volksentscheids über einen etwaigen Beitritt der Schweiz zum Europäischen Wirtschaftsraum[35] an den Tag gebracht, daß trotz dieser Dichte der gegenseitigen Beziehungen zwischen den zwei Systemen die Journalisten und Politiker sehr wohl an den Stimmbürgern – in diesem Fall nämlich ihren diffusen Ängsten – vorbeipolitisieren können. Diese machten sich in Kneipen und im persönlichen Umgang ihren eigenen Reim auf die unvertraute politische Sache und desavouierten die 80 Prozent Befürworter des Vertragswerks unter den Journalisten und den Großteil des politischen Establishments.

---

31 Ulrike Röttger (Hrsg.), PR-Kampagnen. Über die Inszenierung von Öffentlichkeit, Opladen 1997.
32 Nationale Schweizerische UNESCO-Kommission (Hrsg.), Mehr Medien-Spektakel – weniger Polit-Kultur?, Bern 1996.
33 Ulrich Saxer/Heinz Bonfadelli/Walter Hättenschwiler, Die Massenmedien im Leben der Kinder und Jugendlichen. Eine Studie zur Mediensozialisation im Spannungsfeld von Familie, Schule und Kameraden, Zug 1980, S. 208.
34 Tibor Kliment, Verknüpfung von Medienmacht und politischer Macht. Bericht über die Jahrestagung 1996 des Arbeitskreises »Politik und Kommunikation« in der DGPuK und der DVPW am 4. und 5. Oktober 1996 in Berlin, in: Publizistik, 42 (1997) 1, S. 108.
35 Ulrich Saxer/Cosima Tschopp, Politik und Medienrealität. Die schweizerische Presse zur Abstimmung über den EWR, Zürich 1995.

Solche Fälle von *fragwürdiger Symbiose* von Akteuren der beiden Systeme[36] werden in Mediengesellschaften immer häufiger, weil trotz vorgeblichem Antagonismus sie in manchem komplementäre Interessen verfolgen: Die Politiker wollen für sie günstige Publizität, die Journalisten möglichst ergiebige Informationsquellen – eine ideale Konstellation für Gegengeschäfte, zumal unter den Bedingungen sich verschärfender Konkurrenz sowohl im Medien- wie auch im politischen System. Freilich leidet dadurch die Transparenz der Auseinandersetzung zwischen den beiden Gruppen, und das Prinzip des demokratietheoretisch erwarteten Wechselspiels zwischen kritischen Medienmitarbeitern und auf Legitimation angewiesenen Politikern wird verletzt. Glaubwürdigkeitsverluste beider Interaktionsgruppen sind zu erwarten und damit eine schwindende Bereitschaft der Bürger, ihren politischen und publizistischen Repräsentanten zu vertrauen.

Diese Symbiose nimmt besonders problematische Züge an, wenn es um die *Skandalisierung von Politikern* geht, die im Gefolge einer solchen ihre Position einbüßen. Anders als es den Anschein hat, sind es indes nicht primär die Journalisten, die einen politisch Mächtigen zu Fall bringen. Dies gelingt z. B. selbst dem *Spiegel* in jahrelangen Angriffen auf den brandenburgischen Ministerpräsidenten Manfred Stolpe nicht. Der Grund liegt darin, daß dessen Partei ihn weiter stützt, im Gegensatz zu dem ehemaligen baden-württembergischen Ministerpräsidenten Lothar Späth, der von seinen politischen Freunden durch gezielte Indiskretionen zum journalistischen Abschuß freigegeben wurde[37]. Daß in diesem und ähnlichen Fällen beide Akteursgruppen auf den Nachrichtenwert von Skandalen – selbstverständlich zur Verteidigung der politischen Moral – setzen, fördert aller Voraussicht nach auch nicht gerade das Ansehen der politischen Elite und das Image von Politik überhaupt.

Auf der *Makroebene* kommt es gleichfalls zu Allianzen zwischen den Systemen der Politik und der Medien, aber hier entwickelt sich eben ein gegenseitiges *Do-ut-des* entsprechend großen Stils und von genereller Tragweite: Politische Patronage wird z. B. den Anwärtern auf Rundfunklizenzen gegen publizistisches Wohlverhalten derselben im Sinne der jeweiligen Regierung zuteil. Auf diese Weise kann sich in demokratischen Gesellschaften allmählich eine Art Supersystem zwischen politischen Institutionen und Medien entwickeln, das fast unmerklich ein konstitutives Prinzip der Demokratie aus den Angeln hebt, dasjenige der Gewaltenteilung nämlich. Solche Trendvermutungen müßten freilich noch durch empirische Untersuchungen geprüft und differenziert werden. Sie legen aber auf jeden Fall abschließende Erwägungen über die weitere Dynamik und die künftigen Optimierungsmöglichkeiten von Medienkommunikation nahe, geht es dabei doch um nicht weniger als auch um die Zukunft der Demokratie.

---

36 Vgl. z. B. Ulrich Saxer; »Bericht aus dem Bundeshaus«. Eine Befragung von Bundeshausjournalisten und Parlamentariern in der Schweiz. Zürich 1992.
37 Hans Mathias Kepplinger in Zusammenarbeit mit Peter Eps, Frank Esser, Dietmar Gattwinkel, Am Pranger: Der Fall Späth und der Fall Stolte, in: W. Donsbach u. a. (Anm. 27), S. 159–220.

4. Dynamik und Optimierung von Medienkommunikation

4.1 Medienwandel und Demokratieentwicklung

Aus den vorangehenden Ausführungen zur institutionellen Eigenart von Medienkommunikation und der Komplexität und Problematik ihres Wirkungsvermögens wird auf jeden Fall deutlich, daß ihr Einfluß auf das politische Geschehen in demokratischen Informationsgesellschaften verwirrend vielfältig und entsprechend schwer qualifizierbar ist. Simplifikationen helfen hier nicht weiter, sondern vermehren nur noch die politischen Transparenzdefizite solcher Gesellschaften. Wenn irgendwo, dann muß auch hier die Analyse dem systemtheoretischen *law of requisite variety*[38] genügen. Es besagt, daß nur Systeme von entsprechender Eigenkomplexität imstande sind, hohe Umweltkomplexität, hier diejenige mediengesellschaftlicher Politik, angemessen zu reduzieren, also in sachgerechte wissenschaftliche Erklärungen[39] umzuformulieren.

Dazu soll, zum ersten, der gegenwärtige Medienwandel, soweit durchschaubar, noch vertieft analysiert werden, und im Lichte der einschlägigen Feststellungen müssen seine Rückwirkungen auf die Entwicklungen mediengesellschaftlicher Politik abgeschätzt werden. Dabei ist freilich immer zu bedenken, daß die Redeweise von »Rückwirkungen« grundsätzlich wechselseitig zu verstehen ist (vgl. *Abschnitt 3.2*). Zudem muß berücksichtigt werden, daß *der prospektive Wandel* komplexer und damit sehr vielfältig determinierter Systeme nicht wirklich vorausgesehen, sondern nur in verschiedenen Zukunftsszenarien gemäß unterschiedlichen Projektionen und auch je nach Phantasie je anders entworfen werden kann. Lediglich im Rahmen dieser prekären Argumentationslage gilt die im Folgenden postulierte These von der entscheidenden Bedeutung des unablässigen und flexiblen Optimierens des Verhältnisses von Politikher- und -darstellung für die Demokratieentwicklung in Mediengesellschaften.

Was den gegenwärtigen und künftigen Medienwandel betrifft, so berücksichtigen die *gängigen Pauschalaussagen* über die Globalisierung bzw. Ökonomisierung der heutigen Mediensysteme nur einen Teil der empirisch ausgewiesenen und weitwirkenden Trends. Wie insbesondere die Entwicklung und das zum Teil sehr erfolgreiche Operieren des regionalen Fernsehens und des lokalen Hörfunks zeigen, gibt es die gegenläufige Tendenz zur Globalisierung in Gestalt der Regionalisierung und Subregionalisierung selbst der elektronischen Medien; die Presse war ohnehin schon seit eh und je auf diesen Märkten aktiv. Behauptungen über einen linearen Wandel komplexer Mediensysteme wie etwa des deutschen oder auch des schweizerischen sind denn auch allein schon im Lichte des formulierten Medienkonzeptes (*Abschnitt 1.2*) und der Tatsache der immer dichteren Intermedialität von vornherein unzutreffend. Sie entspringen meist einer einseitig auf die – tatsächlich besonders stark internationalisierte – Television fixierten Sichtweise.

---

[38] Ross W. Ashby, Variety, Constraint, and the Law of Requisite Variety, in: Walter Buckley (Hrsg.), Modern Systems Research for the Behavioral Scientist, Chicago 1968, S. 129–136.
[39] Wissenschaftliche Erklärungsansätze müssen ja dem jeweils zu Erklärenden strukturell ähnlich (isomorph) sein.

Der *Ökonomisierungsthese* kann demgegenüber eher zugestimmt werden, indes nur soweit, als sie nicht in der Behauptung unaufhaltsamer Konzentration der Mediensysteme gipfelt. Natürlich ist der Trend zur Bildung von Medien- und gar von Komglomeratkonzernen international wie national nicht zu übersehen. Er vollzieht sich im Gleichschritt mit anderen Branchen. Es wird aber, gerade im Mediensektor, nicht minder intensiv nach dem Prinzip des Marktlückensuchens bzw. -schaffens und -füllens bis hin zur Lancierung von Alternativmedien operiert. Dabei erschließen insbesondere kleinere Anbieter zum Teil lukrative Märkte, die von Medien-Großkonzernen weniger flexibel bearbeitet werden können[40]. Die Konkurrenz auf den Medienmärkten im Gefolge der hohen Differenziertheit der dort angebotenen kommunikativen Produkte und ihres unterschiedlichen Problemlösungspotentials vollzieht sich eben primär nicht als Substitutions-, als Ausmerzungskonkurrenz, sondern gemäß den Regelhaftigkeiten funktionaler Komplementarität (*Abschnitt 1.2*), d. h. der Entwicklung je spezifischer Leistungsprofile mit entsprechend vielfältigen Marktchancen.

Was aber bedeuten diese gegenwärtigen und prospektiven Entwicklungen des Mediensystems, von denen die technologischen auch noch gesondert anzusprechen sind, für die jetzige und künftig absehbare *Gestaltung des politischen Systems der Demokratie?* Operiert ein Mediensystem wie z. B. das deutsche, das im Printbereich privatwirtschaftlich, im Rundfunk dagegen dual – also auf öffentlich-rechtliche und private Anbieter aufgeteilt – organisiert ist, tatsächlich gemäß der Komplementaritäts- und Marktlückenstrategie, dann sind weiterhin politische Informationen in Hülle und Fülle zu erwarten: über legislatorische Akte, Behördenentscheide, Parteivorhaben und individuelle politische Akteure, denn es gibt eine große, organisierte Anbieterschaft für solche Kommunikationen. Sie richtet sich an ein je nachdem potentiell oder auch aktuell überaus großes Ziel- bzw. Interessenpublikum.

Diese Anbieter bedürfen freilich mehr und mehr der *medialen Mittler,* um ihre politischen Adressaten zu erreichen. Diese Mittler strukturieren ohne den Rückhalt institutionaler Bindungen zunehmend solche Vermittlungsprozesse gemäß ihrer Eigenrationalität; dies geschieht umso stärker, als sie auf einem immer heftiger umkämpften Käufermarkt bestehen müssen, auf dem nicht wie ehedem nur die Anbieter, sondern mehr und mehr die Endnachfrager, die Rezipienten und die Werbewirtschaft, die tatsächlichen Bedingungen diktieren. So wird die durch Markt- und Publikumsforschung projizierte Gestalt des jeweiligen Zielpublikums in wachsendem Maß zur verpflichtenden Perzeption für die Medienschaffenden, zur Direktive der Medienproduktion – Stichwort: Quotendiktat. Hinsichtlich des extramedialen Geschehens ist andererseits das Gewicht der Nachrichtenzulieferer, der Agenturen und Informationsdienste, bei der Medienberichterstattung nach wie vor sehr groß. Es steigt mit den Kosten der publizistischen Informationsbeschaffung und -verbreitung weiter an. Unter ihnen nehmen freilich die schwer durchschaubaren, da nicht persuasiv gestalteten Botschaften der Public Relations einen immer höheren Stellenwert ein und schwächen so die etwaige Kontrollierbarkeit der Medien durch die Politik. Die Entwicklung der demokratischen Politik in Mediengesellschaften gerät mithin in wachsendem Maß in Abhängigkeit: einerseits von den Zu-

---

40 Ulrich Saxer/Franck Hänecke, Musik zwischen Markt und Programm, Zürich 1986, S. 165 f.

lieferern der Medien und deren Vermögen, die politische Realität wirklich einzufangen und in Beiträge zu fassen, die von verschiedensten Publika nachvollzogen werden (können), und anderseits von den Instrumenten der Medienmarkt- und Publikumserkundung[41]. Entscheidend für die Fortentwicklung demokratischer Politik in Mediengesellschaften ist mithin, natürlich neben anderen Aspekten, das Leistungsvermögen der Subsysteme bzw. Hilfsmittel geworden, mit denen die Medien ihre relevanten Umwelten, also Ereignisse bzw. Akteure und Publika, beobachten.

Bei alledem ist aber stets mitzubedenken, daß in demokratischen Mediengesellschaften das *Publikum* die Prozesse der Medienkommunikation immer maßgeblicher mitbestimmt, umso mehr, als mit den erwähnten Instrumenten der Marktbeobachtung versucht wird, das Medienangebot möglichst deckungsgleich mit den wirklichen oder vermuteten Präferenzen des Publikums zu gestalten. Drei oft genannte und daher zum Teil schon angesprochene Entwicklungsmuster der Bevölkerung solcher Gesellschaften sind dabei für die gegenwärtige und künftige Gestalt der politischen Kommunikation besonders erheblich, nämlich die zunehmende Individualisierung, Privatisierung und Hedonisierung der Lebensstile und Mentalitäten:

– Die wachsende gesellschaftliche Arbeitsteilung führt dazu, daß die Bevölkerung in immer unterschiedlicheren Bewußtseinswelten lebt und zugleich der Bedarf nach entsprechend differenzierten Kommunikationsangeboten ansteigt. Ebenso nimmt im Zuge der Pluralisierung der Kultur in solchen Gesellschaften die *Individualisierung der Lebensstile* zu. Das Medienangebot konzentriert sich daher mehr und mehr auf Zielgruppen statt auf heterogene Massenpublika. Die politische Öffentlichkeit zerfällt dementsprechend in immer mehr Teilöffentlichkeiten, zwischen denen gegenseitige Verständigung, die Etablierung eines gemeinsamen Diskurses oder gar einer *volonté générale* schwieriger wird. Mit der Individualisierung der Lebensstile einer geht häufig die *Privatisierung der Mentalitäten,* d. h. die Aufmerksamkeit für überprivate, also öffentliche Belange schrumpft. Öffentliche Aufmerksamkeit wird eben in Mediengesellschaften ohnehin ein immer knapperes Gut, um das eine ständig wachsende Zahl von Kommunikationsanbietern immer lautstärker konkurriert. Gegen diese Informationsüberlastung wehren sich mehr und mehr Personen durch Informationsverweigerung, so daß der etwaigen Zunahme politischer Botschaften in der Medienkommunikation kein entsprechender Wissenszuwachs des Großteils der Bürgerschaft folgt. Ja, es wird sogar die These vertreten:»Irrational durch (mehr) Information« (Gerhard Schmidtchen)[42].

– Um sich greifende *Hedonisierung der Lebenseinstellungen* schließlich signalisiert einen Trend weg von Verpflichtungswerten zu solchen des Genusses. Die ent-

---

41 So fordert z. B. der Radio- und Fernsehartikel 55bis der schweizerischen Bundesverfassung: »Radio und Fernsehen tragen zur kulturellen Entfaltung zur freien Meinungsbildung sowie zur Unterhaltung der Zuhörer und Zuschauer bei.« Er überbindet damit dem Rundfunk letztlich die Verpflichtung, bestimmte Publikumszustände zu realisieren und erhebt so das Instrument der Kontrolle dieser Leistung, eben die Publikumsforschung, in den Rang einer politischen Institution.
42 Vgl. G. Schmidtchen (Anm. 29).

sprechende sozialwissenschaftliche These ist zwar nicht unbestritten[43], ein Großteil der Medienanbieter nimmt sie aber jedenfalls ernst, und Änderungen im Mediennutzungsverhalten der Bevölkerung bestätigen sie zum Teil. Demgemäß sind die Zeitungsartikel und Funkbeiträge kürzer als ehedem, weil auch die Aufmerksamkeitsspannen des breiten Publikums geschrumpft seien. Die traditionelle Ausrichtung der Redaktionsstrukturen an der institutionellen Umwelt und deren Gliederung in Außen-, Innenpolitik, Wirtschaft etc. weicht wie erwähnt einer stärkeren Orientierung an Sphären des Lebensstils, namentlich auch des Konsums, und seit längerem werden auch politische Inhalte vermehrt mit unterhaltendem Gestus, als sogenanntes »Infotainment«, präsentiert.

4.2 Optimierungsmöglichkeiten demokratischer Medienkommunikation

Diese drei Trends im Verein mit den neuen Entwicklungen auf den Medienmärkten geben immer wieder Anlaß zu Initiativen, die demokratische Medienkommunikation im Sinne bestimmter Idealvorstellungen politischer Kommunikation, wie Artikulationsvielfalt, Transparenz oder Rationalität der Meinungsbildung, zu verbessern. Die Geschichte von Medienpolitik, also des Versuchs, Medienkommunikation gemäß bestimmten Leitideen verbindlich zu regulieren, stellt sich freilich in erster Linie als ein *Friedhof gescheiterter Gesamtkonzeptionen* dar, und die propagierten Sanierungsvorschläge gleichen vornehmlich »großen Windmaschinen« (Peter Glotz).

Zwei *Ursachen* sind für diese Normierungsschwierigkeiten von Medienkommunikation hauptverantwortlich: das demokratische Prinzip der Medienfreiheit und die sehr beschränkte Steuerbarkeit von Kommunikation als solcher. Weil Medienkommunikation proteisch und allgegenwärtig geworden ist, entzieht sie sich vor allem den gesetzlichen Zugriffen, und das Prinzip der Medienfreiheit macht solche ohnehin von vornherein als Zensur verdächtig. So operiert demokratische Medienpolitik regelmäßig unter einem gewissen Legitimationsdefizit, selbst wenn die Gesetzgebungsmaschinerie auch in dieser Beziehung eifrig juristische Erlasse produziert. Da der Geist bekanntlich weht, wo er will, verwehrt sich Kommunikation aufgrund ihrer flüchtigen Allgegenwärtigkeit generellen verbindlichen Festlegungen, wie die juristische Regelungsmethodik in Rechtsstaaten sie formulieren und durchsetzen muß. So bleibt die Optimierung von Medienkommunikation in Demokratien wie in Diktaturen ein Dauerproblem: Zu wenig Regulierung öffnet Mißbräuchen, z. B. zu Lasten der Jugend – Stichwort: Jugendschutz – Tür und Tor, zu viel Regulierung behindert das auf flexible Rahmenbedingungen angewiesene Funktionieren der Medien, ihre produktive Eigenrationalität.

Unter den *Steuerungsmechanismen von Medienkommunikation* lassen sich denn auch grundsätzlich ökonomische und juristische unterscheiden. Was die Normierungsmethodik betrifft, sind außer dem Marktregulierungsprinzip von Angebot und Nachfrage und der Verrechtlichung Normen der Berufskultur, Organisations- und

---

43 Helmut Klages, Wert, in: Günter Endruweit/Gisela Trommsdorff (Hrsg.), Wörterbuch der Soziologie, Stuttgart 1989, S. 807–811.

Individualethik zu nennen. Zu optimieren im Sinne bestimmter Leitideen versucht man, mit anderen Worten, Medienkommunikation in Demokratien regelmäßig auf verschiedenen Ebenen, aber insgesamt mit bescheidener Effektivität: Abgesehen von den zwei erwähnten Hindernissen ist nämlich in pluralistischen politischen Kulturen auch kein medienpolitischer Konsens außer hinsichtlich einiger kultureller Selbstverständlichkeiten wie einer gewissen Wahrheitsgarantie der Berichterstattung oder der Respektierung elementarer Gebote der Menschenwürde durch die Publizistik gegeben[44].

In einzelnen sind diese *verschiedenen Optimierungsmethoden* demokratischer Medienkommunikation durch folgende Merkmale gekennzeichnet:
- *Verrechtlichung* erscheint auf den ersten Blick als die demokratische, da rechtsstaatliche Methode der Medienregulierung schlechthin, erweist sich aber regelmäßig als lediglich subsidiär, im Nachgang zur Selbstregulierung demokratischer Mediensysteme, als hierzu tauglich. Nachdem dank der Frequenzvermehrung der rundfunktechnische Zwang zur Monopolisierung bzw. Oligopolisierung der elektronischen Medien unter staatlicher Kuratel hinfällig geworden ist, zeugt deren weltweite Deregulierung von der internationalen Ernüchterung über die Leistungsfähigkeit von Recht als Regulierungsinstanz demokratischer Medienkommunikation. Dies hängt mit der Eigenart von Verrechtlichung als Normierungsmethodik zusammen. Diese schreibt ja soziale Beziehungen fest, generalisiert Erwartungen, lehrt in Berechtigungen denken, legitimiert und sanktioniert Verhalten. Sie organisiert, mit einem Wort, durch Zwang die Gesellschaft, denn Voraussetzung von Rechtsdurchsetzung sind entsprechende Kontrollen und eben Sanktionen. Recht vermittelt auf diese Weise Sicherheit, die aber mit einer gewissen Statik und Starrheit bezahlt werden muß. Im Zusammenhang mit der Dynamik der Kommunikationstechnologie und den entsprechenden Pilotprojekten wurde denn auch als neue juristische Figur Proberecht entwickelt, um diese Starrheit zu mildern, freilich wieder um den Preis der genannten Sicherheit.
- Dementsprechend schreckt man allenthalben in Demokratien vor einer weitgehenden Verrechtlichung der Mediensysteme zurück und baut auf deren *Selbstregulierung,* sei es durch berufskulturelle Routinen und Standards der Journalisten und Medienmanager, sei es über ethische Selbstverpflichtung[45]. Zu bedenken ist ja, daß Medienfreiheit in Demokratien grundsätzlich nur soweit und solange gewährt wird, als der Souverän, die Bürgerschaft, davon ausgehen kann, diese werde im Sinne des Gemeinwohls genutzt und nicht mißbraucht. Insofern dienen die häufigen öffentlichen Bekenntnisse von Medienschaffenden und -verantwortlichen zu einer besonderen ethischen Selbstverpflichtung ebenso der Abwehr juristischer Fremdregelung wie der Sicherung einer allgemein akzeptablen Qualität der publizistischen Produktion. Die Ethikcodices, an denen im Mediensektor fürwahr kein Mangel herrscht, sind freilich nicht wirksamer als ihre tatsächliche Sanktionsgewalt, und diese ist aus den beschriebenen Gründen bescheiden. Sicher ist indes, daß der Rekurs auf die Individualethik Medienschaffender als Ga-

---

44 Eberhard Witte, Ziele deutscher Medienpolitik, München–Wien 1982.
45 Zu den Problemen der Journalismus- und Medienethik vgl. u.a. Ulrich Saxer, Ethik der Kommunikation, in: Gerhard W. Wittkämper/Anke Kohl (Hrsg.), Kommunikationspolitik. Einführung in die medienbezogene Politik, Darmstadt 1996, S. 146–168.

rantie für professionelle Qualität in keiner Weise genügen kann. Er muß vielmehr durch weitere Investitionen in deren Berufsaus- und -fortbildung und auch durch eine ausreichend artikulierte und wirklich durchsetzungsmächtige Ethik der jeweiligen Medienorganisation gesichert werden. Zumal der öffentlich-rechtliche Rundfunk hat mit seinen Regulativen in vielerlei Hinsicht praktikable organisationsethische Mechanismen geschaffen. Seit der Etablierung privater Rundfunkanbieter ist freilich die Frage offen, wieweit Qualitätsstandards, die der öffentlich-rechtliche Rundfunk entwickelt hat, in der Medienkommunikation weiterhin Geltung haben oder durch andere ersetzt werden.

4.3 Demokratische Mediengesellschaft wohin?

Ohnehin ist es überaus schwierig, künftige Entwicklungen demokratischer Mediengesellschaften und der politischen Kommunikation in solchen vorauszusehen. Je komplexer und vielfältiger determiniert soziale Systeme sind, desto weniger kalkulierbar und prognostizierbar sind diese ja. Zudem sind solche Gesellschaften, wie im Vorherigen dargelegt, durch exzessive Dynamik und viele widersprüchliche Trends gekennzeichnet. Nicht zufälligerweise besticht denn auch die *Kommunikationsprognostik* keineswegs durch Treffsicherheit. Insbesondere größere kommunikationstechnologische Neuerungen, wie ehedem die sogenannten Neuen Medien und gegenwärtig Multimedia, d. h. die integrative, digitale, interaktive Medienanwendung, führen meist zu kommunikationsprognostischen Fehlleistungen: Ihr Potential wird regelmäßig kraß über- oder unterschätzt. Unter den Prognostikern sind eben vielfach auch Ideologen am Werk, die je nachdem bestimmte Zukünfte herbei- oder, als Cassandren, wegreden wollen. Zukunftsforschung kann so auch nicht mehr als die Theorie möglicher Zukünfte sein[46].

Demzufolge erfreut sich in ihr die *Szenariotechnik* als Denk- und Darstellungsverfahren besonderer Beliebtheit. Szenarien wollen nämlich nicht vordringlich künftige Entwicklungen voraussagen, sondern vielmehr »das Nachdenken über mögliche Probleme anregen«[47]. In diesem Sinne und auf den Linien der vorherigen Ausführungen sollen hier noch, auch als Fazit, drei Szenarien, nämlich eines zur institutionellen Entwicklung, eines zur Medienentwicklung und eines zur Demokratieentwicklung als komplementäre Perspektiven der sich weiter wandelnden Mediengesellschaft entworfen werden.

Szenario 1: *Institutionelle Entwicklung:* Es gibt keine Anzeichen dafür, daß die Eigenrationalität der Medienkommunikation künftig institutionell stärker eingebunden wird. Die Schwächen der Instrumente, die sie im Sinne bestimmter politischer Intentionen steuern und optimieren sollen, sind ja grundsätzlicher Art. Auch scheint die Evolution der modernen Gesellschaften in Richtung immer größerer

---

46 Zur Problematik der Kommunikationsprognostik vgl. unter anderem Ulrich Saxer, Die Zukunft der Massenkommunikation als Gegenstand der Kommunikationswissenschaft, in: ders./Matthias F. Steinmann/Walter Hättenschwiler, Materialien zur Zukunft der Massenkommunikation in der Schweiz, Bern–Stuttgart 1978, S. 7–67.
47 Daniel Frei/Dieter Ruloff, Handbuch der weltpolitischen Analyse. Methoden für Praxis, Beratung und Forschung, Diessenhofen 1984, S. 271.

Komplexität, d. h. der ständigen Entwicklung weiterer, ihrer Eigenlogik verpflichteten Subsysteme zur Weckung und Befriedigung zusätzlicher Bedürfnisse, ungebrochen. Die Überforderung des Leistungsvermögens des Staates durch fundamentaldemokratische Berechtigungsansprüche dürfte ebenso unausweichlich sein – zumindest auf absehbare Zeit – wie die wachsenden Integrationsdefizite dieser Gesellschaften. Medienkommunikation legt in dieser Konstellation weiter an struktureller Macht zu, wird aber gerade deshalb zum Objekt immer stärkerer und vielfältigerer Anstrengungen, sie zu domestizieren und zu instrumentalisieren. Die allgemeine Sensibilität für Kommunikationsprobleme steigt nämlich in solchen Gesellschaften weiter an, die dementsprechend ihren Quartärsektor noch umfassender ausbauen werden. Freilich verstärkt sich auch die Neigung zur Informationsverweigerung in diesen, nicht zuletzt im Gefolge der generellen Lockerung institutioneller Bindungen.

Szenario 2: *Medienentwicklung:* Die Entwicklung der Mediengesellschaft ist weltweit durch die Problematisierung staatlicher Medienregulierung im Zuge der Abkopplung der Mediensysteme von nichtökonomischen institutionellen Verbindlichkeiten charakterisiert. Umso intensiver werden, in globalem Ausmaß, die Beziehungen des Medien- zum Wirtschaftssystem, verschiebt sich die Gewichtung der Forderungen an das dualisierte Rundfunksystem von derjenigen der Gemeinwohldienlichkeit und sozialen Verträglichkeit auf diejenige der privaten Gratifikation. Diese Ökonomisierung der Mediensysteme hat aber keine Medien-Monokultur zur Folge, wie oft unter dem Eindruck von Fernsehimporten aus den USA behauptet, weil wesentlich zur Eigenrationalität von Marktwirtschaft auch das Erkunden, Schaffen und Füllen von Marktlücken gehört. Zudem werden sowohl die weitere Vermehrung der Kommunikationsangebote, handle es sich um Rundfunkstationen oder Zeitschriften, als auch die Individualisierung der Nachfrage zu einer noch stärkeren Segmentierung der Publika führen, so daß sich Kommunikation für heterogene Massenpublika nur noch bei gewissen Großereignissen einstellt. Trotzdem werden lokale Kulturindustrien, namentlich solche kleinerer Staaten, von den massiv steigenden Medienimporten in ihrem Bestand bedroht; zusätzliche staatliche Reglementierungen zu deren Schutz sind daher zu gewärtigen. Wieweit und wie radikal schließlich Internet, Virtualität und andere kommunikationstechnologische Innovationen die Mediensysteme umgestalten werden, hängt von sehr vielen Faktoren ab und kann keinesfalls pauschal entschieden werden. Sicher ist nur, daß auch diese Neuerungen, wie stets in der Kommunikationsgeschichte, zuerst von den gebildeteren, aktiveren und wohlhabenderen Bevölkerungsschichten genutzt werden, die Diskrepanz zwischen »Kommunikationsreichen« und »-armen« also zumindest anfänglich zu- und nicht abnimmt.

Szenario 3: *Demokratieentwicklung:* Die Entwicklung des politischen Systems der Demokratie in Mediengesellschaften[48] wird weiterhin durch die Spannung zwischen Politiker- und -darstellung geprägt, tendenziell mit einer noch stärkeren Verlagerung auf den Darstellungsaspekt von Politik. Dies ist allein schon eine Folge der

---

48 Vgl. zu Szenario 3 auch Winfried Schulz, Politische Wirkungen der Medien. Ergebnisse der Medienwirkungsforschung, in: Friedrich-Ebert-Stiftung (Hrsg.), VIII. Streitforum: Gestörte Kommunikationsverhältnisse? Medienpraxis und Medienethik. Die Zukunft einer schwierigen Beziehung, Bonn 1994, S. 7–16.

zunehmend auf Medientauglichkeit angelegten Rekrutierung von Spitzenpolitikern unter dem Eindruck der wachsenden strukturellen Macht des Mediensystems. Die Schwierigkeiten des demokratischen Staates, Verständnis und Zustimmung für sein allgegenwärtiges und darum schwer durchschaubares Handeln zu gewinnen, werden sich weiter verstärken, da dieser sich ja bei seinen institutionellen Public Relations zurückhalten muß, um sich nicht dem Vorwurf der Eigenpropaganda auszusetzen. Selbstverständlich wird aber die politische Öffentlichkeitsarbeit weiter massiv ansteigen, allerdings im Gefolge der erbitterten Konkurrenz um das knappe Gut öffentliche Aufmerksamkeit mit schrumpfendem Erfolg. Im Zuge der unablässigen Produktion von Medienereignissen ist überdies eine noch intensivere Spektakularisierung des politischen Geschehens, die immer gekonntere Inszenierung von Politik wahrscheinlich, eine längerfristige Zunahme an strukturiertem politischem Wissen der Bevölkerungsmehrheit indes nicht. Fraglich ist, wieweit unter mediengesellschaftlichen Bedingungen, insbesondere unter dem immer kompakteren Einfluß von Medienrealität, sachgerechte politische Meinungsbildung für Nichtspezialisten überhaupt möglich sein wird und inwiefern Meinungsforschung diese auch im Entscheidungsprozeß der politischen Eliten ersetzt. Auch dieses Szenario muß sich eben mit der Einsicht begnügen, daß die Zukunft nicht existiert, Zukunftsforscher sie lediglich zu erfinden suchen[49]. Demgemäß bleibt auch das Fazit dieses Beitrages über die Mediengesellschaft und ihre Entwicklungsdynamik rudimentär und provisorisch.

---

49 »The future does not exist: forecasters try to invent it.« Solomon Encel/Pauline Marstrand/William Page (Hrsg.), The Art of Anticipation, London 1975, S. 14.

OTFRIED JARREN

Medien, Mediensystem und politische Öffentlichkeit im Wandel

1. Fragestellung

Es versteht sich fast von selbst, daß sich Medien, Mediensystem und Öffentlichkeit in offenen, demokratischen Gesellschaften anhaltend im Wandlungsprozeß befinden. Sie sind damit für den Beobachter sowohl Indikatoren als auch relevante Faktoren zur Beschreibung und Analyse des sozialen Wandels. In vielen politikwissenschaftlichen oder soziologischen Betrachtungen fanden die Medien und das Mediensystem bislang allerdings nur wenig Aufmerksamkeit. Erst in letzter Zeit vollzieht sich ein rascher und grundlegender Wandel – sowohl in der sozialen Realität wie auch bei den Beobachtern. Das mag der Grund sein, weshalb in zahllosen sozialwissenschaftlichen Reflexionen Schlagworte wie »Informationsgesellschaft« oder »Mediengesellschaft« zur Charakterisierung des derzeitigen Entwicklungsstandes verwendet werden. Mit den Begriffen wird generell angezeigt, daß Herstellung, Verbreitung und Rezeption von Informationen in der modernen Gesellschaft ökonomisch, kulturell und politisch an Bedeutung gewinnen. Und mehr noch: Das Mediensystem wird zur zentralen Infrastruktur der modernen Gesellschaft. Von »Mediengesellschaft« kann gesprochen werden, weil
- die publizistischen Medien sich quantitativ und qualitativ immer mehr ausbreiten,
- die Vermittlungsleistung von Informationen durch die Medien sich enorm beschleunigt hat,
- sich neue Medientypen herausgebildet haben,
- Medien immer engmaschiger die gesamte Gesellschaft durchdringen,
- Medien aufgrund ihrer hohen Beachtungs- und Nutzungswerte gesamtgesellschaftliche Aufmerksamkeit erlangt haben und Anerkennung beanspruchen,
- und sich letztlich zu Institutionen entwickeln[1].

Medien werden zugleich mehr und mehr zur Voraussetzung für die Informations- und Kommunikationspraxis anderer Akteure[2]. Pointiert formuliert: Ohne publizistische Medien gibt es keine Kommunikation zwischen gesellschaftlichen Organi-

---

1 Vgl. zu den institutionentheoretischen Überlegungen Otfried Jarren, Auf dem Weg in die »Mediengesellschaft«? Medien als Akteure und institutionalisierter Handlungskontext, in: Kurt Imhof/Peter Schulz (Hrsg.), Politisches Raisonnement in der Informationsgesellschaft, Zürich 1996, S. 79–96.
2 Vgl. dazu auch Hans Mathias Kepplinger, Systemtheoretische Aspekte politischer Kommunikation, in: Publizistik, 30 (1985) 4, S. 247–264.

sationen wie zwischen Organisationen und dem allgemeinen Publikum. Folglich ist die politische Öffentlichkeit in modernen Demokratien hinsichtlich ihrer Struktur, der Inhalte und der Prozesse weitgehend medial beeinflußt[3]. Im Hinblick auf die politische Sacharbeit und ihre Darstellung ergeben sich für alle Akteure, die auf die Entstehung allgemeinverbindlicher Entscheidungen einwirken, neue Anforderungen[4]. Im folgenden Beitrag geht es um einen Teilaspekt der Entwicklung, nämlich um die Frage nach der Beschaffenheit der im Entstehen befindlichen »Mediengesellschaft«. Wir konzentrieren uns damit unter strukturellen Aspekten auf die Entwicklung publizistischer Medien sowie auf die Veränderungen im intermediären System und für die politische Öffentlichkeit[5].

2. Entwicklung zur »Mediengesellschaft«

Es gibt bislang keine umfassenden sozialhistorischen Untersuchungen darüber, wie sich die gesellschaftlichen Kommunikations- und Medienstrukturen entwickelt haben und was die wesentlichen Faktoren für ihren Wandel sind. Daher wissen wir wenig über das Verhältnis von Medien zu anderen Organisationen und von den Beziehungen zwischen ihnen. Die Arbeiten von Jürgen Habermas[6] oder Hans-Ulrich Wehler[7] zeigen allerdings die engen Interdependenzen zwischen Ökonomie-, Politik-, Sozial- und Mediensystem auf. Im Zuge der gesellschaftlichen Differenzierung und Modernisierung konnte sich langsam ein allgemeines, d. h. in sozialer Hinsicht weitgehend für alle zugängliches und auf die Gesamtgesellschaft bezogenes Mediensystem etablieren. Die Massenmedien sind auf Dauer angelegt, stellen eine Vielzahl von Themen bereit und wenden sich an ein breit gefächertes Publikum. Sie weisen heute einen Institutionencharakter auf, weil es sich um eigenständige Organisationen mit einer spezifischen Handlungsstruktur handelt: Sie ermöglichen als spezialisierte Lösungssysteme die gesellschaftliche Information und Kommunikation mit entsprechenden Leistungs- und Publikumsrollen.

Die Herausbildung eines Mediensystems mit allgemein zugänglichen und in thematischer Hinsicht vielfältigen Massenmedien kann als das Ergebnis eines historischen Differenzierungsprozesses verstanden werden. Derzeit wandelt sich das Mediensystem erneut: von auf allgemeine Verteilung angelegten Massenmedien mit

---

3 Zum Öffentlichkeitsbegriff und -konzept vgl. zusammenfassend Friedhelm Neidhardt, Öffentlichkeit, in: Bernhard Schäfers/Wolfgang Zapf (Hrsg.), Handwörterbuch zur Gesellschaft Deutschlands, Opladen 1998.
4 Vgl. dazu bereits die frühen Ausführungen von Ulrich Sarcinelli, Politikvermittlung und demokratische Kommunikationskultur, in: ders. (Hrsg.), Politikvermittlung. Beiträge zur politischen Kommunikationskultur, Bonn 1987, S. 19–45.
5 Zum Wandel im intermediären System vgl. auch Otfried Jarren, Medien-Gewinne und Institutionen-Verlust? Zum Wandel des intermediären Systems in der Mediengesellschaft, in: ders. (Hrsg.), Politische Kommunikation in Hörfunk und Fernsehen, Opladen 1994, S. 23–34.
6 Vgl. Jürgen Habermas, Strukturwandel der Öffentlichkeit, Frankfurt/M. 1990 (Unveränderter Nachdruck »Mit einem Vorwort zur Neuauflage 1990« der Erstauflage von 1962).
7 Vgl. dazu die Bände von Hans-Ulrich Wehler, Deutsche Gesellschaftsgeschichte, Bd. 1: 1700–1815; Bd. 2: 1815–1845/49; Bd. 3: 1849–1914, München 1987 f.

Programmcharakter hin zu stärker individuell nutzbaren Abrufmedien mit einzelnen Angeboten.

Der historische Prozeß zu einem allgemeinen Massenmediensystem vollzog sich natürlich nicht gleichförmig und gleichzeitig im Sinne des Ersatzes eines Mediums durch ein anderes: Neben die herkömmlichen Medientypen traten neue Medien, die zur Weiterentwicklung wie zum Funktionswandel traditioneller Medien direkt oder indirekt beitrugen. So entwickelte sich aus den Medien des räsonierenden Bürgertums eine von Honoratioren und später vom Bürgertum und von der Arbeiterschaft getragene Gesinnungspresse. Erst in der zweiten Hälfte des 19. Jahrhunderts war die Einbeziehung aller sozialen Klassen und Schichten in das Printmediensystem erreicht. Damit war die Basis für die Entwicklung einer sich stärker an ökonomischen Prinzipien – und weniger an ideologischen Herausgeber- bzw. Gruppeninteressen – orientierenden Geschäftspresse gegeben. Die Gesinnungspresse mit einer mehr oder minder klar definierbaren Klientel wurde zu Beginn dieses Jahrhunderts zunächst durch die politische und konfessionelle Richtungspresse und diese dann durch die sogenannte Geschäfts- und Generalanzeigerpresse abgelöst. Diese ist allenfalls noch ideell und in organisatorischer Hinsicht locker (beispielsweise über Gründungsverlage oder Herausgebergremien) mit bestimmten Gruppeninteressen verbunden. Im Bereich der Printmedien finden wir somit heute eine weitgehend gruppenunabhängige sowie gesinnungsneutrale Presse vor, in der vorrangig nach ökonomischen Kalkülen gehandelt wird[8].

Mit dem öffentlich-rechtlichen Rundfunk, in der Bundesrepublik Deutschland nach dem Ende des Zweiten Weltkrieges von den Alliierten etabliert, entstand und entfaltete sich von Beginn an ein allgemeines, auf die Gesamtgesellschaft orientiertes Rundfunksystem. Normativ betrachtet ist der öffentlich-rechtliche Rundfunk auf die Gesamtgesellschaft und die Berücksichtigung aller gesellschaftlichen Strömungen verpflichtet. In seinen Gremien sitzen deshalb Vertreter der gesellschaftlich relevanten Gruppen, die auf Personal- und Programmentscheidungen einen wesentlichen Einfluß haben. Beim öffentlich-rechtlichen Rundfunk wurde nach dem Organisationsmodell des Binnenpluralismus die Rückbindung an gesellschaftliche Gruppen – vor allem aber an die politischen Parteien – durch gesetzliche Bestimmungen wie auch vielfältige (binnen-)organisatorische Maßnahmen zum konstitutiven Prinzip. Der öffentlich-rechtliche Rundfunk soll zudem durch die Gestaltung von Integrationsprogrammen die gesamte Gesellschaft umfassen und insoweit integrierend wirken.

Auch die zu Beginn der achtziger Jahre in der Bundesrepublik Deutschland neu etablierten privat-kommerziellen Hörfunk- und Fernsehsender wurden rechtlich auf eine dienende Aufgabe gegenüber der Gesamtgesellschaft verpflichtet, doch gelten hier für Organisation und Programm geringere Anforderungen als beim öf-

---

8 Die strukturellen Veränderungen allein im Printmedienbereich hat jüngst Marie-Luise Kiefer anhand weniger empirischer Daten dargelegt: Von 1982 bis 1991 verringerte sich die – ohnehin kleine – Anzahl an »Politischen Wochenblättern« um über zehn Prozent, während beispielsweise »Special-Interest-Zeitschriften« oder »PR-Zeitschriften« Zuwachsraten von knapp 23 bzw. 50 (!) Prozent erzielen konnten. Vgl. dazu Marie-Luise Kiefer, Unverzichtbar oder überflüssig? Öffentlich-rechtlicher Rundfunk in der Multimedia-Welt, in: Rundfunk und Fernsehen, (1996) 1, S. 14.

fentlich-rechtlichen Rundfunk. Mit der Etablierung privater Rundfunkveranstalter vollzieht sich eine gewichtige Veränderung, weil die enge Anbindung des Rundfunks an gesellschaftliche Gruppen faktisch aufgegeben wird: Außenpluralität soll durch eine Vielzahl von Anbietern und Angeboten erreicht werden, ohne daß es allerdings für dieses Ziel operationalisierbare Vorgaben und für die Zielkontrolle gesellschaftliche Gremien mit entsprechenden Kompetenzen gäbe. Vom einzelnen Marktakteur kann überdies unter dynamischen Wettbewerbsverhältnissen eine derartige Zielverfolgung nicht erwartet werden.

Während sich also die Presse historisch mit den gesellschaftlichen Gruppen entwickelt hat und der öffentlich-rechtliche Rundfunk in seinen Gremien Vertreter dieser Gruppen kennt, findet sich beim privaten Rundfunk eine derartige Rückbindung nicht mehr – weder programmatisch noch organisatorisch. Der Ordnungsrahmen für die Medien wurde verändert. Die unmittelbare staatliche Kontrolle und die gesellschaftliche Aufsicht über die Medien lassen nach bzw. verlieren an Wirkungsmacht. Damit kann sich der jüngst etablierte Medientypus gänzlich anders verhalten; auch deshalb, weil es sich dabei um unternehmerische Neugründungen handelt, die keine publizistischen Traditionen besitzen.

Im Zuge der anhaltenden Ausdifferenzierung des Mediensystems ist eine zunehmende Ökonomisierung und damit verbunden eine Loslösung der Medien von den gesellschaftlichen Gruppen feststellbar, die im politischen System eine intermediäre Funktion wahrnehmen. Direkte Verknüpfungen beispielsweise zwischen politischen Parteien oder Kirchen und der Presse sind kaum mehr vorhanden, und die enge Verbindung zwischen politischen Organisationen und dem öffentlich-rechtlichen Rundfunk nimmt tendenziell ab. Sie verliert weiter an Bedeutung, wenn der öffentlich-rechtliche Rundfunk mit seinen Angeboten an allgemeiner Aufmerksamkeit und Zuwendung einbüßt[9].

Die Medien sind somit kaum noch mit den gesellschaftlichen Organisationen verkoppelt. Medien agieren zunehmend eigenständig und in inhaltlicher Hinsicht »neutral«. Sie mobilisieren weniger die Bürger für die gesellschaftlichen Gruppen und damit zugleich für das politische System, sondern sie organisieren Kaufkraftgruppen für die Wirtschaft[10]. Nicht jedes einzelne Medium oder jeder Teilbereich, wohl aber das Mediensystem insgesamt gewinnt damit an relativer Auto-

---

9 Vgl. dazu die Analyse bei Klaus von Beyme, der »Parteiensysteme und ihr Verhältnis zu den Medien« analysiert und vier Etappen ausmacht. Zur vierten Etappe (seit den achtziger Jahren dieses Jahrhunderts) stellt er für die Parteien fest:»Parteien der Berufspolitiker seit den 80er Jahren«, und für die Medien führt er aus:»Kommerzialisierung der politischen Kommunikation; Kauf von Öffentlichkeitssegmenten plus privilegierter Zugang zu den verbliebenen öffentlich-rechtlichen Medien«. In: Klaus von Beyme, Der Gesetzgeber. Der Bundestag als Entscheidungszentrum im politischen System, Opladen 1997, S. 78.
10 Vgl. dazu Kurt Imhof, Eine Symbiose: soziale Bewegungen und Medien, in: ders./P. Schulz (Anm. 1), S. 165–186. Imhof sieht die engen Beziehungen zwischen politischem System und Medien schwinden und spricht von einer Symbiose von Ökonomie und Medien. Im Ergebnis komme es zu einer Strukturmodulation von Öffentlichkeit, die wiederum die Voraussetzung für die Ausbildung einer »Bewegungsgesellschaft« sei. »Weil nicht mehr in erster Linie politische Selektionskriterien die mediale Aufmerksamkeit steuern, können heute einigermaßen geschickt inszenierte, also medienwirksame Regel- und Tabubrüche auch kleinster Grüppchen mediale Aufmerksamkeit finden« (S. 178).

nomie gegenüber dem politischen System. Zugleich nimmt der Einfluß des Wirtschaftssystems auf die Medien zu, denn die Konkurrenz zwischen Anbietern und Angeboten auf dem sich herausbildenden Medienmarkt um öffentliche Aufmerksamkeit, Publikumsbindung und Werbeeinnahmen wächst. Es bildet sich ein hochgradig wettbewerbsorientiertes Mediensystem heraus, in dem die Informationsauswahl und -darstellung »zunehmend weniger durch medienexterne Kriterien bestimmt« ist[11]. Medieninterne Faktoren (wie die Informationsselektion) gewinnen für die Entwicklung der Medien an Bedeutung; die Medien werden zur Voraussetzung für die Handlungsfähigkeit gesellschaftlicher Organisationen. Innerhalb der Gesellschaft vollzieht sich eine Bewußtseinsveränderung zugunsten der Medien als soziale Institutionen[12] – weshalb von einer Entwicklung hin zur »Mediengesellschaft« gesprochen werden kann[13].

3. Medien und Mediensystem im Strukturwandel

Die aktuellen Entwicklungen im Mediensystem sind vielfältig, zum Teil widersprüchlich und in ihren Auswirkungen insbesondere auf die Herstellung politischer Öffentlichkeit und die politischen Kommunikationsstrukturen allenfalls partiell abzuschätzen. Zunächst sollen einige Kernaspekte des jüngsten Strukturwandels und Argumente für den behaupteten Autonomiegewinn der Medien dargestellt werden.

3.1 Ökonomisierung

Unter Ökonomisierung kann die Ausweitung des ökonomischen Systems auf Felder verstanden werden, die vorher anderen Systemimperativen unterlagen[14]. Das gilt für Presse und Rundfunk, die lange Zeit als politische Organisationen sowie als

---

11 Vgl. Jürgen Gerhards, Politische Öffentlichkeit. Ein system- und akteurstheoretischer Bestimmungsversuch, in: Friedhelm Neidhardt (Hrsg.), Öffentlichkeit, öffentliche Meinung, soziale Bewegungen, Opladen 1994, S. 87.
12 Winfried Schulz weist auf die »Bewußtseinsveränderungen in der Mediengesellschaft« hin; vgl. dazu seinen Beitrag: Politikvermittlung durch Massenmedien, in: U. Sarcinelli (Anm. 4), S. 134–136.
13 Auch Friedrich Krotz geht davon aus, daß sich Medien zu Institutionen entwickeln: Medien setzen damit gesamtgesellschaftlich gültige Verhaltensregeln durch. Zugleich verändern sich damit die Medienfunktionen. »Ganz offensichtlich lösen sich die bisher für politische Kommunikation maßgeblichen Medien wie Tageszeitungen, Radio und Fernsehen von ihrer Mediatisierungsfunktion, die sie bisher übernommen haben. Dahinter steht der Zwang, sich eigenständig als Wirtschaftsunternehmen auf den Märkten kultureller Güter und Dienstleistungen zu positionieren. In der Konsequenz entwickeln die einzelnen Medien ein institutionelles Eigeninteresse, das sich auf den Erfolg am Markt richtet. Darüber lockern sie ihre Verhaftung an gesellschaftliche Gruppen, Ideologien und Interessen und distanzieren sich auch von ihrer bisher übernommenen Verantwortung für Politik und Gesellschaft sowie von ihrer Orientierung an gesamtgesellschaftlich wichtigen Fragestellungen.« Vgl. Friedrich Krotz, Öffentlichkeit aus Sicht des Publikums, Hamburg 1997 (Manuskript), S. 8.
14 Vgl. Klaus-Dieter Altmeppen, Medien und Ökonomie – Medienökonomie, in: ders. (Hrsg.), Ökonomie der Medien und des Mediensystems, Opladen 1996, S. 9–24.

Kulturgut betrachtet wurden. Erst der Zutritt kommerzieller Akteure zum Rundfunkbereich hat dort einen Markt entstehen lassen, der nach spezifischen ökonomischen Regeln funktioniert. Im Zusammenhang mit der Etablierung des privatkommerziellen Rundfunks entstanden zahlreiche Unternehmen, an denen sich Akteure aus Wirtschaftsbranchen beteiligten, die vormals nicht im publizistischen Bereich tätig waren. Neue Unternehmen traten neben die öffentlich-rechtlichen Rundfunkanstalten, und neue Unternehmer prägen zunehmend das Mediengeschäft. Selbst das traditionelle Verlegerkapital, beim Beginn der Privatrundfunkära noch bedeutsam, verliert an Bedeutung – bei den elektronischen Medien, im Multimediabereich und vor allem im neu sich etablierenden Telekommunikationssektor. Banken, Versicherungen, Energiekonzerne oder Abschreibungsgesellschaften investieren in Medien, und die Beteiligungen und Verflechtungen sind zudem international. Die Medien werden als attraktiver Anlagebereich bewertet, der Kapitalbedarf ist groß, und entsprechende Investitionen müssen sich rechnen. Mit den neuen Unternehmen und Eignern ändern sich allmählich die Handlungsnormen im gesamten Mediensystem bis hin zu einzelnen Medienunternehmen sowie Veranstaltern: von kulturell und politisch sowie publizistisch geprägten Vorstellungen hin zu ökonomischen Leitbildern[15]. Mittels neuer Verbände und Lobbyeinrichtungen wirken diese Akteure anhaltend auf die vorhandenen staatlichen Regulierungsinstanzen und den bestehenden rechtlichen Ordnungsrahmen ein, indem sie für ein Marktmodell auch im elektronischen Medienbereich eintreten[16].

Für Presse und Rundfunk sind aufgrund des vorherrschenden politisch-kulturellen Medienverständnisses in der Bundesrepublik nach wie vor die Bundesländer zuständig. Während sich für die Presse das Marktprinzip evolutionär durchgesetzt hat und die Regelungsdichte eher gering ist, ist dies im Rundfunksektor anders: Aufgrund der besonderen ökonomischen und technischen Voraussetzungen für einen Sendebetrieb (Kosten- und Frequenzknappheitsargument) sowie der unterstellten gesellschaftlichen Wirkungsmächtigkeit wird der Rundfunk – zumindest dem Anspruch nach – als staatsnaher Sektor betrachtet und entsprechend reguliert[17]. National, aber vor allem international ist allerdings eine Abkehr von der bisherigen Zulassungs-, Aufsichts- und Kontrollpraxis festzustellen: Auch der Rundfunk wird zunehmend als reines Wirtschaftsgut angesehen. Die deutschen Erfahrungen allein aus den letzten zehn Jahren zeigen, daß es im Rundfunkbereich vor allem wirtschaftlich begründete Probleme sind (Konzentration, Rechteerwerb und -handel, Internationalisierung durch Unternehmensverbünde), die politisch und

---

15 Vgl. dazu Jay G. Blumler/Michael Gurevitch, Media Chance and Social Change: Linkages and Junctures, in: James Curran/Michael Gurevitch (Hrsg.), Mass Media and Society, London u. a. 1996, S. 120–137. Dort auch die Hinweise zum Institutionencharakter von Medien.
16 Vgl. Anna Maria Theis-Berglmair, Medienwandel – Modellwandel? Reflexionen über die gesellschaftliche Komponente der Massenkommunikation, in: Otfried Jarren (Hrsg.), Medienwandel – Gesellschaftswandel? 10 Jahre dualer Rundfunk in Deutschland, Berlin 1994, S. 35–50.
17 Vgl. zu den normativen Grundlagen sowie den Entscheidungen des Bundesverfassungsgerichts unter dem Aspekt »politische Öffentlichkeit« die Darstellung in Otfried Jarren, Medien- und Öffentlichkeitswandel im modernen Staat. Anmerkungen zum Öffentlichkeitsverständnis des Bundesverfassungsgerichts, in: Archiv für Presserecht, (1994) 3, S. 191–196.

mittels Recht zu bearbeiten wären. Doch es mangelt an politischen Zielvorstellungen und geeigneten Instrumenten. So fehlen den für die Rundfunkregulierung zuständigen Bundesländern alle wirtschaftsrechtlichen Kompetenzen, um mit dem Rundfunk als ökonomischem Gut angemessen umgehen und eine entsprechende Rundfunkordnung entwickeln zu können. Die föderale Struktur erweist sich bei der Problembearbeitung überdies als schwerfällig, zumal die Länder in Konkurrenz um die Ansiedlung von Medienunternehmen treten (Standortwettbewerb).

Das Problem, privatwirtschaftlich agierende Unternehmen auf gesellschaftliche Ziele zu verpflichten, ist damit offenkundig: Zum einen verfügen beispielsweise die für die Privatfunkaufsicht zuständigen Landesmedienanstalten, wie oben dargelegt, nur im begrenzten Umfang über hinreichende rechtliche und ökonomische Instrumente. Vor allem aber sind sie als Implementationsträger politisch-rechtlicher Programme kaum zur Struktursteuerung, zur Festlegung einer Rundfunk- bzw. Medienstruktur fähig[18]. Zum anderen sind gesellschaftliche Gremien in den Regulierungsinstanzen aufgrund des ihnen zugewiesenen allgemeinen gesetzlichen Auftrages nur sehr eingeschränkt in der Lage, ihre politischen, sozialen oder kulturellen Zielvorstellungen gegenüber privatwirtschaftlichen Unternehmen durchzusetzen. Sie müßten dazu wirksam in Wirtschaftsprozesse eingreifen können, was ihnen aus den oben genannten Gründen und aufgrund der hohen Wandlungsgeschwindigkeit und der Globalisierungstendenzen im Mediensektor kaum möglich ist[19].

Mit der sich herausbildenden »Informationsgesellschaft« ändern sich die ökonomischen Grundlagen im Mediensystem abermals, ohne daß bislang der Ordnungsrahmen und die formalen Zuständigkeiten auf Landes- bzw. Bundesebene sowie innerhalb der EU weiterentwickelt wurden. So sind nationalstaatliche Lösungen allein in diesem sich internationalisierenden Bereich kaum noch durchzusetzen. Die zunehmende Ökonomisierung mit nachlassender gesellschaftlicher Verpflichtung wirkt sich auch auf das inhaltliche Angebot der Medien aus: Die Orientierung an Werbemarkt- und Publikumsinteressen gewinnt gegenüber kulturellen Faktoren und den Vermittlungsinteressen gesellschaftlicher Organisationen und politischer Akteure an Bedeutung.

3.2 Internationalisierung

Die Internationalisierung im Medienbereich bezieht sich vor allem auf die Bildung von international agierenden Konzernen, weltweit verfügbaren gleichen Informations- und Unterhaltungsangeboten sowie auf zunehmende Unternehmens-

---

18 Vgl. dazu Otfried Jarren, Das duale Rundfunksystem – politiktheoretisch betrachtet, in: Walter Hömberg/Heinz Pürer (Hrsg.), Medien-Transformation. Zehn Jahre dualer Rundfunk in Deutschland, München 1996, S. 69–80, sowie mit weiteren Hinweisen zur Europäisierung und Internationalisierung Otfried Jarren/Patrick Donges, Ende der Massenkommunikation – Ende der Medienpolitik?, in: Hermann Fünfgeld/Claudia Mast (Hrsg.), Kommunikationswissenschaft. Ergebnisse und Perspektiven, Opladen 1997, S. 231–252.
19 Vgl. Wolfgang Hoffmann-Riem (Hrsg.), Rundfunkrecht neben Wirtschaftsrecht, Baden-Baden 1991; Silke Holgersson, Fernsehen ohne Kontrolle? Zur Aufsichtspraxis der Landesmedienanstalten, Opladen 1995.

verflechtungen[20]. Produktion und Rechtehandel, aber auch Distribution und Technikentwicklung leisten zumeist international agierende Unternehmen. Gerade die aktuelle Entwicklung im Bereich des digitalen Fernsehens macht die Internationalisierung besonders deutlich: Einfluß auf die nationalen Märkte erhalten die Unternehmen, die über hinreichende Rechte an Programmen sowie über ökonomische Ressourcen zum Erwerb neuer Rechte verfügen und die international operieren können. Zwar findet – wenngleich noch in ersten, unzureichenden Ansätzen – zumindest eine Europäisierung der Medienpolitik statt, indem supranationale Instanzen wie die EU Regelungen durchzusetzen versuchen (z. B. Fernsehrichtlinie) oder Förderprogramme auflegen (z. B. für das HDTV = *High Definition TV*). Aber auf der europäischen Ebene sind allenfalls Mindeststandards im Sinne von Minimalverpflichtungen zu vereinbaren; es fehlt an einem normativen Rahmen (einer europäischen Verfassung), an ordnungspolitischen Vorstellungen und entsprechenden Sollbestimmungen. International tätige Organisationen wie die UNESCO verfügen nicht über nennenswerten medienpolitischen Einfluß[21].

Die in Ansätzen deutlich erkennbare Internationalisierung in der Medienwirtschaft stellt die politischen Akteure auf allen Ebenen zweifellos vor neue Herausforderungen bei der Medienregulierung: Im Kern fehlt es, wie oben dargelegt, bereits auf der europäischen Ebene noch gänzlich an Regulierungsleitbildern, an Organisationen und an Instrumenten zur Bearbeitung dieser Probleme. Diese offenkundige Lücke wird von den Medienunternehmen genutzt, und das führt zu einem weiteren Verlust an Einflußmöglichkeiten für nationalstaatlich agierende staatlich-politische und gesellschaftliche Akteure auf die Ausgestaltung der Medienordnung.

3.3 Technischer Wandel

Die Innovationsrate im Bereich der Medientechnik, aber auch im Bereich der Informations- und Kommunikationstechnologien für die Individualkommunikation, ist ausgesprochen hoch. Zu erwarten ist in technischer Hinsicht ein Zusammenwachsen von Individual- und Massenkommunikation, wenngleich über die soziale Akzeptanz der neuen Formen noch keine sicheren Prognosen möglich sind. Allein die Einführung digitaler Übertragungstechniken im Rundfunk wird aber zu sowohl

---

20 Hubert Markl betont vor allem die Globalität in der sich ausbildenden »Mediengesellschaft«: »Es ist die gleichzeitige, gleichförmige, gleichzugängliche Omnipräsenz einer ungeheuren Fülle detaillierter, verdichteter, untermalter, visualisierter und vom Originalton begleiteter Informationen über schier alles von überall und nahezu in Echtzeit, global und sofort, was das Medienzeitalter tatsächlich als solches heraushebt und zu etwas ganz Neuem in der Menschheitsgeschichte macht, was die Mediengesellschaft nicht nur zu einem Phänomen einiger weniger, besonders fortschrittlicher Nationen werden ließ, sondern zu einem neuen Aggregats- und Erfahrungszustand der nahezu ausnahmslos erfaßten und damit zugleich erstmals als solcher konstituierten Menschheitsgesellschaft macht« (Hubert Markl, Was wird aus Menschen, die unter Bildgewitter frühstücken?, in: Frankfurter Rundschau vom 25. Juli 1997, S. 16).
21 Vgl. die Übersicht für westliche Staaten in Kenneth Newton, The Mass Media and Modern Government, Berlin 1997 (WZB Paper, FS III 96–301).

quantitativen als auch qualitativen Veränderungen in der Kommunikationsstruktur, bei den Kommunikationsangeboten und -inhalten sowie hinsichtlich der Nutzungsmöglichkeiten für das Publikum führen. Technische Stichworte dieser Veränderungen sind *pay-TV, pay-per-view, video-on-demand* und *near-video*. Hinzu kommt die Einführung und rasche Verbreitung von *on-line*-Diensten. Allein durch *near-video*, also das mehrmalige, zeitversetzte Senden desselben Programms, ergeben sich für die Rezipienten im herkömmlichen Fernsehsektor neue Wahlmöglichkeiten.

Einige Experten rechnen mit einem Anstieg der Zahl der Fernsehprogramme, die dann – so manche euphorische Prognose – als Spartenprogramme oder als einzelfinanzierte Abrufprogramme das traditionelle (Voll-)Programmfernsehen bald verdrängen werden. Andere prognostizieren eine im hohen Maß individualisierte Mediennutzung[22]. Offen ist jedoch, ob dies tatsächlich eintritt, ob also diese neuen, spezielleren Angebote vom Publikum nicht eher »nur« zur gezielten Ergänzung gesucht und ausgewählt werden. Und völlig offen ist, welche Zahlungsbereitschaft für die Nutzung weiterer und speziellerer Angebote – vom digitalen Fernsehen bis zum *On-line*-Bereich – vorhanden ist. Für die Fernsehnutzung ist weiterhin bedeutsam, daß sie im wesentlichen in der häuslichen Freizeit geschieht, an bestimmte technische Apparaturen gebunden und auf eine bestimmte (Kern-)Tageszeit begrenzt bleibt. Dies beschränkt, im Unterschied zur Printmediennutzung, die täglichen Nutzungszeiträume bzw. -zeitpunkte und damit indirekt auch die Dauer der Fernsehnutzung. In sozialer Hinsicht ist jedoch bedeutend, daß die (Aus-)Wahlmöglichkeiten für die Rezipienten deutlich zunehmen, so daß die Mediennutzung sich weiter individualisiert.

3.4 Neue Medientypen

Neue Distributionstechniken bedeuten jedoch nicht nur mehr Programme und weitere Wahlmöglichkeiten für die Rezipienten, sondern auch die Herausbildung neuer Angebotsformen sowie Medientypen. Innerhalb der sehr kurzen Zeitspanne von 40 Jahren, also seit dem Start des Fernsehens, hat sich die Zahl der herkömmlichen Massenmedien und Programme deutlich vermehrt. Aus wenigen »Publikationsstraßen« hat sich – längst vor »Multimedia« und den sogenannten »Datenautobahnen« – ein verästeltes, autobahnähnliches »Wegenetz« für die Verbreitung von Information, Unterhaltung und Werbung entwickelt. Medien und ihre Angebote sind allgegenwärtig, beziehen sowohl die Bevölkerung als ganzes als auch immer kleiner werdende Teilgruppen ein. Es haben sich neben den herkömmlichen allgemeinen Massenmedien, die als allgemeine Programmedien agieren, immer mehr »organisierte Kommunikationskanäle von spezifischem Leistungsvermögen« herausgebildet (Sparten- und Zielgruppenmedien)[23]. Diese Entwicklung gilt sowohl für den Print- wie auch für den elektronischen Mediensektor.

---

22 Vgl. dazu Uwe Hasebrink, Das Publikum verstreut sich, in: O. Jarren (Anm. 16), S. 265–288.
23 Ulrich Saxer, Grenzen der Publizistikwissenschaft. Wissenschaftswissenschaftliche Reflexionen zur Zeitungs-/Publizistik-/Kommunikationswissenschaft, in: Publizistik, 25 (1980) 4, S. 180.

Die Ausdifferenzierung des Mediensystems führt damit zur Herausbildung von drei Medientypen:
1. Programmmedien,
2. Sparten- oder Zielgruppenmedien sowie
3. Informations- und Kommunikationsnetzwerke.

Die Programmmedien, die sich an ein breit gefächertes Publikum wenden, repräsentieren den bislang noch vorherrschenden Medientypus: Die Programmproduktion findet professionell und zentral statt, und das Publikum hat auf die Ausgestaltung des Angebots allenfalls einen indirekten Einfluß. Programmmedien versuchen eine möglichst große Publikumsgruppe dauerhaft an sich zu binden und gestalten das Programmangebot entsprechend vielfältig. Diese Form der Medienkommunikation kann mit dem Sender-Empfänger-Modell charakterisiert werden. Sparten- und Zielgruppenmedien hingegen beziehen sich auf kleinere Publikumssegmente. Auch wenn die Programmproduktion zentral und professionell erfolgt, so erhalten die Empfänger Möglichkeiten zu einer indirekten Programmgestaltung. Sparten- und Zielgruppenangebote werden technisch über Systeme verbreitet, die zumindest potentiell einen individualisierten Empfang auf Seiten der Rezipienten ermöglichen. Die Beziehung zwischen Anbietern und Rezipienten ist von einem pseudo-interaktiven Verständnis geprägt[24]. Bei den Informations- und Kommunikationsnetzwerken schließlich ist eine Trennung zwischen professionellen und nicht professionellen Anbietern und Angeboten nicht mehr ohne weiteres möglich. Der Grad an Dezentralität und Interaktivität ist groß, und die Netze können globale Formen annehmen[25].

Die Entstehung weiterer spezieller Anbieter und Angebote ist aus ökonomischen Gründen wahrscheinlich, konkurrieren doch immer mehr Medien mit ihren Angeboten um die knapp bleibende Aufmerksamkeitszeit des Publikums und die begrenzten Werbemittel. Schon die quantitative Zunahme an Medien erfordert unter Marktbedingungen eine stärkere Profilierung der einzelnen Medien untereinander und führt zu einer wachsenden Spezialisierung und thematischen Verengung. Zugleich ändern die Medien beständig ihre Formate und das inhaltliche Angebot: Sie müssen sich an Modetrends, rasch ändernden Publikumsinteressen oder neuen Werbewünschen orientieren. Die Wandlungsgeschwindigkeit innerhalb des elektronischen Mediensektors ist außerordentlich hoch und dürfte aufgrund der technischen Möglichkeiten noch zunehmen. Die bereits existenten technischen Möglichkeiten erlauben zum einen die Vergrößerung des Programmangebots und zum anderen ein hohes Maß an Adressierbarkeit von Angeboten an zuvor bestimmte Rezipientengruppen. Für die Empfänger nehmen die Möglichkeiten des

---

24 U. Sarcinelli fragt nach den Folgen für die Politikvermittlung durch eine zunehmende »Internetisierung«. Vgl. Ulrich Sarcinelli, Demokratiewandel im Zeichen des medialen Wandels? Politische Beteiligung und politische Kommunikation, in: Ansgar Klein/Rainer Schmalz-Bruns (Hrsg.), Politische Beteiligung und Bürgerengagement in Deutschland – Möglichkeiten und Grenzen, Bonn 1997, S. 314–346.
25 Vgl. zu diesem Modell Stefan Müller-Doohm, Öffentlichkeit und die Ausdifferenzierung des Systems der Kommunikationsmedien, in: Otfried Jarren/Friedrich Krotz (Hrsg.), Öffentlichkeit unter Vielkanalbedingungen, Baden-Baden 1998.

selektiven Zugriffs auf Programme und Angebote zu, und es ergeben sich – zumindest in begrenzter Form – auch Möglichkeiten zur Interaktion.

3.5 Wandel der Medienkultur

Im Zusammenhang mit der raschen Verbreitung von Hörfunk und Fernsehen haben die elektronischen Medien gegenüber den Printmedien kontinuierlich an Bedeutung gewonnen[26]. Hörfunk und Fernsehen, letzteres noch keine 50 Jahre alt, haben innerhalb weniger Jahrzehnte eine überragende soziokulturelle Position in der Gesellschaft erreicht. Vor allem das Fernsehen gilt allgemein als das »Leitmedium«. Die Aufwertung der elektronischen Medien dürfte mit der zunehmenden Verbreitung weiterer Hörfunk- und Fernsehangebote sowie neuer elektronischer Angebote (wie *On-line*-Diensten mit interaktiven Möglichkeiten) noch weiter fortschreiten. Mit den zuletzt genannten Angeboten werden wohl auch die Eliten erreicht, die bislang noch stark Printmedien nutzen.
Im Ergebnis ist festzustellen, daß
- die räumliche und soziale Reichweite der Medien im Unterschied zu anderen gesellschaftlichen Organisationen ständig zugenommen hat,
- die räumliche und soziale Unabhängigkeit von Medien gegenüber gesellschaftlichen Organisationen wie auch von Kommunikatoren gegenüber dem Publikum zu einem hohen Maß an »Eigensinn« auf Seiten der Medien führt (Autonomiegewinn) und
- die neuen technischen Möglichkeiten zur Herausbildung unterschiedlicher Medientypen und zu einer differenzierten Berufskultur mit unterschiedlichen ethischen Standards geführt haben.

Andererseits hat die Differenzierung im Mediensystem zur Folge, daß
- die ökonomischen Parameter im Publizistikbereich an Bedeutung gewonnen haben,
- die Entkopplung der Medien von gesellschaftlichen Organisationen zur Erhöhung der Selbstbezüglichkeit im Mediensystem beiträgt, und daß
- die medieneigenen Selektivitätsstrukturen und -muster an Bedeutung gewinnen, so daß bestimmte Regeln dominieren (Aktualität, Sensation, Personalisierung, »Direktübertragung« und anderes mehr) und aufgrund des medienkulturellen Wandels zu einem Bedeutungszuwachs der elektronischen Medien geführt haben.

Die mit der Differenzierung im Mediensystem verbundene Rationalisierung medialer Leistungserstellung führt insgesamt zu einer Professionalisierung der Medienproduktion. Auf seiten der Anbieter lassen sich vielfältige Differenzierungs- und Organisationsbildungsprozesse empirisch beobachten. Die Eigenkomplexität des Mediensystems nimmt zu, was sich an der Ausbildung von immer neuen Organisationsformen, neuen Vernetzungen innerhalb von Produktionsketten und zwischen Branchen ablesen läßt. Die weitere Entwicklung der Medien und des Mediensystems wird vor allem von der wechselseitigen Dynamik zwischen Leistungs- und Publikumsrollen abhängig sein.

---

26 Dies gilt im Hinblick auf Zuwendungs- und Nutzungszeit, Glaubwürdigkeit, ökonomische Relevanz für Werbetreibende und Rezipienten.

4. Medienwandel und das intermediäre System

Der postulierte institutionelle »Eigensinn« der Medien und der Autonomiezuwachs des Mediensystems basiert nun nicht nur auf Differenzierungsprozessen und einer zunehmenden ökonomischen Orientierung innerhalb der Medien, sondern er ist wesentlich auf deren Abkopplungsprozeß von den gesellschaftlichen Organisationen und den daraus resultierenden Veränderungen im intermediären System zurückzuführen. Es sind also mehrere und unterschiedliche Faktoren, die den Wandel bei den Medien und innerhalb des Mediensystems bedingen und die sich auf die gesellschaftliche Vermittlungsstruktur – auf das intermediäre System mit seinen Organisationen – auswirken.

Die Medien, lange Zeit als »dienende« Instanzen in einer Vermittler- und Faktorrolle gesehen und normativ so verpflichtet, gewinnen aufgrund der oben skizzierten Abkopplung von den gesellschaftlichen Organisationen an Autonomie, und sie erlangen damit zugleich einen Akteursstatus: Sie entwickeln eine eigene Handlungslogik (Form der Umweltbeobachtung; Form des Publikumbezugs), und in ihnen wird intentional und strategisch bezogen auf selbstgesetzte Ziele entsprechend ökonomischer Orientierungen gehandelt (Themenselektion, -aufbereitung und -darstellung). Der Grad an Selbstbezüglichkeit innerhalb des Mediensystems nimmt aufgrund des starken ökonomischen Wettbewerbs zu. Die Medien verstehen sich zudem weniger als »Werkzeug« oder als Vermittlungsinstanz anderer Organisationen, sondern vielmehr als Diener eines Publikums und übernehmen insoweit eine eigene und eigenständige Vermittlerrolle.

Medien als Akteure beeinflussen die Handlungsmöglichkeiten politischer und gesellschaftlicher Akteure, die anhaltend – und aufgrund ihrer schwächer gewordenen gesamtgesellschaftlichen Bindungsstärke und Integrationsfähigkeit sogar zunehmend – auf die Vermittlungsleistung von Medien angewiesen sind. Sie können die Handlungsmöglichkeiten anderer Organisationen maßgeblich beeinflussen, weil sie ein wichtiger Bestandteil des intermediären Systems moderner Gesellschaften sind. Kirchen, Gewerkschaften, Interessenverbände, Neue Soziale Bewegungen und politische Parteien gehören zum intermediären System. Intermediäre Instanzen sorgen dafür, daß gesellschaftliche Interessen aufgegriffen, formuliert, an das politische System adressiert und letztlich von diesem entschieden werden können. Sie tragen damit wesentlich zum Bestand und zur Weiterentwicklung einer demokratischen Gesellschaft bei.

Im intermediären System haben die Massenmedien eine Sonderstellung inne: Sie repräsentieren keine spezifischen Mitgliederinteressen, sie verfolgen inhaltlich keine klare politisch-ideologische Linie oder gar ein (politisches) Programm, und sie wenden sich auch nicht an ein politisch klar abgrenzbares Publikum. Sie fungieren vielmehr als Resonanzboden für externe Themen, Informationen oder Meinungen; sie gewinnen – wie dargestellt – gegenüber den politischen Organisationen an Autonomie und fungieren insoweit als Filter[27].

---

27 Vgl. dazu Dieter Rucht, Politische Öffentlichkeit und Massenkommunikation, in: O. Jarren (Anm. 16), S. 161–179.

In der modernen Gesellschaft kommt somit den Medien nicht nur aufgrund des hohen Maßes an Medienzuwendung sowie Kompetenzzuweisung durch die Bürger eine besondere Bedeutung zu, sondern auch deshalb, weil sie die Informations- und Kommunikationsbeziehungen innerhalb des intermediären Systems strukturieren und insoweit prägen: Gewerkschaften, Interessenverbände oder Parteien sind sowohl zur Kommunikation untereinander wie auch zur Kommunikation mit ihren eigenen Mitgliedern sowie allen Gesellschaftsangehörigen auf die Nutzung von Medien – also auf deren Vermittlungsleistung – angewiesen. Zwar können sie durch die Nutzung eigener Informationskanäle untereinander und mit den eigenen Mitgliedern kommunizieren, diese verfügen aber nur über eine begrenzte Reichweite. Zumindest die gesellschaftlichen Großorganisationen sind zur aktuellen, schnellen und kostengünstigen Information ihrer Klientel auf das allgemeine Mediensystem angewiesen, und sie werden dies umso mehr sein, sollten sie als traditionelle Organisationen in der Gesamtgesellschaft weiterhin an Reichweite und Bindungsstärke einbüßen.

Das alles zusammengenommen hat zur Folge, daß der Informations- und Kommunikationsprozeß zwischen gesellschaftlichen Organisationen und Bürgern, innerhalb von Organisationen (Organisationsführung und Mitglieder) sowie zwischen den Organisationen im Zusammenhang mit Willensbildungs- und Entscheidungsprozessen wesentlich ein (massen-)medial bestimmter Prozeß geworden ist. Medien prägen sowohl auf der vertikalen (Bürger und Organisationen) als auch der horizontalen Ebene (Organisation und Organisation) die Kommunikationsbeziehungen. Die Medien haben damit eine neue Position im intermediären System eingenommen: Aufgrund der Entkopplung von den gesellschaftlichen Organisationen haben sie sich als eine im hohen Maß eigenständige Vermittlungsinstanz etablieren können. Sie sind aus dem Schatten der Organisationen, die sie zunächst trugen und mit denen sie dann über lange Zeit noch ideell verbunden waren, herausgetreten und haben sich eigenständig positioniert.

Mit der Neupositionierung im intermediären System geht zugleich auch eine inhaltliche Neuausrichtung aufgrund der zunehmenden Orientierung an Werbe- und Publikumsmärkten einher. Vor allem die stärkere Publikumsorientierung gewinnt für die Medien an Bedeutung, was sich an der Entscheidung über die Ausbildung von redaktionellen Strukturen, dem Bereithalten journalistischer Kompetenz, der Ausbildung von Programmstrukturen und -formaten und anderem mehr empirisch zeigen läßt[28]. Die stärkere Orientierung auf das Publikum führt zu einer geringeren – oder zumindest selektiveren – Berücksichtigung von Vermittlungswünschen aus den gesellschaftlichen Organisationen. Die Medien geben damit inhaltlich ihren Bezug auf die von Organisationen getragenen Meinungs- und Willensbildungsprozesse mit ihren eigenen Regeln, Zeitmaßen, Akteuren etc. teilweise auf. Die Politikorientierung in den Medien, zumindest aber ihre Politikzentrierung im Zusammenhang mit den Aktivitäten gesellschaftlicher Organisationen, nimmt ab.

---

28 Vgl. dazu Patrick Donges/Otfried Jarren, Redaktionelle Strukturen und publizistische Qualität, in: Media Perspektiven, (1997) 4, S. 198–205.

5. Medienwandel und Politikberichterstattung

Die Reichweite, die räumliche Unabhängigkeit, die Geschwindigkeit und die Professionalität in der massenmedialen politischen Kommunikation haben sich erhöht. Feststellbar ist eine Dominanz elektronischer Medien, durch die der Aktualitätsdruck zunimmt. Die damit verbundene Tendenz zur Live-Berichterstattung begünstigt stark ereignisbezogenen und sensationsorientierten Journalismus. Durch Angebotsvielfalt und Informationsverdichtung ergeben sich für Informationsanbieter und -nutzer spezifische Anforderungen: Erstere konkurrieren mit vielen anderen um die mediale Aufmerksamkeit, und letztere benötigen ein hohes Maß an Medienkompetenz, um Auswahlentscheidungen treffen zu können. Daraus resultiert ein Verlust an politischer Konturierung im gesamten Mediensystem.

Analysen der Entwicklung des Fernsehprogramms in der Bundesrepublik im sogenannten dualen System zeigen, daß es zwar mehr aktuelle politische Berichterstattung gibt – was jedoch auf die Zunahme an Sendern und auf die »Rund-um-die-Uhr-Berichterstattung« zurückzuführen ist[29]. Gleichzeitig aber wird das inhaltliche Handeln und Entscheiden politischer Akteure immer seltener zum Auslöser für die Berichterstattung. Konflikt- und Personenorientierung und die Möglichkeiten zur Visualisierung haben wesentlichen Einfluß darauf, ob überhaupt über (Entscheidungs-)Politik berichtet wird[30]. Die Medienakteure kalkulieren die Darstellung politischer Sachverhalte zunehmend auf ihre Attraktivität für ein möglichst breites oder sehr spezielles Publikum hin, und die oberflächliche Buntheit des Angebots suggeriert eher ein Spektrum an Wahlmöglichkeiten als eine real vorhandene Vielfalt[31].

Damit dürften in der politischen Fernsehberichterstattung aufgrund ökonomischer Faktoren folgende Entwicklungen noch an Bedeutung gewinnen:
- ein starker Unterhaltungsbezug auch in Nachrichten- und Politiksendungen *(infotainment)*,
- ein anhaltender Trend zur Personalisierung und »Intimisierung« auch in der politischen Berichterstattung sowie zur »Popularisierung« von Sachverhalten,
- die Dominanz zentraler Akteure in der Berichterstattung (»Eliten-Bonus«),
- die Verkürzung politischer Sachverhalte durch mediale Zwänge (wie Visualisierung) und

---

29 Vgl. dazu zusammenfassend die folgenden aktuellen Arbeiten: Udo Michael Krüger, Boulevardisierung der Information im Privatfernsehen, in: Media Perspektiven, (1996) 7, S. 362–374; Barbara Pfetsch, Konvergente Fernsehformate in der Politikberichterstattung? Eine vergleichende Analyse öffentlich-rechtlicher und privater Programme 1985/86 und 1993, in: Rundfunk und Fernsehen, 44 (1996) 4, S. 479–498; Thomas Bruns/Frank Marcinkowski: Politische Informationen im Fernsehen, Opladen 1997; Udo Michael Krüger, Politikberichterstattung in den Fernsehnachrichten, in: Media Perspektiven, (1997) 5, S. 256–268. Hinweise auf weitere Studien finden sich in den jeweiligen Literaturnachweisen.
30 Zum Ansatz vgl. die grundlegende Arbeit von Ulrich Sarcinelli, Symbolische Politik, Opladen 1987, sowie den Beitrag von Ulrich Sarcinelli, Mediale Politikdarstellung und politisches Handeln: analytische Anmerkungen zu einer notwendigerweise spannungsreichen Beziehung, in: O. Jarren (Anm. 5), S. 35–50.
31 Vgl. dazu auch D. Rucht (Anm. 27).

– ein Bedeutungsgewinn von Nachrichtenwerten wie Aktion, Sensation, Emotion, Konflikt, Gewalt und anderen. Inhaltsanalysen ergeben, daß in der Berichterstattungspraxis einzelne Phasen des politischen Prozesses stärker beachtet werden als Institutionen und ihre Arbeitsweisen[32]. Zudem wird einzelnen politischen Akteuren, insbesondere denen, die politisch verantwortlich handeln können, besondere Aufmerksamkeit geschenkt: Statushohe und prominente Akteure dominieren in der gesamten Medienberichterstattung. In den aktuellen Sendungen nehmen Auftritte von prominenten Akteuren mit und ohne Originalton zu. Dabei kommt es vielfach zu einer Vermischung aus informations- und unterhaltungsorientierten Formen. Politische PR-Kampagnen werden auf die Medien ausgerichtet[33].

Internationale Erfahrungen mit dem privat-kommerziellen Rundfunkbereich zeigen, daß es vielfach zu engen Verflechtungen zwischen ökonomischen und politischen Interessen kommt, die sich auch im Programmangebot niederschlagen (»Berlusconi-Effekt«). Diese Entwicklung steht nicht im Widerspruch zu der Aussage, daß sich die neu etablierten Medien weniger für Politik interessieren: Festzustellen ist in diesen Fällen vielmehr eine ausgeprägte Orientierung an einzelnen politischen Akteuren (Politikern) zu Lasten politischer Organisationen (Parteien) oder Programme. Diese Symbiose oder Interessenkoalition zwischen einzelnen Akteuren aus (Medien-)Wirtschaft und Politik kann zumindest für bestimmte Phasen und unter bestimmten politischen und soziokulturellen Bedingungen relevant sein. Zudem erzeugen Medien im Eigeninteresse, z. B. zur Steigerung ihrer Einschaltquoten, ihre eigene (Medien-)Prominenz, zu der eben auch politische Akteure zählen[34]. In der Folge wird ein medienzentrierter Prominentenbonus an Bedeutung gewinnen, in dessen Folge sich die Regierung nicht mehr in gleicher Weise wie noch vor Jahren automatisch, gleichsam qua Amt, der medialen Aufmerksamkeit sicher sein kann.

Damit ist absehbar, daß es auch in der Bundesrepublik Deutschland in der politischen Kommunikation zu »amerikanischen Verhältnissen« kommen kann, zumal dann, wenn die gesellschaftlichen Großorganisationen – insbesondere die politischen Parteien – an Bindungskraft und Organisationsfähigkeit einbüßen. Für Europa und die Bundesrepublik ist zu erwarten, daß die privaten Rundfunkanbieter zunächst in Wahlkämpfen an Bedeutung gewinnen werden (Politikvermittlung, Kandidaten- und Parteiimage usw.). Der Kauf oder die Bereitstellung von Sendeplätzen (*paid media* oder *free media*) dürfte sich in nächster Zeit als ein bedeutendes politisches und rechtliches Problem erweisen. Das gleiche gilt für die Frage der

---

32 Vgl. zur Frage des Medieneinflusses auf einzelne Elemente des politischen Prozesses die Überlegungen von Otfried Jarren/Patrick Donges/Hartmut Weßler, Medien und politischer Prozeß, in: Otfried Jarren/Heribert Schatz/Hartmut Weßler (Hrsg.), Medien und politischer Prozeß. Politische Öffentlichkeit und massenmediale Politikvermittlung im Wandel, Opladen 1996, S. 9–40.
33 Vgl. dazu die Beiträge im Band von Ulrike Röttger (Hrsg.), PR-Kampagnen. Über die Inszenierung von Öffentlichkeit, Opladen 1997.
34 Zur Problematik von Prominenz vgl. die grundlegende Untersuchung von Birgit Peters, Prominenz. Eine soziologische Untersuchung ihrer Entstehung und Wirkung, Opladen 1994.

Parteienfinanzierung sowie der Chancengleichheit politischer Parteien und gesellschaftlicher Organisationen[35].

Die Ursachen für die veränderte politische Berichterstattung können sowohl im Strukturwandel der Medien als auch in den veränderten Beziehungen zwischen gesellschaftlichen Organisationen und Medien gesehen werden: Die Medien nehmen gesellschaftliche Organisationen und politische Vorgänge anders wahr und gehen mit den politischen Akteuren anders um, weil sich die Kooperations- und Interaktionsstrukturen zu ihnen verändert haben. Wahrnehmungsmuster und Kooperationsformen zwischen gesellschaftlichen Organisationen und Medien haben Einfluß auf die Berichterstattungspraxis und -inhalte in der politischen Kommunikation.

Desweiteren ist für die politische Berichterstattungspraxis in hohem Maße die Institutionalisierungsform von Medien relevant: So berichten traditionelle Printmedien und der öffentlich-rechtlich verfaßte Rundfunk stärker als beispielsweise privat-kommerzielle Rundfunkprogrammveranstalter über Politik, und sie zeichnen zudem ein anderes Politikbild. Ursache dafür ist, daß die erstgenannten Medien im höheren Maße mit den traditionellen gesellschaftlichen Organisationen kooperieren und stärker traditionelle publizistische und journalistische Ansprüche im Sinne eines allgemeinen Vermittlungsverständnisses verfolgen als die neu gegründeten privat-kommerziellen Medienunternehmen[36].

Schließlich ist für die Politikberichterstattung von Bedeutung, ob es sich um Programmedien mit einem breiten thematischen Angebotsspektrum für ein disperses Publikum handelt oder um Sparten- oder Abrufmedien, die spezifische Informationen vermitteln bzw. bereitstellen. Je nach Öffentlichkeits- und Zielgruppenbezug und den daraus resultierenden Programm- und Sendeschemata sowie Programmformaten (allgemein: den Angebotsformen) gehen die Medien mit politischen Themen unterschiedlich um.

Die ständig voranschreitende Differenzierung im Mediensystem führt zur Herausbildung höchst unterschiedlicher redaktioneller Strukturen, immer spezieller Standards der journalistischen Beobachtung und einer hochgradig selektiven Beschreibung und Vermittlung sozialer Realität[37]. Die Strukturveränderungen innerhalb des Mediensystems werden am Zerfall der tradierten redaktionellen Organisationen besonders deutlich sichtbar: So bilden beispielsweise selbst große Vollprogrammanbieter im Fernsehbereich nur noch allgemeine Direktionsbereiche aus. Viele der neuen Rundfunksender weisen keine redaktionellen Strukturen mehr auf, wie bei den öffentlich-rechtlichen Rundfunkveranstaltern oder in der Presse üblich; Kultur-, Politik- oder Wirtschaftsredaktionen fehlen vielfach ganz. Statt dessen gibt es Ressorts mit Bezeichnungen wie »Lifestyle« oder »Denken + Lenken«. Redaktionelle Strukturen werden, sofern es überhaupt zur dauerhaften Ausbildung ent-

---

35 Vgl. dazu Lynda Lee Kaid/Christina Holtz-Bacha (Hrsg.), Political Advertising in Western Democracies. Parties & Candidates on Television, Thousand Oaks–London–New Delhi 1995.
36 Vgl. dazu die Differenzierungen bei Jürgen Gerhards, Die Macht der Massenmedien und die Demokratie: Empirische Befunde, Berlin 1991 (WZB Paper FS III 91-108).
37 Siehe dazu die Ausführungen bei Ulrich Saxer, System, Systemwandel und politische Kommunikation, in: Otfried Jarren/Ulrich Sarcinelli/Ulrich Saxer (Hrsg.), Politische Kommunikation in der demokratischen Gesellschaft. Ein Handbuch mit Lexikonteil, Opladen 1998.

sprechender Organisationseinheiten kommt, vielfach geändert – wie auch Sendenamen, Programmschemata oder Sendeformate[38]. Damit wandeln sich die traditionellen Medienschemata, die für Medienproduzenten als auch Rezipienten handlungsrelevant sind. Medienschemata regeln nämlich Erwartungen und Ansprüche an den Wirklichkeitsbezug von Medienangeboten: Auch die gesellschaftlichen Organisationen oder die politischen Akteure wissen, was sie an Themen wie zur Verfügung stellen müssen[39].

Die inneren Medienstrukturen wie auch die Inhalte wandeln sich innerhalb kurzer Zeiträume. Damit wird die stark ausgeprägte *Output*-Orientierung (Publikums- und Werbemarktbezug) neu etablierter Medien im Unterschied zur *Input*-Orientierung (Organisationsbezug) deutlich, die bei den traditionellen Medien vorherrscht. Bei den traditionellen Medien stimmen die redaktionellen Strukturen (z. B. Ressorts) mit den Strukturen der gesellschaftlichen Teilsysteme, die beobachtet werden und über die berichtet wird, noch überein. Redaktionelle Strukturen sind wesentlich

– für die systematische und anhaltende Beobachtung der gesellschaftlichen Umwelt (Nachrichtenbeschaffung etc.: Organisation des redaktionellen *input*);
– für die Erschließung und Bearbeitung von Informationen (redaktioneller *throughput*) und
– für das inhaltliche publizistische Produkt *(output)*[40].

Redaktionelle Strukturen sind aber nicht nur für Inhalt und Form publizistischer Produkte, sondern auch für die publizistische Qualität relevant: Das Vorhandensein solcher Strukturen ist entscheidend für die Herausbildung einer redaktionellen Organisationsidentität, für eine Berufskultur sowie für das Entstehen professioneller und ethischer Normen, ihr Fehlen somit in vielfältiger Weise problematisch. Der Zerfall der inneren Medienordnung wirkt sich auch auf den journalistischen *output*, also das Programm, aus: Die neuen elektronischen Medien bieten ihrem Publikum oftmals ein »Fließprogramm« an, indem zu beliebigen Zeitpunkten durch Beiträge Bezüge zu wirtschaftlichen, politischen oder kulturellen Organisationen hergestellt werden. Allenfalls in den stündlichen Nachrichtensendungen findet sich alles wieder.

6. Medien- und Öffentlichkeitswandel und die Folgen für politische Akteure – Schlußbemerkungen

Der vielschichtige Wandlungsprozeß im Mediensystem ist für die gesellschaftlichen Kommunikationsstrukturen, für die Organisationen des intermediären Systems und für das Herstellen und die Formen von Öffentlichkeit höchst folgenreich. Diese

---

38 Vgl. dazu auch die Hinweise auf empirische Befunde (sowie auf weitere Literatur) im Beitrag von Klaus-Dieter Altmeppen/Martin Löffelholz in diesem Band.
39 Medienschemata orientieren aber auch das Medienpublikum in formaler, inhaltlicher und kognitiver Hinsicht. Vgl. dazu Siegfried J. Schmidt/Siegfried Weischenberg, Mediengattungen, Berichterstattungsmuster, Darstellungsformen, in: Klaus Merten/Siegfried J. Schmidt/Siegfried Weischenberg (Hrsg.), Die Wirklichkeit der Medien, Opladen 1994, S. 212–236.
40 Vgl. dazu Otfried Jarren/Patrick Donges, Keine Zeit für Politik?, Berlin 1996.

Strukturveränderungen wirken vor allem auf die gesellschaftlichen Organisationen und politischen Akteure zurück, die ihr Kommunikationsverhalten diesen neuen Bedingungen anpassen müssen.

Der Ausdifferenzierungsprozeß im Mediensystem und seine organisatorische und programmlich-inhaltliche Wandlungsgeschwindigkeit dürften sich durch die in Veränderung befindlichen rechtlichen und ökonomischen Rahmenbedingungen für Medien in Zukunft noch weiter beschleunigen. Die ökonomische Orientierung im gesamten Mediensystem nimmt zu, technische Veränderungen ermöglichen neue Medientypen und damit einhergehend die Etablierung von immer spezielleren Gruppen-, Zielgruppen- und letztlich wohl auch Individualmedien. Wenngleich vieles dafür spricht, daß die Massenkommunikation ihre zentrale Bedeutung für die Gesellschaft behalten wird, so ist doch von neuen Zielgruppenangeboten im Bereich der Massenkommunikation mit entsprechenden Teilöffentlichkeiten auszugehen.

Gesamtgesellschaftlich wächst das zur Verfügung stehende Medienangebot ständig, während andererseits die Nutzungs- und Verarbeitungskapazitäten auf seiten der Rezipienten nicht wesentlich weiter zunehmen können. Speziellere Medien tragen somit dazu bei, daß sich das Publikum in immer kleinere Zielgruppen differenziert. Die Gefahr der Segmentierung, der Herausbildung von gegeneinander abgeschotteten Informations- und Kommunikationskreisen mit immer neuen – und vielfach nur auf Zeit existenten – Teil- und Unterforen nimmt zu[41]. Über die Folgen dieser Entwicklung für das politische Grundverständnis, für gemeinsam geteilte Grundwerte und den gesellschaftlichen Zusammenhalt kann allenfalls spekuliert werden[42]. Winfried Schulz betont in diesem Zusammenhang die Gefahren: Er sieht durch die Medienentwicklung die gesellschaftliche Verständigung und die gesellschaftliche Integration gefährdet[43].

Nun wirkt sich die Zunahme an Medienanbietern, Vermittlungskanälen und publizistischen Angeboten nicht allein auf die Nutzungsoptionen und auf das Nutzungsverhalten der Rezipienten aus (Mikro-Ebene), sondern von diesen Veränderungen werden zugleich auch die gesellschaftlichen Organisationen und mit ihnen das intermediäre System beeinflußt (Meso-Ebene). Der Differenzierungsprozeß im Mediensystem ist nämlich eine wesentliche Voraussetzung für den immer rascher verlaufenden sozialen Wandel – für die Modernisierung – der Gesellschaft, von dem alle gesellschaftlichen Organisationen betroffen sind. Die »ungeheure Vermehrung,

---

41 Vgl. dazu Winfried Schulz, Medienwirklichkeit und Medienwirkung, in: Aus Politik und Zeitgeschichte, B 40/93, S. 24.
42 Im Hinblick auf die kognitive Dimension gibt es allerdings Befunde: Die Wissenskluft-Forschung zeigt empirisch, daß die Zunahme an Medien und an Informationsangeboten nicht zu einem Ausgleich von bestehenden schichtenspezifischen Differenzen und Benachteiligungen geführt hat. Die Untersuchungen bestätigen vielmehr, daß die »Wissenskluft« zwischen informationsorientierten und die Druckmedien nutzenden Rezipienten und den auf das Fernsehen ausgerichteten unterhaltungsorientierten Rezipienten tendenziell zunimmt. Vgl. dazu grundlegend: Heinz Bonfadelli, Die Wissenskluft-Perspektive. Massenmedien und gesellschaftliche Information, Konstanz 1994.
43 Schulz: »Der moderne Öffentlichkeitsprozeß erhöht das Risiko des kollektiven Irrtums«. Vgl. W. Schulz (Anm. 42), S. 22.

Beschleunigung, Verdichtung und Globalisierung von Kommunikation«[44] führt vor allem und zunächst aber zur Herausbildung eines an Autonomie gewinnenden Mediensystems, in dem vorrangig nach medieneigenen Kriterien selektiert wird. Medien, lange Zeit als »quasi-hoheitliche Institutionen« (Ulrich Sarcinelli) mit vorrangig politischem und kulturellem Auftrag versehen und sich selbst auch so verstehend, gewinnen an Autonomie gegenüber den gesellschaftlichen Organisationen, sie werden insoweit zu Akteuren und damit zu eigenständigen sozialen Institutionen, die zum Teil in Konkurrenz zu den anderen gesellschaftlichen Organisationen treten. So können Medien stärker als einzelne gesellschaftliche Organisationen in den öffentlichen politischen Kommunikationsprozessen auf die Festlegung der gesellschaftlichen Tagesordnung, auf die Definition von politischen Problemen und die Strukturen sowie den Verlauf von politischen Diskussionsprozessen Einfluß nehmen. »Wenn die Annahme zutrifft, daß es bestimmte Nachrichtenwertfaktoren sind, die die massenmediale Selektivität von Ereignissen steuern, dann müßte die Wirkung dieser Selektivität eher in Richtung einer Verstärkung der Polarisierung«[45] im intermediären System führen. »Diese Polarisierung muß nicht notwendigerweise bedeuten, daß die inhaltlichen Positionen entsprechend auseinandertreiben, sondern kann sich auch auf eine rhetorische Zuspitzung marginaler Differenzen beziehen, die dennoch den diffusen Eindruck der Zerstrittenheit hinterlassen und Einigungsprozesse erschweren.«[46] Während nun letzteres von Fall zu Fall zu klären, also empirisch nach dem möglichen Einfluß von Medien zu fragen ist, ist der strukturelle Wandel nicht zu übersehen: Nicht einzelne Medien, wohl aber das Mediensystem insgesamt hat im intermediären Gefüge an Bedeutung gewonnen, und es wird mehr und mehr zur Voraussetzung für die Informations- und Kommunikationspraxis gesellschaftlicher Organisationen und politischer Akteure.

Der Modus der politischen Kommunikation verändert sich:
– Nachrichten erhalten aufgrund zu erwartender Publikums- und weniger aufgrund von Absenderwünschen Relevanz;
– es ist ein Rückgang an direkten, interaktiven Kommunikations- und Auseinandersetzungsformen festzustellen;
– die Auseinandersetzung politischer Akteure wird indirekter; sie kämpfen zunächst um die Medienaufmerksamkeit, und
– auch kleinste Gruppen erhalten, wenn sie denn die Medienregeln beherrschen, also zu medienwirksamen Regel- oder Tabubrüchen fähig sind oder mit den Medien kooperieren wollen, Chancen für eine Berücksichtigung in der Medienöffentlichkeit (z. B. Greenpeace).

Medienwandel und der Wandel im intermediären System führen schließlich zu neuen politischen Öffentlichkeitsformen[47]: Öffentlichkeit verliert ihre relative Stabilität – im Sinne einer Vorhersagbarkeit – in dem Maße, wie die gesamtgesell-

---
44 So Richard Münch, Dialektik der Kommunikationsgesellschaft, Frankfurt/M. 1991, S. 17.
45 Dieter Fuchs, Eine Metatheorie des demokratischen Prozesses, Berlin 1993 (WZB Paper FS III 93–202), S. 66.
46 Ebd., S. 66f.
47 Dirk Baecker benutzt den Begriff »oszillierende Öffentlichkeit«. Vgl. ders., Oszillierende Öffentlichkeit, in: Rudolf Maresch (Hrsg.), Medien und Öffentlichkeit, Stuttgart 1996, S. 89–107.

schaftlich relevanten, eigenständigen (und nicht-medialen) Informations- und Kommunikationsleistungen gesellschaftlicher Organisationen an Bedeutung verlieren, das Nutzungsverhalten sich individualisiert und die politischen Informationsleistungen des Mediensystems mit ihren möglichen Wirkungen auf die Bürger nicht mehr »sicher« vorhergesehen werden können[48]. Politische Öffentlichkeit wird schlecht(er) kalkulierbar, zumal dann, wenn die Berichterstattung über Politik für die Medien und die Nutzung von politischen Informationen auf seiten der Bürger zu optionalen Fragen werden[49].

Politische Öffentlichkeit ist für Medien eben eine Öffentlichkeit neben vielen. Dem Medienformat und den Publikumsinteressen entsprechend variieren die Kriterien für eine Berücksichtigung oder Nichtberücksichtigung (politischer) Themen und (politischer) Akteure. Politische Öffentlichkeit wird aufgrund des gesellschaftlichen Wandels insgesamt – also auch außerhalb der medialen Öffentlichkeit – zu einem Teilbereich auf einem großen Marktplatz, auf dem auch immer wieder neu ausgehandelt und definiert wird, was denn politisch sein, was unter Politik verstanden werden soll. An diesem Aushandlungsprozeß haben die Medien allerdings einen wesentlichen Anteil durch ihre Einwirkungsmöglichkeiten auf das Publikum, aber an ihm wirken ebenso die gesellschaftlichen Organisationen durch politische Informations- und Kommunikationsangebote mit. Gesellschaftliche und politische Akteure sind sich allerdings der steigenden Konkurrenz um Medienzugänge erst zum Teil bewußt. Pauschal formuliert: Politik geht davon aus, daß sie für die Gesellschaft von großer Bedeutung sei, so daß dem politischen System, seinen Organisationen und Akteuren eine besondere Aufmerksamkeit zukomme und Politik eine Art Vermittlungsprivileg in der medialen Kommunikation beanspruchen könne und genieße. Das ist jedoch immer weniger der Fall. Für die politischen Akteure bedeutet das:
- Gewißheiten sind rar,
- die Veränderungsdynamik ist aufgrund von Modernisierungs- und Globalisierungstendenzen stark;
- die Adressaten politischer Informationsangebote sind schwerer zu erreichen und selbstbestimmter;
- die Konkurrenz um öffentliche Aufmerksamkeit als Bedingung für öffentliche Akzeptanz hat zugenommen.

Diese Entwicklung läßt sich aber nicht nur auf Veränderungen im Medienbereich zurückführen: Politik vollzieht sich in der modernen Gesellschaft immer weniger als

---

48 »Eine zunehmend entpolitisierte, primär unterhaltungsorientierte Inanspruchnahme der Medien durch, zumindest zwischen 1990 und 1995, deutlich gewachsene Bevölkerungsgruppen sowie eine sinkende Bereitschaft, den Medien Funktionalität im Bereich der politischen Information zu bestätigen« schlußfolgert Kiefer aus ihren empirischen Befunden. Vgl. Marie-Luise Kiefer, Massenkommunikation V., in: Klaus Berg/Marie-Luise Kiefer (Hrsg.), Massenkommunikation V. Eine Langzeitstudie zur Mediennutzung und Medienbewertung 1964–1995, Baden-Baden 1996, S. 246.

49 Es mag spekulativ sein, aber das Gedankenexperiment ist anregend: »Das Publikum zerstreut sich ganz allgemein, und die Nutzung der Genres der politischen Kommunikation und ihre Bedeutung in der Perspektive der Einzelnen verändern sich. Öffentlichkeit, wie sie bisher für die Demokratie als konstitutiv gedacht worden ist, löst sich unter aktiver Beteiligung der Rezipientinnen und Rezipienten auf.« Vgl. F. Krotz (Anm. 13), S. 9.

alles entscheidende und machtvolle »Staatspolitik«, sondern als »Gesellschaftspolitik«, an deren Willensbildungs- und Aushandlungsprozessen zahlreiche Akteure mitwirken. Politik und politische Akteure sind zur Beeinflussung politischer Prozesse ganz generell auf ihre informatorischen und kommunikativen Qualitäten angewiesen. Dabei handelt es sich übrigens um Eigenschaften, die nicht nur für Personen von Bedeutung sind, sondern um Kompetenzen, die auch gesellschaftliche Organisationen ausbilden müssen, wenn sie den politischen Handlungsrahmen wie auch einzelne politische Prozesse mitgestalten wollen.

Im Ergebnis heißt das: Politische Öffentlichkeit muß in einem Prozeß immer wieder hergestellt werden. Bezogen sowohl auf die Herstellung der politischen Medienöffentlichkeit als auch nichtmedialer Formen steigen damit die Anforderungen an die Kommunikations- und Medienkompetenz gesellschaftlicher Organisationen bzw. politischer Akteure ganz generell[50]. Die Kooperations- und Austauschbeziehungen werden nämlich sowohl zwischen politischen Akteuren und den Medien als auch zwischen den gesellschaftlichen Gruppen weniger stabil und dauerhaft sein als bislang. Gesellschaftliche und politische Akteure bedürfen auch aufgrund des Wandels von Staat und Politik Verhandlungs-, Moderatoren- und Koordinatorenkompetenz, um Akzeptanz und Konsens in der modernen Gesellschaft immer wieder erzeugen zu können[51]. Politik und Politikvermittlung werden sich professionalisieren müssen, und die Akteure haben sich auf ein aktives Prozeßmanagement durch Informations- und Kommunikationsleistungen einzustellen[52].

---

50 Über die Möglichkeiten und Grenzen nichtmedialer sowie diskursiver Verfahren in der politischen Kommunikation reflektieren Wolfgang van den Daele/Friedhelm Neidhardt, »Regierung durch Diskussion« – Über Versuche, mit Argumenten Politik zu machen, in: dies. (Hrsg.), Kommunikation und Entscheidung. Politische Funktionen öffentlicher Meinungsbildung und diskursiver Verfahren, Berlin 1996, S. 9–50. Sie schätzen dabei die Möglichkeiten nichtmedialer Formen als gering ein. Vgl. zum normativen Modell diskursiver Öffentlichkeit den Beitrag von Bernhard Peters, Der Sinn von Öffentlichkeit, in: Friedhelm Neidhardt (Hrsg.), Öffentlichkeit, öffentliche Meinung, soziale Bewegungen, Opladen 1994, S. 42–76.
51 Vgl. dazu U. Sarcinelli (Anm. 24).
52 Vgl. dazu die Überlegungen in Ulrich Sarcinelli (Hrsg.), Öffentlichkeitsarbeit der Parlamente. Politikvermittlung zwischen Public Relations und Parlamentsdidaktik, Baden-Baden 1994, und Otfried Jarren, Kann man mit Öffentlichkeitsarbeit die Politik »retten«?, in: Zeitschrift für Parlamentsfragen (1994) 4, S. 653–673, sowie den Beitrag von Günter Bentele in diesem Band.

II.
Medialer Wandel und Politikvermittlung: Strukturen, Prozesse und Strategien

KLAUS-DIETER ALTMEPPEN/MARTIN LÖFFELHOLZ

Zwischen Verlautbarungsorgan und »vierter Gewalt«

Strukturen, Abhängigkeiten und Perspektiven des politischen Journalismus

1. Vom »Anhängsel« der Politik zum eigenständigen System

Die Entwicklung des Journalismus, insbesondere des politischen Journalismus, begleitet seit langem eine zum Teil vehement geführte Debatte um seine Leistungen und Wirkungen. Sehen die einen den Journalismus in erster Linie als Verlautbarungsorgan mächtiger *pressure groups*, verbinden andere damit vor allem die Vorstellung einer »vierten Gewalt« im Staat, also einer weitgehend unabhängigen Kontrolle der Gesellschaft – konkret: ihrer Institutionen und Akteure – durch den Journalismus. Dieser Widerspruch löst sich an der Schwelle zur Informationsgesellschaft keineswegs auf, sondern erhält angesichts der Ausweitung und Ausdifferenzierung des Mediensystems, der immer stärkeren Etablierung von *Public Relations* sowie der wachsenden Technisierung der Kommunikation zusätzliche Dynamik.

Entwickelt hat sich der politische Journalismus als »Anhängsel« der Politik: Bei seiner Entstehung war er keineswegs autonom, sondern im Gegenteil integraler Bestandteil politischer Interessenvermittlung. Erst allmählich konnte sich der Journalismus aus der Verklammerung des politischen Systems lösen und – im Verlauf des 19. Jahrhunderts – zu einer eigenständigen Identität finden. Aus dem »Anhängsel« wurde ein ernstzunehmendes Gegengewicht zu anderen gesellschaftlichen Kräften. Das Selbstverständnis einer »fourth estate«, einer »vierten Gewalt«, begann sich zuerst etwa Mitte des 19. Jahrhunderts in England herauszubilden; in anderen Staaten erfolgte dieser Prozeß in unterschiedlicher Geschwindigkeit und Ausprägung. In allen Ländern ging es freilich darum, daß die Presse etwas anderes sein wollte »als ein zum Anhängsel verkommener Teil der Politik«[1].

Das spannungsreiche Verhältnis von Politik und Journalismus prägt auch die heutige Mediengesellschaft: Auf der einen Seite wird nach wie vor ein zu enges Verhältnis zwischen Politik und Journalismus beklagt; auf der anderen Seite wird den Journalistinnen und Journalisten unterstellt, sie seien »Missionare«, die selbst

---

1 Jörg Requate, Journalismus als Beruf. Entstehung und Entwicklung des Journalistenberufs im 19. Jahrhundert. Deutschland im internationalen Vergleich, Göttingen 1995, S. 24.

Politik mit anderen Mitteln betrieben. Zusätzlich dynamisiert wird diese Beziehung durch neue ökonomische und politische Rahmenbedingungen, die den Funktions- und Strukturzusammenhang der journalistischen Arbeit erheblich verändern. Die sozioökonomischen Veränderungen betreffen den Journalismus dabei zugleich als »Mediator« und als »Faktor«. Als »Mediator«, also als zwischen den verschiedenen gesellschaftlichen Gruppen vermittelnde Instanz, hat der Journalismus unter anderem die Aufgabe, soziale, politische und ökonomische Wandlungsprozesse aufzugreifen, zu thematisieren und zu hinterfragen. Als Faktor ist der Journalismus von eben diesen Wandlungsprozessen betroffen; eingebunden in den Strukturkontext des Mediensystems, erfaßt der soziale Wandel auch den Journalismus.

Diese Entwicklungen vollziehen sich vor dem Hintergrund weitreichender Veränderungen, die unter dem Stichwort »Informationsgesellschaft« schon seit längerem intensiv diskutiert werden[2]. In diesem Prozeß entstehen neue journalistische Aufgabenfelder (wie z. B. die Orientierungsfunktion), und die Ausdifferenzierung des Mediensystems führt zu neuen Tätigkeitsfeldern. Journalismus wird gleichzeitig rationeller betrieben, unterhaltender gestaltet, marketinggemäßer geplant, damit aber auch in seiner publizistischen Verantwortung erschüttert. Und schließlich verändert sich auch die Öffentlichkeit: Schon lange nicht mehr wird die Öffentlichkeit als breite und diffuse Masse betrachtet. In der Informationsgesellschaft differenziert sich das Publikum als aktiver und eigenständiger Teil öffentlicher Kommunikation in spezifische Teilöffentlichkeiten. Damit verbunden ist – etwa bei politischen Institutionen – das Bestreben, diese Teilöffentlichkeiten in je spezifischer Art ansprechen zu wollen und zu müssen.

Im folgenden werden diese Entwicklungen in bezug auf den politischen Journalismus in Deutschland beschrieben und problembezogen analysiert. Dabei wird es vor allem darum gehen, auf der Basis aktueller und repräsentativer Daten die wesentlichen Strukturmerkmale und Problemfelder des politischen Journalismus zu identifizieren. Einen Schwerpunkt bilden dabei die politischen Einstellungen und das Selbstverständnis der Journalistinnen und Journalisten. Im abschließenden Resümee geht es vor allem um den Journalismus in der Informationsgesellschaft – um seine Chancen, aber auch seine Gefährdungen und Risiken.

2. Journalismus als System und Handlungszusammenhang

Im Laufe der Jahrzehnte hat sich die Journalismusforschung grundlegend gewandelt: von einer individuumszentrierten zu einer systemischen Beschreibung des Journalismus. Sie hat sich damit (weitgehend) von der normativ-ontologischen Publizistikwissenschaft verabschiedet, die sich auf journalistische Persönlichkeiten als »geistige Gestalter« von Medienangeboten konzentrierte. Journalismus wird heute in der Regel nicht mehr als Addition von Personen angesehen, sondern als

---

2   Vgl. Martin Löffelholz/Klaus-Dieter Altmeppen, Kommunikation in der Informationsgesellschaft, in: Klaus Merten/Siegfried J. Schmidt/Siegfried Weischenberg (Hrsg.), Die Wirklichkeit der Medien. Eine Einführung in die Kommunikationswissenschaft, Opladen 1994, S. 570 ff.

System aufgefaßt. Durch das »System Journalismus« werden »Themen für die Medienkommunikation zur Verfügung gestellt, die Neuigkeitswert und Faktizität besitzen, und zwar insofern, als sie an sozial verbindliche Wirklichkeitsmodelle und ihre Referenzmechanismen gebunden sind«[3]. Diese Funktion erbringt der Journalismus für die Gesellschaft insgesamt und für einzelne soziale Systeme – wie Wirtschaft, Recht, Sport, Kunst, Wissenschaft und Politik.

Das System Journalismus entwickelte sich primär, um die Integration einer funktional zunehmend differenzierten Gesellschaft zu ermöglichen. Journalismus fungiert dabei als System zur Selbstbeobachtung der Gesellschaft: Die institutionalisierte Beobachtung von Beobachtungen koppelt – und integriert damit – einzelne soziale Systeme als Gesellschaft. Für diese Aufgabe werden dem Journalismus (normativ) bestimmte Funktionen zugeordnet, zu denen nach traditionellem Verständnis insbesondere Information, Kritik und Kontrolle sowie Bildung und Erziehung gehören. Im Zuge der weiteren Differenzierung des Journalismus kommen als weitere Funktionen vor allem Unterhaltung und Orientierung bzw. Lebenshilfe hinzu. Darüber hinaus nutzen die verschiedenen sozialen Systeme den Journalismus auch zur Beobachtung und Modifikation ihrer jeweiligen Operationen: Das hochdifferenzierte politische System beispielsweise ist kaum in der Lage, politische oder gar innerparteiliche Öffentlichkeiten ohne journalistische Leistungen herzustellen.

Mit dem Modell des Journalismus als sozialem System verbindet sich die Vorstellung eines selbstreferentiellen, also auf sich selbst bezogenen gesellschaftlichen Teilbereichs, der sich – auf der Grundlage einer spezifischen Funktion – nach eigenen Regeln konstituiert, reproduziert und im Rahmen seiner eigenen Strukturen operiert. Mit dieser Betrachtungsweise läßt sich das System Journalismus zunächst von anderen Systemen abgrenzen; darüber hinaus verbindet sich damit die Prämisse, daß weder der Journalismus das politische System noch das politische System den Journalismus steuern kann. Selbstreferentielle Systeme – wie der Journalismus oder die Politik – orientieren sich zwar an ihren jeweiligen Umwelten, deren Einflüsse irritieren das System aber nur. Ob die Irritationen in eigenen Operationen berücksichtigt werden, ob beispielsweise ein politisches Ereignis vom Journalismus thematisiert wird, entscheidet letztlich der Journalismus selbst – auf der Grundlage seiner Normen, Strukturen und Programme.

Selbstreferenz bedeutet also nicht, daß der Journalismus in der Gesellschaft völlig autark agiert. Bekanntlich beziehen sich Journalismus und politisches System auf vielen Ebenen aufeinander. Beide haben in einem koevolutiven Prozeß Strukturen entwickelt, die auf eine Anpassung an das jeweils andere System zielen. Diese strukturellen Kopplungen – etwa die Antizipation und Simulation journalistischer Operationen durch die Öffentlichkeitsarbeit politischer Organisationen – ermöglichen, daß der Journalismus und das politische System sich wechselseitig aufeinander einstellen und damit auch beeinflussen können, ohne ihre jeweilige funktionale Identität aufzugeben[4].

---

3 Siegfried Weischenberg, Journalistik. Medienkommunikation, Theorie und Praxis. Bd. 2: Medientechnik, Medienfunktionen, Medienakteure, Opladen 1995, S. 97.

4 Vgl. Martin Löffelholz, Dimensionen struktureller Kopplung von Öffentlichkeitsarbeit und Journalismus. Überlegungen zur Theorie selbstreferentieller Systeme und Ergebnisse einer

Im traditionellen systemtheoretischen Denken spielen Individuen eine eher untergeordnete Rolle, denn soziale Systeme bestehen nicht aus Personen, sondern aus Kommunikationen. Akteure – wie zum Beispiel Journalisten und Politiker – gehören danach zur Umwelt von Journalismus oder Politik. Doch auch die Systemtheorie abstrahiert nicht völlig von den Individuen[5], schon aus forschungspraktischen Gründen, denn Kommunikationen lassen sich nicht beobachten. »Eine gehaltvolle Theorie des ›Journalismus als soziales System‹ zu entwickeln«[6], setzt auch empirisches Wissen über die Akteure voraus. Dazu ist es notwendig, die Einstellungen und das Handeln von Journalistinnen und Journalisten zu beobachten, denn hier manifestieren sich die Bedingungen, Strukturen und Voraussetzungen des Journalismus. Innovative Einsichten in das Verhältnis von Journalismus und Politik sind vor allem dann erwartbar, wenn System- und Akteurszusammenhang komplementär betrachtet werden[7].

Die Leistungen des Journalismus und die Arbeit der Journalistinnen und Journalisten vollziehen sich unter den Bedingungen großbetrieblicher Produktionsweise, wirtschaftlicher Effizienz und rationeller Technik. Journalismus ist insofern in die ökonomischen und organisatorischen Strukturkontexte der Medien eingebunden. In diesem Rahmen hat der Journalismus spezielle Strukturen entwickelt, die journalistische Leistungen sicherstellen sollen. Hierzu gehören insbesondere die redaktionelle Organisation (Ressortaufteilung, Führungsmuster, Integration elektronischer Redaktionssysteme), die Regeln zur Beobachtung der Umwelt (Recherchemethoden) und zur Nachrichtenselektion sowie die Merkmale der verschiedenen Berichterstattungsmuster und Darstellungsformen[8].

Aus diesen Strukturen ergeben sich zum einen spezifische Bedingungen – und Restriktionen – des Journalismus. Zu nennen sind hier beispielsweise die Aktualität der Berichterstattung, die Ausblendung oder »Karriere« bestimmter Themen sowie die Konkurrenz um die Exklusivität von Nachrichten[9]. Zum anderen konstituieren und ermöglichen diese Strukturen erst den Journalismus als selbstreferentielles System und prägen als soziale Sedimentationen das Rollenverhalten und die Handlungsmuster der Journalistinnen und Journalisten[10]. Mit der doppelten Betrachtungsweise des Journalismus als sozialem System und als Handlungszusammenhang lassen sich sowohl zentrale Charakteristika und Problemfelder des Journalismus

---

    repräsentativen Studie, in: Günter Bentele/Michael Haller (Hrsg.), Aktuelle Entstehung von Öffentlichkeit. Akteure – Strukturen – Veränderungen, Konstanz 1997, S. 187 ff.
5 Vgl. Niklas Luhmann, Die Realität der Massenmedien, Opladen 1996², S. 130 ff.
6 S. Weischenberg (Anm. 3), S. 110.
7 Vgl. Gerhard Vowe, Handlungstheoretischer oder systemtheoretischer Ansatz in der medienpolitischen Analyse?, in: Silke Holgersson/Otfried Jarren/Heribert Schatz (Hrsg.), Dualer Rundfunk in Deutschland. Beiträge zu einer Theorie der Rundfunkentwicklung. Münster–Hamburg 1994, S. 151.
8 Vgl. S. Weischenberg (Anm. 3); Manfred Rühl, Theorie des Journalismus, in: Roland Burkart Walter Hömberg (Hrsg.), Kommunikationstheorien. Ein Textbuch zur Einführung, Wien 1992, S. 117-133.
9 Vgl. Georg Ruhrmann, Ereignis, Nachricht, Rezipient, in: K. Merten/S. J. Schmidt/S. Weischenberg (Anm. 2), S. 237 ff.
10 Vgl. Achim Baum, Journalistisches Handeln. Eine Kritik der Journalismusforschung, Opladen 1994, S. 393 ff.

identifizieren als auch die »Beziehungsspiele«[11] zwischen Politikern und Journalisten analysieren.

3. Strukturen des (politischen) Journalismus in Deutschland

Politische Kommunikation erfolgt im Spannungsfeld der Interessen und Aktivitäten von Medien, Politik und Öffentlichkeit. Ihre Beziehungen waren von Beginn an von wechselseitigen Beeinflussungsversuchen geprägt. Die – seit dem 19. Jahrhundert – wachsende Unabhängigkeit der Presse veränderte freilich das Verhältnis von Medien, Politik und Öffentlichkeit grundlegend. Die Presse verstand sich nicht mehr als schlichtes Anhängsel der Politik, sie mußte sich vielmehr auch als kommerzielle Institution behaupten. Das politische System verlor damit nicht nur sein »Verlautbarungsorgan«, sondern sah sich auch einer zunehmend aufgeklärten Öffentlichkeit gegenüber, die sich freilich vor allem über ein – in vielerlei Hinsicht von wirtschaftlichen Interessen abhängiges – Mediensystem äußerte[12].

In der modernen Gesellschaft wird als zentrale Funktion der Politik die Herstellung allgemein verbindlicher Entscheidungen bei Problemen, die von anderen Systemen nicht gelöst werden, angesehen. Diese »Allzuständigkeit« löst das politische System zunächst intern in einem Prozeß von Problemidentifizierung, Programmplanung und -implementierung. Die getroffenen Entscheidungen – und im Grunde auch die Entscheidungswege – muß das politische System in pluralen Demokratien zur Abstimmung stellen. Denn für eine bindende Wirkung seiner Entscheidungen ist die Politik auf die Beteiligung und Zustimmung der Bürger angewiesen.

In funktional differenzierten Gesellschaften erfolgt diese politische Partizipation zunehmend im Rahmen einer politischen Öffentlichkeit, die vom Journalismus hergestellt wird. Einerseits ist die öffentliche Meinung – definiert »als herrschende Meinungen unter den Öffentlichkeitsakteuren, also denen, die das Publikum wahrnehmen kann«[13] – von den Leistungen des Journalismus abhängig. Auch aus machtpolitischen Gründen strebt die Politik deshalb danach, die journalistische Berichterstattung im Sinne spezifischer Interessen zu beeinflussen. Andererseits ist der Journalismus auf politische Informationen angewiesen, um daraus Nachrichten produzieren zu können und damit seiner Informationsfunktion nachzukommen. Journalistinnen und Journalisten müssen also politischen Einflußversuchen widerstehen, um die funktionale Identität ihrer journalistischen Rolle zu wahren.

---

11 Otfried Jarren/Klaus-Dieter Altmeppen/Wolfgang Schulz, Beziehungsspiele – Politiker, Öffentlichkeitsarbeiter und Journalisten in der politischen Kommunikation (Arbeitsberichte und Materialien des Instituts für Journalistik, Bd. 1), Hamburg (abgedruckt als: Parteiintern – Medien und innerparteiliche Entscheidungsprozesse. Die Nachfolge Genschers und die Kür Engholms zum SPD-Kanzlerkandidaten, in: Wolfgang Donsbach u. a. (Hrsg.), Beziehungsspiele – Medien und Politik in der öffentlichen Diskussion, Gütersloh 1993, S. 111 ff.).
12 Vgl. J. Requate (Anm. 1), S. 25 f.
13 Friedhelm Neidhardt, Öffentlichkeit, öffentliche Meinung, soziale Bewegungen, in: ders. (Hrsg.), Öffentlichkeit, öffentliche Meinung, soziale Bewegungen (Kölner Zeitschrift für Soziologie und Sozialpsychologie, Sonderheft 34), Opladen 1994, S. 7.

3.1 Bestandsaufnahme und repräsentativer Überblick

Obwohl zum (politischen) Journalismus eine Vielzahl von Studien vorliegt[14], mußte das Bild des Journalismus lange Zeit aus sekundäranalytischen Synopsen und Fallstudien zusammengesetzt werden. Repräsentative Untersuchungen fehlten. Seit Beginn der neunziger Jahre liegen erstmals gleich zwei repräsentativ angelegte Untersuchungen zum Journalismus vor, welche die Datengrundlage über den Journalismus in Deutschland auf ein solides Fundament stellen[15]. In diesem Kontext wurden erstmals umfangreiche Vorarbeiten geleistet, um die Gesamtzahl der Journalistinnen und Journalisten in Deutschland, geschichtet nach Medien und Ressorts, zu ermitteln. Somit können Aussagen über Arbeitsbedingungen, Selbstverständnis und professionelle Einstellungen auf einzelne journalistische Gruppen bezogen und miteinander verglichen werden.

Tabelle 1: Festangestellte Journalistinnen und Journalisten in Deutschland

Medium	Zahl der Journalisten (absolut)	Anteil der Journalisten (in %)
Tages-, Sonntags- und Wochenzeitungen	17 100	47,5
Nachrichtenagenturen und Mediendienste	1 600	4,5
Anzeigenblätter	2 500	7,0
Zeitschriften und Stadtmagazine	6 300	17,5
Öffentlich-rechtlicher Rundfunk	6 175	17,0
Privat-kommerzieller Rundfunk	2 325	6,5
Summe	36 000	100

Quelle: Siegfried Weischenberg/Martin Löffelholz/Armin Scholl, Journalismus in Deutschland. Design und erste Befunde der Kommunikatorstudie, in: Media Perspektiven, (1993) 1, S. 27.

Nahezu die Hälfte aller festangestellten Redakteurinnen und Redakteure arbeitet bei den Zeitungen, ein knappes Fünftel bei Zeitschriften und ein knappes Viertel beim Rundfunk (s. *Tabelle 1*); hinzu kommen noch rund 18 000 freiberuflich tätige Journalistinnen und Journalisten. Rechnet man die repräsentative Stichprobe der Politik- und Lokalredakteure, die von der Forschungsgruppe Journalistik befragt wurden, auf die Gesamtzahl aller Journalisten hoch, so arbeiten rund 9 700 (18 Prozent) der insgesamt 54 000 Journalistinnen und Journalisten in Politikressorts (s. *Tabelle 2*), etwas mehr im – für die politische Kommunikation bedeutsamen –

---

14 Vgl. Frank Böckelmann, Journalismus als Beruf. Bilanz der Kommunikatorforschung im deutschsprachigen Raum von 1945 bis 1990, Konstanz 1993.
15 Zur Untersuchung aus Münster vgl. die Ergebnisse der Forschungsgruppe Journalistik: Siegfried Weischenberg/Martin Löffelholz/Armin Scholl, Journalismus in Deutschland. Design und erste Befunde der Kommunikatorstudie, in: Media Perspektiven, (1993) 1, S. 21 ff. Zur Untersuchung aus Hannover vgl. Beate Schneider/Klaus Schönbach/Dieter Stürzebecher, Westdeutsche Journalisten im Vergleich: jung, professionell und mit Spaß an der Arbeit, in: Publizistik, (1993) 1, S. 5 ff.

Lokaljournalismus (9 900). Im Hinblick auf den politischen Journalismus sind darüber hinaus sicherlich auch einige der nicht ressortgebundenen Reporter, Korrespondenten und freien Mitarbeiter relevant[16].

Tabelle 2: Journalistinnen und Journalisten nach Ressorts

Ressort	Anteil der Journalisten (in %)
Lokales	18,4
Politik	18,0
Kultur	12,0
Sport	7,0
Wirtschaft	5,7
Unterhaltung	3,1
Sonstige Ressorts	13,8
Ressortübergreifend	22,0
Gesamt (absolut)	54 000

Quelle: Forschungsgruppe Journalistik.

Politische Journalistinnen und Journalisten sind – im Vergleich mit ihren Ressortkollegen – überdurchschnittlich qualifiziert. Während knapp zwei Drittel aller Journalisten einen Hochschulabschluß aufweisen, sind es bei den politischen Journalisten 77 Prozent. Ohne formale Ausbildung sind nur knapp sieben Prozent der Politikjournalisten (dagegen 11,7 Prozent aller Journalisten). Das Volontariat als einzige Ausbildungsform hat ein Fünftel aller Journalistinnen und Journalisten absolviert, bei den politischen Journalisten hat nur jeder zehnte allein diese Ausbildung vorzuweisen[17]. Im Vergleich dazu sind die Lokaljournalisten zwar nicht ganz so hoch qualifiziert, der Akademikeranteil aber liegt mittlerweile bei immerhin mehr als 50 Prozent. Ohne formale Ausbildung sind freilich noch mehr als 15 Prozent aller Lokaljournalistinnen und -journalisten.

In die unterschiedlichen redaktionellen Arbeiten sind politische Journalisten in nahezu gleicher Weise eingebunden wie ihre Kolleginnen und Kollegen anderer Ressorts. Ihr täglicher Arbeitsaufwand für Recherche, Redigieren, Selektieren sowie organisatorische und technische Tätigkeiten entspricht dem Durchschnitt aller Journalistinnen und Journalisten. Kleinere Abweichungen bestehen nur in wenigen Punkten: Für die Auswahl von Texten und das Redigieren von Agenturtexten und Pressemitteilungen verwenden Politikjournalisten leicht überdurchschnittlich Zeit, für das Verfassen und Redigieren eigener Texte leicht unterdurchschnittlich[18]. Diese Ergebnisse verfestigen die Annahme, daß viele Politikjournalisten in Nachrichtenredaktionen arbeiten und eher in routinemäßige redaktionelle Arbeit eingebunden sind, als es das Bild des recherchierenden Reporters in der politischen Bericht-

---

16 Vgl. Otfried Jarren/Patrick Donges, Keine Zeit für Politik? Landespolitische Berichterstattung im Rundfunk: Journalisten, Öffentlichkeitsarbeiter und Politiker in der Interaktion. Das Beispiel Hamburg, Berlin 1996.
17 Vgl. S. Weischenberg (Anm. 3), S. 148.
18 Vgl. S. Weischenberg (Anm. 3), S. 151.

erstattung nahelegt. Demgegenüber ist die Gruppe der politischen Journalisten, die unmittelbaren Kontakt zur politischen Elite hat und mit hohem persönlichen Aufwand recherchiert, eher klein.

3.2 Lokal, regional, national: Dimensionen der politischen Berichterstattung

Politische Berichterstattung konzentriert sich selbstverständlich keineswegs auf die bundesweite Politik, auch wenn dies die Metapher vom »Raumschiff Bonn« als abgehobenem Raum politischer Entscheidungen und einer entsprechenden Berichterstattung häufig suggeriert. Unstrittig hat die bundespolitische Berichterstattung eine hohe Bedeutung, und nolens volens wird auch in der Journalismusforschung primär auf die bundesweite politische Berichterstattung rekurriert[19]. Wechselt man jedoch die Blickrichtung, von der Seite des politischen Systems hin zu den Journalistinnen und Journalisten und zum Publikum, besitzt die politische Kommunikation in Kommunen und Ländern einen ebenso hohen Stellenwert[20]. Gerade in der Nahwelt der Kommunen setzt die erfolgreiche Durchsetzung politischer Ziele eine angemessene Beteiligung der Bürger durch Kommunikationsprozesse voraus. Die Kommune als Lebenswelt ist darüber hinaus aber ebenso wie die Gesamtgesellschaft von soziokultureller Zersplitterung und differenzierten Teilöffentlichkeiten geprägt. Der medialen Darstellung des kommunalen Geschehens kommt daher eine hohe Bedeutung zu, Lokalpolitik wird immer weniger in unmittelbarem Kontakt erlebt, und die Orientierung über das lokale Geschehen erfolgt zunehmend medienvermittelt.

Quantitativ gesehen stellt das deutsche Mediensystem für die regionale und lokale Kommunikation eine große Vielfalt an Medien bereit; die regionale und lokale Verbreitung gehört zu den wichtigsten Kennzeichen des deutschen Mediensystems:

– Unter den rund 140 publizistischen Einheiten der Tageszeitungen finden sich lediglich fünf überregionale Zeitungen *(Frankfurter Rundschau, Süddeutsche Zeitung, Die Welt, Frankfurter Allgemeine, die tageszeitung).*
– Von den insgesamt mehr als 220 Radiostationen senden die rund 170 Privatradiostationen – länderunterschiedlich – lokal oder regional. Die ARD mit ihren 54 Radioprogrammen ist föderal strukturiert, sendet ihre Hörfunkprogramme daher auch nur landesweit.
– Die meisten Fernsehanstalten verbreiten ihre Sendungen zwar bundesweit, die ARD-Anstalten haben sich mit den Dritten Programmen jedoch regionale Schienen erhalten, den privat-kommerziellen Sendern SAT.1 und RTL sind qua Gesetz regionale Fenster vorgeschrieben.
– Im Zeitschriftenbereich (Illustrierte, Nachrichtenmagazine) sowie bei den Wochenzeitungen findet sich eine überwiegend bundesweite Verbreitung.

Bezogen auf die 9 700 politischen Journalistinnen und Journalisten bedeutet dies, daß der weitaus größte Teil von ihnen in regionalen Medien tätig ist. Zusammen mit

---
19 Vgl. Otfried Jarren/Thorsten Grothe/Christoph Rybarczyk, Medien und Politik: Eine Problemskizze, in: W. Donsbach u. a. (Anm. 11), S. 9 ff.
20 Vgl. Norbert Jonscher, Lokale Publizistik. Theorie und Praxis der örtlichen Berichterstattung. Ein Lehrbuch, Opladen 1995; O. Jarren/P. Donges (Anm. 16).

den rund 9 900 Lokaljournalisten, von denen ebenfalls viele – vor allem in Tageszeitungen und Anzeigenblättern – primär über lokale Politik berichten, sowie einem Teil der nicht ressortgebundenen freien Mitarbeiter arbeiten mehr als zwei Fünftel aller Journalistinnen und Journalisten in Deutschland für die politische Berichterstattung.

Zur Identifizierung der politischen Kommunikation ist es von Bedeutung, ob sie in und für lokale, regionale oder nationale Räume erfolgt, denn Gemeinsamkeiten und Unterschiede zwischen bundesweiter und lokaler Berichterstattung resultieren z. B. aus rollenspezifischen Aspekten und aus der Nähe zum Berichterstattungsobjekt. Rollenspezifisch unterscheidet sich die Arbeit des Redakteurs in den Politikredaktionen erheblich von den Anforderungen an Reporter oder Korrespondenten. Redaktionsintern, etwa in den Politik- und Nachrichtenredaktionen der regionalen Tageszeitungen, wird sehr viel mehr mit Agenturmaterial gearbeitet, wird wenn, dann telefonisch recherchiert. Der persönliche Kontakt zu Informanten, die Vor-Ort-Recherche, die Teilnahme an Pressekonferenzen dagegen ist den landes- und bundespolitischen Reportern und Korrespondenten vorbehalten sowie dem Lokaljournalismus, dessen Informationen nach wie vor auch aus der Vor-Ort-Recherche stammen.

Lokaljournalisten, Reporter und Korrespondenten sind damit weitaus mehr als ihre Kollegen in anderen redaktionellen Bereichen in die Nahwelt der Berichterstattung eingebunden und den nicht immer einfachen Bedingungen der direkten Kommunikation mit Informanten, aber auch mit Rezipienten, ausgesetzt.

3.3 Journalistisches Selbstverständnis: Vermittler, Unterhalter, Missionare?

Zu den umstrittensten Themen der Journalismusforschung gehören das Selbstverständnis und die professionellen Orientierungen der Journalistinnen und Journalisten. Gerade das journalistische Rollenselbstverständnis sowie weitere als politisch relevant erachtete Einstellungen von Journalistinnen und Journalisten spielen daher in der Journalismusforschung eine herausragende Rolle. Unter dem Strich werden dabei zwei unterschiedliche Positionen deutlich: Diejenigen Forscher, die bei den Strukturen ansetzen, berücksichtigen in der Regel den Struktur- und Funktionszusammenhang des Journalismus und stützen sich methodisch vor allem auf Befragungen sowie ergänzend auf Inhaltsanalysen. Die Wissenschaftler, die bei den Subjekten ansetzen, heben vor allem auf die individuellen Einstellungen der Journalistinnen und Journalisten ab, verwenden entweder inhaltsanalytische Untersuchungsdesigns – und interpretieren dann von den Produktaussagen auf die Einstellungen von Journalistinnen und Journalisten – oder ziehen ebenfalls Befragungen zur Ergebnisrecherche heran[21].

Als medienpolitisch zentraler Befund kristallisierte sich bei der subjektorientierten Forschung immer wieder heraus, daß deutsche Journalistinnen und Journa-

---

21 Vgl. zu einer vergleichenden Betrachtung Siegfried Weischenberg, Der enttarnte Elefant. Journalismus in der Bundesrepublik – und die Forschung, die sich ihm widmet, in: Media Perspektiven, (1989) 4, S. 227 ff.

listen sich weniger als Vermittler von (politischen) Informationen verstehen, sondern vielmehr als »Missionare«, die vorrangig einen wertenden Journalismus verfolgten[22]. Diese Forschungsrichtung hält an der permanenten Prüfung und Wiederholung ihrer These fest, der Journalismus sei eine Gruppe von Individuen, die sich als Elite verstehe, die als vierte Gewalt Gegenkräfte zu Wirtschaft und Politik bilden wolle, die sich der Macht der Medien bediene, um – häufig gegen die Meinung und das Interesse der Öffentlichkeit – einseitige Berichterstattung zu betreiben.

Journalistinnen und Journalisten seien außerdem angepaßte (linksorientierte) Außenseiter, die innerhalb des Systems gegen das System denken und arbeiten. Im Lichte unterschiedlicher Befunde der Journalismusforschung zeige sich, so die Thesen aus einer Reihe von Einzelfallstudien[23], daß die Berufswahl der Journalistinnen und Journalisten häufig eine Negativentscheidung gegen Tätigkeiten in Staat und Wirtschaft sei. Der Journalistenberuf sei gleichzeitig Traumberuf und Endstation: Ihn kennzeichne eine hohe Berufszufriedenheit, während Journalistinnen und Journalisten zugleich wenig berufliche Mobilität aufwiesen. Journalistinnen und Journalisten besäßen ein hoch signifikantes eigenes politisches Weltbild, da sie sich gruppenkonsonant verhielten. Zudem verfügten sie über hohe soziale Privilegien, die sie selbstverständlich auch beanspruchten. Die Medien hätten nach Ansicht der Journalistinnen und Journalisten nur geringen Einfluß, daher lehnten sie die Verantwortung für unbeabsichtigte Folgen ihres Handelns ab. Journalistinnen und Journalisten dächten und handelten nach anderen Rationalitätskriterien als die Angehörigen jener Berufe, deren Denken und Handeln sie darstellen, kommentieren und kritisieren. Und schließlich bildeten Journalistinnen und Journalisten »eine durch Vorbildung, Berufswahl und Berufstätigkeit selektierte Gegenelite zu den Machtgruppen in Politik, Verwaltung und Wirtschaft«[24].

Grundlage dieser Untersuchungen ist die Annahme, daß die Rollen- und Aufgabenverständnisse von Journalistinnen und Journalisten »als normative Vorstellungen einen Einfluß auf die konkrete Nachrichtenauswahl haben«[25]. Die Handlungsabsicht werde also handlungsrelevant und handlungswirksam: Wenn Journalisten ihre berufliche Rolle als »Politiker mit anderen Mitteln«, als »Missionare« oder »Pädagogen und Erzieher« verstünden, dann, so die subjektorientierte Forschung, würden sie dieses Selbstverständnis in ihrer beruflichen Arbeit persönlich umsetzen wollen und umsetzen können.

---

22 Vgl. Hans Mathias Kepplinger, Angepaßte Außenseiter. Ergebnisse und Interpretationen der Kommunikatorforschung, in: ders. (Hrsg.), Angepaßte Außenseiter. Was Journalisten denken und wie sie arbeiten, Freiburg–München 1979, S. 7 ff.; Renate Köcher, Spürhund und Missionar: Eine vergleichende Untersuchung über Berufsethik und Aufgabenverständnis britischer und deutscher Journalisten, München 1985; Wolfgang Donsbach, Legitimationsprobleme des Journalismus. Gesellschaftliche Rolle der Massenmedien und berufliche Einstellungen von Journalisten, Freiburg–München 1982; Wolfgang Donsbach, Journalismus versus journalism – ein Vergleich zum Verhältnis von Medien und Politik in Deutschland und den USA, in: W. Donsbach u. a. (Anm. 11), S. 283 ff.
23 Vgl. H. M. Kepplinger (Anm. 22).
24 H. M. Kepplinger (Anm. 22), S. 25.
25 Wolfgang Donsbach, Journalismus versus journalism – Ein Vergleich zum Verhältnis von Medien und Politik in Deutschland und den USA, in: ders. u. a. (Anm. 11), S. 291.

Neben inhaltsanalytischen Studien basieren derartige Interpretationen insbesondere auf international vergleichenden Untersuchungen. Diese fragen nach beruflichen Einstellungen, Nachrichtenentscheidungen und Strukturen redaktioneller Arbeit, wobei die Fragen weitgehend aus Vorläuferstudien entwickelt werden. Zum Fragenkanon gehören das Selbstverständnis, Berufsnormen, Medienbewertung und Simulation von politischen Nachrichtenentscheidungen[26].

Der Vergleich der journalistischen Systeme endet – nahezu stereotyp – mit der Folgerung, der amerikanische Journalismus wolle »vor allem über Form und Themen, der deutsche dagegen (...) über Tendenzen in der Politikdarstellung wirksam«[27] sein. Anders als der investigative Journalist amerikanischen Typs würden deutsche Journalistinnen und Journalisten weniger recherchieren und seien sehr viel mehr bemüht, Politik zu beeinflussen: »Der deutsche Journalismus dagegen sieht sich selbst eher in einer aktiven, partizipativen Rolle, in der Rolle einer legitimen gesellschaftlich-politischen Gegenelite.«[28]

Bei diesen Untersuchungen wird in der Regel von Befragungsdaten auf (vermutete) Inhalte oder von Inhaltsanalysen auf (vermutete) Einstellungen geschlossen. Berufsstrukturelle Aspekte der journalistischen Arbeit spielen keine Rolle. »Unser eigentliches Interesse gilt daher gar nicht dem Beruf an sich, sondern seinem Arbeitsprodukt und dessen Qualität vor dem Hintergrund gesellschaftlicher Anforderungen. Relevant ist dann alles, was dazu beiträgt, die Einflußfaktoren auf das journalistische Berufsverhalten zu identifizieren und im Hinblick darauf empirisch zu bewerten (sic!), wie funktional oder dysfunktional sie für die Realisierung der Leitideen sind. Journalismusforschung ist damit letztlich nur ein Teilbereich der Wirkungsforschung.«[29] Die »Sphären«[30] – professioneller, institutioneller und gesellschaftlicher Einflüsse, die immerhin noch zugestanden werden – sind für die journalistische Aussagenproduktion nur relevant, soweit sie die Einstellungen der Journalistinnen und Journalisten berühren.

Derartige Studien betrachten den Arbeitsprozeß quasi als »*black box*«, sehen die Medienangebote als einen lediglich von den Zielen der Akteure bestimmten Vorgang an. Sie abstrahieren damit von den Bedingungen und Prozessen der Medienproduktion. Die Einflüsse des Arbeitsprozesses, die Zeit- und Quellenabhängigkeit, die institutionellen Bedingungen der Medien, die Arbeitszufriedenheit, die Bezahlung, die Einstellung zur Redaktionstechnik und die Ausbildung seien »irrelevante Fragen, so lange nicht als eigentliches Forschungsziel erkennbar wird, ob und wie sich solche Kriterien auf die Erfüllung der Aufgaben in der öffentlichen Kommunikation auswirken«[31].

Neben diesen theoretischen Schwächen des subjektivistischen Ansatzes monieren Kritiker dieser Studien, auch jene, die eher strukturorientiert arbeiten, er-

---

26 W. Donsbach (Anm. 11), S. 285 ff.
27 Ders., Täter oder Opfer – die Rolle der Massenmedien in der amerikanischen Politik, in: ders. u. a. (Anm. 11), S. 221 ff.
28 Ders., (Anm. 27), S. 275.
29 Ders., Journalismusforschung in der Bundesrepublik: Offene Fragen trotz Forschungsboom, in: Jürgen Wilke (Hrsg.), Zwischenbilanz der Journalistenausbildung, München 1987, S. 108.
30 Ders. (Anm. 29), S. 111 ff.
31 Ders., (Anm. 29), S. 110.

hebliche methodische Defizite (unter anderem fehlende Repräsentativität) sowie die politisch-ideologischen Implikationen[32]. Besonders problematisch sei, daß die allein auf Einstellungsmessungen beruhenden Befunde Argumentationsketten begründeten, die »von der Aussagenentstehung über die Medieninhalte bis zu den Medienwirkungen reichten und erheblichen kommunikationspolitischen Zündstoff darstellten«[33].

Im Unterschied zu den Studien, die einen missionarischen Journalismus unterstellen, zeigen die Ergebnisse neuerer Journalismusstudien, die die strukturellen Einflußfaktoren herausstreichen, übereinstimmend ein anderes und sehr viel differenzierteres Bild[34]. Es erscheint schon allein deshalb differenzierter, weil diese Untersuchungen sich auf umfassende Recherchen zur Gesamtzahl der Journalistinnen und Journalisten und ihrer Verteilung in Medien und Ressorts beziehen.

Was Journalistinnen und Journalisten in Deutschland nach diesen Studien vor allem auszeichnet, ist einerseits das dominierende Selbstverständnis eines neutralen Vermittlers und andererseits ein pluralistisches Rollenverständnis. Nahezu drei Viertel aller Journalistinnen und Journalisten stimmten den Merkmalen des Informationsjournalismus zu (»komplexe Sachverhalte zu erklären und zu vermitteln«, »möglichst neutral und präzise zu informieren«, »möglichst schnell Informationen zu vermitteln«). Vermittelnde und missionarische Rollenverständnisse schließen einander dabei nicht aus, sondern können durchaus – bis zu einem gewissen Grad – nebeneinander Bestand haben[35].

Neben dem zentralen Befund, daß sich mehr als drei Viertel aller deutschen Journalistinnen und Journalisten vor allem als »neutrale Vermittler« verstehen, die ihr Publikum schnell und präzise informieren wollen, zeigen die Untersuchungen weitere wichtige Ergebnisse. Zwar wollen knapp zwei Drittel der Journalisten Mißstände generell kritisieren. Sobald aber die Kritik- und Kontrollfunktion des Journalismus definitorisch zugespitzt wird, sinkt die Zustimmung der Journalisten:

Als »Gegenpart zur Politik« versteht sich noch etwa ein Drittel der Journalisten, als »Gegenpart zur Wirtschaft« nur ein gutes Viertel, lediglich ein knappes Fünftel will die politische Tagesordnung beeinflussen. Journalismus als »vierte Gewalt« hat insofern im Selbstverständnis deutscher Journalisten nur eine komplementäre Bedeutung[36].

In der Hannoveraner Studie (vgl. Anm. 15) wurden die vermittlungsorientierten (»neutraler Berichterstatter«, »Sprachrohr der Bevölkerung«) und die missionarischen Aufgabenverständnisse (»Pädagoge«, »Erzieher« und »Politiker mit anderen Mitteln«) einander gegenübergestellt. Das Ergebnis stimmt weitgehend mit dem

---

32   Vgl. u. a. S. Weischenberg (Anm. 3), S. 438 ff.; Klaus Schönbach/Dieter Stürzebecher/Beate Schneider, Oberlehrer und Missionare. Das Selbstverständnis deutscher Journalisten, in: F. Neidhardt (Anm. 13), S. 139 ff., sowie mit gesellschaftstheoretischer Perspektive: A. Baum (Anm. 10).
33   S. Weischenberg (Anm. 3), S. 438.
34   Vgl. Siegfried Weischenberg/Martin Löffelholz/Armin Scholl, Merkmale und Einstellungen von Journalisten. »Journalismus in Deutschland II«, in: Media Perspektiven (1994) 4, S. 154 ff.; K. Schönbach/D. Stürzebecher/B. Schneider (Anm. 32), S. 139 ff.
35   Vgl. K. Schönbach/D. Stürzebecher/B. Schneider (Anm. 32), S. 147; S. Weischenberg (Anm. 3), S. 150.
36   Vgl. S. Weischenberg/M. Löffelholz/A. Scholl (Anm. 34), S. 159 ff.

von Weischenberg/Löffelholz/Scholl überein. »Fast alle befragten Journalisten stimmten 1992/93 auf die Frage nach dem Aufgabenverständnis mindestens einem der beiden vermittlungsorientierten Rollenbilder zu.«[37] Diese Zustimmung gilt insbesondere auch für die politischen Journalistinnen und Journalisten: Der Anteil der »Vermittler« ist bei den Politikjournalisten genau so groß wie bei den übrigen befragten Journalistinnen und Journalisten. Bei der Frage nach den Möglichkeiten des missionarischen Journalismus liegt der Anteil der politischen Journalistinnen und Journalisten, die nach diesem Berufsverständnis streben, sogar niedriger als in den übrigen Ressorts[38].

In umfangreichem Maße haben auch die neueren Studien Vergleiche zum amerikanischen Journalismus und zu früheren Journalistenbefragungen in Deutschland angestellt. Das Resümee fällt ganz im Gegensatz zu den Interpretationen der subjektorientierten Forschung aus: »Viel hat sich verändert im Journalismus, wenn man die Strukturdaten von 1992 mit den Ergebnissen der Befragung von 1980/81 vergleicht; viele Parallelen hingegen ergeben sich, wenn man sie neben die aus der amerikanischen Journalistenbefragung stellt.«[39] Insgesamt verweisen die neueren Journalismusstudien darauf, daß westdeutsche und amerikanische Journalistinnen und Journalisten sich in ihrem Profil sehr viel mehr ähneln als noch vor anderthalb Jahrzehnten[40].

Gerade bei den Grenzfällen journalistischer Recherche aber verhalten sich amerikanische Journalistinnen und Journalisten erheblich weniger zurückhaltend. Insgesamt, so stellen die Hannoveraner vergleichend fest, billigen amerikanische Journalistinnen und Journalisten ungewöhnliche Recherchemethoden beträchtlich häufiger als ihre westdeutschen Kollegen. Nur etwa jeder zwanzigste deutsche Journalist würde es legitim finden, Informanten unter Druck zu setzen, in Amerika würde dies jeder zweite tun[41]; ebenfalls jeder zweite amerikanische Journalist würde Privatpapiere ohne Zustimmung veröffentlichen, aber nur einer von zehn deutschen Journalisten; während zwei von drei amerikanischen Journalistinnen und Journalisten versteckte Mikrofone und Kameras einsetzen würde, täten dies nur gut ein Fünftel der deutschen Journalisten. Lediglich den Kategorien »vertrauliche Unterlagen durch Geldzuwendungen beschaffen« und »sich als andere Person ausgeben« stimmen deutsche Journalisten etwas mehr zu als US-amerikanische (jeweils 28 Prozent der deutschen gegenüber etwa einem Fünftel der US-amerikanischen).

Auch im Rundfunk, seit den siebziger Jahren das meistdiskutierte Medium politischer Kommunikation, existieren kaum abweichende Rollenselbstbilder. Die Behauptung, insbesondere Rundfunkjournalisten verstünden sich als vierte Gewalt, schlägt sich im Selbstbild der Journalistinnen und Journalisten nicht nieder: Die

---

37 K. Schönbach/D. Stürzebecher/B. Schneider (Anm. 32), S. 145.
38 Vgl. K. Schönbach/D. Stürzebecher/B. Schneider (Anm. 32), S. 147.
39 B. Schneider/K. Schönbach/D. Stürzebecher (Anm. 15), S. 10. Bei den Befragungen (von 1980/81 und aus Amerika) handelt es sich um: R. Köcher (Anm. 22) und David H. Weaver/Cleveland Wilhoit, The American Journalist, Bloomington/Indiana 1986.
40 Vgl. B. Schneider/K Schönbach/D. Stürzebecher (Anm. 15), S. 28; S. Weischenberg/M. Löffelholz A. Scholl (Anm. 34), S. 155.
41 Vgl. B. Schneider/K. Schönbach/D. Stürzebecher (Anm. 15), S. 26.

Funktion des neutralen Vermittlers besitzt hier – wie bei den anderen Medien – eine überragende Bedeutung.»Anders als manche Journalismuskritiker behaupten (und viele Politiker glauben), besitzt der ›Rundfunkjournalismus als vierte Gewalt‹ im Selbstverständnis der Befragten insgesamt nur eine nachrangige Bedeutung.«[42] Unterschiede können allenfalls intramediär registriert werden, zwischen privatkommerziellen und öffentlich-rechtlichen Sendern: Journalistinnen und Journalisten beim privat-kommerziellen Rundfunk verstehen sich »deutlich stärker als ihre Kollegen im öffentlich-rechtlichen Rundfunk als Unterhalter, aber auch als Kritiker und Kontrolleure«[43].

Schließlich geben mehr als drei Viertel aller Journalistinnen und Journalisten an, daß sich ihr Bekanntenkreis zu nicht mehr als 30 Prozent aus Kollegen zusammensetze.[44] Dieser Befund steht deutlich im Widerspruch zu der These einer engen und einseitigen Kollegenorientierung und »läßt nicht darauf schließen, daß 1992 innerhalb des Berufsstandes Kastendenken vorherrschte«[45].

3.4 Ein Profil politischer Journalistinnen und Journalisten

Innerhalb der gesamten Berufsgruppe wie auch innerhalb der politischen Journalisten lassen sich – repräsentativ auf der Grundlage von Clusteranalysen – sechs Typen von Journalistinnen und Journalisten identifizieren[46]:

– Die *Ambitionierten* stimmen in nahezu jeder Hinsicht den Antwortvorgaben überdurchschnittlich stark zu; dies gilt insbesondere auch in bezug auf die Ziele des Informationsjournalismus sowie für die politischen *Items*. Fast jeder fünfte Journalist gehört in diese Gruppe, von den politischen Journalisten sogar mehr als jeder vierte.

– Die *Anspruchslosen* befürworten einen eher passiven Journalismus: Bei fast allen journalistischen Zielen ist ihre Zustimmung zu den Vorgaben unterdurchschnittlich, auch bei den politischen *Items*. Allerdings zählen nur rund zehn Prozent aller Journalistinnen und Journalisten zu diesem Typ (bei den politischen Journalisten sind es noch weniger).

– Die *Missionare* wollen überdurchschnittlich stark ihre eigenen Ansichten präsentieren und lehnen die neutrale, präzise und schnelle Informationsvermittlung eher ab. Etwas mehr als 15 Prozent aller Journalistinnen und Journalisten – auch der Politikredakteure – gehören zu dieser Gruppe.

---

42 Siegfried Weischenberg/Martin Löffelholz/Armin Scholl, Dualisierung des Journalismus? Auswirkungen der Kommerzialisierung des Rundfunksystems auf die Aussagenentstehung bei Hörfunk und Fernsehen, in: Otfried Jarren (Hrsg.), Medienwandel – Gesellschaftswandel? 10 Jahre dualer Rundfunk in Deutschland – Eine Bilanz, Berlin 1994, S. 186.
43 S. Weischenberg/M. Löffelholz/A. Scholl (Anm. 42), S. 187.
44 Quelle: Auswertungen der Forschungsgruppe Journalistik; vgl. auch B. Schneider/K. Schönbach/D. Stürzebecher (Anm. 15), S. 18.
45 B. Schneider/K. Schönbach/D. Stürzebecher (Anm. 15), S. 18.
46 Vgl. Klaus-Dieter Altmeppen/Martin Löffelholz, Journalismus, in: Otfried Jarren/Ulrich Sarcinelli/Ulrich Saxer (Hrsg.), Politische Kommunikation in der demokratischen Gesellschaft. Ein Handbuch mit Lexikonteil, Opladen 1998.

- Die *Kritischen Beobachter* verfolgen auf der einen Seite überdurchschnittlich intensiv die Ziele eines neutralen und schnellen Informationsjournalismus. Auf der anderen Seite wollen sie in besonderer Weise aber auch eine politische Kontrollfunktion ausüben. Fast jeder fünfte Journalist gehört in diese Gruppe; von den politischen Journalisten zählen mehr als zwei Fünftel dazu.
- Die *Unterhalter* betonen die Entspannungs- und Unterhaltungsfunktion und lehnen sowohl die politischen als auch rein informierende Ziele sehr stark ab. Mehr als zehn Prozent aller Journalistinnen und Journalisten, aber nahezu keiner der Politikredakteure beschreiben ihre journalistischen Ziele in dieser Weise.
- Die *Ratgeber* wollen überdurchschnittlich stark Ideale vermitteln, Lebenshilfe bieten, neue Ideen vermitteln,»normale« Leute zu öffentlich-relevanten Themen zu Wort kommen lassen, aber auch unterhalten. Sie haben dagegen keine politischen Absichten. Rund 21 Prozent aller Journalistinnen und Journalisten, aber weniger als fünf Prozent der politischen Journalisten gehören zu dieser Gruppe.

Daß bei der Beurteilung des journalistischen Selbstverständnisses keineswegs direkt von Einstellungen auf Handlungen geschlossen werden darf, beweisen sowohl die Befunde zum Rollenselbstverständnis als auch zu den politischen Einstellungen[47]. Bei der in der Münsteraner Studie gestellten Frage, inwieweit die Journalistinnen und Journalisten ihre Ziele auch tatsächlich umsetzen können, fanden die Rollenselbstverständnisse von Information und Unterhaltung den größten Zuspruch. Andererseits gilt: Je umstrittener oder anspruchsvoller ein journalistisches Ziel ist, desto weniger ist es berechtigt, von der Einstellung auf die Handlung zu schließen.

Ein unumstrittenes Selbstverständnis wie das des informierenden Journalismus ist deutlich einfacher im redaktionellen Handeln umzusetzen als der Anspruch eines Kritikers und Kontrolleurs. »Am skeptischsten beurteilen die Journalistinnen und Journalisten jedoch ihre realen Chancen, Politik und Wirtschaft zu kontrollieren sowie die politische Tagesordnung zu beeinflussen.«[48] Hierin spiegelt sich der Konsens über Information als die primäre Funktion des Journalismus ebenso wider wie die Realität des journalistischen Alltags, die in vielen Medien vor allem von der schnellen und aktuellen Informationsbeschaffung, -verarbeitung und -präsentation geprägt ist. Dies führt zu einer deutlich größeren Übereinstimmung von Anspruch und Arbeitswirklichkeit als bei Formen des Selbstverständnisses, die umstrittener sind oder schwieriger umzusetzen.

In bezug auf die (partei-)politischen Einstellungen ist vor allem die große Gruppe von mehr als einem Viertel der Journalistinnen und Journalisten auffällig, die sich nicht in die Nähe einer Partei einordnen wollen. Ein knappes weiteres Viertel der Journalistinnen und Journalisten ordnet sich den Sozialdemokraten zu, ein Sechstel dem BÜNDNIS 90/GRÜNE. Dem christdemokratischen Spektrum steht dagegen nur etwa jeder zehnte Journalist nahe. Ein verschwindend geringer Prozentsatz schließlich sieht sich in der Nähe der jeweils extremeren Pole im politischen Links-Rechts-Schema *(s. Tabelle 3).*

---

47 Vgl. S. Weischenberg/M. Löffelholz/A. Scholl (Anm. 34), S. 162.
48 S. Weischenberg/M. Löffelholz/A. Scholl (Anm. 42), S. 188.

Tabelle 3: Nähe der Journalisten zu einer politischen Partei

Parteinähe	Anteil der Journalisten (in %)
keine Nähe zu einer Partei	27,9
SPD	22,5
BÜNDNIS 90/GRÜNE	17,4
CDU/CSU	10,6
FDP	8,2
PDS	4,0
Sonstige	1,0
keine Angabe	8,4
Gesamt	100

Quelle: Siegfried Weischenberg/Martin Löffelholz/Armin Scholl, Merkmale und Einstellungen von Journalisten. Journalismus in Deutschland II, in: Media Perspektiven, (1994) 4, S. 162.

Vergleicht man das Verhältnis der eigenen politischen Einstellung der Journalistinnen und Journalisten mit der wahrgenommenen politischen Grundhaltung des Mediums, so kann als wichtigster Befund konstatiert werden, daß die Journalisten ihre eigenen politischen Positionen etwas stärker im links-liberalen und linken politischen Spektrum sehen, während die politischen Grundlinien der Medien eher im christdemokratischen und rechtsliberalen Spektrum angesiedelt werden *(s. Tabelle 4).*

Tabelle 4: Politische Richtungen von Medien und Journalisten

Einschätzung der politischen Richtung	Medium (in %)	Journalisten (in %)
konservativ/christdemokratisch	22,2	10,5
rechtsliberal/liberal	36,0	23,9
linksliberal/sozialdemokratisch	21,3	37,8
grün-alternativ	2,3	9,8
neutral/ohne politische Richtung	8,7	4,0
sonstige	2,7	4,6
keine Angabe	6,8	9,4
Gesamt	100	100

Quelle: Siegfried Weischenberg/Martin Löffelholz/Armin Scholl, Merkmale und Einstellungen von Journalisten. Journalismus in Deutschland II, in: Media Perspektiven, (1994) 4, S. 162.

Politische Journalisten ordnen sich häufiger als ihre Kollegen aus anderen Ressorts einer Partei zu, neigen etwas stärker dem grünen und sozialdemokratischen Spektrum zu und sind deutlich häufiger gewerkschaftlich organisiert. Innerhalb der politischen Ressorts sind die politischen Orientierungen darüber hinaus etwas homogener als in anderen Ressorts. Insgesamt meinen rund drei Viertel aller Journalisten, daß die Hälfte oder mehr ihrer Kollegen mit ihrer politischen Meinung übereinstimme. Die Diskrepanzen zwischen der eigenen politischen Einstellung und der wahrgenommenen politischen Grundhaltung des Mediums fallen bei politischen Journalistinnen und Journalisten ebenfalls etwas geringer aus. Wahrscheinlich sind sie aus diesem Grund auch mit der politischen Linie ihres Medienbetriebs zufriedener als andere Medienakteure.

Daß die politische Linie des Mediums die journalistische Arbeit in größerem Maß beeinflußt, glauben rund zwei Fünftel der Journalistinnen und Journalisten aus dem politischen Ressort, aber nur knapp jeder dritte der übrigen[49].

3.5 Die Interaktionen zwischen Journalisten und Politikern

Neben der Frage des beruflichen Selbstverständnisses hat sich die Journalismusforschung in vielen Studien mit den Interaktionen von Politikern und Journalisten beschäftigt. Auf repräsentativer Datengrundlage haben Siegfried Weischenberg, Martin Löffelholz und Armin Scholl in diesem Zusammenhang festgestellt, daß die meisten Journalistinnen und Journalisten den Einfluß des politischen Systems auf die redaktionelle Arbeit als eher gering einschätzen.

Zwei von drei Journalisten meinen beispielsweise, daß die politischen Parteien nur einen geringen oder sogar sehr geringen Einfluß auf die journalistische Arbeit ausüben; politische Journalisten halten diesen Einfluß dabei für noch geringer als andere Medienakteure. Dieses Ergebnis relativiert sich freilich, wenn berücksichtigt wird, daß ein Großteil der Journalisten auch die sonstigen Einflüsse auf die redaktionelle Arbeit als eher gering einschätzt. So bewertet nahezu jeder zweite Jounalist den Einfluß der Öffentlichkeitsarbeit als gering, bei den politischen Journalisten sind es sogar fast zwei Drittel[50].

Außerdem zeigen die Ergebnisse, daß sich die Journalistinnen und Journalisten keineswegs als Verlautbarungsorgan der Politik verstehen: Politische Journalisten gehören eher zur Gruppe der »Public-Relations-Skeptiker«, bewerten Öffentlichkeitsarbeit also skeptisch-distanziert: Die »Skeptiker« finden Pressemitteilungen oft überflüssig; für sie sind die Angebote der PR weder zuverlässig noch gut aufbereitet, weder anregend noch zeitsparend. Hier bestätigen sich Ergebnisse anderer Studien, nach denen Öffentlichkeitsarbeit eher gering bewertet wird und Öffentlichkeitsarbeiter nicht als vollwertige Akteure in der politischen Kommunikation wahrgenommen werden, da sie nicht unmittelbar politisch oder publizistisch handeln[51]. Politikredakteure erhalten etwas häufiger als ihre Ressortkollegen direkte Rückmeldungen von Politikern auf ihre Beiträge. Zu ihrem privaten Bekanntenkreis gehören ferner überdurchschnittlich oft Entscheidungsträger aus der Politik, den Gewerkschaften und der Wirtschaft.

Diese Befunde verweisen auf ein komplexes Geflecht der Interaktionen zwischen Journalisten und Politikern, das auch als »Beziehungsspiele« beschrieben wird[52]. Als ein zentrales Ergebnis der Untersuchungen zu diesem Aspekt stellte sich heraus, daß in der bundesweiten Berichterstattung Konflikte nicht auf der systemischen Ebene zwischen Politik und Medien existieren, sondern im persönlichen

---

49 Vgl. K. Altmeppen/M. Löffelholz (Anm. 46).
50 Vgl. K. Altmeppen/M. Löffelholz (Anm. 46).
51 Vgl. M. Löffelholz (Anm. 4); O. Jarren/K. Altmeppen/W. Schulz (Anm. 11), S. 51.
52 Vgl. die Beiträge in W. Donsbach u. a. (Anm. 11).

Umgang von Politikern und Journalisten entstehen. Die Ursachen der Konflikte liegen in der Regel aber nicht in gemeinsamen Handlungen begründet, sondern in den vermeintlichen, erwarteten oder tatsächlichen Folgen der Berichterstattung. Der Prozeß der Aussagenentstehung können Politiker nicht kontrollieren, er unterliegt aber auch nicht der individuellen Willkür der Journalistinnen und Journalisten, sondern wird geprägt von den Regeln des Systems Journalismus[53]. Der Journalismus bestimmt, ob und mit welchen »Kommunikationsstrategien« eine Information veröffentlicht wird[54]. Zwar können Politiker Themen vorgeben, unmittelbar aber haben sie auf das journalistische Handeln keinen Einfluß.

Trotzdem erweist sich der gemeinsame Interaktionsraum von Politikern und Journalisten als ein Dilemma für letztere. Aus der persönlichen Begegnung, aus dem normalen Arbeitsverhältnis entsteht Nähe, die nicht zur beruflichen Rolle und der erwarteten Distanz paßt. Handlungstheoretisch wird die Politikberichterstattung der Medien deshalb verstanden als »Produkt des Handelns von Journalisten und Politikern; in den interdependenten Prozessen von Verhalten und Interaktion, von Erwartungen und Zielen, von Interessen und Konflikten wird die Medienberichterstattung ausgehandelt: das Was, das Wie, das Wann und das Warum«[55].

Zu den Grundsätzen, die Politiker beim Umgang mit Journalisten beherzigen müssen, wollen sie medial erfolgreich sein, gehört daher, die »Spielregeln des Journalismus« zu akzeptieren[56]. Journalisten verfügen aber keineswegs über einen machtvollen Handlungsspielraum. Bei der Recherche beispielsweise sind sie, wollen sie journalistisch erfolgreich sein, auf die Bereitschaft von Politikern angewiesen, ihnen Informationen zu liefern – und zwar möglichst interne und exklusive Informationen. Tendenziell sind Journalisten daher abhängiger von Politikern als umgekehrt[57].

Journalisten und Politiker bewegen sich in einem spezifischen Milieu: Im alltäglichen Miteinander entstehen dabei zwangsläufig – aufgrund unterschiedlicher Erwartungen – Konflikte. Politiker versuchen über den Aufbau persönlicher Beziehungen, den Veröffentlichungsprozeß berechenbarer zu machen und die Spielregeln des Journalismus zu ihren Gunsten zu beeinflussen. Für Journalisten ist der Grad von notwendiger beruflicher Distanz und unumgänglicher Nähe schmal, der Weg vom Vertrauen zur Kumpanei äußerst kurz[58]. Auf der öffentlichen Bühne müssen sie die beruflichen Rollenerwartungen von Objektivität, Autonomie und Neutralität erfüllen. Hinter der Bühne gelten freilich andere Regeln: Alle Akteure der politischen Kommunikation sind bestrebt, die jeweiligen Verhältnisse unter Wahrung ihrer Autonomie zu stabilisieren.

---

53 O. Jarren/K. Altmeppen/W. Schulz (Anm. 11), S. 49.
54 Vgl. M. Rühl (Anm. 8), S. 131 ff.
55 O. Jarren/K. Altmeppen/W. Schulz (Anm. 11), S. 19.
56 Vgl. Werner J. Patzelt, Abgeordnete und Journalisten, in: Publizistik, (1991) 36, S. 315 ff.
57 Vgl. O. Jarren/K. Altmeppen/W. Schulz (Anm. 11), S. 48 ff.
58 Vgl. Barbara Pfetsch, Strategien und Gegenstrategien. Politische Kommunikation bei Sachfragen. Eine Fallstudie aus Baden-Württemberg, in: W. Donsbach u. a. (Anm. 11), S. 94 ff.; Ulrich Saxer, »Bericht aus dem Bundeshaus«. Eine Befragung von Bundeshausjournalisten und Parlamentariern in der Schweiz, Zürich 1992, S. 133.

4. Neue Chancen – neue Risiken: individueller, globaler, rationeller

Die Befunde der Journalismusforschung zeigen, daß es innerhalb der journalistischen Berufsgruppe einen weitgehenden Konsens über bestimmte Standards gibt. Andererseits zeigt der Blick auf die Merkmale und Einstellungen der politischen Redakteure, daß das System Journalismus interne Differenzierungen aufweist, die Aussagen über *den* Journalismus als zu vordergründig erscheinen lassen. Hinzu kommt, daß die einseitige Konzentration auf die Analyse der journalistischen Rollenkontexte sowohl die strukturellen Bedingungen wie auch die Dynamik des Journalismus nur unzureichend berücksichtigt.

Auf der anderen Seite hinterläßt der Rückzug auf eine allein systemtheoretische Sichtweise zuweilen den Eindruck, »daß es allen Beteiligten nicht mehr um das Prinzip Öffentlichkeit geht, sondern allenfalls noch um den technisch perfektionierten Informationsfluß zwischen den gesellschaftlich ausdifferenzierten Subsystemen«[59]. Vor diesem Hintergrund werden im folgenden Gefährdungen und Chancen der politischen Berichterstattung beleuchtet, die sich einerseits aus dem generellen sozioökonomischen Wandel hin zu einer Informationsgesellschaft ergeben, andererseits aber auch auf die Veränderungen tradierter Medienstrukturen zurückzuführen sind.

4.1 Kommerzialisierung und Instrumentalisierung

Die dynamische Entwicklung des Journalismus beruht auf technologischen und sozioökonomischen Trends, die unter dem – umstrittenen – Stichwort Informationsgesellschaft zusammengefaßt werden. Prägend für das Mediensystem ist dabei die Kommerzialisierung als ein sozialer Prozeß, in dem sich die ökonomischen Regeln marktförmiger Gesellschaften zunehmend durchsetzen und journalistisches Handeln damit eher von ökonomischen Kalkülen als von publizistischen Zielen geprägt wird[60]. Schon heute gehören Begriffe wie Marketingstrategie, Kostenkalkül und Verwertungschance zum journalistischen Alltag; Journalistinnen und Journalisten balancieren immer mehr auf einem schmalen Grat zwischen Marktanpassung und publizistischer Verantwortung[61]. Der Widerspruch einer wachsenden Autonomisierung des immer komplexeren Mediensystems und einer

---

59 A. Baum (Anm. 10), S. 82.
60 Vgl. Klaus-Dieter Altmeppen, Märkte der Medienkommunikation. Publizistische und ökonomische Aspekte von Märkten und Markthandeln, in: ders. (Hrsg.), Ökonomie der Medien und des Mediensystems, Opladen 1996, S. 257; Achim Baum, Inflationäre Publizistik und mißlingender Journalismus. Über das journalistische Handeln in einer entfesselten Medienwirtschaft, in: Klaus-Dieter Altmeppen (Hrsg.), ebd., S. 237 ff.; Jörg-Uwe Nieland, Veränderte Produktionsweisen und Programmangebote im Fernsehen: Strategien und Entscheidungsprozesse der Kommunikatoren, in: Heribert Schatz (Hrsg.), Fernsehen als Objekt und Moment des sozialen Wandels. Faktoren und Folgen der aktuellen Veränderungen des Fernsehens, Opladen 1996.
61 Vgl. A. Baum (Anm 10), S. 248.

gleichfalls zunehmenden ökonomischen Kolonialisierung des Journalismus ist insofern keineswegs bewältigt[62].

Letztere zeigt sich in besonderer Weise bei der Diskussion über die Notwendigkeit einer möglichst raschen und umfassenden »Globalisierung«. Die Metapher von der Globalisierung wird schon seit längerer Zeit bewußt eingesetzt, um die Umgestaltung der Wirtschaft voranzutreiben. Dazu bedient sich die Wirtschaft auch der öffentlichen Meinung. Mit der »Semantik der Globalisierung«[63] gelingt es multinationalen Unternehmen, »nicht nur eine Schlüsselrolle in der Gestaltung der Wirtschaft, sondern der Gesellschaft insgesamt«[64] einzunehmen. In der Öffentlichkeit wird die »Inszenierung einer Drohung«[65] vollzogen: Die staatlichen Wirtschaftszahlen, die Arbeitsmarktzahlen, die Notwendigkeit von Globalisierung und Internationalisierung werden gleichförmig wiederholt, aber niemand hinterfragt sie journalistisch. Gemessen an den tatsächlichen wirtschaftlichen Zahlen entsteht dadurch aber nur Unsicherheit, denn die »Rhetorik der Globalisierung« stimmt mit den »Fakten der Globalisierung«[66] nicht überein.

Der Wirtschaft ist es also offensichtlich gelungen, den Journalismus zu instrumentalisieren und öffentlichen Einfluß für die Notwendigkeit der Globalisierung geltend zu machen. Daß der Journalismus bei der Globalisierungsdebatte seine Kritik- und Kontrollfunktion offensichtlich nicht wahrgenommen hat, hängt auch damit zusammen, daß das journalistische Selbstverständnis, als Gegenpart zur Wirtschaft aufzutreten, nur sehr gering ausgeprägt ist. Perspektivisch sind hier Änderungen nur dann zu erwarten, wenn sich die Wirtschaftsberichterstattung einer publizistischen Verantwortung bewußt wird, die über das Referieren von Bilanzpressekonferenzen und Arbeitsmarktstatistiken hinausgeht.

4.2 Individualisierung und Funktionswandel

Die Modernisierung führt zu neuartigen Formen sozialen Erlebens und Verhaltens, verändert die Beziehungen zwischen Individuen und gesellschaftlichen Institutionen – und hinterläßt zum Teil überforderte oder sogar hilflose staatliche Akteure. Modernisierung bezeichnet auch insofern einen hochreflexiven Prozeß. In diesem Rahmen wächst einerseits die »Allzuständigkeit«[67] von Politik und politischer Kommunikation; zugleich wird das politische System damit »mittellos«[68]. Für alles zuständig, zugleich aber ohne erprobte konkrete Steuerungsmittel, sieht sich die

---

62 Vgl. Siegfried Weischenberg/Klaus-Dieter Altmeppen/Martin Löffelholz, Die Zukunft des Journalismus. Technologische, ökonomische und redaktionelle Trends, Opladen 1994; A. Baum (Anm. 10), S. 153 ff.
63 Ulrich Beck, Die Subpolitik der Globalisierung. Die neue Macht der multinationalen Unternehmen, in: Gewerkschaftliche Monatshefte, (1996), 11/12, S. 674.
64 Vgl. ders. (Anm. 63), S. 674.
65 Vgl. ders. (Anm. 63), S. 676.
66 Vgl. ders. (Anm. 63), S. 677.
67 Otfried Jarren, Politik und politische Öffentlichkeitsarbeit in der modernen Gesellschaft, in: pr-magazin, (1994) 4, S. 32.
68 Ulrich Beck, Risikogesellschaft. Auf dem Weg in eine andere Moderne, Frankfurt/M. 1986, S. 369.

Politik einer wachsenden Zahl von Themen der öffentlichen Kommunikation gegenüber. Parallel dazu erodieren gewohnte gesellschaftliche Strukturen: Viele Menschen wollen sich bei ihrer Suche nach Orientierung nicht mehr auf tradierte Rahmenvorgaben durch Großgruppen – wie etwa Parteien – stützen. Großgruppen genügen in modernen Gesellschaften offenbar immer weniger den Ansprüchen zunehmend pluralisierter Lebensstile. Die Menschen müssen sich – im Zuge einer Erosion alter gemeinschaftlicher Stützen – in allen lebensweltlichen Kontexten darauf einstellen, beständig neue Wissensbereiche zu erschließen. Wenn politische oder gesellschaftliche Leitbilder, die auch eine orientierende und handlungsleitende Funktion haben, zur Bewältigung unterschiedlicher Lebenssituationen verschwimmen, wächst die Bedeutung der Medien. Den Journalisten normativ zugeschriebene Funktionen wie Lebenshilfe und Orientierung sind Ausdruck dieser besonderen Bedeutung, die in bestimmten journalistischen Arbeitsfeldern durchaus angenommen werden. Journalistischen Berufsauffassungen wie »Lebenshilfe bieten«, »positive Ideale vermitteln« oder »Sprachrohr für die ›normalen‹ Leute« zu sein, stimmen mittlerweile immerhin rund zwei Fünftel aller Journalistinnen und Journalisten zu[69].

An das System Journalismus wird also die Forderung gerichtet, gesellschaftliche Wandlungsprozesse zu vermitteln und Orientierungshilfe zu geben[70] – bei der Identitätsfindung und der gesellschaftlichen (und politischen) Integration. Die enge Kopplung von Journalismus und Gesellschaft führt aber dazu, daß die Medienangebote sich – parallel zu den Individualisierungstendenzen des Publikums – hochgradig segmentieren. Dies wiederum gefährdet die Integrationsfunktion der Medien: Das »Publikum verstreut sich«[71], Nutzungsgruppen, Nutzungszeiten und Nutzungsarten der Medien verändern sich. Damit einher geht eine wachsende Unterhaltungsorientierung, die ebenfalls die Anforderungen an den Journalismus verändert.

4.3 Formatierung und Nutzungswandel

Die Kluft zwischen expandierenden Medienangeboten und veränderter Mediennutzung erfolgt in Form »langsame(r), eher schleichende(r) Veränderungsprozesse«[72], die aber nachhaltig wirken. Allgemein charakterisieren folgende Trends die derzeitige Situation:
- Beim Fernsehen hat sowohl die regelmäßige Nutzung wie die Dauer der Nutzung deutlich zugenommen.
- Beim Hörfunk stagniert die Nutzungszeit, bei Tageszeitungen ist ein Bedeutungsverlust unübersehbar.

---

69 Vgl. S. Weischenberg (Anm. 3), S. 150.
70 Vgl. S. Weischenberg/K. Altmeppen/M. Löffelholz (Anm. 62), S. 140–145.
71 Vgl. Uwe Hasebrink, Das Publikum verstreut sich. Zur Entwicklung der Fernsehnutzung, in: O. Jarren (Anm. 42), S. 265 ff.
72 Harald Berens/Marie-Luise Kiefer/Arne Meder, Spezialisierung der Mediennutzung im dualen Rundfunksystem. Sonderauswertungen zur Langzeitstudie Massenkommunikation, in: Media Perspektiven, (1997) 2, S. 80.

- Im Vergleich unterschiedlicher Freizeitaktivitäten hat das Fernsehen – nach Bedeutungsverlusten in den achtziger Jahren – wieder deutlich an Attraktivität gewonnen.
- Als Begleitmedium verzeichnet vor allem der Hörfunk leichte Einbußen zugunsten des Fernsehens.
- Die Bindung an das Fernsehen hat zugenommen, die an Hörfunk und Tageszeitung dagegen abgenommen.

Darüber hinaus ist die Glaubwürdigkeit des Hörfunks – noch stärker als beim Fernsehen – gesunken, während die Tageszeitungen ihr Image stabilisieren, bei der politischen Information sogar noch verbessern konnten[73].

Alles in allem bestätigen auch die neuesten Befunde die Einschätzung, daß das Fernsehen vom Informations- zum Unterhaltungsmedium mutiert. Hörfunk und Fernsehen müssen als politisch informierende Medien Imageverluste hinnehmen, während die Tageszeitungen zwar über ein besseres Image verfügen, gleichzeitig aber mit sinkenden Nutzungszahlen zu kämpfen haben. Angesichts der hohen unterhaltungsorientierten Nutzung des Fernsehens bei gleichzeitiger Imageverschiebung der politischen Berichterstattung drohen der Fernsehkonsum und die Mediennutzung überhaupt »für einen Großteil der Bundesbürger zu einer sehr einseitigen Diät zu werden«[74].

Diese Ergebnisse korrespondieren mit Untersuchungen zur Bedeutung des Fernsehens für die politische Kommunikation und zur Veränderung der Programme unter dem Stichwort »Formatierung«. Das Fernsehen gilt »als wichtigstes politisches Massenmedium und Vermittlungsinstanz zwischem dem politischen System und den Bürgern«[75]. Hohe Reichweiten befördern seine Stellung als zentrales Darstellungsinstrument für Politik. Damit, so die Annahme, trägt das Fernsehen erheblich zur Legitimierung des politischen Systems bei[76].

Die Frage nach den politischen Vermittlungsleistungen des Fernsehens wurde lange Zeit von der Konvergenzhypothese bestimmt, nach der sich die Programme im dualen System aufgrund des ökonomischen Drucks (der Einschaltquoten) immer mehr annähern. Zunächst bezog sich die Konvergenzhypothese nur auf eine Annäherung der Programme der öffentlich-rechtlichen Sender an die Unterhaltungsformate privat-kommerzieller Anbieter. Weitere Untersuchungen ergaben, daß im Gegenzug die Privaten die Informationsprogramme der öffentlich-rechtlichen Sender in Teilen kopierten[77].

Dennoch werden sowohl bei den Präsentationsformen wie bei den Inhalten nach wie vor Differenzen zwischen öffentlich-rechtlichen und privat-kommer-

---

73 Vgl. H. Berens/M.-L. Kiefer/A. Meder (Anm. 72), S. 81.
74 Dies. (Anm. 72), S. 90.
75 Barbara Pfetsch, Konvergente Fernsehformate in der Politikberichterstattung? Eine vergleichende Analyse öffentlich-rechtlicher und privater Programme 1985/86 und 1993, in: Rundfunk und Fernsehen, (1996) 4, S. 479.
76 Vgl. dies., Politische Fernsehwelten: Die Politikberichterstattung in privaten und öffentlich-rechtlichen Sendern, in: Otfried Jarren (Hrsg.), Politische Kommunikation in Hörfunk und Fernsehen. Elektronische Medien in der Bundesrepublik Deutschland, Opladen 1994, S. 111 ff.
77 Vgl. Heribert Schatz, Rundfunkentwicklung im »dualen System«: die Konvergenzhypothese, in: O. Jarren (Anm. 76), S. 67 ff.

ziellen Angeboten konstatiert: In den Programmen privat-kommerzieller Anbieter zeige sich, wie Barbara Pfetsch feststellt[78], vor allem eine Entpolitisierung der Berichterstattung (geringere Zahl und signifikant kürzere Beiträge) zugunsten einer Boulevardisierung von Themen (größere Bedeutung von Sport, Kriminalität, Katastrophen und *human interest*). Politikberichterstattung, so ihr Resümee, werde im Privatfernsehen zum randständigen Thema und marginalisiert. »Die Koexistenz von zwei unterschiedlichen Rundfunksystemen hat dazu geführt, daß in der Bundesrepublik zwei alternative politische Fernsehrealitäten existieren. (...) Insofern könnten die Fernsehformate von Politik eine Anpassung des Verhaltens der politischen Akteure und Institutionen erzwingen, was nicht nur die Vermittlungs- und Legitimationsleistung des Fernsehens, sondern auch den politischen Prozeß selbst wesentlich verändern könnte.«[79] Und es wandelt sich, so muß hinzugefügt werden, der Journalismus. Neue oder neuartige Präsentationsformen, veränderte Selektionskriterien für Themen, schablonenhafte Programmformate erfordern – zumindest partiell – andere Qualifikationen, andere Arbeitsroutinen und andere Redaktionsstrukturen.

4.4 Rationalisierung, Technisierung und Organisationswandel

Journalistinnen und Journalisten gehören offensichtlich zu den Rationalisierungsgewinnern in der Medienindustrie, denn ihre Arbeitsplätze bleiben bislang weitgehend erhalten. Der Preis dafür ist allerdings eine »Rationalisierung in der Dimension der veränderten Nutzung verbleibender Arbeitskräfte«[80], also eine Veränderung der Arbeitsprofile. Der durch technische Innovationen ausgelöste Abbau von Arbeitskräften im Bereich der Medien führt zur Verdichtung bislang auf unterschiedliche Berufe verteilter Tätigkeiten quasi »auf dem Schreibtisch« der Journalistinnen und Journalisten. Die Übernahme zusätzlicher technischer und organisatorischer Aufgaben drängt die Kernelemente journalistischer Tätigkeiten an den Rand. Den Vorteilen einer weitgehenden Sicherung journalistischer Arbeitsplätze stehen partielle Verschlechterungen journalistischer Arbeitsbedingungen gegenüber – mit Konsequenzen auch für die Qualität der Berichterstattung[81].

Weitere gravierende Veränderungen der journalistischen Arbeit betreffen das sogenannte *Outsourcing* und *Outplacement*, die Auslagerung von Betriebsteilen zu eigenständigen Firmen und der Einkauf von Fremdprodukten. Damit wird versucht,

---

78 Vgl. B. Pfetsch (Anm. 76), S. 114 ff.
79 Dies. (Anm. 76), S. 120–121. Allerdings befindet sich die Forschung zu diesem Thema im Widerstreit, was auch daran liegt, daß die Programmformen kontinuierlich und dynamisch weiterentwickelt werden. Nach den Ergebnissen einer neueren Studie jedenfalls wird die Konvergenzthese eindeutig bestätigt, vgl. Thomas Bruns/Frank Marcinkowski, Politische Information im Fernsehen, Opladen 1997, S. 301.
80 Horst Kern/Michael Schumann, Das Ende der Arbeitsteilung? Rationalisierung in der industriellen Produktion: Bestandsaufnahme, Trendbestimmung, München 1986², S. 19.
81 Vgl. Klaus-Dieter Altmeppen, Der Wandel journalistischer Arbeit zwischen neuen Medientechnologien und ökonomischer Rationalität der Medien, in: Industrielle Beziehungen, 4 (1997) 1, S. 31.

die journalistische Arbeit flexibler und kostengünstiger zu gestalten. Die Verlagerung der journalistischen Produktion auf freie Journalisten und Journalistenbüros sind deutliche Indikatoren für diese Tendenz[82]. Dies betrifft nicht nur die eher unterhaltenden Programmsparten, sondern – in Form von Nachrichtendiensten und Korrespondentenbüros – auch die politische Berichterstattung.

Der Wandel tradierter Formen journalistischer Arbeitsorganisation zeigt sich daneben vor allem bei der Ressortgliederung. Am Beispiel der Rundfunklandschaft in Hamburg haben Otfried Jarren und Patrick Donges nachgewiesen, daß die klassische Ressortaufteilung bei privat-kommerziellen Medien zum Teil gar nicht existiert, da in diesen Sendern viel zu wenige Journalisten arbeiten, um eine Ressortgliederung zu rechtfertigen. Die Journalistinnen und Journalisten haben »keine Zeit für Politik«, denn ein eigenständiges Politikressort existiert vielfach nicht, zum Teil gibt es nicht einmal thematisch gegliederte redaktionelle Strukturen[83]. Die Chance oder Pflicht zur Politikberichterstattung wird individuell zwischen den Redakteuren ausgehandelt. Bei dieser »Organisationsform« politischer Berichterstattung kommt den einzelnen Journalisten einerseits hohe Bedeutung zu. Andererseits fehlt diesen »Politikberichterstattern« der Rückzugsraum einer fachlichen Zuordnung in mehrfacher Hinsicht:
1. Es kann sich kein gemeinsames Verständnis, keine Ressortidentität herausbilden.
2. Es fehlt die Rückbindung an und die Kontrolle durch ein Ressort. Die Kontinuität und Reflektion der eigenen Arbeit ist damit nicht hinreichend gewährleistet.
3. Es ist kein institutionelles Auffangnetz für Krisenfälle vorhanden.
4. Es fehlt der Garant einer institutionellen Autonomie durch vertraute Strukturen, gleichbleibende Zuordnungen und stetige fachliche Qualifizierung.

Die Ausbildung derartig hybrider redaktioneller Organisationsformen entspringt nicht den Anforderungen einer angemessenen Berichterstattung, sondern den wirtschaftlichen und formatorientierten Zielen der Sender.

Wenn die Kernbereiche der journalistischen Arbeit weiterhin von technisch-dispositiven Aufgaben überlagert werden und es zu keinen strukturellen Entlastungen kommt (etwa durch personelle Aufstockung der Redaktionen oder Arbeiten im Team), wenn Journalismus also nur noch mit der »Zweckrationalität einer kommerzialisierten Publizistik«[84] betrieben wird, wenn sich seine Bedeutung möglicherweise zusätzlich im virtuellen Medienbetrieb verflüchtigt[85], droht der Verlust einer anspruchsvollen, themen- und vermittlungsgerechten Bearbeitung von Medienangeboten. Der Journalismus würde auf diese Weise zur industriellen Informationsproduktion. Das gefährdet schließlich auch die publizistische Vielfalt, da letztlich nur noch in Qualitätsmedien ein hinreichend sorgfältiger Journalismus möglich wäre.

---

82 Vgl. K. Altmeppen (Anm. 81), S. 28 ff.
83 Vgl. O. Jarren/P. Donges (Anm. 16).
84 A. Baum (Anm. 10), S. 247.
85 Vgl. Irene Neverla, Virtueller Betrieb. Ein Interview, in: Notabene, (1996) 1, S. 6.

5. Die Aktivierung der journalistischen Kritik- und Kontrollfunktion

Die Vorstellung des Journalismus als »vierter Gewalt« bezieht sich nicht darauf, den drei konstitutionellen Gewalten Legislative, Exekutive und Judikative eine weitere Gewalt im staatsrechtlichen Sinne hinzuzufügen. Die Forderung nach einer »vierten Gewalt« bedeutet, den Journalismus als kritische und kontrollierende gesellschaftliche Instanz zu akzeptieren. Für den Journalismus ist öffentliche Kommunikation ein funktionales Prinzip und zentraler Bezugspunkt des Handelns. Für andere Sozialsysteme dagegen stellt Öffentlichkeit potentiell ein Risiko dar, das es – z. B. mit der Institutionalisierung von Öffentlichkeitsarbeit – zu beherrschen gilt.

Seine Kontrollfunktion erfüllt der Journalismus oftmals als quasi letzte Instanz. In einer Untersuchung über die Aufdeckung von Skandalen in Österreich kommen Wolfgang R. Langenbucher und Irmgard Staudacher zu dem Ergebnis, daß Medien dann auf den Plan treten, wenn alle zuständigen Kontrollinstitutionen versagen. Mit der »kontrollierende(n) Aktivierung des Journalismus«[86] beginnt ein Kreislauf, dem sich andere Kontrollmechanismen anschließen.

Die Geschichte der Bundesrepublik zeigt exemplarisch, daß staatliche (oder andere) Kontrollinstanzen auch bei einer Häufung von Skandalen offensichtlich nicht lernfähig sind. Zwar scheint die öffentliche Sensibilität zur Aufdeckung politischer Skandale gewachsen zu sein. Aber ein langfristiges Umdenken oder gar ein gewandeltes Verhalten in Wirtschaft und Politik ist daraus offenbar nicht erwachsen. Ohne institutionelle Kontrollmechanismen und -institutionen ist die »Aktivierung des Journalismus« demnach immer wieder neu erforderlich[87]. Vor diesem Hintergrund stellt sich die Frage, unter welchen Bedingungen die Aktivierung des Journalismus – und damit z. B. die Kontrolle des politischen oder wirtschaftlichen Systems durch Medien – möglich ist, gerade wenn diese Medien selbst ökonomisch abhängig und auch sonst auf vielfache Weise mit dem politischen System verbunden sind.

Trotz – und wegen – der vielfältigen Interdependenzen mit dem politischen und ökonomischen System hat der Journalismus in den letzten Jahrzehnten seine Strukturen weiter ausdifferenziert und sich an gewandelte Umweltansprüche – insbesondere an veränderte Nutzungsmuster und neue politische bzw. ökonomische Rahmenbedingungen – angepaßt. Abgesehen von den (dysfunktionalen) Folgen dieser Anpassung[88] verweist diese Entwicklung in besonderer Weise auf die enge strukturelle Kopplung von Journalismus, Politik, Ökonomie und Öffentlichkeit. Strukturelle Kopplungen ermöglichen die »Zusammenarbeit« von Systemen, ohne daß die jeweils eigenen Funktionen, Codes oder Rationalitäten aufgegeben werden

---

86 Wolfgang R. Langenbucher/Irmgard Staudacher, Journalismus als Komplementärinstitution politischer Kontrolle. Studien zu makrosozialen Wirkungen der medienvermittelten Kommunikation in Österreich, in: Max Kaase/Winfried Schulz (Hrsg.), Massenkommunikation. Theorien, Methoden, Befunde (Kölner Zeitschrift für Soziologie und Sozialpsychologie, Sonderheft 30), Opladen 1989, S. 190.
87 Vgl. W. Langenbucher/I. Staudacher (Anm. 86).
88 Vgl. Martin Löffelholz, Beschleunigung, Fiktionalisierung, Entertainisierung. Krisen (in) der Informationsgesellschaft, in: Martin Löffelholz (Hrsg.), Krieg als Medienereignis. Grundlagen und Perspektiven der Krisenkommunikation, Opladen 1993, S. 49–64.

müßten. Insofern agiert der Journalismus selbstreferentiell, also primär bezogen auf seine eigenen Regeln und Operationsweisen. Die Regeln und Operationsweisen sind jedoch fortwährenden Beeinflussungsversuchen ausgesetzt. Das politische System möchte die Ergebnisse des Journalismus zu seinen Gunsten beeinflussen, und auch das – prinzipiell notwendige – wirtschaftliche Handeln der Medienbetriebe hat Auswirkungen auf die Operationsweisen des Journalismus[89].

Trotz dieses Hintergrunds gehen wir davon aus, daß der Journalismus als selbstreferentielles System eine Aktivierung der journalistischen Kontrollfunktion durchaus ermöglicht. Damit widersprechen wir schlichten Manipulationsmodellen, aber auch anderen deterministischen Vorstellungen über das Zusammenspiel von Medien und Gesellschaft. Die Möglichkeit des Journalismus, als vierte Gewalt zu agieren, wird innerhalb des Systems freilich strukturell begrenzt. Kontrollierender Journalismus ist an bestimmte Medien, Ressorts und Berufsrollen »delegiert«. Insofern ist es nicht verwunderlich, wenn viele Journalisten Schwierigkeiten haben, ihr auf politische Kontrolle zielendes Selbstverständnis auch tatsächlich zu realisieren, denn ein berufliches Rollenselbstverständnis, »nach dem der Journalismus als vierte Gewalt angesehen wird, hat mit den größten Realisierungsproblemen zu kämpfen«[90]. Wenn die journalistische Kontrollfunktion stärker aktiviert werden könnte, bekäme die Gesellschaft – im Gegensatz zu Behauptungen mancher Journalismuskritiker – nicht den Journalismus, den Journalisten wollen, sondern den Journalismus, den die Gesellschaft – mit all ihren Paradoxien – bräuchte.

Auf der anderen Seite wird freilich schon seit längerem konstatiert, daß die Kluft zwischen dem Anspruch der Gesellschaft an einen unabhängig-kontrollierenden Journalismus und den Möglichkeiten des Journalismus, diesem Anspruch gerecht zu werden, immer größer geworden ist. Ohne eine hinreichende Infrastruktur, also insbesondere ohne genügend journalistisches Personal, wächst die Abhängigkeit von den Leistungen der Öffentlichkeitsarbeit. Journalistische Selektionen orientieren sich dann weniger an inhaltlichen als an pragmatisch-ökonomischen Kriterien der Auswahl von Informationen. Damit aber bekommt die Gesellschaft nicht den Journalismus, den sie braucht, sondern den Journalismus, den sie sich leistet. Um Kontrollfunktionen wahrnehmen zu können, ist deshalb insbesondere der »I-Faktor«[91] zu berücksichtigen: Darunter versteht der Berliner Kommunikationswissenschaftler Stephan Ruß-Mohl eine hinreichende finanzielle, personelle und technische Infrastruktur, die erst eine qualitätsvolle Berichterstattung möglich macht. Denn ohne entsprechende Infrastruktur bleibt das prinzipiell vorhandene Potential des Journalismus, seine kritische und kontrollierende Funktion zu aktivieren, stumpf und wirkungslos.

Die offenkundigen Widersprüche zwischen den hohen Ansprüchen und den tatsächlichen Möglichkeiten eines kontrollierenden Journalismus verweisen darüber hinaus auf die offensichtlich gering ausgeprägten Strukturen und Konzepte journalistischer Selbstbeobachtung. Denn selbstreferentielle Systeme – wie der Journalismus – können ihre eigenen Probleme nur lösen, indem sie sich zunächst

---

89 Vgl. K. Altmeppen (Anm. 60).
90 S. Weischenberg/M. Löffelholz/A. Scholl (Anm. 34), S. 162.
91 Stephan Ruß-Mohl, Der I-Faktor. Qualitätssicherung im amerikanischen Journalismus. Modell für Europa?, Zürich 1994.

selbst(kritisch) beobachten. Die strukturelle Fähigkeit zur Selbstbeobachtung und zur Reflexion gilt generell als wichtigste Voraussetzung für die erfolgreiche Anpassung sozialer Systeme an den permanenten Wandel der Umwelt[92]. Im Journalismus scheinen diese Fähigkeiten zur Beobachtung des eigenen Systems strukturell nicht genügend verankert zu sein, um den Journalismus vor Anpassungs- und Identitätskonflikten zu schützen: Der Deutsche Presserat als wichtigstes Instrument der Selbstbeobachtung des Journalismus verfügt nur über sehr begrenzte Interventionsmöglichkeiten, und medienbezogene Fachzeitschriften sind oftmals mehr an der Optimierung des kommerziellen Erfolgs ihrer Berichterstattungsobjekte interessiert als an einer kontinuierlichen und differenzierten Debatte über die demokratiesichernden Aufgaben des Journalismus als »vierter Gewalt«. Insofern kann eine weitere Institutionalisierung der journalistischen Selbstbeobachtung dazu beitragen, daß die Gesellschaft sich schließlich den Journalismus leistet, den sie braucht.

---

92 Vgl. Martin Löffelholz, Beobachtung ohne Reflexion? Strukturen und Konzepte der Selbstbeobachtung des modernen Krisenjournalismus, in: Kurt Imhof/Peter Schulz (Hrsg.), Medien und Krieg – Krieg in den Medien, Zürich 1995, S. 171 ff.

GÜNTER BENTELE

Politische Öffentlichkeitsarbeit

1. Der Begriff »Politische Öffentlichkeitsarbeit« in der Literatur: Einleitende Bemerkungen

Der Begriff »politische Öffentlichkeitsarbeit« bzw. »politische Public Relations«[1] (PR), der heute häufig und eher selbstverständlich verwendet wird, ist noch nicht allzu alt: So fehlt er noch weitgehend in den ersten Nachkriegs-PR-Schriften zu Anfang der fünfziger Jahre[2]. Die Sache selbst war natürlich nicht unbekannt. Weil diese ersten Publikationen Public Relations aber primär aus der Perspektive privater Unternehmen reflektierten, wurde politische PR vor allem als – von den Unternehmen durchgeführte – »governmental relations« oder »political relations« thematisiert[3]. Herbert Gross sprach damals auch schon die Notwendigkeit der Meinungspflege in der Gemeinde (heute: kommunale Öffentlichkeitsarbeit) an[4].

In dem 1964 erschienenen »Handbuch der Public Relations« von Albert Oeckl, das eine erste systematische Beschreibung des Berufsbereichs Öffentlichkeitsarbeit auf dem Stand der sechziger Jahre leistet und das auch für die damalige PR-Praxis als wichtige Richtschnur fungierte, findet sich dann schon ein Kapitel zur »Politischen PR-Arbeit«[5]. Oeckl beschreibt hier einige wichtige Trägerinstitutionen politischer Öffentlichkeitsarbeit, wie beispielsweise das Presse- und Informationsamt der Bundesregierung, die Bundesministerien, Länderministerien, Parteien etc. Parteipolitischer PR gegenüber äußert er allerdings deutliche Skepsis, weil hier die Gefahr bestünde, daß die Grenze zur Propaganda überschritten werde[6]. Bis in die sechziger und siebziger Jahre hinein war die Abgrenzung von PR gegenüber politischer Propaganda, insbesondere der Ära des Nationalsozialismus, ein wichtiges

---

1 Gemäß wissenschaftlichem und berufspraktischem Usus werden die beiden Begriffe »Öffentlichkeitsarbeit« und »Public Relations« hier synonym und letzterer nach allgemeiner Gepflogenheit im Singular verwendet.
2 Vgl. z. B. Carl Hundhausen, Werbung um öffentliches Vertrauen. Public Relations, Essen 1951, 149 ff.; Herbert Gross, Moderne Meinungspflege. Für die Praxis der Wirtschaft. Düsseldorf 1951; Ernst Vogel, Public Relations. Öffentliche Meinungs- und Beziehungspflege in Theorie und unternehmerischer Praxis, Frankfurt/M. 1952.
3 Vgl. C. Hundhausen (Anm. 2), S. 149 ff.
4 Vgl. H. Gross (Anm. 2), S. 122 ff.
5 Vgl. Albert Oeckl, Handbuch der Public Relations. Theorie und Praxis der Öffentlichkeitsarbeit in Deutschland und der Welt, München 1964, S. 114 ff.
6 »Parteipolitische Public Relations sind oft in Gefahr, die Grenzziehung gegenüber der Propaganda zu verwischen oder zu überschreiten. Politische PR-Arbeit im Sinn gesellschaftspolitischer, aufbauender, demokratischer Vertrauenspflege ist dagegen echte Öffentlichkeitsarbeit.« Vgl. A. Oeckl (Anm. 5), S. 149.

Charakteristikum des neuen beruflichen PR-Selbstverständnisses, wie es sich auch in dem 1958 gegründeten Berufsverband Deutsche Public Relations Gesellschaft (DPRG) manifestierte.

Erst in den siebziger Jahren wird eine systematischere und wissenschaftlich fundierte Beschäftigung mit dem Thema »politische Öffentlichkeitsarbeit« erkennbar: Franz Ronneberger, seinerzeit Inhaber des Nürnberger Lehrstuhls für Politikwissenschaft und Kommunikationswissenschaft, verortet Public Relations – in einer makrosozialen Perspektive – theoretisch als den Weg bzw. die Art und Weise der Konsensbildung organisierter Interessen innerhalb der pluralistisch organisierten Wirtschafts- und Gesellschaftsverfassung[7]. Daneben gibt er unter anderem einschlägige Sammelbände heraus, welche die Praxis politischer Öffentlichkeitsarbeit, darunter die PR-Tätigkeit der Bundesregierung in Form des Presse- und Informationsamtes des Bundesregierung, der Länderregierungen und auch der Kommunen empirisch beschreiben[8].

Ein Prozeß der Professionalisierung dieses Praxisbereichs[9] führte in den achtziger und neunziger Jahren auch zu einer verstärkten wissenschaftlichen Beschäftigung mit Problemen politischer Kommunikation und speziell politischer Öffentlichkeitsarbeit vor allem in der Politikwissenschaft und der Kommunikationswissenschaft. Politische Kommunikation generell, Politikvermittlung, symbolische Politik[10] und verstärkt auch politische Öffentlichkeitsarbeit wurden zu wissenschaftlichen Themen. Innerhalb der Diskussion um politische Öffentlichkeitsarbeit geht es dabei um folgende Kernpunkte:
– die Auseinandersetzung mit den Ursachen für die größere Relevanz politischer Kommunikation (z. B. bedingt durch den Strukturwandel der Öffentlichkeit und den Medienwandel, der sich in der erhöhten Bedeutung visueller [Fernseh-]Kommunikation ausdrückt);
– das Verhältnis zwischen Politik und deren öffentlich-kommunikativer Darstellung;
– das Verhältnis zwischen Journalismus und Öffentlichkeitsarbeit;
– die Wirkungen politischer Kommunikation (z. B. Berichterstattung oder Werbung) auf das Wählerverhalten
und anderes mehr. Nur wenige Studien thematisierten allerdings politische Öffent-

---

7 Vgl. Franz Ronneberger, Legitimation durch Information, Düsseldorf – Wien 1977.
8 Vgl. ders., (Hrsg.), Public Relations des politischen Systems, Staat, Kommunen und Verbände, Nürnberg 1978, und ders., Beiträge zu Public Relations der öffentlichen Verwaltung, Düsseldorf 1981.
9 Vgl. die Beschreibung dieses Professionalisierungsprozesses z. B. bei Wolfgang R. Langenbucher: »Die Parteien und Regierungsinstitutionen haben die politische Kommunikation zunehmend professionalisiert: Public-Relations-Spezialisten, Kommunikationsstrategen, Semantikexperten stellen systematisch politische Öffentlichkeit her. Politisches Marketing ist Teil der Partei- und Staatsfunktionen.« Vgl. Wolfgang R. Langenbucher, Politik und Kommunikation. Reader zur Politologie. Über die öffentliche Meinungsbildung, München – Zürich 1979, S. 14.
10 Zur Politikvermittlung vgl. als Überblick Ulrich Sarcinelli (Hrsg.), Politikvermittlung. Beiträge zur politischen Kommunikationskultur, Stuttgart 1987; zur symbolischen Politik ders., Symbolische Politik. Zur Bedeutung symbolischen Handelns in der Wahlkampfkommunikation der Bundesrepublik Deutschland, Opladen 1987.

lichkeitsarbeit als Berufsfeld. Im Jahr 1989 untersuchte eine umfassende Münchener Studie Pressestellen »der öffentlichen Hand«: Sie fragte unter anderem nach der Größe der Pressestellen, der Höhe des Etats, der hierarchischen Anbindung, der Akzeptanz bei den Medien, nach den Aufgabenbereichen und den eingesetzten Kommunikationsinstrumenten, dem Selbstverständnis, der beruflichen Herkunft, der Berufszufriedenheit etc. Eine österreichische Studie von 1991, die sich als »Strukturerhebung politischer PR« verstand, ging von einem weiten Begriff von politischer Öffentlichkeitsarbeit aus und untersuchte ebenfalls PR-Selbstverständnisse, Rahmenbedingungen, hierarchische Einbindung, eingesetzte Instrumente und Hauptprobleme der politischen Öffentlichkeitsarbeit. Ziel einer 1994/1995 durchgeführten Berliner Studie war es schließlich, Leistungsrollen der Regierungssprecher in bezug auf die Ziele und Mittel politischer Öffentlichkeitsarbeit zu analysieren[11].

Die traditionelle, dennoch nach wie vor gültige Unterscheidung zwischen Bezeichnung bzw. Begriff einerseits und bezeichneter Sache zeigt, daß der Sachverhalt, um den es hier geht und der vorläufig als »Kommunikation politischer Akteure und Institutionen« umschrieben werden soll, eine längere Geschichte hat. Abhängig von historischen Perioden und unterschiedlichen Gesellschafts- und politischen Systemen waren und sind sehr unterschiedliche Begriffe im Gebrauch: (politische) Pressearbeit, politische Information, politische Kommunikation, (staatliche) Informationspolitik, Kommunikationspolitik, politische Propaganda, politische Öffentlichkeitsarbeit, Polit-PR, Politikvermittlung, politische Werbung etc. Diese Begriffsvielfalt läßt es ratsam erscheinen, zunächst einmal eine – wissenschaftlich konsistente – begriffliche Abgrenzung in einem Begriffsfeld zu versuchen, das sich vielfach überlappt, das jedoch nicht deckungsgleich ist (Kap. 2). Danach wird auf Akteure, Formen und Instrumente politischer Öffentlichkeitsarbeit eingegangen (Kap. 3), bevor im 4. Kapitel gesellschaftliche Funktionen politischer Öffentlichkeitsarbeit diskutiert werden. Das Schlußkapitel behandelt thesenhaft einige zukünftige Trends der politischen Öffentlichkeitsarbeit.

2. Abgrenzungen: Der Begriff »politische Öffentlichkeitsarbeit« und verwandte Begriffe

2.1 Bisherige Definitionen von politischer Öffentlichkeitsarbeit

Der Begriff »politische Öffentlichkeitsarbeit« oder – synonym – »politische Public Relations« wird zwar häufig verwendet, jedoch sind Definitionsversuche selten: Franz Ronneberger sieht »politische Öffentlichkeitsarbeit« als politisches Handeln

---

11   Vgl. Barbara Pfetsch/Kerstin Dahlke, Politische Öffentlichkeitsarbeit zwischen Zustimmungsmanagement und Politikvermittlung. Zur Selbstwahrnehmung politischer Sprecher in Berlin und Bonn, in: Otfried Jarren/Heribert Schatz/Hartmut Weßler (Hrsg.), Medien und politischer Prozeß. Politische Öffentlichkeit und mediale Politikvermittlung im Wandel, Opladen 1996, S. 137–154. Die Münchner Studie stammt von Frank Böckelmann, Pressestellen der öffentlichen Hand, München 1991, die österreichische von Johanna Dorer, Politische Öffentlichkeit in Österreich. Eine empirische Untersuchung zur Public Relations politischer Institutionen, Wien 1995.

politischer Institutionen und Organisationen, bei dem dieses »mit PR-Rollen zusammentrifft, bzw. von PR-Rollen mitbestimmt, modifiziert und geleitet wird«[12].

Gabriele Pauli-Balleis – Schülerin von Ronneberger – legte 1987 die erste Dissertation zur Parteien-PR vor und definiert den Begriff wie folgt: »Unter politischer Öffentlichkeitsarbeit der Parteien ist somit eine planmäßige Strategie zur Präsentation der Parteienprogramme, -themen und Politiker gegenüber den Umweltsystemen der Partei zu verstehen mit der Absicht, Einstellung und Verhalten dieser Umweltsysteme im Sinne des Parteiziels der Gewinnung politischer Unterstützung durch Einstellungsintensivierung oder -veränderung zu beeinflussen.«[13]

Diese Definition zielt in die richtige Richtung, ist jedoch aus zweierlei Gründen verkürzt. Zum einen setzt sie ein Element politischer Öffentlichkeitsarbeit – die Strategien – mit dem Ganzen gleich: Zur politischen Öffentlichkeitsarbeit gehören nicht nur Strategien, sondern auch andere PR-Tätigkeitsbereiche wie Analysen, Erfolgskontrollen, die Instrumente, mit denen gearbeitet wird, vor allem aber die Personen und die Institutionen, die politische Öffentlichkeitsarbeit betreiben. Zum anderen reduziert sie den Typ von Kommunikation der politischen Öffentlichkeitsarbeit einseitig auf persuasive Kommunikation[14]. Sinnvoll ist jedoch, politische PR als Teil politischer Kommunikation zu betrachten und gleichzeitig von politischer Wahlwerbung eindeutig abzugrenzen: Politische PR wird nicht ausschließlich in organisationstheoretischer Perspektive betrachtet, sondern ihr werden – gemäß Ronnebergers Ansatz – auch gesamtgesellschaftlich wichtige Funktionen zugemessen.

Bergsdorf definiert die Öffentlichkeitsarbeit der Bundesregierung – eher traditionell – als Beziehungsaufbau zwischen dem Auftraggeber bzw. Kommunikator (Bundesregierung) einerseits und dem Adressaten (Bevölkerung bzw. einzelne Gruppen wie Medien) andererseits. Der Autor differenziert dabei zwischen *Informationspolitik,* die er als »aktuelle(n) Unterrichtung der Öffentlichkeit über einzelne politische Sachfragen, Entscheidungen, Absichten, Verhandlungen« begreift, und *Öffentlichkeitsarbeit,* die als »nicht an den Tag gebundene Gesamtdarstellung einer Politik oder eines Politikbereichs« definiert wird[15]. Diese Unterscheidung zwischen aktueller und nicht-aktueller Öffentlichkeitsarbeit wird innerhalb öffentlicher Verwaltungen (z. B. Ministerien) nicht selten als (aktuelle) Pressearbeit und (längerfristig angelegte) Öffentlichkeitsarbeit reflektiert. Häufig wird diese Differenzierung auch damit begründet, daß es Pressearbeit mit den Medien als Zielgruppe und dem entsprechend eingesetzten Instrumentarium (Pressemeldungen, Pressekonferenzen etc.) zu tun habe, Öffentlichkeitsarbeit mit anderen Publika (z. B. Bevölkerung insgesamt) und entsprechendem Instrumentarium (Broschüren, Filme, Besucherbetreuung etc.).

Wir teilen die Differenzierung der Sache nach, nicht aber begrifflich: Öffentlichkeitsarbeit wird hier – im Einklang mit der Literatur, aber auch mit weiten Teilen

---

12 Vgl. F. Ronneberger 1978 (Anm. 8), S. 3.
13 Vgl. Gabriele M. Pauli-Balleis, Polit-PR. Strategische Öffentlichkeitsarbeit politischer Parteien. Zur PR-Praxis der CSU, Zirndorf 1987, S. 25.
14 Vgl. dazu die Unterscheidung unterschiedlicher kommunikativer Funktionen von PR im vierten Kapitel.
15 Vgl. Wolfgang Bergsdorf, Stichwort »Bundesregierungs-PR«, in: Dieter Pflaum/Wolfgang Pieper (Hrsg.), Lexikon der Public Relations, Landsberg/Lech 1993, S. 94–100.

der Praxis – als Oberbegriff verwendet, Pressearbeit oder »Informationspolitik« – im von Bergsdorf definierten Sinn – als spezieller Typ von Öffentlichkeitsarbeit, als derjenige Typ, der sich primär über die Medien an die anderen Öffentlichkeiten wendet.

Ulrich Sarcinelli geht davon aus, daß politische Öffentlichkeitsarbeit als ein politisch vielfach unterschätztes Sekundärphänomen gleichwohl ein »legitimer und notwendiger Bestandteil der Informationsvermittlung (sei) mit dem Ziel, die öffentliche Meinung zu beeinflussen«[16]. Otfried Jarren sieht politische Öffentlichkeitsarbeit ausgehend von real vorgefundener Polit-PR als fragiles »Handlungsfeld im politischen System, das vorrangig der Wahrnehmung von organisationsexternen und nachrangig von organisationsinternen Informations- und Kommunikationsaufgaben der politischen Akteure, die der politischen Elite zuzurechnen sind, dient«[17]. Politische Öffentlichkeitsarbeit sei damit selbst Teil der Politik. Jarren fordert ein neues Verständnis von politischer Öffentlichkeitsarbeit ein, das sich auf das Management von Interdependenzbeziehungen zwischen politischen Institutionen und seinen Umwelten zu konzentrieren habe, wobei Planung, Koordination und Kontrolle politischer Aktivitäten mit dem Ziel einer dauerhaften Befriedigung von Gesellschaftsbedürfnissen im Vordergrund stehen sollen[18]. Hier wird also mit Recht mehr Systematik, Strategieorientiertheit und gleichzeitig Dialogausrichtung gefordert.

2.2 Ein differenziertes und modernes Verständnis von PR und politischer Öffentlichkeitsarbeit?

Spricht man heute von Public Relations oder synonym von Öffentlichkeitsarbeit, so ist es sinnvoll, einen historisch ausdifferenzierten Typ öffentlicher Kommunikation(stätigkeit) darunter zu verstehen, dessen verschiedene Wurzeln schon vor den Beginn des Industriezeitalters zurückreichen.

Während Alltagsverständnisse von PR häufig nicht nur neutrale Tätigkeitsbereiche von PR-Praktikern (z. B. Informationsvermittlung) in den Mittelpunkt stellen, sondern oft auch negative Wertungen (z. B. in Begriffen wie »Schönfärberei«, »Propaganda«, »Manipulation«) transportieren, sind umgekehrt Berufsverständnisse aus dem PR-Berufsfeld oft positiv besetzt, aber ebenso normativ ein-

---

16 Vgl. Ulrich Sarcinelli, Öffentlichkeitsarbeit der Parlamente – Politikvermittlung zwischen Public Relations und Parlamentsdidaktik, in: Zeitschrift für Parlamentsfragen, (1993) 3, S. 464–473, hier S. 496.
17 Vgl. Otfried Jarren, Kann man mit Öffentlichkeitsarbeit die Politik »retten«? Überlegungen zum Öffentlichkeits-, Medien- und Politikwandel in der modernen Gesellschaft, in: Zeitschrift für Parlamentsfragen, (1994) 4, S. 653–673, hier S. 672.
18 Vgl. O. Jarren (Anm. 17), S. 673. Vgl. zu dieser Forderung auch Jürg W. Leipziger, Brauchen Parlamente Politik-Marketing?, in: Ulrich Sarcinelli (Hrsg.), Öffentlichkeitsarbeit der Parlamente. Politikvermittlung zwischen Public Relations und Parlamentsdidaktik, Baden-Baden 1994, S. 137–146. Jarren konzentriert sich in seiner Abhandlung stark auf die Polit-PR von Personen und abstrahiert weitgehend von der politischen Öffentlichkeitsarbeit politischer Institutionen wie beispielsweise dem Presse- und Informationsamt der Bundesregierung.

geführt. »Werbung um öffentliches Vertrauen«, »Vertrauenswerbung«, »Gutes tun und darüber reden« waren Definitionen und Verständniskerne von PR-Praktikern aus den fünfziger und sechziger Jahren[19]. Heute begreifen Berufsverbände PR meist als Kommunikationsmanagement und setzen diese auch – weniger empirisch als normativ – mit »Dialog« gleich.

Wenn es um ein wissenschaftlich fundiertes Ausgangsverständnis gehen soll, so läßt sich PR unter einem *mikrosozialen* und einem *makrosozialen* Blickwinkel betrachten: *Mikrosozial,* d. h. in einer organisationsbezogenen Sichtweise, läßt sich PR – in Anlehnung an die bekannte Definition von James E. Grunig und Todd Hunt – wie folgt definieren: »Öffentlichkeitsarbeit oder Public Relations sind das Management von Informations- und Kommunikationsprozessen zwischen Organisationen einerseits und ihren internen oder externen Umwelten (Teilöffentlichkeiten) andererseits.«[20] Unter *makrosozialem* Blickwinkel aber läßt sich PR als publizistisches Teilsystem rekonstruieren und wissenschaftlich entfalten[21]. Es ist dabei charakterisierbar durch soziale Funktionen, Arbeitsorganisationen, Berufsrollen, berufliche Entscheidungsprogramme sowie einen für dieses soziale System typischen Mix aus Mitteln, Methoden und Instrumenten. Die Konturen einer solchermaßen angerissenen Theorie sind seit dem grundlegenden Beitrag von Franz Ronneberger und Manfred Rühl deutlicher, jedoch fehlen bislang noch konkretere Ausarbeitungen, wie sie für das soziale Teilsystem Journalismus bereits auf einer gewissen Konkretionsstufe vorliegen[22]. Auch eine vornehmlich deskriptiv-empirisch verfahrende Bestandsaufnahme des Berufsfelds PR, die bisher

---

19 Vgl. C. Hundhausen (Anm. 2), und Georg-Volkmar Graf Zedtwitz-Arnim, Tu Gutes und rede darüber. Public Relations für die Wirtschaft, Berlin u. a. 1961.
20 Vgl. Günter Bentele, Grundlagen der Public Relations. Positionsbestimmung und einige Thesen, in: Wolfgang Donsbach (Hrsg.), Public Relations in Theorie und Praxis. Grundlagen und Arbeitsweise der Öffentlichkeitsarbeit in verschiedenen Funktionen, München 1997, S. 21–36. Die griffige Definition von James E. Grunig und Todd Hunt lautet wie folgt: »Public relations is part of the management of communication between an organization and its publics.« Vgl. James E. Grunig/Todd Hunt, Managing Public Relations, New York u. a. 1984, S. 6.
21 Publizistik läßt sich im Rahmen einer funktional gegliederten Gesellschaft als soziales Teilsystem neben der Politik, der Wirtschaft, der Wissenschaft etc. begreifen. Insbesondere das System des Journalismus – das hier vom Mediensystem unterschieden wird – und das System der Public Relations konstituieren das *publizistische Teilsystem,* das insgesamt entscheidend wichtige Funktionen für die Gesamtgesellschaft ausübt: Es ermöglicht der Gesellschaft nicht nur die Beobachtung von Ereignissen und Sachverhalten außerhalb der jeweiligen Gesellschaften, sondern auch die Selbstbeobachtung. Das publizistische Teilsystem generiert, stellt bereit, verarbeitet und verbreitet (häufig in Interaktion mit anderen sozialen Teilsystemen) Informationen, vor allem in der Form öffentlich relevanter Themen. Die individuellen Akteure innerhalb der Gesellschaft sind nur durch das publizistische System in der Lage, wahrzunehmen, was überhaupt geschieht.
22 Vgl. Franz Ronneberger/Manfred Rühl, Theorie der Public Relations. Ein Entwurf, Opladen 1992. Was die Arbeiten zur Journalistik anbelangt, so seien hier nur folgende erwähnt: Bernd Blöbaum, Journalismus als soziales System. Geschichte, Ausdifferenzierung und Verselbständigung, Opladen 1994; Frank Marcinkowski, Publizistik als autopoietisches System. Politik und Massenmedien. Eine systemtheoretische Analyse, Opladen 1993; Armin Scholl/Siegfried Weischenberg, Journalismus in der Gesellschaft. Theorie – Methodologie – Empirie, Opladen 1998 (Preprint).

erst für Teilsegmente vorliegt[23], könnte Elemente für eine allgemeinere Theorie bereitstellen.

Ausgehend von dieser grundsätzlichen Definition von Public Relations will ich hier »politische Öffentlichkeitsarbeit« oder »politische Public Relations« in einer organisationsbezogenen Perspektive als ein Teil des Kommunikationsmanagements politischer Institutionen und Akteure mit ihren externen und internen Umwelten definieren. Im Kern bindet diese Definition den Begriff »politische Öffentlichkeitsarbeit« an die Aktivitäten von Akteuren und Institutionen des politischen Systems, nicht an politische Themen, und markiert damit ein enges Verständnis von politischer Öffentlichkeitsarbeit. Die Definition ist ebenso wie die zugrundeliegende Definition von Public Relations generell deskriptiv und enthält sich – mit Ausnahme des Management-Begriffs – normativer Festlegungen. Der Begriff Kommunikations-»Management« impliziert zwar normativ eine hierarchisch hohe Einordnung der Tätigkeit, er schließt aber alle möglichen Formen ein: von der traditionellen Einwegkommunikation (Instrumente der Pressearbeit) über strategisch eingesetzte Dialoginstrumente bis hin zum politischen Themen- und Event-Management.

In einem weiteren Sinn könnte man es auch als »politische Öffentlichkeitsarbeit« bezeichnen, wenn ein Wirtschafts- oder Umweltverband mit politisch Verantwortlichen bzw. mit zuständigen politischen Institutionen kommuniziert, Lobbying betreibt. Entsprechende Aktivitäten finden sich ja auch als »political relations« oder »governmental relations« bei Unternehmen, Verbänden oder Nichtregierungsorganisationen (NGO = *Non-governmental organizations*). Da Politik thematisch universell ausgerichtet ist, wäre dann aber jegliche Form von PR, die mit Politik in Berührung kommt, auch politische Öffentlichkeitsarbeit in einem weiten Sinn. Im folgenden konzentrieren wir uns allerdings weiterhin auf den engeren Begriff von politischer Öffentlichkeitsarbeit und gehen davon aus, daß Kommunikationsaktivitäten nichtpolitischer Akteure und Institutionen zwar Teil der politischen Kommunikation sind, nicht aber politische Öffentlichkeitsarbeit im engeren Sinn.

2.3 Typen politischer Kommunikation

Politische Kommunikation wird als derjenige Teil menschlicher Kommunikation definiert, der sich entweder thematisch oder aufgrund der Beteiligung von Akteuren des politischen Systems der Politik zurechnen läßt. Zur politischen Kommunikation in dem so definierten Sinn gehören also alle Kommunikationsformen politischer Akteure sowie die (thematisch) auf Politik bezogene Kommunikation von Akteuren, die nicht dem politischen System zugerechnet werden können. Als Beispiele könnte man die direkte, interpersonale und nichtöffentliche Kommunikation zwischen Akteuren aus dem politischen System (innerparteilich und interparteilich)

---

23 Vgl. nur beispielhaft für das Berufsfeld der PR-Agenturen Bettina Nöthe, PR-Agenturen in der Bundesrepublik Deutschland. Bestandsaufnahme und Perspektiven, Münster 1994, für die Öffentlichkeitsarbeit der Gewerkschaften Hans-Jürgen Arlt, Kommunikation, Öffentlichkeit, Öffentlichkeitsarbeit. PR von gestern – PR für morgen – Das Beispiel Gewerkschaft, Opladen 1998.

oder die direkte, nichtöffentliche Kommunikation zwischen Politikern und der Bevölkerung nennen. Zur politischen Kommunikation können aber auch die öffentlichen und nichtöffentlichen Kommunikationsaktivitäten von Akteuren aus dem Mediensystem, also z. B. Journalisten (politische Berichterstattung) oder auch die Kommunikationsaktivitäten der sogenannten organisierten Interessen, also der Wirtschaftsverbände, Vereine etc., auch der NGO (z. B. Greenpeace) gerechnet werden. Damit wird deutlich, daß politische Öffentlichkeitsarbeit ein spezifischer Typ politischer Kommunikation ist, der sich von anderen Typen deutlich abgrenzen läßt.

Abbildung 1: Typen politischer Kommunikation

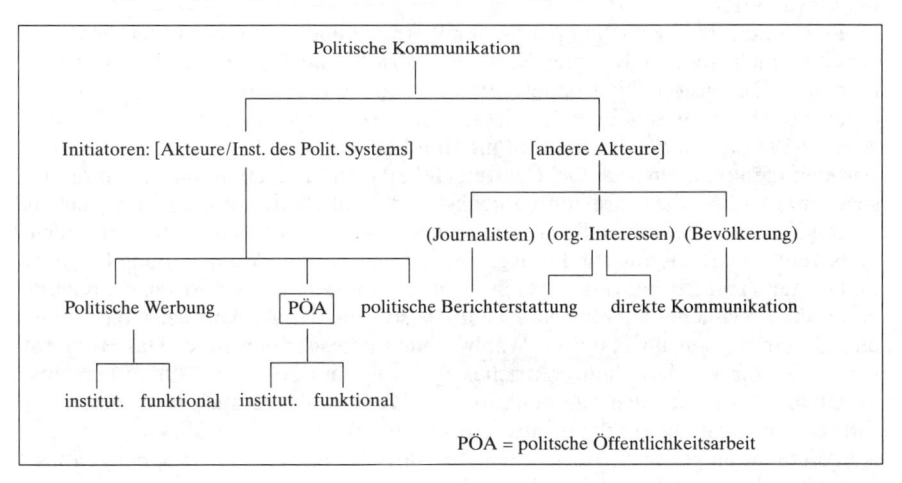

```
                        Politische Kommunikation
                                 |
            ┌────────────────────┴────────────────────┐
Initiatoren: [Akteure/Inst. des Polit. Systems]    [andere Akteure]
                                                        |
                                        ┌───────────────┼───────────────┐
                                   (Journalisten)  (org. Interessen)  (Bevölkerung)
    ┌──────────────┬──────────┐           |               |               |
Politische Werbung │   PÖA    │  politische Berichterstattung   direkte Kommunikation
    ┌──────┴──────┐├────┴────┐
 institut. funktional institut. funktional

                    PÖA = politische Öffentlichkeitsarbeit
```

Die schematische Abbildung versucht, die hier unterschiedenen Typen politischer Kommunikation zu verdeutlichen. Je nachdem, ob es sich um Kommunikationsaktivitäten handelt, die von Akteuren oder Institutionen des politischen Systems initiiert wurden, oder um Aktivitäten von Akteuren und Institutionen anderer Systeme, lassen sich unterschiedliche politische Kommunikationsprozesse unterscheiden. Aktive politische Kommunikation politischer Akteure und Institutionen führt systematisch zu mindestens vier unterschiedlichen Typen: politischer Werbung, politischer Öffentlichkeitsarbeit, politischer Berichterstattung und natürlich direkter, interpersonaler politischer Kommunikation.

Politische Werbung zeigt sich paradigmatisch in Wahlkämpfen, besteht primär aus Einwegkommunikation und verwendet sprachliche Instrumente wie Slogans, mediale Instrumente wie Plakate, Anzeigen, Radio- und Fernsehspots, Aufkleber, Sticker, in denen Logos, Namen und Bilder (z. B. von Kandidaten) verwendet werden. Politische Werbung wird vor allem von politischen Parteien innerhalb von Kampagnen mit Hilfe von Werbeagenturen entwickelt. Sie basiert meist auf einer Werbestrategie, mit Hilfe derer bestimmte politische Ziele (z. B. stärkste Partei zu werden, mehr als fünf Prozent zu erreichen, eine bestimmte Regierung zu verhindern etc.) erreicht werden sollen und die unter anderem die oben genannten Instrumente einsetzt. Der zumindest vordergründige Erfolg von Wahlkampagnen zeigt sich unmittelbar nach der Wahl.

Innerhalb der politischen Werbung wird vor allem für Medienzeit (Spots) und -raum (Anzeigen) bezahlt; insofern ist der Typ politische Werbung der Produkt- oder Dienstleistungswerbung privater Unternehmen vergleichbar und teilweise sehr ähnlich. Der Begriff »Polit-Marketing« für diese Form von politischer Kommunikation ist insofern durchaus angemessen[24]. Eine andere Form politischer Werbung ist die *Mitgliederwerbung* der Parteien, die auch häufig im Wahlkampf verstärkt wird. Kommunikationsfunktional gesehen (vgl. Kap. 4) basiert politische Werbung primär auf der persuasiven Funktion, politische Öffentlichkeitsarbeit auf der Informationsfunktion.

Der Unterschied zwischen politischer Werbung und politischer Öffentlichkeitsarbeit ist nicht rein analytischer Natur, sondern hat auch eine wichtige normativ-rechtliche Dimension: Die Bundesregierung und die Länderregierungen als Staatsorgane dürfen sich seit dem Urteil des Bundesverfassungsgerichts (BVG) vom 2. März 1977 in amtlicher Funktion im Hinblick auf Wahlen nicht mit politischen Parteien identifizieren, sich nicht parteilich betätigen und damit auch nicht die Instrumente und Medien ihrer Öffentlichkeitsarbeit als Wahlwerbung mißbrauchen. In den Leitsätzen des damaligen Urteils heißt es unter anderem: »Die Öffentlichkeitsarbeit der Regierung findet dort ihre Grenze, wo die Wahlwerbung beginnt« und weiter »Tritt der informative Gehalt einer Druckschrift oder Anzeige eindeutig hinter die reklamehafte Aufmachung zurück, so kann das ein Anzeichen dafür sein, daß die Grenze zur unzulässigen Wahlwerbung überschritten ist.«[25] Das BVG hat somit eine Grenze zwischen politischer Werbung und politischer Öffentlichkeitsarbeit sowohl hinsichtlich der Funktion und Wirkung[26] wie auch hinsichtlich der formalen Gestaltung (reklamehafte Aufmachung) dieser zwei Typen politischer Kommunikation gezogen. Auch wenn – empirisch gesehen – Überlappungen zwischen den Typen vorkommen, scheint diese Differenzierung als normativ gesetzte Unterscheidung äußerst wichtig für das Funktionieren politischer Kommunikation in demokratischen Systemen zu sein[27].

---

24 Vgl. dazu unter anderem Edgar Wangen, Polit-Marketing. Das Marketing-Management der politischen Parteien, Opladen 1983. Zwar werden auch in der Wahlkampfkommunikation nicht Waren oder Dienstleistungen gegen Geld getauscht, sondern Parteien versuchen Stimmen aufgrund von Wahlversprechen zu gewinnen, und der Wähler»markt« wird auch von Vertretern dieser Marketingsichtweise nur in Anführungszeichen geschrieben. Die strategische Planung, Umsetzung und Evaluation von Wahlkämpfen ist jedoch der von Produkten und Dienstleistungen sehr ähnlich.
25 Vgl. Presse- und Informationsamt der Bundesregierung in Zusammenarbeit mit dem Bundesverfassungsgericht (Hrsg.), Das Urteil des Bundesverfassungsgerichts vom 2. März 1977 zur Öffentlichkeitsarbeit von Staatsorganen in Bund und Ländern. Dokumente des Verfahrens und Materialien, Karlsruhe, S. 125.
26 Das BVG nennt auch ein Kriterium, das den Einsatz politischer Öffentlichkeitsarbeit in werblicher Funktion deutlich mache: das Anwachsen einschlägiger Ausgaben in Wahlkampfnähe, vgl. ebd.
27 Die Schwierigkeit, jeden empirischen Fall klar zu trennen, liegt wohl in der Tatsache begründet, daß jegliche Kommunikationstätigkeit informative und zugleich persuasive Funk-

Politische Öffentlichkeitsarbeit, auf welche die folgenden Kapitel ausführlicher eingehen, wird von Akteuren und Institutionen des politischen Systems initiiert, aktiv gestaltet und führt, soweit sie medienbezogen ist, zu politischer Berichterstattung. Diesen Typus gestalten aber in der Regel Akteure des Mediensystems, also Journalisten. Das Verhältnis zwischen dem politischen System und dem Mediensystem bzw. zwischen den Akteuren der jeweiligen Systeme ist ein seit langem breit untersuchter Forschungsgegenstand, der zu einer Vielzahl empirischer Studien, aber auch unterschiedlicher theoretischer Ansätze geführt hat[28].

Direkte (interpersonale) *politische Kommunikation* findet beispielsweise statt: auf Veranstaltungen politischer Parteien (zwischen Parteiakteuren und den Wählern), innerhalb des politischen Systems selbst (z. B. als innerparteiliche Kommunikation, Verwaltungskommunikation politischer Institutionen etc.), an den Grenzstellen zwischen Politik und Wirtschaft (z. B. Lobbyarbeit der Verbände) oder in der Berührung mit anderen gesellschaftlichen Subsystemen. Auch das politische Gespräch im Schulunterricht, in den Universitäten bis hin zu Stammtischen gehört zur direkten politischen Kommunikation. Direkte Kommunikation in diesem Sinn ist Voraussetzung und Basis für alle anderen Typen, stellt jedoch auch einen eigenen Typ dar, der an den unterschiedlichsten Orten der Gesellschaft realisiert wird.

Eine weitere Abgrenzung scheint noch wichtig: diejenige zwischen politischer Öffentlichkeitsarbeit auf der einen und politischer Propaganda auf der anderen Seite. Im Kontext der politischen Kommunikation wird der Begriff »Propaganda« heute überwiegend mit negativen Assoziationen gebraucht. Während Öffentlichkeitsarbeit von Parteien oder politischen Institutionen ebenso wie die politische Parteienwerbung in demokratischen Gesellschaften nicht nur als legitime, sondern auch als notwendige Kommunikationsaktivität betrachtet wird, assoziiert der Begriff Parteienpropaganda hingegen einseitige, beschönigende, irreführende oder falsche Kommunikation. Kommunikationswissenschaftlich läßt sich die Abgrenzung zwischen Propaganda und Öffentlichkeitsarbeit vergleichsweise klar ziehen: Moderne Propaganda ist demnach als unidirektionale, beeinflussende Kommunikation zu definieren, für die die Norm der wahrheitsgemäßen Information untergeordnet oder bewußt ausgeklammert wird. Sie arbeitet in der Regel mit einfachen Kommunikationsmitteln (starke Durchdringung, häufige Wiederholungen, einfache Stereotype, klare Wertungen, Vermischung von Information und Meinung), ist häufig emotionalisiert, setzt Feindbilder ein und kommt nur innerhalb einer zentralisierten, nichtdemokratischen Öffentlichkeitsstruktur zu ihrer vollen Entfaltung, d. h. in Systemen, in denen die Medien staatlich abhängig bzw. gelenkt sind[29]. Propaganda stellt in diesen politischen Systemen ein Instrument sozialer

---

tionen hat. Einzelne Funktionen können in Texten allerdings überwiegen: in werblichen Texten überwiegt die persuasive, in PR-Texten die informative Funktion.
28 Vgl. dazu auch Anm. 51.
29 Vgl. zum Typ nationalsozialistische Propaganda z. B. Peter Longerich, Nationalsozialistische Propaganda, in: Karl-Dietrich Bracher/Manfred Funke/Hans-Adolf Jacobsen (Hrsg.), Deutschland 1933–1945. Neue Studien zur nationalsozialistischen Herrschaft, Bonn 1993, S. 291–314. Zum gelenkten DDR-Mediensystem und zur DDR-Propaganda vgl. unter anderem Gunter Holzweißig, Zensur ohne Zensor, Bonn 1997. Eine Abgrenzung zwischen staatlicher Öffentlichkeitsarbeit und Propaganda in juristischer Perspektive findet sich in

Kontrolle dar. Insbesondere in Diktaturen oder politischen Systemen von Entwicklungsländern war und ist dieser Typ politischer Kommunikation zu beobachten. Politische Öffentlichkeitsarbeit hingegen arbeitet mit einem breiten Spektrum an Kommunikationsinstrumenten, in dem auch dialogische Instrumente eine wichtige Rolle spielen. Sie basiert auf den Normen wahrheitsgemäßer und sachlicher Information sowie auf dem Prinzip des »freiwilligen Informationsangebots« und kommt nur in Gesellschaften mit demokratischer Öffentlichkeitsstruktur, d.h. mit einem vom Staat unabhängigen Mediensystem, voll zur Entfaltung. Dies heißt nicht, daß es in Diktaturen ausschließlich Propaganda gäbe, in parlamentarisch-demokratischen Systemen nur Öffentlichkeitsarbeit.

Von einer organisationsbezogenen bzw. berufsfeldbezogenen Perspektive her existiert durchaus eine gewisse Kontinuität der Arbeit politischer Institutionen. Historisch-politische Brüche sind dagegen zu konstatieren, wenn man Propaganda- bzw. PR-Aktivitäten unter dem Gesichtspunkt des Kommunikationsstils und der gesellschaftspolitischen Voraussetzungen betrachtet: In Diktaturen gibt es in der Regel das Berufsfeld Journalismus und Werbung ebenso wie auch das Berufsfeld Öffentlichkeitsarbeit. Der Kommunikationsstil unterscheidet sich allerdings unter anderem wegen der unterschiedlichen Voraussetzungen erheblich und läßt häufig aus Öffentlichkeitsarbeit Propaganda werden[30].

Den Begriff *Politikvermittlung* hat Ulrich Sarcinelli systematisch eingeführt. Er versteht ihn als Teil der politischen Kommunikation, wobei er den Betrachtungsschwerpunkt auf die Aktivitäten des politischen Systems bzw. der politischen Akteure legt[31]. So verwendet überschneidet sich der Begriff weitgehend mit dem hier verwendeten Terminus der *politischen Öffentlichkeitsarbeit*. Er kann als Oberbegriff für die von politischen Akteuren und Institutionen betriebene öffentlich-politische Kommunikation, die auch Lehrsituationen einschließt, aufgefaßt werden.

Die Unterscheidung zwischen institutioneller und funktionaler politischer Öffentlichkeitsarbeit bzw. politischer Werbung (vgl. *Abb. 1*) wird innerhalb des 3. Kapitels ausführlicher behandelt.

Frank Schürmann, Öffentlichkeitsarbeit der Bundesregierung. Strukturen, Medien, Auftrag und Grenzen eines informalen Instruments der Staatsleitung, Berlin 1992, S. 67 ff.

30 Vgl. dazu beispielsweise die funktionale Kontinuität staatlicher Öffentlichkeitsarbeit, angefangen mit dem Ministerial-Zeitungsbüro (seit 1841) über das Literarische Büro (1860–1920), die Reichspressestelle der Weimarer Republik, das Reichsministerium für Volksaufklärung und Propaganda während der Zeit des Nationalsozialismus bis zum Presse- und Informationsamt der Bundesregierung. Vgl. dazu unter anderem Gertrud Nöth-Greis, Das Literarische Büro als Instrument der Pressepolitik, in: Jürgen Wilke (Hrsg.), Pressepolitik und Propaganda. Historische Studien vom Vormärz bis zum Kalten Krieg, Köln–Weimar–Wien 1997, S. 1–78; zum BPA vgl. unter anderem Walter Kordes /Hans Pollmann, Das Presse- und Informationsamt der Bundesregierung, Düsseldorf 1989[10]; F. Schürmann (Anm. 29); Horst O. Walker, Das Presse- und Informationsamt der Bundesregierung. Eine Untersuchung zu Fragen der Organisation, Koordination und Kontrolle der Presse- und Öffentlichkeitsarbeit der Bundesregierung, Frankfurt/M. 1982.

31 Vgl. Ulrich Sarcinelli, Politikvermittlung und demokratische Kommunikationskultur, in: ders. (Hrsg.), Politikvermittlung. Beiträge zur politischen Kommunikationskultur, Bonn 1987, S. 20 ff. Sarcinelli begreift politische Öffentlichkeitsarbeit hier als zentrale Ausprägung und als den Teil der Politikvermittlung, der Politik wesentlich durch Information, weniger durch Appellation (wie politische Werbung) oder politische Partizipation vermittelt.

3. Akteure, Formen und Instrumente politischer Öffentlichkeitsarbeit

3.1 Personen und Organisationen als Akteure, funktionale und organisierte PR

Mit dem im Berliner Wissenschaftszentrum entwickelten »Arenenmodell« der Öffentlichkeit[32] liegt ein differenzierter Versuch vor, in einer Kombination von akteurs- und systemtheoretischer Perspektive Prozesse des Funktionierens von Öffentlichkeit und öffentlicher Kommunikation (vor allem politischer Kommunikation) zu rekonstruieren. Als Hauptakteure politischer Öffentlichkeit, die in dieser Perspektive als »offenes Kommunikationsforum« bzw. als Kommunikationssystem erscheint, lassen sich die Politiker selbst mit ihren Organisationen nennen, in die ihr Kommunikationshandeln eingebettet ist (Parteien, staatliche Institutionen wie Regierung, Parlament etc.). Ebenso zählen dazu die politischen PR-Kommunikatoren, Journalisten und deren organisatorischer Hintergrund, die Medien, und nicht zuletzt das Publikum. Natürlich spielen häufig auch noch andere Akteure eine zentrale Rolle innerhalb der öffentlichen Kommunikation, so z. B. Verbände, NGO oder wissenschaftliche Experten.

Sowohl Einzelpersonen wie auch Organisationen kommen als Akteure in Frage. Es wäre sicher falsch zu verkennen, daß heute systematische politische Öffentlichkeitsarbeit im Regelfall in organisierter Form, d. h. in Form von Organisationen oder Organisationsteilen (z. B. Presseabteilungen) betrieben wird. Gleichzeitig wäre es jedoch auch eine unzulässige Reduktion, vom PR-Handeln der Einzelakteure völlig abzusehen. Gerade aus einer historischen Perspektive ist festzustellen, daß in der Gründungsphase von Organisationen zunächst einmal Einzelpersonen Kommunikationsfunktionen wahrnehmen, bevor sich die Funktionen in Form einer Abteilung oder – später – einer eigenen Unterorganisation verselbständigen. Es ist offensichtlich, daß wichtige politische Funktionsträger neben ihren instrumentellen Aufgaben und Funktionen (z. B. Entscheidungen zu treffen, politische Lösungen vorzuschlagen bzw. umzusetzen) immer schon auch Kommunikationsfunktionen innehatten. Dies gilt für heutige Bundespräsidenten oder Bundeskanzler ebenso wie schon für Friedrich II. oder Otto von Bismarck[33]. Obwohl schon früh Korrespondenten auch hauptberuflich für Fürstenhäuser gearbeitet haben, ist wohl davon auszugehen, daß die »PR-Funktion« politischer und wirtschaftlicher Institutionen – historisch gesehen – ebenso wie die zentrale Entscheidungsfunktion zunächst einmal von deren Entscheidungsspitze in Personalunion und parallel in Nebenfunktion wahrgenommen wurde, bevor sich durch den Prozeß der »Aus-

---

32 Vgl. als Überblick diverse Beiträge in Friedhelm Neidhardt (Hrsg.), Öffentlichkeit, öffentliche Meinung, soziale Bewegungen, in: Kölner Zeitschrift für Soziologie und Sozialpsychologie, Sonderheft 34 (1994); siehe dort Neidhardts Einleitung, insb. S. 20 ff.
33 Während Friedrich II. allerdings noch selbst Kriegsberichte schrieb, ist es heute ausgeschlossen, anzunehmen, daß Bundeskanzler Kohl Berichte über politische Gipfeltreffen selbst verfassen würde. Vgl. Otto Groth, Die Zeitung. Ein System der Zeitungskunde (Journalistik), Mannheim unter anderem 1927, S. 24. Vgl. zu den Kommunikationsaktivitäten Friedrichs II. und Otto von Bismarcks u. a. Michael Kunczik, Geschichte der Öffentlichkeitsarbeit in Deutschland. Köln u. a. 1997, S. 66 ff. und S. 89 ff.

differenzierung« und gleichzeitigen »Hierarchisierung« der Funktionen diese verselbständigt haben und dementsprechend selbständige Abteilungen bildeten. Diese Phasen können jedenfalls bei historischen Einzelbeispielen (z. B. Presse- und Informationsamt der Bundesregierung) rekonstruiert werden und sind auch heute bei der Entstehung und Entwicklung von Organisationen zu beobachten.

Ich möchte vorschlagen, deutlich zwischen *funktionaler PR,* die durch Einzelakteure vollzogen wird, und *organisierter PR,* die von Abteilungen oder Teilorganisationen ausgeübt wird, zu differenzieren. Es ist ein Unterschied, ob die Abteilung für Presse- und Öffentlichkeitsarbeit eines Ministeriums Broschüren konzipiert und verteilt, *newsletters* produziert, Pressemeldungen aussendet und Pressekonferenzen organisiert, oder ob Spitzenpolitiker innerhalb einer Talkshow über ein neues Umweltkonzept ihrer Partei informieren oder anläßlich eines Länderspiels der deutschen Fußballnationalmannschaft ein Interview geben. Im ersten Fall haben wir es mit institutioneller und organisierter politischer Öffentlichkeitsarbeit zu tun, die von hauptberuflichen PR-Spezialisten ausgeführt wird, im zweiten Fall kommunizieren Politiker mehr oder weniger gelungen auf der öffentlichen Bühne: Politiker, die politische Öffentlichkeitsarbeit nur in Teilfunktion ihrer beruflichen Rolle, nicht hauptberuflich betreiben.

Durch die Medienentwicklung, d. h. das Aufkommen und die Dominanz des Mediums Fernsehen seit den achtziger Jahren in Deutschland, ist dieser Typus funktionaler PR allerdings wichtiger geworden: Das Medium Fernsehen – sicher auch andere Medien – und das Fernsehpublikum präferieren Einzelpersonen, vor allem Einzelpersonen in verantwortlichen Positionen (Kanzler, Minister, Staatssekretäre etc.) bei der Kommunikation, weil diese die Politik bestimmter Institutionen direkt verkörpern und weil sie Entscheidungsträger sind. Es ist für Medien attraktiver, den Bundeskanzler oder den Vorstandsvorsitzenden direkt zu interviewen als mit dem Sprecher der Bundesregierung oder dem PR-Chef des Unternehmens zu reden. In dem Maß, in dem die Entscheidungsträger dabei die Spielregeln der medialen Selbstdarstellung professionell beherrschen, sie also »Kommunikationsmanager in eigener Sache« sind, werden sie auch von den Medien mehr oder weniger akzeptiert[34].

Politik insgesamt besteht jedoch nach wie vor auch aus einem sachlichen, »instrumentellen« Anteil und läßt sich nicht vollständig auf den öffentlich-kommunikativen Teil reduzieren. Es hängt von der Relevanz des politischen Themas, es hängt vom Grad der Krisenhaftigkeit einer politischen Situation ab, ob es (für das Publikum und die Medien) noch ausreicht, daß ein Sprecher – der ja hauptberuflich dafür zuständig ist – öffentlich Stellung nimmt, oder ob vom jeweils Verantwortlichen selbst eine Stellungnahme erwartet wird: Während in Routinesituationen (z. B. regelmäßige Pressemeldungen, wöchentliche Pressekonferenzen) eher die haupt-

---

34 Deutliche Akzeptanzunterschiede von seiten der Medien bestehen in der Vorwahlsituation des Jahres 1998 zwischen dem amtierenden Bundeskanzler Helmut Kohl auf der einen Seite und dem SPD-Kandidaten Gerhard Schröder auf der anderen Seite: Helmut Kohl gibt sich in Interviewsituationen nicht selten spröde, kritisiert auch mal die interviewenden Journalisten, während Gerhard Schröder sich offenbar auch persönlich in solchen Situationen entspannt fühlt, witzig reagiert und die Journalisten gelegentlich sogar zu kritischeren Fragen auffordert.

beruflich dafür Verantwortlichen, also die PR-Kommunikatoren, »im Rampenlicht« stehen, sind es in besonders wichtigen Situationen eher die *Fachkommunikatoren,* also vor allem die Politiker selbst, die Stellung beziehen müssen[35].
Politische Institutionen bzw. Organisationen, die (organisierte) PR betreiben, sind auf der internationalen Ebene unter anderem:
– internationale Institutionen wie z. B. die Vereinten Nationen und deren Unterorganisationen (UNESCO, UNICEF),
– europäische Organisationen wie z. B. die Europäische Kommission[36], das Europäische Parlament, der Europarat sowie entsprechende Ausschüsse,
– Staaten, wenn sie aktiv internationale Public Relations betreiben, beispielsweise aus Imagegründen[37].

Auf der *nationalen Ebene* sind es zunächst die Verfassungsorgane, die organisierte PR betreiben, also:
– der Bundeskanzler und die Bundesregierung mit den einzelnen Ministerien sowie deren Unterorganisationen. Das Presse- und Informationsamt der Bundesregierung (BPA) hat dabei eine zentrale Funktion als wichtigste Institution der Regierungs-PR[38].
– das Bundesparlament und die Länderparlamente mit ihren jeweils eigenen Abteilungen für Presse- und Öffentlichkeitsarbeit[39],
– die Länderregierungen mit ihren Staatskanzleien und die Länderministerien,
– der Bundespräsident,
– der Bundesrat,
– das Bundesverfassungsgericht und andere oberste Bundesgerichte sowie

---

35 Zum Begriff »Fachkommunikator« vgl. Günter Bentele/Tobias Liebert/Stefan Seeling, Von der Determination zur Intereffikation. Ein integriertes Modell zum Verhältnis von Public Relations und Journalismus, in: Günter Bentele/Michael Haller (Hrsg.), Aktuelle Entstehung von Öffentlichkeit. Akteure, Strukturen, Veränderungen (Schriftenreihe der Deutschen Gesellschaft für Publizistik- und Kommunikationswissenschaft, Bd. 24), Konstanz 1997, S. 225–250. Hier werden – bezogen auf kommunale Öffentlichkeitsarbeit – verschiedene Typen von Fachkommunikatoren, also Kommunikatoren, die als Fachleute Kommunikations- und Öffentlichkeitsfunktionen ausüben, unterschieden.
36 Vgl. die erste umfassende Bestandsaufnahme zur Öffentlichkeitsarbeit der Europäischen Kommission bei Marc R. Gramberger, Die Öffentlichkeitsarbeit der Europäischen Kommission 1952–1996. PR zur Legitimation von Integration?, Baden-Baden 1997.
37 Vgl. dazu unter anderem Walter A. Mahle, Deutschland in der internationalen Kommunikation (AKM-Studien, Bd. 40), Konstanz 1995, und Michael Kunczik, Die manipulierte Meinung. Nationale Image-Politik und internationale Public Relations, Köln-Wien 1990.
38 Zur Funktionen und Aufgaben von Sprechern der Exekutive vgl. Heinz-Dietrich Fischer (Hrsg.), Regierungssprecher – zwischen Information und Geheimhaltung. Zur publizistischen und kommunikativen Funktion staatlicher Presseamts-Leiter in Bund – Ländern – Gemeinden, Köln 1991, sowie die in Anm. 30 genannte Literatur zum Presse- und Informationsamt der Bundesregierung.
39 Zur Öffentlichkeitsarbeit von Parlamenten vgl. U. Sarcinelli (Anm. 18), sowie den Band Parlamentarische Öffentlichkeitsarbeit in der Mediengesellschaft. Erfahrungen, Herausforderungen und Perspektiven. Veranstaltung des Deutschen Bundestages, des Abgeordnetenhauses von Berlin, des Schleswig-Holsteinischen Landtages sowie der Universität Kiel. 11. und 12. Dezember 1995 im Abgeordnetenhaus von Berlin. Stenographisches Protokoll.

– Institutionen auf kommunaler Ebene, z. B. die Presse- und Informationsämter der Städte und Gemeinden sowie nachgeordnete Ämter und Organisationen[40].
Neben diesen staatlichen bzw. kommunalen Institutionen betreiben jedoch prinzipiell alle übrigen gesellschaftlichen Akteure Öffentlichkeitsarbeit, zumindest diejenigen, die eine gewisse organisatorischen Stabilität erreicht haben. Die wichtigsten dieser gesellschaftlichen PR-Akteure dürften die folgenden Gruppierungen sein:
– die Parteien[41],
– die sogenannten »organisierten Interessen«[42], d. h. Vereinigungen im Wirtschaftsbereich (Wirtschaftsverbände, Innungen, Kammern, Gewerkschaften, Berufsgenossenschaften), Verbände im sozialen Bereich (karitative Selbsthilfeorganisationen, Hausfrauen- oder Vertriebenenverbände), im Freizeitbereich (Sport- oder Gesangsvereine), Vereinigungen im kulturellen, religiösen oder wissenschaftlichen Bereich – die Kirchen als wertorientierte Vereinigungen nehmen dabei eine gewisse Sonderstellung ein – sowie die
– Vereinigungen von Körperschaften des öffentlichen Rechts (z. B. Deutscher Städtetag, Deutscher Städte- und Gemeindebund etc.)

3.2 Organisation, Aufgaben und Instrumente politischer Öffentlichkeitsarbeit

Da generell jede Organisation, die die Interessen ihrer Mitglieder vertritt, nach innen und nach außen kommunizieren muß, haben die meisten Organisationen diese notwendige Kommunikationsfunktion als Geschäftsstelle, Abteilung für Presse- und Öffentlichkeitsarbeit, PR-Abteilung oder ähnliches entwickelt und organisiert. Diese sind – je nach Größe und Bedarf – unterschiedlich aufgebaut. Häufig finden sich (Unter-)Abteilungen für aktuelle Presse- und Medienarbeit, (Unter-)Abteilungen für – längerfristig angelegte – Öffentlichkeitsarbeit, Abteilungen für Besucherbetreuung, Technikabteilungen etc. Das Presse- und Informationsamt der Bundesregierung als mit etwa 700 Beschäftigten größte deutsche »PR-Agentur« verfügt neben einer Technik- und einer Nachrichtenabteilung auch über eine »Abteilung Inland« und eine »Abteilung Ausland«.
Die Kommunikationsabteilungen, die als Grenzstellen zwischen der Organisation und ihren Umwelten fungieren, haben – wie PR-Abteilungen in anderen sozialen Systemen auch – unter anderem folgende Aufgabenstellungen:

---

40 Zur kommunalen Öffentlichkeitsarbeit existiert eine vergleichsweise umfangreiche Literatur. Vgl. als Überblick unter anderem Ewald Müller, Bürgerinformation. Kommunalverwaltung und Öffentlichkeit, Köln 1977; ders./Joachim Peter/Werner Istel, Städtische Presse- und Öffentlichkeitsarbeit heute. Deutscher Städtetag, Heft 14, Köln 1991.
41 Zur PR der CSU vgl. G. Pauli-Balleis (Anm. 13).
42 Diese Aufzählung folgt weitgehend der Systematik bei Joachim Jens Hesse/Thomas Ellwein, Das Regierungssystem der Bundesrepublik Deutschland, Opladen 1992, S. 148 ff. Eine etwas andere Systematik dieser »organisierter Interessen« entwickelt Ulrich von Alemann nach dem Kriterium unterschiedlicher *Konfliktfelder* (z. B. die Konfliktfelder Kapital versus Arbeit, Bürger versus Staat, Staat versus Privatwirtschaft, Industriegesellschaft versus Umwelt etc.). Vgl. Ulrich von Alemann, Organisierte Interessen in der Bundesrepublik, Opladen 1989.

- Beobachtung der Organisationsumwelt (z. B. Analyse und Interpretation der öffentlichen Meinung);
- Planung und Analyse: Forschung bzw. Analyse der Organisationssituation, Entwicklung von Kommunikationszielen und -strategien, Teilöffentlichkeiten bzw. Zielgruppen bestimmen, Zeitplanung, Budgeting, Evaluation der PR-Aktivitäten vornehmen;
- externe und interne Information: Umsetzung der Strategie und der routinemäßig anstehenden Kommunikationsmaßnahmen, Imagegestaltung (*corporate identity, corporate design* etc.), Herstellung und Gestaltung der Organisationskultur (*corporate philosophy*);
- Beratung der Organisationsspitze auf allen Ebenen;
- Kritikaufgabe (nach innen)[43];
- Konfliktregelungen (Krisen-PR; Krisenvorbeugung)[44].

Prinzipiell können alle diese Aufgaben nach außen an spezialisierte Dienstleistungsunternehmen übertragen werden: die Beobachtung z. B. an Medienbeobachtungsunternehmen, die externe und interne Information sowie die Analyse und Strategieentwicklung an PR-Agenturen, die Imagegestaltung und Krisen-PR auch an PR-Agenturen, Unternehmensberater etc.

Als allgemeine Aufgabenstellungen des Presse- und Informationsamtes der Bundesregierung (BPA) sind laut Geschäftsordnung der Bundesministerien unter anderem zu nennen: die Unterrichtung der Bundesregierung über die in- und ausländische Medienberichterstattung, die Information der Medien (»Nachrichtenträger und andere Organe der öffentlichen Meinungsbildung«) über die Politik der Bundesregierung sowie die Vertretung der Bundesregierung auf Pressekonferenzen. Die Aufgabe (»Grundauftrag«) der Auslandsabteilung des BPA ist die deutsche Selbstdarstellung im Ausland. Sie soll die »deutsche Politik und ihre Ziele begreifbar (zu) machen, ein umfassendes und wirklichkeitsgetreues Deutschlandbild (zu) vermitteln, verzerrenden Perzeptionen auch vorbeugend entgegen(zu)treten und in den Zielländern freundschaftliche Beziehungen und Zusammenarbeit (zu) suchen«[45].

Grundsätzlich unterscheiden sich die Methoden, Instrumente und Verfahren der politischen Öffentlichkeitsarbeit von denen der politischen Werbung dadurch, daß ihr Leitbild nicht die »bezahlte« Kommunikation (Anzeigen, Spots) wie bei der po-

---

43 Im Gegensatz zu den anderen Aufgaben ist die Kritikaufgabe, die in der Konsequenz zu einer Kritikfunktion aus der PR führt, erläuterungsbedürftig. Kritik von PR-Praktikern ist im Gegensatz zu normativen Vorgaben im Journalismus nicht selbstverständlich, zumindest dann nicht, wenn sie »nach außen« gerichtet ist. Kritik nach innen (an die Organisationsspitze gerichtet) gehört jedoch zum Selbstverständnis vieler PR-Praktiker und ist – gepaart mit hierarchisch hoher Anbindung und akademisch-professioneller Ausbildung – Element eines PR-Selbstverständnisses, das modernen Ansprüchen an sich entwickelnden Profession genügt. Sicher stärkt auch die Fähigkeit zur Selbstkritik nach außen die Glaubwürdigkeit der Organisation bei den entsprechenden Teilöffentlichkeiten.
44 Die Beschreibung der Aufgabenstellung ist selbstverständlich eine empirische Angelegenheit und kann hier nur idealtypisch, d. h. in Absehung von tatsächlichen Aufgabenstellungen erfolgen.
45 Vgl. die konzeptionellen Überlegungen dieser Abteilung in W. A. Mahle (Anm. 37), S. 35 ff. Zur Organisationsstruktur des BPA vgl. unter anderem W. Kordes/H. Pollmann (Anm. 30), S. 32 ff.

litischen Werbung ist, sondern – in der Regel – die unentgeltliche Kommunikation: Informationen, Themen, auch Personen, werden dem Mediensystem zur freien Verfügung angeboten, nicht aufgezwungen[46]. Freilich kann man davon ausgehen, daß dieser Prozeß aus der Perspektive der politischen Akteure und Institutionen dann besonders erfolgreich verlaufen wird, wenn die Kommunikationsangebote sich in besonderer Weise der »Medienlogik« anpassen.
- Direkte Formen der Kommunikation (Gespräche, Vortrag etc.) werden z. B. beim Lobbying oder bei Verfahren öffentlicher Konfliktlösung (z. B. Parlamentsdebatten, öffentliche Hearings) eingesetzt.
- Spezialisierte Instrumente der Presse- und Medienarbeit haben sich herausgebildet, um die über Massenmedien vermittelte Kommunikation zu gestalten: Presseinformation, Pressemeldung, Pressekonferenz, Pressefoto, Statement, Interview, Leserbrief etc.
- PR-Medien, die verwendet werden, um Teilöffentlichkeiten direkt anzusprechen, sind unter anderem: Broschüren, Folder, Filme, Diaserien, Briefe, Plakate, Bücher, verschiedene Arten von Korrespondenzen, *newsletters*, Zeitschriften, Geschäfts-, Jahres- und Leistungsberichte.
- Mittels spezialisierter PR-Verfahren (z. B. Pressegespräch, unterschiedliche Formen der Pressekonferenz, Präsentationen, Fachtagungen, *events*) kommunizieren die PR-Akteure teilweise recht komplex, um die Medienaufmerksamkeit zu erreichen und so Einfluß in der politischen Kommunikation zu gewinnen.

Es lassen sich zudem drei unterschiedliche *PR-Stile* unterscheiden: Abhängig von der Größe und Professionalität der Organisationen vollzieht sich die Öffentlichkeitsarbeit entweder *spontan* (z. B. die Herstellung einer für notwendig gehaltenen Broschüre in der Öffentlichkeitsarbeit eines Landesparlaments), *routinisiert* (regelmäßige Versendung von Pressemitteilungen, wöchentliche Pressekonferenz) oder auf der Basis *strategischer Planung* (z. B. in der Kommunikationskampagne eines Verbandes, eines Ministeriums). Die PR-Branche beklagt nicht selten, daß ein Defizit an strategischem Denken gerade in der politischen Öffentlichkeitsarbeit bestehe und daß vor allem der Typ der Routine-PR vorherrsche. Oft mangelt es z. B. am Einsatz von Evaluationsmaßnahmen, die eine Weiterentwicklung der PR-Arbeit und eine entsprechende Anpassung an neue Erfordernisse gewährleisten würden.

4. Funktionen politischer Öffentlichkeitsarbeit

Es ist kommunikationswissenschaftlich sinnvoll, die Funktionen von PR auf drei unterschiedlichen Ebenen zu betrachten: einer *makrogesellschaftlichen*, einer *mesogesellschaftlichen* und einer *mikrogesellschaftlichen* Ebene. Auf der makrogesellschaftlichen Ebene stehen die gesamtgesellschaftlichen Funktionen des publizistischen Teilsystems PR zur Diskussion, auf der mesogesellschaftlichen Ebene die Beziehungen

---

46 Dennoch wird auch in der politischen Öffentlichkeitsarbeit mit informierenden Anzeigen gearbeitet, z. B. im Zusammenhang wichtiger Informationskampagnen (Volkszählung, AIDS-Kampagne, Einführung des Euro etc.).

des PR-Systems als publizistischem Teilsystem zu anderen gesellschaftlichen Funktionssystemen wie Politik, Wirtschaft, Wissenschaft, Recht oder Militär. Mit der mikrogesellschaftlichen Betrachtungsweise lassen sich die Aufgaben bzw. Funktionen von PR für einzelne Organisationen innerhalb ihrer Umwelt bestimmen[47]. Unter »Funktionen« wird in diesem Kontext wie üblich das verstanden, was das Systemelement in einem größeren Kontext an »objektiven Konsequenzen« hat.

Als von Akteuren bzw. Organisationen mehr oder weniger zielgerichtet produzierte Kommunikationsaktivität hat politische Öffentlichkeitsarbeit wie jede andere Kommunikationsaktivität grundsätzlich kommunikative Basisfunktionen: Als deren wichtigste können die folgenden drei Funktionen unterschieden werden:
– Information über etwas anderes,
– Selbstdarstellung (Information über sich selbst) und
– Persuasion[48].

Diese Basisfunktionen gelten nicht nur für die Kommunikation von Individuen, sondern – in mikrosozialer Perspektive – auch für die an Öffentlichkeiten gerichteten Kommunikationsaktivitäten von Organisationen, also z. B. für PR-Abteilungen sowie deren Produkte.

PR-Broschüren und Jahresberichte *enthalten,* Pressekonferenzen und PR-Events *vermitteln* Informationen über die Produzenten selbst oder die jeweiligen Organisationen (Ausdrucksfunktion), sie beziehen sich auf Sachverhalte (Darstellungsfunktion) und sie wirken in unterschiedlicher Weise auf Rezipienten (Appellfunktion).

Die Informationsfunktion läßt sich zusammen mit der Ausdrucksfunktion auf Organisationsebene weiter ausdifferenzieren: PR-Aktivitäten erzeugen Themen, sie interpretieren und bewerten Sachverhalte. In zeitlicher Hinsicht kommt noch hinzu, daß sie (innerhalb bestimmter Grenzen) den Zeitpunkt bestimmen, zu dem eine Information öffentlich wird; sie steuern also deren Aktualität. Es lassen sich dementsprechend folgende Funktionen unterscheiden: *Themengenerierung, Interpretation* und *Bewertung* sowie *Aktualisierung*. Die persuasive Funktion von PR-Aktivitäten zeigt sich in den kommunikativen Wirkungen beispielsweise im Mediensystem oder bei entsprechenden Zielgruppen (z. B. bei Kampagnen).

Mit der Erfüllung der in Kapitel 3.2 dargestellten Aufgaben tragen die PR-Abteilungen zur Schaffung von Akzeptanz und Vertrauen gegenüber ihrer Organisation bei; sie helfen, diese bzw. individuelle Akteure in ihrer Umwelt zu positio-

---

47 Ronneberger/Rühl, die diese Differenzierung vorgeschlagen haben, sprechen von Funktionen von PR, wenn die makrogesellschaftliche Ebene gemeint ist, von Leistungen, wenn die mesogesellschaftliche Ebene gemeint ist, und von Aufgaben, wenn die mikrogesellschaftliche Ebene gemeint ist. Vgl. F. Ronneberger/M. Rühl (Anm. 22), S. 249 ff.
48 In der Linguistik und Sprachphilosophie werden diese bzw. äquivalente Kommunikationsfunktionen für Sprache allgemein akzeptiert. Karl Bühler z. B. betrachtete Sprache als Werkzeug, als »Organon«, das kommunikative Funktionen besitzt: Ausdrucks-, Darstellungs- und Appellfunktion. Sprachliche Zeichen drücken immer etwas über den Sprecher aus, sie bringen Haltungen des Sprechers zum Ausdruck. Weiterhin stellen sie etwas dar, d. h. sie beziehen sich auf Sachverhalte außerhalb der Sprache, und sie »appellieren« an denjenigen, der die sprachlichen Zeichen rezipiert, d. h. sie versuchen, Wirkungen emotionaler oder kognitiver Art hervorzurufen. Vgl. Karl Bühler, Sprachtheorie. Die Darstellungsfunktion der Sprache, Stuttgart 1965² (1. Aufl. 1934).

nieren, publik zu machen oder zu halten. Ferner sind sie um die Integration ihrer Organisation bemüht und unterstützen damit deren Bestanderhaltung.

Aus den oben umrissenen Basisfunktionen als Primärfunktionen lassen sich im kontinuierlichen Prozeß der öffentlichen Kommunikation in mesosozialer Perspektive Sekundärfunktionen ableiten. Es sind dies die Herstellung von Öffentlichkeit und öffentlichem Vertrauen sowie die Schaffung gesellschaftlicher Verständigung bzw. eines gesellschaftlichen Konsenses.

Sucht man – in makrosozialer Perspektive – nach der zentralen Funktion der politischen Öffentlichkeitsarbeit, so kann man diese wie folgt formulieren: Politische Öffentlichkeitsarbeit ist zusammen mit dem Journalismus entscheidend an der Herstellung von Öffentlichkeit beteiligt. Freilich kann eine solche Funktion nicht isoliert für politische Öffentlichkeitsarbeit, sondern nur im Kontext mit allen übrigen Bereichen von PR (wirtschaftlicher, wissenschaftlicher, kultureller PR) rekonstruiert werden. Außerdem setzt dies die sinnvolle Betrachtung und Rekonstruktion von PR als publizistischem Teilsystem voraus[49]. Journalismus kann Öffentlichkeit in der heutigen Gesellschaft nicht mehr *allein* herstellen, sondern nur zusammen – im Rahmen einer »Symbiose« oder »Intereffikationsbeziehung«[50] mit der Öffentlichkeitsarbeit. Dies gilt für Öffentlichkeit generell, speziell aber für politische Öffentlichkeit.

Herstellung von Öffentlichkeit ist wesentlich in der Informationsfunktion der PR und den daraus resultierenden Organisationsfunktionen (Thematisierungsfunktion etc.) verankert. Dabei ist diese Funktion sowohl *empirisch* wie auch *normativ* begründet. Was die empirische Begründung anbelangt, so konnte gerade bezüglich politischer Information wiederholt gezeigt werden, daß Public Relations den Medieninstitutionen und seinen Akteuren, den Journalisten, einen wesentlichen Teil des redaktionellen Stoffs, die Themen, die Informationen und die Sachkompetenz liefert[51].

---

49 Es ist bislang eine theoretisch noch umstrittene Frage, ob PR überhaupt sinnvoll als gesellschaftliches Teilsystem zu betrachten sei oder nicht besser als Teilsystem anderer funktionaler gesellschaftlicher Teilsysteme wie der Politik, der Wissenschaft, der Wirtschaft etc. Vgl. dazu auch A. Scholl/S. Weischenberg (Anm. 22).

50 Zum Begriff der Intereffikation, der »gegenseitigen Ermöglichung« vgl. G. Bentele/T. Liebert/S. Seeling (Anm. 35).

51 Die Studien von Barbara Baerns haben in Deutschland die Aufmerksamkeit auf dieses Problem gelenkt. Baerns formulierte die These, daß Öffentlichkeitsarbeit die Informationsleistung tagesbezogener Medienberichterstattung »determiniere«. Sie kommt zu dem Schluß, daß in »allen Einzelleistungen der Medien, seien es Primär- oder Sekundärmedien, Druck- oder Funkmedien, (...) sich konstant hohe Anteile von Beiträgen (zeigten), die auf Öffentlichkeitsarbeit basieren. Öffentlichkeitsarbeit dominierte nicht nur journalistische Recherche, sondern alle Quellentypen (...)«. Öffentlichkeitsarbeit habe sowohl die Themen der Medienberichterstattung als auch das *timing* unter Kontrolle. Vgl. Barbara Baerns, Öffentlichkeitsarbeit oder Journalismus, Köln 1991, S. 87 ff. Vgl. überblickshaft zur Determinationshypothese Claudia Schweda/Rainer Opherden, Journalismus und Public Relations. Grenzziehungen im System lokaler politischer Kommunikation, Wiesbaden 1995; Peter Szyszka, Bedarf oder Bedrohung. Zur Frage der Beziehungen des Journalismus zur Öffentlichkeitsarbeit, in: G. Bentele/M. Haller (Anm. 35), S. 209–224; und G. Bentele/T. Liebert/S. Seeling (Anm. 35). Deutlich wird an den bisherigen Studien zur »Determinationshypothese«, daß bislang vor allem der PR-Einfluß auf den Journalismus untersucht wurde. Einflüsse von PR-Seite auf die Themenselektion und das *timing*, d. h. den Zeitpunkt, zu dem die Themen für die Öffentlichkeit zur Verfügung gestellt werden, stellen aber nur *eine* Einflußrichtung dar. Obwohl dies bislang kommunikationswissenschaftlich-empirisch noch we-

Nicht auf die Journalisten bzw. das Mediensystem, sondern auf Politiker und Praktiker der politischen Öffentlichkeitsarbeit geht ein Großteil der Themen bzw. Inhalte zurück, über die erstere berichten. Anders ausgedrückt: Das Mediensystem könnte ohne die politische Quelleninformation und die Impulse aus dem politischen System, die weitgehend durch die politische Öffentlichkeitsarbeit vorformuliert bzw. vorbereitet werden, nur einen kleinen Teil der de facto vorhandenen politischen Berichterstattung liefern. Dies ist ein deutlicher empirischer Hinweis darauf, daß Public Relations in Informations- und Kommunikationsgesellschaften *konstitutiv* für den Prozeß der Herstellung von demokratischer Öffentlichkeit ist.

Was die normative Begründung anbelangt, so impliziert die in Art. 5 der Verfassung enthaltene Freiheitsgarantie, sich aus »allgemein zugänglichen Quellen ungehindert zu unterrichten«, die Verpflichtung staatlicher Organisationen, der Presse, des Rundfunks und des Fernsehens, die dazu notwendigen Informationen zur Verfügung zu stellen. Explizit hat das Bundesverfassungsgericht (BVG) in seinem Urteil von 1977 zur staatlichen Öffentlichkeitsarbeit dargelegt, daß »Öffentlichkeitsarbeit von Regierung und gesetzgebenden Körperschaften (...) in Grenzen nicht nur verfassungsrechtlich zulässig, sondern auch notwendig« sei[52]. Dies wird unter anderem damit begründet, daß nur informierte Bürger an der politischen Willensbildung verantwortlich teilhaben können. Als Aufgabe staatlicher Öffentlichkeitsarbeit wird es hier sogar bezeichnet, den Grundkonsens zwischen dem Bürger und der vom Grundgesetz geschaffenen Staatsordnung »lebendig zu halten«.

Insofern erfüllt PR – als gesellschaftliches Teilsystem aufgefaßt – eine ähnlich tragende Rolle für das Funktionieren demokratischer Informations- und Kommunikationsgesellschaften wie der Journalismus. Diese demokratiekonstitutive Funktion, die in der Struktur von Kommunikationsgesellschaften angelegt ist, wird in dem Maße realer und stärker, als sich PR generell und politische Öffentlichkeitsarbeit speziell professionalisiert. In dem Maße, in dem bestimmte professionelle (auch moralische) Standards nicht nur als berufsständische Normen, sondern auch in der täglichen Praxis vorhanden sind, können die vorhin genannten Aufgaben und Funktionen auch tatsächlich realisiert werden. Wahrheit und Objektivität der PR-Information, Kompetenz und Professionalität im Einsatz von Kommunikationsmitteln, Offenheit in der Kommunikationshaltung und Transparenz sind solche Kriterien. Es sind verschiedene Vertrauensfaktoren, deren Einhaltung bzw. Realisierung die Wahrscheinlichkeit deutlich erhöhen, daß die entsprechende Kommunikation als glaubwürdig empfunden und Vertrauen mittels politischer Öffentlichkeitsarbeit auch tatsächlich erworben wird[53].

---

nig untersucht ist, kann angenommen werden, daß auch eine Reihe von Einflüssen vom Mediensystem in Richtung auf die PR hin existieren. PR-Praktiker sind z. B. gezwungen, sich an zeitliche Routinen des Journalismus anzupassen oder sich bei der Auswahl der dem Mediensystem zu präsentierenden Themen an Nachrichtenfaktoren wie Aktualität, Relevanz, Prominenz etc., also an der Medienlogik, zu orientieren, wollen sie erfolgreich sein. Auch Präsentationsroutinen und die Qualität von Pressemitteilungen beeinflussen (im Sinne der Medienlogik) die Erfolgschancen von PR-Information.

52 Vgl. Das Urteil des Bundesverfassungsgerichts... (Anm. 25), S. 137.
53 In Überlegungen zu einer »Theorie öffentlichen Vertrauens« habe ich folgende Vertrauensfaktoren unterschieden: Sachkompetenz, Problemlösungskompetenz, Kommunikationsadäquatheit, kommunikative Konsistenz, kommunikative Transparenz, kommunikative Of-

5. Zukünftige Trends politischer Öffentlichkeitsarbeit

1. These: Der Prozeß der Mediatisierung von Politik, der in Deutschland seit den Veränderungen des Mediensystems Mitte der achtziger Jahre schnell voranschreitet und in dem sich die kommunikativen Anteile der Politik eher noch vergrößern werden, wird sich weiter fortsetzen. Aus diesem Grund ist auch mit einer zunehmenden Relevanz politischer Öffentlichkeitsarbeit in unterschiedlichen Varianten zu rechnen, sei es in der institutionalisierten, organisierten oder der funktionalen, personenbezogenen Form.

2. These: Während eine Zunahme der politischen Öffentlichkeitsarbeit in der organisierten Form eher moderat ausfallen dürfte, ist ein deutliches Anwachsen der personalisierten PR zu prognostizieren. Einerseits werden die wahlkampfbezogenen Kommunikationsstrategien und der Einsatz entsprechender Mittel (primär: politische Werbung) weiterentwickelt werden. Es ist aber sehr wahrscheinlich, daß politische Kommunikation insgesamt zunehmend unter strategischen Aspekten, also langfristig geplant, angegangen und umgesetzt wird. Die Kommunikationsaktivitäten und medienbezogenen Fähigkeiten des SPD-Kanzlerkandidaten Gerhard Schröder und die entsprechenden Planer und Berater im Hintergrund können ein aktuelles Beispiel dafür geben. Prozesse, die derzeit in deutschen Medien unter dem Stichwort »Amerikanisierung« des Wahlkampfs diskutiert werden, zielen nicht nur auf eine möglichst positive Medien- und insbesondere Fernsehpräsenz, um damit die Wähler direkt (vor allem auch visuell) anzusprechen, sondern haben auch die (parteiensoziologische) Konsequenz, daß zumindest die mittlere Entscheidungsebene der Parteien unwichtiger, in der Tendenz überflüssig werden wird[54].

3. These: Die Medienberater exponierter politischer Akteure (im Angelsächsischen: »spindoctors« genannt) bekommen eine wichtigere Funktion, weil der Vermittlung von Inhalten (Wahlprogramm z. B. in vier gut formulierten Punkten) ähnlich viel Aufmerksamkeit geschenkt werden muß wie der Formulierung der politischen Inhalte selbst.

4. These: Die »digitale Revolution« hat Auswirkungen auch auf die politische Öffentlichkeitsarbeit: Durch die technische Medienentwicklung selbst (Stichwort *Online*-Kommunikation, Internet) wird auch ein anderer Trend verstärkt, der politische Kommunikation wieder etwas von den Massenmedien weg, hin zu direkter und unmittelbarer PR-Kommunikation zwischen den politischen Institutionen und Ak-

---

 fenheit, gesellschaftliche Verantwortung, Verantwortungsethik. Vgl. Günter Bentele, Öffentliches Vertrauen – normative und soziale Grundlage für Public Relations, in: Wolfgang Armbrecht/Ulf Zabel (Hrsg.), Normative Aspekte der Public Relations. Grundlagen und Perspektiven. Eine Einführung, Opladen 1994. Vgl. zu diesem Ansatz auch Günter Bentele/ Stefan Seeling, Öffentliches Vertrauen als zentraler Faktor politischer Öffentlichkeit und politischer Public Relations. Zur Bedeutung von Diskrepanzen als Ursache von Vertrauensverlust, in: O. Jarren/H. Schatz/H. Weßler (Anm. 11), S. 155–167.
54 Vgl. dazu den Beitrag von Ulrich Sarcinelli in diesem Band.

teuren führt. Massenmedien könnten als politische Informationsquellen tendenziell unwichtiger werden, wenn sich die Bürger bei und über die politischen Institutionen via Internet direkt ausführlich (und nicht vom Medienbias verzerrt) informieren können. Auch direkte Kommunikation und Teilhabe ist so bis zu einem gewissen Grad möglich. Die Thematisierungsmacht des Internet liegt nicht bei den Massenmedien, sondern bei den Institutionen, von daher hat die institutionelle PR hier zunächst Vorteile. Entscheidend wird allerdings sein, inwieweit sich die Institutionen von einer reinen Selbstdarstellungskommunikation hin zu offenen, dialogischen Formen entwickeln.

5. These: Bestimmte Formen und Verfahren der politischen Öffentlichkeitsarbeit werden zunehmen. Event-PR und Dialog-PR, beides eher unterschiedliche Formen, aber durchaus kombinierbar, möglicherweise auch das in den USA gut bekannte *polit-sponsoring* werden sich sicher verstärken. Bezüglich dialogischer Formen ist zumindest die Möglichkeit einer stärkeren Partizipation im Sinne einer »lebendigen Demokratie« gegeben.

6. These: Die stärkere Strategieorientierung politischer Öffentlichkeitsarbeit wird zu einer höheren Professionalisierung der politischen Kommunikationspraxis führen: Es wird zukünftig immer weniger ausreichen, wenn politische Öffentlichkeitsarbeiter nur mit (beispielsweise juristischer) Sachkompetenz ausgestattet sind. Vielmehr gewinnen breite kommunikative Fach- und Reflexionskompetenzen an Bedeutung.

7. These: Für politische Kommunikationspraktiker wird dies allerdings nur dann eine positive Entwicklung sein, wenn Professionalisierung nicht auf eine »Instrumentenkunde« reduziert wird, sondern mit moralischer Kompetenz kombiniert ist. Glaubwürdige politische Kommunikation setzt Objektivität, Sachkenntnis, Offenheit, Konsistenz, zunehmend auch Transparenz voraus. In dieser Perspektive ist es unwahrscheinlich, daß die Verstärkung politischer Öffentlichkeitsarbeit nur zu einer Verbesserung des politischen »Manipulationsapparats« wird, sondern daß sie als konstitutives Element öffentlicher Kommunikation in demokratischen Gesellschaften entsprechende Demokratisierungsprozesse stärkt.

JÜRGEN WILKE

Politikvermittlung durch Printmedien

Vorbemerkungen

Wenn die Politikvermittlung, insbesondere diejenige durch Massenmedien, seit einigen Jahren zu einem Gegenstand wissenschaftlicher Diskussion und auch praktisch-politischer Debatten geworden ist, dann hat dazu vor allem das Fernsehen den Anlaß geboten. Ihm hat man hierbei die größte Wirkung zugeschrieben, aufgrund seiner medienspezifischen Eigenschaften, seiner Nutzungsfrequenz und der obligaten Rezeptionsweise. Ist es heute nicht das Fernsehen, das unter den »spezifischen Verfahren und Institutionen ... [dominiert], durch die Politik zwischen Herrschenden und Beherrschten, zwischen den politischen Führungseliten und den Bürgern, vermittelt wird«?[1]

Angesichts dieser häufig anzutreffenden Fixierung des Blicks wird leicht übersehen, daß auch die anderen Medien und insbesondere die Printmedien am Prozeß der Politikvermittlung beteiligt sind. Man darf die Presse in diesem Zusammenhang schon deshalb nicht ausblenden, weil sie das älteste Massenmedium ist und folglich historisch die längste Tradition in der Vermittlung von Politik besitzt. Sie hat zuerst jene Mechanismen der Politikvermittlung ausgebildet, welche bei der Entstehung der anderen Medien bereits vorhanden waren, wenn diese sie dann auch nach eigenen Gesetzen weiterentwickelt und abgewandelt haben. Aber noch aus anderen, hier darzustellenden Gründen fällt den Printmedien eine wesentliche Rolle bei der Politikvermittlung zu. Daß die Presse ein »unterschätztes Medium« sei, und zwar ungerechtfertigterweise, das hat Klaus Schönbach schon vor anderthalb Jahrzehnten festgestellt[2]. Weder die Alltagserfahrungen noch neuere Forschungsergebnisse geben Veranlassung, an diesem Urteil zu rütteln.

Wenn im folgenden von Politikvermittlung durch Printmedien gesprochen wird, so geschieht dies vor allem mit Blick auf die Tagespresse. Sie ist durch ihre Erscheinungshäufigkeit und Reichweite in Deutschland noch immer das gedruckte Basismedium. Daneben sollen aber auch die Wochenzeitungen und insbesondere die Nachrichtenmagazine einbezogen werden, die in tonangebender Weise das Bild der Politik in der Öffentlichkeit mit prägen. Printmedien werden, wie der Begriff

---

1 So die Definition von Politikvermittlung bei Ulrich Sarcinelli, Politikvermittlung und demokratische Kommunikationskultur, in: ders. (Hrsg.), Politikvermittlung. Beiträge zur politischen Kommunikationskultur, Bonn 1987, S. 19–45, hier S. 19.
2 Vgl. Klaus Schönbach, Das unterschätzte Medium. Politische Wirkungen von Presse und Fernsehen im Vergleich, München u. a. 1983.

selbst besagt, herkömmlicherweise mittels Druckverfahren auf Papier hergestellt. In jüngster Zeit ergänzen Zeitungen und Zeitschriften ihre gedruckten jedoch zunehmend durch elektronische Ausgaben, wofür sich schon der Begriff Online-Zeitung eingebürgert hat. Eine Beschäftigung mit der Politikvermittlung durch Printmedien kann von dieser Entwicklung, die sich gegenwärtig unter dem Etikett »Multimedia« vollzieht, nicht absehen. Auf sie wird daher am Schluß des vorliegenden Beitrags auch einzugehen sein.

1. Historische Tradition

Schon solange es die periodische Presse in Deutschland gibt, und dies ist seit dem Beginn des 17. Jahrhunderts der Fall, hat sie die Funktion der Politikvermittlung erfüllt. Freilich war diese Funktion im Zeitalter des Absolutismus noch eine andere als später im Konstitutionalismus des 19. oder unter den totalitären bzw. demokratischen Verhältnissen des 20. Jahrhunderts. Immerhin berichteten die Zeitungen von ihren Anfängen an überwiegend über politisches (und militärisches) Geschehen[3]. Diese Dominanz der Politik als Gegenstand der Berichterstattung hielt lange Zeit an. Sie wurde erst im Laufe des 19. Jahrhunderts allmählich gemindert, als zunehmend auch andere Themenbereiche Aufnahme in die Presse fanden. Vorherrschend war zunächst zudem die Auslandsberichterstattung, so daß die Leser häufig vieles über politische Vorgänge anderswo erfuhren, während Vorgänge im eigenen Land vornehmlich aus Zensurrücksichten ausgespart wurden.

Durch ihre Auswahl von Ereignissen bzw. Nachrichten vermittelten die Zeitungen ein ganz bestimmtes Bild der Politik. In erster Linie ging es um herrschaftliches und diplomatisches sowie militärisches Handeln. Entsprechende Akteure der politisch-militärischen Elite standen im Vordergrund. Zudem fanden bereits damals die Großmächte stärkere Beachtung als Länder der »Peripherie«. Somit war Politikvermittlung stets schon durch bestimmte Nachrichtenfaktoren bestimmt. Zwar wurden häufig nur die Äußerlichkeiten des politischen Geschehens berichtet, und dieses wurde in der Regel noch nicht kommentiert. Eine Vermittlung von Ursachen und Hintergründen gab es so gut wie nicht. Allerdings erhielt man vielerlei Kenntnis auch von andersartigen politischen Verhältnissen. So erfuhren die Leser des *Hamburgischen unpartheyischen Correspondenten* im 18. Jahrhundert in den Berichten aus London beispielsweise viel darüber, wie es in einem parlamentarischen System mit dem Widerstreit von Regierung und Opposition zuging. Breit und ausführlich berichtete diese Zeitung sowohl über die Amerikanische als auch über die Französische Revolution[4].

---

3 Vgl. Jürgen Wilke, Nachrichtenauswahl und Medienrealität in vier Jahrhunderten. Eine Modellstudie zur Verbindung von historischer und empirischer Publizistikwissenschaft, Berlin–New York 1984.
4 Vgl. Jürgen Wilke, Die Berichterstattung über die Amerikanische Revolution. Untersucht am Hamburgischen unpartheyischen Correspondenten (1773–1783), in: La révolution américaine vue par les périodiques de langue allemande 1773–1783. Actes du colloque tenue à Metz (Octobre 1991). Publiés sous la direction de Roland Krebs et de Jean Moes et avec la

Mit den politischen und gesellschaftlichen Umbrüchen des 19. Jahrhunderts begann sich auch die Politikvermittlung durch die Presse zu wandeln. Zwar kam es nach den Karlsbader Beschlüssen von 1819 zu einer Wiederkehr quasi-absolutistischer Beschränkungen. Doch die Revolution von 1848 leitete mit der Aufhebung der Zensur abermaligen Rückschlägen zum Trotz nachhaltige Änderungen ein, die sich infolge der Reichsgründung 1871 und dem Reichspressegesetz von 1874 vertieften. Jetzt erst wurde auch die Innenpolitik zum vordringlichen Gegenstand der Berichterstattung. Außerdem führte die Entstehung der Partei- und Meinungspresse dazu, daß man politische Ereignisse und Vorgänge nicht mehr bloß vordergründig schilderte, sondern auch dezidiert zu ihnen Stellung nahm. Die Politikvermittlung wurde gewissermaßen pluralistisch. Durch Vermehrung der Titel und Erhöhung der Auflagen geriet die Presse schon damals zu einer »Großmacht«, der die Zeitgenossen weitreichende Wirkungen auf Politik und Gesellschaft zumaßen[5]. Wie sehr das politische Geschehen selbst durch die Presse beeinflußt wurde, zeigte sich z. B. im Vorfeld des Ersten Weltkriegs[6].

Bereits vor, erst recht aber nach der »Machtergreifung« 1933 waren die Nationalsozialisten in Deutschland bestrebt, die Presse für ihre Zwecke zu instrumentalisieren, auch wenn sie anderen Mitteln der Propaganda den Vorrang einräumten, weil sie diese als wirkungsvoller erachteten[7]. Obwohl Joseph Goebbels, der Reichsminister für Volksaufklärung und Propaganda, durch rechtliche, organisatorische und inhaltliche Mittel (Presseanweisungen) die Politikvermittlung durchgreifend zu steuern suchte, wollte er keine totale Gleichförmigkeit der Presse. Für die Glaubwürdigkeit und die Außenwahrnehmung schien ihm eine solche nicht zweckmäßig. Sich der Lenkung zu entziehen, wurde der Presse gleichwohl schwer gemacht, wie exemplarisch am Schicksal der 1943 verbotenen *Frankfurter Zeitung* abzulesen ist[8].

Nach Kriegsende und Zusammenbruch 1945 entstanden zumindest in der späteren Bundesrepublik wieder demokratische Verhältnisse. Dies hatte auch Konsequenzen für die Politikvermittlung durch die Presse. Zunächst galten zwar noch die Bestimmungen der alliierten Besatzungsmächte. Aber mit der Staatswerdung und dem Erlaß des Grundgesetzes 1949 erhielt die Presse ihre Freiheit zurück. In der DDR kam es dagegen, wenn auch unter veränderten – jetzt kommunistischen – Vorzeichen, zu einer Neuauflage der Lenkung der Politikvermittlung durch Staatsinstanzen und Parteiorgane.

Betrachtet man die Geschichte der Bundesrepublik, so zeigen neuere Befunde, daß sich seit ihren Anfängen ein Wandel der Politikvermittlung vollzogen hat. Über die Jahrzehnte hinweg fand eine Politisierung zumal des vorpolitischen Raumes

---

collaboration de Pierre Grappin, Paris–Metz 1992, S. 69–109. – Ders., Die Thematisierung der Französischen Revolution in der deutschen Presse. Untersucht am »Hamburgischen unpartheyischen Correspondenten« (1789–1795), in: Francia, 22 (1995) 2, S. 61–100.

5 Vgl. Jürgen Wilke, Auf dem Weg zur »Großmacht«: Die Presse im 19. Jahrhundert, in: Rainer Wimmer (Hrsg.), Das 19. Jahrhundert. Sprachgeschichtliche Wurzeln des heutigen Deutsch, Berlin–New York 1991, S. 73–94.
6 Vgl. Bernhard Rosenberger, Zeitungen als Kriegstreiber? Die Rolle der Presse im Vorfeld des Ersten Weltkriegs, Köln u. a. 1998.
7 Vgl. Gerhard Paul, Aufstand der Bilder. Die NS-Propaganda vor 1933, Bonn 1992.
8 Vgl. Günther Gillessen, Auf verlorenem Posten. Die Frankfurter Zeitung im Dritten Reich, Berlin 1986.

statt. Zunehmend vermittelte die Berichterstattung den Eindruck, die Politik sei für die Lösung bestimmter Probleme in Deutschland zuständig[9]. Die Fähigkeit zur Lösung dieser Probleme durch Politik und Politiker wurde zugleich jedoch immer mehr in Zweifel gezogen. Anders gewendet: Das Vertrauen auf die Orientierung am Gemeinwohl schwand. Ein Zusammenhang zwischen der Politikvermittlung durch die Presse und der vielfach beklagten wachsenden Politikverdrossenheit in der Bevölkerung scheint demnach gegeben.

2. Bedingungen und Voraussetzungen

Die Politikvermittlung der Printmedien erfolgt unter verschiedenen Bedingungen und Voraussetzungen. Dabei ist zwischen theoretischen und praktischen zu unterscheiden. Unter den theoretischen werden im folgenden die medienspezifischen Merkmale, die Selektionsregeln, Rechtslage und Unternehmensform sowie die instrumentelle Aktualisierung subsumiert, unter den praktischen die Vorleistungen vor allem der Nachrichtenagenturen.

2.1 Medienspezifische Merkmale

Die Politikvermittlung ist in den Printmedien zunächst durch deren medienspezifische Merkmale bedingt. Außer denjenigen, die sie mit anderen Medien gemein haben (Aktualität, periodisches Erscheinen), besitzen sie besondere Eigenarten. Dazu gehört als wichtigste die Verwendung gedruckter sprachlicher Zeichen. Zwar bieten die Printmedien heute, wenn auch in unterschiedlichem, gleichwohl aber zunehmendem Maße, auch Bilder und damit visuelle Information. Aber im großen und ganzen bedienen sie sich immer noch überwiegend der gedruckten Sprache.

Daß Printmedien Botschaften und Mitteilungen in digitale (Sprach-)Zeichen kodieren, ist auch für die Politikvermittlung durch sie von entscheidender Bedeutung. Dieses Zeichensystem verlangt und begünstigt nämlich bei der kognitiven Verarbeitung begriffliche und abstrakte Operationen. Bilder (ikonische Zeichen) werden hingegen unvermittelt wahrgenommen. Sie wirken »realistisch«, erzeugen aber nur oberflächliche, episodische, fragmentarische Vorstellungen, ja erwecken eher Emotionen und subjektive Anmutungen. Gedruckte Sprache erlaubt kritisch-distanzierte Wahrnehmung und rationales Begreifen. Durch sie können komplexe Sachverhalte mitgeteilt und nachvollzogen werden. Die begriffliche Kategorisierung erst macht Dinge verbalisierbar. Zudem wird die Abspeicherung im Gedächtnis dadurch erleichtert, d. h. auch weitere Verknüpfungen und Erinnerungsleistungen[10].

---

9 Vgl. Hans Mathias Kepplinger, Die Demontage der Politik in der Informationsgesellschaft, Freiburg i. Br. 1998.
10 Vgl. Winfried Schulz, Bedeutungsvermittlung durch Massenkommunikation. Grundgedanken zu einer analytischen Theorie der Medien, in: Publizistik, 19 (1974), S. 148–164.

Durch die Modalitäten ihres medienspezifischen Zeichenrepertoires besitzen die Printmedien nicht zu unterschätzende Vorteile für die Politikvermittlung. Dies gilt gerade für eine auf den informierten, mündigen Bürger setzende demokratische politische Ordnung. Die Printmedien fördern prinzipiell den rationalen politischen Diskurs. Selbst Bilder stehen in ihnen zumeist in einem gedruckten sprachlichen Kontext. Zur Entschlüsselung sind allerdings größere Lern- und Bildungsvoraussetzungen als z. B. beim Fernsehen vonnöten.

Printmedien und audiovisuelle Medien unterscheiden sich nicht nur hinsichtlich der Kodierung, sondern auch in der Präsentation ihrer Inhalte. Während die letzteren ihre Botschaften im zeitlichen Nacheinander anbieten, tun die ersteren dies im räumlichen Nebeneinander. Zeitung und Zeitschrift sind zudem »Speichermedien«. Die Botschaften rauschen nicht wie bei Hörfunk und Fernsehen am Empfänger flüchtig vorbei, sondern sind materiell verfügbar. Das gilt zumindest für die bisherige »Papier-Form« der Printmedien. Ihre »Disponibilität« (F. Eberhard) räumt dem Leser eine ziemliche Freiheit bei der Rezeption ein.

Dieser kann nämlich nicht nur entscheiden, wann er etwas liest, sondern auch in welchem Tempo. Muß sich der Rezipient bei Hörfunk und Fernsehen ganz auf deren Zeitabfolge einstellen, was nicht selten zu Schwierigkeiten beim Verständnis führt, so kann er bei den Printmedien die Lesegeschwindigkeit selbst bestimmen und seinem Verständnis anpassen. Die Plazierung der Beiträge neben- und untereinander auf den Zeitungs- und Zeitschriftenseiten ermöglicht zugleich eine stärkere individuelle Selektion dessen, was man lesen will. Insofern dienen diese Medien eher der Selbstbestimmung des Rezipienten und schützen ihn vor Überrumpelung und Manipulation.

Aufgrund der hier angeführten medienspezifischen Merkmale wurde lange Zeit insbesondere dem Fernsehen eine große, den Printmedien dagegen keine oder nur geringe Wirkung zugemessen. Sie waren es vor allem, welche die Presse zu einem »unterschätzten« Medium machten. Wenn diese Ansicht inzwischen revidiert worden ist, so auch deshalb, weil die medienspezifischen Merkmale heute zum Teil in einem anderen Licht gesehen werden. Zwar weisen die Präsentationsformen im Prinzip durchaus die genannten Unterschiede auf, aber eine Steuerung der Selektion ist durch Aufmachung, Umfang, Plazierung, Überschriften und Illustration auch bei Pressebeiträgen vorhanden. Überdies relativieren auch psychologische Erkenntnisse die in der älteren Kommunikationsforschung aufgestellte Regel der »selektiven Wahrnehmung«. Die in der neueren Forschung erhärtete These lautet vielmehr »Medienwirkung trotz Selektion« – und sie betrifft gerade die Wirkung des einst »unterschätzten« Mediums Presse[11].

Was den Printmedien in ihrer bisherigen Form zum Nachteil gereicht, kann zugleich als Anlaß gesehen werden, ihre Stärken hervorzukehren. Sie sind den audiovisuellen Medien hauptsächlich in der Aktualität und der Häufigkeit des periodischen Erscheinens unterlegen. Ihre eigentliche Leistungskraft liegt daher nicht so sehr in der Erst- als in der Hintergrundberichterstattung. Dies ist gerade für die Politikvermittlung wiederum von erheblicher Bedeutung. Überhaupt ist die politi-

---

11 Vgl. Wolfgang Donsbach, Medienwirkung trotz Selektion. Einflußfaktoren auf die Zuwendung zu Zeitungsinhalten, Köln u. a. 1991.

sche »Informationskapazität« der Printmedien eine weit größere als diejenige des Fernsehens, das seine medienspezifische Funktion viel stärker im Unterhaltungsbereich erfüllt.

2.2 Selektionsregeln

Die Politikvermittlung in den Printmedien ist ferner bedingt durch die Selektionsregeln, denen die Journalisten bei der (politischen) Berichterstattung folgen. Man spricht dabei heute üblicherweise von Nachrichtenfaktoren und bezeichnet damit die Merkmale von Ereignissen, die diesen Nachrichtenwert verleihen bzw. ihnen Aufmerksamkeit verschaffen und die dazu führen, daß sie von den Medien publiziert werden. Der Nachrichtenwert findet Ausdruck vor allem im Umfang und in der Aufmachung einer Meldung. Seit zwei, drei Jahrzehnten sind die journalistischen Nachrichtenfaktoren intensiv erforscht worden. Sie haben sich im Prinzip weitgehend als universell erwiesen. Das Erscheinungsbild der Politik wird durch diese Faktoren in allen Medien wesentlich bestimmt.

Nach weitgehend übereinstimmenden Befunden konzentriert sich die Politikvermittlung der (Print-)Medien überwiegend auf Ereignisse von relativ kurzer Dauer. Doch sind diese zum Teil in längerfristige Thematisierungen eingebaut. Bevorzugt werden einfache Sachverhalte, bzw. komplexe Sachverhalte werden vereinfacht dargestellt. Starke Beachtung genießen vor allem Elite-Personen (Prominenz). Politik wird primär als Handeln von Regierungen und anderen Machthabern vorgeführt. Dies trifft insbesondere auf die internationale Politik zu. Bei Auslandsnachrichten spielen die geographische, politische und kulturelle Nähe sowie der Status der Länder eine maßgebliche Rolle. Von Deutschland aus gesehen fällt daher die größte Aufmerksamkeit auf die (west-)europäischen Staaten, die USA sowie auf Krisenregionen der Welt. Entwicklungsländer kommen zumeist nur am Rande vor. Wichtige Nachrichtenfaktoren sind auch Konfliktgehalt und Negativismus, wodurch Politik nicht selten »schwarz gemalt« erscheint. Innerhalb des politischen Systems der Bundesrepublik steht die Bundesebene im Vordergrund der Berichterstattung. Diese lebt im übrigen häufig weniger von tatsächlichen politischen Handlungen als von verbalen Äußerungen, Interpretationen und Spekulationen[12].

Das hier skizzierte Grundmuster der Politikvermittlung ist über die Medien hinweg ziemlich stabil und bedingt beträchtliche Ähnlichkeiten (Konsonanz) in der politischen Medienrealität. Allerdings gibt es Abweichungen bei bestimmten Ereigniskonstellationen und aufgrund unterschiedlicher politischer Richtungen und redaktioneller Konzepte. Je umfangreicher über Ereignisse und Sachverhalte berichtet wird, desto eher differieren auch die für berichtenswürdig gehaltenen Teilaspekte. Auch wachsen solche Differenzen mit dem Kontroversitätsgrad eines Geschehens.

---

12 Vgl. Winfried Schulz, Die Konstruktion von Realität in den Nachrichtenmedien. Analyse der aktuellen Berichterstattung, Freiburg i. Br.–München 1976, 1990².

2.3 Rechtsstellung und Unternehmensform

Printmedien genießen in der Bundesrepublik Deutschland die im Grundgesetz (Art. 5) garantierte Meinungs- und Pressefreiheit. In ihnen können sich folglich verschiedene politische Auffassungen artikulieren. Die Printmedien sind – anders als der öffentlich-rechtliche Rundfunk – nicht an einen Programmauftrag gebunden und damit auch nicht zur Ausgewogenheit verpflichtet. In der gedruckten Presse kann sich folglich der gesellschaftliche und politische (Außen-)Pluralismus niederschlagen. Das heißt nicht, daß sie an keine Normen gebunden wäre: Sie unterliegt ebenfalls den allgemeinen Gesetzen, hat darüber hinaus den Vorschriften der Landespressegesetze zu genügen (z. B. Sorgfaltspflicht) und sollte sich nach verbreiteter Auffassung auch den ethischen Richtlinien unterwerfen, wie sie der Deutsche Presserat in seinem Pressekodex festgelegt hat.

Die Rechtsstellung der Printmedien und ihre Organisation durchweg in privatwirtschaftlichen Unternehmensformen haben weitreichende Konsequenzen für die Politikvermittlung. Diese vermag sich unabhängig vom Staat zu vollziehen, was nicht heißt, daß dieser darauf keinen Einfluß zu nehmen versuchte. Vielmehr ist heute solche Einflußnahme durch Mittel der politischen Öffentlichkeitsarbeit und PR gängig. Andererseits ergibt sich aus der privatwirtschaftlichen Organisation der Printmedien eine Ausrichtung am Markt. Darin sehen normative Konzepte der politischen Öffentlichkeit eine Gefahr[13]. Andererseits gibt aber die Orientierung an der Nachfrage dem Publikum im Prinzip einen Einfluß auf das Angebot, was in der Demokratie sehr wohl systemkonform erscheint. Diese in der Presse bestehende Rückkopplung ist beim öffentlich-rechtlichen Rundfunk beispielsweise eingeschränkt.

2.4 Instrumentelle Aktualisierung

Wenn man die Politikvermittlung der (Print-)Medien allein aufgrund der Nachrichtenfaktoren erklären wollte, so folgte man einem weitgehend apolitischen Modell: Werden damit doch die journalistischen Selektionsentscheidungen gewissermaßen als Reflexe auf objektive Ereignismerkmale zurückgeführt und kausal abgeleitet. Zu kurz käme dabei das Moment der Intentionalität journalistischen Handelns. Gerade in einem System, das Pressefreiheit garantiert, drücken sich in der Nachrichtenauswahl auch politische Präferenzen und Einstellungen der Journalisten aus. Politikvermittlung durch die Printmedien muß daher mehr oder weniger auch final erklärt werden, d. h. aus den von ihnen erstrebten Zielen und Zwecken. Die Nachrichtenfaktoren erscheinen dann nicht als Voraussetzungen, sondern als Folge und Legitimationsgründe von Publikationsentscheidungen[14]. Als instrumentelle Aktualisierung bezeichnet man dabei das bewußte, zielgerichtete

---
13 Vgl. z. B. Jürgen Habermas, Strukturwandel der Öffentlichkeit. Untersuchungen zu einer Kategorie der bürgerlichen Gesellschaft, Frankfurt/M. 1990.
14 Vgl. Joachim Friedrich Staab, Nachrichtenwerttheorie. Formale Struktur und empirischer Gehalt, Freiburg i. Br.–München 1990.

Hoch- oder Herunterspielen von Nachrichten[15]. Dieses ist, wo es in den (Print-)-Medien dezidiert eingesetzt wird, Ausdruck einer voluntaristischen Politikvermittlung.

2.5 Vorleistungen durch Nachrichtenagenturen

Zu den praktischen Bedingungen der Politikvermittlung durch Printmedien sind vor allem die Vorleistungen durch Nachrichtenagenturen zu rechnen. Über viele (politische) Ereignisse in der Welt wüßten die Medien nichts, wenn die Dienste der Nachrichtenagenturen sie nicht darüber informierten. Deren Bedeutung ist um so größer, je weniger sich einzelne Medienunternehmen – also z. B. Presseorgane – eigene Korrespondenten leisten können. Dies ist nämlich zumeist nur an wenigen, wenngleich den wichtigsten politischen Ereigniszentren und Brennpunkten, vor allem etwa der Bundeshauptstadt, der Fall. Was dort geschieht, darüber besitzen die Medien dann (auch) eigene Berichte. Für alles Geschehen anderswo sind sie jedoch auf Meldungen der Agenturen angewiesen.

Nur was diese Agenturen – in der Bundesrepublik Deutschland sind es im wesentlichen die Deutsche Presse-Agentur (dpa), Associated Press (AP), Reuters und Agence France-Presse (AFP) – aufgrund ihrer Vorauswahl liefern, kann somit überhaupt in die (Print-)Medien gelangen[16]. Allerdings übertrifft das von den Nachrichtenagenturen zur Verfügung gestellte Material bei weitem den Bedarf an Meldungen, den die Presse benötigt, um ihre Spalten füllen zu können. Ohnehin werden die Agenturen auch zur Hintergrundinformation genutzt, und zwar selbst von solchen Printmedien, die sich weniger auf diese Vorleistungen stützen (müssen). Im übrigen gelten die für die Politikvermittlung maßgeblichen journalistischen Selektionsregeln selbstverständlich auch schon für die Nachrichtenagenturen[17]. Da diese ihre Dienste allerdings den verschiedensten Medien anbieten, müssen sie sich in besonderer Weise um Neutralität der Unterrichtung bemühen.

3. Arten und Erscheinungsformen von Printmedien

Der Begriff Printmedien steht im Plural und ist ein Gattungsname. Er umfaßt verschiedene Arten und Erscheinungsformen gedruckter Medien, die auch unterschiedliche Funktionen in der Politikvermittlung besitzen. Voneinander abzu-

---

15 Vgl. Hans Mathias Kepplinger, Instrumentelle Aktualisierung. Grundlagen einer Theorie publizistischer Konflikte, in: Max Kaase/Winfried Schulz (Hrsg.), Massenkommunikation – Theorien, Methoden, Befunde, Kölner Zeitschrift für Soziologie und Sozialpsychologie, Sonderheft 30, Opladen 1989, S. 199–221.
16 Vgl. Jürgen Wilke (Hrsg.), Nachrichtenagenturen im Wettbewerb. Ursachen – Faktoren – Perspektiven, Konstanz 1997.
17 Vgl. Jürgen Wilke/Bernhard Rosenberger, Die Nachrichten-Macher. Zu Strukturen und Arbeitsweisen von Nachrichtenagenturen am Beispiel von AP und dpa, Köln u. a. 1991. – Jürgen Wilke (Hrsg.), Agenturen im Nachrichtenmarkt, Köln u. a. 1993.

grenzen sind zunächst (Tages-)Zeitungen und Zeitschriften. Gekennzeichnet sind die ersteren laut der Pressestatistik durch mindestens zweimal wöchentliches (faktisch aber in der Regel werktägliches) Erscheinen. Zeitschriften werden hingegen seltener herausgebracht, ihre Erscheinungsintervalle reichen von wöchentlich bis halbjährlich. Die Tageszeitungen lassen sich wiederum nach dem Kriterium des Vertriebs in verschiedene Typen gliedern. Auf die wichtigsten Erscheinungsformen der Printmedien soll im folgenden kurz gesondert eingegangen werden.

3.1 Überregionale Qualitätszeitungen

Im strengen Sinne spricht man von überregionalen Tageszeitungen, wenn deren Auflage überwiegend nicht im engeren Erscheinungsgebiet des Blattes abgesetzt, sondern landesweit (national) verbreitet wird. Dieses Kriterium erfüllen in Deutschland nur wenige Zeitungen. Mit 0,83 Mio. Exemplaren erreichen sie hier lediglich gut drei Prozent der gesamten Tagesauflage. Genaugenommen repräsentieren nur die *Frankfurter Allgemeine Zeitung (FAZ)* und *Die Welt* diesen Zeitungstyp. Diese Blätter stechen vor allem durch die Ausführlichkeit und Qualität ihrer Berichterstattung hervor. Hier findet in breitem Umfang Politikvermittlung statt. Weil sie darin gleichrangig sind und nicht wegen einer entsprechend großen überregionalen Verbreitung, werden mit *FAZ* und *Welt* häufig die *Süddeutsche Zeitung* und die *Frankfurter Rundschau* in einem Atemzug genannt. Diese beiden vertreiben den Löwenanteil ihrer Auflage jedoch in München und Frankfurt bzw. im jeweiligen Umland.

Wenn die vier obigen Titel immer wieder zusammen genannt werden, so deshalb, weil sie das politische Spektrum der deutschen Tagespresse exemplarisch abbilden, zwischen links *(Frankfurter Rundschau)*, Mitte-links *(Süddeutsche Zeitung)*, Mitte-rechts *(Frankfurter Allgemeine)* und rechts *(Die Welt)*. Außerhalb dieses Spektrums stehen noch die linksalternative *taz* und die katholisch-konservative *Deutsche Tagespost,* die aber schon aufgrund ihrer viel geringeren Auflagen nicht an die anderen vier Blätter heranreichen. Anzeichen für eine gewisse Veränderung in der politischen Position gab es in jüngster Zeit allerdings bei der *Welt*[18].

Daß die *Frankfurter Rundschau,* die *Süddeutsche Zeitung,* die *Frankfurter Allgemeine* und *Die Welt* das politische Links-Rechts-Spektrum distinktiv abdecken, ist seit längerem in einer ganzen Reihe publizistikwissenschaftlicher Untersuchungen belegt worden. In den vier Organen kommt eine Varianz der Politikvermittlung zum Ausdruck, d. h. diese ist jeweils durch bestimmte redaktionelle Linien geprägt. Entsprechende Unterschiede konnten seit den siebziger Jahren bei der Behandlung verschiedener, insbesondere kontroverser Themen der deutschen Innen- und Außenpolitik festgestellt werden[19]. Über bestimmte Ereignisse berichteten die vier

---

18 Vgl. Medien Tenor Nr. 38 vom 15. März 1996, S. 3.
19 Vgl. u. a. Klaus Schönbach, Trennung von Nachricht und Meinung. Empirische Untersuchung eines journalistischen Qualitätskriteriums, Freiburg i. Br.–München 1977. – Hans Mathias Kepplinger/Michael Hachenberg, Die fordernde Minderheit. Eine Studie zum sozialen Wandel durch abweichendes Verhalten am Beispiel der Kriegsdienstverweigerung, in: Kölner Zeitschrift für Soziologie und Sozialpsychologie, 32 (1980), S. 508–534. – Stefan

Zeitungen mit unterschiedlicher Gewichtung und unter Bezugnahme auf verschiedene Nachrichtenfaktoren, d. h. »daß sie spezifische Ereignisaspekte, Sekundärereignisse oder Hintergrundinformationen veröffentlichten oder nicht publizierten, je nachdem, welches Gewicht sie diesen Aspekten einräumten«[20].

Besonders deutlich treten die politischen Standpunkte und Präferenzen in der Politikvermittlung in Wahlkämpfen zutage. So stellten vor der Bundestagswahl 1994 *Frankfurter Rundschau* und *Süddeutsche Zeitung* den SPD-Kanzlerkandidaten Rudolf Scharping vorteilhafter dar als seinen Gegenkandidaten Bundeskanzler Kohl; bei der *FAZ* und der *Welt* war es gerade umgekehrt[21]. Dieser Befund beruht auf Daten des *Medien Monitor/Medien Tenor*, einer seit 1994 durchgeführten wissenschaftlichen Untersuchung zur fortlaufenden inhaltsanalytischen Beobachtung der deutschen Medien. Darin findet man Unterschiede zwischen »linken« und »rechten« Blättern auch in jüngerer Zeit immer wieder bestätigt. Sie unterscheiden sich nicht nur in der Tendenz ihrer Berichterstattung, sondern auch in der Bedeutung, die aktuellen Problemen eingeräumt werden: »So sorgten sich [1996] ›rechte‹ Medien erkennbar stärker um die Leistungsfähigkeit des Staates ... Ein anderes Beispiel ist die Darstellung politischer Werte: Während in den ›rechten‹ Medien mit einem Anteil von 18 Prozent die innere Ordnung und Sicherheit im Vordergrund standen, konzentrierten sich die linken Zeitungen und Zeitschriften auf den Schutz von Minderheiten, der in 20 Prozent aller Beiträge angesprochen war, bei denen politische Werte angesprochen waren.«[22]

Ohne im entferntesten Parteiorgane im älteren Sinne zu sein, die es in der Tagespresse in Deutschland heute so nicht mehr gibt, stellen die vier (überregionalen) Qualitätsblätter doch politische Richtungszeitungen dar. Die Politikvermittlung, die sie betreiben, ist durch divergente Perspektiven bestimmt und bedingt unterschiedliche Wahrnehmungen der politischen Realität. Allerdings wirken sich diese Differenzen nicht bei allen Ereignissen und Sachverhalten gleich aus, am stärksten vermutlich, wo diese kontrovers sind. Politischer Pluralismus stellt sich im ganzen somit eher im Angebot der verschiedenen Blätter am Kiosk als in jedem dieser Organe für sich genommen her.

3.2 Regionale Abonnementzeitungen

Traditionell dominieren im deutschen Pressewesen die regionalen Abonnementzeitungen. Diesen Typ verkörpern nicht nur die meisten Titel der noch vorhandenen

---

Dahlem, Der Konflikt um das Mietrecht und die »Mietenlüge« im Bundestagswahlkampf 1982/83, Magisterarbeit Mainz 1987. – Andreas Czaplicki, Die Darstellung der UdSSR in der Presse der Bundesrepublik Deutschland seit der Machtübernahme durch Michail Gorbatschow, Magisterarbeit Mainz 1990.

20 Vgl. J. F. Staab (Anm. 14), S. 193.
21 Vgl. Wolfgang Donsbach, Media Thrust in the German Bundestag Election, 1994: News Values and Professional Norms in Political Communication, in: Political Communication, 14 (1997), S. 149–170. – Allerdings war es ein Nachteil, daß Scharping von den »linken« Medien weniger unterstützt wurde als Kohl von den »rechten«.
22 Vgl. Medien Tenor Nr. 44 vom 15. Juni 1996, S. 8.

136 publizistischen Einheiten, sondern er verfügt mit 18,37 Mio. Exemplaren auch über den größten Auflagenanteil (73 Prozent). Charakteristisch für diese Zeitungen ist die lokale Anbindung am Erscheinungsort, die durch verschiedene Ausgaben mit lokalen Wechselseiten gepflegt wird. Dies unterstreicht die vorrangige Bedeutung, die bei ihnen dem Lokalteil zukommt. Er stellt die Leserbindung vor allem her. Die regionalen Abonnementzeitungen sind insofern zuständig, ja unersetzlich für die Politikvermittlung im lokalen Raum. So konstitutiv der Lokalteil für diese Blätter ist, noch beherrscht zumeist das politische Ressort die ersten Seiten. Doch bringen einige Blätter inzwischen zunehmend auch lokale und regionale Berichte auf der Titelseite.

Die regionalen Abonnementzeitungen verstehen sich in Deutschland heute fast durchweg als unabhängig und überparteilich. Früher, auch noch nach dem Zweiten Weltkrieg, gab es unter ihnen auch Parteizeitungen. Davon ist aber so gut wie nichts geblieben. Diese für die Politikvermittlung durch die Printmedien symptomatische Entwicklung hat mehrere Gründe. Sie spricht einmal für eine Entideologisierung und den Wunsch der Leser, »objektiv« informiert zu werden (wiewohl dies letztlich eine Illusion ist). Hinzu kommen ökonomische Ursachen, die Orientierung am Markt und das Interesse der Inserenten an großen Zielgruppen.

Daß sie sich einer bestimmten (partei-)politischen Tendenz verschreiben, kann man sich von diesen Blättern auch deshalb nicht wünschen, weil in mehr als der Hälfte der Landkreise in Deutschland heute ein Lokalmonopol besteht, d. h. nur eine einzige Zeitung mit lokaler Berichterstattung erscheint. Für die allgemeine politische Information ist dies weniger dramatisch, da durch die anderen Medien immerhin Zusatzquellen und Alternativen zur Verfügung stehen. Die von den meisten regionalen Abonnementzeitungen deklarierte Unabhängigkeit und Überparteilichkeit bedeutet begreiflicherweise allerdings nicht, daß sie standpunktlos und tendenzfrei wären. Durch Nachrichtenauswahl und Kommentierung prägen auch sie eine bestimmte Politikvermittlung nach der einen oder anderen Richtung und folgen dabei zum Teil auch bestimmten politischen Präferenzen.

3.3 Straßenverkaufszeitungen

Nach dem Vertriebsweg wird ein weiterer Typ der Printmedien als Straßenverkaufszeitung bezeichnet. Sie wird nicht oder nur in sehr geringfügigem Anteil im Abonnement zugestellt, sondern muß ihre Leser jeden Tag neu über Kioske und Verkaufsstellen gewinnen. Dies bedingt, daß diese Blätter gern durch eine reißerische Aufmachung auf sich aufmerksam machen. Deshalb spricht man häufig auch von Boulevardzeitungen. Davon gibt es in Deutschland zwar nur wenige Titel, diese machen aber mit 6,13 Mio. Exemplaren knapp ein Viertel der Gesamtauflage der Tagespresse aus. Den größten Anteil davon vereinigt die *Bild-Zeitung* auf sich, die einzige überregional verbreitete Straßenverkaufszeitung in Deutschland (mit gleichwohl regional differenzierten Ausgaben). Ferner gibt es einige Boulevardblätter in Ballungsgebieten, so in Köln und Düsseldorf *(Expreß)*, München *(Abendzeitung, TZ)*, Berlin *(Berliner Kurier)* und Dresden, Chemnitz und Leipzig *(Morgenpost)*.

Die Rolle der Straßenverkaufszeitungen, insbesondere der *Bild-Zeitung,* für die Politikvermittlung wird meistens kritisch diskutiert. Der Anteil politischer Meldungen ist in ihnen ohnehin sehr begrenzt, Buntes und Vermischtes dominieren, die Themen und ihre Darstellung sind ganz auf Unterhaltung abgestellt. Soweit Politisches vorkommt, wird es dementsprechend funktionalisiert, es geht um das Persönliche, die Gefühle und den »human interest-touch«. Darüber hinaus scheinen sich solche Organe nicht selten einem Populismus zu verschreiben. Unter demokratietheoretischen Prämissen wird dies nicht selten (zumal von Intellektuellen) für anstößig gehalten. Andererseits ist nicht zu leugnen, daß nach einem solchen Angebot Nachfrage besteht und dieses publizistischen Erfolg hat. Für die weit überwiegende Zahl der Leser sind die Boulevardblätter zudem »Zweitzeitungen«, die zusätzlich zu einer anderen, hauptsächlich der regionalen Abonnementzeitung, gelesen werden. Auch aus diesem Grund müssen sie andere Themen in anderer Aufmachung offerieren als die seriöse »Erstzeitung«. Problematisch wird es erst, wenn ausschließlich eine Straßenverkaufszeitung gelesen wird. Die Anzahl der Exklusiv-Leser der *Bild-Zeitung* ist zumindest über die Jahre hinweg nicht wesentlich angestiegen, beträgt aber immerhin gut fünf Prozent der Gesamtbevölkerung (ab 14 Jahre).

3.4 Politische Wochenzeitungen

Eine eigene Rolle in der Politikvermittlung durch Printmedien nehmen die politischen Wochenzeitungen ein. Der Erscheinungsfolge nach handelt es sich zwar strenggenommen um Zeitschriften, wegen ihres Formats und der Aufmachung spricht man im allgemeinen aber von Zeitungen. Von den Tageszeitungen unterscheiden sie sich allerdings auch durch ihre journalistischen Leistungen: Diese bestehen nicht in der aktuellen Berichterstattung, sondern in der Ausleuchtung von Hintergründen, der Analyse von Zusammenhängen und der vertieften Interpretation und Kommentierung.

Die Gattung der politischen Wochenzeitungen ist in Deutschland vergleichsweise schwach entwickelt, was gerade ein Blick auf England deutlich macht. Das Flaggschiff hierzulande ist seit fünf Jahrzehnten *Die Zeit.* Weiter zu nennen sind der *Rheinische Merkur, Das Sonntagsblatt* und (seit 1993) *Die Woche.* Am Markt können diese Blätter sich nur schwer halten. *Die Zeit* hat seit 1992 50 000 Käufer (also 150 000 Leser) verloren. Der *Rheinische Merkur* wird durch Subventionen von der Katholischen Kirche, *Das Sonntagsblatt* von der Evangelischen Kirche unterstützt, ohne diese könnten beide nicht existieren. *Die Woche* hat die bisher erstrebte Auflagenhöhe ebenfalls nicht erreicht und ist einstweilen ein verlegerisches Zuschußgeschäft geblieben. Maßnahmen gegen die Krisenphänomene sind bei dieser Pressegattung angesagt. *Das Sonntagsblatt* und der *Rheinische Merkur* wurden 1995 bzw. 1996 (durch einen sogenannten »Relaunch«) in Erscheinungsbild, Aufbau und Struktur grundlegend umgestaltet. *Die Woche* war von Beginn an mit einem neuen Konzept angetreten: kürzere Artikel, »Info-Raffer«, Daten und Statements, Infografiken. Am meisten verkörpert noch *Die Zeit* die Wochenzeitung alter Prägung.

Die politischen Wochenzeitungen ergänzen die Politikvermittlung der Tagespresse aus verschiedenen Grundhaltungen und weltanschaulichen Positionen. *Die Zeit* vertritt, wenn auch mit Abstufungen, traditionell linksliberale Auffassungen, der *Rheinische Merkur* ist von christlich-konservativer Gesinnung geprägt. *Die Woche* ist wiederum links einzuordnen. Trotz derartiger Unterschiede zwischen diesen Zeitungen weisen sie in der Politikvermittlung gleichwohl manche Ähnlichkeiten auf. Dies gilt, wie die Beobachtungen des *Medien Tenor* zeigen, für die Themengewichtung insgesamt, was Unterschiede und eigene Schwerpunkte nicht ausschließt. Beispielsweise berichtete *Die Zeit* 1995 am regelmäßigsten über die EU-Thematik[23]. Allen politischen Wochenzeitungen werden auch Defizite angelastet, z. B. bei Berichten über den Wirtschaftsalltag. Selbst in manchen Argumenten und Bewertungen unterscheiden sich die genannten Organe zum Teil nicht oder nur unerheblich, doch gibt es Personen und Themen, bei denen die Differenzen sehr wohl größer sind.

3.5 Nachrichtenmagazine

Wegen ihrer beträchtlichen Bedeutung für die Politikvermittlung sind die Nachrichtenmagazine hier noch eigens aufzuführen. Jahrzehntelang war diese in den Vereinigten Staaten vorgebildete Gattung (*Time, Newsweek*) in der Bundesrepublik Deutschland nur durch einen Titel, den *Spiegel*, repräsentiert. Er besaß auf diesem Teilmarkt der Printmedien gewissermaßen ein Monopol. Entsprechend einzigartig war die Rolle, die er in der bundesdeutschen Nachkriegsgeschichte gespielt hat. Er hat zahlreiche politische Skandale »aufgedeckt«, vor allem rechte und rechtsliberale Politiker (Adenauer, Strauß, Kohl) bekämpft, publizistisch Opposition gemacht insbesondere gegen die Regierungen von CDU/CSU und FDP sowie phasenweise Antiamerikanismus betrieben. Überdies neigt(e) der *Spiegel* dazu, Politikern negative Eigenschaften zuzuschreiben und sie als fragwürdige Gestalten erscheinen zu lassen[24].

Seit 1992 besitzt der *Spiegel* mit *Focus* eine direkte Konkurrenz. Erstmals gelang es einem Blatt, sich als Nachrichtenmagazin neben ihm zu etablieren. Dies geschah mit neuen redaktionellen Mitteln. *Focus* betont nach eigenen Aussagen »Fakten, Fakten, Fakten«, setzt auf kürzere Artikel, stärkere Visualisierung, vor allem auf die dem Computer-Zeitalter gemäßen Infografiken. Dies schien den »Machern« des Blattes die beste Strategie, die von ihnen als Zielgruppe anvisierte »Info-Elite« zu erreichen. Der Erfolg hat ihnen recht gegeben. *Focus* erlebte ein enormes Auflagenwachstum (auf 790 000 Exemplare 1997) und setzte damit den *Spiegel* publizistisch und ökonomisch unter Druck. Dessen Auflage ging auf 1,03 Mio. Exemplare (1997) zurück, er büßte daraufhin einiges an Anzeigeneinnahmen ein. Daraus hat man inzwischen beim *Spiegel* auch publizistisch Konsequenzen gezogen, weniger im Inhalt als in der Präsentation und Aufmachung.

---

23 Vgl. Medien Tenor Nr. 35 vom 1. Februar 1996, S. 4.
24 Vgl. Simone Ehmig, Parteilichkeit oder Politikverdrossenheit? Die Darstellung von Motiven und Emotionen deutscher Politiker im »Spiegel«, in: Publizistik, 36 (1991), S. 183–200.

Das Auftreten von *Focus* als Nachrichtenmagazin hat für die Politikvermittlung in Deutschland bemerkbare Konsequenzen gehabt. Soweit systematische Vergleiche zum *Spiegel* angestellt wurden, ließen sich – neben durchaus vorhandenen Gemeinsamkeiten – vielfach Unterschiede nachweisen. Im *Focus* gibt es tatsächlich weniger Meinungsbeiträge als im *Spiegel,* und die Akteure selbst kommen in ihm häufiger zu Wort. Focus berichtete 1996 mehr als der *Spiegel* über Wirtschaft: »Verglichen mit dem FOCUS legte die SPIEGEL-Redaktion ein größeres Augenmerk nicht auf die eher materiellen Themen (die direkt oder indirekt den Geldbeutel betreffen), sondern auf die eher ideellen Sachgebiete . . .: Außen- und Verteidigungspolitik, Innenpolitik, Umwelt und Energie, Geschichte.«[25] In der eher negativen Bewertung der Parteien unterschieden sich *Focus* und der *Spiegel* jedoch kaum, außer bei den Grünen/Bündnis 90.

An der Berichterstattung über Helmut Kohl macht der *Medien Tenor* einen entscheidenden Unterschied zwischen den beiden Wochenmagazinen fest: »Nicht in den Inhalten und Wertungen, sondern in der Struktur der Berichterstattung unterscheiden sie sich. Der FOCUS schreibt mehr über Parteien, der SPIEGEL mehr über die führenden Politiker, vor allem den Bundeskanzler. Und im FOCUS liegt der Anteil der direkten und indirekten Zitate in der Berichterstattung höher als im SPIEGEL.«[26] Daß die Nachrichtenmagazine gerade hinsichtlich der für die mediale Politikvermittlung bedeutsamen Personendarstellung voneinander abweichen, hat eine andere Studie gezeigt. Der *Spiegel* stellte danach Politiker generell negativer dar als *Focus,* wobei der erstere positiver über SPD-Politiker berichtete, während bei *Focus* CDU-Politiker besser abschnitten. Der *Spiegel* betont eher die persönlichen Eigenschaften und Fähigkeiten der Politiker, *Focus* stellt mehr die Berufsrolle der Akteure in den Vordergrund. Übereinstimmend schildern jedoch beide Magazine sowohl deutsche als auch ausländische Politiker, und zwar sowohl der Regierung als auch der Opposition, tendenziell als unehrliche, durch Skandale belastete Personen. Die Bewertungen des *Spiegel* fielen stets negativer aus, *Focus* waren dagegen auch positive Eigenschaften erwähnenswert[27].

4. Reichweite und Nutzung politischer Information

Der Beitrag der Printmedien zur Politikvermittlung bestimmt sich grundsätzlich zunächst einmal nach ihrer Reichweite und der Nutzung der von ihnen bereitgestellten Information. Fünf von zehn Bundesbürgern lesen regelmäßig Zeitungen. Allein die Tageszeitungen erreichen in Deutschland täglich 51 Mio. Leser. Damit stellen sie unvermindert das Basismedium der Bevölkerung dar. Die größte Reichweite erzielen die regionalen Abonnementzeitungen mit 71,2 Prozent (= 45,6 Mio. Leser). Die Straßenverkaufszeitungen werden von 21,8 Prozent der Bundesbürger (= 13,8 Mio.) gelesen. Überregionale Abonnementzeitungen kommen auf sechs

---
25 Medien Tenor Nr. 48 vom 1. September 1996, S. 3.
26 Ebd. S. 5.
27 Vgl. Evelyn Engesser, Personendarstellung in Spiegel und Focus, Magisterarbeit Mainz 1995.

Prozent Reichweite. Für sich genommen liegen diese somit ziemlich niedrig. Allerdings erreichen die überregionalen Blätter überdurchschnittlich gebildete, einflußreiche Leser mit leitenden Funktionen. Unter den Selbständigen und Führungskräften in Wirtschaft und Verwaltung hatte 1997 die *Frankfurter Allgemeine Zeitung* nach Angaben der Leseranalyse Entscheidungsträger (LAE) mit 12,3 Prozent die größte Reichweite, gefolgt von der *Süddeutschen Zeitung* mit 10,4 Prozent. Zu den Lesern der Wochenzeitungen gehören 3,4 Prozent der Bevölkerung. Übertroffen wird deren Reichweite durch die Nachrichtenmagazine. Allein der *Spiegel* erreicht 9,2, *Focus* 8,3 Prozent. Beide werden ebenfalls überdurchschnittlich von Führungskräften gelesen, der *Spiegel* von 28,4, *Focus* von 26,1 Prozent dieser Gruppe. Was diese Organe bieten, ist folglich für die Bewußtseinsbildung bestimmter Milieus von ganz herausragender Bedeutung.

Allerdings besagen die Werte für die Reichweiten noch nicht allzu viel für die tatsächliche Nutzung der politischen Information der Printmedien. Deutlich machen läßt sich dies durch Befragungen, was in der Tageszeitung vorrangig gelesen wird. Danach stehen Berichte aus dem Ort (Lokales) an erster Stelle, der Nutzungswert ist seit Mitte der fünfziger Jahre sogar von 72 auf über 80 Prozent (1997) gestiegen und insgesamt weitgehend stabil geblieben. Anders dagegen ist es bei den politischen Berichten und Meldungen aus dem Ausland. Hierfür interessierten sich 1955 39 Prozent der westdeutschen Bevölkerung, 1972 waren es 52, 1991 im Zuge der umwälzenden internationalen Ereignisse sogar 55 Prozent. Inzwischen ist das Interesse an der Auslandsberichterstattung auf das Niveau der fünfziger Jahre zurückgefallen (1997: 42 Prozent). Die Leserzahlen für die politischen Meldungen und Berichte aus Deutschland[28], die 1955 bei 46 Prozent lagen, dann über 61 Prozent

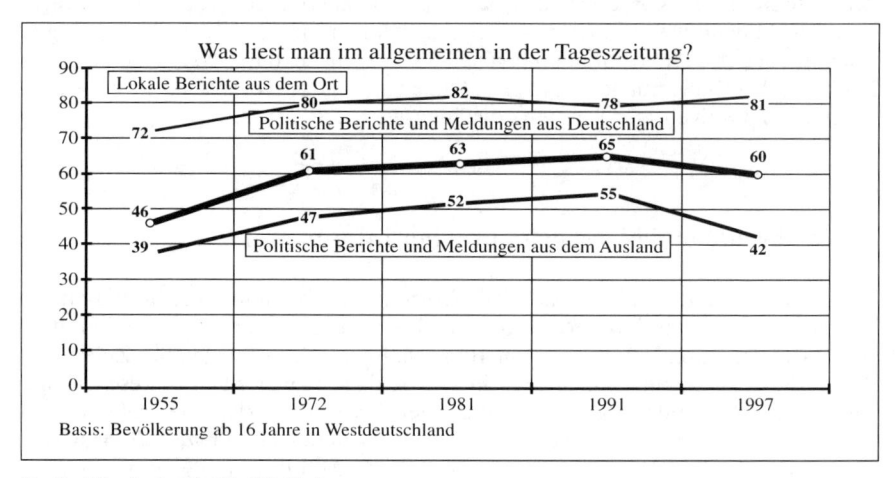

Was liest man im allgemeinen in der Tageszeitung?

Lokale Berichte aus dem Ort: 72 (1955), 80 (1972), 82 (1981), 78 (1991), 81 (1997)
Politische Berichte und Meldungen aus Deutschland: 46 (1955), 61 (1972), 63 (1981), 65 (1991), 60 (1997)
Politische Berichte und Meldungen aus dem Ausland: 39 (1955), 47 (1972), 52 (1981), 55 (1991), 42 (1997)

Basis: Bevölkerung ab 16 Jahre in Westdeutschland

Quelle: Allensbacher Archiv, IfD-Umfragen

---

28 Vgl. Renate Köcher, In der deutschen Provinz. Das Interesse der Bevölkerung an der Außenpolitik geht rasch zurück, in: Frankfurter Allgemeine Zeitung vom 10. September 1997, S. 5.

(1972), 63 Prozent (1981) auf 65 Prozent (1991) gestiegen waren, sind 1997 ebenfalls (auf 60 Prozent) gesunken (vgl. Grafik).

Diese Daten der Leserschaftsforschung sind für die Politikvermittlung, zumal soweit sie die internationalen Entwicklungen betrifft, bedenkliche Anzeichen. Immer mehr verdrängt offenbar der Wunsch, unterhalten zu werden, das Interesse an Informationen. Darin zeigen sich für die Printmedien Folgen des Strukturwandels des deutschen Mediensystems, in dem nach der Deregulierung und der Zulassung privater Veranstalter in Hörfunk und Fernsehen immer mehr Unterhaltungsangebote zur Verfügung stehen. Vielleicht schlägt sich darin aber auch eine gewisse politische »Erschöpfung« nach der Politisierung Ende der achtziger, Anfang der neunziger Jahre nieder. Besonders prekär ist, daß der Anteil politisch Interessierter in der jungen Generation inzwischen geringer ist als in den achtziger und noch zu Beginn der neunziger Jahre. Diesem Vorgang korrespondiert ein sich verstärkendes Desinteresse der Jugendlichen an der Zeitung, das nicht nur Verleger und Pädagogen alarmiert hat[29].

5. Printmedien als Meinungsführer

Die Bedeutung einzelner Printmedien für die Politikvermittlung bemißt sich letzten Endes aber nicht so sehr nach der Höhe der jeweiligen Auflage. Ausschlaggebend ist vielmehr, wer sie liest und welchen Stellenwert sie im publizistischen System besitzen. Daß in diesem Zusammenhang die bevorzugt von der politischen und gesellschaftlichen Elite gelesenen Organe hervorstechen, wurde bereits erwähnt. Erst neuerdings ist aber deutlich erkannt worden, daß es – so wie unter den Individuen in der Gesellschaft – auch unter den Medien Meinungsführer gibt. Dies sind Medien, denen eine tonangebende Funktion im Mediensystem eigen ist. Sie bestimmen durch ihre Berichterstattung und Kommentierung den Meinungstenor auch anderer Medien, so daß gewissermaßen eine stufenweise Wirkung eintritt. Dazu kommt es vor allem, weil die Meinungsführer-Medien selbst von anderen Journalisten rezipiert und deren Trends von diesen multipliziert werden. Wegen ihrer Recherchen und Enthüllungen werden solche Medien bevorzugt zitiert und können damit eine das ganze Mediensystem durchziehende Thematisierung erzielen.

Es ist der *Spiegel,* der hier an erster Stelle als Beispiel genannt werden muß. Aber auch an andere, üblicherweise von vielen Journalisten gelesene Presseorgane ist zu denken. Nebenbei gesagt dürften *Spiegel* und *Zeit* übrigens, weil sie gern von Lehrern gelesen werden, für die pädagogische Politikvermittlung nachhaltige Bedeutung haben. Die Wirkung von Meinungsführer-Medien ist jedenfalls die plausible These, mit der Trendänderungen in der Berichterstattung über Hel-

---

29 Vgl. Elisabeth Noelle-Neumann/Rüdiger Schulz, Junge Leser für die Zeitung. Bericht über eine vierstufige Untersuchung zum Entwurf langfristiger Strategien, Bonn 1993. – Zu Beginn der achtziger Jahre hatten nach Angaben der damaligen Media-Analyse noch mehr als 70 Prozent der damaligen 14–19jährigen Zeitung gelesen. 1997 ist dieser Wert mit 58,8 Prozent erstmals unter die 60-Prozent-Marke gefallen.

mut Kohl zwischen 1975 und 1984 erklärt werden konnten[30]. Daß in einem mehrstufigen Prozeß schließlich Trendänderungen auch in der Bevölkerungsmeinung bewirkt wurden, bestätigt die ganze Tragweite der Rolle von Meinungsführern unter den Printmedien. Diese Entdeckung rechtfertigt es vollends, die Behauptung von der Presse als »unterschätztem Medium« für unzutreffend zu halten.

6. Veränderungen des »unterschätzten Mediums«

Jahrhundertelang war die gedruckte Presse das einzige Massenmedium, das so etwas wie Politikvermittlung betrieb. Ihm sind im 20. Jahrhundert zunächst durch den Hörfunk und dann durch das Fernsehen starke Konkurrenten erwachsen. Durch sie ist die Presse zwar keineswegs zum Verschwinden gebracht worden – das ist in der Menschheitsgeschichte mit einem einmal vorhandenen Medium so gut wie nie geschehen. Allerdings hat die neue Konkurrenz das jeweilige »alte« Medium stets dazu gezwungen, sich auf seine Stärken zu konzentrieren und sich veränderten Bedürfnissen und Konstellationen anzupassen. In den letzten Jahrzehnten mußten sich die Printmedien vor allem neben dem Fernsehen behaupten, das durch die Möglichkeiten der audiovisuellen Darbietung und die größere (live-)Aktualität im Vorteil ist. War dieser Wettbewerb schon einschneidend, so lange das Monopol des öffentlich-rechtlichen Fernsehens bestand, so hat er sich weiter verstärkt, seitdem es in der Bundesrepublik Deutschland das Privatfernsehen gibt. Und der bevorstehende Strukturwandel im Zeitalter von »Multimedia« dürfte ihn weiter verschärfen.

Die Tageszeitungen haben auf die neuen Herausforderungen in den vergangenen Jahren mit einer Vielzahl von Maßnahmen reagiert[31]. Die inhaltliche Vielfalt hat zugenommen, Lokales wurde noch wichtiger, Erklärung, Beratung und Service wurden ausgebaut. Verändert hat man vor allem das Erscheinungsbild der Zeitungen durch einen luftigeren, leichteren Umbruch, durch geordnetere Gliederung der Seiten, auch durch Überschriften und den Einsatz von Farbbildern. Als erfolgreich hat sich im ganzen eine komplementäre Strategie von Anpassung und Kontrastierung erwiesen. Mit ähnlichen Mitteln suchen auch Wochenzeitungen und Nachrichtenmagazine die Leser an sich zu binden. Hier haben vor allem *Die Woche* und *Focus* neue Maßstäbe gesetzt, insbesondere durch die Verwendung von Infografiken.

Inwieweit die zu beobachtenden Veränderungen der Printmedien sich auf die Politikvermittlung durch sie auswirken, ist noch eine offene Frage. Manches mag wie ein Verlust der alten »Tugenden« dieser Medien erscheinen. Andererseits konnte aber bei den Tageszeitungen keine Verstärkung des Infotainments, d. h. der Vermischung von Information und Unterhaltung, festgestellt werden. Wohl gibt es mehr Gefühlsansprache, aber der Teil »Vermischtes« hat praktisch nicht zuge-

---

30 Hans Mathias Kepplinger u. a., Medientenor und Bevölkerungsmeinung. Eine empirische Studie zum Image Helmut Kohls, in: Kölner Zeitschrift für Soziologie und Sozialpsychologie, 38 (1986), S. 247–279.
31 Vgl. Klaus Schönbach (Hrsg.), Zeitungen in den Neunzigern: Faktoren ihres Erfolgs. 350 Tageszeitungen auf dem Prüfstand, Bonn 1997.

nommen[32]. Noch wird Sachlichkeit der Information offenbar als die Stärke der seriösen Tageszeitung gepflegt.

7. Die elektronische Zukunft: On-line-Zeitungen

Weitreichende Konsequenzen für die Zukunft der Printmedien hat der technologische Strukturwandel des Mediensystems, der sich in den neunziger Jahren unter dem Begriff »Multimedia« angebahnt hat[33]. Bedingt durch die Digitalisierung zeichnet sich eine Verschmelzung bisher getrennter Kommunikationstechniken ab. Dabei findet eine Integration von gesprochener Sprache, Text, Video, Audio, Telekommunikation, Unterhaltungselektronik und Computertechnik statt, die zahlreiche neue Anwendungsformen eröffnet. Die Presse, bisher kein elektronisches Medium, ist davon in mehrfacher Weise betroffen. Sie ist auf dem Wege, von einem »Off-line«- zu einem »On-line«-Medium zu werden.

Die neuen Techniken verändern in mehrfacher Hinsicht zunächst die journalistische Arbeit[34]. Sie bieten ein ganzes Spektrum neuer Recherchemöglichkeiten. Andererseits sind durch sie Formen des elektronischen Publizierens hinzugekommen. Zeitungen präsentieren sich zunehmend im Internet[35]. Anfang 1995 gingen die ersten Verlage ins Netz, im Februar 1997 waren es bereits mehr als 70. Dazu gehören regionale Abonnementzeitungen, aber auch die Nachrichtenmagazine. Ihre On-line-Angebote sind allerdings noch sehr unterschiedlicher Art. Sie reichen von einer bloßen *Homepage* über das Einstellen der Print-Ausgabe bis zu vielfältigen Zusatzangeboten. In den letzteren ist der eigentliche Gewinn zu sehen. Ohne den sonstigen Platzmangel können Hintergrundinformationen bereitgestellt und über *Hyperlinks* miteinander verknüpft werden. Manche der Zeitungen stellen inzwischen u. a. das originale Agenturmaterial ins Internet ein.

Was die digitale Zukunft für die Politikvermittlung der Medien bedeutet, läßt sich bisher nur schwer abschätzen. Werden die On-line-Angebote zu Leserverlusten bei den Printausgaben der Zeitungen führen? Die Verlage können sich das eigentlich nicht wünschen. Wenn so viele von ihnen inzwischen dennoch den Weg ins Internet gehen, dann weniger schon erkennbarer Vorteile oder gar finanzieller Gewinne wegen, sondern um zunächst einmal »mit dabei« zu sein, wenn es um die Verteilung eines Zukunftsmarktes geht. Gewisse Chancen der Multimedialisierung dürften immerhin darin liegen, daß die Politikvermittlung durch die Printmedien selbst ergänzt wird. Andererseits können die Vorteile der gedruckten Vermittlung

---

32 Vgl. ebd.
33 Vgl. Jürgen Wilke, Multimedia. Strukturwandel durch neue Informationstechnologien, in: Aus Politik und Zeitgeschichte, B 32/96, S. 3–15. Jürgen Wilke/Christiane Imhof (Hrsg.), Multimedia. Voraussetzungen, Anwendungen, Probleme, Berlin 1996.
34 Vgl. Claudia Mast/Manuela Popp/Rüdiger Theilmann, Journalisten auf der Datenautobahn. Qualifikationsprofile im Multimedia-Zeitalter, Konstanz 1997.
35 Vgl. Katja Riefler, Zeitung online. Neue Wege zu Lesern und Anzeigenkunden, Bonn 1995. Oliver Bär, Online-Zeitungen und elektronisches Publizieren, in: J. Wilke/Ch. Imhof (Anm. 33), S. 225–234.

für die politische Kultur verlorengehen. Denn nicht in der schriftlichen Wiedergabe von Informationen am Bildschirm, sondern erst in der multimedialen Verbindung verschiedener Darbietungen werden die eigentlichen Möglichkeiten der On-line-Medien ausgeschöpft[36]. Darin bestehen zwar neue Chancen, aber für die Politikvermittlung in der bisherigen Form sind sie auch nicht ganz risikolos. Freilich bleibt den Printausgaben der Presse gegenüber dem PC auch künftig ein wesentlicher Vorzug: Man kann sie anfassen, mitnehmen und lesen, wo immer man will.

---

36 Vgl. Katja Riefler, Zeitungen online: Was sucht ein Traditionsmedium in Computernetzen?, in: Klaus Beck/Gerhard Vowe (Hrsg.), Computernetze – ein Medium öffentlicher Kommunikation, Berlin 1997, S. 47–61.

FRANK MARCINKOWSKI

Politikvermittlung durch Fernsehen und Hörfunk

1. Politik und ihre Vermittlung: Was ist das Problem?

Unter »Politik« versteht man die Produktion und Durchsetzung allgemeinverbindlicher Entscheidungen über die Gestaltung der Gesellschaft[1]. Das klingt zunächst recht abstrakt, tatsächlich sind aber die Folgen der so definierten Politik tagtäglich und beinahe überall sichtbar. Wer morgens das Haus verläßt, um mit dem Auto an den Arbeitsplatz zu gelangen, ist schon hinsichtlich der Fahrtroute, die er dabei wählen kann, durch die Resultate der Verkehrspolitik festgelegt. Die Regeln, an die er sich im Straßenverkehr zu halten hat, unterliegen staatlicher Ordnung, das benutzte Fahrzeug selbst muß amtlich zugelassen sein, die Kosten für Unterhalt und Kraftstoff sind zu großen Teilen das Ergebnis öffentlicher Finanzpolitik, das Stadt- und Landschaftsbild, das während der Fahrt vorbeizieht, ist in hohem Maße durch kommunale und bundesstaatliche Bau- und Gebietsentwicklungspolitik determiniert.

Man könnte die Beispiele endlos fortführen, man könnte auch beliebige andere Alltagssituationen durchspielen, stets wäre das Ergebnis ähnlich: Der Bereich, in dem autonome Entscheidungen des einzelnen zur Regelung der täglichen Angelegenheiten ausreichen, ist gegenüber demjenigen Bereich, der durch kollektive und kollektiv verbindliche Entscheidungen, also eben »politisch« geregelt wird, gerade in modernen Gesellschaften eng begrenzt. Die zunehmende »Politisierung« der Gesellschaft, meist mit den Mitteln des Rechts bewerkstelligt und deshalb oft als »Verrechtlichung« bezeichnet, erscheint insoweit als fortschreitende Einschränkung individueller Wahl- und Handlungsmöglichkeiten zugunsten allgemeinverbindlicher Regulation.

Wenn aber die Politik gleichsam allgegenwärtig ist, warum muß sie dann noch vermittelt werden? Das Problem scheint weniger darin zu liegen, daß Politik – wie oft behauptet wird – ein »erfahrungsferner« Bereich gesellschaftlichen Handelns ist, sondern eher darin, daß der einzelne, wie ein bekanntes Sprichwort sagt, vor lauter Bäumen den Wald nicht mehr sieht. Je politischer unsere gesellschaftliche Umwelt wird, desto weniger ist sie offenbar als politisch »gemachte« Welt erkennbar. Die

---

[1] Der hier gewählte Politikbegriff orientiert sich an der weithin akzeptierten Definition von David Easton, die von Autoren wie Gerhard Lehmbruch oder Niklas Luhmann ins Deutsche übernommen wurde.

langwierigen Prozesse, die komplexen Institutionen, die vielschichtigen Interessen, die hinter den augenfälligen Zuständen stehen, sind für den einzelnen immer schwieriger sicht- und nachvollziehbar. Die Gesellschaftswissenschaften bezeichnen diesen Umstand als zunehmende »Komplexität« der Gesellschaft und folgern daraus, daß auch die Mechanismen der Komplexitätsreduktion, also derjenigen Instrumente, die sicherstellen, daß die Gesellschaft für den einzelnen dennoch durchschaubar bleibt, leistungsfähiger werden müssen.

Diese Idee, daß sich der einzelne Bürger unter den Bedingungen der modernen Welt sein »Bild der Politik« nicht einfach selber machen kann, indem er sich lediglich in der Welt umschaut und vielleicht mit anderen darüber spricht, sondern daß zusätzlich gesellschaftliche Institutionen damit beschäftigt werden müssen, ihm die Strukturen, Prozesse und Inhalte von Politik zu vermitteln, dieser Umstand wurde vor nunmehr zehn Jahren erstmals mit dem seinerzeit völlig neuartigen Begriff der »Politikvermittlung« bezeichnet und zu einem Grundpfeiler des demokratischen Verfassungsstaats erklärt[2]. Warum?

Auf diese einfache Frage gibt es mindestens zwei Antworten, eine eher normativ und eine eher empirisch-analytisch begründete. In normativer Hinsicht wird die Forderung nach Politikvermittlung durch Staat und Gesellschaft in erster Linie aus ihrer Verfassung als Demokratie hergeleitet. Bezogen auf die eingangs formulierte Definition bedeutet demokratische Politik mindestens dreierlei:
1. Wenn die gesellschaftlichen Verhältnisse durch bloße Entscheidung geregelt sind, nicht etwa durch göttlichen oder fürstlichen Willen, dann können sie auch durch Entscheidung wieder verändert werden. In der demokratischen Gesellschaft ist also vieles (nicht alles) disponibel, kann anders entschieden werden, wenn andere Entscheidungen politisch durchsetzbar sind.
2. Innerhalb einer demokratischen Gesellschaft ist folglich keineswegs ein für allemal festgelegt, was politisch ist und was nicht. Beinahe alles kann zum Gegenstand politischer Entscheidungen gemacht, kann also »politisiert« werden, wenn eine Mehrheit sich dafür stark macht.
3. Von beiden Prozessen, der Veränderungen bestehender Politiken und der Politisierung neuer Sachverhalte, ist grundsätzlich kein Gesellschaftsmitglied ausgeschlossen. Im Gegenteil, das Prinzip der Partizipation, ein unverzichtbarer Bestandteil aller normativen Demokratietheorien, verlangt geradezu einen möglichst hohen Grad der Beteiligung.

Alle drei Bedingungen setzen offenbar voraus, daß die Gesellschaft für jeden einzelnen als politisch gestaltetes Gemeinwesen erkennbar ist. Obwohl die demokratische Gesellschaft den politisch unbeteiligten Privatmenschen ebenso wie den schlecht informierten Wähler toleriert, ist ihr eigentliches Leitbild ein anderes, nämlich das des gut informierten Bürgers.

Hinter der Forderung nach funktionierender Politikvermittlung stecken aber nicht nur normative Motive, sondern auch ein gutes Stück »Interesse des Staates an sich selbst«. Solange nämlich die politisch regulierte Gesellschaft als solche für die

---

2 Ulrich Sarcinelli, Politikvermittlung und demokratische Kommunikationskultur, in: ders. (Hrsg.), Politikvermittlung. Beiträge zur demokratischen Kommunikationskultur, Bonn 1987, S. 19–46.

Bürger undurchschaubar bleibt und der Staat selbst nur vage als ihr Steuerungszentrum aufscheint, muß man mit mindestens zwei Konsequenzen rechnen. Erstens werden die Menschen verstärkt dazu neigen, *den Staat* oder *die Politik* relativ unterschiedslos für alles und jedes verantwortlich zu machen, insbesondere für das, was ihnen in der Gesellschaft nicht gefällt. Dabei wird es unvermeidlich sein, daß der Politik auch Mißstände zugeschrieben werden, die sie gar nicht zu verantworten hat, sondern etwa die Wirtschaft oder andere Funktionsbereiche der Gesellschaft. Je häufiger aber gesellschaftliche Zustände auftreten, die dem Staat als Politikergebnisse zugerechnet werden, obwohl sie das nicht intendierte Ergebnis gesellschaftlichen Handelns sind, desto eher werden die Bürger an der Sinnhaftigkeit und Rationalität von Politik zweifeln und denjenigen politischen Akteuren, die dies alles dennoch zu tolerieren scheinen, ihre Unterstützungsbereitschaft entziehen. Um also Überforderung und Delegitimation zu vermeiden, ist das politische System darauf angewiesen, seine Absichten und Motive zu vermitteln und sich dabei auch dort, wo es in Erklärungsnotstand gerät, dennoch plausibel klingende Argumente einfallen zu lassen. Information und (Selbst-)Legitimation, so kann man schlußfolgern, sind die beiden Wurzeln der Politikvermittlung und zugleich ihre zentralen Aufgaben in der demokratischen Gesellschaft.

2. Politikvermittlung und elektronische Medien: Was prädestiniert Fernsehen und Hörfunk?

Von dieser Einsicht bis zu der Vermutung, daß in diesem Prozeß die elektronischen Massenmedien eine Vermittlerrolle spielen könnten, führt allerdings noch ein Stück Weg. Denn würde man nicht zunächst annehmen, daß für diese Aufgabe eine Reihe anderer Institutionen in Frage kommen, vor allem die Erziehung im Elternhaus, die Ausbildung in Schulen und Hochschulen, die berufliche Bildung ebenso wie Einrichtungen der Erwachsenenbildung, die Organisationen der »politischen« Gesellschaft, also Interessengruppen, Vereine, Verbände und politische Parteien und nicht zuletzt die staatlichen Institutionen selbst, die Ämter und Ministerien, die Parlamente und Regierungen auf allen föderalen Ebenen?

Umgekehrt gefragt: Was zeichnet die elektronischen Medien im Vergleich zu den genannten Institutionen der Politikvermittlung besonders aus? Nachdem Fernsehen und Hörfunk in der Bundesrepublik Deutschland flächendeckend verbreitet sind, besteht ihre besondere Qualität offenbar in ihrer einzigartigen »Reichweite«. Während Eltern, Lehrer und sonstige Ausbilder die Bürger immer nur ein recht kleines Stück ihres Lebenswegs begleiten, sind die elektronischen Medien praktisch ein Dauergast, sie »verfolgen« den Menschen fast sein ganzes Leben lang. Das könnte man als ihre zeitliche Reichweite bezeichnen. Die soziale Reichweite von Fernsehen und Hörfunk kommt darin zum Ausdruck, daß sie unvergleichlich viele Menschen mit der Politik in Kontakt bringen können, und zwar auch solche, die ansonsten nicht erreichbar wären. In den politischen Parteien sind nur wenige organisiert, ebenso in politisch relevanten Vereinen und Verbänden, die Informationsangebote von Regierungen und Parlamenten werden nur zögerlich nachgefragt, Politiker können immer nur eine vergleichsweise unbedeutende Zahl von Bürgern persönlich ansprechen[3], und die Angebote der politischen Bildung werden meist nur von denjenigen angenommen, die sowieso schon politisch interessiert sind. Obwohl alle genannten Institutionen wichtige Beiträge zur Politikvermittlung leisten, bieten folglich nur die elektronischen Medien eine Gewähr für permanente Ansprache und eine hohe Zahl von Angesprochenen. Das gilt allerdings nur dann, wenn

- politische Informationen überhaupt einen namhaften Stellenwert im Programm der elektronischen Medien besitzen,
- die »Qualität« der Information und ihrer Vermittlung dazu angetan ist, Politik besser durchschaubar zu machen, als sie im Alltagsleben zu durchschauen ist,
- eine gewisse Gleichgewichtigkeit und Vielfalt politischer Meinungen und Interessen in den Rundfunkprogrammen vertreten ist,
- die Politikvermittlungsangebote in den elektronischen Medien auf ein großes Interesse und eine dementsprechend breite Nutzung in der Bevölkerung treffen.

Bei Gründung der Bundesrepublik Deutschland war man, angeleitet durch das Vorbild der britischen Besatzungsmacht, bekanntlich der Auffassung, daß die genannten Voraussetzungen insbesondere dann erfüllt werden könnten, wenn der Rundfunk öffentlich-rechtlich organisiert sei. Für die in den ersten drei Spiegelstrichen umrissenen inhaltlichen Vorgaben sind in diesem Modell verantwortlich: ein gesetzlich kodierter öffentlicher Auftrag, der die wichtigsten politischen Programmanforderungen festhält, ein von den »gesellschaftlich relevanten« Kräften besetztes pluralistisches Aufsichtsgremium, das die Einhaltung des Auftrags überwacht, und eine angemessene Gebührenfinanzierung, die die materiellen Ressourcen der Programmproduktion sicherstellt.

Hinsichtlich der Nutzung, die der politischen Regulierung naturgemäß nur in eingeschränktem Maße unterliegt, wurde mit der Monopolstellung des öffentlichrechtlichen Rundfunks die wesentliche Vorentscheidung getroffen. Sie sorgte für jene »anstaltsartige« Empfangssituation[4], in der das wahllose Publikum öffentlicher Rundfunkanstalten, gleichsam wie Jugendliche in der Schule, zu sehen und hören hatte, was die Anstaltsleitung ihm vorsetzte und insoweit am staatsbürgerlichen Unterricht teilnehmen mußte, auch wenn sein primäres Programminteresse möglicherweise woanders lag.

Dieses Rundfunkmodell hatte in der Bundesrepublik über mehr als vier Jahrzehnte Bestand und galt, bei aller gelegentlichen Kritik an der vermeintlichen Überakzentuierung der einen Funktion zu Lasten der anderen, als unverzichtbare Politikvermittlungsquelle, wenn nicht als Wesenselement der westdeutschen Demokratie überhaupt.

---

3 Man kann heute durchaus davon ausgehen, daß die Politiker mit einem einzigen Fernsehauftritt mehr Menschen ansprechen können, als sie in ihrer gesamten politischen Laufbahn persönlich anzusprechen in der Lage sein werden; vgl. dazu Peter Radunski, Wahlkämpfe. Moderne Wahlkampfführung als politische Kommunikation, München – Wien 1980, S. 80.
4 Heribert Schatz, Die Zukunft des öffentlich-rechtlichen Rundfunks, in: Rundfunk und Fernsehen, 39 (1991), S. 29–32.

3. Massenmediale Politikvermittlung im »dualen« Rundfunksystem: Was hat sich verändert?

Seit der Zulassung privater Anbieter von Hörfunk- und Fernsehprogrammen im Jahre 1984 ist diese Form der Rundfunkveranstaltung nicht mehr konkurrenzlos. Man spricht von der sogenannten »Dualisierung« des Rundfunksystems und meint damit, daß sich nun zwei Teilsysteme mit differenter Funktionsweise mehr oder weniger unversöhnlich gegenüberstehen: Privates Gewinnerzielungsinteresse mit den Folgen der unbedingten Quotenorientierung und einer dadurch induzierten Suche nach massen- und werbeattraktiven Programmangeboten hier, öffentlicher Auftrag mit den gesetzlichen Programmvorgaben und der Verpflichtung, politisch zu informieren, kulturell zu bilden und anspruchsvoll zu unterhalten dort.

Im Hinblick auf die bis dahin gültige Funktionszuweisung an den Rundfunk ergab sich daraus zunächst die Konsequenz, daß die gewohnten Politikvermittlungsleistungen von dem privatwirtschaftlichen Teil des Rundfunks nicht mehr ohne weiteres erwartbar waren. Außerdem stand zu vermuten, daß auch der öffentliche Rundfunk unter dem Eindruck dieser unmittelbaren und ungewohnten Konkurrenz sein Leistungsspektrum verändern könnte, auch im Hinblick auf die bisher gewohnte Art und Weise der Politikvermittlung.

Eine weitere Überlegung kam hinzu. Der Begriff »duales« System ist zumindest insoweit irreführend, als er die glasklare Unterscheidbarkeit zweier unterschiedlicher Teile in einem gemeinsamen Betätigungsfeld impliziert. Faktisch sind aber in beiden Teilmodellen Elemente enthalten, die aus der Struktur des jeweils anderen in sie hineingetragen worden sind. Mit anderen Worten, auch für den privaten Rundfunk gelten gesetzlich kodierte Programmanforderungen, die denen des öffentlichen Rundfunkauftrags keineswegs unähnlich sind[5], und auch hier wachen öffentliche Einrichtungen, die sogenannten Landesmedienanstalten, mit pluralistisch besetzten Gremien, über deren Einhaltung. Auf der anderen Seite finanzieren sich auch die öffentlich-rechtlichen Anstalten zu einem (schrumpfenden) Anteil aus Werbung.

Aufgrund dieser Mischfinanzierung, wegen akuter Finanzierungsprobleme und aus Gründen der Selbstlegitimierung sind sie insoweit mehr als je zuvor auf die Massenattraktivität ihrer Programme und auf verstärkte Quotenorientierung angewiesen. Im Zusammenwirken dieser strukturellen Imperative dürfte folglich nicht ein »duales« Rundfunksystem entstanden sein, sondern ein grundsätzlicher neuer Systemtypus, mit intern abgestimmter, unkalkulierbarer und verstärkt selbstreferentieller Operationsweise[6]. Auch diese Vermutung gab Anlaß, darüber nachzudenken, ob die alten Erwartungen an die Politikvermittlungsleistungen von Hörfunk und Fernsehen unter den neuen Systembedingungen des Rundfunks realistischerweise aufrechterhalten werden können.

Tatsächlich waren in der medienpolitischen und -wissenschaftlichen Diskussion schon recht früh Stimmen zu hören, die vor dem Verlust der Politikvermittlungs-

---

5 Vgl. die Synopse in Frank Marcinkowski, Publizistik als autopoietisches System. Politik und Medien. Eine systemtheoretische Analyse, Opladen 1993, S. 201–205.
6 Vgl. zur theoretischen Fundierung F. Marcinkowski (Anm. 5), S. 153–185.

funktion von Fernsehen und Hörfunk warnten. Vielmehr sei eine Marginalisierung politischer Inhalte bis hin zur weitgehenden Entpolitisierung der Programme zu erwarten. In den verbleibenden Restbeständen an Informationsleistung, so wurde weiterhin vermutet, würden harte Nachrichten und kritische Berichterstattung zunehmend von *Softnews* und *Infotainment* verdrängt, und die Zuschauer würden durch das Überangebot an leichter Programmware zu einem regelrechten »Unterhaltungsslalom« verleitet, der die Berührung mit medialer Politikvermittlung immer perfekter zu vermeiden helfe[7].

Inzwischen verfügen wir in Deutschland über eine mehr als zehnjährige Erfahrung mit dem »dualen« Rundfunksystem, so daß vieles von dem, was vor Jahren noch Prognose war, nunmehr auf der Basis gesicherter Daten beurteilt werden kann. Einer aktuellen Bilanz zum Stand der Politikvermittlung durch Fernsehen und Hörfunk stellt sich insoweit die Aufgabe, die wichtigsten Vergleichswerte zu Inhalten, Nutzung und Rezeption der politischen Informationsleistung elektronischer Medien vor dem Hintergrund der Saturation des »dualen« Systems zu reinterpretieren.

3.1 Politische Inhalte im Rundfunk

Einen ersten Eindruck von den Inhalten der Fernsehprogramme gewinnt man, wenn man jede einzelne Sendung eines Anbieters daraufhin untersucht, ob es sich dabei um eine Informations-, eine Unterhaltungs- oder um eine anderweitig zu klassifizierende Sendung handelt.

Tabelle 1: Grobe Programmstruktur der vier zuschauerstärksten Kanäle in der Gesamtsendezeit 1985, 1990 und 1995
Summe von ARD, ZDF, RTL, SAT.1, 6.00 Uhr bis 6.00 Uhr, Sendedauer in Prozent

	1985	1990	1995
Information/Bildung	26,3	30,5	26,9
Fiction	33,1	40,7	37,7
Nonfictionale Unterhaltung	5,5	4,9	9,1
Sonstige Programmsparten	32,6	16,4	16,8
Werbung	2,5	7,6	9,4
Gesamt (in Minuten)	2 890	4 444	5 481

Quelle: nach Krüger 1996, S. 420; eigene Berechnungen[8].

---

7 Vgl. statt vieler Heribert Schatz, Ist das Fernsehen noch zu retten? Zum Funktionswandel des Fernsehens als »Medium und Faktor der öffentlichen Meinungsbildung«, in: Rupert Breitling/ Winand Gellner (Hrsg.), Machiavellismus, Parteien und Wahlen, Medien und Politik, Gerlingen 1988, S. 70–90.
8 Vgl. Udo M. Krüger, Tendenzen in den Programmen der großen Fernsehsender 1985 bis 1995. Elf Jahre Programmanalyse im dualen Rundfunksystem, in: Media Perspektiven, (1996) 8, S. 418–440.

Betrachtet man die so definierte »Programmstruktur« aller Angebote der vier zuschauerstärksten Fernsehkanäle, so sieht man, daß der Anteil von Informations- und Bildungsprogrammen innerhalb der letzten zehn Jahre keineswegs rückläufig ist. Er liegt 1995 vielmehr wie 1985 bei über einem Viertel des Gesamtangebots, war allerdings zwischenzeitlich schon einmal bei über 30 Prozent angelangt[9]. Dabei ist zu beachten, daß nicht alle der hier unter Information und Bildung rubrizierten Programme als politische Sendungen klassifiziert werden können.

Nimmt man nur den im engeren Sinne politischen Teil des allgemeinen Informations- und Bildungsprogramms, nämlich die Nachrichten- und politischen Informationssendungen, und vergleicht sie ebenfalls mit den Zahlen früherer Analysen, so läßt sich in der Summe der Programmleistungen der vier großen Programmanbieter ARD, ZDF, SAT.1 und RTL für dieses politische Kernsegment ein leichter Rückgang von 10,9 Prozent im Jahr 1990 auf 9,3 Prozent im Jahr 1995 errechnen[10]. Dieser geringfügige Verlust dürfte allerdings durch die Nachrichtenanteile in den Morgen- und Mittagsmagazinen der Sender, die in der Zwischenzeit dazugekommen sind, mehr als kompensiert werden. Aus diesen Zahlen läßt sich ein Einbruch der politischen Programme im Kern des »dualen« Fernsehsystems offensichtlich nicht ableiten.

Dieser Befund wird durch die Auswertung konkurrierender Analysen bestätigt. So weisen die Daten der Gesellschaft für Konsum-, Markt- und Absatzforschung e. V. (GfK-Programmcodierung), die auf der Beobachtung von 18 Fernsehprogrammen basieren[11], für 1995 einen noch etwas höheren Informationsanteil aus als in *Tabelle 1* angegeben. Danach sind 38 Prozent von durchschnittlich rund 349 täglichen Programmstunden (dieser 18 Kanäle) Informationsangebote (darunter allein fünf Prozent Fernsehnachrichten) und 39 Prozent *Fiction*sendungen[12]. In der Summe gibt es folglich heute deutlich mehr Politik im Fernsehen zu sehen als noch vor zehn Jahren. Setzt man die politischen Fernsehangebote der wichtigsten öffentlich-rechtlichen und privaten Kanäle des Jahres 1989 als 100, so erreicht das Programmvolumen (in Minuten) von Nachrichten-

---

9 Für diesen »Ausreißer« nach oben wird im allgemeinen die besondere politische Situation im »Vereinigungsjahr« verantwortlich gemacht, die eine Vielzahl politischer und zeithistorischer Sondersendungen mit sich brachte.
10 Vgl. Udo M. Krüger, Positionierung öffentlich-rechtlicher und privater Fernsehprogramme im dualen System, in: Media Perspektiven, (1991) 5, S. 303–332, hier S. 309–310.
11 Im einzelnen handelt es sich um ARD, ZDF, Dritte Programme der ARD, arte, 3sat, RTL, SAT 1, PRO SIEBEN, RTL2, Kabel 1 und VOX. Die Gesellschaft für Konsumforschung in Nürnberg (GfK-Fernsehforschung) mißt im Auftrag der Arbeitsgemeinschaft Fernsehforschung (AGF), in der die wichtigsten öffentlich-rechtlichen und privaten Frensehveranstalter zusammengeschlossen sind, die Fernsehnutzung aller empfangbaren Programme in Deutschland. Die von ihr gemessenen »Quoten« bilden das verbindliche »Währungssystem« für Sender, Werbungtreibende und Agenturen.
12 Vgl. Maria Gerhards/Andreas Grajczyk/Walter Klingler, Programmangebote und Spartennutzung im Fernsehen 1995. Daten aus der GfK-Programmcodierung, in: Media Perspektiven, (1996) 11, S. 572–576, hier S. 572. Erwartungsgemäß belegen sowohl die Analysen von Krüger als auch die GfK-Codierung, daß die Informationsangebote im allgemeinen und die politischen Sendungen im besonderen in den öffentlich-rechtlichen Programmen ein größeres Gewicht haben als in den privaten.

und politischen Informationssendungen des Jahres 1994 einen Indexwert von 195, damit also fast die doppelte Höhe[13].

Eine weitere These vermutet die Marginalisierung und Boulevardisierung von Politik auf der Ebene einzelner Sendungen, beispielsweise innerhalb der Nachrichten- und politischen Informationssendungen. Auch hierzu liegen inzwischen direkt vergleichbare (also mit identischem Verfahren gemessene) Zeitverlaufsdaten vor, die es erlauben, die Entwicklung der letzten zehn Jahre nachzuzeichnen. Danach läßt sich die Entpolitisierungsthese für den Kernbestand der politischen Berichterstattung des Fernsehens nicht bestätigen. Im Gegenteil, Bruns und Marcinkowski[14] weisen in einer breit angelegten Inhaltsanalyse nach, daß der Politikgehalt der Nachrichten- und politischen Informationssendungen von öffentlich-rechtlichen wie privaten Programmen im Zeitraum von 1986 bis 1994 eher gestiegen sein dürfte, je nach Definition um rund zehn Prozent. Zugleich ist die Darstellungsweise des Politischen weniger auf die staatlichen Autoritäten und ihre Handlungsweise fixiert, sie ist weniger konsensbetont, vielmehr stehen Konflikte bis hin zu kriegerischen Auseinandersetzungen als Informationsanlässe im Vordergrund, und das Akteursspektrum ist breiter geworden, vor allem zugunsten nichtetablierter gesellschaftlicher Gruppen im vorpolitischen Raum. Eine durchgehende Boulevardisierung politischer Programme konnte demgegenüber nicht festgestellt werden; die Sendungselemente, die auf eine verstärkte Unterhaltungsorientierung hindeuten könnten, sind in den politischen Informationsprogrammen nach wie vor äußerst selten anzutreffen. Dieser Befund wird in einer anderen vergleichenden Untersuchung öffentlich-rechtlicher und privater Nachrichtensendungen zwischen 1985/86 und 1993 im großen und ganzen bestätigt, zumindest was den generellen Politikgehalt, die Häufigkeit und Art politischer Informationsanlässe und die Zentralität der Politik innerhalb der Sendungen angeht[15].

Für den Hörfunk existieren keine ähnlich breit angelegten Struktur- und Inhaltsanalysen, die etwa den gesamten Hörfunkmarkt adäquat abbilden würden. Angesichts der unübersehbaren Zahl deutschsprachiger Hörfunkprogramme wäre das eine kaum zu leistende Aufgabe. Allerdings hat die Radioforschung in Deutschland mit der Expansion des Hörfunkmarktes eine Renaissance erlebt und dabei auch zahlreiche Angebots-Fallstudien zu einzelnen Sendern oder Sendergruppen hervorgebracht, von denen aber nur ein begrenzter Teil frei zugänglich ist[16]. Die vor-

---

13 Vgl. Marie-Luise Kiefer, Massenkommunikation 1995. Ergebnisse der siebten Welle der Langzeitstudie zur Mediennutzung und Medienbewertung, in: Media Perspektiven, (1996) 5, S. 233–248, hier S. 247.
14 Vgl. zum folgenden Thomas Bruns/Frank Marcinkowski, Politische Information im Fernsehen. Eine Längsschnittstudie zur Veränderung der Politikvermittlung in Nachrichten und politischen Informationssendungen. Schriftenreihe Medienforschung der Landesrundfunkanstalt Nordrhein-Westfalen, Band 22, Opladen 1997.
15 Vgl. Barbara Pfetsch, Konvergente Fernsehformate in der Politikberichterstattung? Eine vergleichende Analyse öffentlich-rechtlicher und privater Programme 1985/86 und 1993, in: Rundfunk und Fernsehen, 44 (1996), S. 479–498.
16 Vgl. als Überblick Walter Klingler/Christian Schröter, Strukturanalysen von Radioprogrammen 1985 bis 1990. Eine Zwischenbilanz der Hörfunkforschung im dualen System, in: Media Perspektiven, (1993) 10, S. 479–490, und Hans-Jürgen Bucher/Walter Klingler/Christian Schröter (Hrsg.), Radiotrends. Konzepte und Analysen, Baden-Baden 1993.

liegenden Studien lassen sich allerdings auch nicht ohne weiteres zu einem Gesamtüberblick verdichten, denn die enorme Vermehrung an Hörfunkprogrammen ab Ende der achtziger Jahre wurde erwartungsgemäß zur zielgruppenspezifischen Ausdifferenzierung spezieller Angebote genutzt. So kann man heute nicht von *dem* Hörfunk sprechen, auch nicht von *dem öffentlich-rechtlichen* oder *dem Privatradio*. Bei der im folgenden dennoch versuchten, generalisierenden inhaltlichen Beschreibungen der Hörfunkszene in Deutschland ist insoweit im Auge zu halten, daß in diesem Überblick pauschalisiert wird, wo eigentlich differenziert werden müßte.

Für den Bereich des öffentlich-rechtlichen Hörfunks läßt sich die grobe Programmstruktur aus den Angaben in den ARD-Jahrbüchern rekonstruieren.

Tabelle 2: Grobe Programmstruktur sämtlicher ARD-Hörfunkprogramme
1985, 1990 und 1995
Summe von BR, HR, NDR, RB, SR, SFB, SDR, SWF, WDR
(1995 mit MDR und ORB) in Stunden:Minuten und in Prozent

	1985 St: Min.	%	1990 St: Min.	%	1995 St: Min.	%
Musik	136 091:32	58,4	165 802:02	59,9	264 975:55	58,1
Wort, davon	82 578:05	35,4	95 420:05	34,4	175 265:33	38,4
– Politik	28 136:14	12,1	33 161:56	12,0	67 870:30	14,9
– Andere	54 441:51	23,3	62 258:09	22,4	107 395:03	23,5
Werbefunk	3 126:31	1,3	3 907:02	1,3	4 385:05	1,0
Sonstige	11 409:32	4,9	12 179:56	4,4	11 364:21	2,5
Gesamt	233 205:44	100	277 309:05	100	455 990:54	100

Quelle: Nach ARD-Jahrbücher 1986, 1991 und 1996; eigene Berechnungen.

Die Zahlen belegen zunächst auch im Hörfunkbereich die enorme Programmvermehrung, hier fast eine Verdopplung von öffentlich-rechtlichen Hörfunkstunden in zehn Jahren. Das ist zum Teil durch die beiden neuen ostdeutschen Sendeanstalten (MDR und ORB) zu erklären, vor allem aber durch die Vermehrung der Angebote in Abhängigkeit von den verfügbaren Kanälen (BR und WDR unterhalten etwa fünf Programme zur zielgruppenspezifischen Ansprache ihrer Hörer). Trotz der damit induzierten enormen Veränderungen im öffentlich-rechtlichen Hörfunk haben aber weder der generelle Wortanteil der Programme noch die speziellen Leistungen im Bereich politischer Information gelitten. Im Gegenteil, die Zahlen weisen in der Summe aller Angebote eine beachtliche Zunahme der Programmleistungen in diesen Programmsegmenten aus.

Wegen der Vielzahl der Programme, der zielgruppenspezifischen und räumlichen Ausdifferenzierung von Radioformaten und der unterschiedlichen medienrechtlichen Ausgangsbedingungen in einzelnen Bundesländern läßt sich ein vergleichbarer Überblick über die Programmentwicklung im privaten Hörfunk kaum gewinnen. Die Zusammenschau punktueller Momentaufnahmen aus der Anfangsphase des »dualen« Hörfunks (1985 bis 1990) zeigt, daß die privaten Radioprogramme in der Regel einen geringeren Wortanteil haben als die öffentlich-rechtlichen. Umgekehrt ausgedrückt: Musikanteile um 75 Prozent sind im privaten Radio eher die Regel als die Ausnahme. In den Wortanteilen spielen Serviceinformationen, Vermischtes und kulturelle Themen eine größere Rolle als politische Beiträge, vor allem im Hinblick auf das lokale und regionale Geschehen. Politik kommt außerhalb der meist stündlichen Nachrichten eher selten vor. In den Nachrichten dominiert das nationale und internationale Politikgeschehen, mit deutlichen Homogenisierungstendenzen hinsichtlich eines Informationskernbestands. Insofern konnte die angestrebte Regionalität der Berichterstattung durch privaten Hörfunk nur bedingt erreicht werden, ebenso wie die Steigerung der publizistischen Vielfalt. Von einer vollständigen Entpolitisierung und Boulevardisierung der Privatradios kann angesichts der Nachrichtenleistung aber auch nicht die Rede sein[17]. Solche generalisierenden Aussagen dürfen aber nicht verdecken, daß die Spannbreite des privaten Hörfunkgeschehens enorm ist, von völlig politikfreien Musikprogrammen mit kargem Wortanteil bis zu informationsorientierten Begleitprogrammen mit meinungsfreudiger und »unkonventioneller« Informationspräsentation. Von der Angebotsseite her steht den Hörern insoweit heute an jedem beliebigen Ort der Republik eine äußerst facettenreiche Auswahl an Radioprogrammen für differenzierte Informationsbedürfnisse zur Verfügung.

3.2 Nutzung politischer Angebote im Rundfunk

1995 erreichte das Fernsehen an einem durchschnittlichen Wochentag (Montag bis Sonntag) 83 Prozent der Bevölkerung Deutschlands. Damit sehen die Bundesbürger regelmäßiger fern als jemals zuvor[18]. Zugleich erreichten die Deutschen Mitte der neunziger Jahre die höchste Einschalt- und Sehdauer, seit die entsprechenden Werte gemessen werden.

Tabelle 3: Einschaltdauer und Sehdauer pro Tag in den Jahren 1985, 1990 und 1995
Montag bis Sonntag

	Einschaltdauer in Min.	Sehdauer Erwachsene in Min.
1985	208	137
1990	257	156
1995	297	186

Quelle: Nach Darschin/Frank 1986 ff.[19]

17 Vgl. zusammenfassend W. Klingler/Ch. Schröter (Anm. 16), und Kurt Hesse, Das politische Informationsangebot im Hörfunk: Ergebnisse von Programm-Inhaltsanalysen, in: Otfried Jarren (Hrsg.), Politische Kommunikation in Hörfunk und Fernsehen, Opladen 1994, S. 149–156.
18 Vgl. M. Kiefer (Anm. 13), S. 235.
19 Wolfgang Darschin/Bernward Frank, Tendenzen im Zuschauerverhalten. Ergebnisse der GfK-Fernsehforschung für das Jahr 1985, in: Media Perspektiven, (1986) 4, S. 209–222; dies.,

Die technischen Messungen der GfK weisen auf eine durchschnittliche Zunahme des täglichen Fernsehkonsums um eine halbe Stunde seit Anfang der achtziger Jahre hin. Unzweifelhaft ist also die Fernsehnutzung seit der Einführung des »dualen« Rundfunksystems in Deutschland angestiegen. Dabei verfügt mit RTL mittlerweile ein Privatsender über den größten Marktanteil am Fernsehkonsum, auf den weiteren Plätzen folgen SAT.1, das ZDF und die ARD relativ gleichauf.

Die Hörfunknutzung ist demgegenüber seit vielen Jahren auf hohem Niveau stabil. Das gilt für alle soziodemographischen Gruppen und auch im Vergleich von neuen und alten Bundesländern. An einem durchschnittlichen Wochentag (Montag bis Sonntag) hörten 1996 80 Prozent der Bundesbürger zumindest kurz Radio[20]. Das ist gegenüber dem Jahr 1987 eine leichte Erhöhung um zwei Prozent. Die durchschnittliche tägliche Hördauer ist im gleichen Zeitraum von 146 Minuten auf 169 Minuten gestiegen. Die Anzahl der in der prominenten Reichweitenuntersuchung der Arbeitsgemeinschaft »Media Analyse« (MA) erfaßten Sender ist in knapp zehn Jahren von 44 auf rund 230 Radioprogramme im Jahr 1996 gestiegen. Auch im Hörfunkbereich hat die damit beschriebene Veränderung der Rundfunklandschaft erwartungsgemäß zu deutlichen Rückgängen des Marktanteils der öffentlich-rechtlichen ARD-Hörfunkprogramme geführt, die sich Mitte der neunziger Jahre den Radiohörermarkt mit der privaten Konkurrenz im Verhältnis von 60 zu 40 Prozent teilten[21].

Politische Informationsangebote des Fernsehens erreichen in Westdeutschland 1995 täglich noch 59 Prozent der Gesamtbevölkerung. Das ist eine deutlich geringere Reichweite als zu Beginn der siebziger Jahre. 1980 hatte die Reichweite der damals ausschließlich öffentlich-rechtlichen Politikangebote noch bei 68 Prozent gelegen, 1990 immer noch bei 65 Prozent. Was die politischen Angebote des Hörfunks angeht, so ist der Einbruch der Reichweiten noch etwas deutlicher: 1995 erreichten sie 56 Prozent der Gesamtbevölkerung. 1985 wurden noch 73 Prozent der Bundesbürger von den politischen Programmen des Hörfunks erreicht, 1990 waren es 65 Prozent der Bevölkerung gewesen, wobei die erhöhte Nutzung zu diesem Zeitpunkt mit der generell stärkeren Politisierung der Bevölkerung in dem Vereinigungsjahr zusammenhängen dürfte[22].

Einzelne Sendungen sind von diesem generellen Reichweitenverlust politischer Programme in unterschiedlichem Außmaß betroffen. Die ARD-Tagesschau sahen

---

Tendenzen im Zuschauerverhalten. Fernsehgewohnheiten und Fernsehreichweiten 1992, in: Media Perspektiven, (1993) 3, S. 178–193; dies., Tendenzen im Zuschauerverhalten. Fernsehgewohnheiten und Programmbewertung 1995, in: Media Perspektiven, (1996) 4, S. 174–185.

20 Die regelmäßige tägliche Nutzung an Wochentagen liegt laut der Langzeitstudie zur Massenkommunikation in den alten Bundesländern seit 1985 bei 75 Prozent mit einem durchschnittlichen täglichen Zeitaufwand von 155 Minuten; vgl. M. Kiefer (Anm. 13), S. 235.

21 Vgl. Michael Keller/Walter Klingler, Jugendwellen gewinnen junge Hörerschaft. Media Analyse 1996, in: Media Perspektiven, (1996) 8, S. 441–450.

22 Vgl. Media Perspektiven Basisdaten. Daten zur Mediensituation in Deutschland 1996, Frankfurt/M., S. 71. Dabei ist zu berücksichtigen, daß wegen der ab 1990 geänderten Erhebungsmethode, die zuvor auf Inhaltsanalyse der Programme, danach auf Befragtenangaben zu den genutzten Sendungen beruhen, strenggenommen nur die Werte von 1990 und 1995 direkt miteinander vergleichbar sind.

1995 täglich durchschnittlich über 8,3 Millionen Zuschauer, weitere knappe 5,4 Millionen informierten sich in der »heute«-Sendung des ZDF. RTL-aktuell sahen täglich über 3,7 Millionen und die SAT.1 News schließlich mehr als 2,3 Millionen. Im Durchschnitt des Jahres 1995 verbrachten die deutschen Fernsehzuschauer täglich 28 Minuten mit den Informationssendungen von ARD (einschließlich Dritte Programme) und ZDF und weitere zehn Minuten mit den Informationssendungen der privaten Anbieter RTL, SAT.1, PRO SIEBEN, RTL2 und Kabel 1[23]. Hinsichtlich des Nachrichtenkonsums der Bundesbürger sind insoweit seit Anfang der neunziger Jahre keine größeren Veränderungen erkennbar. Veränderungen der Zuschauerzahlen einzelner Sendungen betreffen vor allem Umschichtungen zwischen den Sendern.

Außerdem ist zu beachten, daß das Nachrichtenangebot sich insgesamt weiter ausgeweitet hat, z. B. durch zur Zeit drei nächtliche Nachrichtenmagazine (ARD, ZDF, RTL), wodurch etwaige Zuschauerverluste bei den Hauptnachrichtensendungen wieder kompensiert werden. Dieser insgesamt stabile Nutzungstrend der Nachrichtensendungen betrifft allerdings nicht die übrigen politischen Informationssendungen.

Tabelle 4: Durchschnittliche Reichweite und Zuschauerzahlen ausgewählter Informationssendungen im Fernsehen 1985, 1990, 1995 und 1996[24]

	Haushalte in %		Erwachsene in %		Zuschauer in Millionen			
	1985	1990	1985	1990	1985	1990	1995	1996
heute	23	21	15	15	7,70	6,76	5,38	5,33
Tagesschau	27	24	18	16	9,33	8,25	8,36	8,44
heute-journal	19	15	13	10	6,64	4,98	3,56	3,45
Tagesthemen	14	12	10	8	4,84	3,87	2,41	2,40
Politische Magazine (ARD)	24	15	16	10	8,09	4,88	3,56	3,62
Politische Magazine (ZDF)	11	11	7	7	3,78	3,39	4,01	3,92
Weltspiegel	17	14	12	9	6,13	4,87	3,19	3,19
Auslandsjournal	17	13	11	9	5,59	4,43	2,62	2,60

Quelle: Nach Darschin/Frank 1986 ff.[25]

Namentlich die politischen Fernsehmagazine haben deutlich an Zuschauern verloren. Die politischen Magazine der ARD wurden 1995 durchschnittlich noch von 3,56 Millionen Zuschauern gesehen, was einer glatten Halbierung der Zuschauerzahl von 1985 entspricht. Zuschauereinbußen in ähnlicher Größenordnung haben auch die Auslandsmagazine von ARD und ZDF zu verzeichnen. Frontal (ZDF) verfolgten dagegen im gleichen Jahr durchschnittlich knapp vier Millionen Zu-

---
23 Vgl. W. Darschin/B. Frank (Anm. 19).
24 Seit 1995 wurden anstelle der Haushalts- und Erwachsenenreichweiten Marktanteile auf der Basis von Personenreichweiten ausgewiesen.
25 Vgl. W. Darschin/B. Frank (Anm. 19).

schauer, also sogar etwas mehr als das ZDF-Magazin im Jahr 1985. SPIEGEL TV und Stern TV verbuchen 1994 jeweils rund 3,9 Millionen Zuschauer[26].

Mit den Daten der Langzeitstudie Massenkommunikation bilden Berens, Kiefer und Meder[27] eine Nutzertypologie, deren genauere Untersuchung die Analyse ein Stück weiterführt. Als informationsorientierter Nutzer gilt danach, wer bei der Abfrage regelmäßig oder häufig rezipierter Inhalte zu 60 Prozent und mehr informative Angebote angab, als unterhaltungsorientierter Nutzer, wer zu 60 Prozent und mehr Unterhaltungsangebote nannte. Als Mischnutzer werden diejenigen bezeichnet, bei denen weder auf die eine noch auf die andere Angebotskategorie mindestens 60 Prozent der Nennungen entfallen. Diese Art der Gruppierung macht deutlich, daß es sich nicht um ausschließliche Zuwendung zu den einen oder anderen Inhalten handelt, sondern um Präferenzen in der Nutzung, was nicht ausschließt, daß auch so definierte »Informationsnutzer« in nennenswertem Umfang Unterhaltungssendungen verfolgen. Umgekehrt heißt unterhaltungsorientiert nicht zwangsläufig informationsvermeidend.

Tabelle 5: Informations- und unterhaltungsorientierte Fernsehnutzer 1985 und 1995 (Ost/West) pro durchschnittlicher Wochentag (Montag bis Sonntag), in Prozent

	alte Bundesländer 1985	alte Bundesländer 1995	neue Bundesländer 1995	Bundesrepublik gesamt 1995
Personen, die zumindest selten fernsehen:	96	98	99	98
davon informationsorientiert	41	32	23	31
unterhaltungsorientiert	31	39	50	41
Mischnutzer	24	27	26	27

Quelle: Nach Berens/Kiefer/Meder 1997, S. 82 und 84.

Tabelle 5 zeigt daß der Anteil der informationsorientierten Nutzer zwischen 1985 und 1995 kleiner geworden ist, der Anteil der unterhaltungsorientierten Nutzer aber wesentlich größer. Auch der Anteil von Mischnutzern hat zugenommen. Das primär unterhaltungsorientierte Publikum bildete 1995 die größte Gruppe. Das war 1985 noch anders. In den neuen Bundesländern war 1995 offensichtlich der Anteil informationsorientierter Mediennutzer deutlich geringer als im Westen, der Anteil unterhaltungsorientierter Nutzer aber wesentlich größer.

Sowohl was die gewohnheitsmäßige als auch die stichtagbezogene Nutzung angeht, zeigen Rezipientengruppen den zu erwartenden Umgang mit den unter-

---

26 Maria Gerhards/Walter Klingler, Politikmagazine im öffentlich-rechtlichen Fernsehen. Nutzungsdaten und Zuschauererwartungen, in: Media Perspektiven, (1995) 4, S. 166–171.
27 Vgl. Harald Berens/Marie-Luise Kiefer/Arne Meder, Spezialisierung der Mediennutzung im dualen Rundfunksystem, in: Media Perspektiven, (1997) 2, S. 80–91.

schiedlichen Angeboten der elektronischen Medien. Die Informationsnutzer sehen nach eigenen Angaben 1995 genau wie 1985 zu 73 Prozent regelmäßig politische Informationen im Fernsehen (am Stichtag 65 Prozent) und verfolgen 1995 zu 51 Prozent regelmäßig die politische Berichterstattung des Radios (1985 noch 59 Prozent). Unterhalten lassen sich 1995 regelmäßig 26 Prozent der Informationsnutzer vom Fernsehen (am Stichtag 48 Prozent) und 40 Prozent vom Radio. Damit haben die Informationsorientierten ihre Fernsehgewohnheiten in der beobachteten Dekade weitgehend beibehalten.

Aber auch die unterhaltungsorientierten Teile des Publikums geben 1995 zu 55 Prozent an, regelmäßig die politischen Informationsangebote des Fernsehens und zu 42 Prozent die des Radios zu verfolgen. Damit vermeiden sie die Politik in den elektronischen Medien seltener als noch im Jahr 1985. Unterhaltungssendungen nutzen sie freilich sowohl im Fernsehen als auch im Radio häufiger und insgesamt deutlich überdurchschnittlich. Schließlich verfolgen auch die Mischnutzer die Politikberichterstattung zu mehr als 50 Prozent regelmäßig, sowohl was den Hörfunk als auch was das Fernsehen angeht. Unterhaltungsangebote nehmen sie dagegen in beiden Medien seltener wahr.

3.3 Politische Wirkungen von Fernsehen und Hörfunk

Die Frage nach den politisch relevanten Effekten von Fernsehen und Hörfunk wird in der empirischen Forschung in der Regel durch die Ermittlung statistisch signifikanter Zusammenhänge zwischen der Nutzung (oder Präferenz) bestimmter Programmangebote elektronischer Medien einerseits sowie Einstellungen zur demokratischen Politik und ihren Institutionen bzw. politischem Verhalten (insbesondere Wahlverhalten) andererseits zu beantworten versucht.

Besonders gut ist dabei erwartungsgemäß der Zusammenhang zwischen Mediennutzung und Wahlverhalten untersucht. Gerade im »Superwahljahr« 1994 (aber auch schon aus Anlaß der ersten gesamtdeutschen Wahl 1990) sind zu diesem Kernthema der Wahl- und Medienforschung eine ganze Reihe neuer bundesdeutscher Studien entstanden[28]. Die im hier besprochenen Zusammenhang relevanten Ergebnisse lassen sich dahingehend zusammenfassen, daß
- die Massenmedien, zumal das Fernsehen (und die Zeitung, weniger der Hörfunk) nach wie vor die wichtigsten Informationsquellen der Wähler im Wahlkampf sind,
- die Massenmedien insoweit sowohl die beherrschenden Wahlkampfthemen als insbesondere auch die öffentliche Präsenz und das Image der Kandidaten nicht unerheblich beeinflussen,

---

28 Vgl. insbesondere Otfried Jarren/Markus Bode, Ereignis- und Medienmanagement politischer Parteien. Kommunikationsstrategien im »Superwahljahr 1994«, in: Bertelsmann Stiftung (Hrsg.), Politik überzeugend vermitteln. Wahlkampfstrategien in Deutschland und den USA, Gütersloh 1996, S. 65–114; Heinrich Oberreuter (Hrsg.), Parteiensystem am Wendepunkt? Wahlen in der Fernsehdemokratie, München 1996; Christina Holtz-Bacha/Lynda L. Kaid (Hrsg.), Die Massenmedien im Wahlkampf. Untersuchungen aus dem Wahljahr 1990, Opladen 1993.

- die elektronischen Medien entscheidend zur Mobilisierung und Aktivierung der Wählerschaft beitragen, oder, umgekehrt formuliert, ohne den Medienwahlkampf die Zahl der Nichtwähler noch größer sein dürfte,
- die den Massenmedien zugeschriebene Wirkung insgesamt zu einem Stilwandel der Wahlkampfführung aller Parteien geführt hat, indem die Kampagnen, aber auch die *Images* der Parteien und Kandidaten auf die vermeintliche Medienlogik einjustiert werden.

Insgesamt ist folglich ein Einfluß der elektronischen Medien auf die Höhe der Wahlbeteiligung, aber durchaus auch auf das Wahlverhalten, insbesondere der unentschlossenen Wechselwähler, kaum abzustreiten. Damit ist noch nicht gesagt, daß Wahlen in jedem Falle im Fernsehen entschieden werden.

Über den Zusammenhang von politischer Informiertheit, politischem Interesse und Mediennutzung geben insbesondere repräsentative Bevölkerungsumfragen Auskunft. Folgt man den Ergebnissen kontinuierlich durchgeführter Umfragen zum politischen Interesse in der Bundesrepublik Deutschland, so zeigt sich ein deutlicher Anstieg von unter 30 Prozent der Befragten, die in den fünfziger Jahren angaben, sich für Politik zu interessieren, auf deutlich über 40 Prozent in den siebziger Jahren. In den achtziger und frühen neunziger Jahren hat sich der Wert bei weit über 50 Prozent stabilisiert, mit Spitzenwerten um 65 Prozent politisch Interessierter in Zeiten mit besonderer Ereignislage[29]. In den sechziger und siebziger Jahren hat zudem nicht nur das politische Interesse zugenommen; wir verzeichnen zugleich eine zunehmende Verbreitung und Nutzung der elektronischen Medien. Das weist aber zunächst nur auf parallele zeitliche Entwicklungsverläufe hin und ist noch kein Beweis für einen kausalen Zusammenhang. Was die Entwicklung seit Mitte der achtziger Jahre angeht, so läßt sich zumindest kein Einbruch feststellen, der etwa auf die Einführung des Privatfernsehens zurückzuführen wäre. Politisches Interesse und Engagement sind vielmehr unverändert, freilich verzeichnen sie auch keinen Anstieg in Folge der generellen Ausweitung von Programmangeboten.

Eine aktuelle Repräsentativumfrage, die 1995 im Bundesland Hessen durchgeführt wurde, geht den gleichen Fragen nach[30]. Danach haben die »Vielnutzer« des Fernsehens (beider »Systeme«) ein etwas stärkeres politisches Interesse als Wenignutzer. Auch der Nichtwähleranteil liegt in der Gruppe der Wenignutzer des Fernsehens zum Teil (je nach Art der untersuchten Wahl) deutlich höher als in der Gruppe der Vielnutzer. Zugleich zeichnen sich die Vielnutzer durch eine deutlich größere Distanz zur Politik aus (wenig Vertrauen in Politiker, Gefühl der politischen Einflußlosigkeit etc.) und fühlen sich in ihrem politischen Urteil eher unsicher als die Wenigfernseher. Die vornehmlich an den Unterhaltungsangeboten interessierten Zuschauer, die durchweg eine Präferenz für private Kanäle aufweisen, lassen ihrerseits eine besonders distanzierte Haltung zur Politik im allgemeinen bzw. zu den Wahlvorgängen im besonderen erkennen. Alle Befunde lassen darauf schließen, daß das Fernsehen keineswegs klare und eindeutige politische Orientierung vermittelt und dadurch zu einer größeren Sicherheit des politischen Urteils befähigt. Die Ge-

---

29 Vgl. Elisabeth Noelle-Neumann/Renate Köcher (Hrsg.), Allensbacher Jahrbuch für Demoskopie 1984–1992, Bd. 9, München 1993, S. 617 f.
30 Vgl. zum folgenden Ekkehardt Oehmichen/Erk Simon, Fernsehnutzung, politisches Interesse und Wahlverhalten, in: Media Perspektiven, (1996) 11, S. 562–571.

genthese, wonach politische Programme aufgrund der Vielfältigkeit, Widersprüchlichkeit und Komplexität der vorgetragenen Probleme, Argumente und Positionen eher Unsicherheit und Orientierungslosigkeit produzieren könnten, ist jedenfalls nicht minder plausibel. Selbst wenn sie aber zutreffen würde, so führt dies offenbar nicht automatisch und jedenfalls nicht häufiger als bei solchen Personen, die ausgesprochen wenig fernsehen, zu geringerer politischer Beteiligungsbereitschaft.

Diesem Interpretationsmuster fügt sich auch der immer wieder festgestellte Umstand, daß die politischen Informationsangebote elektronischer Medien gewissermaßen aus Gewohnheit genutzt werden, um informiert zu bleiben, aber nicht, um sie gezielt für ein bestimmtes politisches Verhalten (Entscheidungsfindung, Wahlverhalten) zu funktionalisieren[31]. Folgerichtig wird den Massenmedien eine wichtige Funktion bei der Setzung von politischen Themen zugeschrieben, über die in der Gesellschaft gesprochen wird (Agenda-Setting-Funktion), aber eher eine geringe meinungsbildende Funktion[32]. Politische Themen werden häufig aus den Medien übernommen, interpretiert und bewertet werden sie aber im persönlichen Umfeld[33].

Daß die Massenmedien (vor allem das Fernsehen) die Politik durchweg als »schmutziges Geschäft« darstellen und daher gerade diejenigen, die besonders regelmäßig die politische Berichterstattung des Fernsehens verfolgen, von der Politik entfremdet werden, ist eine andere vieldiskutierte These in diesem Zusammenhang. Sie ist unter dem Titel »Videomalaise« bekannt geworden, läßt sich aber für die Bundesrepublik Deutschland nicht bestätigen. Im Gegenteil, der Konsum politischer Sendungen im Fernsehen steht in der Regel in Zusammenhang mit niedriger Entfremdung[34]. Wenn überhaupt, dann ist den ausgesprochenen Unterhaltungssuchern die Politik eher verleidet als den informationsorientierten Nutzern. Allerdings ist unterhaltungsorientierte Fernsehnutzung selbst wiederum abhängig von politischem Interesse und dem formalen Bildungsniveau, so daß man vermuten darf,

---

31 Vgl. Heinz Bonfadelli, Die Wissenskluft-Perspektive. Massenmedien und gesellschaftliche Information, München 1994; Hans-Peter Kriesi, Akteure – Medien – Publikum. Die Herausforderung direkter Demokratie durch die Transformation der Öffentlichkeit, in: Friedhelm Neidhardt (Hrsg.), Öffentlichkeit, öffentliche Meinung und soziale Bewegungen, Opladen 1996, S. 234–260; Peter Schrott/Michael Meffert, Wahlkampf in den Fernsehnachrichten 1987 und 1990. Themenstruktur, Politikerpräsenz und Wirkungspotential der politischen Berichterstattung, in: Otfried Jarren (Hrsg.), Medienwandel – Gesellschaftswandel? 10 Jahre dualer Rundfunk in Deutschland. Eine Bilanz, Berlin 1994, S. 305–330.

32 Vgl. als Überblick Everett M. Rogers/James W. Dearing, Agenda Setting Research – Where has it been, where is it going?, in: J. Anderson (Hrsg.), Communication Yearbook 11, Newsbury Park/California 1988, S. 555–594, und Hans-Bernd Brosius, Agenda-Setting nach einem Vierteljahrhundert Forschung: Methodischer und theoretischer Stillstand?, in: Publizistik, 39 (1994), S. 269–288.

33 Vgl. u. a. Michael Schenk, Meinungsbildung im Alltag. Zum Einfluß von Meinungsführern und sozialen Netzwerken, in: Michael Jäckel/Peter Winterhoff-Spurk (Hrsg.), Politik und Medien. Analysen zur Entwicklung der politischen Kommunikation, Berlin 1994, S. 143–158; Rüdiger Schmitt-Beck, Politikvermittlung durch Massenkommunikation und interpersonale Kommunikation. Anmerkungen zu Theorieentwicklung und ein empirischer Vergleich, in: ebd., S. 159–180; Cornelia Eisenstein, Meinungsbildung in der Mediengesellschaft. Eine Analyse zum Multi-Step Flow of Communication, Opladen 1994.

34 Vgl. Christina Holtz-Bacha, Ablenkung oder Abkehr von der Politik? Mediennutzung im Geflecht politischer Orientierungen, Opladen 1990.

die Unterhaltungssucher verfolgten deshalb keine politische Berichterstattung, weil sie anderes mehr interessiere und sie genau aus dem Grund auch geringer an politischen Wahlen interessiert seien. Auch wiederholte Untersuchungen unter den Bedingungen des »dualen« Rundfunkssystems konnten insoweit die Videomalaise-These nicht bestätigten[35].

4. Fernsehen und Hörfunk als Medien der Politikvermittlung: Was darf man in Zukunft erwarten?

Sind Fernsehen und Hörfunk in ihrer heutigen Verfassung noch als Instrumente der Politikvermittlung anzusprechen, die ihrer eingangs beschriebenen Doppelfunktion aus Information und Legitimation weiterhin gerecht werden können? Empirisch gibt es weniger Anlaß daran zu zweifeln, als vielleicht vor einigen Jahren erwartet worden ist. Die hier vorgestellten Zahlen lesen sich jedenfalls wie ein Plädoyer für mehr Gelassenheit und den Verzicht auf übereilte Pauschalurteile. Das gilt zunächst für die Programminhalte. Die »externe« Politisierung eines durchschnittlichen Rundfunkangebotssystems (etwa die Gesamtheit aller in einem Haushalt empfangbaren Hörfunk- und Fernsehprogramme), also das Ausmaß, in dem Politik zum Gegenstand der Berichterstattung gemacht wird, ist nach zehn Jahren »dualen« Rundfunks nicht nur nach wie vor hoch, sondern offenbar höher als in den Zeiten des öffentlich-rechtlichen Monopolsystems. Das schließt nicht aus, daß die »interne« Politisierung einzelner Programme äußerst gering ausfallen kann, bis hin zu vollständig politikfreien Kanälen in Hörfunk und Fernsehen. Dem stehen allerdings die ausschließlich informations- und politikorientierten Spartenkanäle, etwa n-tv und neuerdings Phoenix, gegenüber, an die vor 1984 auch noch nicht zu denken war. Aus den Inhalten allein kann man insoweit noch nicht auf einen Verlust an Politikvermittlungsleistung des Rundfunks schließen. Es kommt vielmehr darauf an, was tatsächlich gesehen und gehört wird.

Hierzu muß zunächst festgehalten werden, daß das Fernsehen mit der Einführung privater Programme Mitte der achtziger Jahre einen »Nutzungsschub« (Kiefer) erfahren hat, wie er seit der Vollversorgung mit Fernsehgeräten nicht registriert worden ist. Die Hörfunknutzung stagniert, allerdings auf hohem Niveau. Generell geht die Nutzungsforschung angesichts der dargestellten Trends von einem Wandel der elektronischen Medien von Informations- zu Unterhaltungsmedien aus, der sich auf der Ebene der faktischen Mediennutzung wie der Medienbewertung bei breiten Bevölkerungskreisen nachvollziehen läßt. In Fernsehen und Radio wird häufiger nach Unterhaltung und Entspannung gesucht als nach politischer Information. Gleichwohl ist die regelrechte Vermeidungshaltung gegenüber politischer Information in den elektronischen Medien auf einen kleinen Teil des Publikums beschränkt, nämlich das exklusive Stammpublikum der privaten Sender, das rund ein Viertel des Ge-

---

35 Vgl. Barbara Pfetsch, Politische Folgen der Dualisierung des Rundfunksystems in der Bundesrepublik Deutschland, Baden-Baden 1991, und Michael Jäckel, Politisches Desinteresse und Fernsehverhalten. Welchen Einfluß hat die Programmvermehrung auf politische Einstellungen?, in: Media Perspektiven, (1991) 10, S. 681–698.

samtpublikums ausmachen dürfte[36]. Das alles sollte nicht zu der Schlußfolgerung verleiten, daß das »duale« System die Zuschauer durch ein übergroßes Angebot unterhaltender Programme gleichsam »verdorben« habe und von ihrer vormaligen Neigung zum »Information Seeker« ablenke. Vielmehr ist davon auszugehen, daß sich die Lage gegenüber der Nutzungssituation im vordualen Zeitalter, in der die konkurrenzlosen öffentlich-rechtlich Rundfunkanstalten allein durch die »Angebotspolitik« bis zu einem gewissen Grade bestimmen konnten, was gesehen wurde, normalisiert hat. Die Zuschauer sind in die Lage versetzt worden, ihre »wahren« Bedürfnisse relativ ungehindert auszuleben, und über die Struktur dieser Bedürfnisse konnte es, angesichts der vergleichbaren Lage auf dem Pressemarkt, wo die *Bild*-Zeitung bekanntlich auch mehr gelesen wird als die *Zeit,* eigentlich keinen Zweifel geben. Insoweit hat die »Dualisierung« des Rundfunksystems keine grundsätzlich neuen Nutzungsgewohnheiten geschaffen, sondern lediglich zur Verstärkung bestehender Nutzungsinteressen beigetragen, die sich heute um so ungehinderter realisieren lassen, als für praktisch jedes Interesse jederzeit ein entsprechendes Angebot abrufbar ist.

Auch die Erwartungen an die politischen Effekte elektronischer Politikvermittlung müßten angesichts der empirischen Forschungsbefunde zurückgeschraubt werden. Insgesamt dürften die Rundfunkmedien, über einen längeren Zeitraum betrachtet, keinen großen Einfluß auf das politische Interesse und die politischen Orientierungen einer Mehrheit der Bürger haben. Das schließt kurzfristige Effekte der Wissenserhöhung über spezifische Themen und Ereignisse bei speziellen Zielgruppen nicht aus, rechtfertigt aber vom Effekt her keineswegs die ausgesprochen hohe Bedeutung, die der politischen Berichterstattung von Hörfunk und Fernsehen insbesondere in Politik und Medienkritik beigemessen wird. Der Effekt wird auch nicht einfach durch mehr (öffentlich-rechtlichen oder privaten) Rundfunk verändert. Einen einfachen linearen Zusammenhang zwischen der Nutzung politischer Berichterstattung elektronischer Medien und politischer Informiertheit, politischen Einstellungen und politischem Verhalten gibt es nach heutigem Wissen nicht. Dieser Zusammenhang wird offenbar von einer Reihe anderer, medienexterner Faktoren bestimmt, nämlich von sozialstrukturellen Merkmalen wie Alter, Geschlecht, Bildungsniveau, aber auch vom politischen Interesse selbst. Im übrigen kommt es sehr darauf an, wer welche Art der Programme wie häufig nutzt. An diesem komplexen Verhältnis zwischen Rundfunknutzung und politischem Verhalten hat sich seit Einführung des »dualen« Systems nichts Grundsätzliches verändert.

Neben diese empirischen Argumente treten einige neuere theoretische Überlegungen, die es ebenso angeraten erscheinen lassen, die Politikvermittlungsleistungen elektronischer Medien von überhöhten Anforderungen zu befreien. Das betrifft zunächst den ewig jungen Vorwurf, die elektronischen Massenmedien würden die Politik verzerrt, verkürzt, zu oberflächlich und jedenfalls »irgendwie« unzutreffend wiedergeben. Diese Klage wird durch die Einsicht relativiert, daß auch die Massenmedien, wie jedes gesellschaftliche Subjekt, gar nichts anderes tun können, als ihre Umwelt zu beobachten, und daß jede Beobachtung der Außenwelt zwangsläufig durch »blinde« Flecken getrübt ist. Das liegt nicht etwa daran, daß die Medien manipulieren wollten (das mag im Einzelfall so sein oder auch nicht), son-

---

36 Vgl. M Kiefer u. a. (Anm. 26), S. 86.

dern daran, daß man, um zu beobachten, eine Perspektive einnehmen muß, daß man, wie der operative Konstruktivismus sagt, Unterscheidungen in die Welt legen muß, um damit die eine oder andere Seite dieser Unterscheidung bezeichnen zu können. Mit jeder Operation dieser Art kann man dann aber eben auch nur diese beiden Seiten sehen, nichts anderes (und übrigens auch die Unterscheidung selbst nicht). Umgekehrt formuliert: Alles, was nicht auf einer der beiden Seiten der verwendeten Unterscheidung liegt, bleibt unsichtbar, man mag wollen oder nicht. Andere Unterscheidungen machen zwar anderes sichtbar, verweisen aber ihrerseits den gesamten Rest in die Tiefen des unbezeichneten Raums.

Zudem ist der Spielraum für alternative Betrachtungsmöglichkeiten der Politik durch audiovisuelle Medien eng begrenzt. Angesichts der medien- oder formatinduzierten Zwänge der Beobachtungs- und Vermittlungsweise ist die Forderung, die elektronischen Massenmedien sollten die Politik so darstellen, wie sie gemacht wird, bestenfalls gut gemeint. Das Fernsehen kann beispielsweise gar nicht anders, als Politik zu personalisieren, denn wie soll man eine Regierung, eine Partei oder das Parlament sonst darstellen? Es kann nicht anders, als zu symbolisieren, denn wie sollte man beispielsweise das »Telekommunikationsdienstegesetz« sonst vermitteln (etwa durch Abfilmen oder Verlesen des Textes?), es kann nicht anders, als Prozesse auf Ergebnisse zu verkürzen, denn wer wollte mehrwöchige Verhandlungen in »Echtzeit« miterleben? Es kann sich nur auf »Pseudoereignisse« (wie Pressekonferenzen und ähnliches) konzentrieren, denn bei den »eigentlichen« Ereignissen ist es nicht dabei. Das konstruktivistische Denken in der Wissenschaft hat aber auch Konsequenzen für die Nutzungsseite des medialen Politikvermittlungsprozesses. So hat die Neurobiologie unseren Blick dafür geschärft, daß das menschliche Bewußtsein keinen direkten Zugang zu der es umgebenden Außenwelt hat, sondern daß sich jedes Bewußtsein »seine Realität« auf der Basis spezifisch beschränkter Beobachtung immer neu »errechnet«. Im Hinblick auf die politische Medienrealität folgt daraus die Vermutung, daß möglicherweise jeder etwas anderes sieht (oder hört), auch wenn alle dasselbe gucken (oder hören). Welche Medieninhalte in welcher Dosierung die eingangs beschriebene Doppelfunktion von Politikvermittlung in optimaler Weise bedienen, wäre unter dieser Prämisse jedenfalls weitgehend unkalkulierbar[37].

Das alles soll nun nicht heißen, daß es völlig egal sei, was die elektronischen Medien über die Politik berichten und wer ihnen dabei zuschaut. Es gibt gute Gründe, dies auch weiterhin wissenschaftlich im Blick zu halten. Eine realistische Bewertung der vielfach überschätzten Möglichkeiten elektronischer Medien sollte aber dazu beitragen, die empirischen Schwankungen wesentlich sachlicher zu interpretieren. Aus empirischer wie theoretischer Sicht gibt es jedenfalls wenig Anlaß zu der Vermutung, daß der Rundfunk als »duales System« eine wesentlich andere Rolle in der Politikvermittlungsstruktur der Bundesrepublik Deutschland spielt, als dies in den Jahren der öffentlich-rechtlichen Alleinherrschaft der Fall war.

---

37 Beispielsweise geht ein Großteil der einschlägigen Forschung implizit oder explizit davon aus, daß die Vermittlung von Politik hauptsächlich in den politischen Sendungen des Rundfunks geleistet wird. Aber sind politische Sendungen wirklich nur diejenigen, die die Macher selbst bzw. die wissenschaftlichen Beobachter dafür halten? Umgekehrt gefragt: Kann man ausschließen, daß etwa die fiktionalen Sendungen in hohem Maße die politisch relevanten Weltbilder, Wertmuster und Einstellungen des Publikums prägen?

Jens Tenscher

Politik für das Fernsehen – Politik im Fernsehen.
Theorien, Trends und Perspektiven

1. Fragestellung

Die Frage nach der Verflechtung von Politik und Massenmedien hat sich in den vergangenen 20 Jahren zu einem der meistbeachteten Diskussionsfelder der deutschsprachigen Publizistik, Journalistik, Politik- und Kommunikationswissenschaft entwickelt. Ein Grund für dieses enorme Interesse sind zweifelsohne die seit Zulassung privater Rundfunkanbieter zunehmenden Berührungs- und Reibungspunkte zwischen den gesellschaftlichen Teilbereichen Massenmedien und Politik. Insbesondere das weit verbreitete Fernsehen ist dabei zunehmend in den Mittelpunkt des politischen Kommunikationsflusses und dessen wissenschaftlicher Beobachtung geraten.

Der folgende Beitrag untersucht aus zwei Blickwinkeln eine etablierte, doch sich weiter verformende deutsche »Fernseh-Politik-Landschaft« nach Einführung des dualen Rundfunks im Jahre 1984[1]. Es werden Ausgangsbedingungen, Strukturen und Merkmale einer (wie) für das Fernsehen geschaffenen Politikvermittlung aufgezeigt. Im Mittelpunkt der Betrachtung steht dabei insbesondere die von den Akteuren des politischen Systems ausgehende kommunikative Steuerung der politischen Berichterstattung, also der Versuch, Politik *für das* Fernsehen zu machen. Auf der anderen Seite geht es in diesem Beitrag um Politik *im* Fernsehen. Dazu werden Kennzeichen und Veränderungen von zur Zeit noch differenzierbaren Genres mit politischem Inhalt und/oder politischen Akteuren veranschaulicht.

Aus dieser Gegenüberstellung heraus werden parallele, sich wechselseitig beeinflussende und sich ähnelnde Trends mit Blick auf Bedingungen und Strukturen der politischen Kommunikation verdeutlicht, also mit Blick auf den Fluß aller Informationen, Symbole und Mitteilungen, die – von wem auch immer – mit politischer Relevanz in Umlauf gesetzt werden, den politischen Prozeß strukturieren und ihm Sinn verleihen[2]. Abschließend werden Perspektiven der weiteren Entwicklung in der Beziehung von Politik und Fernsehen skizziert.

---

1 Für eine ausführliche und konstruktive Kommentierung einer ersten Fassung des vorliegenden Beitrages bin ich Ulrich Sarcinelli zu besonderem Dank verpflichtet.
2 Vgl. Wolfgang Bergsdorf, Probleme der Regierungskommunikation, in: Communications, 12 (1986) 3, S. 27–40, hier S. 27–28.

2. Politik für das Fernsehen

2.1 Politikvermittlung und symbolische Politik

Demokratische Herrschaft in einer parteienstaatlich geprägten Wettbewerbsdemokratie wie der Bundesrepublik Deutschland ist durch periodisch wiederkehrende Wahlen zeitlich begrenzt. Da demokratische Politik an sich begründungs- und zustimmungspflichtig ist, müssen sich Politik, politische Entscheidungsträger und deren Handeln permanent vor der politischen Öffentlichkeit rechtfertigen, diese über politische Planungen und Entscheidungen informieren und Aufmerksamkeit erzeugen[3]. Wahlkämpfe sind in diesem Prozeß Stoßzeiten der von den politischen Akteuren ausgehenden Suche nach »Legitimation durch Kommunikation«[4]. Dies darf jedoch nicht darüber hinwegtäuschen, daß politische Kommunikation permanent stattfindet und auf Dauer angelegt ist – nicht zuletzt deswegen, weil politisches Handeln selbst auch kommunikatives Handeln ist.

Grundlegend für das Verständnis von politischer Kommunikation ist das auf Murray Edelman zurückgehende Konzept der »symbolischen Politik«[5]. Edelmans Ansatz geht von einer Doppelung der politischen Realität aus. Darunter versteht er, daß alle politischen Handlungen und Ereignisse gekennzeichnet sind durch die Trennung in eine instrumentelle Dimension bzw. einen Nennwert – die tatsächlichen Effekte der politischen Handlung – und eine expressive Dimension bzw. einen dramaturgischen Symbolwert – die Darstellung der Handlung für die Öffentlichkeit. Die nach Edelman aus Sicht der politischen Akteure rollenbedingte und unbewußte Inszenierung einer politischen Scheinwelt für den Bürger durch politische Symbole sowie deren mystifizierende Ritualisierung für und durch die Massenmedien überlagern zunehmend den Nennwert der politischen Handlungen.

Daran anknüpfend unterscheidet auch Ulrich Sarcinelli zwischen den Dimensionen der Herstellung (Erzeugung) und der Darstellung (Vermittlung) von Politik, zwischen politischem Nenn- und Symbolwert[6]. Materielle (herstellende) Politik verliert nach Sarcinelli im Medien- und vor allem im Fernsehzeitalter zunehmend

---

3 Zum hier zugrunde gelegten Verständnis von politischer Öffentlichkeit vgl. Jürgen Gerhards/ Friedhelm Neidhardt, Strukturen und Funktionen moderner Öffentlichkeit. Fragestellungen und Ansätze, Berlin 1990 (WZB Paper, FS III 90–101), hier S. 9, sowie Jürgen Gerhards, Politische Öffentlichkeit. Ein system- und akteurstheoretischer Bestimmungsversuch, in: Friedhelm Neidhardt (Hrsg.), Öffentlichkeit, öffentliche Meinung, soziale Bewegungen, Opladen 1994, S. 77–105.
4 Ulrich Sarcinelli, Mediale Politikdarstellung und politisches Handeln: analytische Anmerkungen zu einer notwendigerweise spannungsreichen Beziehung, in: Otfried Jarren (Hrsg.), Politische Kommunikation in Hörfunk und Fernsehen. Elektronische Medien in der Bundesrepublik Deutschland, Opladen 1994, S. 35–50, hier S. 35.
5 Vgl. Murray Edelman, Politik als Ritual. Die symbolische Funktion staatlicher Institutionen und politischen Handelns, Frankfurt/M.–New York 1976.
6 Vgl. Ulrich Sarcinelli, Symbolische Politik. Zur Bedeutung symbolischen Handelns in der Wahlkampfkommunikation der Bundesrepublik Deutschland, Opladen 1987; ders., Überlegungen zur Kommunikationskultur. Symbolische Politik und politische Kommunikation, in: Walter A. Mahle (Hrsg.), Medienangebot und Mediennutzung. Entwicklungstendenzen im entstehenden dualen Rundfunksystem, Berlin 1989, S. 129–144, sowie ders. (Anm. 4).

den Bezug zum entscheidenden Gestalten. Im Gegensatz dazu wird die »Mediatisierung« von Politik, d. h. die massenmediale und vor allem fernsehgerechte Darstellung und »Verpackung« von Politik, zur Aufrechterhaltung und Vortäuschung politischer Steuerungsfähigkeit immer wichtiger. Sprachliche Symbole (Schlagwörter wie »Euro«, »Steuerreform« etc.) und nichtsprachliche Symbole (Hymnen, Fahnen, das Händeschütteln bei Staatsempfängen etc.) erzeugen Aufmerksamkeit. Sie reduzieren zudem politische Problemkomplexität, vermitteln eine bestimmte Weltsicht und wecken beim Publikum Emotionen.

Politische Symbole dienen jedoch nicht nur der Vermittlung bzw. Darstellung politischer Realitäten. Im Wettbewerb der Parteien und Politiker um Medienaufmerksamkeit können und werden politische Symbole auch zur Vortäuschung einer politischen Scheinrealität instrumentalisiert (werden). Für eben diesen konkreten Einsatz von politischen Symbolen im Politikvermittlungsprozeß steht der Begriff »symbolische Politik«. Die mitunter unpräzise und meist abfällige Verwendung dieses Begriffes im Alltagsgebrauch verdeutlicht die weitverbreitete Kritik an der Symbolhaftigkeit der Politik. Sie übersieht jedoch, daß es Politik »pur«, also eine politische Wirklichkeit zum »Nennwert« ohne Dramaturgie und ohne symbolischen Zusatz, nicht geben kann. Seitdem politisch gehandelt wird, ist symbolische Politik immer ein unausweichlicher Bestandteil politischer Realität gewesen[7]. Sie stellt ein Forum für politische Entscheidungsträger dar, sich zu präsentieren, Problemlösungskompetenz unter Beweis zu stellen und politische Grundorientierungen, Werte und Normen zu vermitteln[8]. Da nun aber für die große Mehrheit der Bevölkerung Politik in ihrer ganzen Komplexität nicht direkt erfahrbar ist, wird von der Öffentlichkeit weitestgehend unbemerkt, die mediengerechte Darstellung von Politik in Form von Ritualen, Stereotypen, Symbolen und geläufigen Denkschemata zur allgemein akzeptierten Vorstellung von »politischer Wirklichkeit«[9]: Während die Inszenierung von Politik für das Publikum zur politischen Realität wird, bleibt das politische Handeln »hinter der Medienbühne« aber weitestgehend im Dunkeln.

2.2 Das Leitmedium Fernsehen

Seit den sechziger Jahren ist die Anzahl der Bürger gesunken, die sich konventioneller Partizipationsformen bedienen, während im gleichen Zeitraum die Zahl der parteiungebundenen Wähler gestiegen ist[10]. Mit den ehemals erfolgreichen

---

7 Vgl. Ulrich Sarcinelli, »Fernsehdemokratie«. Symbolische Politik als konstruktives und als destruktives Element politischer Wirklichkeitsvermittlung, in: Wolfgang Wunden (Hrsg.), Öffentlichkeit und Kommunikationskultur. Beiträge zur Medienethik, Band 2, Hamburg–Stuttgart 1994, S. 31–41, hier S. 34.
8 Vgl. Ulrich Sarcinelli, Symbolische Politik und politische Kultur. Das Kommunikationsritual als politische Wirklichkeit, in: Politische Vierteljahresschrift, 30 (1989) 2, S. 292–309, hier S. 300–304.
9 Vgl. Ulrich Sarcinelli, Massenmedien und Politikvermittlung – eine Problem- und Forschungsskizze, in: Rundfunk und Fernsehen, 39 (1991) 4, S. 469–486, hier S. 479.
10 Vgl. Bettina Westle, Politische Partizipation, in: Oscar W. Gabriel (Hrsg.), Die EG-Staaten im Vergleich. Strukturen, Prozesse, Politikinhalte, Opladen 1992, S. 135–171, sowie Oscar W.

klassischen Formen der Wahlkampagne – öffentlichen Veranstaltungen, Werbeaktionen, Parteiständen etc. – erreichen die Parteien in Zeiten sinkender Mitgliederzahlen und schwach ausgeprägter Parteibindungen immer seltener und weniger Bürger und Wähler. Statt direkter Kontaktaufnahme ist die politische Kommunikation im allgemeinen und die Wahlkampagne im besonderen deswegen mittlerweile durch die indirekte, einseitige und durch die Massenmedien vermittelte Ansprache der politischen Akteure an ihr Publikum gekennzeichnet[11].

Deren Versuche der Politik- und Selbstdarstellung via Massenmedien richten sich – nicht nur zu Wahlkampfzeiten – in erster Linie auf das Leitmedium Fernsehen. Dies hat zwei Gründe. Zunächst scheint in der Politik noch immer der Ende der siebziger Jahre entfachte, empirisch mittlerweile jedoch vielfach entkräftete Mythos der wahlentscheidenden Wirkungsallmacht des Fernsehens vorzuherrschen. Darüber hinaus birgt die politische Kommunikation via Fernsehen in der Tat einige Vorteile gegenüber anderen Massenmedien. Da fast jeder Haushalt in Deutschland einen Fernseher besitzt, ist über Television das größte Publikum erreichbar. Die Rezipienten billigen darüber hinaus seit den sechziger Jahren, wenn auch stetig abnehmend, dem Fernsehen unter allen Massenmedien die relativ größte Glaubwürdigkeit, Objektivität und Vollständigkeit in der politischen Informationsvermittlung zu.

Dies drückt sich darin aus, daß das Fernsehen mit seinen tagesaktuellen politischen Informationsangeboten mehr Menschen erreicht als Hörfunk und Tageszeitung[12]. Letztlich profitiert das Bildmedium Fernsehen gegenüber anderen Massenmedien von seiner – Aktualität und Authentizität suggerierenden – visualisierenden Präsentationsweise. Gerade die visuelle Komponente des Fernsehens, der »Zeigezwang« dieses Mediums, bietet den politischen Akteuren im Vergleich zu Hörfunk und Presse ein einzigartiges Forum zur Selbstdarstellung. Diese Möglichkeiten, im Fernsehen präsent zu sein, haben sich mit der im europäischen Vergleich einmaligen Ausweitung der empfangbaren Fernsehprogramme, der Verdoppelung des Programmvolumens seit 1985 und, damit einhergehend, dem Öffnen neuer Einflußkanäle vervielfältigt[13]. Die Konsequenz aus alledem ist, daß politische Akteure primär über das Fernsehen öffentlich kommunizieren. Wer nicht auf diesem Kommunikationskanal sendet, ist auch politisch nicht präsent und wird schlichtweg weniger wahrgenommen.

Gabriel/Oskar Niedermayer, Entwicklung und Sozialstruktur der Parteimitgliedschaften, in: dies./Richard Stöss (Hrsg.), Parteiendemokratie in Deutschland, Bonn–Opladen 1997, S. 277–300.
11 Vgl. J. Gerhards (Anm. 3), sowie Rüdiger Schmitt-Beck/Barbara Pfetsch, Zur Generierung von Öffentlichkeit in Wahlkämpfen, in: F. Neidhardt (Anm. 3), S. 106–138.
12 Vgl. den Beitrag von Uwe Hasebrink in diesem Band; Marie-Luise Kiefer, Massenkommunikation 1995. Ergebnisse der siebten Welle der Langzeitstudie zur Mediennutzung und Medienbewertung, in: Media Perspektiven, (1996) 5, S. 234–248, und Wolfgang Darschin/Bernward Frank, Tendenzen im Zuschauerverhalten. Fernsehgewohnheiten und Programmbewertungen 1995, in: Media Perspektiven, (1996) 4, S. 174–185.
13 Vgl. W. Darschin/B. Frank (Anm. 12), S. 174, sowie Udo Michael Krüger, Tendenzen in den Programmen der großen Fernsehsender 1985 bis 1995. Elf Jahre Programmanalyse im dualen Rundfunksystem, in: Media Perspektiven, (1996) 8, S. 418–440, hier S. 419.

2.3 Politische Öffentlichkeitsarbeit und »Pseudo-Ereignisse« für das Fernsehen

Politische Öffentlichkeitsarbeit (PR) umfaßt eine Vielzahl an kommunikativen Maßnahmen des Marketings, der Werbung, des Lobbyings, der Propaganda, der Information sowie der Presse- und Medienarbeit, derer sich die Institutionen des politischen Systems – also Regierungen, Parlamente, Parteien, Fraktionen und politisch aktive Interessengruppen – zur Pflege öffentlicher Beziehungen bedienen[14]. Es wäre empirisch falsch und aus theoretischer Perspektive unzulässig, (politische) PR auf die Rolle einer »Zuliefererindustrie« für den Journalismus zu reduzieren. Neuere Studien zur Öffentlichkeitsarbeit gehen davon aus, daß diese in makrosoziologischer Sicht ebenso wie Journalismus ein unabhängiges, publizistisches Teilsystem sei[15]. Da nicht zuletzt das Mediensystem auf die aktive Zuarbeit und auf die Informationsleistungen der PR-Praxis angewiesen ist, rechnet Günter Bentele dem »PR-System« in demokratischen Gesellschaften wie dem Mediensystem selbst eine »demokratiekonstitutive« Funktion zu[16]. Auch die Vermutung, PR sei nichts anderes als Propaganda, ist empirisch nicht haltbar. Tatsächlich kann Öffentlichkeitsarbeit – zumal verständigungsorientierte – eigenständige, zum großen Teil faktenbezogene und am Gemeinwohl orientierte Informations- und Kommunikationsleistungen erbringen.

Die Presse- und Öffentlichkeitsabteilungen vieler politischer Institutionen haben sich in den vergangenen Jahren vergrößert und strukturell verändert. So hat eine wachsende Zahl professioneller Medienberater und Kommunikationsstrategen vielerorts politische Experten verdrängt. Diese Entwicklung wird sich vermutlich in Zukunft weiter fortsetzen[17]. Dessen ungeachtet scheint die politische PR zur Zeit erst einen relativ geringen Professionalisierungs- und Organisationsgrad aufzuweisen[18]. Spezifische, systemnotwendige Berufs- und Funktionsrollen sind (noch) nicht voll ausgebildet. Dazu kommen ein Mangel an Handlungskompetenz, an langfristigen Konzeptionen und eine stark ausgeprägte Personenverpflichtung der

---

14 Vgl. zu Theorie und Definition von politischer PR den Beitrag von Günther Bentele in diesem Band sowie Otfried Jarren, Kann man mit Öffentlichkeitsarbeit die Politik »retten«? Überlegungen zum Öffentlichkeits-, Medien- und Politikwandel in der modernen Gesellschaft, in: Zeitschrift für Parlamentsfragen, 25 (1994) 4, S. 653–673.
15 Vgl. Roland Burkart, Verständigungsorientierte Öffentlichkeitsarbeit. Der Dialog als PR-Konzeption, in: Günter Bentele/Horst Steinmann/Ansgar Zerfaß (Hrsg.), Dialogorientierte Unternehmenskommunikation. Grundlagen, Praxiserfahrungen, Perspektiven, Berlin 1996, S. 245–270.
16 Vgl. Günther Bentele, Public Relations – ein konstitutives Element demokratischer Kommunikationsgesellschaften: Thesen zu den Zukunftsperspektiven der Öffentlichkeitsarbeit, Bonn 1996.
17 Vgl. Peter Radunski, Politisches Kommunikationsmanagement. Die Amerikanisierung von Wahlkämpfen, in: Bertelsmann Stiftung (Hrsg.), Politik überzeugend vermitteln: Wahlkampfstrategien in Deutschland und den USA. Analysen und Bewertungen von Politikern, Journalisten und Experten, Gütersloh 1996, S. 33–52.
18 Vgl. Otfried Jarren, Politik und Medien: Einleitende Thesen zu Öffentlichkeitswandel, politischen Prozessen und politischer PR, in: Günter Bentele/Michael Haller (Hrsg.), Aktuelle Entstehung von Öffentlichkeit. Akteure – Strukturen – Veränderungen, Konstanz 1997, S. 103–110.

politischen Öffentlichkeitsarbeiter. Dies alles führt dazu, daß die politische PR derzeit nur in geringem Maße durch ein verständigungsorientiertes dauerhaftes Management von Informations- und Kommunikationsbeziehungen zwischen den politischen Akteuren bzw. Institutionen einerseits und den Bürgern andererseits geprägt ist. Statt dessen ist die politische PR vor allem durch routinemäßige Medienarbeit, Binnenbeobachtung und Beobachtung politischer Kontrahenten gekennzeichnet. Sie verfolgt derzeit vornehmlich kurzfristige und taktische Ziele und versucht dabei, die Medien mit möglichst vielen »Informationsvorprodukten« zu füttern. Das bedeutet, daß die politische PR derzeit hauptsächlich »persuasiv« aktiv ist[19]. Das Ziel derartiger PR-Aktivitäten ist es, die politische Berichterstattung – besonders zu den Stoßzeiten der politischen Kommunikation, den Wahlkämpfen – als »kostenlosen Werbeträger« zu nutzen[20].

Das zentrale kommunikationsstrategische Instrument der politischen PR und der symbolischen Politik ist das tagesaktuelle Management von »mediatisierten« Ereignissen und »Pseudo-Ereignissen«[21]. Politische Akteure nutzen es zur Steuerung der Medienberichterstattung, zur Sicherung von Medienpräsenz, zur Erringung von Aufmerksamkeit, zur Beeinflussung der gesellschaftlichen Tagesordnung an politischen Themen und an Problemansätzen sowie zur Beeinflussung von Selbst- und Fremdbildern (Images). Während mediatisierte Ereignisse »lediglich« mediengerecht überformte und strategisch geplante Ereignisse der »materiellen« Politik sind (z. B. Auslandsreisen, Parteitage etc.), fänden Pseudo-Ereignisse ohne über sie berichtende Massenmedien überhaupt nicht statt. Pseudo-Ereignisse sind also Vorfälle, die eigens zum Zwecke der Berichterstattung herbeigeführt werden. Dazu zählen routinemäßige Inszenierungen (z. B. Pressekonferenzen und Pressemitteilungen), spektakuläre Inszenierungen (z. B. Kundgebungen, Demonstrationen) sowie ungewöhnliche Ereignisse (z. B. fallschirmspringende oder durch den Rhein schwimmende Spitzenpolitiker).

Das Management derartiger Medienereignisse hat sich längst dem routinemäßig ablaufenden Vorgang der journalistischen Nachrichtenselektion, also der systematischen Selektivität der Massenmedien, mit der die Komplexität der Realität reduziert wird, angepaßt und entsprechende Medienstrategien entworfen[22]. Dabei kommt der politischen PR entgegen, daß sich die Nachrichtenredaktionen kostspielige Eigenrecherchen aufgrund ihrer Ressourcenknappheit hinsichtlich Personal, Material und Zeit nur begrenzt leisten können oder wollen. So ist die tägliche Berichterstattung wohl oder übel in hohem Maße auf die (PR-)Aktivitäten politischer und sonstiger Akteure angewiesen. Wie die Untersuchungen von Barbara

19 Vgl. O. Jarren (Anm. 14), S. 661.
20 Vgl. Rüdiger Schmitt-Beck, Eine »vierte Gewalt«? Medieneinfluß im Superwahljahr 1994, in Wilhelm Bürklin/Dieter Roth (Hrsg.), Das Superwahljahr. Deutschland vor unkalkulierbaren Regierungsmehrheiten?, Köln 1994, S. 266–292, hier S. 276, sowie ders./B. Pfetsch (Anm. 11), S. 111.
21 Vgl. Hans Mathias Kepplinger, Ereignismanagement. Wirklichkeit und Massenmedien, Zürich–Osnabrück 1992, hier S. 51–52, sowie Daniel J. Boorstin, From News Gathering to News Making. A Flood of Pseudo-Events, in: ders., The Image. A Guide to Pseudo-Events in America, New York 1961, S. 7–44.
22 Vgl. dazu die frühen Ausführungen von Peter Radunski, Wahlkämpfe. Moderne Wahlkampfführung als politische Kommunikation, München 1980, hier S. 77–87.

Baerns und Martin Löffelholz zeigen, greift die unter Aktualitätsdruck arbeitende und auf Bilder angewiesene politische Fernsehberichterstattung in der Tat in sehr hohem Maße und mit geringer kritischer Distanz auf die »Vorprodukte« der politischen Kommunikatoren, also der Politiker und Öffentlichkeitsarbeiter, zurück[23].

Im alltäglichen Prozeß der Nachrichtenauswahl spielen sogenannte »Nachrichtenfaktoren« eine entscheidende Rolle[24]. Beispiele für derartige Auswahlkriterien sind der Status der Akteure sowie die Relevanz, Dynamik, Personalisierung und Emotionalisierung von Ereignissen. Generell ist festzuhalten, daß mit der Zahl der Nachrichtenfaktoren, mit denen politische und sonstige Akteure ein Ereignis besetzen und/oder in logistischer Weise mediengerecht vorstrukturieren, die Wahrscheinlichkeit der Berichterstattung über dieses Ereignis steigt[25]. Dabei zeigt das Beispiel der von »Greenpeace« initiierten Anti-Shell-Kampagne 1995, wie erfolgreich die Inszenierung spektakulärer, visualisierter Ereignisse im Hinblick auf die Medienresonanz sein kann. Von dieser Kampagne einmal abgesehen, erschwert besonders das öffentlich-rechtliche Fernsehen kleineren Parteien und Interessenorganisationen den Zugang zur politischen Berichterstattung, während vornehmlich Regierungspolitiker vom Nachrichtenwert »Status« deutlich profitieren[26].

Mit der zu beobachtenden steigenden Zahl an Pseudo-Ereignissen wird jedoch eine zentrale Funktion der Massenmedien – die der Herstellung und Bereitstellung von Themen zur öffentlichen Kommunikation – zunehmend an die politische Sphäre abgegeben. Das von den politischen Akteuren bzw. der politischen PR ausgehende strategische Management von symbolischer Politik strukturiert jedoch nicht nur inhaltlich bzw. thematisch, sondern auch in zeitlicher Hinsicht die politische Berichterstattung der Massenmedien vor. In diesem Zusammenhang fällt auf, daß ritualisiert ablaufende Pressekonferenzen im Normalfall zwischen 12.00 und 14.00 Uhr stattfinden. Hauptgrund dafür ist, daß durch die mittägliche Terminierung den Fernsehjournalisten genügend Zeit zur Produktion eines Beitrages für die abendlichen Hauptnachrichten eingeräumt werden soll[27].

2.4 Veränderungen politischer Prozesse und deren Vermittlung

Die oben beschriebene »Doppelung des Politischen« scheint sich im dualen Fernsehzeitalter der Bundesrepublik zu veralltäglichen. Was zunächst besonders für

---

23 Vgl. Barbara Baerns, Journalismus oder Öffentlichkeitsarbeit? Zum Einfluß im Mediensystem, Bochum 1985; Martin Löffelholz, Dimensionen struktureller Kopplung von Öffentlichkeitsarbeit und Journalismus. Überlegungen zur Theorie selbstreferentieller Systeme und Ergebnisse einer repräsentativen Studie, in: G. Bentele/M. Haller (Anm. 18), S. 188–208.
24 Zu den einzelnen Nachrichtenfaktoren vgl. Winfried Schulz, Die Konstruktion von Realität in den Nachrichtenmedien. Analyse der aktuellen Berichterstattung, Freiburg–München 1976, sowie Joachim Friedrich Staab, Nachrichtenwert-Theorie. Formale Struktur und empirischer Gehalt, Freiburg–München 1990.
25 Vgl. Jürgen Gerhards, Die Macht der Massenmedien und Demokratie. Empirische Befunde, Berlin 1991 (WZB Paper, FS III 91–108).
26 Vgl. R. Schmitt-Beck (Anm. 20), S. 278.
27 Vgl. Peter Ludes/Georg Schütte, Von der Nachricht zur News-Show. Ein deutsch-amerikanischer Nachrichtenvergleich, in: Medium Spezial, (1993) 23, S. 56–59.

Wahlkämpfe galt, scheint zum integralen Bestandteil sich »amerikanisierender« politischer Prozesse zu werden, bei denen die darstellende Seite von Politik zunehmend die herstellende Seite überdeckt[28]. So werden zum einen inner- und zwischenparteiliche Konflikte heutzutage nicht mehr nur hinter den verschlossenen Türen der Partei- und Fraktionssitzungen ausgetragen; zum Hauptforum der Auseinandersetzung hat sich vielmehr das Fernsehen entwickelt. Zum anderen vermittelt sich Politik für das Fernsehen im dualen Rundfunk zusehends durch eine fernsehgerechte Visualisierung, Inszenierung, Ritualisierung, Emotionalisierung und vor allem durch eine – auch auf Unterhaltung ausgelegte – Personalisierung[29]. Zwar sind, wie Max Kaase am Beispiel der Berichterstattung zum Bundestagswahlkampf 1990 verdeutlicht, der Personalisierung von Politik in der parlamentarischen Parteiendemokratie Deutschlands Grenzen gesetzt[30]. So ist in der deutschen Fernseh-Politik-Landschaft bisher auch (noch) kein Medienstar zu sehen, der dem in die Geschichte als »Great Communicator« eingegangenen ehemaligen US-Präsidenten Ronald Reagan nacheifern könnte[31]. Dennoch sind deutsche Politiker auch außerhalb von Wahlkämpfen auf Mediengewandtheit, Telegenität und ein fernsehtaugliches Charisma zunehmend angewiesen, um Medienaufmerksamkeit auf sich und ihre Partei lenken zu können[32].

Die beschriebenen quantitativen und qualitativen Veränderungen der von Politikern ausgehenden Politikvermittlung sind nicht zuletzt eine Folge der kontinuierlich wachsenden Darstellungsmöglichkeiten, die sich der Politik im Fernsehen seit Einführung des dualen Rundfunks bieten. So ist Medienpräsenz im Fernsehzeitalter zum unbestrittenen Grundstein politischen Erfolgs geworden. Allerdings bleiben die wachsenden Steuerungsversuche durch Politik *für das* Fernsehen bzw. die zunehmende Beeinflussung der politischen Fernsehberichterstattung durch die politischen Akteure nicht ohne Konsequenzen für die Darstellung von Politik *im* Fernsehen.

---

28 Vgl. Barbara Pfetsch/Rüdiger Schmitt-Beck, Amerikanisierung von Wahlkämpfen? Kommunikationsstrategien und Massenmedien im politischen Mobilisierungsprozeß, in: Michael Jäckel/Peter Winterhoff-Spurk (Hrsg.), Politik und Medien. Analysen zur Entwicklung der politischen Kommunikation, Berlin 1994, S. 231–252, sowie P. Radunski (Anm. 17).
29 Vgl. Christina Holtz-Bacha, Entfremdung von Politik durch »Fernseh-Politik«? – Zur Hypothese von der Videomalaise, in: O. Jarren (Anm. 4), S. 123–133, hier S. 124.
30 Vgl. Max Kaase, Is there Personalization in Politics? Candidates and Voting Behavior in Germany, in: International Political Science Review, 15 (1994) 3, S. 211–230.
31 Vgl. Peter Ludes, Stars der internationalen Politik. Das Gipfeltreffen zwischen Gorbatschow und Reagan in Fernsehnachrichtensendungen der Bundesrepublik und der DDR, in: Christian W. Thomsen/Werner Faulstich (Hrsg.), Seller, Stars und Serien. Medien im Produktverbund, Heidelberg 1989, S. 35–93.
32 Vgl. Peter Glotz, Die politische Krise als Kommunikationskrise. Eine kommunikationswissenschaftliche Makroanalyse, in: Aus Politik und Zeitgeschichte, B 36-37/97, S. 3–7, und Astrid Schütz, Politik oder Selbstdarstellung? Beispiele von Politikerauftritten, in: M. Jäckel/ P. Winterhoff-Spurk (Anm. 28), S. 193–209.

3. Politik im Fernsehen

3.1 Nachfrage und Angebot

Das Beobachten der überwiegend aus der Distanz erfahrbaren Politik spielt für die meisten Bürger weder eine dominante Rolle im Leben allgemein noch beim alltäglichen Fernsehen im speziellen. Das heißt nicht, daß es nicht einen beträchtlichen Anteil von Zuschauern gäbe, die das Fernsehen vornehmlich zur politischen Information nutzen. Dessen ungeachtet haben es in den vergangenen Jahren nicht zuletzt private Programmalternativen einer steigenden Zahl von Zuschauern ermöglicht, ihr individuelles »Fernsehmenü« stark mit Unterhaltungsangeboten anzureichern. So hat die Vergrößerung des Programmangebots zu einem, was das Nutzungsverhalten angeht, sich ausdifferenzierenden Fernsehpublikum geführt[33]. Während die öffentlich-rechtlichen Sender im dualen System weiterhin an die Erfüllung ihrer gesellschaftlichen und politischen Funktionen gebunden bleiben, wie sie in den Rundfunk- und Staatsverträgen fixiert sind, können sich die nach ökonomischen Kriterien handelnden privaten Sender den rechtlich definierten Anforderungen an eine ausgewogene und vielfältige Berichterstattung weitgehend entziehen[34]. Sie sind daher in den vergangenen Jahren in der Lage gewesen, mit ihrer Programmgestaltung dem offenkundigen Publikumsinteresse an Unterhaltung nachzukommen. Mit der wachsenden Konkurrenz der privaten Fernsehprogramme hat sich jedoch auch bei ARD und ZDF zunehmend das Publikum als relevante Planungsgröße etabliert[35].

Im gleichen Zeitraum hat sich die Darstellung von Politik im Fernsehen qualitativ verändert und quantitativ im Verhältnis zum expandierenden Gesamtprogramm aller Sender verringert[36]. Diese prozentuale Marginalisierung der politischen Berichterstattung im Hinblick auf eine wachsende Zahl an Programmen konnte auch durch die deutliche Ausdehnung des Programmvolumens an Nachrichten- und

---

33 Vgl. U. Hasebrink (Anm. 12); ders., Das Publikum verstreut sich, in: Otfried Jarren (Hrsg.), Medienwandel – Gesellschaftswandel? 10 Jahre dualer Rundfunk in Deutschland. Eine Bilanz, Berlin 1994, S. 265–287, sowie Harald Berens/Marie-Luise Kiefer/Arne Meder, Spezialisierung der Mediennutzung im dualen Rundfunksystem, in: Media Perspektiven, (1997) 2, S. 80–91.
34 Vgl. Reinhard Wieck, Das Wettbewerbsverhältnis von öffentlich-rechtlichen und privaten Rundfunkanbietern, in: Ernst-Joachim Mestmäcker (Hrsg.), Offene Rundfunkordnung, Gütersloh 1988, S. 363–384.
35 Vgl. Barbara Pfetsch, Politik und Fernsehen. Strukturen und Bedingungen politischer Kommunikation, in: Zeitschrift für Politikwissenschaft, 6 (1996) 2, S. 331–347, hier S. 336.
36 Auf den ersten Blick scheinen die Daten der GfK-Programmcodierung eine prozentuale Verringerung des politischen Informationsangebotes in den vergangenen Jahren nicht zu bestätigen (vgl. auch den Beitrag von Frank Marcinkowski in diesem Band). Diese Daten sind aber insofern irreführend, da sie zwar das Angebot aller öffentlich-rechtlichen Programme, nicht aber das aller privaten Anbieter berücksichtigen. Gerade die nicht beobachteten Programme (Super RTL, n-tv, DSF, Eurosport, VIVA, VIVA 2, MTV, Nickelodeon etc.) weisen – mit Ausnahme von n-tv – vermutlich weitaus niedrigere politische Informationsanteile auf als die codierten Sender. Insofern ist mit der wachsenden Zahl privater Anbieter auch in Zukunft eine weitere prozentuale Verringerung des politischen Informationsangebotes in bezug auf das Gesamtangebot abzusehen.

politischen Informationssendungen der öffentlich-rechtlichen Kanäle in den vergangenen Jahren nicht verhindert werden[37]. So steigerten zwar ARD und ZDF von 1985 bis 1995 das Volumen und den Anteil ihrer – nicht nur politischen – Informationssendungen im Verhältnis zum öffentlich-rechtlichen Gesamtprogramm um vier Prozentpunkte auf 44 Prozent. Im gleichen Zeitraum verringerten RTL und SAT.1 jedoch ihr entsprechendes Informationsangebot um ebenfalls vier Prozentpunkte auf 34 Prozent. Durch die Expandierung des Gesamtprogramms ergibt sich damit ein prozentualer Rückgang von Nachrichten- und politischen Informationssendungen. Diese Unterschiede im Informationsangebot der öffentlich-rechtlichen und der wichtigsten privaten Anbieter finden auch ihren Ausdruck im Nutzungsverhalten der Fernsehzuschauer, von denen drei Viertel ihr Informationsbedürfnis durch das Einschalten öffentlich-rechtlicher Sendungen stillen[38].

Trotz der prozentualen Verringerung des politischen Informationsangebotes im Gesamtprogramm des Fernsehens hat die Zahl an Sendungen mit politischem Inhalt und/oder politischen Akteuren absolut gesehen seit Einführung des dualen Fernsehens stetig zugenommen. Gleichzeitig ist das Spektrum von Politik im Fernsehen heterogener und diffuser geworden. Die Grenzen zwischen »klassischen« Genres bzw. Sendetypen der politischen Informationsvermittlung im Fernsehen – Nachrichten, Politmagazinen, Reportagen und politischen Diskussionssendungen – sind heute nicht mehr so deutlich erkennbar wie noch zu Zeiten des öffentlich-rechtlichen Fernsehmonopols. Besonders in den Dritten Programmen der ARD und den regionalen Privatsendern finden sich immer häufiger sogenannte »Nachrichtenmagazine«, also Mischformen der politischen Informationsvermittlung mit Nachrichtenblöcken, (nicht nur politischen) Einspielbeiträgen und Live-Interviews im Studio.

Darüber hinaus hat sich eine vor Einführung des dualen Fernsehens in Deutschland unbekannte Sendeform der unterhaltsamen Politikvermittlung etabliert: das sogenannte »Infotainment«. Dieser Begriff – eine Mischung aus *information* und *entertainment* – steht für die unterhaltsame, da kurzweilige Aufmachung bzw. Präsentation informativer Inhalte. In Infotainment-Sendungen verschmelzen stilistische Mittel und Thematiken aus den Bereichen Unterhaltung und Information. Sie kopieren und integrieren in bewußter Abgrenzung zum »alten« Format politischer Magazine die Montagetechniken, Bildästhetik und Intensität von Video- und Musikclips und zeichnen sich durch ein Wechselspiel von Einspielbeiträgen und Gesprächen aus[39]. Schließlich treten mit politischen Akteuren bestückte Fernsehshows an die Seite vielfach »aufgepeppter« etablierter Sendungen der politischen Berichterstattung.

Bei der Frage, ob sich die politischen Informationsangebote der öffentlich-rechtlichen und privaten Anbieter seit Einführung des dualen Fernsehens struk-

---

37 M.-L. Kiefer (Anm. 12), S. 247.
38 Vgl. W. Darschin/B. Frank (Anm. 12), S. 182.
39 Vgl. Winfried Göpfert, Infotainment und Confrontainment. Unterhaltung als journalistisches Stilmittel, in: Bertelsmann Briefe, (1992) 128, S. 48–51; Heidemarie Schumacher, Infotainment-Ästhetik im Fernsehen der Gegenwart, in: Louis Bosshart/Wolfgang Hoffmann-Riem (Hrsg.), Medienlust und Mediennutz. Unterhaltung als öffentliche Kommunikation, München 1994, S. 478–483.

turell, inhaltlich und qualitativ angenähert haben, gehen die Antworten auseinander. Einerseits sprechen die Befunde Barbara Pfetschs und Udo Michael Krügers gegen diese sogenannte »Konvergenzthese«[40]. Demnach hat sich in den vergangenen Jahren die Kluft zwischen den häufiger, breiter und ausführlicher informierenden öffentlich-rechtlichen Sendern und den vergleichsweise seltener informierenden und stärker unterhaltungsorientierten privaten Anbietern vergrößert. Im Gegensatz dazu scheinen die Studien Thomas Bruns', Frank Marcinkowskis und Klaus Mertens eine Programmkonvergenz im Sinne einer wechselseitigen Annäherung zu bestätigen[41]. Sie verdeutlichen, daß sich die verschiedenen Genres der politischen Informationsvermittlung von öffentlich-rechtlichen und privaten Anbietern in Inhalt und Präsentation in mehr oder weniger deutlichem Maße aneinander angepaßt haben. Wie dies für die einzelnen Genres aussieht, wird weiter unten zu klären sein. Dort werden die unterschiedlichen *Formate* der zu untersuchenden einzelnen Genres der politischen Informationsvermittlung veranschaulicht, wobei der Begriff des »Sendeformats« für bestimmte Standardisierungen, Regeln und Erscheinungsformen steht, die den Inhalt einer Sendung in eine klar erkennbare Form einbetten und ihn so zeitlich und räumlich strukturieren[42].

Neben formattypischen Charakteristika unterscheiden sich die Sendetypen der Politikdarstellung im Fernsehen auch im jeweiligen Grad ihrer *Mediatisierung* und *Politisierung*. Der Begriff der »Mediatisierung« steht in diesem Zusammenhang für das Ausmaß der Kontrolle bzw. des Einflusses, den Fernsehmacher und -journalisten auf der einen Seite sowie politische Akteure auf der anderen Seite auf Inhalt und Form des Sendetyps haben[43]. Während mit steigendem Grad an Mediatisierung der journalistische Einfluß zunimmt, sinken gleichzeitig die Möglichkeiten der politischen Akteure, von journalistischem Eingriff unbeeinflußt zu Wort zu kommen. Dagegen ist der Politisierungsgrad ein Maß für den Anteil politischer Themen und/oder Akteure im Verhältnis zum Gesamtvolumen des jeweiligen Sendetyps. Je höher ein Genre politisiert ist, desto geringer sind demnach dessen nichtpolitische Anteile. Wie noch zu zeigen sein wird, sind Genres inhaltlichen und präsentativen Veränderungen ausgesetzt, die von sich wandelnden Politisierungs- und Mediatisierungsgraden begleitet werden (können). Bisherige und daraus ableitbare zukünftige Entwicklungstendenzen sind im Schaubild durch Pfeile gekennzeichnet.

---

40   Vgl. Barbara Pfetsch, Konvergente Fernsehformate in der Politikberichterstattung? Eine vergleichende Analyse öffentlich-rechtlicher und privater Programme 1985/86 und 1993, in: Rundfunk und Fernsehen, 44 (1996) 4, S. 479–498, sowie U. M. Krüger (Anm. 13).

41   Vgl. Klaus Merten, Konvergenz der deutschen Fernsehprogramme. Eine Langzeituntersuchung 1980–1993, Münster–Hamburg 1994, sowie Thomas Bruns/Frank Marcinkowski, Politische Information im Fernsehen. Eine Längsschnittstudie zur Veränderung der Politikvermittlung in Nachrichten und politischen Informationssendungen, Opladen 1997.

42   Zum Begriff des »Medienformats« vgl. David L. Altheide/Robert P. Snow, Toward a Theory of Mediation, in: James A. Anderson (Hrsg.), Communication Yearbook 11, Newbury Park–Beverly Hills 1988, S. 194–223, sowie Hans-Jürgen Weiß, Rechtsextremismus im Fernsehformat, in: Heinz Sahner/Stefan Schwendtner (Hrsg.), Gesellschaften im Umbruch, Opladen 1995, S. 207–215.

43   Vgl. David L. Paletz/C. Danielle Vinson, Mediatisierung von Wahlkampagnen. Zur Rolle der amerikanischen Medien bei Wahlen, in: Media Perspektiven, (1994) 7, S. 362–368.

Genres der Politikdarstellung im Fernsehen

Grad der Politisierung	Grad der Mediatisierung		
	nicht mediatisiert	teilmediatisiert	vollmediatisiert
niedrig		Fernsehshows	
mittel		Infotainmentsendungen	Nachrichtenmagazine
	↑	↑	↓
hoch	Wahlkampfspots	– Interviewsendungen – Politische Fernsehdiskussionen	– Nachrichtensendungen – Politische Magazine

Politische Magazine, Nachrichtensendungen, politische Fernsehdiskussionen, Interviewsendungen und Wahlkampfspots weisen das höchste Niveau an politischen Themen und Akteuren auf. In Nachrichtensendungen, Nachrichten- und politischen Magazinen haben politische Akteure die geringsten *direkten* Einflußmöglichkeiten auf Inhalte und Präsentation der Sendungen. Alle anderen Sendetypen bieten entweder durch die persönliche Teilnahme oder, wie im Fall der Wahlkampfspots, durch die exklusive Verantwortlichkeit der politischen Akteure für den Inhalt der Sendung diesen größere Gestaltungs- und Darstellungsmöglichkeiten.

3.2 Nachrichtensendungen und -magazine

Da Nachrichten als der Prototyp der politischen Informationsvermittlung im Fernsehen gelten und zudem von allen Programmsparten den weitesten Seherkreis erreichen[44], stehen Nachrichtensendungen am Anfang der weiteren Betrachtung der einzelnen Genres.

Die erste Nachrichtensendung der ARD, die »Tagesschau«, wurde 1952 ausgestrahlt. 1984 starteten die privaten Anbieter mit »RTL aktuell«, dem 1992/93 mit n-tv – und zu Beginn des Sendebetriebs von VOX – auch in Deutschland Nachrichtenspartenkanäle folgten. Die in der Frühphase des dualen Rundfunks vielfach geäußerte Befürchtung, daß die privaten Anbieter zum Verschwinden von Fernsehnachrichtensendungen führen könnten, hat sich nicht bewahrheitet. Im Gegenteil: Das Angebot an Nachrichtensendungen hat sich immer weiter ausgeweitet und ausdifferenziert. Dazu beigetragen haben stündliche Kurznachrichten, Nachrichtenschlagzeilen (»Telegramme«), regionale Nachrichtensendungen sowie morgendliche, mittägliche und nächtliche Nachrichtenmagazine, wie sie derzeit bei ARD, ZDF und RTL zu finden sind.

Nachdem die quantitativen und qualitativen Veränderungen des Gesamtangebotes politischer Fernsehsendungen schon erläutert wurden, stellt sich die Frage, wie sich speziell Nachrichtensendungen in den vergangenen Jahren entwickelt haben und ob es dabei zu Angleichungsprozessen zwischen privaten und öffentlich-rechtlichen Anbietern gekommen ist. Diesbezüglich treten zum jetzigen Zeitpunkt, je nach Untersuchungsobjekt mehr oder weniger deutlich, quantitative, inhaltliche und präsentative Unterschiede im Nachrichtenangebot von Öffentlich-rechtlichen

---

44 Vgl. Heinz Gerhard, Politische Sendungen im Fernsehen – Publikumspräferenzen im dualen Fernsehsystem, in: M. Jäckel/P. Winterhoff-Spurk (Anm. 28), S. 123–142, hier S. 129.

einerseits und Privaten andererseits zutage[45]. So strahlen ARD und ZDF mehr und häufiger Nachrichtensendungen aus als RTL, SAT.1 und PRO SIEBEN. Dadurch bestreiten derzeit die beiden öffentlich-rechtlichen Sender alleine zwei Drittel des gesamten Nachrichtenangebots. Auch in bezug auf die inhaltlich-thematische Gewichtung unterscheiden sich die Nachrichtensendungen. Einer umfassenderen Berichterstattung über politische Themen der öffentlich-rechtlichen Sender steht im Moment noch eine größere Betonung von nichtpolitischen Themen, z. B. aus den Bereichen »Human Interest« und »Sport«, bei den Privatsendern gegenüber. Allerdings konnten die privaten Nachrichtensendungen in den vergangenen Jahren den Anteil politischer Beiträge deutlich steigern. Sie haben sich in diesem Punkt sukzessive den öffentlich-rechtlichen Nachrichtensendungen – mit der »Tagesschau« an der Spitze – angenähert. Entgegen gängigen Vorurteilen muß mit Bezug auf den Prototyp der politischen Berichterstattung also eine *Politisierung* namentlich privater Nachrichtensendungen konstatiert werden.

Darüber hinaus haben technische Entwicklungen die graphische »Aufpeppung« und Visualisierung der Nachrichtensendungen aller Nachrichtenanbieter beschleunigt. Auch die öffentlich-rechtlichen Sendungen haben sich mittlerweile von traditionellen, vermeintlich Seriosität vermittelnden Darbietungsformaten Schritt für Schritt getrennt. Alles in allem ist also im Verlaufe eines Jahrzehnts zwischen öffentlich-rechtlichen und privaten Nachrichtensendungen in bezug auf Inhalte, Präsentation und Publikumsgunst eine Annäherung unverkennbar, wobei die Richtung der Konvergenz vom Vergleichsobjekt abhängt. Im Hinblick auf die Zuschauerresonanz ist ein deutlicher Anstieg der Einschaltquoten privater Nachrichtensendungen – besonders derer von »RTL aktuell« – festzustellen, ohne daß diese schon die Reichweiten von »Tagesschau« und »heute« erreicht hätten[46]. Kaum noch Unterschiede zwischen öffentlich-rechtlichen und privaten Nachrichtenanbietern gibt es vor allem im Ausmaß der Visualisierung von Präsentationsformen, der Personalisierung politischer Themen, des Rückgriffs auf inszenierte und ritualisierte Ereignisse, der Konflikthaftigkeit bzw. Präsenz von Gewalt und in der durchschnittlichen Beitragslänge.

Noch mehr als bei den Nachrichtensendungen von RTL, SAT.1 und PRO SIEBEN wird deren Erfolg bei einem Nachrichtenspartenkanal wie n-tv in Einschaltquoten und damit in den Preisen für zu verkaufende Werbeblöcke gemessen. Noch ist unklar, ob dieser Quotendruck dazu führen wird, daß n-tv den von CNN vorgeschrittenen Weg von einer News-Show zu Show-News und letztlich möglicherweise zu Shows ohne News gehen wird[47]. Bisher zumindest scheinen die Nach-

---

45 Vgl. zur Konvergenz von Nachrichtensendungen B. Pfetsch (Anm. 40), S. 488–495; Udo Michael Krüger, Politikberichterstattung in den Fernsehnachrichten. Nachrichtenangebote öffentlich-rechtlicher und privater Fernsehsender 1996 im Vergleich, in: Media Perspektiven, (1997) 5, S. 256–268, sowie Thomas Bruns/Frank Marcinkowski, Konvergenz revisited. Neue Befunde zu einer älteren Diskussion, in: Rundfunk und Fernsehen, 44 (1996) 4, S. 461–478.
46 Vgl. Wolfgang Darschin/Imme Horn, Die Informationsqualität der Fernsehnachrichten aus Zuschauersicht. Ausgewählte Ergebnisse einer Repräsentativbefragung zur Bewertung der Fernsehprogramme, in: Media Perspektiven, (1997) 5, S. 269–275, hier S. 270.
47 Vgl. diesbezüglich die eher skeptischen Ausführungen von P. Ludes und G. Schütte (Anm. 27).

richtenredakteure und Reporter von n-tv mit der halbstündig aktualisierten Präsentation »brandheißer« Informationen überfordert zu sein. Was bleibt, sind nicht selten von Werbung unterbrochene, oberflächlich recherchierte und negativ-dramatisierende Nachrichtenblöcke, eine Art »McDonald's der politischen Information«[48], bei denen sich bisher nur ein überschaubares, spezifisches Teilpublikum mit aktueller Information versorgt.

3.3 Politische Magazine und Infotainmentsendungen

Der verstärkte Konkurrenzdruck im dualen Rundfunk der Bundesrepublik Deutschland hat zu einer Flut an – derzeit über 70 (!) – politischen TV-Magazinen und Infotainmentsendungen geführt[49]. Gleichzeitig verwischt die Grenze zwischen politischen Magazinen und Infotainmentsendungen zusehends. Auseinanderzuhalten sind diese allenfalls noch über die Themen- und Akteursstruktur, die Präsentationsform, die Gestaltungsmittel und die jeweiligen Zielgruppen. Diesbezüglich unterscheiden sich die vor allem bei ARD, ZDF und den Dritten Programmen angesiedelten »klassischen« politischen Magazine (z. B. »Weltspiegel«, »Report«, »Kennzeichen D«) deutlich von den »vermischten« Infotainmentmagazinen (z. B. »stern TV«, »Spiegel TV«) hauptsächlich privater Anbieter. Erstere zeichnen sich im allgemeinen durch ein Übergewicht an politischen Themen, politisch-institutionellen Akteuren und eine sachliche Präsentation aus. Die privaten Sendungen weisen dagegen ein Mehr an Boulevard- und Unterhaltungsthemen sowie an Privatbürgern als Akteuren auf. In der Zuschauerstruktur haben die öffentlich-rechtlichen Magazine ihren Schwerpunkt bei den über 50jährigen, während die privaten Sendungen ihre größte Resonanz in der Gruppe der 30- bis 49jährigen finden[50].

Ein weiteres Unterscheidungskriterium zwischen den schon vor der Dualisierung der Fernsehlandschaft etablierten »Klassikern« der politischen Magazine und den erst im Zuge des Konkurrenzdrucks aufkommenden Sendungen ist deren Verständnis gesellschaftlicher Funktionen, das mithin auch in den Sendetiteln zum Ausdruck kommt. In diesem Zusammenhang fällt auf, daß schon die Namen einiger »alter« öffentlich-rechtlicher Politikmagazine – wie »Monitor« (Wächter), »Report« (Bericht) oder »Panorama« (Weitblick) – für ein Rollenverständnis vom Fernsehen als »vierter Gewalt« bzw. als öffentlichem Kontrollorgan stehen. Dagegen deuten »neue« Magazine wie »Frontal« (ZDF), »Explosiv« (RTL) oder »taff« (PRO SIEBEN) auf ein anderes Selbstverständnis, bei dem vor allem (politische) Konflikte und Katastrophen die Hauptrolle spielen[51].

---

48 Horst Pöttker, Politik als »special interest«. Sind Informationskanäle ein Problem?, in: Medium Spezial, (1993) 23, S. 44–46.
49 Vgl. Udo Michael Krüger, Boulevardisierung der Information im Privatfernsehen. Nichttagesaktuelle Informations- und Infotainmentsendungen bei ARD, ZDF, RTL, SAT.1 und PRO SIEBEN 1995, in: Media Perspektiven, (1996) 7, S. 362–374.
50 Vgl. Maria Gerhards/Walter Klingler, Politikmagazine im öffentlich-rechtlichen Fernsehen. Nutzungsdaten und Zuschauererwartungen, in: Media Perspektiven, (1995) 4, S. 166–171, hier S. 169.
51 Vgl. Fritz Wolf, Immer öfter, immer häufiger, immer mehr. Die politischen Fernsehmagazine verändern sich, in: Medium Spezial, (1993) 23, S. 13–16.

Generell ist festzuhalten, daß die politischen Magazine von ARD und ZDF – ebenso wie Reportagen und Dokumentationen – deutlich stärker als Nachrichtensendungen der Konkurrenz des (privaten) Unterhaltungsangebots ausgesetzt waren und sind. So konnten die öffentlich-rechtlichen Nachrichtensendungen aufgrund ihrer Tagesaktualität, ihrer Kürze und ihrer jahrzehntelang identischen Plazierung zu den Hauptsendezeiten eine relativ große Zuschauerzahl dauerhaft an sich binden. Dies gelang den öffentlich-rechtlichen politischen Magazinen aufgrund des Fehlens solcher formattypischen Merkmale bzw. aufgrund des Mangels an programmstrukturellen Vorteilen nicht. So legt der deutliche Zuschauerrückgang der politischen Magazine der ARD seit 1985 die Vermutung nahe, daß deren scheinbare »Attraktivität« vor der Einführung des dualen Fernsehens nicht zuletzt auf fehlende Programmalternativen zurückzuführen war[52].

Die öffentlich-rechtlichen Sender haben jedoch auf den vielzitierten »Unterhaltungsslalom« der Fernsehzuschauer, dem Wegschalten von politischen Informationssendungen per Knopfdruck, auf drei Weisen reagiert: erstens halten sie, in mehr oder weniger konsequenter Weise, am »klassischen«, informativ-sachlichen Konzept einer freilich sinkenden Zahl »alter« Magazine (z. B. »Report«, »Auslandsjournal«) als bewußtem Kontrastpunkt zum privaten Infotainment fest. Diese Strategie hat sich als durchaus erfolgreich erwiesen. Immerhin erreichen die »alten« Magazine durchschnittlich über 13 Prozent derjenigen, die zum Ausstrahlungszeitpunkt den Fernseher eingeschaltet haben. Zudem erfüllen die »klassischen« Magazine der Öffentlich-rechtlichen in hohem Maße die Wünsche der an politischen Hintergrundinformationen interessierten Zuschauer[53]. Zweitens wurden einige der »alten« öffentlich-rechtlichen Politikmagazine, ebenso wie Reportagen und Dokumentationen, die das breite Publikum nicht mehr erreichten, aus dem Abendprogramm genommen oder ganz gestrichen[54]. Drittens kopieren neue Magazinangebote in ARD und ZDF Formate und Themenstrukturen der Infotainmentsendungen privater Konkurrenzanbieter[55]. Paradebeispiel hierfür ist das in der Publikumsgunst sehr erfolgreiche »Frontal« (ZDF), bei dem per Doppelmoderation die politische Auseinandersetzung simuliert und die eigene parteipolitische Ausgewogenheit des Programms karikiert wird. Daß Infotainmentsendungen jedoch nicht immer den erhofften Publikumszuspruch finden, zeigen die anfänglich für Aufsehen sorgenden, doch mittlerweile von der Bildfläche verschwundenen Beispiele »Heißer Stuhl« (RTL), »Einspruch« (SAT.1) und »ZAK« (ARD).

Gerade »ZAK« und sein bis Ende 1997 ausgestrahlter Nachfolger »Privatfernsehen« versinnbildlichten den Versuch öffentlich-rechtlicher Anbieter, der »Boulevardisierung« der privaten Magazine per Politikvermittlung im Videoclipformat entgegenzutreten. Mit Liveaction, Clips, Tricks, visueller Eindringlichkeit, unorthodoxen Kamerafahrten und einem ironisch-flotten, zugleich aber auch investigativen Moderator (Friedrich Küppersbusch) versuchte die ARD, die Gruppe der 18- bis 32jährigen zu erreichen. Allerdings besteht bei dieser und vergleichbaren Varianten des polarisierenden und emotionalisierenden Infotainments immer die

---
52 Vgl. M. Gerhards/W. Klingler (Anm. 50).
53 Vgl. H. Gerhard (Anm. 44), sowie M. Gerhards/W. Klingler (Anm. 50).
54 Vgl. Th. Bruns/F. Marcinkowski (Anm. 41), S. 60, sowie M. Gerhards/W. Klingler (Anm. 50).
55 Vgl. K. Merten (Anm. 40).

latente Gefahr, daß politische Inhalte von mediendramaturgischen Effekten überdeckt oder ganz verdrängt werden[56]. Dies gilt vor allem dann, wenn in Infotainmentsendungen die unterhaltsame Präsentation von »Information« durch offensive Bildbearbeitung, Dramatisierung und Inszenierung von (politischen) Konflikten wichtiger wird als eine gründliche Recherche. Das kann schlimmstenfalls dazu führen, daß spektakuläre und provokante Themen wie Sex, Gewalt und Korruption fernsehgerecht nachgestellt werden. Erinnert sei in diesem Zusammenhang nur an den mittlerweile zu drei Jahren Haft verurteilten freien Journalisten Michael Born und seine »Inszenierungen« für »stern TV«.

3.4 Politische Diskussionssendungen, Interviewsendungen und Fernsehshows

Neben Nachrichten- und Infotainmentsendungen sowie politischen Magazinen behaupten sich immer noch politische Fernsehdiskussionen als eigenes Genre von Politik im Fernsehen. Dabei handelt es sich um in der Regel live gesendete, von Moderatoren geleitete, meist auf aktuelle politische Themen begrenzte Gesprächsrunden von Politikern, Journalisten und/oder »Experten«. Auffällig ist hierbei, daß die in Themen- und Akteursstruktur sowie Präsentation vielfältigen Diskussionsrunden zum großen Teil aus den Hauptprogrammen verschwunden sind[57]. So laufen von derzeit ca. 20 regelmäßig ausgestrahlten politischen Fernsehdiskussionen über die Hälfte in den Dritten Programmen der ARD (z. B. »Bonn am Rohr« im WDR, »3 zwei eins« in Hessen, »Stadtgespräch« in Südwest). Während das Erste Programm seit Jahren auf die Dauerbrenner »Presseclub« und »Pro + Contra« setzt, verzichtet das ZDF nach der Einstellung von »live« völlig auf eine regelmäßige Diskussionssendung. Auch die drei führenden Privatsender – SAT.1, RTL und PRO SIEBEN – besetzen dieses Genre derzeit lediglich mit dem wöchentlich abgehaltenen »Talk im Turm« (SAT.1) und der unregelmäßig ausgestrahlten Gesprächsrunde »Im Kreuzfeuer« (RTL).

Dem Interesse der Fernsehmacher an einer unterhaltsamen Darstellung von Politik kommen politische Diskussionsrunden sehr entgegen, da sie relativ billig zu produzieren sind, »human touch« haben, bestenfalls dem Zuschauer neue verwertbare politische Informationen liefern, Verhaltensmodi politischer Akteure zeigen und vergleichsweise hohe Einschaltquoten bringen[58]. Für politische Akteure sind

---

56 Hinweise dafür, daß eine provokativ-polarisierende Gesprächsführung nicht zwangsweise in einen inhaltsleeren Schlagabtausch münden muß, finden sich in der Studie von Ulrike Röttger/Hartmut Weßler, Interviewstile und das neue Politikbild im Fernsehen. Situative Interaktionsbeziehungen in Politikerinterviews am Beispiel von ZAK, in: Otfried Jarren/Heribert Schatz/Hartmut Weßler (Hrsg.), Medien und politischer Prozeß. Politische Öffentlichkeit und massenmediale Politikvermittlung im Wandel, Opladen 1996, S. 251–267.
57 Vgl. die grundlegende Studie von Werner Holly/Peter Kühn/Ulrich Püschel, Politische Fernsehdiskussionen. Zur medienspezifischen Inszenierung von Propaganda als Diskussion, Tübingen 1986. Da keine aktuellen empirischen Daten zu politischen Fernsehdiskussionen vorliegen, beruhen die an dieser Stelle getroffenen Aussagen auf Beobachtungen des Autors.
58 Vgl. Werner Holly/Peter Kühn/Ulrich Püschel, Fernsehdiskussionen in der Diskussion, Zur Einführung, in: dies. (Hrsg.), Redeshows. Fernsehdiskussionen in der Diskussion, Tübingen 1989, S. 1–10, hier S. 1.

Diskussionsrunden gleichwohl eine effektive, weil subtile Form der Selbstdarstellung, bei der sie zudem im Vergleich zu stärker mediatisierten Formen der politischen Informationsvermittlung unmittelbare Einflußmöglichkeiten auf Themen- und Personalauswahl sowie den formalen Ablauf der Sendung haben[59]. Dies hat sogar dazu geführt, daß Politiker in Diskussionssendungen die Fronten gewechselt haben und selbst in die Rolle des Moderators bzw. des journalistischen Fragers geschlüpft sind. Beispiele hierfür sind der CDU-Politiker Michel Friedman, der bis Spätsommer 1997 in »3 zwei eins« mitwirkte, sowie die in »Pro + Contra« als »Anwältin« agierende Juso-Vorsitzende Andrea Nahles. Doch nicht nur in diesen Fällen halten politische Fernseh*diskussionen* mitunter nicht, was ihr Name verspricht. Nicht immer sind diese nur für den Zuschauer inszenierten Gespräche durch einen rational-argumentativen Dialog gekennzeichnet. Wenn Politiker und Moderatoren aufeinandertreffen, kann es bisweilen auch zu unbewußten oder absichtlichen Inszenierungen sogenannter »Propaganda-Talkshows« kommen, bei denen dann Selbstdarstellung, Unterhaltung und Proporzwahrung den Diskussionsverlauf bestimmen[60].

Interviewsendungen ähneln hinsichtlich der Kosten, der Erwartungshaltungen und Selbstdarstellungsmöglichkeiten in großem Maße politischen Fernsehdiskussionen. Der Unterschied liegt in der Teilnehmerzahl und der Gesprächsordnung. Diesbezüglich zeichnen sich Interviewsendungen wie »Interview« (ntv), »halb12«, »Was nun . . .?« oder die »traditionellen Sommerinterviews« im Rahmen von »Bonn direkt« (alle ZDF) nicht durch den moderierten, offenen Diskurs mehrerer Teilnehmer, sondern durch ein starres Frage-Antwort-Ritual zwischen in der Regel jeweils einem journalistischen und einem politischen Kommunikator aus. Wie in Diskussionsrunden wird auch hier das Gespräch für die Zuschauer inszeniert. Politische Akteure können das Interview nutzen, um ihre Eloquenz und ihr Durchsetzungsvermögen unter Beweis zu stellen. Diesen gelingt es hin und wieder, gegen sich nur scheinbar zur Wehr setzende Journalisten durch geschicktes Umgehen der Fragen in Verbindung mit Angriffen auf die Interviewer selbst in die Rolle des Gesprächskontrolleurs zu kommen. Das Resultat dieser scheinbaren Auseinandersetzung ist ein für Zuschauer recht unterhaltsames und spannungsreiches »Confrontainment«[61].

Fernsehnutzung ist stark geprägt durch individuelle Funktionserwartungen der Zuschauer gegenüber dem gesamten Programmangebot eines Senders sowie ge-

---

59 Die Möglichkeiten für politische Akteure, auf die redaktionelle Planung von Diskussionssendungen Einfluß zu nehmen, scheinen bei öffentlich-rechtlichen Sendern größer als bei privaten Anbietern zu sein. Vgl. Wolfgang R. Langenbucher/Michael Lipp, Kontrollieren Parteien die politische Kommunikation?, in: Joachim Raschke (Hrsg.), Bürger und Parteien. Ansichten und Analysen einer schwierigen Beziehung, Bonn 1982, S. 217–234, hier S. 227–232, sowie Stephan Michelfelder, Redaktionell gestaltete Wahlsendungen. Information oder Wahlpropaganda?, in: Zeitschrift für Urheber- und Medienrecht, 36 (1992) 4, S. 163–174.
60 Vgl. W. Holly/P. Kühn/U. Püschel (Anm. 58), sowie Jens Tenscher/Peter Schrott, Elefanten unter sich? Das Aufeinandertreffen von Moderatoren und Politikern in den deutschen Wahlkampfdebatten, in: Politische Vierteljahresschrift, 37 (1996) 3, S. 447–474.
61 Vgl. Werner Holly, Confrontainment. Politik als Schaukampf im Fernsehen, in: L. Bosshart/ W. Hoffmann-Riem (Anm. 39), S. 422–434.

genüber einzelnen Sendungen[62]. So erwarten die an politischer Information interessierten Fernsehzuschauer von politischen Diskussionssendungen zuvorderst, daß sie »informativ« sind. Dagegen werden Fernsehshows – also Rate-, Talk- und Spielshows – vor allem dann genutzt, wenn sie »niveauvoll« sind[63]. Das Niveau einer Sendung ergibt sich für den jeweiligen Nutzer zum einen aus den Möglichkeiten, an der Sendung mitzumachen, mitzuraten und mitzudenken. Zum anderen ist das Niveau zu einem Großteil davon abhängig, wie der Moderator einer Fernsehshow beim Zuschauer »ankommt«. Während politische Diskussionssendungen vor allem der politischen Information dienen und hauptsächlich politisch Interessierte ansprechen, nutzt ein vergleichsweise größeres, politisch weniger interessiertes und weniger informiertes Publikum Fernsehshows primär zur Unterhaltung und Entspannung. Die allgemeine Gültigkeit dieser Feststellung hängt jedoch von programmstrukturellen Einflüssen (z. B. Plazierung und Terminierung einer Sendung) und nicht zuletzt vom jeweiligen Sendetyp ab. Diesbezüglich unterscheiden sich auch die diversen Fernsehshows hinsichtlich ihrer Sendekonzepte, ihrer Teilnehmerstruktur, ihrer Thematiken und Nutzergruppen.

In den vergangenen Jahren sind immer mehr politische Akteure immer häufiger in Fernsehshows aufgetreten, um diese als Plattform zur Selbstdarstellung vor einem meist großen Fernsehpublikum zu nutzen[64]. So waren Spitzenpolitiker aller Parteien – darunter Helmut Kohl (CDU), Joschka Fischer (Bündnis90/Die Grünen), Gerhard Schröder (SPD) und viele andere – schon einmal zu Gast in den Fernsehshows der bekannten Talkmaster Gottschalk, Biolek und Schmidt. Kennzeichnend vor allem für primär unterhaltende Spiel- und Talkshows ist, daß die politischen Akteure im zwanglos-unterhaltsamen Geplauder mit dem Showmaster, eventuell mit der Gattin an der Seite, nicht als Persönlichkeiten des öffentlichen Lebens, sondern als Privatmenschen »wie du und ich« präsentiert werden bzw. sich präsentieren[65]. Der Verdacht, daß gerade hier vielleicht Politik gemacht wird, kommt bei vielen Zuschauern gar nicht erst auf. Und daß diese ein Interesse daran haben, »die da oben« mal von ihrer scheinbar privaten Seite kennenzulernen, belegen nicht zuletzt die hohen Einschaltquoten. So hat das gemeinsame Interesse von Politikern, Fernsehmachern und Zuschauern an der Teilnahme politischer Akteure in Fernsehshows mittlerweile dazu geführt, daß sich diese quasi als integraler Bestandteil des Genres etabliert haben.

---

62 Vgl. U. Hasebrink (Anm. 12).
63 Vgl. Margot Berghaus/Ursula Hocker/Joachim Friedrich Staab, Fernseh-Shows im Blick der Zuschauer. Ergebnisse einer qualitativen Befragung zum Verhalten des Fernseh-Publikums, in: Rundfunk und Fernsehen, 42 (1994) 1, S. 24–36.
64 Vgl. P. Glotz (Anm. 32), sowie Peter Radunski, The Show must go on. Politiker in der Fernsehunterhaltung, in: Bertelsmann Briefe, (1992) 128, S. 76–78.
65 Dagegen sind informativ-sachliche Talkshows wie z. B. »Willemsens Woche« (ZDF) vor allem durch den Versuch gekennzeichnet, auf unterhaltsame, kurzweilige Weise (politisch) zu informieren. Diese Informationsabsicht drückt sich in Form von im Vergleich zu Spiel- und Rateshows »härteren« Fragen der Talkmaster gegenüber ihren Gästen aus, wodurch deren Selbstdarstellung engere Grenzen gesetzt sind. Vgl. auch Claudia Mast, Tagesschau oder Tagesshow? Zur Präsentation politischer Information in den Medien, in: Frank E. Böckelmann (Hrsg.), Medienmacht und Politik. Mediatisierte Politik und politischer Wertewandel, Berlin 1989, S. 105–119, hier S. 107.

Dadurch, daß in den vergangenen Jahren immer häufiger und mehr politische Akteure nicht nur in »klassischen« Politikdiskussionen, sondern auch in Fernsehshows aufgetreten sind, sind die politischen Entscheidungsträger vor allem für die Gruppe der politisch wenig interessierten, unterhaltungsorientierten Fernsehzuschauer immer öfter im Fernsehen beobachtbar geworden. Das bringt ambivalente Folgen für das Bild und Verständnis von Politik mit sich. Einerseits erwachsen vor allem den sich primär durch diese Form des »Politentertainments« Informierenden neue Möglichkeiten, Politik wahrzunehmen, über Politik und Politiker zu diskutieren und sich dadurch möglicherweise stärker am politischen Prozeß zu beteiligen. Andererseits stellt sich die Frage, ob nicht die für Fernsehshows kennzeichnende Vermischung von Privatem und Öffentlichem in der Politikvermittlung einen »Verfallsprozeß« des politischen Diskurses und des politischen Verständnisses beschleunigt.

3.5 Wahlwerbespots

Zusätzlich zu den oben beschriebenen vollmediatisierten Genres der Politikvermittlung (Nachrichtensendungen und politischen Magazinen) sowie teilmediatisierter Politik im Fernsehen (Infotainment-, Diskussions-, Interviewsendungen und mit Politikern besetzten Fernsehshows) sind Wahlwerbespots neben der jährlichen Ansprache des Bundespräsidenten zum Tag der Deutschen Einheit und der Neujahrsansprache des Bundeskanzlers das einzige Forum der nicht mediatisierten, journalistisch unbearbeiteten und unkommentierten Politikvermittlung via Fernsehen[66]. Obwohl es dafür keine verfassungsrechtliche Grundlage gibt, sind die öffentlich-rechtlichen Anstalten nach dem Prinzip der »abgestuften Chancengleichheit« verpflichtet, allen Parteien proportional zu ihren Stimmengewinnen bei der vorausgegangenen Bundestagswahl kostenlose Sendezeit für ihre Wahlwerbung zur Verfügung zu stellen[67]. Zwar haben deutsche Parteien bisher noch nicht, wie in den USA zu beobachten, bis zu zwei Drittel ihres Wahlkampfbudgets in Wahlwerbespots investiert, dennoch kommt diesen eine zentrale Rolle im »Fernsehwahlkampf« zu[68]. In diesem Zusammenhang verdeutlichte der Bundestagswahlkampf 1994 erstmalig, daß die großen, finanziell gut ausgestatteten Parteien – allen voran die CDU – auch bereit sind, ihre Wahlwerbung auf private Sender auszudehnen. Zwar gilt bei diesen ebenso das Prinzip der Quotierung der Spots nach Größe der Parteien. Der Idee der Chancengleichheit zuwider läuft aber die Tat-

---

66 Vgl. D. L. Paletz/C. D. Vinson (Anm. 43). Der seit Sommer 1997 sendende Dokumentationskanal »Phoenix« verzichtet auf jegliche journalistische Kommentierung des Gezeigten. Insofern sind hier alle Sendungen zwar vom Fernsehen transportiert, aber im engeren Sinne gleichzeitig auch nicht mediatisiert.
67 Der damalige WDR-Intendant Plog plädierte im Sommer 1993 für die generelle Abschaffung von Wahlkampfspots, um den Republikanern kein Forum bieten zu müssen. Dieses Anliegen scheiterte jedoch wie frühere Versuche, Wahlwerbung im Fernsehen abzuschaffen, am Widerstand der Ministerpräsidenten. Vgl. Albrecht Hesse, Wahlwerbung und Wahlberichterstattung im Rundfunk, in: Rundfunk und Fernsehen, 42 (1994) 3, S. 351–368.
68 Vgl. D. L. Paletz/C. D. Vinson (Anm. 43), S. 365, und P. Radunski (Anm. 22), S. 115.

sache, daß kleine Parteien nicht in der Lage sind, die ihnen von den privaten Fernsehanstalten zum Selbstkostenpreis zur Verfügung stehenden Werbeblöcke zu bezahlen.

Paradox mutet der enorme finanzielle Aufwand an, den Parteien für die Produktion ihrer Fernseh- und Hörfunkspots betreiben, zumal angesichts der mageren wissenschaftlichen Erkenntnisse, inwieweit Wahlwerbespots den Wahlentscheid beeinflussen. Derartige direkte Wirkungen auf das Wahlverhalten sind nur schwer nachweisbar. Allerdings leben die Parteien von der empirisch bestätigten Hoffnung, daß Wahlkampfspots durch ihre Emotionalisierung, Kürze und unvermittelte Einbettung ins Programm Effekte in bezug auf politische Informiertheit bei einem großen – auch unpolitischen – Publikum erzielen können[69]. Folglich können indirekte Effekte der Wahlwerbung auf den Wahlentscheid nicht ausgeschlossen werden.

4. Politik und Fernsehen

4.1 Wechselwirkungen

Entgegen der These von den Medien als »vierter Gewalt«, als Kritiker und Kontrolleure des politischen Systems ist das Verhältnis von Politik und Massenmedien allgemein und von Politik und Fernsehen im besonderen am treffendsten als eine auf Dauer angelegte interdependente bzw. symbiotische Beziehung zu bezeichnen. Im Kern steht der permanente Tausch von Information gegen Publizität[70]. Dabei liegt die Interessenkongruenz von politischen Akteuren und Fernsehmachern zuvorderst in der Suche nach maximaler Zuschauerakzeptanz. So ist es im ureigenen Interesse auf Zeit gewählter Politiker, via Fernsehen Aufmerksamkeit und Unterstützung bei den Wählern zu erlangen und sich so zu legitimieren. Gleichzeitig streben – nicht nur private – Programmverantwortliche nach hohen Einschaltquoten zum lukrativen Verkauf von Werbeblöcken. Dazu gesellt sich bei den öffentlich-rechtlichen Fernsehmachern noch das in den Programmaufträgen fixierte Ziel, ein möglichst großes Publikum mit umfassender Information, Bildung und Unterhaltung zu versorgen.

Ursache und Ausdruck einer seit Einführung des dualen Rundfunks in Deutschland stetig enger werdenden Beziehung von Politik und Fernsehen sind parallele

---

69 Vgl. Christina Holtz-Bacha, Politikvermittlung im Wahlkampf. Befunde und Probleme der Wirkungsforschung von Wahlkampfspots, in: Media Perspektiven, (1994) 3, S. 340–350.
70 Vgl. Otfried Jarren, Politik und Medien im Wandel: Autonomie, Interdependenz oder Symbiose? Anmerkungen zur Theoriedebatte in der politischen Kommunikation, in: Publizistik, 33 (1988) 4, S. 619–632, und J. Gerhards (Anm. 3). Die ständige Nähe von Politikern und Journalisten bzw. die dauerhafte Tauschbeziehung von Politik und Massenmedien birgt die Gefahr, daß die Unterschiede von politischen und journalistischen Rollen sukzessive verschwinden könnten. Dieser schleichende Prozeß könnte darin enden, daß Politik und Massenmedien zu einer nicht mehr kontrollierbaren und nicht legitimierten »Superstruktur« verschmölzen. Vgl. hierzu U. Sarcinelli (Anm. 4), S. 39.

und sich wechselseitig beeinflussende Veränderungen von Politik *für das* Fernsehen und von Politik *im* Fernsehen. Einerseits haben die Versuche der politischen Akteure, Politik für das Fernsehen zu steuern, zugenommen und sich in ihren Darstellungsformen zunehmend den für die Vermittlung von Politik im Fernsehen typischen Auswahl- und Präsentationsregeln angepaßt[71]. Ursache dafür sind nicht zuletzt die expandierenden Darstellungsmöglichkeiten in der dualen Fernsehlandschaft. Andererseits hat sich gleichzeitig die Palette politischer Informationssendungen auf allen Kanälen, aber vor allem bei den öffentlich-rechtlichen Anbietern vergrößert und qualitativ verändert. Dazu haben sowohl die Veränderungen der Politik für das Fernsehen selbst als auch technische Innovationen beigetragen, die die Visualisierung politischer Informationen erleichtern. Folgende »Megatrends« scheinen besonders die bisherigen Veränderungen von Politik für das Fernsehen und von Politik im Fernsehen zu kennzeichnen: immer mehr Ritualisierung, Visualisierung, Inszenierung, Dramatisierung, Personalisierung und Entpolitisierung der Politikvermittlung. Für die politische Fernsehberichterstattung bedeutet dies:

– Im Vergleich zum wachsenden und zunehmend publikumsorientierten Gesamtprogramm aller Sender hat sich das politische Fernsehangebot prozentual verringert.

– Infotainment und die Plazierung von politischer Information in ein »buntes« Programmumfeld (Infoplacement) haben zur Boulevardisierung des Gesamtbildes von Politik im Fernsehen beigetragen[72].

– Lediglich private und öffentlich-rechtliche Nachrichtensendungen sowie »klassische« Politikmagazine der öffentlich-rechtlichen Anbieter sind von einigen der genannten genre- und senderübergreifenden Entwicklungstrends ausgenommen. Sie haben sich als Inseln der »reinen« politischen Informationsvermittlung behauptet.

Wie gesehen, kommt dem Fernsehen im Politikvermittlungsprozeß eine wachsende Bedeutung zu. Dies hat sowohl Konsequenzen für den politischen Prozeß als auch für das Profil politischer Akteure. Allerdings mangelt es derzeit noch an langfristig angelegten Fallstudien zur empirischen Überprüfung von Art und Folgen der schleichenden Wandlungsprozesse der Politikvermittlung[73]. Demzufolge reichen

---

71 Daneben haben auch die medien- bzw. ordnungspolitischen Steuerungsversuche des politischen Systems gegenüber den Fernsehsendern in den vergangenen Jahren zugenommen. Vor allem parteipolitisch »ausgewogene« Rundfunkgremien und die Landesmedienanstalten üben Einfluß auf das öffentlich-rechtliche Fernsehprogramm und -personal sowie die kommerziellen Lizenznehmer aus. Vgl. Hans J. Kleinsteuber, Ergebnisse der Medienpolitik in den elektronischen Medien, in: Wilfried von Bredow (Hrsg.), Medien und Gesellschaft, Stuttgart 1990, S. 85–97, hier S. 90–92, sowie Hermann Meyn, Massenmedien in der Bundesrepublik Deutschland, Berlin 1994, S. 119–124.

72 Wie beim Infotainment schreiten die privaten Fernsehanstalten auch in bezug auf Infoplacement den öffentlich-rechtlichen Anbietern voran. Vgl. U.M. Krüger (Anm. 13), S. 424–426.

73 Vgl. den Beitrag von Max Kaase in diesem Band sowie Ulrich Sarcinelli, Demokratiewandel im Zeichen medialen Wandels? Politische Beteiligung und politische Kommunikation, in: Ansgar Klein/Rainer Schmalz-Bruns (Hrsg.), Politische Beteiligung und Bürgerengagement in Deutschland. Möglichkeiten und Grenzen, Bonn 1997, S. 314–345.

auch Aussagen über Entwicklungen und Trends derzeit nicht über den Stand mehr oder weniger plausibler Annahmen hinaus. Als weitgehend gesichert gilt aber die Erkenntnis, daß in den vergangenen Jahren fernsehgerechte Darstellungs- und Kommunikationskompetenz zu Lasten politischer Sachkompetenz in den Phasen der Rekrutierung und Ausbildung politischer Akteure an Bedeutung gewonnen haben. Sie werden in Zukunft vermutlich noch wichtiger werden[74].

4.2 Politische Entfremdung und Glaubwürdigkeitsschwund des Fernsehens

Das Verhältnis zwischen dem im Fernsehen vermittelten Bild von Politik und den Erwartungen der an politischer Information interessierten Fernsehzuschauer hat seit Einführung des dualen Fernsehens immer wieder Anlaß zu häufig pessimistischen Annahmen gegeben:
- So wird vermutet, daß in den vergangenen Jahren im Zuge der unterhaltsamen Verpackung von Politik immer häufiger die Informationsinteressen der Zuschauer zu Lasten der Imageinteressen der Politiker auf der Strecke geblieben sind. In die gleiche Richtung gehen Bedenken, daß immer öfter fernsehgerechte »Politikinszenierungen« beim Zuschauer Erwartungen geweckt haben, welche später enttäuscht wurden[75].
- Parallel zu diesen Veränderungen von Politik im Fernsehen ist in den vergangenen Jahren viel von einer um sich greifenden »Politikverdrossenheit« die Rede gewesen. Dieser Begriff wird im allgemeinen mit tatsächlichen oder vermeintlichen Erscheinungen verbunden: dem sinkenden Vertrauen der Bürger in Politik, Politiker und Parteien, der nachlassenden Bereitschaft, sich konventioneller Partizipationsformen zu bedienen, der steigenden Zahl der Wechsel-, Protest- und Nichtwähler sowie der schrumpfenden Mitgliedszahlen der traditionsreichen Parteien[76]. Angesichts der zeitgleichen Entwicklung dieser Phänomene liegt die vielfach geäußerte Vermutung nahe, daß es einen Zusammenhang zwischen veränderter Politikberichterstattung und politischer Entfremdung geben könnte.
- Die Überprüfung der Kausalität dieser sogenannten *Videomalaise* wird erschwert durch den Wechselwirkungsprozeß von Medienkonsum und politischen Orientierungen[77]. In Hinblick auf die Beziehung von Fernsehkonsum und politischer Entfremdung in der Bundesrepublik Deutschland wird jedoch zweierlei deutlich: Erstens gibt es keinen meßbaren Zusammenhang zwischen einer nega-

---

74 Vgl. P. Glotz (Anm. 32); P. Radunski (Anm. 64).
75 Vgl. F. Wolf (Anm. 51).
76 Vgl. Hans H. von Arnim, Demokratie ohne Volk. Plädoyer gegen Staatsversagen, Machtmißbrauch und Politikverdrossenheit, München 1993.
77 Vgl. Barbara Pfetsch, Politische Folgen der Dualisierung des Rundfunksystems in der Bundesrepublik Deutschland. Konzepte und Analysen zum Fernsehangebot und Publikumsverhalten, Baden-Baden 1991, S. 153–192; Christina Holtz-Bacha, Ablenkung oder Abkehr von der Politik? Mediennutzung im Geflecht politischer Orientierung, Opladen 1990; dies. (Anm. 29), sowie Ekkehardt Oehmichen/Erk Simon, Fernsehnutzung, politisches Interesse, Wahlverhalten. Ergebnisse einer Befragung in Hessen, in: Media Perspektiven, (1996) 11, S. 562–571.

tiv-konfliktlastigen Politikberichterstattung und politischer Entfremdung. Zweitens tritt eine wechselseitige Beziehung zwischen primär unterhaltungsorientierten Fernsehzuschauern und deren Politikdistanz zutage. Das bedeutet auch, daß der Grad der politischen Entfremdung sinkt, je mehr politische Sendungen rezipiert werden.

- Die sogenannte *Videomalaise*-These kann also bisher für die mehr oder weniger »duale« Fernseh-Politik-Landschaft in der Bundesrepublik Deutschland nicht bestätigt werden. Dessen ungeachtet ist eine Zunahme politischer Entfremdung im Zusammenhang mit der in den nächsten Jahren zu erwartenden fortschreitenden Expansion des Unterhaltungsangebotes und der Marginalisierung von Politik im Zuge weiterer privater Fernsehanbieter nicht auszuschließen. Sie betrifft in erster Linie die ohnehin politisch wenig interessierten, unterhaltungsorientierten Fernsehnutzer. Vielleicht tragen allerdings die ebenfalls wachsenden Möglichkeiten, Politik in unterhaltsamer Verpackung zu empfangen, auch dazu bei, die Politikdistanz gerade dieser Zuschauer zu verringern.
- Parallel zur Zunahme der politischen Entfremdung sind auch das Image des Fernsehens und insbesondere die Objektivität und Glaubwürdigkeit der politischen Berichterstattung in der Publikumsgunst gesunken. Gleichzeitig haben es die Veränderungen und die Ausweitung der politischen Berichterstattung den an politischer Information interessierten Nutzern ermöglicht, sich ihren individuellen Wünschen gemäße Fernsehmenüs zusammenzustellen[78]. Demzufolge bewerten die Nutzer die verschiedenen Genres der politischen Berichterstattung des Fernsehens auch in unterschiedlicher Weise. Ob der Imageverlust des Fernsehens auf die Infotainisierung der Berichterstattung zurückzuführen ist, bleibt gegenwärtig eine offene Frage. Die neuesten Ergebnisse der Langzeitstudie »Massenkommunikation« legen jedoch die Vermutung nahe, daß es einen Zusammenhang geben könnte zwischen dem expandierenden Unterhaltungsangebot, der ausweichenden Haltung vornehmlich sogenannter »Privatfernsehfans« gegenüber Informationssendungen, dem Glaubwürdigkeitsschwund der aktuellen Fernsehberichterstattung und dem Imageverlust des Fernsehens[79].

Die Schere zwischen dem, was die an politischer Berichterstattung interessierten, informationsorientierten Zuschauer von der politischen Informationsvermittlung im allgemeinen erwarten, und dem tatsächlichen politischen Informationsangebot öffnet sich zusehends. Eine Ausnahme bilden wiederum die Sendeformen mit einem hohen Politikgehalt, also Nachrichtensendungen und »klassische« Politikmagazine, wie sie vor allem die öffentlich-rechtlichen Sender anbieten. So sind zum einen die höheren Einschaltquoten der Nachrichtensendungen von ARD und ZDF gegenüber den privaten Anbietern nicht zuletzt darin begründet, daß die öffentlich-rechtliche Berichterstattung von denjenigen, die sich für tagesaktuelle Fernsehinformationen interessieren, als umfassender, zuverlässiger, verständlicher, kompetenter, seriöser und objektiver bewertet wird[80]. Zum anderen scheinen auch die

---

78 Vgl. U. Hasebrink (Anm. 12).
79 Vgl. M.-L. Kiefer (Anm. 12).
80 Vgl. W. Darschin/I. Horn (Anm. 46).

politischen Magazine von ARD, ZDF und den Dritten Programmen den Wünschen der an politischen Hintergrundberichten interessierten, informationsorientierten Zuschauer nach aktueller, vielseitiger Auswahl politischer Themen, hohem Informationsgehalt, Seriosität und Glaubwürdigkeit besser als (private) Infotainment-Sendungen zu treffen[81]. Diese wiederum stoßen jedoch auf größere Akzeptanz bei stärker unterhaltungsorientierten Zuschauern.

5. Perspektiven

Ein Ende der bisher zu beobachtenden Prozesse der Ritualisierung, Personalisierung, Visualisierung und Inszenierung von Politik *für das* Fernsehen und von Politik *im* Fernsehen ist mit zunehmender gegenseitiger Abhängigkeit und Durchdringung von politischem System und Massenmedien nicht abzusehen. Im Gegenteil: Die ritualisierte, auf politische Symbole und Akteure angewiesene Politikberichterstattung im Fernsehen bleibt auch weiterhin sowohl zentrale Voraussetzung als auch wichtigstes Vehikel von Politikvermittlung, Politikdarstellung und symbolischer Politik. Dies bedeutet, daß die Ursachen des bisherigen Wandels in der von Politikern, politischen Öffentlichkeitsarbeitern und Journalisten initiierten und über das Fernsehen transportierten Politikvermittlung zum großen Teil in den fernsehimmanenten Zwängen für die Darstellung von Politik selbst begründet sind. Zum einen ist Fernsehen als *das* Bildmedium schlichtweg auf Visualisierung von Mitteilungen angewiesen. Zum anderen kommt gerade die tagesaktuelle Politikberichterstattung, die sich an eine möglichst große Zahl an Viel- und Wenigsehern, an Informations- und/oder Unterhaltungsorientierten sowie an unterschiedlich politisch (des-)interessierte Nutzer wendet, nicht daran vorbei, komplexe politische Prozesse – auch anhand bekannter politischer »Gesichter« – zu vereinfachen.

Simplifizierung, Visualisierung, Personalisierung und Ritualisierung sind demzufolge für Fernsehjournalisten, die einem ständig wachsenden Konkurrenz-, Zeit- und Aktualitätsdruck ausgesetzt sind, unvermeidbar. Dies gilt insbesondere für die tagesaktuelle Berichterstattung. Wenn sich an der Ressourcenknappheit in bezug auf Zeit, finanzielle und personelle Ausstattung von Nachrichtenredaktionen in Zukunft nichts ändern wird und diese nicht in der Lage oder bereit bleiben, die Angebote der politischen PR kritisch zu hinterfragen und angemessen aufzubereiten, so wird die Kritik an einem oberflächlich recherchierten, Politik einseitig und/oder verzerrt darstellenden »Verlautbarungsjournalismus« nicht verstummen; dies gilt um so mehr, da das Ereignismanagement mit der absehbar zunehmenden Professionalisierung der politischen PR weiter ansteigen wird.

Wie gesehen, sind politische Akteure in Infotainmentsendungen, Gesprächsrunden und Fernsehshows inzwischen fester Bestandteil des Fernsehprogramms geworden. Gleichzeitig werden Politikwahrnehmung und -image, insbesondere bei den unterhaltungsorientierten und politisch wenig interessierten Bürgern, in Zukunft noch stärker vom Fernsehen geprägt. Mit der zu erwartenden Ausweitung der

---

81 Vgl. M. Gerhards/W. Klingler (Anm. 50).

Darstellungsmöglichkeiten für Politiker im Fernsehen werden andererseits Kommunikationskompetenz und Selbstdarstellungskünste noch stärker zu Zentralkategorien des politischen Alltags und Erfolgs.

Es bleibt die Frage nach Qualität und Quantität der zukünftigen Darstellung von Politik im Fernsehen. Es ist zu erwarten, daß der von den Privatsendern eingeleitete Trend der unterhaltsamen Aufmachung und Verpackung von Politik anhalten wird. Dessen ungeachtet spricht einiges dafür, daß sich Nachrichtensendungen und einige »klassische« Politikmagazine der allmählichen Boulevardisierung weiterhin entziehen (können). Schließlich erfüllen einerseits die öffentlich-rechtlichen Anstalten mit diesen Formaten ihren Programmauftrag nach umfassender Information, Bildung und Unterhaltung. Andererseits sichern sie privaten und öffentlich-rechtlichen Anbietern »befriedigende« Einschaltquoten. Diese werden jedoch angesichts eines fragmentierten Publikums zukünftig bei weitem nicht mehr so hoch ausfallen wie zu Zeiten des öffentlich-rechtlichen Fernsehmonopols.

Die Palette an politischer Berichterstattung wird zukünftig qualitativ immer breiter und heterogener sowie quantitativ um so größer werden, je publikums- und spartenorientierter Programmverantwortliche agieren (müssen) und je mehr sparten- und publikumsorientierte Kanäle auf Sendung gehen werden. Vorreiter auf diesem Weg weg von der »dualen« zur »amorphen« Fernseh-Politik-Landschaft bzw. zur Ausdifferenzierung von Politik im Fernsehen für bestimmte Zuschauergruppen sind mitternächtliche, morgendliche und mittägliche Nachrichtenmagazine, Nachrichtenkanäle wie n-tv, Dokumentationskanäle wie der seit 1997 sendende Phoenix von ARD und ZDF sowie Politiksendungen bzw. politische Diskussionsrunden für Jugendliche (z. B. »Live aus dem Schlachthof«/Bayern). So wird der »Strauß« politischer und weniger politischer Informationsangebote im Fernsehen in Zukunft vermutlich noch bunter, vielfältiger und unübersichtlicher werden. Eine »Verspartung« des politischen Informationsangebotes im digitalen Fernsehzeitalter scheint aus heutiger Sicht jedoch eher unwahrscheinlich. Dagegen spricht, daß sich der Erfolg politischer Sendungen und/oder Kanäle unterschiedlichsten Zuschnitts für bestimmte Zielgruppen zukünftig noch mehr vor allem in akzeptablen Einschaltquoten ausdrücken muß. Daß diese dauerhaft erreicht werden können, ist zum heutigen Zeitpunkt eher zu bezweifeln.

Trotz des Aufkommens neuer politischer Sendungen und Formate wird sich der Anteil politischer Berichterstattung im Verhältnis zum Gesamtprogramm weiter verringern. Politikvermittlung *für das* und *im* Fernsehen wird sich in Zukunft verstärkt auf ein (Fernseh-)Publikum einstellen müssen, das sich nach Mediennutzung, der Zuwendung zu und Auswahl von politischer Information, dem politischen Interesse, der Wahrnehmung und dem Verständnis von Politik weiter ausdifferenziert. Ganz von der »Bildfläche« verschwinden wird Politik jedoch aufgrund des gemeinsamen Interesses bzw. Auftrages von politischen Akteuren, Fernsehmachern und – nicht zuletzt – an politischer Information interessierten Zuschauern sicher nicht.

HANS J. KLEINSTEUBER/BARBARA THOMASS

Politikvermittlung im Zeitalter von Globalisierung und medientechnischer Revolution

Perspektiven und Probleme

Es geschieht nicht zum ersten Mal, daß im Zeitalter von *Information Highway* und *Global Village* ein Umsturz der Medienlandschaft ausgerufen wird. Manches mag berechtigt sein, manches ist auch einem »hype«, einer modisch übertreibenden Welle von Euphorie, geschuldet, der rund um *Cyberspace* und Digitalisierung entstanden ist. In diesem Beitrag sollen die beiden zentralen Strömungen Globalisierung und Neue Medien miteinander verknüpft werden, wobei das Hauptaugenmerk auf der Politikvermittlung liegt. Wir beginnen mit einem kurzen Rückblick auf die Geschichte der internationalen Kommunikation und analysieren dann Techniken, die Globalisierungstendenzen unterstützen und stärken. Besonders betrachten wir europäische Entwicklungen. Dabei gilt es, die Veränderungen in den Arbeitsbedingungen von Journalisten und Auswirkungen auf die Märkte und Zuschauer von morgen zu verfolgen. Schließlich werden jeweils die Haupttrends in der Politikvermittlung in den Blick genommen.

1. Kommunikationstechniken und Politikvermittlung in der Geschichte

Die Politikvermittlung im großen Raum schaut auf eine eindrucksvoll lange Geschichte zurück[1]. Bereits frühgeschichtliche Großreiche beruhten auf vergleichsweise leistungsfähigen Infrastrukturen als Voraussetzung für Herrschaftsausübung durch vereinheitlichte politische Kommunikation. Für das Römische Reich stellten vor allem die Schiffswege auf dem Mittelmeer und eigens errichtete Pflasterstraßen dieses kommunikative Rückgrat her, bei den Inkas waren es ausgebaute Bergpfade und Botenläufer. Frühe Kolonialreiche, etwa in Iberoamerika, beruhten bereits auf gedruckten Gesetzen und Dekreten als Grundlage einer hochorganisierten, gleich-

---

[1] Einen guten Überblick bietet: Robert S. Fortner, International Communication. History, Conflict, and Control of Global Metropolis, Belmont/CA.

wohl sehr langsamen politischen Kommunikation. Die Überwindung von Zeit und Raum als bis dato hohe Barriere begann erst mit der Entwicklung des Telegrafen durch den Amerikaner Samuel Morse (1837), welche die Befreiung des Nachrichtentransports von der Geschwindigkeit des Läufers, Reiters oder Segelboots ermöglichte[2]. Hier wird der unmittelbare Zusammenhang zwischen Imperien und der Technologie, auf der ihre politische Kommunikation beruht, deutlich. Vor allem der kanadische Universalhistoriker Harold A. Innis hat die enge Verknüpfung zwischen dem Stand der Kommunikationstechniken und den jeweiligen politischen Regimen betont[3].

Es war der Telegraf, der erstmals Kommunikation über weite Strecken ohne Zeitverlust erlaubte und damit allen nachfolgenden elektronischen Kommunikationstechniken die Richtung vorgab: Telefon, Radio und Fernsehen, Satelliten und Internet. Mit ihnen begann eine zuvor ungeahnte Beschleunigung der Kommunikation, d. h. Nachrichten sind heute in Sekundenbruchteilen übertragbar, wo früher Monate benötigt wurden. Allerdings blieb elektronische Kommunikation über weite Strecken noch lange Zeit so technik- und damit kostenaufwendig, daß sie nur von großen, finanzstarken Organisationen eingesetzt werden konnte. So nutzten auf der Staatsseite Einrichtungen wie Militär, Kolonialverwaltung, Diplomatie und seitens der Wirtschaft große, transnational tätige Unternehmen die Möglichkeiten von Telegrafie, Telefon und drahtlosem Funk. In diesem Kontext ist bedeutsam, daß Nachrichtenagenturen, deren Entstehung als »Wired Agencies« unmittelbar von der Telegrafentechnik angestoßen wurde (Havas, bereits 1835 begründet, Wolff in Deutschland 1849), von Anbeginn und bis heute für ihre globale Tätigkeit die jeweils neuesten verfügbaren Techniken einsetzen[4].

Einen Schub in Richtung Globalisierung erhielt die Kommunikation mit der Verlegung von Transatlantikkabeln (das erste transatlantische Telegrafenkabel wurde 1866 verlegt). Die transozeanischen Kabelsysteme wurden vor dem Ersten Weltkrieg vor allem von den Briten kontrolliert, was die deutsche Führung veranlaßte, als Konkurrenztechnik den drahtlosen Funk zu favorisieren und die Telefunken zu gründen. Der Weltkrieg 1914 bis 1918 hinterließ große Mengen militärischer Funktechnik und zahlreiche für deren Gebrauch ausgebildete Funker. Durch die »Zivilisierung« dieses technischen Potentials entstand in den Folgejahren in vielen Staaten der Hörfunk (USA 1919/20, Deutschland 1923). Die anfänglich erschlossenen Sendewellen im Lang- und Mittelwellenbereich versorgten große Sendegebiete, die oft weit über einzelne Staaten hinausreichten. Die Radioskalen früher Empfangsgeräte nannten Sender aus ganz Europa von Monte Carlo bis Budapest.

Von Anbeginn war das Radio von großer Bedeutung für die politische Kommunikation. Die Einführung des Volksempfängers 1933 und die darüber verbreitete nationalsozialistische Propaganda verdeutlichen diesen Zusammenhang. Zusätzlich

---

2 Zur Bedeutung und Wirkung der Erfindung von Morse: Daniel J. Czitrom, Media and the American Mind, From Morse to McLuhan, Chapel Hill/NC 1982.
3 Harold A. Innis, Empire and Communications, Victoria/BC, kommentierte Neuausgabe 1980 (zuerst 1950).
4 Hansjoachim Höhne, Report über Nachrichtenagenturen, Baden-Baden 1984; Mitchell Stephens, A History of News. From the Drum to the Satellite, New York/NY 1989.

hatten diese Empfänger einen technisch reduzierten Empfangsradius, um das Abhören von »Feindsendern« zu unterbinden, was freilich angesichts der Unkontrollierbarkeit elektromagnetischer Wellen aber nie wirklich gelang. Radiokriege, also Propagandafeldzüge im Äther, begleiteten auch noch den Kalten Krieg, etwa zwischen Radio Free Europe und Radio Moskau[5].

Eine neue Hörfunktechnik entstand in der Frequenzenge kurz nach dem Zweiten Weltkrieg mit FM/UKW, das nur kleinräumige Versorgung ermöglicht, die allerdings in hoher Übertragungsqualität. Ähnliches gilt für die terrestrische Ausstrahlung von Fernsehen nach dem Zweiten Weltkrieg, die gleichwohl in Grenzregionen künstlich gezogene Barrieren zu überspringen vermag. Besonders leistungsstarke Sender wurden im Kalten Krieg auf beiden Seiten des »Eisernen Vorhangs« eingesetzt, speziell auch entlang der innerdeutschen Grenze und in Berlin (West). So konnte der größte Teil der ehemaligen DDR mit TV-Programmen aus dem Westen mitversorgt werden; Deutschland blieb in der Folge trotz östlicher Abschließungsversuche partiell ein einheitlicher Kommunikationsraum.

Seit Anfang der achtziger Jahre treten mit Kabel und Satellit neue Übertragungstechniken auf den Plan, in deren Konsequenz kommerzielle Anbieter und Vielkanalfernsehen die Medienlandschaft Europas neu ordnen. Heute empfangen mehr als drei Viertel der deutschen Haushalte ihr TV-Bild direkt – oder indirekt via Kabel – von Satelliten, was den Anschluß der Nutzer an globale Versorgung sichert. Über Satellit sind Dutzende ausländischer Programme zu empfangen, etwa ein Drittel des Kabelangebots kommt von jenseits der Grenzen. Mehr noch, klar bestimmbare Standortzuweisungen werden zunehmend schwieriger, 3Sat wird von Anstalten des deutschsprachigen Raums (inkl. Österreich, Schweiz) bestritten, Euronews aus Lyon sendet in vielen Sprachen (darunter auch deutsch), der Kinderkanal Nickelodeon ist der deutschsprachige Ableger eines US-Kanals.

Elektronische Medien sind vor allem »von oben«, von Regierungen und Konzernen, vorangetrieben worden. Diese öffentlich gesteuerte Entwicklung blieb allerdings nie unumstritten, Gegentendenzen begleiteten die Entwicklung. So registrieren wir immer neue Ansätze interessierter und engagierter Bürger, welche die exklusive Verfügung der großen Apparate zu durchbrechen und selbst Anwendungsgebiete zu erproben suchten. Bereits kurz nach Entdeckung der Möglichkeiten der Funkübertragung um die Jahrhundertwende traten Funkamateure auf den Plan, vor allem in Nordamerika, aber auch in Teilen Europas, welche die neuen Möglichkeiten auf ihre Weise zu nutzen versuchten. Sie demonstrierten, daß sie mit vergleichsweise geringem Sendematerial weltweit zu kommunizieren vermochten. So spielten sie oft eine Rolle als Pioniere, welche die Grenzen des elektromagnetischen Spektrums ausmaßen und als Avantgardisten der staatlichen und kommerziellen Nutzung vorhereilten. Von Lang- und Mittelwelle vertrieben, konnten sie demonstrieren, daß auch auf Kurzwelle globale Kommunikation möglich ist, da die eigentlich nur kleinräumig empfangbaren Signale an der Ionosphäre gespiegelt und damit um den Erdball geleitet werden. Oft nutzten die Funkamateure ihre Anlagen, um informelle Kommunikationskanäle aufzubauen und sich an offiziellen Sendern vorbei zu verständigen. Darin liegt wohl auch begründet,

---

5 Garth S. Jowett/Victoria O'Donnell, Propaganda and Persuasion, Newbury Park/CA 1992.

daß dieser nichtkommerzielle Bereich in Deutschland immer besondere Probleme hatte. Amateurfunken wurde erst 1949 legalisiert, weil sich der Staat durch politische Kommunikation außerhalb kontrollierbarer Kanäle gefährdet sah.
Auch der Hörfunk entwickelte eine solche Szene experimenteller und nichtprofessioneller Anwender und ließ in vielen Staaten nichtkommerzielle Radiostationen entstehen[6]. Aus demselben Geist entfaltete sich – basierend auf Entwicklungen innerhalb des amerikanischen Universitätssystems – seit den siebziger Jahren das Internet. Genau wie früher der Radiofunk steht heute auch das Internet, nach militärischen Ansätzen vor allem für die Wissenschaftler-Kommunikation entwickelt, unter massivem Kommerzialisierungsdruck.

2. Zur politischen Gestaltung der internationalen Kommunikation

Von der politischen Seite her gibt es eine grenzüberschreitende Koordinierung der Kommunikation seit dem ausgehenden Mittelalter. Bereits unter Kaiser Maximilian I. (1468 bis 1519) entstand ein erhebliche Teile des heutigen Europa umfassendes Botensystem für Briefe. In der zweiten Hälfte des 19. Jahrhunderts begannen europäische und globale Koordinierungen der Telekommunikation, ausgehandelt zwischen den souveränen Regierungen. Sie sollten sicherstellen, daß die national entstehenden Kommunikationsinfrastrukturen auch international verknüpft wurden.
Auf der Pariser Telegrafenkonferenz, einberufen von Napoleon III. für das Jahr 1865, wurde die Internationale Telegraphen Union (ITU) begründet. Andere Weltkonferenzen wandten sich der Gründung eines Weltpostvereins (1874) zu. Eine erste globale Regelung von Urheberrechten folgte (Berner Konvention 1886). Der drahtlose Funkverkehr wird seit 1903 (Berliner Konferenz) international koordiniert. Es gilt zu betonen, daß diese damals entstandenen Strukturen bis heute weitergeführt werden und weiterhin die Grundlage für den Ausbau der internationalen Kommunikation darstellen. Lediglich innerhalb der Europäischen Union (EU) gehen – wie unten dargestellt – Funktionen zunehmend auf europäische Institutionen über.
Von der Seite der Programminhalte her betrachtet, blieben Internationalisierungstendenzen lange Zeit eher gering. Lediglich der Kinofilm erwies sich als weltweit marktgängiges Medium; Hollywood-Produktionen eroberten Europa bereits in den zwanziger Jahren. Großräumige Radiokommunikation wurde vor allem zur Sicherung des inneren Zusammenhalts (1932 begann die britische BBC einen »Empire Service«) und für auswärtige Propaganda eingesetzt (Radio Moskau nahm 1929 seine Tätigkeit auf).
Erst nach Ende des Zweiten Weltkriegs gab es erste wichtige Ansätze, internationale Regeln für den Einsatz von Kommunikation aufzustellen. Die *Hutchins Commission on the Freedom of the Press* (finanziert von dem Begründer des *Time Magazine* Henry Luce) forderte »den ungehinderten Kommunikationsfluß«. Der

---

[6] Als Überblick: Hans J. Kleinsteuber, Radio – Das unterschätzte Medium. Erfahrungen mit nichtkommerziellen Radiostationen in 15 Staaten, Berlin 1991.

quantitative Anstieg von Informationen über Grenzen hinweg bekämpfe, so deren Einschätzung, Ignoranz und schaffe Verständigung. Gleichfalls 1946 verabschiedeten die Vereinten Nationen (UN) eine Erklärung zur Freiheit der Information, in der alle Staaten zu einer Politik aufgefordert wurden, welche den freien Informationsfluß innerhalb und zwischen Staaten schütze. Die Doktrin eines »Free Flow of Communication« war geboren. Sie blieb in den Anfangsjahren unbestritten, kam dann ab Ende der sechziger Jahre innerhalb der UN und speziell ihrer unter anderem für Medien und Kultur zuständigen Unterorganisation UNESCO unter Druck[7]. Vor allem Staaten aus den gerade dekolonialisierten Teilen der Welt kritisierten diese Doktrin als Verkörperung der politischen Ziele der USA und anderer Staaten des »Nordens« und deren kommerziell agierender Medienkonzerne. Aus Berechnungen, welche die UNESCO in den siebziger Jahren in Auftrag gegeben hatte, ergab sich, daß die TV-Programmexporte eine »Einbahnstraße« aus den USA (und abgeschwächt aus Westeuropa) heraus darstellten und unterhaltungsdominiert waren[8]; Staaten der Dritten Welt traten dabei nur als Empfangende in Erscheinung. Vergleichbare Kritik galt auch den großen Nachrichtenagenturen, die – so die Vorwürfe – vor allem aus den und über die industrialisierten Staaten berichteten und deren Bild der Dritten Welt vor allem aus Katastrophen, Krisen und Kriegen bestehe.

Der zu neuem Selbstbewußtsein gekommene »Süden« verband sich in den siebziger Jahren mit den kommunistischen Systemen Osteuropas, die unter Schutz ihrer Souveränität vor allem Abschottung gegen den Medieneinfluß des Westens verstanden. Eine Deklaration der 20. Generalkonferenz der UNESCO (Paris 1978) zur Rolle der Massenmedien forderte mehrheitlich den »freien Austausch und eine umfassendere und ausgewogenere Verbreitung von Informationen«. Der umstrittene Art. VI forderte die Berichtigung der Ungleichheiten im Informationsfluß. Der »Norden«, darunter auch die Bundesrepublik, protestierte heftig, die USA und Großbritannien erklärten 1983 ihren Austritt aus der UNESCO; die Briten sind zwischenzeitlich jedoch wieder zurückgekehrt. Die internationale Kommunikationspolitik war seinerzeit nicht nur in eine Nord-Süd-Polarisierung geraten, sie wurde auch vom west-östlichen Kalten Krieg bestimmt[9]. Inzwischen hat sich die Situation beruhigt, und mit Ende des Kalten Kriegs setzte sich das westliche Prinzip eines *Free Flow* faktisch weitgehend durch. Dabei bestehen die beklagten Ungleichheiten in der Tendenz weiter, wenn auch einzelne Regionen beachtliche Stärkung erfahren haben (etwa Lateinamerika mit seinen höchst erfolgreichen Telenovela-Eigenproduktionen) und die »Peripherie« insgesamt eigenständiger geworden ist[10]. Ebenso haben die weiterhin dominierenden »Big Four«-Welt-Nachrichtenagenturen auf die vorgetragene Kritik mit differenzierterer Bericht-

---

7 William Preston/Edward S. Herman/Herbert I. Schiller, Hope & Folly. The United States and UNESCO 1945–1985, Minneapolis 1989.
8 Kaarle Nordenstreng/Tapio Varis, Television Traffic – A One-Way Street? Paris 1974, S. 30 ff.
9 Jörg Becker, Free Flow of Communication. Informationen zur Neuen Internationalen Informationsordnung, Frankfurt/M. 1979; Christian Breunig, Kommunikationspolitik der UNESCO. Dokumentation und Analyse der Jahre 1946–1987, Konstanz 1987.
10 Eine gute Übersicht: John Sinclair/Elizabeth Jacka/Stuart Cunningham (Hrsg.), New Patterns in Global Television. Peripheral Vision, Oxford 1996.

erstattung reagiert. Als die »großen Vier« gelten traditionell die weltweit tätigen Agenturen AP und UPI mit Sitz in den USA, Reuters aus London und die französische AFP.

In den neunziger Jahren ist die globale Kommunikationspolitik faktisch teilweise auf die Welthandelsabkommen um das *General Agreement on Tariffs and Services* (GATS) und die Welthandelsorganisation WTO übergegangen. Auch hier sind es vor allem die USA, welche eine Fortführung des *Free Flow*-Gedankens in Form des ungehinderten, von Handelshemmnissen freien Marktes für mediale Dienstleistungen fordern. Vor allem Frankreich hat sich dagegen für Sondergenehmigungen für die europäischen audiovisuellen Industrien stark gemacht, die teilweise auch in vertragliche Regelungen Eingang fanden. Unverkennbar ist, daß die auf Veränderung zielenden Ansätze der siebziger Jahre geschwunden sind; heute werden Medien vor allem als Dienstleistung interpretiert, die am ehesten von kommerziell operierenden Unternehmen erbracht werden können; diese finden sich weiterhin vor allem in den USA, teilweise auch in Westeuropa.

Dennoch, selbst im Zeitalter der Liberalisierung und Kommerzialisierung bleibt der Staat ein wesentlicher Akteur in der internationalen Kommunikation. Heute setzt er vor allem auf persuasive Kommunikation, auf die Selbstdarstellung in außenpolitischer Öffentlichkeitsarbeit mit *Public Diplomacy*, mit gezielter Informationsversorgung und Kultureinrichtungen wie den Goethe-Instituten[11]. So stellen sich viele Staaten in den Funkmedien dar, bleibt auch die Bundesrepublik mit der Deutschen Welle in Radio und TV weltweit präsent[12].

3. Neue Medientechniken und globale Kommunikation

Global wirksame Kommunikationstechniken, das sollte der Rückblick verdeutlichen, sind alles andere als neu. Globaler Nachrichtenverkehr war bereits vor mehr als hundert Jahren technisch ohne Zeitverzug möglich, allerdings blieb er noch lange auf wenige machtvolle Akteure begrenzt. Was die Entwicklung der letzten Jahrzehnte auszeichnet, ist vor allem die neugewonnene Chance für einzelne Bürger, sich mit überschaubaren Kosten an der globalen Kommunikation zu beteiligen[13]. Dafür sind vor allem zwei Techniklinien verantwortlich, die kaum ungleicher sein könnten, sich gleichwohl auch tendenziell ergänzen, nämlich der Satellit und das Internet.

3.1 Satelliten als globale Ausstrahlungstechnik

Die ausgangs des 20. Jahrhunderts weltweit meistverfügbare Funktechnik stellen Satelliten der Spezifikation *Direct Broadcasting Satellites* (DBS) dar. Satelliten

---

11 Zu internationaler persuasiver Kommunikation: Robert L. Stevenson, Global Communication in the Twenty-First Century, Chapel Hill/NC 1994, S. 343 ff.
12 Walter A. Mahle (Hrsg.), Deutschland in der internationalen Kommunikation, Konstanz 1995.
13 Als Überblick zu Medientechnologien: Jarice Hanson, Connections – Technologies of Communication, New York/NY 1994.

werden bereits seit 1962 (Start von Telstar) zur Kommunikationsübertragung eingesetzt, zuerst zur Übertragung von TV-Bildern, später auch zur Versorgung von Kabelkopfstationen. Erst in den achtziger Jahren wurden Satelliten mit einer so hohen Ausstrahlungsleistung entwickelt, daß ihr Signal mit kleinen Parabolantennen direkt am Haus (Direct-To-Home, DTH) empfangen werden kann. Solche Satelliten wurden auch in Europa entwickelt (deutsche Entwicklung TV-Sat), aber ab 1988 setzten sich die amerikanischen ASTRA-Satelliten durch, die heute über ein Quasi-Monopol in Europa verfügen[14]. ASTRA wird von der Luxemburger SES betrieben, deren größter Investor die Deutsche Telekom ist. Die europäischen Telekom-Unternehmen betreiben gemeinsam EUTELSAT, einen kleinen Konkurrenten von ASTRA. Seit 1997 bietet ASTRA mehr als sechzig analog ausgesendete Programme an, die mit einer kleinen Parabolantenne zu empfangen sind. Dazu werden seit 1995 die Möglichkeiten der digitalen Kompression genutzt, die es erlauben, pro Satelliten-Transponder bis zu zehn Programme im Paket zu übertragen. Für das darauf bauende digitale Fernsehen stehen bereits seit 1997 Kapazitäten für die Aussendung einiger Hundert Programme, zur Jahrtausendwende (inklusive EUTELSAT) für mehrere Tausend Programme zur Verfügung.

Direktstrahlende Satelliten erfuhren ihren weltweiten Durchbruch in Europa, werden inzwischen aber auch in anderen Teilen der Welt eingesetzt bzw. stehen vor der Einführung. So bietet DirecTV in den USA bis zu 175 Programme an. Im arabischen Raum werden Programme, basierend auf saudi-arabischen und ägyptischen Aktivitäten, ausgestrahlt, welche die dort traditionell staatlich kontrollierten TV-Angebote ergänzen und zugleich staatliche Zensur umgehen. Ähnliches findet in Asien und Lateinamerika statt. Länder wie Iran haben mit dem Verbot von Satellitenantennen reagiert, freilich mit begrenztem Erfolg.

Zu den spezifischen Eigenheiten des Satelliteneinsatzes zählt der »Overspill«, also die technische Überwindung staatlicher Grenzen, sei dies gewollt oder nur zufällig. Damit wird die Praktizierung nationaler Medienpolitik weitgehend unmöglich und zunehmend auf symbolisches Handeln reduziert. Anbieter, die in einem Land staatlicher Aufsicht unterworfen werden, können auf liberalere Nachbarländer ausweichen.

Mit Satelliten-TV entstanden die ersten wahrhaft globalen TV-Programme wie der amerikanische Nachrichtensender CNN oder der Musikclip-Kanal MTV. Die meisten dieser großräumig angebotenen Programminhalte stammen aus den USA, deren Produzenten es offensichtlich – in Weiterführung des anhaltenden Erfolgs der globalen Traummaschine Hollywood – gelingt, Angebote zu entwickeln, die in der ganzen Welt verstanden und nachgefragt werden. Allerdings ist beim Satelliten-TV inzwischen ein Rückzug in kleinere, freilich weiterhin überstaatliche Versorgungsräume zu beobachten, oft entlang von Sprach- und Kulturgrenzen. So wird MTV inzwischen in verschiedenen Sprach- und Musikversionen produziert, und CNN begann 1997 mit einem spanischsprachigen Angebot für Lateinamerika.

Die seit Ende der achtziger Jahre praktizierte Fernsehpolitik der EG/EU basiert faktisch auf der Annahme, daß paneuropäisch per Satellit ausgestrahlte TV-Programme dem europäischen Integrationsprozeß förderlich seien und eine Art audio-

---

14 Richard Collins, Satellite Television in Western Europe, London 1992.

Perspektiven und Probleme 216

visuellen Kommunikationsraum in Europa zu schaffen vermögen, eine Leitvorstellung, die sich allerdings an der »Sperrigkeit« Europas, an seinen vielen distinkten Regionen, Sprachen und Kulturen bricht.
Von der technischen Logik her repräsentiert der DBS-Satellit die Weiterführung der bisherigen Rundfunktradition gerichteter (einseitiger) Kommunikation, zu der nur einige wenige, finanzkräftige und international tätige Medienunternehmen Zugang finden (*Uplink*). Der Satellit verteilt dann die Programme (*Downlinks*) in einem großen, insofern vereinheitlichten Kommunikationsraum. Es handelt sich aufgrund dieser Charakteristik um eine besonders zentralistische Verteiltechnik. Mit drei im Orbit plazierten Satelliten kann die gesamte Welt bestrahlt werden. Die vergleichsweise wenigen Akteure, die Zugang zu dieser Technik haben, verfügen über eine potentiell große politische Artikulationsmacht. Dies gilt umso mehr, als Satelliten kaum staatlich kontrollierbar sind; insbesondere in Europa werden sie ohne jede effektive Aufsicht betrieben. Regierungen verbleiben lediglich indirekte Einflußnahmen: So drängte die Regierung der VR China mit Erfolg einen Programmveranstalter in Hongkong, die regimekritische Berichterstattung von BBC World nicht länger auszustrahlen[15]. Allerdings laufen über die TV-Satelliten dieser Welt vor allem Programme, bei denen Unterhaltung im Vordergrund steht.

3.2 Internet: Globalität und Dezentralität

Die zweite Technik könnte unterschiedlicher nicht sein, sie kann als Antipode aller Leitvorstellungen von der DBS-Satellitenkommunikation angesehen werden. Es handelt sich um das Internet, genauer die digitale Kommunikation in Computernetzen[16]. Diese aus frühen militärischen Wurzeln (Arpanet) vor allem von Wissenschaftseinrichtungen in den USA weiterentwickelte Techniklösung ist durch extreme Dezentralität und Interaktivität geprägt. Die dem Internet eigene Form der Paketvermittlung ermöglicht verschiedene internationale Anwendungsformen wie E-mail, Newsgroups und World Wide Web, Audio- und Video-Angebote, und das zu konkurrenzlos günstigen Preisen. In der Einführung befinden sich derzeit Telefondienste und TV-Programme im Netz. In digitalisierter Form können die digitalen Datenströme alle Arten von herkömmlichen Medieninhalten transportieren: Das Studium einer australischen Tageszeitung oder das Hören eines kanadischen Radiosenders werden *online* möglich. Dabei steht die Entwicklung des Internet ganz am Anfang, manche Probleme sind noch nicht sicher gelöst (etwa Bezahlungen mit Cybercash), vor allem sind die Übertragungswege noch zu leistungsschwach. Sind aber erst einmal *Information Highways* für breite Datenströme installiert, so kann das Netz potentiell alle bisherigen Medienformen übernehmen. Dies geschieht interaktiv und individualisiert (TV-Programme können z. B. als Pay-Per-View individuell abgerufen werden), die Zulieferung einer persönlichen Online-Zeitung ist

---

15 Huang Yu/Hao Xiaoming/Zhang Kewen, Challenges to Government Control on Information in China, in: Media Development, 44 (1997) 2, S. 17–21.
16 Martin Goldmann/Claus Herwig/Gabriele Hoofacker, Internet – Per Anhalter durch das globale Datennetz, München 1995.

ebenso möglich wie das Anbieten eigener Informationen[17]. Als globalisierte Technik führt das Internet zur totalen Distanzvernichtung, da Kommunikation mit dem Nachbarn prinzipiell nach denselben Verfahren und zu ähnlichen Kosten erfolgt wie mit Adressaten im entgegengesetzten Teil des Erdballs. Angesichts seines unbestreitbaren Potentials wurde das Internet von der Industrie entdeckt. Es wird derzeit umfassend kommerzialisiert.

Schon früh wurde das Internet für politische Kommunikation eingesetzt: Aus den USA kommen Modelle von Bürgernetzen, die alle Arten lokaler Information zur Verfügung stellen, natürlich auch aus der Lokalpolitik[18]. Inzwischen sind viele staatliche Institutionen und politische Organisationen im Internet präsent und halten detaillierte Informationen auf Abruf bereit. Speziell gilt es zu betonen, daß Neue Soziale Bewegungen, die international vernetzt arbeiten (etwa Umwelt- oder Frauenorganisationen), im Internet eine geradezu ideale Ergänzung ihrer dezentralkooperativen Arbeitsstrukturen finden. Das Internet wird künftig auch in Wahlkämpfen seine Rolle spielen. So fand der letzte Wahlkampf in den USA (1996) erstmals auch im Cyberspace statt: mit Homepages der Kandidaten, Hintergrundinformationen staatsbürgerlicher Organisationen etc.[19]. Das Internet regt auch dazu an, über neue Formen der politischen Beteiligung nachzudenken, bis hin zu »Electronic Town Hall Meetings« und »Electronic Democracy«, um an amerikanische Diskussionen anzuknüpfen.

Nach derzeitigem Stand ist eine Zensur des Internet sehr schwierig. Einzelne asiatische Staaten (VR China, Singapur) versuchen, einkommende Informationen unter Kontrolle zu halten, indem sie die Zahl der internationalen Übergänge gering halten und mit Filtern versehen. Aus Gründen der nationalen Sicherheit – Cyberwar ist hier das Schlagwort – und zur Abwehr der organisierten Kriminalität versuchen derzeit vor allem die USA, die Kommunikation im Internet für Geheimdienste etc. zugänglich zu halten, indem sie den Export leistungsfähiger Verschlüsselungsprogramme verhindern[20]. Angesichts der prinzipiellen Zensurfeindlichkeit des Internet wird aber auch diese Strategie kaum dauerhaft Erfolge bringen. Mit Hilfe des Internet gelingt es, nationale Vorschriften sehr leicht zu umgehen: Viele ausländische Server halten z. B. die in Deutschland verbotene Zeitschrift »radikal« vor.

Auch politisch gewollte Kommunikationssperren werden angesichts der Globalität und der Anarchie des Internet zunehmend unwirksam. Während des Krieges in Ex-Jugoslawien bot das Internet oft die letzte Möglichkeit, Bürger der verfeindeten Gruppen miteinander in Kontakt zu halten und der offiziellen Feindbild-Propaganda entgegenzuwirken. Amerikanische Beobachter tendieren angesichts der spezifischen Qualitäten der Digitalisierung dazu, von »Technologies of Free-

---

17 Hans J. Kleinsteuber (Hrsg.), Der Information Superhighway. Amerikanische Visionen und Erfahrungen, Opladen 1996.
18 Herbert Kubicek/Ulrich Schmid/Heiderose Wagner, Bürgerinformation durch »neue« Medien?, Opladen 1997.
19 Hans J. Kleinsteuber, Horse Race im Cyberspace? Alte und Neue Medien im amerikanischen Wahlkampf, in: Internationale Politik, 51 (1996) 11, S. 39–42.
20 Gebhard Schweigler, Internationale Politik: Außenpolitische Auswirkungen der Informationsgesellschaft, (Stiftung Wissenschaft und Politik) Ebenhausen 1997.

dom« (de Sola Pool) zu sprechen, welche den einzelnen Bürger gegen staatliche oder unternehmerische Machtballungen zu stärken vermögen[21].
In der weltweiten Anwendung der neuen digitalen Techniken gibt es durchaus Unterschiede. Europäische Akteure unter Führung der größten Medienkonglomerate (Kirch, Murdoch, CLT/Bertelsmann, Canal Plus etc.) setzen vor allem auf Satellitenkommunikation zur Verbreitung eines vielkanaligen, aber immer noch gerichteten digitalen Fernsehens (in Deutschland Kirchs DF 1). Die amerikanischen Entwicklungen orientieren sich dagegen eher am Leitbild eines *Information Superhighway* und setzen auf terrestrische Netze, die näher an der interaktiven Logik des Internet operieren. Aber die internationale Entwicklung bleibt vielschichtig und widersprüchlich. So ist digitales Fernsehen auch in Nordamerika erfolgreich (DirecTV), und in Europa wachsen Online-Dienste wie America Online (AOL) und Compuserve (in Deutschland T-Online) mit ihren interaktiven Leistungen[22].

4. Politikvermittlung im Angesicht von Globalisierung und neuen Medientechniken

4.1 Neue Anbieter und Allianzen als Folge der Kommerzialisierung

Medien wird die doppelte Aufgabe zugeschrieben, nicht nur Informationen, Wissen und Meinungen über Politik zu vermitteln, sondern auch die Übereinstimmung zwischen zwei Seiten herzustellen. In globalen Rahmen haben sie das schon von jeher auf der Grundlage ihrer kommerziellen Zwecksetzung getan; für Europa, wo im wichtigen Rundfunkbereich der Typus des *public service* bestimmend war, sind durch die Deregulierung im Telekommunikationssektor grundsätzlich neue Rahmenbedingungen geschaffen worden. Der Nucleus dieser Entwicklung ist der Paradigmenwechsel, daß Politikvermittlung in den audiovisuellen Medien nicht mehr den Vorgaben eines öffentlichen Auftrags folgt, wie er dem Selbstverständnis der am *public service* orientierten öffentlich-rechtlichen Rundfunkanstalten zugrunde lag[23]. Statt dessen dominiert die privat-kommerzielle Handlungslogik die Medienunternehmen. Privateigentum an Informationsmedien hat es im Printbereich zwar immer schon gegeben; Privateigentum an elektronischen Medien mit der Folge, daß Informationen Warenform erhalten und ihre Produktion einer Logik der Gewinnmaximierung unterworfen ist, war für Europa neu.

Die Akteure in dieser gewandelten Medienlandschaft gleichen ebenfalls in entscheidenden Merkmalen nicht mehr den national geprägten und im nationalen Bezugsrahmen handelnden Sendeanstalten. Für die Unternehmen, die nun Fernsehen

---

21 Ithiel de Sola Pool, Technologies of Freedom. On Free Speech in an Electronic Age, Cambridge/MA 1983.
22 Hans J. Kleinsteuber, Information Superhighway oder digitales Fernsehen?, in: Jörg Tauss/Johannes Kollbeck/Jan Mönikes (Hrsg.), Deutschlands Weg in die Informationsgesellschaft, Baden-Baden 1996, S. 97–113.
23 Zu der internationalen Lage der public service-Anbieter vgl. Marc Raboy (Hrsg.), Public Broadcasting for the 21th Century, Luton 1996.

anbieten, sind die Zielgruppen, die sie erreichen wollen, Teile globaler Märkte, die es zu sichern gilt. Das Bestimmende dabei sind die Werbemärkte, da sie die wesentliche Einkommensquelle für den kommerziellen Rundfunksektor darstellen. Erfolgreich auf den Zuschauermärkten zu agieren ist das Mittel zu diesem Zweck; des weiteren gilt es, die Konkurrenz an den Programm- und Rechtemärkten zu bestehen, so daß sie wiederum die Mittel bereithalten, den Zugang zu den angepeilten Zielgruppen zu erhalten.

Vor dem Hintergrund wachsender Werbemärkte und angesichts der Abwesenheit einer wirksamen Politik der Konzentrationskontrolle haben Medienkonzerne in der Vergangenheit vielfältige Strategien herausgebildet, an diesen Märkten präsent und erfolgreich zu sein. Diese Strategien sind mit unterschiedlichen Konzentrationsphänomenen verbunden.

- Durch vertikale Integration erreicht ein Unternehmen die Kontrolle über die Produktions- und Distributionsprozesse in einem Medium.
- Durch horizontale Integration erlangt ein Unternehmen die Kontrolle über verschiedene Medien gleichen Typs, wodurch in hohem Maße Synergieeffekte zu realisieren sind.
- Durch multimediale Integration wird der Besitz oder die Kontrolle von Medien verschiedenen Typs erlangt.
- Multisektorielle Integration führt dazu, daß ein Medienunternehmen auch in anderen Wirtschaftssektoren aktiv ist. Allerdings ist der umgekehrte Fall – branchenfremdes Kapital dringt in den Mediensektor ein – der häufiger vorfindbare.
- Internationale Integration schließlich ist der Aufbruch zu globalen Märkten, wenn ein Unternehmen in zwei oder mehreren Ländern aktiv ist[24].

Diese Unternehmensstrategien haben zu komplexen Verflechtungen und zu integrierten Medienkonzernen geführt, welche ihre Beteiligungsverhältnisse weitgehend vor der Öffentlichkeit verdeckt halten können[25]. Dies ist insbesondere der Fall, wenn sich solche transnational tätigen Konzerne im Eigentum risikobereiter »Mogule« befinden, wie sie in großem Umfang die internationale medienwirtschaftliche Ordnung prägen[26]. Rupert Murdoch, der auf allen fünf Kontinenten tätig ist, ist hier als Prototyp zu nennen; sein ehemaliger Konkurrent vor allem auf dem britischen Markt, Robert Maxwell, als Beispiel der Vergänglichkeit solcher nur auf eine Unternehmerpersönlichkeit zugeschnittenen Konzerne. Demgegenüber stellen die »Global Players« wie der Bertelsmann-Konzern oder Time-Warner, Kapitalgesellschaften mit einem angestellten Management an der Spitze, die modernere Variante der Akteure am globalisierten Medienmarkt dar.

Des weiteren ist zu berücksichtigen, daß Medienunternehmen auch von Kapitalgruppen übernommen werden können, deren gesellschaftlich umstrittenes En-

---

24 Vgl. Hans J. Kleinsteuber/Torsten Rossmann, Europa als Kommunikationsraum. Akteure, Strukturen und Konfliktpotentiale, Opladen 1994, S. 249 f.
25 Vgl. Horst Röper, Formationen deutscher Medienmultis 1994/95. Veränderungen, Pläne und Strategien der größten deutschen Medienunternehmen, in: Media Perspektiven, (1995) 7, S. 310–330.
26 Vgl. Hans J. Kleinsteuber/Barbara Thomaß, Konkurrenz versus Konzentration, in: Miriam Meckel/Markus Kriener (Hrsg.), Internationale Kommunikation, Opladen 1996, S. 441.

gagement, beispielweise in der Rüstungsproduktion, der Atomenergie oder Gen-Technologie einer kritisch-unabhängigen Berichterstattung bedürfte. Statt dessen besteht die Möglichkeit, daß die Themenstruktur der Politikvermittlung in diesen Feldern für die Absicherung bestimmter wirtschaftlicher Interessen genutzt wird[27]. Die bisher weitgehendste Verflechtung politischer und wirtschaftlicher Interessen war erreicht, als der italienische Medienmogul Silvio Berlusconi sein Imperium für seinen Präsidentschaftswahlkampf einsetzte[28].

Über diese Strategien hinaus verlangen die Kosten der Konkurrenz zwischen den Medienunternehmen neuartige Koalitionen und Kooperationen, die nationale Grenzen problemlos überschreiten. Bertelsmann und CLT, zwei international agierende Konzerne, halten gemeinsame Anteile an Fernsehsendern nicht nur in Deutschland. Über die Grenzen hinweg gibt es informelle Kooperationen wie die zwischen Silvio Berlusconi und Leo Kirch, die sich jeder – ohnehin relativ wirkungslosen – Konzentrationskontrolle entziehen. Der deutsche Sender Super RTL dient der US-amerikanischen Walt Disney Company, die daran zu 50 Prozent beteiligt ist, als Abspiel- und damit Verwertungsstation ihres reichlichen Filmmaterials. Und letztlich führt die globale Konkurrenz vor allem an den Programmärkten dazu, daß es jenseits der Eigentumsverhältnisse zwischen Medienkonzernen und öffentlich-rechtlichen Sendern zu gemeinsamen Aktivitäten vor allem bei Produktionen und Programmaufkäufen kommt.

Tabelle: Die größten Medienkonzerne der Welt (1994)

Unternehmen	Land	Umsatz 1994 in Mrd. Dollar
Time Warner inkl. Turner	USA	18,7
Walt Disney inkl. Capital C./ABC	USA	16,4
Bertelsmann	Deutschland	13,9
Viacom	USA	11,0
News Corporation/Murdoch	Aus./USA	9,3

Quelle: *Die Zeit* vom 8. Sept. 1995, S. 21.

Betrachtet man in diesen Zusammenhängen den Stellenwert von Politikvermittlung innerhalb der von vielfältigen Verwertungsinteressen geleiteten Konzerne, dann ist ihre randständige Bedeutung offenkundig. Mehr noch: Sie wird von gänzlich sachfremden Interessen geleitet. Die Auswirkungen sind an Art und Zahl von Informationssendungen festzustellen. So nahm die Zahl der gesendeten Spielfilme auf

---

27 So galt es als auffällig, daß die Berichterstattung des französischen privat-kommerziellen Senders TF 1 über Marokko nur ausgesprochen sanfte Töne enthielt. Die Ursache lag in der Tatsache, daß der Bauunternehmer Bouygues, der mehrheitlich an dem Sender beteiligt ist, in Auftragsverhandlungen mit dem marokkanischen Königreich stand.
28 Vgl. Birgit Rauen, Berlusconi: Wahlkampf mit den eigenen Medien, in: Media Perspektiven, (1994) 7, S. 349–361.

Kosten bildungs- und informationsorientierter Programme zu[29]. Informationssendungen unterliegen Modifizierungen hinsichtlich Auswahl-, Gestaltungs- und Präsentationkriterien. Die Wandlung von Nachrichtensendungen zu »News-Shows«, in denen Politik ein ganz anderes, stark personalisiertes, oft sensationsheischendes Gepräge hat, wird auch tendenziell von öffentlich-rechtlichen Anstalten kopiert.

Die Entwicklung hin zu Medienmärkten, die von wenigen finanzkräftigen Unternehmen kontrolliert werden, stellt eine Gefahr für die in politischen Sonntagsreden noch immer gewünschte Medienvielfalt dar und damit eine Einschränkung der Medien- und Informationsfreiheit. Für eine funktionsfähige Politikvermittlung, die ihren Aufgaben zur Darstellung und Rechtfertigung von Politik einerseits und zur Rückmeldung über die Aufnahme, die politisches Handeln in der Öffentlichkeit gefunden hat, andererseits gerecht werden will, gelten diese Freiheiten aber nach wie vor als unabdingbare Voraussetzung[30]. Dieser Widerspruch zwischen medienökonomischer Realität einerseits und normativer Setzung andererseits verweist auf das Problem, daß Regulierung angesichts dieser hochdifferenzierten Mediensysteme zunehmend erschwert, wenn nicht unmöglich wird.

4.2 Verlust an Staatlichkeit – Verlust an Regulierung

Während die rechtliche Regulierung des Mediensektors weitgehend auf nationalstaatlicher Basis geschieht, erfolgt das tatsächliche Handeln auf globaler Ebene. Eine »Oberliga von Mega-Konzernen«[31] hat die nationalen Medienabsatzmärkte entgrenzt und nutzt die Synergieeffekte im weltumspannenden Medienverbund. Insbesondere zu den internationalen Verflechtungen und Vernetzungen gibt es auf politischer Ebene keine Entsprechung[32]. Auch nach der Vorlage des Grünbuchs »Pluralismus und Medienkonzentration im Binnenmarkt« der EU gibt es keine wirksame Überwachung der Medienverbände auf europäischer Ebene, die den globalen Verflechtungen ohnehin nicht gerecht werden könnte[33]. Statt dessen verbleibt angesichts der Vielfalt nationaler Besonderheiten bei Eigentümerverhältnissen, Konzentrationen, Verflechtungen und Kontrollmechanismen Kommunikationspolitik im Unübersichtlichen.

---

29 Siegfried Weischenberg, Journalismus des 21. Jahrhunderts, in: Michael Haller/Klaus Puder/Jochen Schlevoigt (Hrsg.), Presse Ost – Presse West. Journalismus im vereinten Deutschland, Berlin 1995, S. 272.
30 Zu Ansätzen einer vergleichenden Analyse politischer Kommunikation: David L. Paletz (Hrsg.), Political communication in Action, Cresskill NJ 1996 (unter anderem Nigeria, Südkorea, Peru, Europäische Union, Großbritannien, Indien); Ralph Negrine, The Communication of Politics, London 1996 (unter anderem Großbritannien, USA).
31 George Michael Luyken, Das Medienwirtschaftsgefüge der 90er Jahre, in: Media Perspektiven, (1990) 10, S. 627.
32 Ben H. Bagdikian, The Media Monopoly, Boston 1992; Michael Palmer/Jeremy Tunstall (Hrsg.), Media Moguls, London 1991.
33 KOM Commission of the European Communities, Pluralism and Media Concentration in the Internal Market, Commission Green Paper, Brüssel 1992 COM (92) 480 final.

Schon auf nationaler Ebene steuert ein Geflecht aus Interessen der verschiedenen Fraktionen innerhalb der privatkommerziellen Veranstalter, der öffentlich-rechtlichen Sender, der Telekom, der Landesmedienanstalten, Staatskanzleien und Wirtschaftsministerien die kommunikationspolitische Entwicklung. Dabei findet staatliche Regulierung ihre Reichweite aber nicht nur durch Landesgrenzen beschränkt, sondern auch durch die Schwäche der bestehenden Institutionen, insbesondere, wenn diese – wie die Landesmedienanstalten – Kontrollfunktionen gegenüber global agierenden Medienkonzernen auf einer regionalen Ebene wahrnehmen wollen.

Dennoch gibt es Ansätze, kommunikationspolitische Entscheidungen weg von der nationalen Ebene hin auf eine supranationale zu verschieben. Seit 1984 versuchte die Europäische Kommission, Rahmenbedingungen für die grenzüberschreitende Ausstrahlung zu entwickeln[34]. Während die Vorläufer einer europäischen Fernsehpolitik unter der Federführung des Europäischen Parlaments noch davon geprägt waren, Politikvermittlung im Dienste europäischer Themen zu fördern, unterstützte die europäische Kommission hauptsächlich den »freien Fluß von Informationen, Ideen, Meinungen und kulturellen Leistungen in der Gemeinschaft«[35] und legte dabei ein Verständnis von Fernsehen zugrunde, das dieses dem Handels- und Dienstleistungssektor zuordnete[36].

Die Verabschiedung der Fernsehrichtlinie von 1989, die 1997 überarbeitet wurde, machte zweierlei Tendenzen deutlich. Zum einen verlagert sich das Zentrum der Rundfunkregulierung zunehmend auf eine supranationale Ebene, wo ein Ausgleich verschiedener staatlicher Interessen erfolgen soll; auf der anderen Seite macht die mangelnde Umsetzung der dort getroffenen Entscheidungen auf nationaler Ebene deutlich, wie schwach die Durchsetzungskompetenz europäischer Akteure ist[37].

Noch viel augenfälliger jedoch sind die Grenzen nationaler Regulierungskompetenz angesichts der Datenströme in den weltweiten Computernetzen geworden. Das Internet und seine multimediale Gestalt des World Wide Web haben deutlich gemacht, wie einzelstaatliche Entscheidungen zur Zulassung bestimmter Inhalte ins Leere gehen müssen, wenn Nutzer und Anbieter von Informationen sich in der virtuellen Welt beggnen. Nicht nur, daß rechtliche Regelungen den Entwicklungen des Netzes ständig hinterherhinken, sie können auch sofort auf dem Umweg über das Ausland unterlaufen werden.

Die potentielle Zugänglichkeit zu allen Informationen bedeutet insbesondere auch für die politische Sphäre grundlegende Veränderungen. Das Entscheidende ist: Regierungen verlieren die Möglichkeit, ein Informationsmonopol zu halten oder den Zugang unerwünschter Gruppierungen zu medialer Selbstdarstellung zu unter-

---

34 H. J. Kleinsteuber/T. Rossmann (Anm. 24), S. 68 ff.
35 KOM Kommission der Europäischen Gemeinschaften, Fernsehen ohne Grenzen. Grünbuch über die Errichtung des gemeinsamen Marktes für den Rundfunk, insbesondere über Satellit und Kabel. Mitteilung der Kommission an den Rat KOM (84) 300 endg. Brüssel, KOM 1984/4.
36 Zur neuesten europäischen Situation: European Communication Council-Report 1997, Exploring the Limits. Europe's Changing Communication Environment, Berlin 1997.
37 Peter J. Humphreys, Mass Media and Media Policy in Western Europe, Manchester 1996.

binden[38]. Menschenrechtsverletzungen in Burma oder in China, die Ziele von Protestbewegungen in Lateinamerika, Informationen über die nächsten Gen-Soja-Transporte aus den Vereinigten Staaten – sie erreichen per Internet in müheloser Überwindung von Raum und Zeit alle potentiell Interessierten. Die Geiselnehmer von Peru sind erschossen worden, die politischen Aufrufe der Tupac Amaru sind im Internet abzurufen: Drastischer kann die Vergeblichkeit, politische Inhalte zu unterdrücken, nicht dokumentiert werden. Politikvermittlung durch eine gezielte regierungsamtliche Informationsgebung ist endgültig obsolet geworden.

4.3 Gewandelte Anforderungen an den Journalismus

Die global wirkenden Kommunikationstechniken haben die Möglichkeit der Teilhabe des einzelnen Bürgers an der weltumspannenden Kommunikation grenzenlos erweitert und stellen damit neue Anforderungen an die professionellen Kommunikatoren. Zwischen Medien und Publika zu vermitteln war bislang Aufgabe des Journalismus; zwischen politischen Akteuren und Bürgern agieren Journalisten[39]. Die neuen Techniken, Satellit und Internet, berühren die Art der journalistischen Aufgabenerfüllung in sehr unterschiedlichem Maße. Während Satellitenübertragungen vom Geschehen überall auf der Erde noch durchaus im Sinne journalistischer Funktionsausübung zu interpretieren sind, verändert das Internet die Handlungsvoraussetzungen für den Journalismus grundlegend.

Angesichts der Zunahme der Medienangebote (siehe unten) und neuartiger Zugangsmöglichkeiten zu Informationen stellt sich die Frage, ob Journalismus überhaupt noch notwendig ist. Reduziert man seine Aufgabe darauf, lediglich Informationen zu liefern, zwar in einem wachsenden und schnellerem Maße, aber eben nur als Lieferant, dann mag man schlußfolgern, daß die allseitige Verfügbarkeit von Daten und Fakten zu einer »Kommunikation ohne Kommunikatoren« führt.

Allerdings berücksichtigt solch eine Betrachtungsweise nicht, wie sehr zu den Funktionen des Journalismus die Aufgabe der Selektion und rezeptionsgerechten Aufbereitung von Informationen gehört. Die Anforderungen an diese Art Gestaltung einer zunehmenden Informationsflut und -beliebigkeit wachsen, weil Information wertvoller wird in dem Maße, wie sie Kontexte und Orientierungen liefert. Neben Unterhaltung und Information kommt dem Journalismus in nächster Zukunft also eine bedeutender werdende Orientierungsfunktion zu, um den Erfolg von Politikvermittlung wahrscheinlich zu machen.

Die Arbeitsbedingungen von Journalisten verändern sich allerdings durch den Einsatz neuer Informations- und Kommunikationstechnologien auf eine Weise, die

---
38 Zu den widersprüchlichen Auswirkungen neuer Technologien in der Dritten Welt: Gerald Sussman/John A. Lent (Hrsg.), Transnational Communications, Wiring the Third World, Newbury Park/CA 1991.
39 Globaler Journalismus und seine Besonderheiten als Thema: John C. Merrill (Hrsg.), Global Journalism. Survey of International Communication, White Plains/NY 1995.

auch die Art ihrer Vermittlungsleistung beeinflußt[40]. Wesentliches Charakteristikum dieser Veränderung ist die Beschleunigung, mit der Informationen erhoben, ausgewählt, verarbeitet und verbreitet werden. Medieninhalte werden schneller, aktueller und effizienter produziert und distribuiert[41]. Durch neue Netzwerke der Bild-, Ton- und Datenübertragung, durch leistungsfähigere Kameras und Bildübertragung per Satellit, durch elektronische Berichterstattung und *Satellite News Gathering* schrumpft der zeitliche Abstand zwischen einem Ereignis und seiner medialen Rezeption gegen null. Dazwischen handeln Journalisten, denen weniger Zeit zum Bearbeiten der eingehenden Informationen und auch zum Nachdenken über das vorliegende Material verbleibt.

Folgende Konsequenzen des Einsatzes der neuen Medientechnologien im journalistischen Arbeitsfeld, die sich auf die Übermittlung von Informationen, ihre Bearbeitung, ihre Speicherung, die Produktion des Trägermediums und die Übermittlung zum Rezipienten beziehen, sind denkbar:
1. Fehler und Fehlentscheidungen, die auf mangelnde Möglichkeiten zur Wahrung der Sorgfaltspflicht zurückgehen, steigen an.
2. Die Nachrichtenredaktionen erleben aufgrund des beschleunigten Datenflusses eine Vervielfältigung des Informationsangebotes, in dem Ereignisse ohne Nachrichtenwert sich ausweiten werden.
3. Aktualität als Kriterium für publizistische und auch wirtschaftliche Konkurrenz gewinnt durch die neuen Technologien an Bedeutung, etwa gegenüber Fragen der Relevanz einer Nachricht, deren Gewichtigkeit sinkt.
4. Zunehmend professionalisierte PR-Abteilungen schicken ihre Pressemitteilungen online in die Wirtschafts- und andere Redaktionen. Das noch systemgerechtere Servieren der interessengebundenen Informationen macht die Aufrechterhaltung der redaktionellen Unabhängigkeit schwieriger.
6. Die Digitalisierung von Ton- und Bildmaterial eröffnet vielfältige Möglichkeiten zur Ton- und Bildmanipulation. Die Grenze von der mediengerechten Bearbeitung insbesondere der Bilder zu ihrer Manipulation oder Simulation wird fließend. Wenn die Authentizität der Bilder erstmal grundlegend infrage gestellt worden ist, verlieren sie ihre Glaubwürdigkeit als Beleg.
7. Digitale Technik erlaubt es, journalistische Arbeit in Teilen zu automatisieren und maschinisieren. Wo Journalisten überflüssig werden, erfolgt der Umgang mit Informationen nach anderen Kriterien als sie idealiter für den Journalismus gelten.
Diese Perspektiven deuten auf eine Abnahme der Qualität von Medienprodukten. Da es aber um Informationen geht und eine Gesellschaft sich nicht der Frage entziehen kann, welche Informationen ihre Mitglieder erreichen sollen, ist über die Veränderung der journalistischen Arbeit ein wesentlicher Aspekt von Politikvermittlung berührt.

---

40 Manfred Redelfs, Electronic Publishing und Computer-Assisted Reporting – Auswirkungen des Information Superhighway auf den Journalismus, in: H.J. Kleinsteuber (Anm. 17), S. 257–276.
41 S. Weischenberg (Anm. 29), S. 278.

4.4 Segmentierung der Politikvermittlung

Dem Fernsehen kam lange Zeit der Status eines – auch politischen – Leitmediums zu. Daß es dabei ist, diese Position allmählich einzubüßen, belegen nicht nur entsprechende Untersuchungen zur Mediennutzung[42]; dies läßt sich auch aus den sich wandelnden Angeboten neuer Informations- und Kommunikationstechnologien schließen. Zunächst ist von einer quantitativen Zunahme der elektronischen Medienangebote auszugehen. Diese war bereits in der Vergangenheit rasant und wird sich noch potenzieren. So kann vorgerechnet werden, daß sich das gesamte Medienangebot im Laufe von nur einer Generation vertausendfacht hat; der Löwenanteil daran kommt – aufgrund der Kanalvervielfältigung und der Ausweitung der Sendezeiten – den elektronischen Medien zu[43]. Zum Jahr 2000 wird für Europa erwartet, daß sich die Zahl der Fernsehkanäle auf 500 erhöht und die Fernsehsendezeiten von 650 000 auf ca. 3,25 Mio. Stunden ansteigen werden[44]. Die Entwicklung neuer Kabelnetze, die die Übertragung von 500 Kanälen zulassen – in etlichen Ballungsräumen in den USA schon Realität – wird auch in Europa in näherer Zukunft eine Fülle neuer Spartensender entstehen lassen, die sich auf das *special interest* neuer Zuschauergruppen kaprizieren; die Möglichkeiten des digitalen Fernsehens, *Pay TV, Pay per View* oder *Video on Demand*, werden genutzt, um strategische Marktpositionen zu besetzen. Hinzu kommt die explosionsartige Ausweitung der Internetnutzung.

Die Auswirkungen solcher Entwicklungen auf Politikvermittlung lassen sich nur aus bisherigen Erfahrungen schließen. So hat allein die Ausweitung der Kanäle und die Zulassung von privatkommerziellem Rundfunk einen allmählichen Autoritätsverlust und die Marginalisierung des öffentlich-rechtlichen Rundfunks bewerkstelligt, was für die Darstellung von Politik neuartige Wirkungszusammenhänge geschaffen hat. Einerseits haben sich die Auftrittsmöglichkeiten für politische Akteure vervielfältigt. Andererseits sind sie durch die dadurch entstehende Konkurrenz um Medienpräsenz zu einer Anpassung an die spezifischen Erfordernisse dieses Mediums gezwungen worden. Indem Sendezeiten ausgedehnt, neue Programmstrukturen und -formate sowie neue Plazierungsmuster für politische Inhalte entwickelt werden, differenziert sich die mediale Darstellung von Politik in zeitlicher und sachlicher Hinsicht aus. Dies bringt es mit sich, daß Politik den Nimbus von Exklusivität verliert. Es führt aber auch dazu, daß angesichts der Vermehrung der Informationsflut die einzelne Information zunehmend einer Kontextlosigkeit und Beliebigkeit anheimfällt[45]. Diese Entwicklung wird noch dadurch begünstigt, daß der

---

42 Vgl. Marie-Luise Kiefer, Massenkommunikation 1995. Ergebnisse der siebten Welle der Langzeitstudie zur Mediennutzung und Medienbewertung, in: Media Perspektiven, (1996) 5, S. 234–248.
43 Alexander Görke/Johannes Kollbeck, Weltgesellschaft und Mediensystem. Zur Funktion und Evaluation internationaler Medienkommunikation, in: M. Meckel/M. Kriener (Anm. 26), S. 277.
44 Tapio Varis, Internationaler Programmarkt für Fernsehsendungen, in: Hans-Bredow-Institut (Hrsg.), Internationales Handbuch für Hörfunk und Fernsehen 1996/97, S. A 11.
45 Vgl. Dieter Rucht, Politische Öffentlichkeit und Massenkommunikation, in: Otfried Jarren (Hrsg.), Medienwandel – Gesellschaftswandel? 10 Jahre dualer Rundfunk in Deutschland. Eine Bilanz, Berlin 1994, S. 172 f.

Bezugsrahmen von Informationen globaler geworden ist. Zwar dürfte der Nahbereich nach wie vor das größte Interesse auf sich ziehen. Darüber hinaus jedoch ist jeder etwas weiter entfernte Ereignisort so bedeutsam oder unbedeutsam wie der andere.

Noch gravierender aber als die Auswirkungen auf die Darstellung von Politik sind die Konsequenzen für ihre Rezeption. Angesichts der Zunahme der Medienangebote sind für die Zukunft deutlich verschobene Mediennutzungsmuster und Präferenzen anzunehmen. Dabei ist ein doppelter Segmentierungsprozeß zu erwarten. Zum einen verringert sich – auch bei möglicherweise noch steigenden Zeitbudgets, die für die Mediennutzung aufgewandt werden – die Zuwendungszeit, die ein einzelner Rezipient für eine Sendung, eine Internetpräsentation oder auch einen traditionellen Artikel aufbringt. Der mosaikartige Charakter der Wahrnehmung von Politik wird also noch zunehmen. Darüber hinaus gibt es berechtigten Anlaß zu der Annahme, daß die tatsächliche Nutzung von politikvermittelnden Angeboten nachgelassen hat, weil politische Informationen im Meer globaler Unterhaltungsangebote nur noch einzelne Inseln darstellen, die zu umschiffen für den einzelnen Nutzer leicht möglich und wahrscheinlich ist. In die gleiche Richtung wird die Abwanderung wesentlicher Inhalte in die verschiedenen Formen des *Pay-TV* wirken, wenn nur noch ein Basisangebot an Informationen über *Free-TV* verfügbar wäre.

Zum anderen aber nimmt die Größe der Publika ab, die die gleichen Politikinhalte rezipieren, denn die neuen Medienangebote sind notwendigerweise geradezu darauf ausgerichtet, sich in wachsendem Maße an immer kleiner werdenden Publikumsgruppen zu orientieren[46]. Die Entdeckung solcher »neuer« Zielgruppen wie Frauen und Kinder beispielsweise für Spartenkanäle ist nur ein besonders skurriler Ausdruck dieser Entwicklung. Die gemeinsam für relevant gehaltenen Themen und Wissenstatbestände nehmen also ab, und auch der Grundbestand an geteilten Werten und Orientierungen schrumpft.

Wenn Politikvermittlung durch Massenmedien die Verbreitung von Informationen, Wissen und Meinungen über Politik zu leisten hat, so ist also als Auswirkung der neuen Medientechniken anzunehmen, daß diese Leistungen nur noch in abnehmendem Maße erbracht werden können. Die Konsensbildung, die letztlich Ziel jeder Politikvermittlung ist und die ebenfalls als Aufgabe den Massenmedien zuzuschreiben ist, wird erschwert. Mehr noch, es ist davon auszugehen, daß aufgrund der durch Medien unterstützten Ausdifferenzierung von Wertorientierungen und Normvorstellungen Konflikte zunehmen, die eben auf diesen Differenzen beruhen, ohne daß integrativ wirkende Medien als geeignete Instanzen zum Ausgleich divergierender Sichtweisen und Ansprüche zur Verfügung stehen.

Aus Rezipientenperspektive sind aber aufgrund der Möglichkeiten, die die neuen Informations- und Kommunikationstechniken bereitstellen, auch gegenläufige Entwicklungen denkbar, die die zugegebenermaßen skeptischen Prognosen für die Funktionalität der Medienlandschaft für erfolgreiche Politikvermittlung möglicherweise konterkarieren können. Als ein Faktor ist dabei der zunehmende Grad an Interaktivität zu nennen, den digitale Medien ihrem Nutzer abfordern. Der Rezipient muß zudem aus dem vergrößerten Angebot an Mediennutzungsmöglich-

---

46 W. Russell Neuman, The Future of the Mass Audience, Cambridge 1991.

keiten gezielter auswählen; die den neuen Medien eigenen Handlungsoptionen dürften somit eine Herausforderung für aktivere Mediennutzer darstellen.

Auch der neue Zugang zu Daten stellt andere Kontexte für Politikvermittlung her. Wenn davon auszugehen ist, daß es einen Unterschied gibt zwischen den Strukturen und Inhalten von politischem Handeln im Entscheidungsbereich und dem Bild, das im Fernsehen von Politik vermittelt wird, dann deshalb, weil zwischen Realität und Medienwirklichkeit der Politik relevante Daten, Informationen und Zusammenhänge verlorengehen. Was aber, wenn zumindest ein Teil dieser Daten durch den nun technisch möglichen Zugang zu ihnen rekonstruierbar ist? Wenn Zusammenhänge durch solche Informationen, die beispielsweise aus Datenbanken unterschiedlicher Interessengruppen verfügbar sind, transparenter würden? Dann würde sich die Medienwirklichkeit, wie sie durch das Zutun der Rezipienten mitgestaltet wird, potentiell der Realität annähern. Den politikeigenen Strategien, durch die Ausnutzung bestimmter medienspezifischer Darstellungsmuster Einfluß auf die Art der Vermittlung zu nehmen, wären Grenzen durch die Art der Mediennutzung auf seiten der Rezipienten gesetzt.

Diese Variante von Politikvermittlung, die mit dem Zuwachs an Gestaltungsmöglichkeiten auf Rezeptionsseite verbunden ist, hat zur Voraussetzung, daß sich der Mediennutzer entsprechend verhält. Hier sind jedoch Zweifel angebracht. Sie beruhen zum einen auf der Erfahrung, daß bislang der typische Nutzer des Internet jung und männlich ist und ein höheres Einkommens- und Bildungsniveau hat, mitnichten also der typische Fernsehkonsument. Zum anderen haben auch die alten »neuen« Medien – offener Kanal, Video – nicht die Hoffnungen an Eigenaktivität seitens der Rezipienten erfüllt, die einst in sie gesetzt wurden.

So ist bis hierher nur festzuhalten, daß die Bedingungen und Strukturen von Politikvermittlung, das Verhältnis zwischen Politik, Medien und Rezipienten vor allem angesichts der neuen Medientechniken komplexer wird. Wer daraus den größten Nutzen zieht, bleibt abzuwarten.

5. Fazit

Kommunikation über weite Distanzen ist alles andere als neu. Wer unsere Epoche als die eines kommenden »Weltdorfes« feiert, wird akzeptieren müssen, daß internationale Kommunikation auf eine lange Geschichte zurückschaut. Andernfalls hätten die Riesenreiche der Römer, das iberoamerikanische Imperium der Spanier, das *Commonwealth* der Briten nicht errichtet werden können. Richtig ist allerdings, daß vor Eintritt in das »elektrische« Zeitalter ab etwa 1840 alle Kommunikation über lange Distanzen sehr langsam und mühsam erfolgte. Auch weltumspannende Netze sind nicht neu, aber erst Satelliten und digitale Netze ermöglichen es vielen Millionen Bürgern, an der globalen Kommunikation teilzunehmen. Diese neuen Zugangschancen machen den Nutzer, so er will, deutlich unabhängiger von staatlicher Politikvermittlung, als es in der Vergangenheit denkbar war. In Deutschland sind z. B. mit CNN, BBC World und Euronews eine Reihe ausländischer TV-Nachrichtenkanäle empfangbar; unsere türkischen Mitbürger können allabendlich aus einem halben Dutzend heimischer TV-Programme auswählen. Das Internet bietet politische Informationen in einer Breite und Tiefe, die jede monopolistische Bevormundung unterläuft. Freilich kamen mit den neuen Techniken vor allem Unterhaltungsprogramme, produziert in den USA und kommerziell vermarktet nach amerikanischem Vorbild. Und die Verfügung über die vielen Satellitenkanäle liegt in der Hand einer kleinen, überschaubaren Zahl von Medienkonzernen, die den Globus als ihren Markt betrachten.

Nur das Internet mit seiner anarchischen Qualität sperrt sich gegen zentralistischen Zugriff und wehrt erfolgreich Zensurversuche ab. Es erweist sich deshalb als politisch besonders attraktives Medium, da es nicht nur eine Fülle von Informationen vorhält, sondern auch als Ort politischer Selbstorganisation und globaler Verständigung Bürger mit gleichlaufenden Zielen verbindet und ihre politische Durchsetzungskraft bündelt. Nicht Zensur im konventionellen Verständnis ist dabei ein Problem, sondern eine für den Nutzer völlig unübersichtliche Datenflut, die geordnet werden muß. Wer die Parameter für dieses Ordnen kontrolliert, z.B. die Arbeitsweise von Suchmaschinen, wird zukünftig politischen Einfluß ausüben können. Unliebsame Informationen werden dabei nicht unterdrückt, gehen aber im bunten und marktschreierischen Angebot unter. An diesem Punkt wird auch eine Neubestimmung der Aufgaben von Journalisten ansetzen müssen. Da die Netze den direkten Zugriff ermöglichen, erscheint der Kommunikator als Mittelsperson auf den ersten Blick überflüssig. Allerdings wird er in seiner Funktion als »Gatekeeper« im Netz neue Aufgaben übernehmen müssen, wird zukünftig im Meer der politischen Informationen als Navigator wichtiger sein als jemals zuvor.

Die neuen Kommunikationstechniken tragen das Potential in sich, als globale Struktur den Nationalstaat zu überwinden und die unmittelbare Verständigung zwischen den Menschen zu stärken. Das meint auch Marshall MacLuhans vielzitierte und häufig mißverstandene Metapher vom »Global Village«, in dem sich die Menschen am »elektronischen Lagerfeuer« versammeln und friedenstiftend zu verständigen vermögen[47]. In eine ähnliche Richtung denkt auch Howard Rheingold, der meint, daß der erwartbare Verfall nachbarschaftlicher Gemeinschaften mehr als kompensiert wird, weil im Internet neue »virtuelle Gemeinschaften« entstehen, die Menschen angesichts gleicher Interessen über politische und kulturelle Grenzen hinweg verbinden[48]. Sicher ist die Beobachtung richtig, daß Staaten mit hochentwickelter und breit zugänglicher Kommunikationstechnik dazu tendieren, sich relativ friedfertig zu verhalten. Aber ob das an der Technik liegt oder eher an der Sättigung reicher Gesellschaften, bleibt dahingestellt.

In jedem Fall finden sich gute Gründe für eine skeptische Einschätzung. Die neuen Techniken sind, global gesehen, völlig ungleich verteilt. Während Millionen Amerikaner bereits an dem entstehenden *Information Highway* partizipieren, stehen große Teile der Menschheit vor der Tür. Viele haben noch niemals ein Telefongespräch geführt, kennen nicht einmal einen *Highway* für Fahrzeuge. Die Befürchtung ist groß, daß sich die seit Jahrzehnten beklagte Trennung in einen reichen

---

47 Marshall McLuhan/Quentin Fiore, War and Peace in the Global Village, New York/NY 1968.
48 Howard Rheingold, The Virtual Community. Homesteading on the Electronic Frontier, New York/NY 1994 (deutsch: Virtuelle Gemeinschaft, Bonn 1994).

Norden und einen armen Süden noch verschärft, daß die »Information Rich« in den Industriestaaten ihren Abstand zu den »Information Poor« in der sich entwikkelnden Welt noch vergrößern werden. Dies gilt umso mehr, als die per Satellit eingestrahlten Hollywood-Unterhaltungsfilme, aber auch Sprache und Konzept des Internets (basierend auf der englischen Sprache) außereuropäische Kulturen bedrohen. Zudem wird ein globaler, faktisch verwestlichter Lebensstil propagiert, bauend auf prestigeträchtige Markenartikel in der omnipräsenten Werbung – die »MacDonaldisierung« der Welt. Dies alles empfinden die betroffenen Staaten als Gefährdung für ihre gewachsenen Kulturen; es löst dort unberechenbare Abwehrreaktionen aus, etwa in Form fundamentalistischer Bewegungen. So liegen religiöses Eifertum à la Jihad (Heiliger Krieg im Islam) und die kommerzielle Populärkultur à la MacWorld dicht beieinander – wie der Politologe Benjamin Barber behauptet – und beide bedrohen das westliche Demokratiemodell und seine Tradition der Politikvermittlung gleichermaßen[49].

Oder wird die Gegentendenz obsiegen? Hat die Peripherie eine neue Chance, sich der Metropolen zu erwehren? Lateinamerika etwa, früher von aggressivem Patriotismus und Presseknebelung in Militärdiktaturen geschüttelt, scheint in seinen inzwischen satellitenverbreiteten Programmen neue Identität zu finden und Gemeinsamkeiten zu entdecken. Ebenso erlaubt das Internet die konkurrenzlos kostengünstige Anbindung der »Dritten Welt« an die Weltkommunikationsströme, könnte also auch Ungleichgewichte in den Zugangschancen reduzieren helfen. Die Zukunft von Globalisierung und medientechnischer Revolution bleibt spannend.

---

49 Benjamin R. Barber, Jihad Vs. McWorld, New York 1996.

III.

Regierungssystem und Politikvermittlung: Mediatisierung von Politik, demokratische Willensbildung und politische Entscheidungsfindung

BARBARA PFETSCH

Regieren unter den Bedingungen medialer Allgegenwart

1. Einleitung

Berichte über einen US-Präsidenten, der in vermeintliche Sexaffären verwickelt ist, Bilder eines britischen Regierungschefs, der um eine verunglückte Prinzessin trauert, und ein von Mikrophonen und Kameras bedrängter Bundeskanzler – man könnte eine Vielzahl anderer Beispiele zitieren, die das Verhältnis zwischen Regierungen und Medien zum Ende der neunziger Jahre illustrieren. Solche Lehrstücke der politischen Kommunikation verdeutlichen nur eines: Bei dem Verhältnis von Regierung und Medien geht es um eine ambivalente Beziehung mit begrenzten Zuverlässigkeiten und Loyalitäten, die sich angesichts aktueller politischer Situationen, wechselnder Interessenkoalitionen und der Dynamik von Skandalen jederzeit ins Prekäre wenden kann. Unter den Bedingungen des politischen Alltags ist die Kommunikation einer Regierung indessen immer von den Strukturen und den Kontextbedingungen des jeweiligen politischen Systems mit seinen tradierten Institutionen und intermediären Organisationen geprägt. Sie unterliegt außerdem den jeweiligen Machtkonstellationen und Kalkülen politischer Unterstützung.

Eine zweite zentrale Rahmenbedingung der kommunikativen Seite des Regierens ist die Struktur und Kultur der Medien der Massenkommunikation, die angesichts abnehmender politischer Massenloyalität in allen modernen westlichen Demokratien an Bedeutung gewinnt. Der mediale Kontext der Regierungskommunikation ist durch den seit Mitte der achtziger Jahre anhaltenden und tiefgreifenden Wandel der Individual- und Massenkommunikation in einer kontinuierlichen Veränderung begriffen, so daß die politische Kommunikation insgesamt an Dynamik und Komplexität gewinnt. Die Veränderungen hin zur sogenannten Medien- oder Kommunikationsgesellschaft betreffen die Kommunikation einer Regierung in ihrem Kern, indem sich die Handlungsspielräume politischer Entscheidungsinstanzen im Dreieck von Medien, politischen Konkurrenten und Bürgern verändern[1]. Da nahezu alle öffentlichen Angelegenheiten über die Medien verhandelt werden, versuchen politische Akteure, sich auf die Konstellationen im

---

[1] Otfried Jarren, Auf dem Weg in die »Mediengesellschaft«? Medien als Akteure und institutionalisierter Handlungskontext. Theoretische Anmerkungen zum Wandel des intermediären Systems, in: Kurt Imhof/Peter Schulz (Hrsg.), Politisches Raisonnement in der Informationsgesellschaft, Zürich 1996, S. 79–96, hier S. 81.

Mediensystem, die medialen Konstrukte politischer Wirklichkeit sowie deren Spielregeln einzustellen und diese auch aktiv und für ihre Kommunikationsziele zu nutzen. In dieser Perspektive ist die Kommunikation einer Regierung auch das Ergebnis strategischer Kommunikation im Sinne professionell arbeitender Public Relations, die auf positive Medienberichterstattung abzielt. Dafür stehen ihr die Institutionen und Ressourcen der politischen Öffentlichkeitsarbeit zur Verfügung. Die Frage ist freilich, inwieweit strategische »Optionen der Simulation journalistischer Operationsweisen«[2] wie z. B. Nachrichten- und Ereignismanagement, spezifische Interpretationsstrategien politischer Probleme und Personalisierung bloße Instrumente des Zustimmungsmanagements sind, die nur noch wenig Gemeinsamkeiten mit den politischen Inhalten haben.

Dieser kurze Problemaufriß der Regierungskommunikation soll verdeutlichen, daß sich bei der Analyse des Zusammenhangs von Regieren und medialem Kontext einfache Modelle verbieten. Solche reduzierten Sichten – wie sie lange Zeit mit Modellen entweder der Unterwerfung der Politik unter die Medien oder der Domestizierung der Medien durch die Politik vorgeschlagen wurden[3] – reflektieren weder die politischen noch die medialen Bedingungen des Regierens und moderner Regierungskommunikation westlicher Demokratien. Vielmehr ist davon auszugehen, daß unter Regieren ein kontinuierlicher und komplexer Prozeß des Interdependenzmanagements zwischen politischem System und seiner gesellschaftlichen und medialen Umwelt zu verstehen ist, der nur mit kommunikativer Kompetenz der Regierungsakteure zu bewältigen ist. Der Blick auf die Regierungskommunikation als interdependente und dynamische Größe macht die Analyse nicht einfacher, sondern wirft eine Reihe grundsätzlicher Fragen auf, die das Leitmotiv dieses Beitrags sind: Was ist Regieren, und welche Funktionen und Merkmale hat die Kommunikation einer Regierung? Was sind die politischen, institutionellen und medialen Struktur- und Kontextbedingungen der Regierungskommunikation? Wo liegen die Risiken und Chancen der Kommunikationsseite des Regierens angesichts der Veränderung durch die Mediengesellschaft? Schließlich: Welche Folgen hat die Mediatisierung der politischen Kommunikation, und welche Handlungsoptionen stehen den Akteuren der Regierungskommunikation zur Verfügung?

Der Versuch der Erörterung dieser Fragen beginnt in diesem Beitrag mit einer begrifflichen Klärung des Regierens und der Funktionen der Regierungskommunikation. Im zweiten Teil werden die grundlegenden Strukturbedingungen sowohl des politischen Systems als auch des Mediensystems erörtert, die als Kontextfaktoren oder »constraints« die Kommunikationsleistungen der Regierung beeinflussen. Unter dem Stichwort Mediatisierung diskutieren wir schließlich die Handlungsmöglichkeiten einer Regierung, ihre Kommunikationschancen gegenüber den Medien zu verbessern.

---

2 Siegfried Weischenberg, Die Karten werden neu gemischt. Politische Kommunikation unter den aktuellen Bedingungen einer legitimationsbedürftigen Markt-Demokratie, in: K. Imhof/ P. Schulz (Anm. 1), S. 231–254, hier S. 247.
3 Vgl. Otfried Jarren, Politik und Medien im Wandel: Autonomie, Interdependenz oder Symbiose? Anmerkungen zur Theoriedebatte in der politischen Kommunikation, in: Publizistik, 33 (1988) 4, S. 619–632.

2. Regieren als Interdependenzmanagement und kommunikative Leistung

2.1 Was heißt Regieren?

Will man die Handlungsbedingungen und Restriktionen des Regierens analysieren, so muß der Begriff der Regierung selbst genauer erläutert werden. In der deutschen politikwissenschaftlichen Lehre herrschte bis in die sechziger Jahre ein vergleichsweise enger und in der Tradition der Staatslehre und Gewaltenteilung verankerter Begriff von Regierung als Exekutive vor. Das Regieren wurde gleichgesetzt mit der Wahrnehmung politischer Leitungsaufgaben durch staatliche Organe, insbesondere der Ausarbeitung und Durchführung von Gesetzen[4]. Die moderne vergleichende Regierungslehre überwindet die Begrifflichkeit des traditionellen Gewaltenteilungsschemas und die starre Sicht von Regieren als ausschließlich autoritativem Ausdruck des Staates. Diese Perspektive unterstellt vielmehr, daß die Machtausübung im politischen Prozeß moderner Massendemokratien durch vielfältige Interdependenzen zwischen den unterschiedlichen politischen Institutionen geprägt sei.

Der Begriff der Regierung wird im Sinne des amerikanischen Begriffs des *government* erweitert und bezeichnet ein *Entscheidungssystem,* zu dem neben den institutionell definierten Regierungsakteuren auch das Parlament und die Verwaltung gehören können. Die Kernfunktion des Regierens in diesem Entscheidungssystem besteht in der autoritativen Wertsetzung durch die Herstellung kollektiv bindender Entscheidungen. Im weiteren Sinne und gerade auf der Handlungsebene bedeutet Regieren die Ausarbeitung und Ausgestaltung von Entscheidungen im Kontext des gesamten politischen Prozesses, d. h. auch die Berücksichtigung unterschiedlicher politischer Institutionen und Politikebenen sowie die Abstimmung mit korporativen Akteuren im Rahmen neokorporativer Verhandlungskonstellationen[5]. »Die Regierung ist eingewoben in ein vielfältiges externes Kommunikations- und Kontaktnetz (Interessengruppen, Expertengremien, politische Institutionen und Organisationen). Daraus ergeben sich mannigfaltige weitere formale, aber auch informale Organisationsstrukturen, die über den Kernbereich der Regierung hinausreichen.«[6] Die Komplexität des Regierens erhöht sich schließlich dadurch, daß oft widersprüchliche Interessen ausgeglichen, Konflikte bewältigt und unterschiedliche Bedürfnisse befriedigt werden müssen[7]. In differenzierten und wertpluralen Gesellschaften besteht ein wichtiger Aspekt des Regierens daher in der Förderung der sozialen Integration. Obwohl es beim Prozeß des Regierens um das Zusammenspiel zahlreicher staatlicher und nichtstaatlicher Organisationen geht, bleibt aber das Verfassungsorgan Regierung das aktive Handlungszentrum.

---

4 Arthur Benz, Regierung, in: Axel Görlitz/Rainer Prätorius (Hrsg.), Handbuch Politikwissenschaft. Grundlagen – Forschungsstand – Perspektiven, Reinbek b. Hamburg 1987, S. 441–447, hier S. 441.
5 Vgl. A. Benz (Anm. 4), S. 443.
6 Axel Murswieck, Regierung, in: Dieter Nohlen (Hrsg.), Wörterbuch Staat und Politik, Bonn 1991, S. 573–576, hier S. 574.
7 Vgl. A. Benz (Anm. 4), S. 443.

Angesichts der komplexen Konstellation von Akteursbeziehungen und Funktionen wird das Postulat, daß »Regieren wohl immer politische Steuerung heißt und ein zielorientierter Prozeß ist«[8], zunehmend in Frage gestellt. Probleme des Regierens entstehen auf zweifache Weise[9]: Die Beeinflussung anderer gesellschaftlicher Bereiche sowie die Integration divergierender gesellschaftlicher Interessen werden schwieriger, was die Verwirklichung politischer Ziele im Zusammenhang der verschiedenen staatlichen Organe und ihre Durchsetzung gegenüber gesellschaftlichen Kräften beeinträchtigt. Andererseits entstehen Probleme der Regierbarkeit bei der Legitimation der Regierungsakteure und ihrer Entscheidungen. Diese Probleme können nur durch Kommunikation bearbeitet werden, d. h. wenn es einer Regierung gelingt, ausreichend kommunikative Kompetenzen zu entwickeln, um sowohl die inneren Beziehungen im politischen System als auch die Interdependenzen mit anderen gesellschaftlichen Systemen zu bewältigen.

Mit dem Anwachsen des modernen Wohlfahrts- und Sozialstaates und der zunehmenden Zahl und Komplexität staatlicher Aufgaben seit den sechziger Jahren wurde vor allem das Konzept der hierarchischen Steuerung, also der gezielten Beeinflussung und Kontrolle politischer Prozesse durch die Regierung innerhalb des politischen Systems sowie gegenüber anderen Teilsystemen, zunehmend prekär. Der Steuerungsbegriff wurde sowohl zum praktischen Problem der Politik als auch zum theoretischen Problem der Politikwissenschaft. Was die praktische Politik angeht, so hat sich das »Modell des steuernden Interventionsstaates« offenbar als unfähig erwiesen, mit den seit den sechziger Jahren auftretenden Problemen vor allem im Bereich der Wirtschafts-, Arbeitsmarkt- und Sozialpolitik fertigzuwerden, was sowohl Modellen marktlicher Selbstregelung als auch neokorporatistischen Entscheidungsverfahren zum Aufschwung verhalf[10].

Die Einsicht in die zunehmende Komplexität der Problemkonstellationen und Verflechtungen in modernen Wohlfahrtsstaaten hat auch in der Theorieentwicklung zu einer »Entzauberung des Regierens«[11] geführt. Massive Kritik an der Vorstellung, daß mit Regieren ein übergeordneter Steuerungs- und Gestaltungsanspruch in anderen Systemen verbunden sei, trugen die Vertreter der Systemtheorie vor. Ein Politikverständnis in dem Sinne, daß politisches Handeln deterministisch sei und in andere Bereiche zielsicher eingreifen könne, erscheint in dieser Sicht unangemessen. In systemtheoretischen Modellen reproduzieren sich die Elemente eines Systems durch das Netzwerk der Elemente desselben Systems. Solche deshalb als autopoietisch bezeichneten Systeme hätten aufgrund der Selbstreferenz systemspezifischer Prozesse keinen Bedarf an hierarchischer externer

---

8 Heinrich Oberreuter, Regierbarkeit, in: Dieter Nohlen/Rainer-Olaf Schultze (Hrsg.), Politikwissenschaft. Theorien – Methoden – Begriffe. Pipers Wörterbuch zur Politik, Bd. 1, München 1985, S. 848–851, hier S. 848.
9 Vgl. A. Benz (Anm. 4), S. 443.
10 Renate Mayntz, Politische Steuerung: Aufstieg, Niedergang und Transformation einer Theorie, in: Klaus von Beyme/Klaus Offe (Hrsg.), Politische Theorien in der Ära der Transformation, Opladen 1996, S. 148–168, hier S. 150–151.
11 Helmut Willke, Regieren als die Kunst systemischer Intervention, in: Hans-Hermann Hartwich/Göttrik Wewer (Hrsg.), Regieren in der Bundesrepublik III, Systemsteuerung und »Staatskunst«, Opladen 1991, S. 35–52, hier S. 48.

Steuerung[12]. Diese Zuspitzung führte die politikwissenschaftliche Theoriebildung und Analyse in die Sackgasse, weil sie lediglich den Rückzug des Staates erklärt, die inhaltliche Funktionsbestimmung von Regieren aber offen läßt[13].

Neue Impulse für eine konstruktive Analyse des Regierens ergeben sich durch eine Analyse der Interdependenzproblematik. Im Mittelpunkt stehen hier die Prozesse der Interaktion und Interdependenz im politischen System und zwischen Politik und anderen Teilsystemen, wobei der Politik die Funktion des Managements der Interdependenzen gesellschaftlicher Teilsysteme durch Koordination zukommt. Diese Funktion ist notwendig, weil es den autonomen Teilsystemen (z. B. der Wirtschaft) an Aufmerksamkeit für ihre Umwelt, d. h. der Berücksichtigung der Interessen der mit ihnen verbundenen Systeme (z. B. Ökologie), fehlt. Die Regierung agiert als Moderator zwischen den verschiedenen Teilsystemen und greift im Falle ungleichgewichtiger Machtbeziehungen ein. Betrachtet man die internen Prozesse der Politikformulierung und -implementation im politischen System, so hat sich auch hier die Sichtweise von komplexen und flexiblen Strukturen und Abläufen durchgesetzt. Die neuere Policy-Forschung trägt dem Abschied von starren Steuerungskonzepten Rechnung, indem sie die Veränderung von Entscheidungsstrukturen, die Bildung sogenannter *policy-networks* oder *issue-networks* untersucht und durch die Berücksichtigung situativer Faktoren eine dynamische Sicht auf politische Entscheidungsabläufe favorisiert[14].

Regieren als Interdependenzmanagement sowohl auf der Makroebene – im Sinne der Moderation zwischen verschiedenen gesellschaftlichen Systemen durch die Herstellung allgemeinverbindlicher Entscheidungen – als auch auf der Mikroebene – im Sinne der Verhandlungen und Abstimmungen mit anderen Akteuren – ist an eine Reihe von Voraussetzungen geknüpft. Bei der Bewältigung ihrer Aufgaben steigen die Anforderungen an die kommunikative Kompetenz der Akteure, d. h. die Komplexität der Politik erfordert die Bereitschaft zum Management unterschiedlicher Systemlogiken und häufig konflikthafter Interessen. Die Kommunikation muß daher die Fähigkeit zur Verhandlung, Koordination und Moderation einschließen, die kommunikativen Kompetenzen betreffen also sowohl das Konsens- als auch das Konfliktmanagement. »Die in Verhandlungsnetzwerken (inter)agie-renden Akteure müssen zahlreiche interne und externe Informations- und Kommunikationsprozesse organisieren – im Hinblick auf die Formulierung, Begründung und Durchsetzung von Interessen in Willensbildungs- und Entscheidungsprozessen sowie im Hinblick auf die Herstellung allgemeinverbindlicher Entscheidungen.«[15] Damit ist der Stellenwert politischer Kommunikation bei der Lösung der von der Regierung erwarteten Leistungen und Aufgaben angesprochen. Über die reine Sachkompetenz hinaus ist kommunikative Kompetenz eine zentrale Leistungsanforderung des Regierens geworden.

---
12 Vgl. H. Wilke (Anm. 11), S. 47.
13 Vgl. R. Mayntz (Anm. 10), S. 154.
14 Adrienne Heritier, Policy-Analyse. Elemente der Kritik und Perspektiven der Neuorientierung, in: dies. (Hrsg.), Policy-Analyse. Kritik und Neuorientierung, Politische Vierteljahrsschrift, Sonderheft 24 (1993), Opladen, S. 9–38.
15 Otfried Jarren, Politik und politische Kommunikation in der modernen Gesellschaft, in: Aus Politik und Zeitgeschichte, B 39/94, S. 1–10, hier S. 7.

Die Möglichkeit und der Erfolg des Interdependenzmanagements sind auch bei hoher kommunikativer Kompetenz davon abhängig, daß das politische System nach wie vor eine herausgehobene Position einnimmt und sich nicht nur – wie die autopoietische Variante der Systemtheorie postuliert – durch den Inhalt ihrer generellen Operationsweise (generalisierter Code) von anderen sozialen Systemen abhebt. Eine herausgehobene Position kann das politische System aber nur dann einnehmen, wenn seine Ordnung und die politischen Herrschaftsträger auf Legitimität beruhen. Damit ist neben der Steuerungsproblematik das zweite Grundproblem moderner Regierungen angesprochen, nämlich die Herstellung von Legitimität als Grundlage politischer Herrschaft. Auch und gerade für den Aspekt der Legitimität sind die kommunikativen Beziehungen zwischen dem Kern des politischen Systems und anderen gesellschaftlichen Handlungsträgern konstitutiv[16].

2.2 Regieren, öffentliche Meinung und Legitimität

Versucht man Legitimität als Geltungsgrundlage von Herrschaft mit dem Kommunikationsaspekt des Regierens zu verbinden, so kommen die Beziehung zwischen Regierung und Bürgern und der Begriff der öffentlichen Meinung ins Spiel. Ungeachtet der vielfältigen Definitionsversuche und Semantiken des Begriffs der öffentlichen Meinung[17] bezeichnet die Regierungskommunikation zwei grundlegende Kategorien demokratischer Herrschaft: die Responsivität der Regierung gegenüber den Ansprüchen der Bürger und die Legitimation ihres Handelns. Während Responsivität die angemessene Reaktion der Regierung auf die Forderungen und Bedürfnisse der Bürger[18] bezeichnet, geht es bei der Legitimation um die Rechtfertigung ihrer Entscheidungen und um die politische Unterstützung durch die Bürger.

Im Hinblick auf die demokratietheoretischen Kriterien von Responsivität und Legitimität liegen die zentralen Funktionen der Regierungskommunikation in der *Beobachtung* und *Beeinflussung* der öffentlichen Meinung. Die Beobachtung öffentlicher Meinung ist eine Voraussetzung politischen Handelns, weil dieses Handeln auf Informationen über die Befindlichkeiten, Problemwahrnehmungen und Ansprüche der Bürger beruht. Die Beeinflussung öffentlicher Meinung gehört zu den Folgen politischen Handelns, weil dieses Handeln der Transparenz und der Rechtfertigung in der Öffentlichkeit bedarf.

---

16 Ulrich Sarcinelli, Legitimität und politische Kommunikation, in: Heinz Bonfadelli/Jürg Rathgeb (Hrsg.), Publizistikwissenschaftliche Basistheorien und ihre Praxistauglichkeit, Zürich 1997, S. 133–152, hier S. 138.
17 Susan Herbst, The meaning of public opinion: citizens' constructions of political reality. Media, Culture und Society, London u. a. 1993, S. 437–454.
18 Vgl. Herbert Uppendahl, Repräsentation und Responsivität. Bausteine einer Theorie responsiver Demokratie, in: Zeitschrift für Parlamentsfragen, 12 (1981), S. 123–135. Als empirisch-analytische Kategorie bezeichnet Responsivität eine Kongruenz zwischen dem Handeln der politischen Akteure und der öffentlichen Meinung; vgl. dazu Warren E. Miller/ David E. Stokes, Constituency Influence in Congress, in: American Political Science Review, 57 (1963), S. 45–56.

Im Sinne des Repräsentationsprinzips kann argumentiert werden, daß Wahlen ausreichen, um die politischen Präferenzen zu signalisieren und Regierungshandeln zu legitimieren. Wahlen sind aber inhaltlich relativ generalisierte Mandate, während sich die Interessen und Ansprüche der Bürger, auch ihre Stimmungen und ihre Bewertung von Politiken unter wechselnden Realitätsbedingungen ständig ändern. Angesichts des sich verändernden Öffentlichkeitsprozesses benötigen Regierungen auch und gerade zwischen den Wahlen Informationen über die öffentliche Meinung, seien es »Stimmungsbilder« auf der Grundlage von Meinungsverteilungen in der Bevölkerung oder die im Mediensystem zum Ausdruck gebrachten Thematisierungen und Bewertungen bestimmter Akteure und gesellschaftlicher Konfliktlagen[19].

Die zweite Richtung der Regierungskommunikation, die Beeinflussung der öffentlichen Meinung, beinhaltet die Vermittlung der Abläufe und Ergebnisse des Regierungshandelns unter dem Blickwinkel öffentlicher Transparenz und Zustimmung. Regierungen in modernen westlichen Demokratien legitimieren sich durch Wahlen, die über deren Machterhaltung bzw. Ablösung entscheiden. Die Normalsituation, in der die Kommunikation einer Regierung stattfindet, ist die des politischen Wettbewerbs um Zustimmung, die sich in Wählerstimmen niederschlägt. Daher ist der Aspekt der politischen Unterstützung und der Erhaltung politischer Macht ein genauso zentrales Motiv für die Beeinflussung der öffentlichen Meinung wie die Information der Bevölkerung. Mit anderen Worten: Da Regierungen – ebenso wie die Oppositionsparteien – in der Regel anstreben, ihre Unterstützung bei den Bürgern mit Blick auf die anstehenden Wahlen zu maximieren, hat ihre Kommunikation immer auch politische Absichten. Das Ziel der Kommunikation, nämlich Responsivität im Sinne einer weitgehenden Minimierung der Diskrepanzen zwischen der öffentlichen Meinung und dem Regierungshandeln, führt freilich zu kaum berechenbaren Ergebnissen (Kontingenz). Zudem ist die Beeinflussung öffentlicher Meinung im Sinne von Manipulation unter demokratietheoretischen Gesichtspunkten auch nicht wünschenswert. Der Grund dafür liegt darin, daß die Kommunikation einer Regierung mit dem Bürger mittelbar, d. h. vorwiegend indirekt über die Massenmedien stattfinden muß. Regierungskommunikation ist dann nicht nur im Hinblick auf die Entscheidungen selbst, sondern vor allem im Hinblick auf die Kommunikation von Entscheidungen mit Blick auf politische Unterstützung als Interdependenzmanagement zu verstehen. Dieses Interdependenzmanagement zielt – da dort fast alle öffentlichen Angelegenheiten verhandelt werden – auf die Medien der Massenkommunikation.

Aus der Sicht einer Regierung haben die Massenmedien unterschiedliche Funktionen, wenn es um die Bearbeitung der öffentlichen Meinung geht. Bei der Beobachtung der öffentlichen Meinung können die Medien als »Frühwarnsysteme« für Konflikte und Problemlagen fungieren, die nicht in das Entscheidungsprogramm integriert sind oder als Folgen von Regierungsentscheidungen auftreten. Gurevitch/

---

19 Dieter Fuchs/Barbara Pfetsch, Die Beobachtung der öffentlichen Meinung durch das Regierungssystem, in: Wolfgang van den Daele/Friedhelm Neidhardt (Hrsg.), Kommunikation und Entscheidung, Politische Funktionen öffentlicher Meinungsbildung und diskursiver Verfahren, WZB-Jahrbuch 1996, Berlin 1996, S. 103–138.

Blumler[20] betrachten die Medien als Umweltbeobachtungssysteme, die auf gesellschaftliche Problemlagen und Konflikte aufmerksam machen, diese aktiv thematisieren und Verantwortlichkeiten an das politische System adressieren. Angesichts ihres Status als Umweltbeobachtungssysteme und als Vermittlungssysteme schaffen die Medien eine symbolische Umwelt der politischen Partizipation und Kommunikation. Sie konstruieren die politische Realität, die für Bürger und politische Akteure gleichermaßen sichtbar ist und den täglichen Kontakt mit Politik prägt. Zudem lernen Politiker, Bürokraten und Interessenvertreter übereinander durch die Medien, so daß diese über weite Strecken auch ein Forum des Elitendiskurses sind.

Mit Bezug auf die Beeinflussung öffentlicher Meinung sind sie im Vergleich zu direkten Formen der Kommunikation, etwa bezahlten Anzeigen oder Veranstaltungen, aufgrund ihrer Reichweite und Glaubwürdigkeit die effektivsten Kommunikationskanäle. In ihrer inzwischen langen Tradition zeigt die *Agenda-Setting*-Forschung[21], daß die Medien durchaus erfolgreich sind, wenn es darum geht, die öffentlichen Themen zu benennen. Außerdem wissen wir aus den Forschungen zu *Priming-* und *Framing-Effekten,* daß die Medien durch die Betonung oder Vernachlässigung politischer Streitfragen die Standards setzen, nach denen die Bürger die politischen Akteure bewerten[22]. Neuere Ansätze *deliberativer Demokratie* betonen[23] in diesem Zusammenhang, daß die Medien – jenseits ihrer Vermittlungs- und Thematisierungsrolle für andere – ihre Publizitätsmöglichkeiten bündeln und auf »eigene Rechnung« ihre Stimme im politischen Diskurs erheben.

Aus diesen wenigen Argumenten wird deutlich, daß die Massenmedien ein wesentlicher strategischer Faktor in der Kommunikation der Regierung geworden sind. Dies gilt insbesondere, wenn man die Medienmeinung als Ersatz für die öffentliche Meinung betrachtet[24]. Daraus ergeben sich unterschiedliche Schlußfolgerungen im Hinblick auf die Kommunikation der Regierung: Erstens ist es im vitalen Interesse einer Regierung, daß die eigenen Themen und Prioritäten mit denen der Medien und der Bevölkerung übereinstimmen. Zweitens liegt es dann im Interesse der Regierung, daß vor allem solche Themen in den Medien betont werden, mit denen sich positive Eindrücke ihres Regierungshandelns verbinden[25]. Auf

---

20 Michael Gurevitch/Jay G. Blumler, Political communication systems and democratic values, in: Judith Lichtenberg (Hrsg.), Democracy and the Mass Media, Cambridge 1990, S. 269–289, hier S. 270. Vgl. auch O. Jarren (Anm. 15), S. 7.
21 Everett M. Rogers/James W. Dearing/Dorine Bregman, The Anatomy of Agenda-Setting Research, in: Journal of Communication, 43 (1993) 2, S. 68–84.
22 Shanto Iyengar/Donald R. Kinder, News that Matters. Television and American Opinion, Chicago – London 1987.
23 Benjamin Page, The Mass Media as Political Actors, in: Political Science and Politics, 29 (1996) 1, S. 20–25.
24 Jürgen Gerhards, Politische Öffentlichkeit. Ein system- und akteurstheoretischer Bestimmungsversuch, in: Friedhelm Neidhardt (Hrsg.), Öffentlichkeit und soziale Bewegungen, in: Kölner Zeitschrift für Soziologie und Sozialpsychologie, Sonderheft 34, Opladen 1994, S. 77–105.
25 Rainer Mathes/Uwe Freisens, Kommunikationsstrategien der Parteien und ihr Erfolg. Eine Analyse der aktuellen Berichterstattung in den Nachrichtenmagazinen der öffentlich-rechtlichen und privaten Rundfunkanstalten im Bundestagswahlkampf 1987, in: Max Kaase/Hans

der anderen Seite kann die intermediäre Funktion der Medien, d. h. ihre Filter- oder *Gatekeeper*-Rolle aus der Sicht der Regierung die Ambivalenz der Kommunikation nur erhöhen: Einerseits sind die professionelle Logik und die Codes der Medienkommunikation relativ berechenbare Faktoren der Regierungskommunikation, auf die sich die Öffentlichkeitsarbeit einzustellen vermag. Andererseits sind die Medien in ihrer Entscheidung über Berücksichtigung oder Nichtberücksichtigung von Botschaften und in ihrem Produktionsprozeß autonom und kaum sanktionsfähig, was sie zu einem für die Regierung äußerst unzuverlässigen Kommunikationskanal macht. Wenig überraschend ist dann auch, daß manche Politiker und regierungsamtliche Öffentlichkeitsarbeiter davon überzeugt sind, man müsse die Medienagenda kontrollieren, um effektiv zu kommunizieren und politisch erfolgreich zu sein[26].

3. Strukturelle Bedingungen der Regierungskommunikation

Die Kontrolle der Medienagenda mag als globales Kommunikationsziel einer Regierung fixiert werden, doch auch hier verbietet sich eine auf hierarchische Steuerung ausgerichtete Sichtweise. Vielmehr impliziert das Konzept des Interdependenzmanagements auch und gerade mit Blick auf die Massenmedien, daß Regierungskommunikation ein permanenter Prozeß mit instabilen und ständig erneuerungsbedürftigen Beziehungen zwischen den Akteuren ist. Kommunikatives Handeln auf Seiten der Regierung ist zudem von den Rahmenbedingungen des politischen Systems und von der Struktur und Kultur der Medienkommunikation geprägt. Da die institutionellen Strukturen und Machtkonstellationen sowie das Massenkommunikationssystem, seine Kultur und Entwicklung, das Handlungspotential der Informationspolitik politischer Akteure unmittelbar betreffen, werden im folgenden einige Vor- und Nachteile für die Regierungskommunikation diskutiert. Dies geschieht aus der Perspektive der Exekutive, die das Ziel hat, über die Informationspolitik die öffentliche Meinung zu beeinflussen, um ihre Entscheidungen zu legitimieren.

3.1 Politische Systemfaktoren: Der Status der Regierung als Kommunikator

Bei der Beobachtung und Beeinflussung öffentlicher Meinung sind mit der Regierungsrolle im Vergleich zu anderen politischen Akteuren wie Oppositionsparteien, Parlamentsfraktionen, Interessengruppen oder sozialen Bewegungen nach wie vor Startvorteile hinsichtlich der Generierung öffentlicher Aufmerksamkeit sowie der Kommunikation in und durch die Massenmedien verbunden. Das liegt zunächst an der Position der Regierung als aktives Handlungszentrum des politischen Systems.

Dieter Klingemann (Hrsg.), Wahlen und Wähler. Analysen aus Anlaß der Bundestagswahl 1987, Opladen 1989, S. 531–568.
26 Wolfgang Bergsdorf, Probleme der Regierungskommunikation, in: Communications, 12 (1986) 3, S. 27–40.

»Government actions are inherently more newsworthy than an opposition's arguments«, schreibt Miller[27] und betont damit den Aufmerksamkeitsvorteil, den eine Regierung in den Medien genießt. Trotz vielfältiger Interaktionen und Abstimmungen mit anderen Akteuren ist es nach wie vor Aufgabe der Regierung, nationale Prioritäten zu setzen, Entscheidungen zu treffen und Politiken zu implementieren. Schließlich kommt der Regierung eine Führungsfunktion in bezug auf Außenpolitik, internationale Verpflichtungen und das Krisenmanagement zu.

Gleichwohl ist die Realisierung gerade der strategischen Kommunikationsziele nicht voll berechenbar, wenn man die Regierung als in ein vielfältiges Netzwerk unterschiedlicher Akteure eingebunden sieht und Regieren auf der Entscheidungsebene als Management von Interdependenzen mit dem Ziel des politischen Konsens bezeichnet. Strukturelle Probleme, die die Durchsetzung der Kommunikationsziele erschweren, ergeben sich im Falle der Bundesrepublik Deutschland durch die Konstruktion der Regierung als Koalitionsregierung. So kann die Notwendigkeit der Verhandlung mit den Koalitionspartnern und zur Herstellung eines Konsenses im Kabinett den Aufmerksamkeitsbonus einschränken, den der Kanzler in den Medien besitzt.

Einerseits muß die Kommunikation des Kanzlers mit Blick auf die Wiederwahl darauf abzielen, sich selbst als politischen Führer und seine Rolle wie die seiner Partei bei wichtigen Entscheidungen in den Mittelpunkt zu stellen. Andererseits besteht gerade bei umstrittenen Entscheidungen die öffentliche Erwartung, daß eine Regierung mit einer Stimme spricht. In der Regel stehen der oder die Koalitionspartner ebenso unter wahltaktischen Profilierungszwängen wie die Mehrheitspartei, sie haben zudem aber auch ihre Rolle in der Regierung zu rechtfertigen. Dadurch ergeben sich Rivalitäten, die wahrscheinlich sogar stärker in der Kommunikationspolitik als in der Sachpolitik ausgetragen werden[28]. Die Konstellation einer Koalitionsregierung kann sich daher zu einem Kommunikationsproblem für die Regierung entwickeln. Für die Medien hingegen kann die Situation, daß eine Koalition mit widersprüchlichen Positionen auftritt, unter Nachrichtenwertgesichtspunkten ein wohlfeiles Dauerthema sein.

Im Gegensatz zu Problemen, die in der Struktur der Regierungsbildung liegen, sehen Praktiker der Regierungskommunikation andere Schwierigkeiten. Für die gegenwärtige Regierungskoalition unter Helmut Kohl konstatierte Bergsdorf Kommunikationsprobleme »in einem hohen Ausmaß«[29], weil es nicht gelinge, die »außenpolitische und ökonomische Erfolgsbilanz« ausreichend in den Medien zu vermitteln. Ursachen dafür sieht Bergsdorf einerseits in der Richtung der christlich-liberalen Politik, insbesondere dem »geringeren Grad an Visionärem in der bürgerlichen Politik«. Außerdem macht der seinerzeit im Presse- und Informationsamt der Bundesregierung leitend Tätige den aus seiner Sicht »kritischen, wertaufgeladenen Meinungsjournalismus« und »die Dominanz des Fernsehens als glaubwürdigste

---

27 William L. Miller, Media and voters: the audience, content and influence of press and television at the 1987 general election, Oxford 1991, S. 60.
28 Stefan Reker, Kanzleramt. Maulkorb vom Chef. Helmut Kohl will die Bonner Ministerien mit strengeren Benimmregeln an die Leine legen, in: Focus Nr. 25/1995, S. 104.
29 Wolfgang Bergsdorf, Probleme der Regierungskommunikation, in: H. H. Hartwich/G. Wewer (Anm. 11), S. 55–68, hier S. 59.

Quelle politischer Information« für die Vermittlungsprobleme der Regierungspolitik verantwortlich. Der Einschätzung, daß die Startvorteile der Regierung in der öffentlichen Kommunikation, insbesondere der Regierungsbonus, in der Praxis nicht sichtbar seien, widersprechen allerdings empirische Studien. Inhaltsanalysen der aktuellen Politikberichterstattung in den vier wichtigsten Fernsehprogrammen zeigen, daß die Regierung von allen politischen Institutionen mit Abstand am deutlichsten sichtbar ist[30]. Darüber hinaus sind die Selbstdarstellungschancen der Regierung gegenüber anderen politischen Institutionen durch die mit Abstand höchste Zahl von O-Tönen und ungeschnittenen Statements am besten. Selbst wenn viele Journalisten eine kritische Haltung zur Regierung haben, so ist deren Aufmerksamkeitsvorsprung in den Medien unbestreitbar.

Eine Regierung profitiert als aktives Handlungszentrum des politischen Systems jedoch nicht nur von den höheren Aufmerksamkeitswerten, sondern auch von den Institutionen und Ressourcen der Informationspolitik und Öffentlichkeitsarbeit. Um ihre Kommunikationsleistungen zu erbringen, hat jede moderne Exekutive spezialisierte Rollen und Stellen ausdifferenziert, die die Selbstdarstellung ihrer Politik und ihres Personals in der Öffentlichkeit betreiben. Die Beobachtung und Beeinflussung der öffentlichen Meinung sind in diesen Stellen fest institutionalisiert und mehr oder weniger professionalisiert, und obwohl die regierungsamtliche Öffentlichkeitsarbeit zu parteipolitischer Neutralität verpflichtet ist, können die Kommunikationsspezialisten den Status der Regierungsrolle als Aufmerksamkeitsvorteil nutzen. Die Vorteile für die Selbstdarstellung, die durch die materiellen und personellen Ressourcen regierungsamtlicher Institutionen der Öffentlichkeitsarbeit verbunden sind, stehen anderen politischen Akteuren nicht im gleichen Ausmaß zur Verfügung. Die Vorteile können von Akteuren der Opposition, des Parlaments oder anderer Gruppen nur durch außergewöhnliche Botschaften, hervorragendes oder charismatisches Personal oder spektakuläre Aktionen und auch nur teilweise kompensiert werden.

3.2 Strukturbedingungen des Mediensystems als »constraints« der Regierungskommunikation

Es gehört zu den entscheidenden Umweltbedingungen der Regierungskommunikation, daß sich die Strukturen des Mediensystems in der vergangenen Dekade tiefgreifend und rasant verändert haben. Die Einführung neuer Medientechnologien sowie die Deregulierung der Kommunikationsinfrastruktur und des Rundfunksystems sind mit einem gesamtgesellschaftlichen Wandel hin zur sogenannten Kommunikationsgesellschaft verbunden. Kennzeichnend für die Entwicklung sind vor allem: 1. die Expansion der Medienangebote, 2. die Kommerzialisierung aller öffentlichen Kommunikationen als Folge von Deregulierung und Unterwerfung der elektronischen Medien unter Marktmechanismen, 3. die Be-

---

30 Barbara Pfetsch, Konvergente Fernsehformate in der Politikberichterstattung? Eine vergleichende Analyse öffentlich-rechtlicher und privater Programme 1985/86 und 1993, in: Rundfunk und Fernsehen, 44 (1996) 4, S. 479–498.

schleunigung des Kommunikationstempos, 4. die Folgen der Verbreitung neuer Informations- und Kommunikationstechniken im Sinne der Verschmelzung der Individual- mit der Massenkommunikation[31]. Die einzelnen Entwicklungsstränge sind nicht mehr in einfachen Ursache- und Wirkungszusammenhängen zu analysieren, sie durchdringen und bedingen sich gegenseitig. Als Umweltbedingungen der Regierungskommunikation bieten sie sowohl Chancen als auch Risiken und Widersprüche.

Zu den auf den ersten Blick offensichtlichen Folgen der Entwicklung zur Kommunikationsgesellschaft gehört der Wandel der Massenkommunikation hin zu einer enormen Wachstumsindustrie, die eine Expansion von Kommunikationskanälen nach sich zieht. Im Vergleich zur bisherigen Struktur der Massenkommunikation bedeutet dies zunächst einen quantitativen Anstieg sowie eine Spezialisierung der Medienangebote[32].

Dies läßt sich am Beispiel der elektronischen Massenkommunikation verdeutlichen: Während dem bundesdeutschen Durchschnittshaushalt bis Anfang der achtziger Jahre lediglich drei öffentlich-rechtliche bundesweite Fernsehprogramme zur Verfügung standen, waren es Anfang der neunziger Jahre bereits zwischen 30 und 50 Programme, darunter zehn bundesweite private Voll- und Spartenkanäle. Der private elektronische Mediensektor der Bundesrepublik scheint nach wie vor zu wachsen; jedenfalls weist die Zahl der Lizenzierungen privater Fernsehprogramme, die von 65 im Jahre 1988 auf 89 im Jahre 1993 anstieg, auf ein anhaltendes Wachstum hin[33]. Für die Rezipienten bedeutet dies zunächst, daß sich der Programmumfang des öffentlich-rechtlichen Fernsehens von 26 666 Stunden im Jahr 1982 auf 59 016 Stunden im Jahre 1992 erhöht hat[34]. Hinzu kommen 75 000 Stunden privates Programm. Dies entspricht einem Angebotswachstum von über 500 Prozentpunkten.

Für die politische Kommunikation ist von Bedeutung, daß die Expansion indessen nicht der politischen Information oder Politikberichterstattung zugute kommt, sondern weit überdurchschnittlich der Unterhaltung und Werbung. Die Struktur und Entwicklung der Programme zeigt vor allem für die privaten Fernsehvollprogramme, daß der Informationsanteil bei diesen Anbietern zwischen zehn und 14 Prozent und damit knapp unter dem Anteil der Werbung liegt. Dazu

---

31 Ein weiterer wesentlicher Aspekt des Strukturwandels ist die Internationalisierung der Kommunikation, die aufgrund der Fokussierung auf die Regierungskommunikation in Deutschland im folgenden nicht weiter diskutiert wird; vgl. auch Richard Münch, Journalismus in der Kommunikationsgesellschaft, in: Publizistik, 38 (1993) 3, S. 261–279.

32 Im Printmedienbereich betrifft der Boom vor allem den Zeitschriftensektor mit über 9 000 Titeln auf dem Markt. Mit etwa 4 000 Fachzeitschriften kam es auch hier zu einer deutlichen Angebotsdifferenzierung; vgl. Enno Dreppenstedt, Die unbeachteten Riesen. (Fach)Zeitschriftenunternehmen im Marktwandel, in: Klaus-Dieter Altmeppen (Hrsg.), Ökonomie des Mediensystems. Grundlagen, Ergebnisse und Perspektiven medienökonomischer Forschung, Opladen 1996, S. 147–163, hier S. 151.

33 Das gleiche gilt für das Radio: Die Anzahl privater Radioprogramme stieg von 121 im Jahre 1988 auf 193 im Jahre 1993, vgl. Bericht der Bundesregierung über die Lage der Medien in der Bundesrepublik Deutschland 1994. Medienbericht 1994, Deutscher Bundestag, 12. Wahlperiode, Bundestagsdrucksache 12/8587 vom 20. 10. 1994, Bonn 1994, S. 182.

34 Ebd., S. 165.

kommen noch etwa 70 Prozent Unterhaltung[35]. Die Angebotsexpansion im elektronischen Bereich und die einseitige Ausweitung des Unterhaltungsprogramms haben auch auf der Mediennutzungsseite ihre Konsequenzen, insbesondere einen Anstieg der allgemeinen Fernsehnutzung bei gleichzeitig rückläufiger Reichweite der Informationsangebote[36].

Die rein quantitative Ausdehnung der massenmedialen Kommunikationskanäle könnte zunächst auch erhöhte Zugangschancen zur Medienkommunikation bedeuten. Auf den ersten Blick stehen den politischen Akteuren ja auch mehr und unterschiedlichere Kanäle und Arenen zur Verfügung, um ihre Botschaften zu verbreiten. Man könnte vermuten, daß sich nicht nur für die Regierung, sondern auch für außerparlamentarische Gruppen die Chancen, in den Medien zur Geltung zu kommen, verbessern[37]. Diese Annahme entpuppt sich indessen als zu einfach, wenn man berücksichtigt, daß durch die einseitige Verteilung der Zuwächse zugunsten der Unterhaltung eine Marginalisierung der Politikberichterstattung im Gesamtangebot eingetreten ist. Dies bedeutet, daß die konventionellen politischen Informationen und Themen der etablierten politischen Akteure – und dazu gehören insbesondere die Mitteilungen und Verlautbarungen der Regierung – gerade nicht in die vorgegebenen programmlichen Wachstumsbereiche passen. Mit anderen Worten: Trotz der Medienexpansion laufen die Versuche der Regierung, mit ihrer traditionellen Informationspolitik mindestens bei den reichweitenstarken privaten Fernsehanbietern zu landen, ins Leere.

Die Expansion der Angebote ist eng verbunden mit der Kommerzialisierung der öffentlichen Kommunikation, die zu den gravierendsten Folgen der Deregulierung und weitgehenden Unterwerfung der Medien unter Marktbedingungen gehört. Mit der aus dem Konkurrenzprinzip des Marktes abgeleiteten Publikumsorientierung als dominantem Kriterium der Medienproduktion verändern sich die Qualität und die Standards der Berichterstattung: Im Journalismus »verschärft sich ... speziell der publizistische Wettbewerb um die aktuellsten Ereignisse, die attraktivsten Themen und die kompetentesten Interviewpartner, um besonders schnelle Übermittlung, um aufklärende Recherche und enthüllende Hintergrundberichte«[38]. Dies hat auch Folgen für die Kultur des Journalismus, insbesondere das Selbstverständnis von Reportern, die sich nun vermehrt auch im sensationellen und vermeintlich investigativen Journalismus zu profilieren suchen. Mit der Erhöhung des Selektionsdrucks gewinnen vor allem Nachrichtenwertkriterien wie Neuigkeit, Überraschung, Dramatik und Negativismus für die Nachrichtenauswahl an Bedeutung. Das Risiko der Verzerrung von Nachrichten steigt, weil der brandaktuellen Sensation der Vor-

---

35 Daten nach Marie-Luise Kiefer, Massenkommunikation 1995, in: Media Perspektiven, (1996) 5, S. 234–248, zitiert nach Max Kaase, Medien und Politik, in: Universität Heidelberg (Hrsg.), Massen, Macht und Medien, Heidelberg 1997, S. 62–63.
36 Vgl. Wolfgang Darschin/Bernward Frank, Tendenzen im Zuschauerverhalten. Fernsehgewohnheiten und Programmbewertungen 1994, in: Media Perspektiven, (1995) 4, S. 154–165; dies., Tendenzen im Zuschauerverhalten. Fernsehgewohnheiten und Programmbewertungen 1995, in: Media Perspektiven, (1996) 4, S. 174–185.
37 Winfried Schulz, Neue Medien – Chancen und Risiken. Tendenzen der Medienentwicklung und ihre Folgen, in: Aus Politik und Zeitgeschichte, B 42/97, S. 3–12, hier S. 10.
38 Vgl. W. Schulz (Anm. 37), S. 10.

zug vor der sorgfältig recherchierten Nachricht gegeben, Persönlichkeitsrechte leichter verletzt und unsichere Nachrichtenquellen benutzt werden[39]. Das Beispiel aus den USA, wo unrecherchierte Gerüchte über Sexaffären fast einen Präsidenten zu stürzen vermögen, kann man nur auf den ersten Blick als amerikanische Besonderheit abtun. Auch in Deutschland hat der Nachrichtenfälscher Born, unter anderem mit einer Reportage über den Ku-Klux-Klan in den deutschen Wäldern, gute Sendeplätze erreicht. Die Beispiele zeigen, daß die Wahrhaftigkeit des Journalismus, insbesondere des Fernsehjournalismus, nicht mehr sakrosankt ist[40].

Der Wandel im Journalismus infolge der Kommerzialisierung bewirkt insbesondere einen Wandel der Formate der Berichterstattung, d. h. der formalen und inhaltlichen Standardisierung von Medienbotschaften. Dies betrifft nicht nur die Zunahme der Unterhaltungs- und die Veränderung der bestehenden Nachrichtenformate, wie man sie aus dem öffentlich-rechtlichen Fernsehen unter Monopolbedingungen zu kennen glaubte. Es entstehen auch vollkommen neue Standardisierungen. Zu den Veränderungen traditioneller politischer Informationsformate infolge der Aufhebung des öffentlich-rechtlichen Monopols gehört, daß sich die Nachrichten der öffentlichen Programme hinsichtlich ihrer Präsentationsformen, der Visualisierung und vor allem des Tempos den kommerziellen Programmen angeglichen haben[41]. Entscheidender als die Konvergenz der herkömmlichen Nachrichtenformate ist aber, daß eine Reihe neuer Formate die Grenzen der Konventionen in der bisherigen Politikberichterstattung sprengt. Die Diversifizierung hat Mischformate und »Formathybride« wie Reality-TV, »Vox-Pop-Talkshows« und Infotainment-Magazine hervorgebracht, die in erster Linie Unterhaltungsbedürfnisse befriedigen und auch politische Themen aufgreifen. Ein aktuelles Beispiel für diese Tendenz ist die Talkshow »Sabine Christiansen«, die mit politischen Themen im Fundus und einem Personalkarussell aus Spitzenpolitikern und Seriendarstellern zwar aktuelle politische Ereignisse bearbeitet, mit ihrem Format aber bei der ARD unter der Rubrik Unterhaltung geführt wird[42]. Solche Innovationen verwischen die Grenzen zwischen Information und Unterhaltung, zwischen Fiktion und Realität, zwischen Nachrichten und Geschwätz.

Durch die skizzierten Veränderungen der medialen Standardisierungen der Politikberichterstattung ergeben sich Chancen für die politische Kommunikation, die allerdings nicht der Regierungskommunikation zugute kommen. Unkonventionelle und außerparlamentarische Akteure und Themengruppen (*Single-Issue*-Bewegungen) können ihre Botschaften strategisch an die neuen Medienstandardisierungen anpassen und ihre Sichtbarkeit in den Medien steigern. Für eine Regierung, die als Akteur im Rahmen institutioneller Strukturen und Verhandlungsprozesse agiert, sind die Veränderungen der Medienformate eher dysfunktional – es sei denn, man reduzierte den Kanzler und die Ministerriege auf eine unerschöpfliche Personalressource für Talkshows.

---

39 Vgl. W. Schulz (Anm. 37), S. 10.
40 Peter Sartorius, Lügen wie gesendet. Über den journalistischen Umgang mit der Wirklichkeit: eine Replik, in: Süddeutsche Zeitung Nr. 236 vom 13. Oktober 1996, S. 12–13.
41 Vgl. B. Pfetsch (Anm. 30).
42 Michael Bitala, Angriffe aus der Tiefe der Anstalt, in: Süddeutsche Zeitung vom 31. Januar 1998, S. 22.

Mit der Ausweitung und enormen Beschleunigung der Kommunikation durch die Satellitentechnik löst diese sich mehr und mehr von räumlichen und zeitlichen Bezügen: Die zeitlichen Abstände, in denen Botschaften übermittelt werden, werden immer kürzer, und die Inflation von Zahl und Geschwindigkeit der Informationen übt einen zunehmenden Druck zu einer gesteigerten Reaktion und Anschlußkommunikation aus[43]. Diese Schnelligkeit verschärft das strukturelle Dilemma der Regierungskommunikation, daß nämlich die Zeithorizonte von Politik und die Zeithorizonte der Informationsmedien immer stärker auseinanderklaffen. Studien zu Thematisierungsprozessen verdeutlichen, daß die Aufmerksamkeitszyklen für politische Sachfragen im Mediensystem[44] bereits unter konventionellen Bedingungen relativ kurzfristig ablaufen, obwohl diese meist jahrelang auf der Agenda der politischen Institutionen stehen und langwierige Entscheidungsprozesse durchlaufen[45]. Eine nochmalige Beschleunigung des Tempos der Medienberichterstattung stellt daher nicht etwa eine aktuellere Information der Bürger und Eliten dar, sondern verstärkt den Handlungs- und Entscheidungsdruck in der Politik auf nicht immer angemessene Weise. Das wohl eklatanteste Beispiel für diese Entwicklung ist die Berichterstattung von CNN aus Bagdad während des Golfkrieges. Die nicht vom US-Militär zensierte Live-Berichterstattung des Fernsehreporters Peter Arnett hat die US-Regierung immer wieder mit neuen und überraschenden Informationen konfrontiert und damit unmittelbaren Handlungsdruck erzeugt sowie das Tempo der Regierungsentscheidungen über den Kriegsverlauf erheblich beschleunigt[46].

Die Regierungskommunikation kann sich aufgrund dieses Wandels der Struktur und Kultur der Medien in der Tat nicht mehr uneingeschränkt auf die Berücksichtigung ihrer Botschaften verlassen. Sarcinelli[47] weist mit Recht darauf hin, daß die Sachlogik politischer Prozesse sowie die Darstellungslogik der Medien aufgrund der Unterschiede des politischen Systems und des Mediensystems nicht vereinbar sind. Die Regierungskommunikation – verstanden als Interdependenzmanagement – setzt ja genau an dieser grundlegenden Spannungslinie politischer Kommunikation in liberalen Demokratien an. Mit den Entwicklungen in der Massenkommunikation haben sich die Gewichte in diesem Spannungsverhältnis noch einmal und zuungunsten der politischen Akteure verschoben. Mit der Dominanz der kommerziellen Ziele sind die normativen Forderungen an eine gesellschaftliche Integrationsaufgabe, die Gemeinwohlorientierung elektronischer Medien und gewisse Qualitätsstandards im Journalismus nicht mehr einklagbar. Der Wandel der Mas-

---

43 Vgl. R. Münch (Anm. 31), S. 264.
44 Anthony Downs, Up and Down With Ecology: The »Issue-Attention Cycle«, in: David L. Protess/Maxwell McCombs (Hrsg.), Agenda Setting. Readings on Media, Public Opinion, and Policymaking, Hillsdale, N.J. 1991, S. 27–35.
45 John Kingdon, Agendas, Alternatives and Public Policies, Boston-Toronto 1984, S. 61–64.
46 Bernard C. Cohen, A View from the Academy, in: W. Lance Bennet/David L. Paletz (Hrsg.), Taken by Storm. The Media, Public Opinion, and U.S. Foreign Policy in the Gulf War, Chicago – London 1994, S. 8–11, hier S. 9.
47 Ulrich Sarcinelli, Mediale Politikdarstellung und politisches Handeln: analytische Anmerkungen zu einer notwendigerweise spannungsreichen Beziehung, in: Otfried Jarren (Hrsg.), Politische Kommunikation in Hörfunk und Fernsehen. Elektronische Medien in der Bundesrepublik Deutschland, Opladen 1994, S. 35–51.

senkommunikation hat – so die These von Jarren[48] – zu grundlegenden Veränderungen des intermediären Systems insgesamt geführt, wobei sich die Medien als eigenständiger Institutionentypus herausbilden und ihre bisherige institutionelle Politikzentrierung aufgeben. Sie lösen sich zunehmend von ihrer Rückbindung an gesellschaftliche und politische Interessen sowie von normativen Verpflichtungen in bezug auf Gemeinwohlinteressen, wie z. B. die Herstellung einer allgemeinen Öffentlichkeit. Aus der »anhaltenden und beschleunigenden Differenzierungs- und Verselbständigungstendenz«[49] folgt aber auch, daß Medien zunehmend das Potential entwickeln, als eigenständige Akteure im politischen Prozeß[50] zu agieren. Sie tun dies einerseits, indem sie auf »eigene Rechnung« kommentieren, andererseits aber insbesondere dadurch, daß sie durch ihre Widerständigkeit gegenüber politischen Interessen und der Betonung ihrer marktrationalen Publikums- und Verkaufsorientierung das intermediäre System neu strukturieren.

In den vergangenen zehn Jahren war die Regierungskommunikation in Deutschland mit dem Wandel vom öffentlich-rechtlichen Monopol zum diversifizierten kommerzialisierten Fernsehmarkt konfrontiert. Doch sind mit der steigenden Verbreitung der sogenannten neuen Medien, insbesondere im Bereich der Online-Dienste und des Internets, gegenwärtig und in naher Zukunft noch einmal gravierende Veränderungen des Kommunikationskontextes im Gange[51]. In diesen neuen Medien stehen unbegrenzte Sprecherplätze zur Verfügung, und jede und jeder kann ohne Filterung durch professionelle Auswahlinstanzen an der Kommunikation teilnehmen. Für die bisherige politische Kommunikation ergibt sich daraus eine radikale Zäsur, denn die zentrale *Agenda-Setting*-Funktion der Medien, auf die sich auch ein Großteil der Regierungskommunikation kaprizierte, wird damit obsolet: Der Ort der Kontrolle über die Kommunikation verschiebt sich von offiziellen Sprechern und professionellen Journalisten auf die Netzteilnehmer[52]. Daß dieser Wandel unter Umständen eine Regierung gefährden kann, zeigt erneut das Beispiel der USA und die jüngste Affäre um Präsident Clinton: Nachdem das Nachrichtenmagazin *Newsweek* von einer Veröffentlichung nicht verifizierter Spekulationen um die Sexaffäre des US-Präsidenten Abstand genommen hatte, wurde das Gerücht über eine Online-Klatschkolumne publik und verbreitete sich wie ein Lauffeuer, so daß auch die Prestigepresse und die Fernsehsender auf Dauerberichterstattung gingen[53]. Das Beispiel zeigt, daß sich die Relevanzkriterien öffentlicher und politischer Kommunikation noch einmal drastisch verschieben, nämlich weg von allgemeiner politischer oder sozialer Relevanz hin zur instrumentellen

---

48 Otfried Jarren, Medien-Gewinne und Institutionen-Verluste? Zum Wandel des intermediären Systems in der Mediengesellschaft. Theoretische Anmerkungen zum Bedeutungszuwachs elektronischer Medien in der politischen Kommunikation, in: ders. (Anm. 47), S. 23–34; vgl. auch ders. (Anm. 1).
49 Vgl. O. Jarren (Anm. 1), S. 83.
50 Vgl. B. Page (Anm. 23).
51 Nach einer neueren Studie der Gesellschaft für Konsum-, Markt- und Absatzforschung e. V. (GFK) nutzen rund 5,8 Mio. Deutsche im Alter von 14 bis 59 die neuen Medien des Internet, das sind rund 13 Prozent dieser Gruppe (Süddeutsche Zeitung vom 31. Januar 1998, S. 12).
52 W. Russell Neumann, Political Communications Infrastructure, in: The Annals, Bd. 546, (1996), S. 9–21.
53 Ludwig Siegele, Präsident im Netz, in: Die Zeit vom 29. Januar 1998, S. 4.

Bedeutsamkeit von kommerziellen Anbietern oder zur persönlichen Bedeutsamkeit der Information für einzelne Nutzergruppen[54].

Damit steht auch eine Regierung, die in ihrer Kommunikation den Gemeinwohlgedanken und die Integration der Gesellschaft unterstellt, auf verlorenem Posten. Marschall[55] geht sogar so weit, eine »Virtualisierung des Politischen jenseits institutioneller Verfahrensbindung« zu unterstellen, was schließlich bedeutet, daß der »Verfassungsstaat mit seinen legitimen Mechanismen zur Herstellung allgemein verbindlicher Entscheidungen im Internet transzendiert.« Angesichts solcher Folgen erweisen sich Hoffnungen, daß das Internet ein politisches Medium sein könnte, das für die politische Information und für die Regierungskommunikation nutzbar wäre, mehr als zweifelhaft[56]. Als Medium der politischen Kommunikation erscheint das Internet nicht zuletzt deshalb untauglich, weil politische Botschaften mit weniger als einem Prozent der Websides faktisch nicht sichtbar sind. Wenn politische Inhalte kommuniziert werden, dann scheinen entweder extreme oder extremistische Gruppen mit ihren Standpunkten oder aber kapital- und kommunikationsstarke Lobbygruppen mit spezifischen Interessen vom Internet und den Online-Diensten zu profitieren[57].

4. Strategische Kommunikation und die Zukunft der Regierungskommunikation

Die bisherige Darstellung hat gezeigt, daß Regieren sowohl auf der Entscheidungsebene als auch auf der Kommunikationsebene als Interdependenzmanagement gesehen werden kann, dessen Komplexität mit zunehmendem Wandel der medialen Umwelt steigt. Die Kommunikations- und Darstellungspolitik im Sinne der Beobachtung und Beeinflussung öffentlicher Meinung wird nicht nur aufgrund dieser Kontextbedingungen zu einer unerläßlichen Komponente des Regierens, sondern auch deshalb, weil die sachlichen Handlungsspielräume der Politik abnehmen und die Legitimationsanforderungen bei hoher politischer Konkurrenz steigen. So argumentiert Münch[58], daß der »Triumph der Kommunikationspolitik über die Sachpolitik« auch in den eingeschränkten Handlungsspielräumen der Politik selbst begründet sei. Zu diesen Restriktionen zählen internationale Verpflichtungen, die Konkurrenzfähigkeit der Wirtschaft, Widerstände von Interessengruppen, die Konkurrenz der Opposition, die Stimmungslage der Bevölkerung sowie die Kritik der Medien. Weil die Zielvorgaben der Politik zudem für alle Parteien feststehen und sich nur durch Nuancen unterscheiden, seien die Handlungsoptionen in ihrer sach-

---

54 Stefan Marschall, Politik »online« – Demokratische Öffentlichkeit dank Internet? in: Publizistik, 42 (1997) 3, S. 304–324.
55 Vgl. ders. (Anm. 54), S. 319–320.
56 Vgl. ders. (Anm. 54); siehe auch Thomas Zittel, Über die Demokratie in der vernetzten Gesellschaft. Das Internet als Medium der politischen Kommunikation, in: Aus Politik und Zeitgeschichte, B 42/97, S. 23–29.
57 Vgl. ders. (Anm. 54)
58 Vgl. R. Münch (Anm. 31), S. 267.

lichen Richtigkeit kaum zu trennen. Angesichts der Verflechtungen der Akteure sei die beste Problemlösung ohnehin immer diejenige, die sich am besten durchsetzen lasse, und die politische Durchsetzbarkeit sei praktisch nur durch eine geschickte Kommunikationspolitik bei der Beeinflussung der öffentlichen Meinung zu erreichen.

Der Wettbewerb in der politischen Kommunikation verschärft sich durch den Wettbewerb der herkömmlichen Medien und neuerdings durch die Vernetzung im Bereich der neuen Medien. Diese doppelte Konkurrenzsituation setzt nach Entman[59] eine Spirale in Gang, bei der sich Medien einerseits immer stärker auf die schnelle und billige Information durch die politischen Akteure verlassen und diese andererseits ermutigen, ihre Rhetorik auf die Medien zuzuschneiden. Auch ihr Handeln soll im Einklang mit den journalistischen Kriterien stehen. Diese gegenseitige Verstärkung bewirke zwangsläufig, daß die strategischen Varianten der Regierungskommunikation in den Mittelpunkt der Kommunikationspolitik rükken[60].

Das klassische Instrument der strategischen Kommunikation ist die Nutzung der Ressource politische Öffentlichkeitsarbeit, die insbesondere unter dem Legitimationsaspekt an Bedeutung gewinnt. Ronneberger/Rühl[61] verstehen politische Öffentlichkeitsarbeit als Instrument des Managements politischer Unterstützung – als einen modernen Typus persuasiver, also überredender Kommunikation mit der Absicht, öffentliches Vertrauen zu stärken. Sie soll aber auch die Ungewißheit bei politischen Entscheidungen und deren Implementation reduzieren helfen, die durch unsichere Akteurskonstellationen und sachliche Restriktionen entstehen[62]. Sie dient als Instrument der Beeinflussung öffentlicher Meinung im Sinne einer Interventionsstrategie gegenüber den Massenmedien, wobei Aufmerksamkeit und Zustimmung für die Politik durch die Simulation journalistischer Operationsweisen gesucht werden[63].

Politische Öffentlichkeitsarbeit als Strategie der Regierung mit der Absicht, die Medien für legitimatorische Zwecke und zur Selbstakklamation zu nutzen, wird auch deshalb als Mittel der Kommunikationspolitik attraktiv, weil in Kreisen professioneller Medienberater inzwischen genügend Know-How vorhanden ist. Für die USA argumentiert Manheim[64], daß die Forschung im Bereich der Massenkommunikation, der Medienwirkung und der Öffentlichkeitsarbeit sowie die technischen und materiellen Ressourcen inzwischen einen Stand erreicht haben, welcher das strategische Management öffentlicher Meinung erleichtert: »Mit diesem Wissen ist aber auch die Fähigkeit gewachsen, die Umstände der Kom-

---

59 Robert Entman, Democracy without Citizens. Media and the Decay of American Politics, Oxford-New York 1989.
60 Jarol B. Manheim, Strategische Kommunikation und eine Strategie für die Kommunikationsforschung, in: Publizistik, 42 (1997) 1, S. 62–72; vgl. R. Münch (Anm. 31).
61 Franz Ronneberger/Manfred Rühl, Theorie der Public Relations. Ein Entwurf, Opladen 1992, S. 282 f.
62 Otfried Jarren, Politik und politische Öffentlichkeitsarbeit in der modernen Gesellschaft, in: pr-magazin, (1994) 4, S. 31–46.
63 Vgl. S. Weischenberg (Anm. 2).
64 Vgl. J. B. Manheim (Anm. 60).

munikation, und dadurch auch deren Effekte, in strategischer Weise zu steuern. Inzwischen kumulieren die Befunde, daß dieses Kommunikationsmanagement sehr effektiv sein kann, wenn es darum geht, öffentliche Wahrnehmungen über politische Eliten und politische Systeme zu beeinflussen und die Öffentlichkeit zu mobilisieren...«[65]

Sieht man von den herkömmlichen Informationskampagnen ab, so zielt politische Öffentlichkeitsarbeit vor allem darauf, Themen in den Medien zu plazieren[66]. Sprecher in Positionen politischer Öffentlichkeitsarbeit bedienen sich eines breiten Spektrums von Techniken, die auf eine mehr oder weniger starke Professionalisierung hindeuten. Zu den gängigsten Strategien in bezug auf solche Thematisierungsfunktionen der Medien gehört das, was in den USA »news management« genannt wird. In der praktischen Version bedeutet dies letztlich das Lancieren politischer Themen durch deren Anpassung an die Medienlogistik und Medienformate.

Die elektronischen Medien scheinen für die politische Öffentlichkeitsarbeit besonders dann relevant zu werden, wenn es um durchgeplante Inszenierungen geht, die aufgrund ihrer Neuigkeit und Außergewöhnlichkeit, ihres Konfliktgehaltes oder ihres visuellen Schaueffektes den gängigen Standardisierungen entsprechen. Solche Pseudoereignisse[67] haben in der Tat hohe Chancen öffentlicher Aufmerksamkeit: Im Herbst 1990 ging etwa die Hälfte der innenpolitischen Berichterstattung in den wichtigsten Nachrichtenmedien auf Informationsangebote zurück, die man als ausschließlich auf die Medienberichterstattung zugeschnittene Ereignisse einstufen kann. Bemerkenswert ist, daß diese Informationsangebote in Deutschland vor allem aus traditionellen Verlautbarungen politischer Akteure bestehen[68].

Bis in die achtziger Jahre ist es regierungsamtlicher Öffentlichkeitsarbeit in Deutschland in einem hohen Maß gelungen, die Medienagenda zu beeinflussen. Sie war offenbar sowohl im Hinblick auf die Themen als auch den Zeitpunkt der Veröffentlichung weitgehend erfolgreich[69]. Fallstudien weisen nach, daß Öffentlichkeitsarbeit auch die Publizität bestimmter politischer Themen zu unterbinden vermag, wenn dies aus sachlichen oder politischen Gründen opportun erscheint[70]. Schließlich zeigt sich auch, daß mit zunehmender Nähe der Öffentlichkeitsexperten

---

65 Vgl. ders. (Anm. 60), S. 63.
66 Klaus Schönbach, Einige Gedanken zu Public Relations und Agenda-Setting, in: Horst Avenarius/Wolfgang Armbrecht (Hrsg.), Ist Public Relations eine Wissenschaft? Eine Einführung, Opladen 1992, S. 325–335.
67 Daniel J. Boorstin, Das Image. Der Amerikanische Traum, Reinbek b. Hamburg 1987.
68 Rüdiger Schmitt-Beck/Barbara Pfetsch, Politische Akteure und die Medien der Massenkommunikation: Zur Generierung von Öffentlichkeit in Wahlkämpfen, in: F. Neidhardt (Anm. 24), S. 106–138, hier S. 125.
69 Barbara Baerns, Öffentlichkeitsarbeit oder Journalismus? Zum Einfluß im Mediensystem, Köln 1985.
70 Barbara Pfetsch, Strategien und Gegenstrategien – Politische Kommunikation bei Sachfragen. Eine Fallstudie aus Baden-Württemberg, in: Wolfgang Donsbach u. a., Beziehungsspiele – Medien und Politik in der öffentlichen Diskussion. Fallstudien und Analysen, Gütersloh 1993, S. 45–111; vgl. auch Edwin Czerwick, Zur Nicht-Thematisierung streitwürdiger Themen: Eine Bestandsaufnahme, in: Ulrich Sarcinelli (Hrsg.), Demokratische Streitkultur, Bonn 1990, S. 179–180.

zur Regierung die politischen Ziele im Sinne des Zustimmungsmanagements in der Öffentlichkeitsarbeit im Vordergrund stehen[71].

Aus den Befunden der bisherigen Forschung zur politischen Öffentlichkeitsarbeit ist freilich nicht auf den zukünftigen Erfolg strategisch angelegter Regierungskommunikation zu schließen. Vielmehr wächst mit den Entwicklungen im politischen System, die auf abnehmende Problemlösungskapazitäten nationaler Regierungen bei steigenden ökonomischen und sozialen Problemen sowie gleichzeitig wachsender Unzufriedenheit der Wählerschaft hindeuten, die Notwendigkeit strategischer Kommunikation. Insofern ist im Bereich der Regierungskommunikation mit einer weiteren Intensivierung und Professionalisierung politischer Öffentlichkeitsarbeit zu rechnen. Dies bedeutet aber nicht, daß das Interdependenzmanagement in bezug auf die Medien mit dem Erfolg der Regierungskommunikation einhergeht. Vielmehr sorgt gerade die »mediale Allgegenwart« dafür, daß die Versuche der strategischen Beeinflussung der Medienkommunikation immer stärker ins Leere laufen. Dies mag dann nicht nur daran liegen, daß die Normen und Relevanzen der Politik für die Medien keine Rolle mehr spielen. Es könnte auch sein, daß sich die Massenkommunikation im Zuge der Individualisierung auflöst, das Publikum sich gleichsam zerstreut und als erkennbare Größe der politischen Kommunikation in der Multi-Media-Gesellschaft an Bedeutung verliert.

---

71 Barbara Pfetsch/Kerstin Dahlke, Politische Öffentlichkeitsarbeit zwischen Zustimmungsmanagement und Politikvermittlung. Zur Selbstwahrnehmung politischer Sprecher in Berlin und Bonn, in: Otfried Jarren/Heribert Schatz/Hartmut Weßler (Hrsg.), Medien und Politischer Prozeß. Politische Öffentlichkeit und massenmediale Politikvermittlung im Wandel, Opladen 1996, S. 137–154.

EDWIN CZERWICK

Parlamentarische Politikvermittlung – zwischen »Basisbezug« und »Systembezug«

1. Politikvermittlung und Parlamentarismus

Von Beginn der siebziger bis in die achtziger Jahre gab es eine Diskussion um die tatsächliche oder vermeintliche Legitimationskrise spätkapitalistischer Gesellschaften und ihrer politischen Systeme[1]. Damit rückte auch die Frage der Rechtfertigung politischer Herrschaft in den Mittelpunkt politikwissenschaftlichen Interesses[2]. Dieser Forschungszusammenhang führte wiederum zur Beschäftigung mit Problemen der politischen Kommunikation, etwa der Rechtfertigung politischer Herrschaft. Diese manifestiert sich im Austausch von Argumenten, kontroversen politischen Diskussionen und Überredungs- und Überzeugungsstrategien einerseits, in manipulativer Werbung, politischer Propaganda und politischer Symbolik andererseits[3]. Die politische Kommunikation bildet seither ein zentrales Interessengebiet sowohl der politischen Akteure als auch der Politikwissenschaft. Infolgedessen hat sich im Kontext politikwissenschaftlicher Untersuchungen über die Praxis der politischen Kommunikation, ihren normativen Implikationen und ihren gesellschaftlichen und politischen Konsequenzen auch der Politikvermittlungsbegriff inzwischen als ein allgemein akzeptierter *terminus technicus* etabliert[4].

Unter Politikvermittlung können zunächst sehr allgemein alle Kommunikationsbeziehungen zwischen dem politischen System und seinen Adressaten verstanden werden, bei denen das politische System die treibende Kraft ist. Dementsprechend wird der Politikvermittlungsbegriff häufig in einseitiger Weise im Sinne von »Politische Kommunikation«, »Public Relations«, »Politische Werbung«, »Polit-Marketing«, »Politische Öffentlichkeitsarbeit«, »Staatspflege« oder »Staatliche Selbstdarstellung« verwendet. Politikvermittlung reicht so verstanden »vom technisch perfektionierten Kommunikationsmanagement, von der politischen ›Drama-

---

1 Vgl. hierzu Joachim Heidorn, Legitimität und Regierbarkeit. Studien zu den Legitimitätstheorien von Max Weber, Niklas Luhmann, Jürgen Habermas und der Unregierbarkeitsforschung, Berlin 1982.
2 Vgl. Peter Graf Kielmansegg/Ulrich Matz (Hrsg.), Die Rechtfertigung politischer Herrschaft. Doktrinen und Verfahren in Ost und West, Freiburg–München 1978.
3 Vgl. Ulrich Sarcinelli, Symbolische Politik. Zur Bedeutung symbolischen Handelns in der Wahlkampfkommunikation der Bundesrepublik Deutschland, Opladen 1987.
4 Vgl. Ulrich Sarcinelli (Hrsg.), Politikvermittlung. Beiträge zur politischen Kommunikationskultur, Bonn 1987.

turgie und Inszenierungskunst‹ bis zur sachbezogenen Information und Aufklärung, vom politischen ›Showgeschäft‹ bis zur informationsgesättigten politischen Bewußtseinsbildung«[5]. Politikvermittlung wird hier überwiegend als eine Aufgabe aufgefaßt, die »von oben«, dem politischen System, »nach unten«, zu den Bürgern, verläuft. Ihr Ziel ist die Mobilisierung öffentlicher Zustimmung zu konkreten politischen Maßnahmen sowie ganz allgemein die Herstellung von Systemvertrauen und Loyalitätsbereitschaft. Angesichts der anhaltenden Diskussion über eine verbreitete Politikverdrossenheit[6] ist Politikvermittlung darüber hinaus zu einem »Zauberwort« geworden, das die Lösung für eine Reihe aktueller Legitimationsprobleme der politischen Systeme zu versprechen scheint. So besteht denn auch vielerorts die Hoffnung, über den Ausbau und die Intensivierung von Politikvermittlung die um sich greifende Politikverdrossenheit einzudämmen sowie das öffentliche Erscheinungsbild der Politik zu verbessern[7].

Auch die Parlamente haben sich der Notwendigkeit der Politikvermittlung weder verschließen können noch wollen. Über die Politikvermitttlung heben die Parlamente einerseits ihren eigenen Beitrag zum politischen Prozeß gegenüber den Medien und der Öffentlichkeit hervor; andererseits erzeugen sie auf diese Weise für sich eine bestimmte Art von Identität, die durch Selbstvergewisserung nach innen und Abgrenzung nach außen gekennzeichnet ist[8]. Außerdem leisten sie durch Politikvermittlung einen Beitrag zur Legitimität politischer Entscheidungen, ohne die die Stabilität des gesamten politischen Systems in Frage gestellt wäre[9]. Nicht von ungefähr ist deshalb auch in jüngster Zeit der Ruf nach einer Verbesserung der parlamentarischen Politikvermittlung eindringlicher geworden[10].

Das zentrale Problem parlamentarischer Politikvermittlung besteht heute darin, daß potentiell alle kommunikativen Aktivitäten, die innerhalb der Parlamente stattfinden, mit Politikvermittlung zu tun haben bzw. im Sinne von Politikvermittlung verwendet oder interpretiert werden können. Ob nun Parlamentsdebatten, *Hearings* oder Enquetekommissionen und Untersuchungsausschüsse betrachtet werden, immer ist Politikvermittlung mit im Spiel. In einer solchen Situation ist es unabdingbar, den Begriff der parlamentarischen Politikvermittlung analytisch so zu

---

5 Ulrich Sarcinelli, Politikvermitttlung als demokratische Kommunikationskultur, in: ders. (Anm. 4), S. 22.
6 Vgl. Gert Pickel/Dieter Walz, Politikverdrossenheit in Ost- und Westdeutschland: Dimensionen und Ausprägungen, in: Politische Vierteljahresschrift, 38 (1997), S. 27 ff.
7 Vgl. Otfried Jarren, Kann man mit Öffentlichkeitsarbeit die Politik »retten«? Überlegungen zum Öffentlichkeits-, Medien- und Politikwandel in der modernen Gesellschaft, in: Zeitschrift für Parlamentsfragen, 25 (1994), S. 653 ff.
8 Für den (frühen) englischen Parlamentarismus hat dies Wilhelm Hofmann am Beispiel der parlamentarischen Reden, die sich als eine spezifische Form der Politikvermittlung verstehen lassen, gezeigt. Wilhelm Hofmann, Repräsentative Diskurse. Untersuchungen zur sprachlich-reflexiven Dimension parlamentarischer Institutionen am Beispiel des englischen Parlamentarismus, Baden-Baden 1995. Den Aspekt der Selbstvergewisserung sieht Josef Klein auch in Parlamentsdebatten der neueren Zeit verwirklicht. Josef Klein, Politische Textsorten, in: Germanistische Linguistik, 106–107, (1991), S. 270 f.
9 Vgl. schon Gerhard Loewenberg, The Influence of Parliamentary Behavior on Regime Stability. Some Conceptual Clarifications, in: Comparative Politics, 6 (1971), S. 177 ff.
10 Vgl. Ulrich Sarcinelli (Hrsg.), Öffentlichkeitsarbeit der Parlamente. Politikvermittlung zwischen Public Relations und Parlamentsdidaktik, Baden-Baden 1994.

konturieren (nicht zu definieren!), daß er die wesentlichen empirischen Tatbestände und deren theoretische Implikationen erfaßt. Das wiederum setzt voraus, daß parlamentarische Politikvermittlung nicht als ein wie auch immer geartetes »Abfallprodukt« parlamentarischer Aktivitäten, sondern als ein bewußt gestalteter und zielgerichteter Prozeß verstanden wird. Außerdem darf die parlamentarische Politikvermittlung nicht als eine isolierbare Funktion und damit als eine letzten Endes technokratisch zu bewältigende Aufgabe konzeptualisiert werden. Sie muß vielmehr in einen umfassenderen parlamentarismustheoretischen Kontext eingegliedert werden, der sowohl den aktuellen Problemen parlamentarischer Arbeit Rechnung trägt als auch in enger Beziehung zur politischen Stellung und Bedeutung sowie zu den politischen Funktionen der Parlamente steht.

Im Rahmen von Parlamentarismustheorien ist Politikvermittlung seit langem ein zentraler Interessengegenstand, der ursprünglich die parlamentarische An- und Rückbindung an eine kritische und diskussionsfreudige Öffentlichkeit umschrieb[11]. Hatten Plenardebatten, später auch *Hearings* und Enquetekommissionen, in der Theorie zunächst rein repräsentative und responsive Funktionen, erkannte man in ihnen später auch ein Mittel zur Einflußnahme auf die öffentliche Meinung. Es ist deshalb sicherlich auch kein Zufall, daß Gerhard Loewenberg in seinem Standardwerk über den Deutschen Bundestag das Verhältnis von Parlament und Öffentlichkeit im Kapitel »Repräsentation« behandelt[12]. Aber auch die »Responsivitätsfunktion« der Parlamente, also ihre Fähigkeit, auf die Erwartungen der Bürger zu reagieren, ist eng mit parlamentarischer Politikvermittlung verbunden, wie jüngst erst wieder Frank Brettschneider gezeigt hat[13]. Diese enge theoretische und politisch-praktische Verknüpfung der parlamentarischen Politikvermittlung mit den Parlamentsfunktionen Repräsentation und Responsivität darf allerdings nicht den Blick dafür verstellen, daß im Verlauf der Ausdifferenzierung, Erweiterung und Komplexitätssteigerung der parlamentarisch-repräsentativen Demokratie die Parlamente ihre Politikvermittlungsaktivitäten erheblich ausgeweitet haben. Die parlamentarische Politikvermittlung bezieht sich jetzt nicht mehr allein auf das Verhältnis zur Öffentlichkeit, sondern sie richtet sich nunmehr verstärkt auch auf die Interaktionen, die zwischen dem Parlament und den verschiedenen Institutionen und Akteuren innerhalb des politischen Systems bestehen. Solche Politikvermittlungsaktivitäten dienen vor allem einem eliteinternen Interessenausgleich, womit

---

11 Diese Betrachtungsweise eint so unterschiedliche Autoren wie Carl Schmitt, Jürgen Habermas, Ernst Fraenkel oder Gerhard Leibholz. Carl Schmitt, Die geistesgeschichtliche Lage des heutigen Parlamentarismus, Berlin, 1961³ (erstmals 1923), S. 43 ff.; Jürgen Habermas, Strukturwandel der Öffentlichkeit. Untersuchungen zu einer Kategorie der bürgerlichen Gesellschaft, Neuwied – Berlin 1969⁴ (erstmals 1962. Neuauflage Frankfurt/M. 1990); Ernst Fraenkel, Deutschland und die westlichen Demokratien. Erweiterte Ausgabe, Frankfurt/M. 1991, S. 204 ff.; Gerhard Leibholz, Strukturprobleme der modernen Demokratie, Frankfurt/M. 1974 (erstmals 1967), S. 84 f. Vgl. hierzu auch Leo Kißler, Die Öffentlichkeitsfunktion des Deutschen Bundestages. Theorie, Empirie, Reform, Berlin 1976.
12 Gerhard Loewenberg, Parlamentarismus im politischen System der Bundesrepublik Deutschland, Tübingen 1969, S. 451–504.
13 Frank Brettschneider, Öffentliche Meinung und Politik. Eine empirische Studie zur Responsivität des Deutschen Bundestages, Opladen 1995.

sie eine für den Zusammenhalt, die Handlungs- und Entscheidungsfähigkeit des politischen Systems nicht zu unterschätzende Bedeutung gewinnen.

2. Dimensionen parlamentarischer Politikvermittlung

Parlamentarische Politikvermittlung ist also zweidimensional angelegt. Sie weist einerseits einen »Basisbezug« auf, womit alle auf die Öffentlichkeit gerichteten Politikvermittlungsaktivitäten der Parlamente angesprochen sind. Der »Basisbezug« unterliegt daher in hohem Maße den Imperativen der »Darstellungspolitik«[14]. Andererseits läßt die parlamentarische Politikvermittlung aber auch einen ausgeprägten »Systembezug« erkennen. Hierzu zählen vor allem diejenigen Parlamentsaktivitäten, die innerhalb des politischen Systems auf die Beseitigung von Interessengegensätzen und die Vorbereitung und Durchsetzung politischer Entscheidungen gerichtet sind. Beide Bezüge weisen deshalb unterschiedliche theoretische Anknüpfungspunkte auf. Darüber hinaus sind sie aber auch mit verschiedenen Bereichen der politischen Willensbildung verbunden. Während der »Basisbezug« in engem Zusammenhang mit demokratietheoretischen Überlegungen steht und auf die Volkswillensbildung gerichtet ist, greift der »Systembezug« steuerungstheoretische Erwägungen im Rahmen der Staatswillensbildung auf.

2.1 Der »Basisbezug« parlamentarischer Politikvermittlung

Der »Basisbezug« parlamentarischer Politikvermittlung hat zwei Quellen, die hier mit den Begriffen »Legitimation« und »Transformation« bezeichnet werden. Zur »Legitimation« zählen alle Politikvermittlungsaktivitäten, in denen die Parlamente gezielt Einfluß auf die öffentliche Willensbildung zu nehmen versuchen. Im Gegensatz dazu gehören zur »Transformation« solche Bemühungen, mit denen sie die Interessen und Bedürfnisse der Öffentlichkeit artikulieren, diskutieren und gegebenenfalls in parlamentarische Entscheidungen umsetzen.

Legitimation bezeichnet also die Darstellung parlamentarischer Aktivitäten in der Öffentlichkeit. Dabei können sich Parlamente auch zum Sprachrohr anderer Akteure des politischen Systems machen. So sind zum Beispiel die Mitglieder der die Regierung tragenden Parlamentsfraktionen intensiv darum bemüht, die Bürger von der Vorteilhaftigkeit der Regierungspolitik zu überzeugen. Der »Basisbezug« der parlamentarischen Politikvermittlung wird in diesem Fall zu einem Transmissionsriemen exekutiver Herrschaftsausübung.

---

14 Zur Unterscheidung zwischen »Darstellungspolitik« und »Entscheidungspolitik« vgl. Ulrich Sarcinelli, Mediale Politikdarstellung und politisches Handeln: analytische Anmerkungen zu einer notwendigerweise spannungsreichen Beziehung, in: Otfried Jarren (Hrsg.), Politische Kommunikation in Hörfunk und Fernsehen. Elektronische Medien in der Bundesrepublik Deutschland, Opladen 1994, S. 40 ff.; Barbara Pfetsch, Strategische Kommunikation als Antwort auf die Probleme der Politikvermittlung, in: Gewerkschaftliche Monatshefte, 47 (1996), S. 282 f.

Bei der *Transformation* dagegen fungieren die Parlamente als Nachfrager und Vermittler gesellschaftlicher Informationen, die sie verarbeiten und in den politischen Entscheidungsprozeß einschleusen. Nach Anthony Downs[15] stellen die Parlamente deshalb auch Instanzen dar, welche die öffentliche Meinung – worunter er vor allem die Meinungen der Wähler versteht – sorgfältig beobachten und die so gewonnenen Informationen an die Regierungen weiterleiten. Diese erfahren auf diese Weise, welche Maßnahmen in der Öffentlichkeit politisch durchsetzbar sind.

Einschränkend ist zur Differenzierung des »Basisbezugs« der parlamentarischen Politikvermittlung in Legitimation und Transformation allerdings anzumerken, daß sich beide Formen nur analytisch strikt voneinander abgrenzen lassen. In der Realität muß dagegen mit Überschneidungen zwischen ihnen gerechnet werden. So berücksichtigen die Parlamente immer auch die in der Öffentlichkeit vorherrschenden Stimmungen, und sie thematisieren vor allem solche Interessen, die sich für die Einflußnahme auf die Öffentlichkeit besonders gut eignen.

2.1.1 »Basisbezug« durch Legitimation

Im Mittelpunkt des »Basisbezugs« der parlamentarischen Politikvermittlung durch Legitimation steht also die Öffentlichkeitsarbeit der Parlamente, die ganz allgemein definiert werden soll als die bewußte Übermittlung oder Weitergabe von in parlamentarischen Prozessen erzeugten Informationen, die in den Medien und in der Öffentlichkeit ein positives Parlamentsbild ergeben sollen. Parlamentarische Körperschaften sind deshalb auch, wie Jürgen Habermas dargelegt hat, »vorwiegend als *Rechtfertigungszusammenhang* strukturiert«[16].

Die Notwendigkeit der parlamentarischen Politikvermittlung im Sinne von Öffentlichkeitsarbeit ist mittlerweile unumstritten, auch wenn man darin nur ein »Sekundärphänomen«[17] sehen mag. Ihre zentralen Anliegen bestehen vor allem darin, das in der Öffentlichkeit vorherrschende Parlamentsbild zu korrigieren und den die öffentliche Aufmerksamkeit absorbierenden Maßnahmen der Regierungen und der Parteien eigene, auf öffentlichen Resonanzgewinn zielende Aktivitäten entgegenzustellen[18]. Es genügt heute nicht mehr, die Parlamentsarbeit möglichst gut zu absolvieren, um schon ein positives Parlamentsbild zu erhalten, wie dies noch Fritz Sänger geglaubt hat[19], der die Einheit von parlamentarischer Willensbildung und Politikvermittlung vor Augen hatte. Von daher steht die parlamentarische Öffentlichkeitsarbeit heute ständig vor den Problemen, wer welche Inhalte wie und mit welchen Instrumenten gegenüber der Öffentlichkeit, entweder indirekt über die Medien oder direkt auf den einzelnen Bürger bezogen, vermitteln soll, wie die par-

---

15 Anthony Downs, Ökonomische Theorie der Demokratie, Tübingen 1968, S. 86–88.
16 Jürgen Habermas, Faktizität und Geltung. Beiträge zur Diskurstheorie des Rechts und des demokratischen Rechtsstaats, Frankfurt/M. 1992, S. 373.
17 So Heinrich Oberreuter, in: U. Sarcinelli (Anm. 10), S. 35.
18 Vgl. hierzu Ulrich Sarcinelli, Öffentlichkeitsarbeit der Parlamente – Politikvermittlung zwischen Public Relations und Parlamentsdidaktik, in: Zeitschrift für Parlamentsfragen, 24 (1993), S. 467 ff.
19 Fritz Sänger, Parlament und Parlamentsberichterstattung – wer hat den Schwarzen Peter?, in: Emil Hübner/Heinrich Oberreuter/Heinz Rausch (Hrsg.), Der Bundestag von innen gesehen, München 1969, S. 265 f.

lamentarische Öffentlichkeitsarbeit organisiert und die Zuständigkeiten verteilt sein und in welcher Weise die Interessen der Bürger berücksichtigt werden sollen. Zur effektiveren Bearbeitung dieser und ähnlicher Probleme hat sich in Deutschland die parlamentarische Öffentlichkeitsarbeit zum einen in die politische Öffentlichkeitsarbeit und zum anderen in die amtliche Öffentlichkeitsarbeit ausdifferenziert[20]. Beide Formen parlamentarischer Öffentlichkeitsarbeit sind unterschiedlichen Akteuren übertragen, und sie weisen unterschiedliche inhaltliche Akzentsetzungen auf, die sogar gegenläufig sein können. Die amtliche Öffentlichkeitsarbeit kann ein noch so positives Parlamentsbild vermitteln, es wird spätestens dann konterkariert, wenn die Parlamentarier sich entweder als nicht entscheidungsfähig oder als wenig responsiv erweisen. Die politische Öffentlichkeitsarbeit bleibt zudem vielfach wirkungslos, wenn die amtliche Öffentlichkeitsarbeit sie nicht mit ergänzenden und weiterführenden Informationen unterstützt.

Parlamentarisch-politische Öffentlichkeitsarbeit: Hauptakteure der parlamentarisch-politischen Öffentlichkeitsarbeit sind die Fraktionen, Arbeitskreise, Ausschüsse, Unterausschüsse usw. Sie alle wirken ganz bewußt am öffentlichen Erscheinungsbild des Parlaments mit, wenngleich auf sehr unterschiedliche Art und Weise und mit unterschiedlicher Intensität. Besonders öffentlichkeitswirksame Aktivitäten entfalten die Fraktionen, Untersuchungsausschüsse und gelegentlich auch Enquetekommissionen. Daneben ist aber auch jeder einzelne Abgeordnete ein »Öffentlichkeitsarbeiter« in eigener Sache und für die Sache des Parlaments[21].

Die parlamentarisch-politische Öffentlichkeitsarbeit weist zwei inhaltliche Akzentsetzungen auf. Zum einen inszeniert sich das Parlament als eine zentrale Politikinstitution von höchstem verfassungsrechtlichen Rang. Veranschaulichen läßt sich dies am Beispiel parlamentarischer Sondersitzungen[22], die anläßlich nationaler Gedenktage abgehalten werden. Aber auch Ansprachen ausländischer Staatsmänner im Parlament dienen dazu, dessen herausgehobene politische Stellung darzustellen. Das Parlament ist hierbei vor allem darum bemüht, sich als eine relativ geschlossene politische Einheit zu präsentieren. Die parlamentarische Willensbildung weist, sofern man hierbei überhaupt von Willensbildung sprechen kann, keinen besonders kontroversen Charakter auf. Kommen dennoch politische Kontroversen vor, so verlaufen diese jenseits der Fraktionslinien. Ein Beispiel hierfür ist die Debatte über den Standort der deutschen Hauptstadt. Solche gezielt in Szene gesetzten Ereignisse, für die schon einige Zeit vorher um die Aufmerksamkeit der Medien geworben wird, werden später nicht selten zu »Sternstunden des Parlaments« hochstilisiert.

Zum anderen stellen sich die Parlamente in der Öffentlichkeit aber auch als politische Institutionen dar, die hart um die Lösung der anstehenden Probleme sowie um die Berücksichtigung und Befriedigung der gesellschaftlichen Bedürfnisse ringen. Im Vordergrund der parlamentarisch-politischen Aktivitäten steht dabei weniger die Eigenqualität der Parlamente als vielmehr ihre Funktion als Forum, in dem soziale Gegensätze in Form politischer Alternativen diskutiert werden. Zum

---
20 Vgl. Edwin Czerwick, Parlament und Politikvermittlung, in: U. Sarcinelli (Anm. 4), S. 164 ff.
21 Vgl. Werner J. Patzelt, Deutschlands Abgeordnete: Profil eines Berufstands, der weit besser ist als sein Ruf, in: Zeitschrift für Parlamentsfragen, 27 (1996), S. 494 ff.
22 Vgl. auch Jürgen Hartmann, Staatszeremoniell, Köln u. a. 1990², S. 190 ff.

Repertoire dieser Art von Öffentlichkeitsarbeit gehören die Dramaturgie von Untersuchungsausschüssen, Pressekonferenzen von Fraktionsführungen oder die Herausgabe von Presseerklärungen durch die Fraktionen[23].

Im Mittelpunkt der parlamentarisch-politischen Öffentlichkeitsarbeit steht aber vor allem die Inszenierung kontroverser Parlamentsdebatten[24]. Auch wenn die Plenardebatten heute in der Bundesrepublik Deutschland nicht mehr das Maß an öffentlicher Aufmerksamkeit wie noch in den fünfziger und sechziger Jahren erwekken, so werden sie doch nach wie vor als das »Herzstück« des parlamentarischen Geschehens bezeichnet, in denen sich die Parlamente als »Forum der Nation« erweisen müssen. Nicht zuletzt deshalb wird auch der immer wieder beklagte Niedergang der Debattenkultur mit einem Bedeutungsverlust des Parlaments in Beziehung gesetzt. Und nicht zufällig stehen im Zentrum von Parlamentsreformen immer wieder Vorschläge und Bemühungen, die Parlamentsdebatten so zu gestalten, daß sie in der Öffentlichkeit auf ein breites Echo stoßen[25]. Nun läßt sich neben aller Kritik, die an den parlamentarischen Auseinandersetzungen zu Recht immer wieder geübt wird, allerdings auch feststellen[26], daß bei Parlamentsdebatten relativ komplexe Kommunikations- und Argumentationsstrukturen sichtbar werden und eine Vielzahl aktueller Themen aufgegriffen werden. Weiterhin läßt sich zeigen, daß in den Debatten die jeweils behandelten Problemkomplexe von mehreren Seiten aus beleuchtet und die angestrebten Lösungen nicht nur pauschal oder symbolisch, sondern argumentativ gerechtfertigt werden. Von daher sind Plenardebatten durchaus geeignet, Legitimation durch Kommunikation als die, so Heinrich Oberreuter, »Hauptaufgabe des Parlaments«[27], sicherzustellen.

Die Voraussetzungen, über Parlamentsdebatten öffentliche Resonanz zu erzeugen und die Öffentlichkeit über die unterschiedlichen Problemlösungsalternativen der Fraktionen zu informieren, sind insgesamt betrachtet also keineswegs ungünstig. Um so nachdrücklicher stellt sich deshalb die Frage, warum Parlamentsdebatten häufig auf ein so geringes öffentliches Interesse stoßen. Für diesen Tatbestand gibt es zahlreiche Gründe: allgemeines politisches Desinteresse, Zeitmangel, geringe Kenntnisse über Parlamente und Abgeordnete[28] und nicht zuletzt die sehr spärliche Berichterstattung der Medien über Parlamentsdebatten, wobei

---

23 Sten Martenson, Parlament, Öffentlichkeit und Medien, in: Hans-Peter Schneider/Wolfgang Zeh (Hrsg.), Parlamentsrecht und Parlamentspraxis in der Bundesrepublik Deutschland, Berlin–New York 1989, S. 271 f.
24 Vgl. Wolfgang Zeh, Theorie und Praxis der Parlamentsdebatte, in: H.-P. Schneider/W. Zeh (Anm. 23), S. 917 ff.
25 Vgl. Sabine Lemke-Müller, Zur Parlamentsreform im Deutschen Bundestag: Mehr Transparenz, Öffentlichkeit und Effektivität, in: Aus Politik und Zeitgeschichte, B 27/96, S. 13 ff. sowie Stefan Marschall, Die Reform des Bundestages 1995: Inhalt, Hintergründe, Konsequenzen, in: Zeitschrift für Parlamentsfragen, 27 (1996), S. 366 ff.
26 Vgl. Edwin Czerwick, Debattenordnung und Debattenstil, in: Aus Politik und Zeitgeschichte, B 24–25/85, S. 17 ff.
27 Heinrich Oberreuter, Legitimation durch Kommunikation. Zur Parlamentarismusforschung in der Bundesrepublik, in: Jürgen Falter/Christian Fenner/Michael Th. Greven (Hrsg.), Politische Willensbildung und Interessenvermittlung, Opladen 1984, S. 248.
28 Werner J. Patzelt, Das Wissen der Deutschen über Parlament und Abgeordnete. Indizien für Aufgaben politischer Bildung, in: Gegenwartskunde, 45 (1996), S. 309 ff.

die Medien überhaupt dem parlamentarischen Geschehen im Vergleich zu den Regierungsaktivitäten nur wenig Aufmerksamkeit widmen[29]. Zudem findet die Parlamentsberichterstattung der Medien in einer Form statt, die deren eigenen Selektionskriterien[30] Rechnung trägt, so daß die Parlamentarier die Parlamentsrealität, so wie sie sich für sie selbst darstellt, nicht immer in den Medien wiederentdecken können.

Die Kritik vieler Abgeordneter an der Parlamentsberichterstattung der Medien[31] hat wiederum die Überlegungen über die Einrichtung eines eigenen Parlamentskanals stark befördert[32]. Inwieweit diese Überlegungen durch »Phoenix«, den neuen Ereignis- und Dokumentationskanal von ARD und ZDF[33], zu dessen Programmschwerpunkten auch die Übertragung von Parlamentsdebatten gehört, einen vorläufigen Abschluß finden werden, bleibt noch abzuwarten. Doch bedarf es keiner besonderen seherischen Fähigkeiten, um vorauszusagen, daß »Phoenix« wohl kaum als Korrektiv für die Parlamentsberichterstattung der Medien wird wirken können. Von daher wäre zu prüfen, ob der Deutsche Bundestag nicht noch stärker als bisher auf die Parlamentsberichterstattung Einfluß nehmen sollte, um ein authentischeres Parlamentsbild sicherzustellen. Vielleicht ließe sich dann auch ein weiteres Problem der politischen Öffentlichkeitsarbeit von Parlamenten lösen, das darin besteht, daß ihre unterschiedlichen Akzentsetzungen als politische Einheit und als Forum politischer Alternativen und Konflikte nicht als die beiden Seiten einer Medaille betrachtet werden, sondern als Widersprüche wahrgenommen werden, die einem positiven Parlamentsbild eher abträglich sind.

Hier wäre es sicher hilfreich, dem Publikum, etwa durch öffentliche Ausschußsitzungen, einen umfassenderen Einblick in das parlamentarische Geschehen zu geben[34]. Denn in dem Maße, in dem sich der Schwerpunkt der parlamentarischen

---

29 Vgl. hierzu S. Martenson (Anm. 23), S. 267 ff; Heinrich Oberreuter, Parlament und Medien in der Bundesrepublik Deutschland, in: Uwe Thaysen/Roger H. Davidson/Robert G. Livingston (Hrsg.), US-Kongreß und Deutscher Bundestag. Bestandsaufnahmen im Vergleich, Opladen 1988, S. 500 ff. Zur Medienberichterstattung am Beispiel des Fernsehens vgl. Gregor Mayntz, Die Fernsehberichterstattung über den Deutschen Bundestag. Eine Bilanz, in: Zeitschrift für Parlamentsfragen, 24 (1993), S. 351 ff.
30 Vgl. hierzu Siegfried J. Schmidt/Siegfried Weischenberg, Mediengattungen, Berichterstattungsmuster, Darstellungsformen, in: Klaus Merten/Siegfried J. Schmidt/Siegfried Weischenber (Hrsg.), Die Wirklichkeit der Medien. Eine Einführung in die Kommunikationswissenschaft, Opladen 1994, S. 212 ff.
31 Zum Einfluß von Fernsehübertragungen auf die parlamentarische Politikvermittlung vgl. Heinz Bäuerlein, Damit sich der Bürger ein Bild machen kann. Wie sich der Deutsche Bundestag auf Fernsehberichterstattung einstellt, in: Zeitschrift für Parlamentsfragen, 23 (1992), S. 216 ff.
32 Zu dieser Diskussion vgl. Stefan Marshall, TV-Berichterstattung aus dem Parlament: in neuer Form, auch mit neuem Format?, in: Zeitschrift für Parlamentsfragen, 28 (1997), S. 286 ff.
33 Vgl. hierzu Klaus Radke, Phoenix: Ziele, Programm und Programmphilosophie, in: Media Perspektiven, (1997) 4, S. 206 ff.
34 Vgl. hierzu noch immer Heinrich Oberreuter, Scheinpublizität oder Transparenz? Zur Öffentlichkeit von Parlamentsausschüssen, in: Zeitschrift für Parlamentsfragen, 6 (1975), S. 77 ff. Zum Mißverhältnis von öffentlichen und nichtöffentlichen Sitzungen am Beispiel des Deutschen Bundestages vgl. Peter Schindler, Datenhandbuch zur Geschichte des Deutschen Bundestages 1983 bis 1991, Baden-Baden 1994, S. 685 ff.

Willensbildung und Entscheidungsvorbereitung vom Plenum in die Ausschüsse verlagert, rechtfertigt sich auch der Anspruch der Öffentlichkeit auf erhöhte Transparenz der Ausschußarbeit. Insgesamt bedarf aber die parlamentarisch-politische Öffentlichkeitsarbeit ergänzender und partiell korrigierender Maßnahmen durch die parlamentarisch-amtliche Öffentlichkeitsarbeit.

Parlamentarisch-amtliche Öffentlichkeitsarbeit: Die parlamentarisch-amtliche Öffentlichkeitsarbeit ist den Parlamentsverwaltungen überantwortet[35], deren Aufgabe darin besteht, die Öffentlichkeit über das parlamentarische Geschehen ebenso wie über die parlamentarischen Akteure zu informieren[36]. Sie ist nach eigenem Selbstverständnis strikt überfraktionell angelegt und darum bemüht, kritische Resonanz bei den Fraktionen und den Abgeordneten zu vermeiden. Das Ergebnis ist in der Regel eine (selbst-)gereinigte und politisch mehrfach abgesicherte Öffentlichkeitsarbeit, die primär darauf gerichtet ist, weitgehend kommentarlos parlamentarische Aktivitäten zu vermelden oder anzukündigen und die in erster Linie weithin unstrittigen parlamentarischen Grundsätze wiederzugeben[37]. Kommentierungen finden sich allenfalls dann, wenn parlamentarische Willensbildungsprozesse von den gewohnten Verfahren abweichen und dafür Begründungen geliefert werden müssen.

Die parlamentarisch-amtliche Öffentlichkeitsarbeit weist mehrere inhaltliche Schwerpunkte auf. Es handelt sich zum einen um Pressearbeit und Besucherdienst, zum anderen um eine eher unspezifische Variante, die sich an politisch interessierte Bürger bzw. die Allgemeinheit wendet mit dem Ziel, dort Interesse am parlamentarischen Geschehen zu wecken oder die Informationsbedürfnisse derjenigen Bürger zufriedenzustellen, die sich aus eigenem Antrieb an das Parlament wenden. Da von allen deutschen Parlamenten der Deutsche Bundestag seine Öffentlichkeitsarbeit am weitesten ausgebaut hat, orientieren sich die nachfolgenden Ausführungen vor allem an ihm.

Die Pressearbeit, die in der amtlichen Öffentlichkeitsarbeit einen besonders wichtigen Stellenwert einnimmt, besteht zum einen aus der Aufbereitung aktueller Informationen zu parlamentarischen Abläufen und Ereignissen, soweit sie für die Journalisten bei Presse, Rundfunk und Fernsehen von Bedeutung sein könnten. Zu ihr gehören aber auch eigens für Journalisten gedachte Veranstaltungen, die ihnen die Komplexität der parlamentarischen Arbeit sowie die Bedeutung einer sachgerechten Parlamentsberichterstattung vermitteln sollen. Für die breite Öffentlichkeit stehen dagegen Informationen zur Verfügung, die sich mehr auf grundsätzliche parlamentarische Verfahrensweisen und Problemstellungen beziehen. Faltblätter, Periodika, Bücher, Broschüren, CD-ROMs oder Disketten sind dabei die bevorzugten Träger, mit deren Hilfe der Parlamentarismus der Bevölkerung nahegebracht werden soll[38]. Mittlerweile ist der Deutsche Bundestag auch mit eigenen

---
35 Vgl. hierzu E. Czerwick (Anm. 20), S. 167 ff.
36 Vgl. U. Sarcinelli (Anm. 18), S. 464 ff.
37 E. Czerwick (Anm. 20), S. 169.
38 Eine Übersicht der verschiedenen Materialien einschließlich der Veröffentlichungen der Wissenschaftlichen Dienste vermittelt das Datenhandbuch zur Geschichte des Deutschen Bundestages (Anm. 34), S. 1325 ff., S. 1342 und S. 1344 ff. Vgl. auch E. Czerwick (Anm. 20), S. 170 f. sowie Detlef W. Weber, Parlamentaria als Arbeitsmittel und Öffentlichkeitsmedium

Seiten im Internet vertreten, über die Informationen abgerufen oder ausgewählte Bücher kostenlos bestellt werden können, die einen vertiefenden Einblick in den Bundestag geben[39]. Weiterhin sollen Tage der offenen Tür, Veranstaltungen wie »Jugend und Parlament« oder Infostände auf Messen und Wanderausstellungen Kenntnisse über das parlamentarische System in Deutschland vermitteln und Verständnis für seine Schwächen sowie Anerkennung für seine Stärken wecken. Überblickt man die vom Referat Öffentlichkeitsarbeit herausgegebenen Materialien, so beeindruckt nicht nur die Fülle der angesprochenen Themen, sondern auch die Qualität der Informationen.

Eine nicht zu unterschätzende Bedeutung für die amtliche Öffentlichkeitsarbeit besitzt schließlich auch die Betreuung der Besuchergruppen. Immerhin betrug die Zahl der Besucher im Bonner Bundeshaus im Jahr 1996 mehr als 285 000[40]. Da sich vor allem auf Länderebene gezeigt hat, daß durch die Besucherbetreuung die bei den Besuchern bestehenden Vorurteile gegenüber dem parlamentarischen Geschehen eher noch verstärkt wurden, ist in Zusammenarbeit mit dem Schleswig-Holsteinischen Landtag das Projekt »Parlamentspädagogik« mit dem Ziel ins Leben gerufen worden, die Arbeit des parlamentarischen Besucherdienstes zu verbessern[41]. Damit konnte das Kieler Landesparlament wesentliche Anstöße für eine intensivere Beschäftigung mit Fragen parlamentarischer Öffentlichkeitsarbeit auf Landesebene geben.

Zusammengenommen ergeben die politisch-parlamentarische und die amtlich-parlamentarische Öffentlichkeitsarbeit ein Parlamentsbild, das zwar die vielfältigen parlamentarischen Aktivitäten widerspiegelt, das aber dennoch nur einen Teilausschnitt der parlamentarischen Wirklichkeit in Deutschland vermittelt. Um ein wirklichkeitsnahes Parlamentsbild zu erhalten, ist es deshalb unumgänglich, noch weitere parlamentarische Politikvermittlungsaktivitäten in die Analyse mit einzubeziehen.

2.1.2 »Basisbezug« durch Transformation

Von »Basisbezug« der parlamentarischen Politikvermittlung durch Transformation soll immer dann gesprochen werden, wenn die Parlamente gesellschaftliche Interessen politisieren, d. h. zum Gegenstand parlamentarischer Aktivitäten machen und

---

der Parlamente, in: Zeitschrift für Parlamentsfragen, 6 (1975), S. 203 ff. Einen historischen Überblick bis zum Jahr 1990 gibt Gregor Mayntz, Zwischen Volk und Volksvertretung. Entwicklung, Probleme und Perspektiven der Parlamentsberichterstattung unter besonderer Berücksichtigung von Fernsehen und Deutschem Bundestag, Dissertation Universität Bonn, 1992, S. 272–294. An dieser Stelle möchte ich mich bei Mitarbeitern des Referats Öffentlichkeitsarbeit des Deutschen Bundestages bedanken, die mir Informationsmaterialien zur Verfügung gestellt haben.

39 Seit Januar 1996 wurde ca. 3,5 Millionen Male auf die Internet-Adresse des Deutschen Bundestages zugegriffen. Vgl. Woche im Bundestag, 26 (1997) 4, S. 59.

40 Eine Aufschlüsselung dieser Zahl nach einzelnen Besuchergruppen sowie Angaben zu den Besucherzahlen anderer vom Deutschen Bundestag durchgeführten Veranstaltungen finden sich in: Woche im Bundestag, 26 (1997) 5, S. 62.

41 Vgl. Ulrich Sarcinelli, Parlamentsbesuche: Wege und Hindernisse bei der Auseinandersetzung mit parlamentarischer Wirklichkeit, in: Gegenwartskunde, 43 (1994), S. 449 ff; ders. (Anm. 10 und 18).

zwecks Weiterverarbeitung in das politische System einschleusen[42]. Von daher bestimmt im wesentlichen das Maß an Responsivität, das die Parlamentarier gegenüber der Gesellschaft an den Tag legen, den Basisbezug durch Transformation[43]. Responsivität läßt sich dabei definieren als »die Aufnahmefähigkeit der Repräsentanten gegenüber den Erwartungen der Repräsentierten«[44]. Gemeint ist damit in erster Linie die Empfänglichkeit der Parlamente für sowie ihre Reaktionsfähigkeit gegenüber gesellschaftlichen Anforderungen. Parlamentarische Responsivität ist deshalb immer dann gegeben, wenn sich die Bürger von den Abgeordneten, den Fraktionen oder dem Gesamtparlament vertreten fühlen, der Zusammenhang zwischen öffentlicher Meinung und parlamentarischem Handeln also weitgehend kongruent ist.

Während dies für die Bürger eine intensive Beobachtung des parlamentarischen Geschehens voraussetzt, bedeutet es für die Parlamentarier unter anderem die Pflege intensiver Kontakte zu den Bürgern auf der Wahlkreisebene, enge Beziehungen zu gesellschaftlichen Gruppen auf lokaler, regionaler und nationaler Ebene sowie die genaue Beobachtung der öffentlichen und der veröffentlichten Meinung. Inwieweit diese Voraussetzungen erfüllt sind, läßt sich angesichts des derzeitigen Forschungsstandes nicht differenziert bestimmen. Pauschal kann immerhin festgestellt werden, daß, ganz im Gegensatz zum Großteil der Bürger, die dem parlamentarischen Geschehen nur wenig Aufmerksamkeit schenken, die Parlamentarier ihre Responsivität bedingenden Aufgaben in der Regel sehr ernst nehmen. Dies zeigt sich sowohl an ihrer Wahlkreisarbeit[45], ihrem Informationsverhalten[46], ihren (informellen) Kontakten zu gesellschaftlichen Gruppen[47] und in ihren Mitgliedschaften in gesellschaftlichen Organisationen[48]. Aber auch auf der Ebene des Gesamtparlaments ist diese Responsivität feststellbar[49].

---

42 Die in der Vergangenheit geführten Diskussionen über die Diäten der Parlamentarier stehen deshalb auch im Gegensatz zum hier verwendeten Transformationsbegriff.
43 Bernhard Weßels, Politische Repräsentation als Prozeß gesellschaftlich-parlamentarischer Kommunikation, in: Dietrich Herzog/Hilke Rebenstorf/Bernhard Weßels (Hrsg.), Parlament und Gesellschaft. Eine Funktionsanalyse der repräsentativen Demokratie, Opladen 1993, S. 99 ff.
44 Dietrich Herzog, Was heißt und zu welchem Ende studiert man Repräsentation?, in: ders./ Bernhard Weßels (Hrsg.), Konfliktpotentiale und Konsensstrategien. Beiträge zur politischen Soziologie der Bundesrepublik, Opladen 1989, S. 325; ders., Repräsentativität, in: Otfried Jarren/Ulrich Sarcinelli/Ulrich Saxer (Hrsg.), Politische Kommunikation der demokratischen Gesellschaft. Ein Handbuch mit Lexikonteil, Opladen 1998.
45 W. J. Patzelt (Anm. 21), S. 481 ff.
46 Dietrich Herzog u. a., Abgeordnete und Bürger. Ergebnisse einer Befragung der Mitglieder des 11. Deutschen Bundestages und der Bevölkerung, Opladen 1990, S. 73 ff.; Henry Puhe/ H. Gerd Würzberg, Lust & Frust. Das Informationsverhalten des deutschen Abgeordneten. Eine Untersuchung, Köln 1989.
47 D. Herzog u. a. (Anm. 46), S. 26 ff.; W. J. Patzelt (Anm. 21), S. 493 ff.
48 W. J. Patzelt (Anm. 21), S. 482, Anmerkung 59.
49 Vgl. hierzu F. Brettschneider (Anm. 13); Hilke Rebenstorf/Bernhard Weßels, Wie wünschen sich die Wähler ihre Abgeordnete? Ergebnisse einer repräsentativen Bevölkerungsumfrage zum Problem der sozialen Repräsentativität des Deutschen Bundestages, in: Zeitschrift für Parlamentsfragen, 20 (1989), S. 408 ff.; D. Herzog u. a. (Anm. 46), S. 37 ff. sowie Joel E. Brooks, The Opinion-Policy Nexus in Germany, in: Public Opinion Quarterly, 54 (1990), S. 508 ff., der vor allem die Diskongruenz hervorhebt.

»Basisbezug« durch Transformation ist aber nicht nur von der parlamentarischen Responsivität abhängig, sondern wird auch beeinflußt von der Stellung der Parlamente innerhalb der politischen Systeme. Je intensiver die Parlamente in den politischen Entscheidungsprozeß integriert und je vielfältiger ihre formalen und informellen Zugangsmöglichkeiten zu den anderen Akteuren im politischen System sind, desto nachdrücklicher können sie den gesellschaftlichen Bedürfnissen und Interessen Geltung verschaffen. Die Rück- und Anbindung der Parlamente an die gesellschaftlichen Interessen ist in der Regel selektiv[50]; sie thematisieren vor allem die Interessen solcher Gruppen innerhalb des politischen Systems, die gut organisiert sind, die über »Tauschmittel« wie die Mobilisierung von Wählerstimmen und finanzielle oder informationelle Ressourcen verfügen und die mit Vetomacht ausgestattet sind. Das schließt jedoch keineswegs aus, daß dabei auch allgemeine gesellschaftliche Bedürfnisse Berücksichtigung finden. In dem Moment aber, in dem Parlamente gesellschaftliche Interessen in das politische System vermittelt haben und damit auch andere politische Akteure in die politische Auseinandersetzung eingreifen, geht der »Basisbezug« der parlamentarischen Politikvermittlung in den »Systembezug« (s. u.) über.

Die Transformation, also die parlamentarische Artikulation, Aggregation und Umsetzung gesellschaftlicher Interessen, hängt aber auch von der Transparenz und Zugänglichkeit der Parlamente für die Bürger ab. Je offener und transparenter die Parlamente gestaltet sind, je leichter den Bürgern der Weg zum Parlament gemacht wird und je mehr Ansprechpartner, Wegbereiter und Helfer sie finden, desto höher ist die Bereitschaft der Parlamente zu veranschlagen, sich von den Bürgern beeinflussen zu lassen. Insofern sind die Organisation der Parlamente ebenso wie ihre Architektur[51] Ausdruck für ihren Willen, sich zur Gesellschaft hin zu öffnen. Es sei nur am Rande vermerkt, daß dies nicht immer ganz freiwillig erfolgt, sondern auch unter dem Druck, den die Bürger oder gesellschaftlich organisierte Interessen auf Abgeordnete ausüben können, die wiedergewählt werden möchten.

2.2 Der »Systembezug« parlamentarischer Politikvermittlung

Der »Systembezug« der parlamentarischen Politikvermittlung steht nicht im Gegensatz zum »Basisbezug«, sondern er tritt ihm ergänzend zur Seite. Er verkörpert jedoch gänzlich andere Inhalte und Formen der Politikvermittlung. Mit ihm hat »der bundesdeutsche Parlamentarismus die zusätzliche Qualität eines Verhandlungssystems erreicht«[52], hinter der eine Funktionserweiterung des Parlaments von der »Volksvertretung« zur »Staatsleitung« steht. Diese wird in Kooperation mit, aber auch in Konkurrenz zu anderen Staatsorganen bzw. verfassungsrechtlichen In-

---

50 Vgl. Manfred Hirner, Der Deutsche Bundestag im Netzwerk organisierter Interessen, in: D. Herzog u. a. (Anm. 43) S. 138 ff.
51 Vgl. hierzu Heinrich Wefing, Parlamentsarchitektur. Zur Selbstdarstellung der Demokratie in ihren Bauwerken. Eine Untersuchung am Beispiel des Bonner Bundeshauses, Berlin 1995.
52 Christian Hanke, Informale Regeln als Substrat des parlamentarischen Verhandlungssystems. Zur Begründung einer zentralen Kategorie der Parlamentarismusforschung, in: Zeitschrift für Parlamentsfragen, 25 (1994), S. 418.

stitutionen wie den Parteien ausgeübt[53]. Die Politikvermittlungsaktivitäten sind hier primär auf die in institutionalisierten Kontexten ablaufenden formalen und informalen Verfahren der Entscheidungsbildung und auf die daran beteiligten Akteure, dagegen sehr viel weniger oder überhaupt nicht auf die Öffentlichkeit gerichtet. Zwar können (und sollen) auch hierbei gesellschaftliche Interessen Berücksichtigung finden, doch ist dies nicht der eigentliche Zweck dieser Art parlamentarischer Politikvermittlung. Dieser besteht im weitesten Sinne im Ausgleich und eben der Vermittlung politischer Gegensätze innerhalb des politischen Systems. Im Mittelpunkt stehen deshalb Verfahren der Konsensbildung[54] und die Suche nach Kompromissen mit dem Ziel, politische Entscheidungen auf eine möglichst breite politische Grundlage zu stellen. So wird auch verständlich, daß der Parlamentarismus in seinem Kern ein Entscheidungsverfahren ist[55]. »In der Regel ist das Parlament ein in ein System von cheques and balances eingebundenes, mitsteuerndes und mitentscheidendes Organ, ohne das, salopp und vorsichtig ausgedrückt, zumindest nichts geht; nicht zuletzt, weil es ein formelles Letztentscheidungsrecht besitzt«.[56] Parlamente verfügen demgemäß über ein außerordentlich reichhaltiges Arsenal an aktualisierbaren (zumeist nichtöffentlichen) Räumen und Verfahren, die das Zustandekommen von Kompromissen unterstützen: Man denke nur an die Ausschußverhandlungen, die Ausschußanhörungen, die Enquetekommissionen oder die öffentlichen Anhörungen, um zu erkennen, daß die parlamentarische Politikvermittlung im hier verstandenen Sinne eine für den politischen Entscheidungsprozeß unverzichtbare Bedeutung besitzt[57].

Da die parlamentarische Politikvermittlung primär auf eine eliteinterne Verständigung und Integration gerichtet ist[58], gewinnen Aufgaben wie das Schnüren von Verhandlungspaketen, die Weitergabe interner Informationen, die Herstellung von Kontakten zwischen gegnerischen Gruppen, die Koordination der Absprachen in den verschiedenen Parlaments-, Fraktions- und Parteigremien sowie die Konstruktion von Mehrheiten einen wichtigen Stellenwert. Bei der Aufgabenerfüllung fungieren die Abgeordneten als »Dolmetscher«, »kommunikative Brückenbauer« und als »Konsensbeschaffer«. Responsivität gegenüber der öffentlichen Meinung ist damit

---

53 Vgl. Dietrich Herzog, Der Funktionswandel des Parlaments in der sozialstaatlichen Demokratie, in: D. Herzog u. a. (Anm. 43), S. 29 ff.
54 Vgl. hierzu Hilke Rebenstorf, Gesellschaftliche Interessenrepräsentation und politische Integration, in: D. Herzog u. a. (Anm. 43), S. 53 ff.
55 Kurt Kluxen, Vorwort zur 5. Auflage, in: ders. (Hrsg.), Parlamentarismus, Königstein/Ts. 1980[5], S. 1. Siehe auch Karl W. Deutsch, Staat, Regierung, Politik. Eine Einführung in die Wissenschaft der vergleichenden Politik, Freiburg 1976, S. 234 f.
56 Heinrich Oberreuter, Krise des Parlamentarismus?, in: Ulrich Matz (Hrsg.), Aktuelle Herausforderungen der repräsentativen Demokratie, Köln u. a. 1985, S. 62.
57 In der staatsrechtlichen Literatur wird dieser Tatbestand mit den Begriffen »Mitregierung des Parlaments«, »Regierungsfunktionen des Parlaments« und »Parlamentarische Staatsleitung« diskutiert. Vgl. hierzu mit weiteren Nachweisen Wilhelm Mößle, Parlamentarische Staatsleitung in der Industriegesellschaft, in: Bayerischer Landtag (Hrsg.), Beiträge zum Parlamentarismus, Band 9/2, München 1996, S. 23 ff. Im Gegensatz dazu versucht man neuerdings von politikwissenschaftlicher Seite moderne Parlamente als »unter öffentlicher Verantwortung handelnde Steuerungsorgane des Staates« zu konzeptualisieren. Vgl. D. Herzog (Anm. 44), S. 309.
58 D. Herzog (Anm. 44), S. 315 f. und S. 320 f.

zwar nicht ausgeschlossen, aber doch auf eine allgemeine Ebene abgedrängt. Bevorzugte Mittel eliteinterner Verständigungen sind politische Tauschverfahren, Drohungen und Versprechungen. Das Ausloten von Kompromißmöglichkeiten und der Interessenausgleich werden dadurch erleichtert, daß die Abgeordneten über vielfältige Zugangsmöglichkeiten und informelle Kontakte zu den verschiedensten staatlichen Institutionen und gesellschaftlichen Organisationen verfügen[59]. Diese können dazu genutzt werden, die auf die politischen Entscheidungen einwirkenden Akteure für die parlamentarischen Zwänge und Notwendigkeiten zu sensibilisieren oder sie in die Verantwortung für die Durchsetzung von Kompromissen einzubinden.

Einen zentralen Fixpunkt des »Systembezugs« der parlamentarischen Politikvermittlung bildet das Gesetzgebungsverfahren, das im Grunde auf das »Kleinarbeiten« politischer Probleme und auf ihre Verdichtung zu politischen Entscheidungen gerichtet ist. Helmuth Schulze-Fielitz, dem wir eine außergewöhnlich eindrucksvolle Studie über die parlamentarische Gesetzgebung verdanken, sieht in ihr deshalb auch »eine Form vertragsähnlicher Konsensfindung in einem permanenten, informal und rechtlich geregelten Aushandlungsprozeß«[60], an dem eine Vielzahl staatlicher und außerstaatlicher Akteure auf den verschiedensten Ebenen des politischen Systems mit der Absicht der Beeinflussung politischer Entscheidungen teilnimmt. Selbst wenn man konzediert, daß der Deutsche Bundestag in seiner Gesamtheit nur eher selten »wesentliche« Änderungen an den von der Bundesregierung eingebrachten Gesetzesvorlagen anbringt[61], so ist insbesondere die Mitwirkung der das Kabinett tragenden Fraktionen an der Vorbereitung der Gesetzentwürfe unbestritten. Doch finden sich auch im Rahmen der verschiedenen Stadien der Gesetzesberatung noch genügend Möglichkeiten der parlamentarischen Einflußnahme. Diese scheint um so mehr gefragt zu sein, je umstrittener ein Gesetzentwurf und je notwendiger ein Interessenausgleich ist. Konsensbildungsprozesse finden dann innerhalb der Fraktionen, zwischen den Mehrheitsfraktionen und den Regierungsmitgliedern, zwischen den Fraktionen und den jeweiligen Parteigremien, aber natürlich auch zwischen Regierung und Opposition und den Mehrheits- und Minderheitsfraktionen sowohl im informellen Rahmen[62] als auch in formellen Gremien statt. Eine solche Situation reflektiert weniger die politische Macht des Parlaments. Sie ist vielmehr ein Ausdruck dafür, daß gesellschaftliche Macht im Parlament repräsentiert ist[63]. Es stellt insofern

---

59 Vgl. hierzu D. Herzog u. a. (Anm. 46), S. 26 ff.; W. J. Patzelt (Anm. 21), S. 478.
60 Helmuth Schulze-Fielitz, Theorie und Praxis parlamentarischer Gesetzgebung – besonders des 9. Deutschen Bundestages (1980–1983), Berlin 1988, S. 566.
61 Daten zu den im Rahmen des parlamentarischen Verfahrens erfolgten Veränderungen an den Gesetzentwürfen der Bundesregierung finden sich im Datenhandbuch zur Geschichte des Deutschen Bundestages (Anm. 34), S. 825. Zu den verschiedenen Änderungsformen sowie zur qualitativen Bedeutung der Entwurfsänderungen vgl. H. Schulze-Fielitz (Anm. 60), S. 305 ff. und S. 344 ff.
62 Vgl. hierzu die Beiträge in: Hans-Hermann Hartwich/Göttrik Wewer (Hrsg.) unter Mitarbeit von Lars Kastning, Regieren in der Bundesrepublik II. Formale und informale Komponenten des Regierens, Opladen 1991.
63 Zu dieser (wichtigen) Unterscheidung vgl. Johannes Agnoli, Die Transformation der Demokratie, in: ders./Peter Brückner, Die Transformation der Demokratie, Frankfurt/M. 1968, S. 62.

auch keine Übertreibung dar, wenn dem Deutschen Bundestag ein umfassender Anteil am kooperativen Prozeß der staatlichen Willensbildung zugesprochen wird[64].

Zu den formellen Gremien, in denen Prozesse parlamentarischer Politikvermittlung im Sinne von Interessenausgleich, Konsensbildung und Kompromißermittlung zwischen Mehrheitsfraktion(en) und Minderheitsfraktion(en) und zwischen Kabinettsmitgliedern, hochrangigen Ministerialbeamten und Parlamentariern stattfinden[65], gehören vor allem die Parlamentsausschüsse. Dagegen legen die Fraktionen ihre Positionen im Rahmen langwieriger Verfahren zwischen den Fraktionsführungen, Vertretern von Ausschüssen und Arbeitskreisen bzw. Arbeitsgruppen, führenden Mitgliedern entsprechender Parteigremien und anderen Akteuren fest. Konsensbildungsprozesse werden aber auch durch öffentliche Anhörungen gefördert, die »eine routinisierte Form der interessenorientierten und parteipolitisch präformierten Wissensvermittlung über Einzelthemen des politisch-parlamentarischen Prozesses zwecks Erlangung von Interessenkongruenz und -akzeptanz« darstellen[66]. Indem durch öffentliche Anhörungen bereits zu einem relativ frühen Zeitpunkt des parlamentarischen Entscheidungsprozesses unterschiedliche politische Positionen und Interessen aufeinander abgestimmt werden können, besteht, trotz aller Parteikalküle, die mit öffentlichen Anhörungen auch verbunden sind, immer die Chance parteiübergreifender Kompromisse[67]. Einen wichtigen Beitrag zum Interessenausgleich innerhalb des politischen Systems leisten aber auch die Enquetekommissionen[68], zumal diese in der Regel die von ihrer Arbeit tangierten Ministerien oder den Bundesrat über Verbindungsbeamte an der Kommissionsarbeit beteiligen[69].

---

64 Hans H. Klein, Aufgaben des Bundestages, in: Josef Isensee/Paul Kirchhof (Hrsg.), Handbuch des Staatsrechts der Bundesrepublik Deutschland, Band II: Demokratische Willensbildung – Die Staatsorgane des Bundes, Heidelberg 1987, S. 358.
65 Vgl. schon Wilhelm Kewenig, Staatsrechtliche Probleme parlamentarischer Mitregierung am Beispiel der Arbeit der Bundestagsausschüsse, Bad Homburg u. a. 1970.
66 Holger Backhaus-Maul, Die Organisation der Wissensvermittlung beim Deutschen Bundestag – Am Beispiel der Wissenschaftlichen Dienste, in: Thomas Petermann (Hrsg.), Das wohlberatene Parlament. Orte und Prozesse der Politikberatung, Berlin 1990, S. 41.
67 H. Schulze-Fielitz (Anm. 60), S. 341. Vgl. auch Bernhard Weßels, Kommunikationspotentiale zwischen Bundestag und Gesellschaft: Öffentliche Anhörungen, informelle Kontakte und innere Lobby in wirtschafts- und sozialpolitischen Parlamentsausschüssen, in: Zeitschrift für Parlamentsfragen, 18 (1987), S. 292.
68 Vgl. hierzu Christoph Böhr/Eckart Busch, Politischer Protest und parlamentarische Bewältigung. Zu den Beratungen und Ergebnissen der Enquetekommission »Jugendprotest im demokratischen Staat, Baden-Baden 1984, S. 104 und S. 145 ff.; Heiko Braß, Enquete-Kommissionen im Spannungsfeld von Politik, Wissenschaft und Öffentlichkeit, in: T. Petermann (Anm. 66), S. 92 ff.; Gerhard Vowe, Kommunikationsmuster am Schnittpunkt von Wissenschaft und Politik. Beschreibungen und Erklärungen am Beispiel einiger Enquete-Kommissionen des Deutschen Bundestages, in: Andreas Dörner/Ludgera Vogt (Hrsg.), Sprache des Parlaments und Semiotik der Demokratie. Studien zur politischen Kommunikation in der Moderne, Berlin – New York 1995, S. 228 f., und Andreas Dörner, Wissen, Interesse und Macht. Zur Technikgestaltung durch Enquete-Kommissionen, in: Zeitschrift für Parlamentsfragen, 27 (1996), S. 557 ff.
69 H. Braß (Anm. 68), S. 84 f.

Alles in allem haben bisher die in Deutschland vorherrschende Organisation der Parlamente als sogenannte »Arbeitsparlamente«[70] sowie eine ihr entsprechende Parlamentskultur[71] dafür gesorgt, daß dem »Systembezug« im Rahmen der parlamentarischen Politikvermittlung eine zentrale Bedeutung zukommt. Er spielt aber auch im Kontext des politischen Systems eine wichtige Rolle für das Zustandekommen von politischen Entscheidungen.

3. Parlamentarische Politikvermittlung und politische Willensbildung

Wie aus den vorangegangenen Ausführungen hervorgeht, sind der »Basisbezug« und der »Systembezug« als die beiden Hauptkomponenten der parlamentarischen Politikvermittlung in den verschiedensten sozialen Kontexten verankert und mit jeweils unterschiedlichen Parlamentsfunktionen verknüpft. Beide Politikvermittlungsbezüge schaffen ständig neue Akteurskonstellationen, und sie variieren auch hinsichtlich ihrer Bedeutung für die politische Willensbildung (vgl. die Übersicht). Abschließend soll deshalb auf noch sehr allgemeine Weise der Versuch unternommen werden, den Stellenwert der parlamentarischen Politikvermittlung innerhalb und zwischen den beiden Hauptbereichen der politischen Willensbildung, der Volkswillensbildung und der Staatswillensbildung, etwas näher zu umreißen. Dabei ist jedoch hervorzuheben, daß den Parlamenten keine wie auch immer geartete hervorgehobene Stellung im Prozeß der politischen Willensbildung zukommt[72], auch wenn mit Verweis auf die unmittelbare demokratische Legitimation parlamentarischer Körperschaften gelegentlich ein gegenteiliger Eindruck erweckt wird.

Obwohl die Unterscheidung zwischen Volkswillensbildung und Staatswillensbildung ihre Existenz einer inzwischen überholten Trennung von Staat und Gesellschaft verdankt[73], ist es nicht zuletzt aus analytischen Erwägungen heraus nach wie vor sinnvoll, zwischen diesen beiden Sphären der politischen Willensbildung zu differenzieren. Sie beziehen sich nicht nur auf jeweils unterschiedliche Prinzipien, Verfahren und Kommunikationsvoraussetzungen[74], sondern leisten auch spezifische Beiträge zur gesamtgesellschaftlichen Integration. Während die Staatswillens-

---

70 Vgl. hierzu Winfried Steffani, Parlamentarische und präsidentielle Demokratie. Strukturelle Aspekte westlicher Demokratien, Opladen 1979, S. 95 ff. und S. 333 ff.
71 Vgl. Renate Mayntz/Friedhelm Neidhardt, Parlamentskultur: Handlungsorientierungen von Bundestagsabgeordneten – eine explorative Studie, in: Zeitschrift für Parlamentsfragen, 20 (1989), S. 370 ff.
72 H. Klein (Anm. 64), S. 342–344.
73 Vgl. hierzu Dieter Grimm, Der Staat in der kontinentaleuropäischen Tradition, in: Rüdiger Voigt (Hrsg.), Abschied vom Staat – Rückkehr zum Staat?, Baden-Baden 1993, S. 37 ff.; Helmut Willke, Staat und Gesellschaft, in: Klaus Dammann/Dieter Grunow/Klaus P. Japp (Hrsg.), Die Verwaltung des politischen Systems. Neuere systemtheoretische Zugriffe auf ein altes Thema, Opladen 1994, S. 13 ff.
74 Vgl. J. Habermas (Anm. 16), S. 435 ff. und S. 606 ff.; Edwin Czerwick, Politikverdrossenheit – politische Selbstreferenz und die »Stimme des Volkes«, in: Josef Klein/Hajo Diekmannshenke (Hrsg.), Sprachstrategien und Dialogblockaden. Linguistische und politikwissenschaftliche Studien zur politischen Kommunikation, Berlin–New York 1996, S. 57 ff.

Übersicht: Die Formen parlamentarischer Politikvermittlung im Überblick

Dimensionen parlamentarischer Politikvermittlung	Zentrale Merkmale	Beteiligte Akteure	Aktivierte Parlamentsfunktionen	Akzent der politischen Willensbildung liegt auf der...
»Basisbezug« a) politische Öffentlichkeitsarbeit b) amtliche Öffentlichkeitsarbeit	Interessentransfer »von unten nach oben« und von »oben nach unten« bei auf positive öffentliche Resonanz zielender Darstellung parlamentarischer Aktivitäten	zu a) Abgeordnete und Subsysteme des Parlaments zu b) Parlamentsverwaltungen (z. B. Besucherdienst, Öffentlichkeitsreferate	zu a) Legitimationsfunktion; Artikulationsfunktion; Responsivitätsfunktion; Öffentlichkeitsfunktion; Responsivitätsfunktion; Repräsentationsfunktion zu b) Informationsfunktion; Bildungsfunktion	»Volkswillensbildung«
»Systembezug«	Ausgleich von politischen Gegensätzen; Kompromißermittlung, eliteinterne Konsensbildung	Abgeordnete und Subsysteme des Parlaments; Koalitionsrunden; Kabinettsmitglieder; Ministerialverwaltung; Ländervertreter; Parteienvertreter; Verbandsvertreter	Integrationsfunktion (Staat und Gesellschaft); Gesetzgebungsfunktion; Initiativfunktion; Kontrollfunktion	»Staatswillensbildung«

bildung auf Systemintegration zielt, hebt die Volkswillensbildung auf Sozialintegration ab[75]. Außerdem beruhen sie auf verschiedenen verfassungsrechtlichen Normen[76]. Die Volkswillensbildung oder auch die »freie politische Willensbildung im gesellschaftlichen Bereich«[77] stützt sich auf Art. 21 Abs. 1 GG, während sich die Staatswillensbildung oder auch »staatsorganschaftliche Willensbildung«[78] aus Art. 20 Abs. 2 GG ableitet. Die Volkswillensbildung ist durch einen prinzipiell offenen und öffentlichen, das heißt im allgemeinen medienvermittelten Diskurs gekennzeichnet, der sich, obwohl er die Selektionsbarrieren der Medien überspringen muß, durch ein gewisses Maß an Authentizität und Unmittelbarkeit sowie durch Unbestimmtheit auszeichnet. Dagegen baut die Staatswillensbildung auf eher

---

75 Zu dieser Unterscheidung vgl. Jürgen Habermas, Theorie des kommunikativen Handelns, Band 2: Zur Kritik der funktionalistischen Vernunft, Frankfurt/M. 1985³ (erstmals 1981), S. 179 ff. und passim.
76 Vgl. hierzu u. a. BVerfGE 8, 104 (113 ff.) und 20, 56 (98) sowie Walter Schmitt Glaeser, Die grundrechtliche Freiheit des Bürgers zur Mitwirkung an der Willensbildung, in: J. Isensee/P. Kirchhof (Anm. 64), S. 51 ff.
77 Michael Kloepfer, Öffentliche Meinung, Massenmedien, in: J. Isensee/P. Kirchhof (Anm. 64), S. 194.
78 Ebd.

»geschlossenen« Diskursen politischer und administrativer Experten auf. Diese versuchen, die gesellschaftlichen Positionen nach den Machtpotentialen der hinter diesen stehenden Interessen zu gewichten und unter Einbeziehung politisch-administrativer Eigeninteressen auszutarieren.

Die vorangegangenen Ausführungen legen es nahe, zumindest schwerpunktmäßig (nicht ausschließlich!) den »Basisbezug« der parlamentarischen Politikvermittlung mit der Volkswillensbildung und den »Systembezug« mit der Staatswillensbildung in Beziehung zu setzen. »Basisbezug« und Volkswillensbildung sind im Vorfeld kollektiv verbindlichen politischen Entscheidens angesiedelt und daran orientiert, Interessen zu artikulieren, zu aggregieren und zu generalisieren sowie vorab den Grad an Zustimmung und Kritik gegenüber politischen Entscheidungen zu testen. Die Parlamente wirken direkt auf die Volkswillensbildung ein, wenn sie gesellschaftliche Bedürfnisse aufgreifen und zu einem öffentlich diskutierten Thema machen oder wenn sie die Entscheidungen des politischen Systems kritisieren bzw. rechtfertigen.

Im Gegensatz dazu beziehen sich der »Systembezug« der parlamentarischen Politikvermittlung und die Staatswillensbildung unmittelbar auf die Beeinflussung von Beschlüssen und Maßnahmen der Regierung oder der Parteien sowie ganz allgemein auf die Herstellung politischer Entscheidungen. Hier geht es also vor allem um das »Kleinarbeiten« politischer Probleme, die Festlegung der Entscheidungsprozeduren um das Aufeinanderabstimmen der bestehenden gesellschaftlichen Machtstrukturen mit den politischen Möglichkeiten und damit auch um die Frage, wer, in welcher Form und mit welchen absehbaren Wirkungen von den Entscheidungen betroffen sein wird. Das ist zwar keine exklusive Aufgabe der Parlamente, aber nur durch ihre Beteiligung an diesem Prozeß können sie unmittelbar auf die politischen Entscheidungen einwirken. Folgerichtig liegt hier auch ein Schwerpunkt parlamentarischer Arbeit und parlamentarischer Verfahren[79]. Die hervorgehobene Stellung von Arbeitskreisen bzw. Arbeitsgruppen und Ausschüssen, die mit ihren Beschlußempfehlungen die Parlamentsplena faktisch binden, wird dadurch ebenso erklärlich wie die Intransparenz des parlamentarischen Prozesses. Sie ist nicht zufällig gerade dort am größten, wo politische Entscheidungen ausgehandelt werden.

Genau an diesem Punkt können sich jedoch erhebliche Probleme für den »Basisbezug« der Parlamente und damit für ihren Beitrag zur Volkswillensbildung ergeben. Denn ein Parlament, das sich zu sehr auf die Herstellung politischer Entscheidungen konzentriert, wird zwangsläufig seine gesellschaftliche An- und Rückbindung vernachlässigen. Andererseits wäre aus der Perspektive der Staatswillensbildung eine zu starke Betonung des »Basisbezugs«, der z.B. die oft recht heiklen Kompromißbildungsprozesse zu seinem Gegenstand machen würde, kontraproduktiv. Die beteiligten Akteure wären genötigt, öffentlich Position zu beziehen, und sie müßten darauf achten, bei anstehenden Kompromissen nicht zu große Zugeständnisse zu machen, um in der Öffentlichkeit nicht als »Verlierer« dazustehen. Die Gefahr, daß politische Entscheidungen dadurch hinausgezögert würden oder ganz unterblieben, wäre also außerordentlich groß.

---

79 Für Abgeordnete ist dies eine Selbstverständlichkeit. Vgl. nur Rita Süssmuth, Vor der Bewährung. Der Bundestag in rauhen Zeiten, in: Die Zeit Nr. 10 vom 28. Februar 1997, S. 8.

Konflikte sind jedoch auch in dem Moment vorprogrammiert, in dem die Parlamente nicht nur symbolisch, sondern auch inhaltlich auf die politischen Entscheidungen Einfluß nehmen: Es ist zu erwarten, daß die anderen Akteure in den politischen Systemen einer Einflußerweiterung der Parlamente Hindernisse entgegenstellen werden, wenn die Ausdehnung des parlamentarischen Einflusses ihre eigenen Handlungsmöglichkeiten zu sehr verringert. Aus ihrer Sicht mag es deswegen wesentlich sinnvoller sein, den Einfluß der Parlamente auf die politischen Entscheidungen zu begrenzen und die dadurch möglicherweise hervorgerufenen Legitimationsdefizite durch eigene Politikvermittlungsanstrengungen zu kompensieren[80]. Den Parlamenten bliebe dann nur die Möglichkeit, den »Basisbezug« der parlamentarischen Politikvermittlung zu akzentuieren und ihren Einfluß auf die Volkswillensbildung zu intensivieren. Damit würden sie wiederum riskieren, bei der Staatswillensbildung zwar nicht formal, wohl aber substantiell auf Distanz gehalten zu werden: z. B. durch eine Verlagerung politischer Entscheidungen in Koalitionsrunden oder in Parteigremien.

Die Parlamente sind also in einem Netz von Widersprüchen gefangen. Einerseits können sie ihre Stellung in der Öffentlichkeit nur verbessern, wenn es ihnen gelingt, ihre politische Mitwirkung im politischen System zu steigern und öffentlich transparenter zu machen. Das hieße aber, daß sie sich noch sehr viel intensiver als bisher in den Prozeß der Volkswillensbildung einschalten müßten. Andererseits setzen ihnen die anderen politischen Akteure Schranken mit der Absicht, sie von den materiellen Mitwirkungsmöglichkeiten an den Prozessen der Staatswillensbildung fernzuhalten. Dies wiederum ist dem öffentlichen Erscheinungsbild der Parlamente abträglich.

Diese Widersprüche in der Praxis der parlamentarischen Politikvermittlung lassen sich nur auflösen, wenn es den Parlamenten gelingt, »Basisbezug« und »Systembezug« eng miteinander zu verknüpfen. Diese Art »Vermittlung der Vermittlung« ist eine ständige Aufgabe der Parlamente, die bislang aber noch zu wenig erforscht ist. Es hat aber zumindest den Anschein, als bestünden derzeit gerade hier sowohl beim Deutschen Bundestag als auch bei den Länderparlamenten die größten Defizite. Die einzelnen Dimensionen der parlamentarischen Politikvermittlung erscheinen eher isoliert, so daß sich der Eindruck des unkoordinierten Nebeneinanders und des Lavierens zwischen den verschiedenen Bereichen aufdrängt. Das Eigeninteresse der Parlamente an einer parlamentarischen Politikvermittlung »aus einem Guß« sollte deshalb in Zukunft Reformanstrengungen in Richtung einer besseren Koordination der verschiedenen Politikvermittlungsdimensionen stimulieren. Die Abhängigkeit der anderen Subsysteme des politischen Systems von der Politikvermittlungsfunktion der Parlamente könnte sich dabei als hilfreich erweisen. Auch aus ihrer Perspektive ist die Mitwirkung der Parlamente an der Volks- und

---

80 Hierauf hat die Staatsrechtslehre, im Gegensatz zur Politikwissenschaft, die in einigen Teilen noch immer von einer – demokratietheoretisch begründeten – hervorgehobenen Stellung der Parlamente auszugehen scheint, mit ihrer »Theorie der Legitimationskette« zwar normativ stringent reagiert, doch ist ihr damit leider auch die politische Realität entglitten. Vgl. Ernst-Wolfgang Böckenförde, Demokratie als Staats- und Regierungsform, in: ders., Staat, Verfassung, Demokratie. Studien zur Verfassungstheorie und zum Verfassungsrecht, Frankfurt/M. 1992², S. 299 ff.

Staatswillensbildung unabdingbar, wenn die wichtige Funktion der Legitimation politischer Entscheidungen auch weiterhin erfüllt werden soll.

Zusammenfassend betrachtet steht also parlamentarische Politikvermittlung im Mittelpunkt aller parlamentarischen Aktivitäten und Operationen. Sie sind kein »Appendix«[81]. Gegenüber der Gesellschaft haben die Parlamente die Funktion der Identifizierung und Politisierung gesellschaftlicher Probleme und der Initiierung, Rechtfertigung und Kritik politischer Prozesse. Innerhalb des politischen Systems konzentrieren sie sich dagegen auf Verfahren des Interessenausgleichs, der Konsensbildung und der Ermöglichung von Mehrheitsentscheidungen. Parlamente sind demnach Organisationen, die daran mitwirken, gesellschaftliche Macht in politische Macht zu überführen. Darüber hinaus sind sie daran beteiligt, politische Macht für die autoritative Verteilung gesellschaftlicher Güter und Werte und deren gesellschaftliche Akzeptanz einzusetzen. Von daher geht es bei der parlamentarischen Politikvermittlung neben der Akzeptanzsicherung immer auch um das Aufeinanderabstimmen der gesellschaftlichen und politischen Machtstrukturen mit den politischen Möglichkeiten.

---

81 U. Sarcinelli (Anm. 10), S. 10.

ULRICH SARCINELLI

Parteien und Politikvermittlung: Von der Parteien- zur Mediendemokratie?

1. »Parteienstaat – oder was sonst?« – Einführung und Problemstellung

Unter dem Titel »Parteienstaat – oder was sonst?«[1] erschien bereits Anfang der fünfziger Jahre ein Aufsatz, der den Anstoß zu einer bis in die Gegenwart anhaltenden Serie von Diskussionen und Publikationen gab, in deren Mittelpunkt leidenschaftliche Plädoyers für die Parteien, aber häufig auch die grundsätzliche Infragestellung der besonderen Rolle der Parteien in der Demokratie steht. Bisweilen drängt sich der Eindruck auf, als finde die über engere Fachkreise hinausgehende Auseinandersetzung mit Parteien in Deutschland vorwiegend in Form von Verfallsprognosen, Untergangsszenarien, zumindest aber Legitimationskrisendiagnosen statt[2].

Dies hat dazu geführt, daß das Parteiensystem in der Geschichte der Bundesrepublik Deutschland zu einem politischen »Patienten« mit einer Art wanderndem Sterbedatum geworden ist. Häufig totgesagt, erweist es sich trotz nicht zu übersehender Schwierigkeiten und Schwächen als erstaunlich wandlungs- und anpassungsfähig. Diesen Anpassungsprozeß mag man vor dem Hintergrund bestimmter normativer Annahmen als »Abstieg« (Elmar Wiesendahl), als demokratischen Verfallsprozeß oder als »Wechseljahre« (Ulrich von Alemann) bezeichnen. Von anderen Prämissen ausgehend kommt der Beobachter – zumal mit vergleichendem Blick und von außen betrachtend – zu einer weit weniger pessimistischen Einschätzung des deutschen Parteiensystems. Es habe, so der Deutschlandkenner Gor-

---

1 Wilhelm Grewe, Parteienstaat – oder was sonst?, in: Der Monat, 3 (1951), S. 563–577.
2 Vgl. beispielhaft einige Buch- und Aufsatztitel: Ekkehart Krippendorf, Das Ende des Parteienstaates, in: Der Monat, 14 (1962), S. 64 – 70; Jürgen Dittberner/Rolf Ebbinghausen (Hrsg.), Parteiensystem in der Legitimationskrise. Studien und Materialien zur Soziologie der Partei in der Bundesrepublik, Opladen 1973; Hermann Scheer, Parteien kontra Bürger? Die Zukunft der Parteien, München – Zürich 1979; Rudolf Wildenmann, Volksparteien. Ratlose Riesen?, Baden-Baden 1989; Elmar Wiesendahl, Volksparteien im Abstieg, in: Aus Politik und Zeitgeschichte, B 34–35/92, S. 3 – 14; Ulrich von Alemann, Parteien in den Wechseljahren? Zum Wandel des deutschen Parteiensystems, in: Aus Politik und Zeitgeschichte, B 6/96, S. 3–8. Zur Kritik an der Parteienverdrossenheitsliteratur vgl. Peter Lösche, Parteienverdrossenheit ohne Ende? Polemik gegen das Lamentieren deutscher Politik, Journalisten, Politikwissenschaftler und Staatsrechtler, in: Zeitschrift für Parlamentsfragen, 27 (1996) 1, S. 149–159.

don Smith, in nahezu jeder Hinsicht »eine eindrucksvolle Bilanz vorzuweisen. Über die Jahre hat es sich als eines der stabilsten in Westeuropa erwiesen.«[3]

Ist das »Bild« von Parteien und die Auseinandersetzung mit der Parteiendemokratie selbst nicht frei von medienspezifischen Fokussierungen und Verzerrungen, so gilt dies auch für das Thema dieses Beitrages. Die Frage, ob wir uns auf dem Weg »von der Parteien- zur Mediendemokratie?«[4] befinden, sollte deshalb nicht als »Ende der Parteien«[5] in dem Sinne verstanden werden, daß die Parteiendemokratie durch die Mediendemokratie abgelöst werde. Auch trifft die Vorstellung von einem plötzlichen »Wendepunkt«[6] nicht den Kern des Problems. Tatsächlich geht es vielmehr um die Auseinandersetzung mit einem langfristigen und deshalb schwer meßbaren Veränderungsprozeß in »Struktur« und »Kultur«[7] der deutschen Parteiendemokratie, der anhand vieler Symptome beobachtbar ist. Dieser Veränderungsprozeß hängt entscheidend mit dem Wandel der medialen Umwelt zusammen. Gerade weil aber die Medien und das Mediale zu einer allpräsenten sozialen Selbstverständlichkeit geworden sind, sind die langfristigen Auswirkungen medialer Einflüsse auf die Politik im allgemeinen und auf die Parteien im besonderen zwar spürbar, im genaueren aber doch nicht so leicht operationalisierbar oder gar im Sinne von Kausalbeziehungen meßbar. Insofern verwundert es auch nicht, daß es bisher nur kleinere Beiträge[8] und keine größeren systematischen Studien zu der Frage gibt, ob und in welcher Weise sich der parlamentarische Parteienstaat kontinentaleuropäischer Prägung und insbesondere die deutsche Parteiendemokratie im Zuge der Medienentwicklung verändert. Punktuelle Ansatzstellen, wie sie die zahl-

---

3 Gordon Smith, Das stabile Parteiensystem, in: Heinrich Oberreuter (Hrsg.), Parteiensystem am Wendepunkt? Wahlen in der Fernsehdemokratie, München–Landsberg/L. 1996, S. 221–228, hier S. 221.
4 Vgl. Ulrich Sarcinelli, Von der Parteien- zur Mediendemokratie?, in: Heribert Schatz/Otfried Jarren/Bettina Knaup (Hrsg.), Machtkonzentration in der Multimediagesellschaft? Beiträge zur Neubestimmung des Verhältnisses von politischer und medialer Macht, Opladen 1997, S. 34–45.
5 Vgl. den Titel von Richard Meng, Nach dem Ende der Parteien. Politik in der Mediengesellschaft, Marburg 1997.
6 Vgl. den Titel von H. Oberreuter (Anm. 3).
7 Vgl. zu dieser Unterscheidung Max Kaase, Demokratie im Spannungsfeld von politischer Kultur und politischer Struktur, in: Werner Link/Eberhard Schütt-Wetschky/Gesine Schwan (Hrsg.), Jahrbuch für Politik, 2. Halbband, Baden-Baden 1995, S. 199–220.
8 Vgl. insb. Reinhold Roth, Parteimanagement und politische Führungseliten in der Politikvermittlung, in: Ulrich Sarcinelli (Hrsg.), Politikvermittlung. Beiträge zur politischen Kommunikationskultur, Bonn 1987, S. 184–202; Heinrich Oberreuter, Defizite der Streitkultur in der Parteiendemokratie, in: Ulrich Sarcinelli (Hrsg.), Demokratische Streitkultur. Theoretische Grundpositionen und Handlungsalternativen in Politikfeldern, Opladen 1990, S. 77–100; Ulrich von Alemann, Parteien und Medien, in: Oscar W. Gabriel/Oskar Niedermayer/Richard Stöss (Hrsg.), Parteiendemokratie in Deutschland, Opladen 1997, S. 478–494; Elmar Wiesendahl, Parteienkommunikation, in: Otfried Jarren/Ulrich Sarcinelli/Ulrich Saxer (Hrsg.), Politische Kommunikation in der demokratischen Gesellschaft. Ein Handbuch mit Lexikonteil, Opladen 1998. Siehe dazu auch den Forschungsüberblick: Oskar Niedermayer/Richard Stöss (Hrsg.), Stand und Perspektiven der Parteienforschung in Deutschland, Opladen 1993, insb. S. 7–34; Winand Gellner, Medien und Parteien, Grundmuster politischer Kommunikation, in: ders./Hans-Joachim Veen (Hrsg.), Umbruch und Wandel in westeuropäischen Parteiensystemen, Frankfurt/M. 1995, S. 17–33.

reichen Wahlkampfanalysen oder vereinzelte Parteiorganisationsstudien liefern, können hier ebensowenig befriedigen wie auf Einzelaspekte zentrierte Essays oder sensible journalistische Beobachtungen und Prognosen.
Dieses Forschungsdefizit kann nicht im Rahmen eines kurzen Beitrages kompensiert werden. Gleichwohl wird nachfolgend der Versuch unternommen, einen systematischen Einblick in die komplexe Wechselbeziehung zwischen parteiendemokratischer Entwicklung einerseits und medialem Wandel andererseits zu geben. Dabei spricht viel für die These, daß die Parteien organisationspolitischer Kristallisationskern in einer Entwicklung sind und auf absehbare Zeit auch bleiben werden, die man als einen langen Prozeß auf dem Weg »von der parlamentarisch-repräsentativen Demokratie in eine medial-präsentative Demokratie«[9] bezeichnen könnte. Vordergründig und kurzfristig betrachtet mag es ja plausibel erscheinen, die Politik auf Spektakel, Medienlärm und Symbolhandlungen reduziert und in ihr nur noch eine »Sparte der Unterhaltungsindustrie« (Gunter Hofmann) zu sehen. Tatsächlich aber spricht mehr für eine langfristige, wenig dramatisch erscheinende »Transformation des Politischen«[10] an die Medienlogik: Dies bedeutet allerdings nicht nur eine Anpassung der parteipolitischen Organisationslogik an die Medienlogik im Sinne einer Professionalisierung von Expressivität und politischer »Showkompetenz«, sondern kann durchaus auch mit demokratieförderlichen strukturellen und politisch-kulturellen Veränderungen in den innerparteilichen Kommunikationsbeziehungen einhergehen.

Dieser Veränderungsprozeß ist zu vielschichtig, als daß er sich auf die griffige Formel von der »Unterminierung der Parteiendemokratie durch Medienmacht«[11] bringen ließe. Zu kurz gegriffen ist auch die ausschließlich auf die »Darstellung von Politik«[12] reduzierte Behauptung, Politik finde nur noch im «Medienformat« statt. Solche kategorischen Sichtweisen lassen sich einreihen in eine Diskussionskette, in der zunächst über die Ohnmacht der Bürger aufgrund der Allmacht der Parteien

---

9 Vgl. Ulrich Sarcinelli, – De la democracia parlamentaria y representativa a la democracia de los medios?, in: Contribuitiones (hrsg. von der Konrad-Adenauer-Stiftung. Asociatión Civil Centro Interdisciplinario de Estudios sobre el Desarrollo Latinoamericano), Buenos Aires 1997, S. 7–24; ders., Repräsentation oder Diskurs? Zu Legitimität und Legitimitätswandel durch politische Kommunikation, in: Zeitschrift für Politikwissenschaft, 8 (1998) 2, S. 549–569. Winand Gellner typologisiert einen Entwicklungstrend in der politischen Kommunikation von einem »repräsentativ-demokratischen« über ein »populistisch-mediokratisches« hin zu einem »individualistisch-anarchischen Muster Politischer Kommunikation«. Vgl. W. Gellner (Anm. 8), S. 22 ff.
10 So der Titel des Buches von Thomas Meyer, Die Transformation des Politischen, Frankfurt/M. 1994.
11 H. Oberreuter (Anm. 3), S. 20; vgl. insb. auch Fritz Plasser/Peter A. Ulram, Das Unbehagen im Parteienstaat, Wien 1982.
12 Zur analytischen Unterscheidung zwischen »Herstellung« und Darstellung« von Politik vgl. Ulrich Sarcinelli, Mediale Politikdarstellung und politisches Handeln. Analytische Anmerkungen zu einer notwendigerweise spannungsreichen Beziehung, in: Otfried Jarren (Hrsg.), Politische Kommunikation in Hörfunk und Fernsehen, Opladen 1994, S. 35–50; ders., Symbolische Politik. Zur Bedeutung symbolischen Handelns in der Wahlkampfkommunikation der Bundesrepublik Deutschland, Opladen 1987; ders., Mediale Politikdarstellung und politische Kultur: 10 Thesen, in: Gewerkschaftliche Monatshefte, 47 (1996) 5, S. 265–280.

und nun über die Ohnmacht der Parteien aufgrund der vermeintlichen Allmacht der Medien geklagt wird.

Der Beitrag versucht eine Annäherung an die Vielschichtigkeit der skizzierten Problemzusammenhänge auf drei Ebenen: der Makroebene, auf der das Parteiensystem in seiner Einbettung in das Regierungssystem betrachtet wird; der Mesoebene, auf der die Parteien als Teil des intermediären Systems und zugleich in Konkurrenz zu anderen Akteuren wie Verbänden, Sozialen Bewegungen, Medien etc. stehen, sowie der Mikroebene, auf der die Parteien mit den Bürgern, den Parteimitgliedern und Wählern in Verbindung gebracht werden.

Zunächst geht es darum, die Rolle der Parteien im demokratischen System mit Blick auf ihre besondere kommunikative Verantwortung und unter Berücksichtigung zentraler gesellschaftlicher und politischer Herausforderungen zu thematisieren. Anschließend wird das Feld der inneren und äußeren Parteikommunikation abgesteckt. Sodann werden die Merkmale veränderter Kommunikationsbedingungen und -weisen identifiziert und mögliche Konsequenzen thematisiert, bevor abschließend ein Ausblick auf die Zukunft der mediatisierten Parteiendemokratie bzw. parteiendemokratisch dominierten Mediengesellschaft gegeben wird.

2. Funktionen und Funktionswandel: Vom Aufmerksamkeitsprivileg zum Flexibilitätsmanagement

2.1 Die Parteien im Verfassungsgefüge

Parteien sind nicht die einzigen Akteure im intermediären System. Sie teilen sich die Aufgabe der Interessenvermittlung und politischen Willensbildung mit Verbänden, Bürgerinitiativen und sozialen Bewegungen sowie mit den Medien. Letztere haben inzwischen nicht nur eine passive Vermittlerrolle, sondern sind vielmehr, wie das Bundesverfassungsgericht immer wieder in seinen Rundfunkurteilen konstatierte, »Medium und Faktor«[13] im Kommunikationsprozeß. Doch nur den Parteien kommt die »eigentümliche Doppelrolle« zu, legitimiert durch Wahlen »Meinungen und Interessen aus dem Volk nicht nur wie die anderen Vermittlungsinstanzen an den Staat heran(zutragen), sondern in ihn hinein, indem sie in den verfaßten staatlichen Organen den Gesamtwillen bilden. (...) Sie lösen also das in allen pluralistisch-repräsentativen Demokratien auftretende Vermittlungsproblem zwischen vorhandener gesellschaftlicher Vielfalt und aufgegebener staatlicher Einheit.«[14] Dieser besondere verfassungsrechtliche Mischstatus aus Freiheit und Bindung, der den Parteien – in Abgrenzung zu den Staatsorganen – den Rang eines

---

13 Vgl. exemplarisch die sogenannte Spiegel-Entscheidung des Bundesverfassungsgerichts (BVerfGE) 20, 162, S. 174 f.; umfassend dazu: Wolfgang Hoffmann-Riem/Wolfgang Schulz, Recht der politischen Kommunikation, in: O. Jarren/U. Sarcinelli/U. Saxer (Anm. 8), S. 154–172.
14 Dieter Grimm, Die Parteien im Verfassungsrecht: Doppelrolle zwischen Gesellschaft und Staat, in: Peter Haungs/Eckhard Jesse (Hrsg.), Parteien in der Krise?, Köln 1987, S. 132 f. Grimm: Die Gesellschaft sei ihre Heimat, der Staat sei ihr Ziel. Vgl. ders., Die politischen

Verfassungsorgans[15] zubilligt, soll bewirken, daß sie »nicht soweit in den Bereich der institutionalisierten Staatlichkeit entrückt werden, daß sie ihre gesellschaftliche Verwurzelung verlieren, ihre Führungen Unabhängigkeit von den Mitgliedern gewinnen und sich die dauernde Rückkoppelung an die gesellschaftliche Vielfalt von Meinungen und Interessen auflöst«[16].

Die Parteien sind es demnach, die den »Kreislauf politischer Kommunikation« zwischen Staatsorganen und Öffentlichkeit[17], zwischen der »Volkswillensbildung« und »Staatswillensbildung« in Gang halten sollen, wobei nicht zur Debatte steht, »ob sie entweder zur Gesellschaft oder zum Staat gehören, sondern nur, in welchem Maße sie in beide integriert sein dürfen«[18]. Wie keinem anderen Akteur im politischen Prozeß des demokratischen Systems kommt den Parteien also eine besondere kommunikative Scharnierfunktion zu.

2.2 Veränderte Rahmenbedingungen für die Politikvermittlung der Parteien

Nun gehört es zum Wesen einer offenen Gesellschaft und einer freiheitlichen Staatsordnung, daß die Bedingungen, unter denen Parteien ihre Schlüsselrolle in der Politikvermittlung wahrnehmen, nicht konstant sind. Dies betrifft vor allem ihre politisch-kulturelle Verankerung, und es betrifft die Kommunikationsverhältnisse in einer sich rapide verändernden Medienlandschaft wie auch die Kommunikationsanforderungen im staatlichen Institutionengeflecht. Wie hat sich dieses Bedingungsgefüge in den letzten Jahren verändert? Wie läßt sich der »Funktionswandel der Parteien« mit Blick auf die sich dynamisch verändernde Medienlandschaft charakterisieren?[19] Dazu im folgenden zusammenfassend nur einige Hinweise:

Zum Wandel der politischen Kultur:
Parteien und Parteiensysteme sind in Entstehung und Entwicklung immer auch Ausdruck vorpolitischer und sozialer Konstellationen, auf die sie als kollektive Sinnproduzenten Einfluß nehmen, von deren Wandel sie andererseits aber auch mehr noch als andere intermediäre Organisationen betroffen sind. Was inzwischen in seinen Symptomen weithin bekannt ist, hat Wolfgang Streeck schon vor mehr als einem Jahrzehnt treffend als »Verflüssigung einstmals als gegeben voraussetzbare(r)

Parteien, in: Ernst Benda/Werner Maihofer/Hans-Jochen Vogel (Hrsg.), Handbuch des Verfassungsrechts, Berlin 1983, S. 373–388.
15 Vgl. BVerfGE 4, 27, S. 30.; Konrad Hesse, Grundzüge des Verfassungsrechts der Bundesrepublik Deutschland, Heidelberg 1991[20], S. 79.
16 Heinrich Oberreuter, Politische Parteien: Stellung und Funktion im Verfassungssystem der Bundesrepublik, in: Alf Mintzel/Heinrich Oberreuter (Hrsg.), Parteien in der Bundesrepublik Deutschland, Bonn 1992, S. 27.
17 Ebd, S. 27 und S. 31.
18 Dieter Grimm, Die Zukunft der Verfassung, Frankfurt/M. 1991, S. 265 und S. 274.
19 Vgl. mit der Akzentuierung auf den Wandel der Parteien von Mitglieder- zu Berufspolitikerorganisationen: Klaus von Beyme, Funktionswandel der Parteien in der Entwicklung von der Massenmitgliederpartei zur Partei der Berufspolitiker, in: O. W. Gabriel /O. Niedermayer/R. Stöss (Anm. 8), S. 359–383.

Handlungsbedingungen«[20] bezeichnet. Lange Zeit waren die Parteien als Repräsentanten grundlegender gesellschaftlicher Konfliktlinien (z. B. Kapital versus Arbeit, Stadt versus Land, Kirchennähe versus Trennung zwischen Kirche und Staat etc.) fest verankert in sozialen Kontexten, Schichten und Milieus, und auch heute noch sind sie trotz starker Angleichung der Mitglieder- und Wählerbasis »weltanschaulich und sozialstrukturell deutlich identifizierbare und unterscheidbare ›Tendenzbetriebe‹«[21]. Gleichwohl findet im Zuge gesellschaftlicher Modernisierung (Stichworte: sozialstrukturelle Verflüssigung, Individualisierung, Säkularisierung, kognitive Mobilisierung etc.) eine tendenzielle Entkoppelung von Sozialstruktur und politischem Verhalten statt.

Für die Parteien schlägt sich die abnehmende gesellschaftliche und politische Bindungskraft[22] in einem Rückgang der Parteiidentifikation, in Mitgliederschwund, in der Schrumpfung des Stammwählerpotentials und erhöhter Wechselwahlbereitschaft, in sich ausbreitender parteipolitischer Vergleichgültigung nieder, wie überhaupt in einer veränderten, nämlich zunehmend situations-, nutzen- und zweckbestimmten Orientierung[23]. Peter Glotz hat diese für die Parteien höchst folgenreichen Trends plastisch einmal so ausgedrückt: Gute junge Leute gingen, wenn sie links seien, eher zu *Amnesty International* als zur SPD, wenn sie rechts seien, eher zu BMW als zur CDU. Es ist weniger die in der Literatur vielbeschworene »partizipatorische Revolution«, auf die sich Parteien in ihrer Politikvermittlung einzustellen haben. Vielmehr ist es ein Wandel in der politischen Kultur, den man realistischer als »gesteigertes Mitredenwollen, ohne unbedingt dazugehören zu müssen« umschreiben kann. Dieser Wandel zwingt alle Parteien um des politischen Überlebens willen zu neuen »institutionelle(n) Arrangements«[24] im Innern sowie zu intensivierter Kommunikation nach außen.

Zu den Veränderungen der medialen Umwelt:
Von der Lösung individualisierter Gesellschaften aus bindenden Reglementierungen ist das Mediensystem nicht nur betroffen. Massenmedien sind für den gesellschaftlichen Wandlungsprozeß selbst ein dynamischer Faktor. Als gesellschaftliches »Totalphänomen«[25] scheint Massenkommunikation von nahezu beliebiger Funktionalität zu sein. Ein »Strukturwandel der Öffentlichkeit« (Jürgen Habermas) ergibt sich dabei in zweifacher Hinsicht: einmal aus der quantitativen Ausweitung

---

20 Wolfgang Streeck, Vielfalt und Interdependenz. Überlegungen zur Rolle von intermediären Organisationen in sich verändernden Umwelten, in: Kölner Zeitschrift für Soziologie und Sozialpsychologie, 39 (1987), S. 471–495, hier S. 484.
21 Alf Mintzel/Heinrich Oberreuter, Zukunftsperspektiven des Parteiensystems, in: dies. (Anm. 16), S. 487.
22 Vgl. Dieter Rucht, Parteien, Verbände und Bewegungen als Systeme politischer Interessenvermittlung, in: O. Niedermayer/R. Stöss (Anm. 8), insb. S. 271 f.
23 Vgl. Oskar Niedermayer, Beweggründe des Engagements in politischen Parteien, in: O. W. Gabriel/O. Niedermayer/R. Stöss. (Anm. 8), insb. S. 330 ff.
24 Max Kaase, Partizipatorische Revolution – Ende der Parteien, in: Joachim Raschke (Hrsg.), Parteien und Bürger. Ansichten und Analysen einer schwierigen Beziehung, Bonn 1982, S. 187.
25 Vgl. den Beitrag von Ulrich Saxer in diesem Band. Für die elektronischen Medien vgl. Otfried Jarren (Hrsg.), Medienwandel – Gesellschaftswandel?, Berlin 1994.

und der damit verbundenen Vervielfachung der »Kanal-Kapazitäten« und zum anderen aus einer im Zuge der Kommerzialisierung zunehmend an Marktbedingungen orientierten, d. h. auf Publikumsgeschmack und Mediennachfrage ausgerichteten Entwicklungsdynamik. So stehen *Public Service*-Funktionen unter dem Druck von Unterhaltungskonkurrenz, wird der Medienzugang für unterschiedlichste Akteure erleichtert, während es angesichts eines zunehmend fragmentierten Publikums tendenziell schwerer wird, von einer Massenöffentlichkeit gelesen, gehört oder gesehen zu werden. Damit unterliegen schließlich Politik im Generellen und Parteien im Speziellen einem medialen Autoritätsverlust.

Parteien operieren zudem in einem öffentlichen Raum, in dem sie beim bloßen Einsatz parteieigener Medien kaum mehr über Thematisierungskompetenz verfügen. Sie sind – wie das Publikum auch – nahezu ausschließlich auf die Massenmedien angewiesen, die – weithin von sozialen und politischen Institutionen entkoppelt – nicht selten auch als eigene Akteure operieren[26]. Angesichts dieses Wandels des Medienumfeldes mutet die Frage aus den achtziger Jahren »Kontrollieren Parteien die politische Kommunikation?«[27] schon reichlich antiquiert an. Sie traf den Kern des Problems in einer Zeit, in der die Politik in einem recht überschaubaren Mediensystem eine Art Exklusivitätsvorbehalt beanspruchen konnte. Das hinter dieser Frage stehende einseitige Instrumentalisierungsmodell erscheint heute jedoch ebensowenig den Kern des Verhältnisses von Medien und Politik zu treffen wie das »Vierte-Gewalt-Modell«[28]. Kennzeichnend für die Gegenwart ist eher – bei allerdings erheblichen Unterschieden zwischen Medien und journalistischen Typen mit divergierendem politischen Selbstverständnis – ein schwer durchschaubares »Beziehungsspiel«[29] eher symbiotischer Interaktion zwischen Politik und Medien.

Politikvermittlung der Parteien spielt sich inzwischen in einem medialen Umfeld ab, in dem die »Kontrolle über die sozialen Institutionen der Massenkommunikation«, die Karl W. Deutsch in seiner »Politischen Kybernetik« zu Recht als »ein(en) Hauptbestandteil der Macht«[30] bezeichnet hat, tendenziell erschwert ist. Dies ist eine Entwicklung, die in einer offenen Gesellschaft eigentlich erwünscht ist. Sie hat jedoch auch zur Konsequenz, daß die Parteien mit ihrer Politikvermittlung in einem hart umkämpften und deshalb ständig zu bedienenden, instabilen Markt öffent-

---

26 Vgl. den Beitrag von Otfried Jarren in diesem Band.
27 Wolfgang R. Langenbucher/Michael Lipp, Kontrollieren Parteien die politische Kommunikation?, in: J. Raschke (Anm. 24), S. 217–234.
28 Vgl. dazu Ulrich Sarcinelli, Politikvermittlung und Massenmedien – eine Problem- und Forschungsskizze, in: Rundfunk und Fernsehen, 39 (1991) 4, S. 469–486. Otfried Jarren, Politik und Medien im Wandel: Autonomie, Interdependenz oder Symbiose? Anmerkungen zur Theoriedebatte in der politischen Kommunikation, in: Publizistik, 33 (1988) 4, S. 619–632.
29 Vgl. zu diesem empirisch bisher wenig erforschten und schwer zugänglichen Untersuchungsfeld: Wolfgang Donsbach u. a., Beziehungsspiele – Medien und Politik in der öffentlichen Diskussion. Fallstudien und Analysen, Gütersloh 1993. Siehe auch Ulrich von Alemanns modelltheoretische Unterscheidung zwischen »top-down-Modell«, einem »Mediokratie-Modell« und einem »bottum-up-Modell«. Letztlich stützt der Autor die Symbiosethese: Ulrich von Alemann, Parteien und Medien, in: O. W. Gabriel/O. Niedermayer/R. Stöss (Anm. 8), S. 478–494.
30 Karl W. Deutsch, Politische Kybernetik. Modell und Perspektiven, Freiburg i. Br. 1973³, S. 280.

licher Aufmerksamkeit operieren und von politischen Stimmungsschwankungen abhängiger werden.

Zu den Herausforderungen im Staats- und Institutionensystem:
Ihre Doppelrolle, die Offenheit der Gesellschaft und die Entscheidungsfähigkeit des Staates, insbesondere von Parlament und Regierung, zu gewährleisten, verkoppelt die Parteien mit dem vorpolitischen Raum ebenso wie mit der institutionalisierten Staatlichkeit. Insofern sind Parteien im parlamentarischen Regierungssystem – zusammen mit anderen – nicht nur Akteure des offenen »Diskurses«, sondern auch Akteure gesamtstaatlicher »Repräsentation«[31]. Als Teil der »Regierung durch Diskussion«[32] nehmen sie mehr als jeder andere Akteur im intermediären System »auf den institutionellen Kontext des Entscheidungshandelns und der Machtzuweisung selbst Einfluß«[33]. Sie stehen in der besonderen Verantwortung, ihre Politikvermittlung so zu betreiben, daß nicht nur Interessen vertreten werden, sondern Mehrheiten möglich sind, Gesetze verabschiedet, die anstehenden »Staatsaufgaben«[34] erledigt werden, kurz: daß kollektiv verbindliche Entscheidungen zustande kommen können.

Nun stellt Politik in komplexen Demokratien längst nicht mehr eine Art hierarchische Spitze der Gesellschaft oder deren Steuerungszentrum dar. Mit der Zunahme der »Binnenkomplexität des Staates« haben sich »die institutionellen Bedingungen des Regierens entscheidend verändert«, entsteht »eine neue Architektur von Staatlichkeit«[35], in der die Steuerungserfolge staatlicher Institutionen »durch die Enthierarchisierung der Beziehung zwischen Staat und Gesellschaft« und durch »ein Nebeneinander von hierarchischer Steuerung und horizontaler Selbstkoordination«[36] erkauft werden. Regulative und autoritative Politiken bedürfen zunehmend der Ergänzung durch kooperativ-partizipative, auf Motivation, Kommunikation und Akzeptanzförderung zielende Handlungsmuster.

Politikvermittlung der Parteien findet demnach nicht nur in einem sich verändernden Medienumfeld statt. Sie operiert auch im Rahmen einer politischen Institutionenordnung, für die »eine eigentümliche Mischung aus Konkurrenz- und

---

31 Vgl. U. Sarcinelli, Repräsentation oder Diskurs (Anm. 9).
32 Vgl. insb. Wolfgang van den Daele/Friedhelm Neidhardt, »Regierung durch Diskussion« – Über Versuche, mit Argumenten Politik zu machen, in: dies. (Hrsg.), Kommunikation und Entscheidung. Politische Funktionen öffentlicher Meinungsbildung und diskursiver Verfahren, (WZB-Jahrbuch 1996), Berlin 1996, S. 9–50.
33 Michael Th. Greven, Die Parteien in der politischen Gesellschaft sowie eine Einleitung zur Diskussion über eine »allgemeine Parteientheorie«, in: O. Niedermayer/R. Stöss (Anm. 8), S. 292 (im Original kursiv).
34 Vgl. den Titel von Dieter Grimm (Hrsg.), Staatsaufgaben, Frankfurt/M. 1996.
35 Edgar Grande, Politische Steuerung und die Selbstregelung korporativer Akteure, in: Renate Mayntz/Fritz W. Scharpf (Hrsg.) Gesellschaftliche Selbstregelung und politische Steuerung, Frankfurt/M. – New York 1996, S. 328 f.; vgl. ebenso Joachim Jens Hesse/Arthur Benz, Modernisierung der Staatsorganisation. Institutionenpolitik im internationalen Vergleich: USA, Großbritannien, Frankreich, Bundesrepublik Deutschland, Baden-Baden 1990.
36 Fritz Scharpf, Die Handlungsfähigkeit des Staates am Ende des zwanzigsten Jahrhunderts, in: Politische Vierteljahrsschrift, 32 (1991), S. 95, S. 104, S. 107.

Verhandlungsdemokratie«[37] typisch ist. Die kommunikativen Anforderungen unterscheiden sich hier prinzipiell von den tendenziell einfachen, oft dualistischen – weil primär nach dem Regierungs-Oppositionsschema verlaufenden – medienzentrierten und deshalb oft spektakularisierten Wettbewerbsmustern. Politikvermittlung spielt sich hier in einem komplexen Machtverteilungssystem mit Verhandlungszwängen ab, hat es mit »vielen Varianten von konkordant, korporatistisch oder föderal verflochtenen Prozessen der Politikformulierung und Implementation«[38] zu tun. Diese zudem durch wachsende internationale Verflechtung gekennzeichnete neue »Staatsarchitektur« stellt an die Politikvermittlung der Parteien hohe Anforderungen. Dabei ergeben sich vielfältige Herausforderungen an ein kompetentes »Flexibilitätsmanagement«[39], das im medienfernen Entscheidungsbereich und in der Routinepolitik oft erstaunlich gut funktioniert, andererseits aber auch die »Chance« politischer Blockaden bietet. – Jedenfalls wird offenkundig, daß Parteien bzw. Parteiakteure nicht nur über eine gewisse Virtuosität in der Erzeugung von Publizität, sondern auch über die Fähigkeit zu unterschiedlichen Graden kommunikativer Diskretion verfügen müssen, wenn sie den Anforderungen des politischen Entscheidungssystems gerecht werden wollen.

Insgesamt dürfte deutlich geworden sein: Der Wandel der politischen Kultur, die Veränderungen in der medialen Umwelt sowie im politischen Institutionensystem erfordern zunehmend »lernfähige« Formen der Politikvermittlung, der politischen Willensbildung und Entscheidungsfindung. Darauf haben sich die Parteien in ihrer Kommunikation nach innen und außen einzustellen.

3. Parteien als Kommunikatoren und als Kommunikationsraum: Grundlagen der Politikvermittlung »nach innen« und »nach außen«

Mit welchen »institutionellen Arrangements« (Max Kaase) haben die Parteien auf die veränderten Rahmenbedingungen reagiert? Welche Spielräume und Strategien für unterschiedliche Formen der Politikvermittlung »nach innen« und »nach außen« lassen sich ausmachen? Vollzieht sich ein »fundamentaler Form- und Strukturwandel«[40] der Parteien als intermediäre Organisationen, ein Veränderungsprozeß, dessen grundsätzliche Bedeutung vielleicht auch deshalb als wenig dramatisch erscheint, weil sich das öffentliche Interesse in der Mediengesellschaft immer nur auf punktuelle und spektakuläre Ereignisse konzentriert? Oder haben wir es möglicherweise mit einem Nebeneinander unterschiedlicher Wirklichkeiten zu tun,

---

37 Roland Czada/Manfred G. Schmidt (Hrsg.), Verhandlungsdemokratie, Interessenvermittlung, Regierbarkeit. Festschrift für Gerhard Lehmbruch, Opladen 1993, S. 11 (Einleitung).
38 Fritz Scharpf, Politische Steuerung und politische Institutionen, in: Macht und Ohnmacht politischer Institutionen, 17. Wissenschaftlicher Kongreß der DVPW 12. bis 16. September 1988 in der Technischen Hochschule Darmstadt. Tagungsbericht. Im Auftrag der Deutschen Vereinigung für Politische Wissenschaft hrsg. von Hans-Hermann-Hartwich, Opladen 1989, S. 26.
39 Zu Begriff und Konzept: Brigitta Nedelmann, Gegensätze und Dynamik politischer Institutionen, in: dies. (Hrsg.), Politische Institutionen im Wandel, Opladen 1995, S. 22.
40 W. Streeck (Anm. 20), S. 490.

einem parteienstaatlich geprägten und traditionsverhafteten Organisationsleben einerseits und einer medienzentrierten *Event*-Politik oder Politikinszenierung andererseits? Lassen sich die Veränderungen generell als Demokratieverluste qualifizieren, oder gibt es auch Chancen und neue Spielräume für Demokratiegewinne?

Eine generalisierende Antwort auf diese Fragen wird den unterschiedlichen Kommunikationsbedingungen und -kompetenzen sowie den verschiedenen Reformansätzen[41] der Parteien aus mehreren Gründen kaum gerecht. So sind die Voraussetzungen für Binnenkommunikation in einer heterogenen Volkspartei andere als in einer eher klientelistischen Kleinpartei. Mitgliederstarken Großparteien mit bundesweit flächendeckender Präsenz und komplexer Binnenstruktur bieten sich andere Chancen der öffentlichen Sichtbarkeit sowie der internen und externen Politikvermittlung als Parteien mit geringer Mitgliederzahl und schwacher Organisationsdifferenzierung. Die Bereitschaft zur umstandslosen Nutzung von Erkenntnissen und Möglichkeiten eines professionellen Kommunikationsmanagements ist zudem nicht mit allen Organisationskulturen und Parteitraditionen in gleicher Weise vereinbar. Allerdings zeigt gerade das Beispiel der Grünen, zu welchen Lern- und Anpassungsprozessen Parteien unter dem Druck mediengesellschaftlicher Realität fähig sein können[42]. – Ohne deshalb auf Spezifika der einzelnen Parteien im Detail eingehen zu können, sollen im folgenden einige Grundsatzfragen der Binnen- und Außenkommunikation der demokratischen Parteien thematisiert werden.

Zunächst sind analog zu der oben skizzierten »Doppelrolle« (Dieter Grimm) der Parteien zwei »Kommunikationssphären mit je eigentümlichen Kommunikationslogiken«[43] zu unterscheiden: die Politikvermittlung im Rahmen der Parteibinnenkommunikation und die Politikvermittlung im Rahmen der Parteiaußenkommunikation.

3.1 Politikvermittlung »nach innen«

Fragt man nun, welche Bedeutung die auf das Verfassungsgebot der innerparteilichen Demokratie zu beziehende *Politikvermittlung im Rahmen der Parteibinnenkommunikation (Abb. 1)* für Parteimitglieder einerseits und für das Parteimanagement andererseits hat, so lassen sich doch einige wesentliche Unterschiede festmachen, was den Kreis der Beteiligten, die Kommunikationsabsicht, die generelle Struktur der Kommunikationsbeziehungen sowie die Bedeutung von Medien anbelangt.

---

41 Vgl. den Überblick über die Organisationsreformen insb. in CDU und SPD bei Ingrid Reichart-Dreyer, Parteireform, in: O. W. Gabriel/O. Niedermayer/R. Stöss (Anm. 8), S. 338–355.

42 Auf ihrer »Gratwanderung zwischen erstrebter Publizität und gefürchteter sozialer Isolierung« konnten sich die Grünen im Zuge ihrer Parlamentarisierung und Mediatisierung nicht entziehen. Dies betrifft die zunächst als »Herrschaftstechnik« kritisierte Öffentlichkeitsarbeit, die Personalisierung unter dem Druck medialer Prominenzierung wie überhaupt den Abschied von einer exklusiven Fixierung auf »Gegenöffentlichkeiten«. Vgl. dazu den instruktiven Beitrag von Manfred Knoche/Monika Lindgens, Grüne, Massenmedien und Öffentlichkeit, in: Joachim Raschke, Die Grünen. Wie sie wurden, was sie sind, Köln 1993, S. 742–768, hier insb. S. 755 f.

43 E. Wiesendahl (Anm. 8), S. 443.

Abb. 1: Politikvermittlung im Rahmen der Parteibinnenkommunikation

	Parteimitglieder	Parteimanagement
generelles Merkmal	»Talk«	»politisches Tun«
Beteiligte und Kommunikationsumfeld	– kleine Minderheit (10–15 v. H.) der Mitglieder in Kontakt- und Kommunikationsnetzen; i. d. R. auf Ortsverbandsebene	– Vertreter der Parteiführung, hauptamtliches Management über Massenmedien und Organisationskontaktnetze
Absicht	– Interessenartikulation – vor allem Befriedigung von egozentrierten Kommunikationsbedürfnissen; Selbstvergewisserung	– Interessenartikulation und -integration – politische Führung und innerparteilicher Machtaustrag
Struktur	– tendenziell: interessengeleitete Verständigungsorientierung – bei Aktivistengruppen: Tendenz zu Programmradikalismus	– Tendenz: interessengeleitetes strategisch-instrumentelles Handeln – bei Amtsträgern: weniger profilierte politische Präferenzen
Medien	– primär Orientierung an Massenmedien, aber auch an persönlichen Kommunikationsnetzen – Nutzung von Parteiinformationsmedien durch aktive Minderheit – geringe Nutzung der IuK-Technik zur Information oder Interaktion	– Orientierung an Massenmedien und an Parteiorganisationsebenen und -untergliederungen – Parteiinformationsmedien als (Rest)Element elitengesteuerter Kommunikation – neue IuK-Technik zur Optimierung innerparteilicher Information und Steuerung

So ist nur eine Minderheit der Mitglieder ständig in die Kontakt- und Kommunikationsnetze der Parteien integriert, in der Regel auf Ortsvereinsebene. Mitgliederkommunikation hat immer mit gemeinschaftlicher Wirklichkeitserfahrung, Erlebnisverarbeitung und Interessenartikulation im Rahmen der Organisationskultur der jeweiligen Partei zu tun. Sie dient in hohem Maße der politisch-weltanschaulichen und sozio-emotionalen Selbstvergewisserung wie vor allem auch dem Aufbau affektiver und ideologischer Distanz zum politischen Gegner. Die Binnenkommunikation der Mitglieder ist eher für Verständigungsorientierung offen als die auf innerparteilichen Machtaustrag und strategisch-instrumentelles Handeln angelegte Politikvermittlung seitens des Parteimanagements. Andererseits ergeben sich Spannungen im Rahmen der Parteibinnenkommunikation insofern, als die Minderheit der »Basisaktive(n)« im Vergleich zu den in öffentlichen Ämtern stehenden Parteiführungen und den Wählern gewöhnlich profiliertere und weniger moderate Vorstellungen und Präferenzen an den Tag legen«[44]. Volksparteien befänden sich, so Elmar Wiesendahl, in einem »kaum

---

44 Mit zahlreichen Verweisen zu den Befunden im Hinblick auf die binnenkommunikativen Bedingungen des Sozialisationsraumes Partei: Elmar Wiesendahl, Parteien als Instanzen der politischen Sozialisation, in: Bernhard Claußen/Rainer Geißler (Hrsg.), Die Politisierung des Menschen, Opladen 1997, S. 415 ff.

lösbaren Mobilisierungsdilemma«, weil ihre unpolitische Wähleransprache mit dem »gesinnungsethischen Enthusiasmus der Parteiaktivisten kaum kompatibel«[45] sei. Während Parteiinformationsmedien nur für eine aktive Minderheit der Mitglieder eine ständige Orientierungsgrundlage darstellen, gewinnt die Information auch über die eigene Organisationswirklichkeit durch die allgemeinen Massenmedien nach dem fast völligen Wegfall der Parteizeitungen immer mehr an Bedeutung[46]. Die Massenmedien sind zu den Hauptträgern innerparteilicher Kommunikation geworden[47]. Noch in den Anfängen steckt dagegen der Einsatz neuer Informations- und Kommunikationstechniken (IuK) als Partizipationsinstrument für Mitglieder[48]. Demgegenüber hat sich die IuK-Technik als Instrument optimierter innerparteilicher Information und Steuerung weit über den Rahmen der Wahlkampforganisation hinaus bereits vielfach bewährt, wenn auch der diesbezügliche Entwicklungsstand und Professionalisierungsgrad im Hinblick auf wählerbezogene Kommunikation und Wahlkampfpraxis mit amerikanischen Parteien noch nicht vergleichbar ist[49]. Die flächendeckende Vernetzung der hauptamtlich besetzten Geschäftsstellen der Parteien hat nicht nur die Informationsabrufmöglichkeiten in den Untergliederungen verbessert. Sie hat auch die Fähigkeit zur geschlossenen, schnelleren Aktion und Reaktion im politischen Kommunikationsprozeß erhöht.

3.2 Politikvermittlung »nach außen«

Die zu vernachlässigende Bedeutung von Parteimedien, die lediglich eine Minderheit der Parteiaktiven und Experten nutzt, wird noch offenkundiger in der *Politikvermittlung im Rahmen der Parteiaußenkommunikation (Abb. 2)*, die letztlich auf Außenresonanz im Rahmen eines Aufmerksamkeitswettbewerbs zielt. Unübersehbar ist der Zwang zum »Going public«, zur »Medifizierung«[50] der Außendarstellung der Parteien. Dabei ist das Medium Fernsehen aufgrund seiner Reichweite, seiner noch relativ hohen Glaubwürdigkeit und aufgrund der visualisierenden Vermittlung auch für Parteien zum politischen Leitmedium geworden. Auf dieses »Hauptwerkzeug der Kommunikation im politisch-gesellschaftlichen Diskursen«[51] haben

---

45 Ders. (Anm. 44), S. 417.
46 Vgl. als Beispiel die CDU-Mitgliederstudie: Hans-Joachim Veen/Viola Neu, Politische Beteiligung in der Volkspartei – Erste Ergebnisse einer repräsentativen Untersuchung unter CDU-Mitgliedern, Sankt Augustin 1995, S. 18.
47 Vgl. Ulrich von Alemann, Parteien und Gesellschaft in der Bundesrepublik. Rekrutierung, Konkurrenz und Responsivität, in: A. Mintzel/H. Oberreuter (Anm. 16), S. 121 ff.
48 Vgl. dazu einige Hinweise in den Beiträgen von Ulrich Sarcinelli/Manfred Wissel sowie von Hans J. Kleinsteuber/Barbara Thomaß in diesem Band.
49 Vgl. James L. Gibson/Susan E. Scarrow, State and Local Party Organisations in American Politics, in: Eric M. Uslander (Hrsg.), American Political Parties. A Reader, Ithaca/NY 1993, S. 232–262.
50 Vgl. Fritz Plasser, Elektronische Politik und politische Technostruktur reifer Industriegesellschaften ein Orientierungsversuch, in: ders./Peter A. Ulram/Manfred Welan (Hrsg.), Demokratierituale, Wien – Köln – Graz 1985, S. 9–31.
51 So Peter Radunski, Politisches Kommunikationsmanagement. Die Amerikanisierung der Wahlkämpfe, in: Bertelsmann Stiftung (Hrsg.), Politik überzeugend vermitteln. Wahlkampfstrategien in Deutschland und den USA, Gütersloh 1996, S. 34.

Abb. 2: Politikvermittlung im Rahmen der Parteiaußenkommunikation

Ziele	Tendenz: Bekanntheit, Sympathiewerbung, Kompetenznachweis durch Aufmerksamkeitswettbewerb; Medienpräsenz mit dem Ziel der »Stimmenmaximierung«
Parteiorganisation – Beobachtungskompetenz – Professionalisierung des Kommunikationsapparates	Tendenz: von der politischen »Gesinnungsgemeinschaft« zum optimierten »Dienstleistungsbetrieb« – Kontinuierliche Beobachtung des Meinungsmarktes, Presseanalyse, Auftragsforschung, Demoskopie – Ausweitung und organisatorische Ausdifferenzierung von Pressestellen, Öffentlichkeitsreferaten, politische Kommunikation als Leistungsbereich
Medien – Parteimedien – Fernsehen – Hörfunk – Zeitungen	Tendenz: »going public« – geringe Bedeutung von Parteimedien, allenfalls zur Information von Experten – Fernsehen als politisches »Leitmedium« mit der größten Reichweite, relativ hoher Glaubwürdigkeit; »Politik der Bilder«, Visualisierung, fernsehgerechte Inszenierung – als Erstinformationsquelle und Nebenbei-Medium vor allem für Parteiakteursinterviews interessant – Regionalzeitungen für Medienpräsenz der Parteien auf der kommunalen Ebene wichtig; Kontaktpflege zu den überregionalen Meinungsführerzeitungen
Kommunikationssituation – Alltagskommunikation – Öffentlichkeitsarbeit – Wahlkampfkommunikation	Tendenz: Konzentration auf öffentlichkeitswirksame »Darstellung« von Politik, Orientierung an »Medienlogik« im Gegensatz zur »Entscheidungslogik« – vielfältige »Basis«-Kontakte mit allenfalls lokaler und regionaler öffentlicher Resonanz – Orientierung an und Beeinflussung von *Timing*, Themen und Stilen der Berichterstattung; Öffentlichkeitsarbeit als journalistisches Vorprodukt für Agenturen und Medien – professionell organisierte Kommunikationsmanagement unter Einsatz aller Medien, intensive Symbolproduktion, Kauf von Sendezeiten, Anzeigenkampagnen, Plakatierung, Wahlkampfzeitung, Fernsehen als Wahlkampfleitmedium; Wahlkampf als Testphase für die Erprobung neuer Politikvermittlungsstrategien und Medien

sich alle Parteien in ihrer Öffentlichkeitsarbeit und insbesondere in der Wahlkampfkommunikation[52] schon längst eingestellt. Gerade in Wahlkampfzeiten lastet

---

52 Als »Klassiker« der Wahlkampfkommunikationsstudien immer noch: Peter Radunski, Wahlkämpfe. Moderne Wahlkampfführung als politische Kommunikation, München – Wien 1980; siehe auch U. Sarcinelli, Symbolische Politik (Anm. 12); Stefan Hönemann/Markus Moors, Wer die Wahl hat... Bundestagswahlkämpfe seit 1957. Muster der politischen Auseinandersetzung, Marburg 1994; Christina Holtz-Bacha/Lynda Lee Kaid (Hrsg.), Die Massenmedien im Wahlkampf. Untersuchungen aus dem Wahljahr 1990, Opladen 1993, sowie

auf Akteuren wie auf Parteiorganisatoren der Fernsehzwang. Die mediengesellschaftliche Möglichkeit, Sachverhalte relativ beliebig zu thematisieren und Personen zu popularisieren oder zu dämonisieren, nötigt politische Akteure zu einer Intensivierung der Darstellungspolitik und die politischen Organisationen zu einem Ausbau und einer Professionalisierung der Öffentlichkeitsarbeit. Akteur und Organisation geraten in der Mediengesellschaft in ein ambivalentes Spannungsverhältnis[53]. Dies gilt insbesondere für das Parteimanagement und überregionale Führungsebenen. Das öffentliche Erscheinungsbild der Parteien wird auf dieser Ebene ganz überwiegend geprägt durch medien- und möglichst fernsehzentrierte Politikvermittlung. Dabei gerät aus dem Blick, daß Parteiaußenkommunikation auch im Rahmen vielfältiger – nicht unbedingt medienspektakulärer – Basiskontakte stattfindet, und daß hier Politikvermittlung durchaus auch responsiv sein kann und auch ist.

Vor allem mit Blick auf die Volksparteien kommt Elmar Wiesendahl hinsichtlich der Parteibinnen- wie auch der -außenkommunikation zu einem pessimistischen Resümee: »Im Strukturwandel der politischen Kommunikation und der »New Politics« einerseits und der »partizipatorischen Revolution« andererseits sind die Parteien längst nur noch ohnmächtige Zeugen einer Entwicklung, bei der ihnen vor allem von den Massenmedien und den losen Netzwerken bürgerschaftlichen Aufbegehrens die traditionelle Rolle als staatsbürgerliche Sozialisationsinstanz nachhaltig streitig gemacht wird.«[54] Wiesendahl beklagt den Bedeutungsverlust der Parteien als Mitgliederorganisationen mit ihren Freiwilligen und Ehrenamtlichen. Deren Arbeit werde immer entbehrlicher, weil »Medientheater« Aktivitäten der Mitgliederbasis übertünche. Immer mehr komme es für den Erfolg auf das »Inszenierenkönnen und Darstellungsvermögen einiger weniger Prominenter des Politik-Starsystems«[55] an.

4. Politikvermittlung im Rahmen neuer institutioneller Arrangements

Es stellt sich die Frage, ob man mit einer solchen Grundsatzkritik, die letztlich einer vehementen Verteidigung des Konzepts der Mitgliederpartei in Verbindung mit Groß- bzw. Volksparteien entspringt, den veränderten Kommunikationsbedingungen und -zwängen in der Mediengesellschaft gerecht wird. So ist zwar evident, daß

---

die ausgezeichnete Studie von Klaus Kindelmann, Kanzlerkandidaten in den Medien. Eine Analyse des Wahljahres 1990, Opladen 1994. Daß Wahlkampf jedoch auch medial mehr wert ist als Fernsehkommunikation, zeigt die detaillierte Übersicht über die medienspezifischen Parteiwerbekampagnen bei Otfried Jarren/Markus Bode, Ereignis- und Medienmanagement politischer Parteien im Superwahljahr 1994, in Bertelsmann Stiftung (Anm. 51), S. 65–114.
53 O. Jarren/M. Bode (Anm. 52), S. 113.
54 E. Wiesendahl (Anm. 44), S. 419.
55 Ders., Noch Zukunft für die Mitgliederparteien? Erstarrung und Revitalisierung innerparteilicher Partizipation, in: Ansgar Klein/Rainer Schmalz-Bruns (Hrsg.), Politische Beteiligung und Bürgerengagement in Deutschland. Möglichkeiten und Grenzen, Baden-Baden 1987 S. 379.

Parteien in ihrer tradierten Funktion als in sozialen Milieus verankerte kollektive »Gesinnungsgemeinschaften« an Bedeutung verlieren. Zugleich wird ein Trend zur Partei als politischem – und manchmal auch gar nicht so sehr politischem – »Dienstleistungsbetrieb«[56] in einem zunehmend entideologisierten Wettbewerbssystem erkennbar.

Hier scheinen die Parteien allerdings mehr Getriebene als selbst treibende Kraft des viel beschriebenen gesellschaftlichen Modernisierungsprozesses zu sein. Denn
- wenn erhöhte Partizipationsorientierung zugleich verbunden ist mit einer »De-Institutionalisierung« politischer Beteiligung,
- wenn gerade jüngere Altersgruppen formale Beteiligung zunehmend in Frage stellen,
- wenn der »Legitimationspuffer einer prinzipiell geneigten Stammwählerschaft«[57] schrumpft,
- wenn die Bereitschaft zur dauerhaften Organisationsbindung abnimmt,
- wenn sich die Verankerung der Parteien in Traditionsmilieus und gesellschaftlichen Vorfeldorganisationen lockert, politisches Verhalten mehr und mehr von rationalem Kalkül abhängt, Parteieintritt und -engagement demnach zunehmend von Nutzenmotiven[58] bestimmt werden;
- wenn es dem eher pragmatischen, selbstbewußten, problemorientierten und kritischen »neue(n) Typ von Parteimitgliedern ... weniger um die soziale Einbindung als zunehmend darum geht, die gemeinsamen Überzeugungen politisch mitzugestalten«[59],

dann hilft der Ruf nach dem alten Typus von Mitgliederpartei, nach Programmparteien oder nach parteipolitischer Grundsatztreue ebensowenig wie die Sehnsucht nach deutlicher unterscheidbaren politischen Lagern. Dann müssen sich Parteien zwangsläufig neuen Bedingungen des politischen Wettbewerbs stellen und durch neue »institutionelle Arrangements« (Max Kaase) den »Trend der De-Institutionalisierung der politischen Willensbildung«[60] zu stoppen versuchen. Mehr denn je kommt es dabei darauf an, auch mit neuen Organisations- und Kommunikationsformen nach innen und außen Resonanz zu erzeugen, Kommunikationsfähigkeit und Politikvermittlungskompetenz unter Beweis zu stellen und niederschwellige Beteiligungschancen mit geringerem parteipolitischem Verpflichtungscharakter zu schaffen (vgl. *Abb. 3*).

Die Parteien haben auf diese Herausforderung unterschiedlich schnell reagiert und auch in den konkreten Konsequenzen verschiedene Akzente gesetzt. Aufgrund der unbefriedigenden Forschungslage zu den organisations- und kommunikations-

---

56 Vgl. zu dieser Unterscheidung: Stefan Immerfall, Strukturwandel und Strukturschwächen der deutschen Mitgliederparteien, in: Aus Politik und Zeitgeschichte, B 1–2/98, S. 4.
57 Wilhelm Bürklin, Gesellschaftlicher Wandel, Wertewandel und politische Beteiligung, in: Karl Starzacher u. a. (Hrsg.), Protestwähler und Wahlverweigerer. Krise der Demokratie, Bonn 1992, S. 36.
58 Vgl. dazu exemplarisch die detaillierte CDU-Mitgliederstudie von Wilhelm P. Bürklin/Viola Neu/Hans-Joachim Veen, Die Mitglieder der CDU, Interne Studien Nr. 148/1997, hrsg. von der Konrad-Adenauer-Stiftung, Sankt Augustin 1997; siehe ebenso O. Niedermayer (Anm. 23).
59 H. J. Veen/V. Neu (Anm. 46) S. 9.
60 Ebd., S. 8.

politischen Reformen und Erfahrungen in diesem Problemfeld kann weder systematisch noch mit der gewünschten empirischen Absicherung, sondern nur beispielhaft auf die Entwicklungen in den verschiedenen Parteien eingegangen werden. Teils handelt es sich bei diesen um Ansätze einer mitgliederunabhängigen, teils um solche einer Verbesserung der »mitgliederabhängigen Flexibilität«[61] mit dem Ziel, die Kommunikation innerhalb der Parteien zu beleben und die Chancen der Politikvermittlung zu verbessern. Teils gingen die Bemühungen um eine Reform der Parteiarbeit – wie im Falle der SPD[62] – von der Parteispitze aus, teils waren – wie im Falle der CDU[63] – die Landesverbände treibende Kraft.[64] Bei allen Unterschieden lassen sich doch einige gemeinsame Grundtendenzen erkennen, die in Anlehnung an *Abb. 3* skizziert werden sollen.

Öffnung der Parteien: So ist die »Öffnung« von Parteien zu einem generellen Anliegen geworden. Die schwächer werdende Organisationsbindung, die Überalterung der Mitgliederschaft und die zunehmenden Mobilisierungsprobleme haben die Parteien dazu veranlaßt, Modelle zu erproben, mit denen die Beitrittsschwelle etwa durch eine sogenannte Schnuppermitgliedschaft[65] oder durch verlockende und bisweilen auch kurios[66] anmutende Serviceangebote gesenkt werden sollte. Solche Aktionen sollen zudem auch zur Teilnahme an innerparteilicher Kommunikation ermutigen. Das Bestreben zur »Öffnung der Parteien« zielt demnach – trotz Beibehaltung der Grenzziehung zwischen Mitgliedern und Nichtmitgliedern im »Ernstfall« – auf die Überwindung oder zumindest partielle Durchbrechung parteiexklusiver Kommunikation durch verstärkte Einbeziehung von Nichtmitgliedern, sei es auf Expertenebene bei kontroversen Debatten über Sachfragen oder auf der Ebene von Sympathisanten oder sonstigen potentiellen Interessenten, die verstärkt in Parteiveranstaltungen einbezogen werden sollen. Zugleich besteht die Erwartung, damit auch Seiteneinsteigern[67] eine Chance zu geben.

Veränderung der Organisations- und Veranstaltungskultur: Verschiedenartige Bemühungen gibt es auch im Zusammenhang mit der Modernisierung der Organisationskultur. So werden etwa eingespielte Versammlungsroutinen wie überhaupt die

---

61 Rainer Linnemann, Die Parteiorganisation der Zukunft. Innerparteiliche Projektarbeit, Münster/New York 1995, S. 1. (Vgl. dort entsprechende Anregungen und Konzepte.)
62 Vgl. die Arbeitsergebnisse der auf dem Bremer SPD-Bundesparteitag 1991 beschlossenen Projektgruppe »SPD 2000«: Karlheinz Blessing (Hrsg.), SPD 2000. Die Modernisierung der SPD, Marburg 1993; Thomas Meyer/Klaus-Jürgen Scherer/Christoph Zöpel, Parteien in der Defensive Plädoyer für die Öffnung der Volkspartei, Köln 1992.
63 Vgl. die Übersicht bei: Stefan Beil/Norbert Lepszy, Die Reformdiskussion in den Volksparteien, Interne Studien Nr. 80/1995, hrsg. von der Konrad-Adenauer-Stiftung, Sankt Augustin 1995.
64 Vgl. die auf dem Bremer Parteitag 1989 vorgelegte Diskussionsgrundlage: »Moderne Parteiarbeit in den 90er Jahren«, in: Union in Deutschland, 1989 Nr. 29, S. 10–26.
65 Vgl. Winfried Steffani, Öffnung ermöglicht erweiterte innerparteiliche Mitwirkung, in: Das Parlament vom 7. Januar 1994, S. 7.
66 Vgl. in das in seiner Art keineswegs singuläre Beispiel der rheinland-pfälzischen CDU, die eine Parteimitgliedschaft auch dadurch attraktiv machen wollte, daß sie mit Autovermietern und Softwarehändlern Preisnachlässe für christliche Demokraten vereinbarte. Vgl. Wähler im Tank, in: Frankfurter Allgemeine Zeitung vom 7. September 1996, S. 35.
67 Vgl. Ulrich Deupmann, Seiteneinsteiger sollen eine Chance erhalten, in: Das Parlament vom 7. Januar 1994, S. 5.

Abb. 3: Politikvermittlung der Parteien in der Mediengesellschaft – Anpassung an die Mediengesellschft oder Demokratisierung?

Institutionelle Arrangements	Bedeutung für die Politikvermittlung von Parteien
»Öffnung der Parteien« und Veränderung der Organisations- u. Veranstaltungskultur – Schnuppermitgliedschaften – Offene Foren – Themen-, Aktions- und Erlebnisorientierung; »Talkshowisierung«	Tendenz: Überwindung parteiexklusiver Kommunikation durch Einbeziehung von Externen; Dabeisein ohne dazuzugehören; Erprobung einer offeneren Veranstaltungskultur – Öffnung der Partei für Nichtmitglieder ohne Verpflichtung zum formellen Parteibeitritt, Senkung der Beitrittsschwelle durch Mitgliedschaft auf Probe – kontroverse Diskussionen auch mit politisch Andersdenkenden – Kritik an referentenzentrierten Vortragsstilen; stärkere Orientierung an aktuellen Interessen sowie an Freizeit- und Unterhaltungswünschen; Anpassung an medienzentrierte Vermittlungsgewohnheiten durch dialogische und unterhaltende Veranstaltungselemente
Beteiligung bei Sach- und Personalentscheidungen – Mitgliederbefragung/-entscheid in Sachfragen – Urwahl von Wahlkreiskandidaten – Urwahl von Parteivorsitz/-Kanzlerkandidat	Vermutete Tendenz: Belebung der Mitgliederkommunikation; Schwächung des Parteiapparates – Ambivalente Beurteilung dieses bisher wenig genutzten Instruments – Stärkung des/der Gewählten durch unmittelbare Legitimation, Stärkung der Parteibasis gegenüber übergeordneten Ebenen – Stärkung des Kandidaten durch die Parteibasis, Schwächung der Parteigremien
Personalisierung – Medienkompetenz als Machtprämie – »Präsidialisierung« und »Neo-Bonapartismus«	Tendenz: Direkte Legitimation über die Öffentlichkeit unter Umgehung von Delegierten, Gremien und Parteiapparat – Stärkung medienprominenter Parteispitzen; Unterstützung durch professionelle Politikvermittler – Stärkung der Durchsetzungsmacht »von oben«; aber Konfliktpotential in heterogenen Großparteien mit selbstbewußten Untergliederungen
Professionalisierung der Politikdarstellung – Öffentlichkeitsarbeit – Wahlkampf	Tendenz: Orientierung an der Medienlogik. Zunehmende Diskrepanz zwischen Organisationslogik der Parteien und Medienlogik – Professionalisierung und organisatorische Ausdifferenzierung der Kompetenz zur Beeinflussung von *Timing*, Themen und Bildern der Politikdarstellung in den Medien – Professionalisierung und Anpassung an markttübliche Vermittlungsmethoden; Kommerzialisierung durch Kauf von Medienzugängen
Gesamttrends: – von der Mitglieder- zur Medien- und Präsidialpartei? – von der Programmpartei zur Dienstleistungs- und Fraktionspartei?	Tendenz: Verlust des Primats der Organisation durch medienvermittelte Legitimation über das Wahlvolk – »plebiszitärer Schulterschluß« an der Mitgliederbasis und an Parteidelegierten vorbei; zunehmende Orientierung am politischen Meinungsklima und am Medienbild; Schwächung der Parteigremien – Partei als professioneller Dienstleistungsbetrieb im (un)politischen Wettbewerb um Stimmenmaximierung

erlebnisarme Veranstaltungsatmosphäre traditioneller Parteikultur wenn nicht prinzipiell in Frage gestellt, so doch zunehmend für ergänzungsbedürftig gehalten. Es gibt vermehrt Veranstaltungen mit Forumscharakter, die Kritik an referentenzentrierten Vortragsveranstaltungen führt zur verstärkten Berücksichtigung von Unterhaltungsangeboten und Elementen mit dialogischem Charakter, und dem medienverwöhnten Publikumsgeschmack wird durch Einbau von Talkshow- und anderen medienspezifischen Stilelementen Rechnung getragen. Bisweilen wird auch auf die »Attraktivität durch spannende Präsentation«[68] gesetzt. Während in besonders traditionsbewußten Parteien wie der CSU bzw. in einigen Landesverbänden vor allem der Volksparteien die Veranstaltungskultur nach wie vor durch die regionale Folklore mitgeprägt ist, scheint insgesamt doch eine verstärkte Orientierung an medialen Darstellungs- und Wahrnehmungsgewohnheiten Ablauf und Gestaltung politischer Veranstaltungen zu kennzeichnen[69].

Mitgliederbeteiligung bei Sach- und Personalentscheidungen: Die Frage, inwieweit durch Beteiligung der Mitglieder an Sach- und Personalentscheidungen eine Demokratisierung innerparteilicher Kommunikation erreicht werden kann, muß differenzierend beantwortet werden. So sind bereits die Satzungsbestimmungen unterschiedlich weitgehend: Während beispielsweise nach der Satzung (Paragraph 21) der Partei Bündnis 90/Die Grünen »alle Fragen der Politik« einschließlich Programm und Satzung auf Antrag von fünf Prozent der Mitglieder, einem Zehntel der Kreisverbände, drei Landesverbänden, dem Länderrat, der Bundesversammlung oder dem Frauenrat zur Urabstimmung gebracht werden können, sieht die SPD-Satzung für dieses innerparteiliche Partizipationsinstrument eine deutlich höhere Hürde vor[70]. Daß Mitgliederentscheide in Sachfragen eine Partei in personeller und politisch-programmatischer Hinsicht einer Zerreißprobe aussetzen und auch deren zwischenparteiliche Wettbewerbsfähigkeit zeitweise beeinträchtigen können, machte das Beispiel des F.D.P.-Mitgliederentscheids über den Großen Lauschangriff Ende des Jahres 1995 offenkundig[71].

Man darf annehmen, daß schließlich auch die Praxis einer – im Bundeswahlgesetz (Paragraph 21) ausdrücklich zugelassenen – direkten Wahl von Wahlkreiskandidaten durch Parteimitglieder zur kurzzeitigen Belebung innerparteilicher Kommunikation, auf Dauer allerdings zu einer Schwächung des professionellen Elements in den Parteien führen wird. Insgesamt wirkt die bisherige Diskussion um die Bewertung beider Instrumente eher akademisch, zumal die Erfahrungen einer

---

68 So in: NRW SPD Intern. NRW 2000plus – der Zukunftsdialog für Nordrhein-Westfalen, hrsg. vom Landesverband der NRW-SPD, Düsseldorf o. J. S. 4.

69 Während weitergehende Untersuchungen dazu fehlen, kann dies zumindest der »Anregungsliteratur« der Parteien für die praktische Gestaltung von Parteiarbeit (Ortsvereinsarbeit, Presse- und Öffentlichkeitsarbeit etc.) entnommen werden.

70 Ein Mitgliederentscheid kann auf Antrag von zehn Prozent der Mitglieder, des Parteivorstandes, des Parteitages oder von zwei Fünftel der Bezirksvorstände zustande kommen. Er kann Beschlüsse eines Organs ändern, aufheben oder eine solchen Beschluß anstelle eines Organs fassen. (Vgl. Paragraph 39 des Organisationsstatuts der SPD.)

71 Vgl. nähere Angaben mit weiteren Verweisen bei Stefan Schieren, Parteiinterne Mitgliederbefragungen: Ausstieg aus der Professionalität? Die Beispiele der SPD auf Bundesebene und in Bremen sowie der Bundes-F.D.P., in: Zeitschrift für Parlamentsfragen, 27 (1996) 2, S. 223 f.

politischen Dauererprobung von Mitgliederentscheiden in Sach- bzw. Personalfragen bislang fehlen und die Kontrahenten eher aus der Perspektive des traditionellen Parteienverständnisses im Repräsentativsystem oder bisweilen auch mit verklärendem Blick[72] auf die amerikanischen Vorwahlen argumentieren[73]. Denn innerparteiliche Demokratie ist kein Selbstzweck. Sie hat letztlich dem demokratischen Wettbewerb um politische und personelle Alternativen in der Konkurrenzdemokratie zu dienen und kann insofern den politischen Führungsauftrag von Parteien in der Demokratie auch nicht ersetzen[74].

Personalisierung von Politik: Mehr noch als die in der politischen Praxis bisher seltenen Mitgliederentscheide in Personalangelegenheiten[75] verdient die Frage Aufmerksamkeit, ob nicht gerade die Personalisierung von Politik den Wandel von der Parteien- zur Mediendemokratie begünstigt. Nun ist Personalisierung von Politik historisch weder neu noch allein ein Phänomen der Mediengesellschaft. Demokratietheoretisch ist sie ein politisches *essential,* weil die personale Zuordnung von Verantwortung zum Wesen demokratischer Politik gehört. Max Weber verweist in seiner Herrschaftssoziologie darauf, daß »legale Herrschaftsverhältnisse« auf »gemischten Grundlagen« beruhen, also formaler und legaler Korrektheit, traditioneller Gewöhnung sowie persönlichen Prestiges und Charismen bedürften[76].

Während Weber wohl eher die unmittelbare persönliche Ausstrahlungskraft politischer Führungspersönlichkeiten im Auge hatte, bedeutet Personalisierung unter den Bedingungen einer Mediengesellschaft mehr. Medienversierte und erfolgreiche Personen »ersetzen einen Teil der herkömmlichen Parteistrukturen. Die Parteiorganisationen sind zu schwerfällig, um auf die rasch wechselnden Herausforderungen schnell reagieren zu können. Das ist mittlerweile die Aufgabe der modernen politischen Führungsfigur, die in Habitus, Symbolik, Stil und Sprache flexibel auf gewandelte Erwartungslagen und verschiedene Milieus reagieren muß. Sie wird zur Schlüsselgestalt, durch die sich Parteien darstellen und über die Medien den Wählern präsentieren«.[77] Franz Walter hat das Anforderungsprofil an personalisierte Politik in der Mediengesellschaft treffend umschrieben: »Der erfolgreiche Politikertypus verbindet politischen Instinkt, Populismus, Stimmungs- und Pro-

---

72 Vgl. dazu die angesichts einer auf 20 Prozent gesunkenen Beteiligung kritische Einschätzung bei Kay Lawson, Les desavantages des primaires americaines, in: Claude Eméri/Jean-Luc Parodi (Hrsg.), La selection des présidents, Paris 1995. Zur Integrationsschwäche der US-Parteien vgl. auch P. Lösche (Anm. 2), insb. S. 156.
73 Siehe dazu etwa die Reaktion von Bernd Becker auf den Beitrag von S. Schieren (Anm. 71). Vgl. Bernd Becker, Wozu denn überhaupt Parteimitglieder? Zum Für und Wider verstärkter parteiinterner Partizipationsmöglichkeiten, in: Zeitschrift für Parlamentsfragen, 27 (1996) 4, S. 712–718.
74 Vgl. Joachim Raschke, Demokratie als Ausrede, in: Der Spiegel 4/1994, S. 52 f.
75 Als exemplarischer und ebenfalls ambivalent beurteilter Fall gilt die parteiinterne Urwahl im Zusammenhang mit der Bestimmung Rudolf Scharpings zum SPD-Kanzlerkandidaten. Der kometenhaft aufgestiegene Spitzenpolitiker scheiterte jedoch schon bald an seiner hochfragmentierten Partei einerseits und an der standhaften Verweigerung zur Anpassung an mediengesellschaftliche Attitüden andererseits.
76 Max Weber, Staatssoziologie, Berlin 1966, S. 107.
77 Franz Walter, Partei der ewigen 70er: Zur Krise der SPD in der Ära Scharping, in: Politische Vierteljahresschrift, 36 (1995) 4, S. 713.

blemsensibilität, Konzentration auf das Wesentliche, virtuose Medienpräsenz und Pragmatismus miteinander.«[78] Langfristig kristallisiert sich hier in Stil und Dynamik eine neue Politikdarstellung heraus, die ihre eigene Dynamik entwickelt.

Medienadressierte Personalisierung zielt in der Wirkung auf direkte Legitimation über die Öffentlichkeit unter tendenzieller Umgehung der Aktivisten, Funktionäre, Gremien und Delegierten wie überhaupt der Parteiorganisation. Während die Spitze der Partei – gestützt auf einen professionellen Vermittlungsapparat bzw. auf einen persönlichen Experten- oder Beraterstab außerhalb der traditionellen Parteiorganisation[79] – via Fernsehen direkt mit der »Basis« in Kontakt tritt, verliert vor allem die mittlere Parteiebene an Gewicht. Darüber, wie sich dies langfristig auf die Parteien, die Elitenrekrutierung, die Binnenstruktur, die innerparteiliche Demokratie und auf die Parteiendemokratie insgesamt auswirkt, wird spekuliert. So spricht Peter Lösche von einer Entwicklung zum »Neo-Bonapartismus«[80]. Gunter Hofmann sieht ähnlich akzentuierend einen Trend zur »Präsidialpartei«[81], in der über die richtige Politik von oben entschieden werde. Vorschnelle Analogien zu den amerikanischen Parteien oder zur britischen *New Labour* sind angesichts der heterogenen Binnenstruktur deutscher Parteien nur begrenzt hilfreich. So stützt sich der medienpräsente politische »Star« im plebiszitär-medialen Schulterschluß mit dem politischen »Zuschauer« gerade in Deutschland auf eine riskante (Zu)Stimmung, die ihn vor dem politischen Fall insbesondere dann nicht bewahren kann, wenn er seine Medienprominenz nicht in innerparteiliche Zustimmung umsetzen kann. Überhaupt zeigt die vieldiskutierte Erfolgsgeschichte des britischen Premierministers Blair, daß der ebenso virtuose wie strategisch kalkulierte Umgang mit den Medien erst dann zum politischen Erfolgsrezept wird, wenn die medienzentrierte Personalisierung durch eine weitgehende Organisationsreform in der Partei auch strukturell abgesichert ist und Medienpopularität mit einer innerparteilichen Machtbasis einhergeht. Von einer solchen organisationspolitischen Reform sind die deutschen Großparteien jedoch noch weit entfernt.

Professionalisierung der Politikdarstellung: Vergleicht man Organigramme der Parteien aus den sechziger Jahren mit heutigen, so wird generell deutlich, daß der Bereich, bei dem es um Politikvermittlungskompetenz geht, den stärksten Zuwachs erfahren hat. Dies betrifft die Professionalisierung von Öffentlichkeitsarbeit »nach innen« und »nach außen«[82], die Pressearbeit wie überhaupt die Fähigkeit zur kontinuierlichen Beobachtung und Beeinflussung der veröffentlichten Meinung. Während dabei die – im föderalistischen Deutschland bekanntlich zahlreichen – Wahl-

---

78 Ders., Verstaubte Fortschrittlichkeit der siebziger Jahre, in: Frankfurter Allgemeine Zeitung vom 13. Oktober 1995.
79 Fritz Plasser/Christian Scheucher/Christian Senft, Praxis des politischen Marketing aus Sicht westeuropäischer Politikberater und Parteimanager. Ergebnisse einer Expertenbefragung (Zentrum für angewandte Politikforschung), Wien 1998, S. 21.
80 Vgl. Peter Lösche, »Lose verkoppelte Anarchie«, in: Der Spiegel Nr. 30/1996, S. 25 f.; siehe ebenso die Titelauflistung der Zeitschrift für Parlamentsfragen, 27 (1996) 2, Titelblatt. Aufschlußreich ist dazu auch mit Blick auf den neuen Stil von »Cäsar« Blair: Jürgen Krönig, Cäsar Blair, in: Die Zeit vom 2. April 1998, S. 10, sowie Gina Thomas, Cool Britannia, in: Frankfurter Allgemeine Zeitung vom 2. Mai 1998, S. 35.
81 Vgl. Gunter Hofmann, Wenn einer sagt, wo's langgeht, in: Die Zeit vom 6. Mai 1994, S. 4.
82 Siehe dazu auch oben Abb. 1 und insb. Abb. 2.

kämpfe nach wie vor ein Erprobungsfeld für neue Formen der politischen Mobilisierung sowie der medienvermittelten und zunehmend auch durch gekaufte Medienzeiten bzw. -räume ermöglichten Wähleransprache sind, gewinnt die von Wahlkampfzeiten unabhängige politische Kampagnenfähigkeit der Parteien in der Mediengesellschaft an Bedeutung. Gemeint ist damit die Fähigkeit, im Konkurrenzkampf um mediale Aufmerksamkeit und um die politische Deutungshoheit jederzeit mit adäquaten Kommunikationsangeboten gleichsam prozeßkompetent[83] zu sein.

Noch gibt es in deutschen Parteien nicht die allgegenwärtigen und auch innerparteilich durchsetzungsfähigen »spin doctors«, die für den richtigen »Drall« der politischen Geschäfte sorgen und – stets das »richtige« Image im Auge – Einfluß auf sämtliche potentiell medienresonante Außenkontakte der Spitzenakteure nehmen. Gleichwohl gehören auch hierzulande Medien- und Kampagnenprofis zu den engeren Beraterkreisen.

5. Die Parteien in der Mediengesellschaft – ein Ausblick

Wohin treibt das deutsche Parteiensystem? Welche Politikvermittlung betreiben die Parteien in der Mediengesellschaft? Zu welcher Politikvermittlung treibt die Mediengesellschaft die Parteien?

Unverkennbar befinden sich die deutschen Parteien in einem Modernisierungsdilemma[84]. Nach wie vor verstehen sie sich als Mitgliederparteien. Zugleich orientieren sie sich verstärkt an Logik und Gesetzmäßigkeiten der Mediengesellschaft, am schwankenden Markt öffentlicher Meinungsbildung. Insofern wird die deutsche Parteiendemokratie unverkennbar »amerikanischer«. Gleichwohl sind den Tendenzen einer »Amerikanisierung« des politischen Wettbewerbs in Europa und speziell auch in Deutschland aufgrund der doch erheblich unterschiedlichen Rahmenbedingungen[85] – noch – enge Grenzen gesetzt. Als politische »Tendenzbetriebe« lassen sich Parteien jedoch nicht umstandslos auf ein gänzlich entpolitisiertes Beliebigkeitsangebot zur öffentlichen Unterhaltung umstellen. Sie sind Anbieter in einem härter gewordenen Wettbewerb um Aufmerksamkeit, wobei es

---

83   Vgl. Otfried Jarren/Patrick Donges/Hartmut Weßler, Medien und politischer Prozeß. Eine Einleitung, in: Otfried Jarren/Heribert Schatz/Hartmut Weßler (Hrsg.), Medien und politischer Prozeß. Politische Öffentlichkeit und massenmediale Vermittlung im Wandel, Opladen 1996, insb. S. 13.

84   Wiesendahl spricht pointierter noch von einer »Modernitätsfalle«: E. Wiesendahl (Anm. 2), S. 3.

85   Das gilt für das Wahlrecht und für die unterschiedliche Dauer der Legislaturperiode, die in den USA für die erste Parlamentskammer lediglich zwei Jahre umfaßt und schon deshalb eine stärkere politische Bindung an die öffentliche Meinung erzwingt; es bezieht sich schließlich auf die unterschiedlichen Mediensysteme, die in den USA den unbeschränkten Kauf politischer Werbezeiten im rein privaten Fernsehen ermöglichen, während der Verkauf politischer Werbezeiten den öffentlich-rechtlichen Anstalten in Deutschland überhaupt untersagt ist. Vgl. dazu die aufschlußreiche Erhebung zum unterschiedlichen Verständnis von politischem Marketing bei F. Plasser/C. Scheucher/C. Senft (Anm. 79), insb. S. 6.

letztlich nicht um irgend etwas, sondern um erkennbar alternative Politikangebote geht. Davon hängt auf lange Sicht ihre Glaubwürdigkeit ab. Zum Zwecke medialer Resonanz optimieren sie medienzentrierte Kommunikation, bemühen sich zugleich aber auch um die Erweiterung von Spielräumen und Chancen zur »handlungsorientierten Kommunikation«[86]. Sie halten an alten Formen der Parteiarbeit fest und erproben zugleich neue »institutionelle Arrangements« für Kommunikation und Bürgerbeteiligung. Insgesamt ist die Entwicklung also einigermaßen unübersichtlich und ambivalent.

Trotz dieser Ambivalenzen zeichnet sich doch eine Verschiebung der Gewichte parteiendemokratischer Legitimaton ab. Weil kaum etwas schwieriger ist als sozialwissenschaftliche Prognosen über langfristige gesellschaftliche und politische Entwicklungen, sind denn auch die abschließenden Thesen eher als Diskussionsbeitrag zur weiteren Auseinandersetzung denn als empirische Belege zu verstehen:

1. Die in Parteitraditionen und politisch-weltanschaulichen Verankerungen begründeten »ideologischen« Differenzen werden weiter abnehmen. Demgegenüber gewinnt die *Orientierung am politischen »Markt«* und insbesondere die Beobachtung des Medien- und Meinungsmarktes eine zunehmende Bedeutung für den Parteienwettbewerb in der Mediengesellschaft.
2. Die Parteien werden sich *von ihrer Klassen- und Massenbasis* weiter lösen, schon weil diese Basis selber fluider wird und der gesellschaftliche Modernisierungsprozeß nicht einfach gestoppt werden kann. Als eher lose Rahmenorganisationen werden sie der traditionellen Mitgliederpflege geringere Priorität einräumen und neuen offenen Formen der Kommunikation verstärkt Aufmerksamkeit widmen.
3. Die politische Schwächung traditioneller Parteibinnenkommunikation wird mit einer weiteren *Professionalisierung der medienzentrierten Parteiaußenkommunikation* einhergehen.
4. Die innere Erosion der Parteien als politisch-weltanschauliche Gesinnungsgemeinschaften, die Abschwächung von Tradition und »ansozialisierten« Zugehörigkeitsgefühlen wird den *Trend zu Dienstleistungsparteien* im Verhältnis zu den Bürgern einerseits und zu *Fraktionsparteien* im Kontext des politischen Systems andererseits verstärken.
5. Den *Parteien in den neuen Bundesländern* kommt im gesellschaftlichen Modernisierungsprozeß aufgrund fehlender langjähriger Organisationsbindung und Parteisozialisation die Rolle von *Trendsettern*[87] zu. Hier muß die – bereits notorische – Mitgliederschwäche durch professionalisiertes Management und personalisierte Politikvermittlung weitgehend kompensiert werden.

---

86 Zu dieser Unterscheidung vgl. »Ziele und Wege der Parteireform »SPD 2000«. Die Mitgliederpartei der Zukunft braucht eine moderne Organisation, in: K.-H. Blessing (Anm. 62), insb. S. 25. In handlungsorientierter Kommunikation bewähre sich die Mitgliederpartei mit ihrer Problemlösungskompetenz, mit der Glaubwürdigkeit ihrer programmatischen Aussagen und mit der demokratischen Teilhabe in der Praxis (vgl. S. 29).
87 Vgl. zu dieser Thematik Ursula Birsl/Peter Lösche, Parteien in West- und Ostdeutschland: Der gar nicht so feine Unterschied, in: Zeitschrift für Parlamentsfragen, 29 (1998) 1, S. 7 – 24, insb. S. 21 ff.

6. Im Zuge einer medienzentrierten Personalisierung werden sich Tendenzen einer »Präsidialisierung« der Parteien verstärken. In der Folge verliert der Primat der Parteigremien an Gewicht, weil die direkte Legitimation über die Medien an Bedeutung gewinnt. Die Protagonisten des neuen Parteityps gehen »am liebsten direkt zum Volk«[88].
7. Angesichts der heterogenen Organisationsstruktur vor allem der Großparteien mit ihren konkurrierenden politischen Zentren und Partei-Landesfürsten sind hier *Spannungen zwischen »Zentrum« und parteipolitischer »Peripherie«* vorprogrammiert.
8. Der Trend zu Parteien, an deren Spitze eine *»marktorientierte ›Verkaufs-‹ organisation« mit »professioneller Führung«*[89] steht, die besonders zu Wahlen und – in den Ländern und Kommunen – zunehmend auch zu Abstimmungen aktiviert werden kann, wird sich fortsetzen.
9. Neue Informations- und Kommunikationsmedien erlauben eine immer paßgerechtere Zielgruppenpflege, die Bedienung von Wählersegmenten mit speziellen Informationsangeboten. Sie bieten zugleich aber auch die bisher noch wenig genutzte Chance für erhöhte Interaktivität und Responsivität in der Politikvermittlung.
10. Insgesamt zeichnet sich ein Trend weg von der langfristigen Vertrauensarbeit mit intensiver und überwiegend nichtmedialer Binnenkommunikation zur Außenkommunikation im Rahmen eines professionellen, *medienzentrierten Aufmerksamkeits- und Akzeptanzmanagements* ab.

Die Parteien bleiben auch in der Mediengesellschaft der Bundesrepublik Deutschland in der überschaubaren Zukunft dominante politische Akteure, aber sie verlieren an Autorität. Sie operieren in einem außerordentlich dynamischen Markt mit härter werdender Konkurrenz um öffentliche Aufmerksamkeit. Allerdings bemißt sich die politische Leistungsfähigkeit und Glaubwürdigkeit demokratischer Parteien auf Dauer nicht daran, welchen »Medienlärm« zu veranstalten sie in der Lage sind; sondern wie sie mit ihren politischen Angeboten in der medialen und nichtmedialen Politikvermittlung überzeugen. Ihr Modernisierungsdilemma besteht darin, daß sie im Zwang stehen, ihre mediale Thematisierungs*kompetenz* weiter zu optimieren, ohne sich der politischen *Thematisierungsresonanz* sicher sein zu können. Insofern ist Politikvermittlung für die Parteien in der Mediengesellschaft mehr denn je riskante Kommunikation, ein Risiko, das in einer »offenen Gesellschaft« (Popper) unvermeidlich ist.

Nicht nur in der Bundesrepublik Deutschland, sondern in ganz Europa scheint die Parteienlandschaft im Umbruch, eine Parteienlandschaft, die weithin ihre poli-

---

88 Ralf Dahrendorf, Die neue Parteienlandschaft, in: Die Zeit vom 25. Juni 1998, S. 27. Zolo spricht vom »besonderen Charisma der teledemokratischen Führungspersönlichkeit«, von telecharismatischen Gaben« und von »neuartigen Verfahren der Fernseh-Legitimität«. vgl. Danilo Zolo, Die demokratische Fürstenherrschaft. Für eine realistische Theorie der Politik, Göttingen 1997, S. 200.
89 Mit Bezug auf die Entwicklungen des dänischen Parteiensystems: Morgens N. Pedersen, Eine kurzgefaßte Übersicht über die Entwicklung des dänischen Parteiensystems, in: Franz-Urban Pappi/Hermann Schmitt (Hrsg.), Parteien, Parlamente und Wahlen in Skandinavien, Frankfurt/M. 1994, S. 105. (im Original nicht kursiv)

tisch-weltanschaulichen Wurzeln in der zweiten Hälfte des letzten Jahrhunderts hat. In der Dynamik der Veränderungen im ökonomischen und gesellschaftlichen Bereich, im Zuge von Globalisierung und Mediatisierung verlieren die Parteien, wie überhaupt die Politik, in Teilen ihre politische Gestaltungshoheit. Dabei wird die »Parteiendemokratie« traditioneller Art nicht einfach durch eine »Mediendemokratie« abgelöst. Vielmehr erfährt die Parteiendemokratie im Zuge des mediengesellschafltichen Wandels eine tiefgreifende Transformation, deren langfristige Folgen für die Demokratie erst in Konturen erkennbar sind. »Sicher ist einstweilen nur, daß wir uns von der vertrauten Parteienlandschaft der Nachkriegszeit – und vielleicht sogar des Jahrhunderts – verabschieden müssen.«[90]

---

90 R. Dahrendorf (Anm. 88).

Rüdiger Schmitt-Beck

Wähler unter Einfluß

Massenkommunikation, interpersonale Kommunikation
und Parteipräferenzen

Die Auswahl der politischen Entscheidungsträger durch allgemeine und gleiche Wahlen ist für die Bürger repräsentativer Demokratien das wichtigste Instrument, um in den Prozeß der Herstellung gesamtgesellschaftlich verbindlicher, also politischer Entscheidungen einzugreifen. Die Beteiligung an Wahlen ist diejenige Form der politischen Partizipation, die von den meisten Bürgern genutzt wird. Die politischen Konsequenzen von Wahlen sind vielfältig und können jeden Lebensbereich betreffen. Sie beziehen sich nicht in punktuell zugespitzter Weise auf bestimmte Sachentscheide, wie plebiszitäre Formen institutionalisierter politischer Mitwirkung. Sie betreffen vielmehr potentiell alle Aspekte zukünftiger Politik. Durch den Gewinn einer Mehrheit an Wählerstimmen wird der siegreichen Partei oder Parteienkoalition ein umfassendes Mandat erteilt, in allen Politikbereichen gestaltend tätig zu werden[1].

Dieser Konsequenzenreichtum von Wahlen hat keine Entsprechung im Modus der Stimmabgabe. Wahlentscheidungen erlauben lediglich die Festlegung auf eines von mehreren Bündeln sach- und personalpolitischer Alternativen. Diese können nur »im Paket«, d. h. in pauschaler Weise unterstützt werden. Mit der Stimmabgabe für eine Partei »kauft« der Wähler, ob er will oder nicht, das gesamte politische Programm und – im Falle geschlossener Listen, wie in der Bundesrepublik – alle für politische Mandate vorgesehenen Kandidaten dieser Organisation. Das gilt auch dann, wenn ihm die politischen Ziele nur in Teilen zusagen und wenn ihm nicht alle Kandidaten gleichermaßen gut gefallen. Beim Wählen wird dem einzelnen Stimmberechtigten also abverlangt, unter Berücksichtigung einer kaum überschaubaren Fülle von Gesichtspunkten sachlicher und personeller Art eine Auswahl zwischen in sich sehr differenzierten, jedoch nur im ganzen wählbaren Alternativen zu treffen. Wahlentscheidungen stellen somit zwangsläufig Sammelbeurteilungen der Parteien dar, die im Wahlkampf um Stimmen konkurrieren.

Zu den Gesichtspunkten, die dabei für die Wähler wichtig sind, gehören die Positionen der Parteien in den aktuell ausgetragenen Kontroversen über die Ziele, die in der Politik verfolgt werden sollen, und über die Mittel, die dabei einzusetzen sind. Wichtig ist auch, wie die Wähler die Leistungen der Parteien bewerten und wie sie

---

[1] Ich danke Jan van Deth und Thomas Poguntke für kritische Kommentare zu einer früheren Version dieses Aufsatzes.

ihre Kompetenz einschätzen, die Probleme zu lösen, die als drängend empfunden werden. Ebenfalls von Bedeutung sind die Bewertungen der Kandidaten, welche die Parteien für die politischen Führungsämter vorgesehen haben. Die Urteile der Wähler über die Kandidaten können sich ihrerseits auf mehrere Dimensionen beziehen. Diese betreffen sowohl den politischen Standort als auch die »professionelle Kompetenz« und sogar unpolitische Persönlichkeitseigenschaften der Politiker.

So wichtig diese Faktoren als Komponenten der Wahlentscheidung für die Wähler sind, so wenig sind diese in der Lage, sich ihre Meinungen dazu auf der Grundlage eigener persönlicher Erfahrung zu bilden. Die im politischen Prozeß zur Entscheidung stehenden Sachalternativen betreffen in der Regel hochspezielle Expertenprobleme mit vielschichtigen Konsequenzen und Implikationen, die kaum in allen Verästelungen zu überschauen sind. Und die expandierende Entscheidungsagenda der politischen Institutionen trägt stetig dazu bei, diese Unübersichtlichkeit weiter zu vergrößern. Nicht grundsätzlich anders stellt sich die Lage im Hinblick auf die Kandidaten dar. Sind fundierte Urteile über die sachliche Dimension des politischen Problemhaushaltes durch die Wähler als Laien und Außenseiter kaum zu leisten, so kann zwar generalisiertes persönliches Vertrauen in die Fähigkeiten der Kandidaten ein Ausweg sein, um politische Entscheidungen auf vermeintlich verläßlicherer Grundlage treffen zu können. Doch wer kennt schon die Politiker persönlich? Auch von der politischen Gestaltungskraft und der Persönlichkeit der Kandidaten können sich die Wähler nur auf indirektem, vermitteltem Wege eine Vorstellung bilden. Wenn Bürger aber bei ihrer Meinungsbildung hochgradig von Vermittlungsinstanzen abhängig sind, dann wächst diesen als Informationsquellen ein Potential zu, auf politische Meinungen und auf die Entscheidungen, die sich hierauf stützen, Einfluß auszuüben[2].

Zwei Instanzen der Politikvermittlung scheinen für die Wähler besonders wichtig zu sein: die *Massenkommunikation* und die *interpersonale Kommunikation*[3]. Die Massenmedien, also die vielfältige Angebotspalette der gedruckten Presse – d. h. Tages- und Wochenzeitungen sowie Zeitschriften – und der elektronischen Medien – d. h. Radio und Fernsehen mit ihren verschiedenen audiovisuell orientierten Darbietungsformen – stellen den Wählern politische Informationen in vielerlei Varianten zur Verfügung. Überdies können die Wähler auch politische Informationen aus

---

2 Vgl. Sandra J. Ball-Rokeach, The Origins of Individual Media-System Dependency. A Sociological Framework, in: Communication Research, 12 (1985), S. 485–510.
3 Vgl. Paul F. Lazarsfeld/Bernard Berelson/Hazel Gaudet, The People's Choice. How the Voter Makes Up his Mind in a Presidential Campaign, New York 1968[3]; Angus Campbell u. a., The American Voter, New York 1961, S. 31; Samuel L. Popkin, The Reasoning Voter. Communication and Persuasion in Presidential Campaigns, Chicago–London 1991, S. 25; siehe auch den Überblick bei Rüdiger Schmitt-Beck, Interpersonale Kommunikation und Massenkommunikation als Instanzen der Politikvermittlung. Aspekte der Theorieentwicklung und empirische Profile deutscher und amerikanischer Wähler, in: Österreichische Zeitschrift für Politikwissenschaft, (1993) 22, S. 447–450; sowie allgemein Steven H. Chaffee, Mass Media and Interpersonal Channels: Competitive, Convergent or Complementary?, in: Gary Gumpert/Robert Cathcart (Hrsg.), Inter/Media. Interpersonal Communication in a Media World, New York 1986[3]; Kathleen K. Reardon/Everett M. Rogers, Interpersonal Versus Mass Media Communication. A False Dichotomy, in: Human Communication Research, 15 (1988), S. 284–303.

Schaubild 1

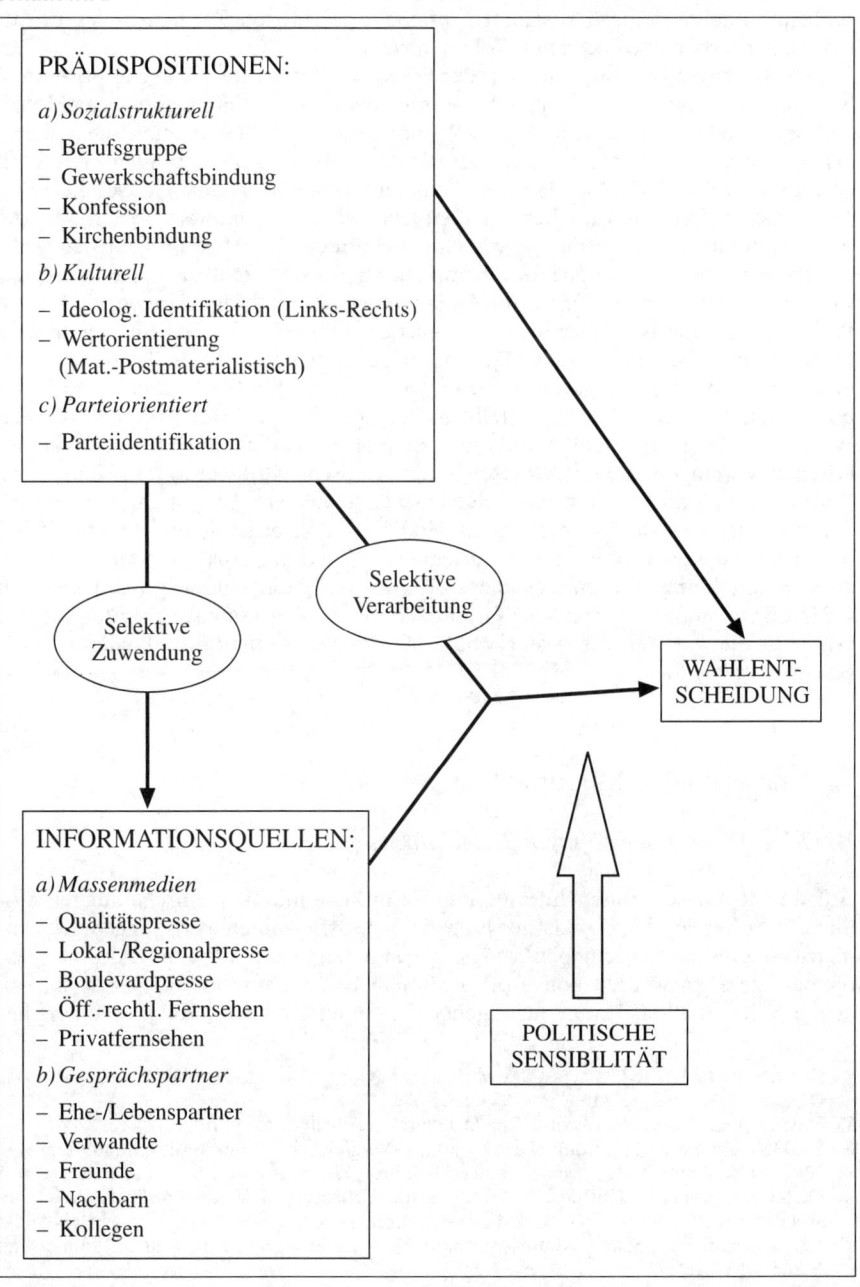

PRÄDISPOSITIONEN:

a) Sozialstrukturell
- Berufsgruppe
- Gewerkschaftsbindung
- Konfession
- Kirchenbindung

b) Kulturell
- Ideolog. Identifikation (Links-Rechts)
- Wertorientierung (Mat.-Postmaterialistisch)

c) Parteiorientiert
- Parteiidentifikation

Selektive Zuwendung

Selektive Verarbeitung

WAHLENTSCHEIDUNG

INFORMATIONSQUELLEN:

a) Massenmedien
- Qualitätspresse
- Lokal-/Regionalpresse
- Boulevardpresse
- Öff.-rechtl. Fernsehen
- Privatfernsehen

b) Gesprächspartner
- Ehe-/Lebenspartner
- Verwandte
- Freunde
- Nachbarn
- Kollegen

POLITISCHE SENSIBILITÄT

Gesprächen mit den Personen beziehen, mit denen sie in ihren unmittelbaren persönlichen Kontaktfeldern zusammentreffen, sei es in den Kontexten des Privatlebens, der Arbeitswelt oder des Wohnquartiers. Wir wollen uns im folgenden mit der Frage beschäftigen, welche Einflüsse diese beiden Vermittlungsinstanzen und die von ihnen vermittelten politischen Informationen auf das Stimmverhalten der Wähler ausüben. Läßt sich empirisch belegen, daß gesellschaftliche Informationsflüsse Wählerentscheidungen prägen? Wie groß ist dieser Einfluß? Gibt es Hinweise auf Unterschiede in der Wirksamkeit verschiedener Informationsquellen im Hinblick auf die Parteipräferenzen? Welche Einflußpotentiale haben die verschiedenen Formen der Massen- und der interpersonalen Kommunikation? In Anlehnung an Robert Dahl[4] und David Knoke[5] wollen wir dabei dann von »Einfluß« sprechen, wenn Informationen, denen ein Wähler ausgesetzt ist, diesen dazu veranlassen, sich bei der Wahl für eine andere Partei zu entscheiden als diejenige, die er gewählt hätte, wenn ihn diese Informationen nicht erreicht hätten. In den folgenden Abschnitten wird ein Modell der politischen Beeinflussung vorgestellt, in dem neben den Informationen, die den Wählern aus massenmedialen und interpersonalen Quellen zufließen, auch die politischen Voreingenommenheiten sowie die politische Motivation und Kompetenz der einzelnen Wähler eine wichtige Rolle spielen. *Schaubild 1* gibt einen Überblick der wesentlichen Komponenten dieses Modells und ihrer Beziehungen. Durch empirische Analysen werden diese Überlegungen illustriert. Aus Gründen der Übersichtlichkeit konzentrieren sich diese Analysen auf die beiden großen Parteien CDU/CSU und SPD. Empirische Grundlage ist eine repräsentative Befragung von Wählern, die vor der Bundestagswahl 1990 in den alten Bundesländern durchgeführt wurde[6].

1. Persuasion durch Information

1.1 Eine Theorie der politischen Beeinflussung

Auf welche Weise können Informationen Einflüsse auf Wahlentscheidungen ausüben? Wir haben eingangs darauf hingewiesen, daß Wahlentscheidungen als summarische Gesamtbewertungen von sach- und personalpolitischen Alternativenbündeln gesehen werden können. Vor diesem Hintergrund bietet es sich an, von einem konzeptuellen Raster auszugehen, das John Zaller im Rahmen einer um-

---

4 Robert A. Dahl, The Concept of Power, in: Behavioral Science, 2 (1957), S. 202–204; ders., Die politische Analyse, München 1973, S. 35–39.
5 David Knoke, Political Networks. The Structural Perspective, Cambridge 1990, S. 3–7.
6 Die Befragung wurde im Kontext des Projektes »Vergleichende Wahlstudie – Bundestagswahl 1990 in West- und Ostdeutschland« durchgeführt. Das Projekt leiteten Max Kaase, Hans-Dieter Klingemann, Manfred Küchler und Franz Urban Pappi. Verantwortlicher Projektbearbeiter war Rüdiger Schmitt-Beck. Ferner waren an dem Vorhaben wissenschaftlich beteiligt Rolf Hackenbroch, Rainer Mathes, Barbara Pfetsch, Peter R. Schrott, Katrin Voltmer und Bernhard Weßels.

fassenden Theorie der öffentlichen Meinungsbildung ausgearbeitet hat[7]. Zu den Kernstücken dieser Theorie gehört eine interessante Neukonzeptualisierung jener geistigen Orientierungen von Bürgern gegenüber politischen Objekten, die bislang zumeist mit Hilfe des Konzepts der »Einstellung« begrifflich gefaßt wurden. Sie gründet auf der Behauptung, daß die Bürger normalerweise nicht über Einstellungen im Sinne auskristallisierter und präzise definierter, in sich geschlossener und zeitlich stabiler Grundorientierungen gegenüber politischen Objekten verfügen.

Anstelle festgefügter, dimensional eindeutig fixierter Einstellungen enthält die Gedankenwelt eines Durchschnittsbürgers – so Zaller – ein mehr oder weniger reichhaltiges Gemenge sogenannter »Überlegungen« (*considerations*): Orientierungen kognitiv-evaluativen Charakters, die zwar einen Bezug zu bestimmten politischen Gegenständen haben, die aber keineswegs in ihrer Gesamtheit ein beständiges, geschlossenes, systematisch integriertes und insgesamt sinnvolles Orientierungssystem gegenüber diesen Gegenständen bilden müssen. In der Regel haben sie eher den Charakter einer Ansammlung mehr oder minder unverbundener Teilgesichtspunkte. Diese können sogar durchaus in sich ziemlich widersprüchlich sein. Die geistige Repräsentation der Politik im Denken der Bürger entspricht damit der faktischen Mehrdimensionalität, Komplexität und Vielschichtigkeit der meisten politischen Probleme.

Definiert sind diese Bewertungsgesichtspunkte als »any reason that might induce an individual to decide a political issue one way or other. Considerations are a compound of cognition and affect – that is, a belief concerning an object and an evaluation of the belief.«[8] Wenn ein Individuum einen bestimmten politischen Gegenstand zu beurteilen hat, z. B. im Rahmen einer Entscheidungssituation wie bei einer Wahl, dann wird es – Zaller zufolge – eine Art Quersumme desjenigen Ausschnitts aus der Gesamtmenge aller prinzipiell das Beurteilungsobjekt betreffenden Überlegungen bilden, die gerade in diesem Augenblick in seinem Geist zugänglich sind. Ob eine Person einen Sachverhalt tendenziell eher positiv oder eher negativ bewertet, hängt also vom Mischungsverhältnis der relevanten Beurteilungsaspekte ab, die in ihrem Denken prinzipiell verfügbar sind. An die Stelle des Konstrukts der politischen Einstellung, die als prinzipiell fixierte Position gedacht ist, tritt in diesem Modell eine zentrale Reaktionstendenz mit unterschiedlich großer Streubreite zwischen den einzelnen Individuen.

Die Quelle der Bewertungsgesichtspunkte, die als Einzelkomponenten in die summarischen »Meinungsstellungnahmen« einfließen, sind Überzeugungsbotschaften (*persuasive messages*), welche das Individuum über Informationskanäle erreicht haben. Diese Mitteilungen repräsentieren »arguments or images providing a reason for taking a position or point of view; if accepted by an individual, they become considerations«[9]. Die Überlegungen stellen also Meinungsurteile bezüglich

---

[7] Vgl. John R. Zaller, The Nature and Origins of Mass Opinion, Cambridge 1992, S. 28–39, 53–96; ders./Stanley Feldman, A Simple Theory of the Survey Response: Answering Questions versus Revealing Preferences, in: American Journal of Political Science, 36 (1992), S. 579–616.
[8] John R. Zaller, Political Awareness, Elite Opinion Leadership and the Mass Survey Response, in: Social Cognition, 1 (1990), S. 126.
[9] J. Zaller (Anm. 7), S. 41.

bestimmter Aspekte eines Gegenstands dar, die das Individuum über Informationskanäle erreicht haben und von diesem verinnerlicht worden sind. Gesellschaftliche Informationsflüsse besitzen also ein Potential, »Einstellungen« zu verändern, weil sie den Bewertungsgesichtspunkten, die das Individuum bereits in seinem Langzeitgedächtnis gespeichert hat, neue hinzufügen können. Je nach politischer Tendenz dieser neuen Überlegungen vermögen sie die Gesamtbalance aller verinnerlichten Überlegungen nach und nach in die eine oder die andere Richtung zu verschieben. Dadurch verlagert sich die politische Färbung der zentralen Tendenz der Quersummen, die auf der Grundlage der vorhandenen Überlegungen gezogen werden können.

Sowohl die Berichterstattung der Massenmedien als auch die Gespräche, die Wähler in ihrem persönlichen Umfeld führen, kommen als potentiell relevante Quellen politischer Information in Frage. Diese können zum Wandel von »Einstellungen« beitragen, indem sie das Mischungsverhältnis der Bewertungsgesichtspunkte für politische Sachverhalte verändern, die im Kopf der Bürger verfügbar sind. In Abhängigkeit von der Menge der positiv und der Menge der negativ gefärbten Informationen, die das Individuum erreichen und von ihm akzeptiert werden, verändern sich die relativen Chancen einer positiven oder negativen Gesamtbeurteilung des betreffenden Gegenstandes. Die Gewichtsverteilung der gesellschaftlichen Informationsflüsse zugunsten ener politischen Richtung stellt somit eine zentrale Größe bei der Formierung und Änderung der politischen »Einstellungen« der Wähler dar. Begünstigen diese Informationsflüsse systematisch eine bestimmte Partei, so ist damit zu rechnen, daß sich die Chancen dieser Partei verbessern, gewählt zu werden.

1.2 Qualitative Aspekte der Informationsvermittlung

Man kann die Überlegungen, die bisher vorgetragen wurden, als ein »Schalldruck-Modell« der politischen Beeinflussung charakterisieren. Entscheidend für mögliche Einflüsse von Medien und politischen Gesprächen auf die Wähler sind aus dieser Sicht allein Menge und Richtung der Argumente, die diesen nahegebracht werden. Vernachlässigt wird dabei, daß die Informationsangebote, denen die Wähler begegnen können, sich sowohl im Bereich der Massenmedien als auch im Bereich der interpersonalen Kommunikation im Hinblick auf ihre Darbietungsqualität sehr unterscheiden.

Demgegenüber betonen Klaus Merten[10] für die Massenmedien und in analoger Weise David Knoke[11] für die persönlichen Netzwerke, daß neben den Inhalten, d. h. in unserem Falle der parteipolitischen Färbung der vermittelten Informationen, oder, in der Terminologie Zallers, dem relativen Überwiegen von Überzeugungsbotschaften für die eine oder für die andere Seite, auch qualitative Formaspekte von

---

10 Klaus Merten, Wirkungen der Massenmedien. Ein theoretisch-methodischer Problemaufriß, in: Publizistik, 27 (1982) 1, S. 26–48; ders., Wirkungen von Kommunikation, in: ders./Siegfried J. Schmidt/Siegfried Weischenberg (Hrsg.), Die Wirklichkeit der Medien, Opladen 1994, S. 311–313.
11 D. Knoke (Anm. 5), S. 48–49.

Informationsquellen wichtige Momente sind, die sich in ihrem Einflußpotential niederschlagen können. So ist es offenkundig abwegig, davon auszugehen, daß alle Medien, die in der Bundesrepublik verbreitet werden, ihren Rezipienten politische Informationen in derselben formalen Qualität vermitteln. Die Art und Weise der Politikberichterstattung der verschiedenen Medien folgt vielmehr unterschiedlichen Darstellungslogiken und Präsentationsstilen, sogenannten »Medienformaten«[12]. Das betrifft zunächst den grundlegenden Unterschied zwischen Printmedien und audiovisuellen Medien, der insbesondere im Zusammenhang mit der These vom überragenden Einflußpotential des Fernsehens thematisiert wird[13]. Innerhalb der Sparte »Presse« verdient das Segment der anspruchsvollen Qualitätszeitungen mit täglicher oder wöchentlicher Erscheinungsweise gesonderte Beachtung. Für sie ist neben der umfangreichen aktuellen Berichterstattung der hohe Stellenwert typisch, der auf »Hintergrund, Analyse, Einordnung« gelegt wird[14]. Davon zu unterscheiden ist die lokale und regionale Abonnementpresse, die in der Regel im Bereich der Berichterstattung über Themen der nationalen Politik die Informationstiefe und -menge der Qualitätspresse nicht erreicht, sowie die Boulevardpresse, die einen noch geringeren Informationsgehalt aufweist und stärker meinungs-, aber auch unterhaltungsorientiert ist. Auch das Fernsehen stellt eine breite Palette qualitativ unterschiedlicher Informationsangebote bereit. So sind die faktenorientierten Nachrichtensendungen von den politischen Magazinen abzuheben, die sich auf intensiver recherchierte Analysen, Hintergrundberichte und Meinungsbeiträge konzentrieren. Zu unterscheiden ist ferner auch nach den verschiedenen Rundfunkorganisationen, welche diese Angebote jeweils verantworten, sowie auf einer allgemeineren Ebene nach dem Typus des Rundfunkveranstalters: öffentlich-rechtlich oder privat. Die Informationsangebote der Privatsender vermitteln nicht nur weniger politische Informationen, sondern auch ein anderes, stärker am Unterhaltungsbedürfnis des Publikums ausgerichtetes Politikbild als jene der öffentlich-rechtlichen Kanäle[15].

Ein wichtiger Unterschied zwischen den Kontaktpartnern, die im Alltag für die Wähler als persönliche Quellen politischer Informationen fungieren können, besteht in der Art der Beziehung zu anderen. Zentral erscheint vor allem der Unterschied zwischen Primär- und Sekundärbeziehungen. Ausschließlich Primärbeziehungen, d. h. intime, gefühlsgeladene, persönlich vertrauensvolle und daher auch

---

12 David L. Altheide/Robert P. Snow, Media Worlds in the Postjournalism Era, New York 1991, S. 18–19.
13 Vgl. Elisabeth Noelle-Neumann, Wirkungen der Massenmedien auf die Meinungsbildung, in: dies./Winfried Schulz/Jürgen Wilke (Hrsg.), Fischer Lexikon Publizistik Massenkommunikation, Frankfurt/M. 1994, S. 546–553; W. Russell Neuman/Marion R. Just/Ann N. Crigler, Common Knowledge. News and the Construction of Political Meaning, Chicago 1992, S. 49–51.
14 Herbert Riehl-Heyse, Aktion und Reaktion. Was unterscheidet Qualitätszeitungen von Fußballclubs, in: Süddeutsche Zeitung vom 22. Mai 1997.
15 Vgl. zusammenfassend Rüdiger Schmitt-Beck, Eine »vierte Gewalt«? Medieneinfluß im Wahljahr 1994, in: Wilhelm Bürklin/Dieter Roth (Hrsg.), Das Superwahljahr, Köln 1994, S. 267–271.

sehr stabile Beziehungen, standen im Mittelpunkt der frühen Untersuchungen von Paul Lazarsfeld und seinen Mitarbeitern[16]. Die Beziehungen zwischen Ehe- und Lebenspartnern, aber auch zwischen Verwandten und Freunden gehören in diese Kategorie. Mit der Veränderung der sozialen Beziehungen im Zuge der fortschreitenden funktionalen Differenzierung moderner Gesellschaften wurde die Aufmerksamkeit verstärkt auch auf die Sekundärbeziehungen gelenkt, d. h. durch spezifische funktionale Kontexte definierte »schwache« Beziehungen zu »Bekannten«, denen der hohe Grad an Intimität und affektiver Intensität abgeht, der für Primärbeziehungen charakteristisch ist. Nachbarn und Arbeitskollegen sind die wichtigsten Beispiele für diesen Typ von Beziehungen[17].

1.3 Zur Messung von Informationskontakten

Die empirische Analyse der Einflüsse von Informationen auf die politischen Entscheidungen von Wählern setzt voraus, daß man diese danach unterscheiden kann, in welchem Umfang ihnen aus den verschiedenen Quellen politische Informationen einer bestimmten parteipolitischen Tendenz zugeflossen sind. Im Falle der *Massenmedien* verwenden wir als Kennkriterium die Häufigkeit des Kontaktes von Wählern mit dem Informationsangebot, das von diesen vermittelt wird. Dabei wird davon ausgegangen, daß die Zahl der medienvermittelten Überzeugungsbotschaften, welche den einzelnen Wähler erreichen, davon abhängig ist, wie oft er sich den Medien zuwendet. Je häufiger er die Medienberichterstattung rezipiert, desto mehr Informationseinheiten geraten in sein Wahrnehmungsfeld. Wir unterscheiden daher bei den nachfolgenden Analysen die einzelnen Befragten in der Stichprobe zunächst danach, ob sie Mediennutzer sind oder nicht. Sofern sie Medien rezipieren, wird bei verschiedenen Analysen zusätzlich danach differenziert, ob sie dies gelegentlich oder regelmäßig tun[18].

Es ist nicht nur erforderlich, die verschiedenen Medien, denen die Wähler politische Informationen entnehmen können, nach den erwähnten Merkmalen der Präsentationsqualität zu unterscheiden. Zusätzlich muß auch dem Sachverhalt Rechnung getragen werden, daß die Medien in politischer Hinsicht keineswegs unisono sprechen, sondern ihrem Publikum ein vielstimmiges Konzert offerieren. Die Berichterstattung unterschiedlicher Periodika oder Fernsehsender ist oft durch mehr oder weniger stark ausgeprägte politische Einseitigkeiten gekennzeichnet, die ihren systematischen Ausdruck in voneinander abweichenden »Redaktionslinien«

---

16 Vgl. Bernard Berelson/Paul F. Lazarsfeld/William N. McPhee, Voting. A Study of Opinion Formation in a Presidential Campaign, Chicago 1954, S. 88–101; Elihu Katz/Paul F. Lazarsfeld, Personal Influence. The Part Played by People in the Flow of Mass Communication, Glencoe/Ill. 1955, S. 43–133.
17 Vgl. Claude S. Fisher, To Dwell Among Friends. Personal Networks in Town and City, Chicago 1982, S. 79–122.
18 Die Regelmäßigkeit wurde bei der Wochenpresse und den Fernsehmagazinen anhand einer Selbsteinstufung gemessen, bei den tagesaktuellen Angeboten (Tageszeitungen und Fernsehnachrichten) hingegen auf der Basis der in Tagen pro Woche gemessenen durchschnittlichen Rezeptionshäufigkeit (1 bis 5 Tage = gelegentlich, 6 bis 7 Tage = regelmäßig).

finden[19]. Diese Vielstimmigkeit des medienvermittelten öffentlichen Diskurses führt dazu, daß die Wähler häufig mehrseitigen Informationsflüssen ausgesetzt sind, in denen gleichzeitig Überzeugungsbotschaften für widerstreitende Standpunkte mitgeteilt werden, so daß sich deren Wirkungen im Endeffekt gegenseitig neutralisieren. Daraus ergibt sich, daß die Identifizierung von Medieneinflüssen dann am besten gelingen kann, wenn analytisch Informationsflüsse isoliert werden, die mehr oder weniger ausgeprägt eine der Seiten im politischen Wettbewerb bevorzugen[20]. Dies soll hier durch die weitestmöglich getrennte Betrachtung von Medien mit unterschiedlichen parteipolitischen Tendenzen erreicht werden. Im Rahmen nationaler Wählerbefragungen setzt die kleinräumige Differenziertheit der deutschen Presse dieser Strategie allerdings Grenzen: Die meisten Tageszeitungen sind nur mit so wenigen Lesern in der Stichprobe vertreten, daß getrennte Analysen aus statistischen Gründen nicht möglich sind. Das betrifft insbesondere die auf dem Lesermarkt dominierende Tagespresse mit lokaler oder regionaler Verbreitung. Sie ist allein in Westdeutschland in über 1 300 Ausgaben gegliedert, die von rund 120 Vollredaktionen produziert werden. Dieses Angebotssegment kann nur in summarischer Weise als Sammelkategorie berücksichtigt werden. Daraus folgt, daß hierauf bezogene Ergebnisse nur als Kennzeichen für diese Mediensparte insgesamt zu verstehen sind; Aussagen über einzelne Zeitungstitel innerhalb dieser Sammelkategorie sind daraus nicht ableitbar.

Um die redaktionellen Tendenzen der verschiedenen Zeitungen und Fernsehsender zu ermitteln, stützen wir uns auf die Eindrücke ihres Publikums, die in vielen Fällen durch die Ergebnisse systematischer Inhaltsanalysen untermauert werden[21]. Schaubild 2 basiert auf den Antworten von Zeitungslesern und Fernsehzuschauern auf die Frage, ob die jeweils gelesene Zeitung bzw. der jeweils gesehene Fernsehsender eine bestimmte Partei in der politischen Berichterstattung bevorzugt. Es zeigt beispielsweise, daß 50 Prozent der Leser der *Frankfurter Allgemeinen Zeitung (FAZ)* der Meinung sind, daß diese die CDU/CSU bevorzuge, während nur gut vier Prozent eine Begünstigung der SPD festzustellen glauben. Die Leser der *tageszeitung (taz)* erkennen hingegen zu 67 Prozent eine Bevorzugung der SPD und in keinem einzigen Fall eine Bevorzugung der CDU/CSU. Je weiter die Medien von der eingezeichneten Diagonallinie abweichen, die einer völlig balancierten Einschätzung entspricht, desto einseitiger werden sie von der Gesamtheit ihrer jeweiligen Rezipienten wahrgenommen. Dem Urteil ihrer Leser zufolge neigen neben der *Frankfurter Allgemeinen* auch die *Welt*, die *Bild-Zeitung* sowie die Regional- und Lokalpresse in ihrer Gesamtheit eher zur CDU/CSU, die schon erwähnte *tageszeitung* sowie die *Frankfurter Rundschau (FR)*, die *Süddeutsche Zeitung (SZ)* und die Sammelkategorie aller

---

19 Vgl. C. Richard Hofstetter, Bias in the News, Columbus/Ohio 1976, S. 187–189; Benjamin I. Page, The Mass Media as Political Actors, in: PS – Political Science and Politics, 29 (1996), S. 20–24.
20 Vgl. John Zaller, The Myth of Massive Media Impact Revived: New Support for a Discredited Idea, in: Diana C. Mutz/Paul M. Sniderman/Richard A. Brody (Hrsg.), Political Persuasion and Attitude Change, Ann Arbor 1996, S. 42.
21 Vgl. Hans Mathias Kepplinger, Die aktuelle Berichterstattung des Hörfunks, Freiburg 1985, S. 22–29.

Boulevardtitel außer *Bild*[22] hingegen eher zur SPD. Das Fernsehen wird im Vergleich zur Presse insgesamt als neutraleres Medium wahrgenommen. Die ARD sowie die Privatsender SAT1 und RTLplus liegen direkt auf der Gleichgewichtslinie, beim ZDF glauben die Fernsehzuschauer hingegen eine Neigung zur CDU/CSU zu beobachten.

Schaubild 2

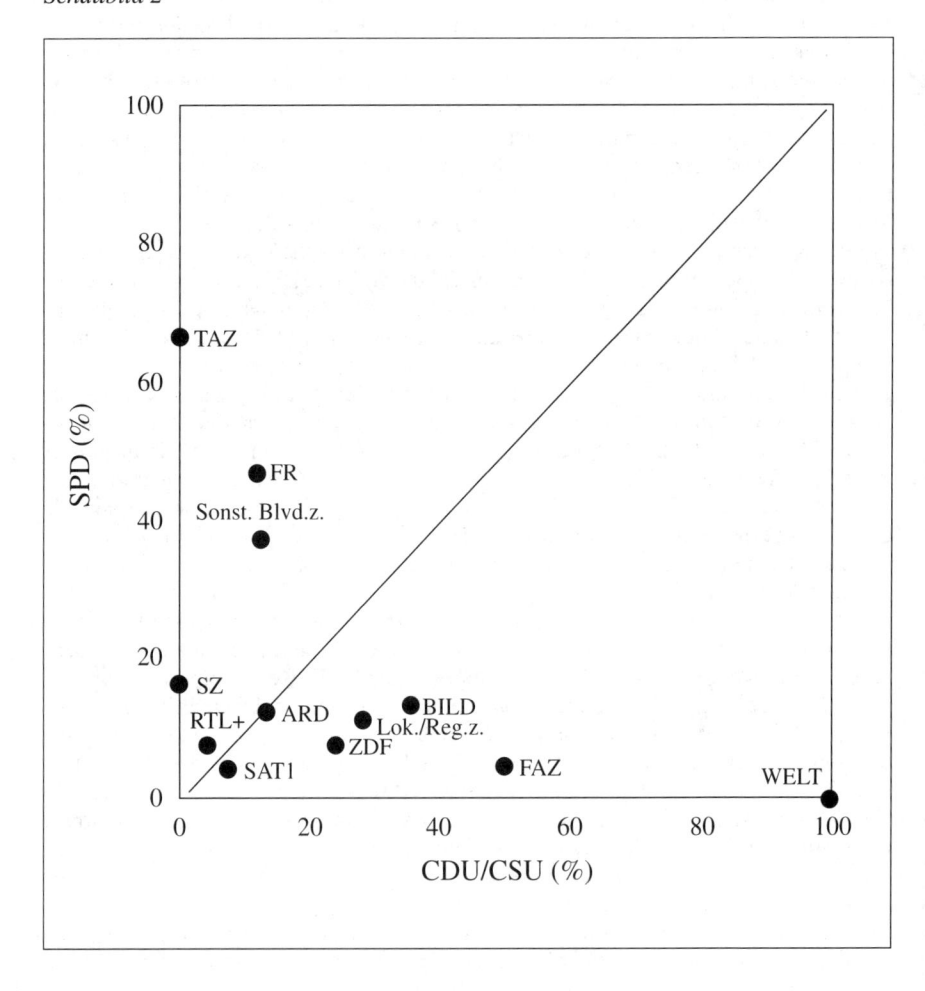

[Scatterplot with SPD (%) on y-axis and CDU/CSU (%) on x-axis, showing data points for TAZ, FR, Sonst. Blvd.z., SZ, RTL+, ARD, SAT1, ZDF, BILD, Lok./Reg.z., FAZ, WELT, with a diagonal equilibrium line from (0,0) to (100,100).]

---

22 Da der Markt der Boulevardzeitungen von der *Bild-Zeitung* mit einem Auflagenanteil von fast 80 Prozent dominiert wird, kann nur diese Zeitung als Einzeltitel separat in die Analyse einbezogen werden. Alle anderen Titel müssen in einer Restkategorie zusammengefaßt werden.

Im Bereich der *interpersonalen Kommunikation* muß eine andere Meßstrategie gewählt werden. Ihre »Veranstalter« sind ja nicht einige wenige Organisationen, sondern Millionen von Bürgern, deren Äußerungen die gesamte Breite des politischen Spektrums abdecken. Im persönlichen Kontakt begegnet der einzelne Wähler anderen Wählern, die dieselben Orientierungen wie er selbst haben mögen, die aber auch ganz andere, von seinen eigenen Positionen abweichende Auffassungen vertreten können. Mit welchen parteipolitischen Botschaften ein Wähler durch seine Gesprächspartner konfrontiert wird, kann daher nur in jedem Einzelfall gesondert ermittelt werden. Um empirisch zu erfassen, in welchem Umfang den einzelnen Wählern aus ihrem persönlichen Umfeld parteipolitisch einseitige Informationen zugeflossen sind, gehen wir von ihren Wahrnehmungen im Hinblick auf die Parteipräferenzen derjenigen Personen aus, die für sie nach eigenem Bekunden wichtige Gesprächspartner darstellen.

Da, wie oben vermerkt, auch die qualitativen Charakteristika der verschiedenen Arten von Beziehungen eine Rolle spielen dürften, wird dabei nach Beziehungstypen differenziert. Gesondert betrachtet werden Ehe- und Lebenspartner, sonstige Verwandte, Freunde, Nachbarn und Kollegen. Dabei ist zunächst von Interesse, ob ein Wähler Beziehungen des jeweiligen Typs zu Personen besitzt, welche der CDU/CSU oder der SPD nahestehen[23]. Bei detaillierteren Analysen wird der Anteil der Anhänger dieser Partei unter den angegebenen Kontaktpartnern vom jeweiligen Typ als Kennkriterium für den Umfang herangezogen, in dem den einzelnen Wählern im interpersonalen Austausch politische Informationen einer bestimmten parteipolitischen Tendenz zugeflossen sind. Ein Kennwert von 0.0 für Verwandte bedeutet dann beispielsweise, daß ein Befragter mit keinem einzigen Verwandten, der Anhänger der betreffenden Partei ist, wichtige Gespräche führt. Ein Kennwert von 1.0 steht hingegen für einen Verwandtenkreis, der sich ausschließlich aus Anhängern dieser Partei zusammensetzt.

2. Die Bedeutung politischer Prädispositionen

Analysen der Einflüsse von Informationen auf Wähler dürfen nicht den Fehler begehen, die Wähler als unbeschriebene Blätter anzusehen, die ihre Meinungen immer nur im Augenblick anhand aktueller Informationen bilden. Vielmehr empfangen und interpretieren die Wähler die Informationen, von denen sie erreicht werden, vor dem Hintergrund von stabil in der Persönlichkeit verankerten Vororientierungen, die man als »Prädispositionen« bezeichnen kann[24]. Prädispositionen haben im Hinblick auf politisches Verhalten zwei Funktionen: Erstens geben sie eine Leitlinie vor, der als »default value« ohne jede Informationsaufnahme unmittelbar gefolgt werden kann – als feststehende Entscheidungstendenz prägen sie insoweit politisches Verhalten *direkt*[25]. Zweitens üben sie einen *indirekten* Einfluß aus, indem sie als In-

---
23 Insgesamt konnten bis zu fünf Gesprächspartner angegeben werden.
24 Warren E. Miller/J. Merrill Shanks, The New American Voter, Cambridge 1996, S. xiii.
25 S. Popkin (Anm. 3), S. 52.

strumente zur Komplexitätsreduktion fungieren; sie erfüllen eine Filterfunktion, indem sie darauf einwirken, welche politischen Informationen aufgenommen und wie diese verarbeitet werden. Diesen Aspekt akzentuiert John Zaller, wenn er feststellt: »Every opinion is a marriage of information and predisposition: information to form a mental picture of the given issue, and predisposition to motivate some conclusion about it.«[26]

Wahlpolitisch relevante Prädispositionen sind keine individualistischen Größen. Vielmehr stellen sie auf der Ebene der einzelnen Wähler den Ausdruck grundlegender soziopolitischer Konfliktlinien dar. Diese können sich auf dreierlei Weise in individuelle politische Prädispositionen umsetzen: als politisierte Identifikationen mit sozialen Gruppen (sozialstrukturelle Prädispositionen), als Identifikationen mit weltanschaulichen Grundüberzeugungen oder Wertorientierungen (kulturelle Prädispositionen) und in Form von affektiven Bindungen an bestimmte Parteien (Parteiidentifikationen)[27]. Die direkte Erklärungskraft dieser Prädispositionen für die Wahl der CDU/CSU und der SPD bei der Bundestagswahl 1990 ist außerordentlich groß[28]. Die Parteiidentifikation prägte die Entscheidungen der Wähler am stärksten. Unabhängig davon stellte die Identifikation mit einer Position auf dem ideologischen Links-Rechts-Spektrum – selbstredend mit unterschiedlichen Vorzeichen – für beide Parteien eine weitere wichtige Determinante dar. Bedeutsam für die Wahl der CDU/CSU waren auch die Wertorientierungen: Postmaterialisten waren in besonders geringem Umfang geneigt, für die Union zu stimmen. Analoges galt für die Angehörigen des »Alten Mittelstandes« im Fall der SPD. Wer sich mit den Gewerkschaften identifizierte, neigte hingegen eher dazu, die SPD mit seiner Stimme zu unterstützen.

2.1 Selektive Zuwendung zu Informationsquellen

Im Hinblick auf die gesellschaftlichen Informationsflüsse fungieren diese Prädispositionen für die einzelnen Wähler, wie gesagt, als Filterinstanz, welche die Auswahl und Verarbeitung von Informationen steuert. Die Selektion von Information ist ein mehrstufiger Prozeß[29]. Für unsere Zwecke genügt die Unterscheidung in die

---

26 J. Zaller (Anm. 7), S. 6.
27 Vgl. Oddbjorn Knutsen/Elinor Scarbrough, Cleavage Politics, in Jan W. van Deth/Elinor Scarbrough (Hrsg.), The Impact of Values, Oxford 1995, S. 493–495.
28 Es wurden zwei logistische Regressionen durchgeführt. Abhängige Variablen waren: Wahl der CDU/CSU versus Wahl einer anderen Partei bzw. Wahl der SPD versus Wahl einer anderen Partei. Als unabhängige Variablen ging in jede der beiden Analysen der gesamte Satz der oben angegebenen Prädispositionen ein. Die Fallzahl betrug für beide Analysen N = 857. Als zusammenfassender Kennwert für die Stärke der Prägung der Parteipräferenzen durch die Prädispositionen kann die Maßzahl Pseudo-R^2 herangezogen werden, die mit Einschränkungen als Äquivalent zum Determinationskoeffizienten der linearen Regressionsanalyse gelten kann und grundsätzlich zwischen 0.0 und 1.0 variieren kann (vgl. Dieter Urban, Logit-Analyse, Stuttgart 1993, S. 61–63). Sie lag für beide Parteien gleich hoch, nämlich bei .54.
29 Vgl. Lawrence R. Wheeless/John A. Cook, Information Exposure, Attention and Reception, in: Brent D. Ruben (Hrsg.), Information and Behavior, Bd. 1, New Brunswick 1985.

selektive Zuwendung und die selektive Verarbeitung von Informationen. Die These der *selektiven Zuwendung* besagt, daß die Wähler sich nicht gerne verunsichern lassen und deswegen dazu tendieren, sich nach Möglichkeit nur solchen Inhalten zuzuwenden, die mit ihren Prädispositionen im Einklang stehen, d. h. diese bestätigen. Die eigenen Prädispositionen verhindern also den Kontakt mit Informationen und Argumenten der Gegenseite und stehen damit Veränderungen von politischen Orientierungen entgegen. In John Zallers Terminologie handelt es sich bei der selektiven Zuwendung um den Versuch von Wählern, sich Überzeugungsbotschaften, die mit ihrer eigenen Auffassung inkonsistent sind, vom Leibe zu halten, indem sie deren Quellen meiden. Das kann dadurch geschehen, daß man nur solche Medien nutzt und nur mit solchen Personen in Kontakt tritt, von denen man glaubt, daß sie auf der eigenen politischen Linie liegen.

Im Hinblick auf die Massenmedien gingen die klassischen Arbeiten von Lazarsfeld und anderen davon aus, daß die richtungspolitisch motivierte selektive Zuwendung zu Medieninhalten eine so effektive Barriere darstellt, daß einstellungsverändernde Medienwirkungen fast vollständig abgeblockt werden[30]. Da Medieninhalte, die den eigenen Prädispositionen widersprechen, erst gar nicht zur Kenntnis genommen werden, sinkt die Chance gegen Null, eine Position zu übernehmen, welche im Gegensatz zu den Positionen steht, die durch die Prädispositionen nahegelegt werden – so die Essenz dieser These. Freilich setzt eine derartige Entscheidung für oder gegen die Nutzung eines bestimmten Mediums als Quelle politischer Information voraus, daß die notwendige Angebotsvielfalt vorhanden ist, die Voraussetzung jeglicher Auswahl ist. Auch dürfen keine anderen, als wichtiger erachteten Gratifikationsbedürfnisse zu Auswahlentscheidungen führen, die anders aussehen als jene, die durch rein politisch motivierte Selektionstendenzen nahegelegt werden würden. Was das Fernsehen anbetrifft, so umschreibt vor allem die begrenzte Zahl der Kanalalternativen die Möglichkeiten der Auswahl. Im Bereich der Presse sind die Wahlmöglichkeiten vielerorts als Folge von Konzentrationsprozessen limitiert. Unterhaltungswünsche dürften für viele Bürger ein starkes Motiv sein, sich auch solchen Medien zuzuwenden, die politisch nicht voll auf der eigenen Linie liegen. Einfluß auf politische Meinungen und Verhalten der Bürger können Massenmedien mithin in dem Maße gewinnen, wie die prädispositionale Steuerung der Zuwendung nicht greifen kann, weil die dafür erforderliche Angebotsvielfalt nicht gegeben ist oder weil andere Zuwendungsgründe über die politischen Motive dominieren.

Die korrespondierende These im Bereich der interpersonalen Kommunikation, die sogenannte »Homophilie-These«[31], besagt, daß Individuen dazu tendieren, Kontrolle über die Informationen, die ihnen zufließen, zu behalten, indem sie Gespräche mit politisch Andersgesinnten vermeiden und statt dessen bevorzugt persönliche Kontakte pflegen, in denen sie mit vorwiegend bestätigenden Informationsflüssen rechnen können[32].

---
30 P. Lazarsfeld/B. Berelson/J. McPhee (Anm. 3), S. 80–82, 89–91.
31 Vgl. Everett M. Rogers/Dilip K. Bhowmik, Homophily-Heterophily: Relational Concepts for Communication Research, in: Public Opinion Quarterly, 34 (1970), S. 523–538.
32 Vgl. Robert Huckfeldt/John Sprague, Citizens, Politics, and Social Communication. Information and Influence in an Election Campaign, Cambridge 1995, S. 14–15.

Tabelle 1: Kontakte zu Informationsquellen nach Parteiidentifikation
(prozentuale Abweichungen von Gesamt)

	Gesamt (%)	Identifikation mit...					Cramer's V
		CDU/CSU	SPD	FDP	Grünen	keiner Partei	(P)
Nutzung von...							
taz	1	−1	0	+1	−1	0	.21 (.000)
FR	3	−2	0	−3	+8	0	.14 (.000)
SZ	3	−2	+1	+3	+2	0	.08 (.065)
FAZ	4	+1	−1	+2	+1	−1	.06 (.347)
Welt	1	+1	−1	−1	−1	0	.09 (.031)
Lokal-/Regional-zeitungen	56	0	−3	−5	−11	+6	.09 (.047)
Bild	26	+1	+1	−5	−15	+1	.09 (.047)
Sonst. Boulevard-zeitungen	4	+2	0	0	0	−2	.07 (.183)
Spiegel	44	−8	+3	+4	+30	−1	.18 (.000)
Zeit	22	−2	−1	+3	+19	0	.12 (.003)
ARD-Nachr.	92	+3	+1	+8	−10	−3	.13 (.000)
ZDF-Nachr.	85	+5	+1	+6	−7	−6	.14 (.000)
SAT1-Nachr.	27	+3	+2	+15	−8	−4	.09 (.033)
RTL+-Nachr.	33	0	+4	−1	−12	−1	.08 (.127)
ARD-Magazine	87	+2	+4	+15	−8	−5	.14 (.000)
ZDF-Magazine	82	+4	+2	+11	−8	−6	.13 (.000)
Priv. Magazine	46	−5	+3	+15	−2	+1	.08 (.080)
Wahl der CDU/CSU durch...							
Ehepartner	15	+16	−12	+3	−12	−2	.32 (.000)

Wahl der CDU/CSU durch... mindestens einen:							
Verwandten	11	+ 7	− 7	+ 4	− 7	+ 1	.20 (.000)
Freund	11	+ 8	− 5	+ 1	− 7	− 2	.18 (.000)
Nachbarn	4	+ 3	− 1	− 4	0	− 2	.11 (.008)
Kollegen	5	+ 3	− 2	+ 4	− 5	− 1	.13 (.000)
Wahl der SPD durch... mindestens einen:							
Ehepartner	14	−12	+19	−11	− 6	− 4	.38 (.000)
Verwandten	10	− 5	+ 7	− 1	+ 2	− 3	.16 (.000)
Freund	12	− 6	+ 9	− 9	− 2	− 3	.20 (.000)
Nachbarn	4	− 2	+ 4	− 4	− 3	− 2	.15 (.000)
Kollegen	5	− 2	+ 6	− 5	− 1	− 3	.18 (.000)

Lesebeispiel Medien: ein Prozent aller Wähler lesen die *tageszeitung* (*taz*). Bei denjenigen, die sich mit der CDU/CSU oder mit der FDP identifizieren, ist der Anteil der *taz*-Leser um einen Prozentpunkt geringer (und liegt damit bei 0 Prozent), bei denjenigen, die sich mit der SPD oder aber mit keiner Partei identifizieren, ist der Anteil genau so groß wie im Gesamtelektorat (0 Prozentpunkte Abweichung). Unter denjenigen, die sich mit den Grünen identifizieren, sind die *taz*-Leser um neun Prozentpunkte überrepräsentiert (d.h. ihr Anteil liegt in dieser Gruppe bei zehn Prozent).

Lesebeispiele Gesprächspartner: 15 Prozent aller Wähler haben nach eigener Angabe einen Ehe- oder Lebenspartner, der CDU/CSU wählt. Bei denjenigen, die sich mit der CDU/CSU identifizieren, liegt dieser Anteil um 16 Prozentpunkte höher (er beträgt also 31 Prozent), während er bei denjenigen, die sich mit der SPD identifizieren, um zwölf Prozentpunkte niedriger liegt (entspricht einem Anteil von drei Prozent). Elf Prozent aller Wähler führen »wichtige Gespräche« mit mindestens einem Verwandten, der CDU/CSU wählt. Bei denjenigen, die sich mit der CDU/CSU identifizieren, liegt der entsprechende Anteil um sieben Prozentpunkte höher, bei denjenigen, die sich mit der SPD identifizieren, hingegen um sieben Prozentpunkte niedriger als im Gesamtdurchschnitt (er liegt also bei 18 Prozent bzw. vier Prozent).

Cramer's V ist ein statistisches Maß für die Stärke des Zusammenhangs zwischen der Parteiidentifikation und den Kontakten zu den einzelnen Informationsquellen. Als Faustregel kann gelten, daß Zusammenhänge bis .20 als schwach, bis .40 als mittel und über .40 als stark zu interpretieren sind. Wenn die in Klammern angegebenen P-Werte größer als .050 sind, kann auf der Basis der hier analysierten Stichprobe nicht mit hinreichender Sicherheit davon ausgegangen werden, daß die in der Grundgesamtheit existierenden Zusammenhänge tatsächlich von 0 verschieden sind.

Steven Chaffee bringt diese Tendenz auf die knappe Formel: »like talks to like«[33]. Wenn Individuen tatsächlich die volle Kontrolle über die Auswahl ihrer Interaktionspartner besäßen, dann könnte es auch keinen meinungsändernden Einfluß durch interpersonale Kommunikation geben – die Gesellschaft würde dann in geschlossene soziale Interaktionsmoleküle aus Gleichgesinnten zerfallen, die sich im persönlichen Austausch unentwegt wechselseitig die Richtigkeit ihrer Auffassungen versichern. Wiederum sind jedoch Einwände anzumelden: Für viele Menschen stellt Politik keinen zentralen Lebensbereich dar. Es erscheint daher plausibel zu vermuten, daß oft andere als politische Erwägungen und Neigungen den Ausschlag bei der Gestaltung von Sozialbeziehungen geben. Überdies definieren soziale Kontexte als Gelegenheitsstrukturen den Rahmen, innerhalb dessen die Wähler ihre Interaktionspartner aussuchen können. Sie grenzen ihre Auswahlmöglichkeiten ein, weil sie häufig selbst bestimmte politische Prägungen aufweisen. »People exercise discretion in the choice of a discussion partner, but that choice is circumscribed by the structurally determined availability of like-minded individuals. These structurally supplied discussion partners, in turn, have important effects on vote choice.«[34] Insbesondere die personelle Zusammensetzung der Verwandtschaft, der Nachbarschaft und des Kollegenkreises muß der einzelne Wähler als weitgehend vorgegeben akzeptieren. Hier sind seine Auswahlmöglichkeiten im Hinblick auf politisch genehme Gesprächspartner sehr limitiert. Diese strukturellen Voraussetzungen erhöhen die Wahrscheinlichkeit, daß Wähler auch mit mißliebigen Auffassungen konfrontiert werden. Demgegenüber tritt bei Ehe- und Lebenspartnern sowie bei Freunden deutlicher das Moment der freien, genauer: freieren Auswahl hervor. Hier haben die Wähler größere Kontrolle darüber, daß sie nur politischen Informationen ausgesetzt werden, die zu ihren Prädispositionen passen[35].

Man kann also unterstellen, daß die Bürger zwar dazu tendieren, sich nach Möglichkeit politisch bestätigenden Informationsquellen zuzuwenden, daß der Realisierung dieser Tendenz jedoch unter Umständen gewichtige Gründe entgegenstehen. Dadurch können sich dennoch Einfallschneisen für Informationseinflüsse öffnen. Um das Ausmaß der selektiven Zuwendung der Wähler zu Informationsquellen zu ermitteln, ist es erforderlich aufzuzeigen, in welchem Ausmaß der Kontakt zu den verschiedenen Typen von Informationsquellen nach Prädispositionen variiert. Dabei zeigt sich zunächst, daß die selektive Zuwendung in der Tat existiert. Ihr Ausmaß ist aber von der Art der betrachteten Prädisposition abhängig. Am stärksten ist sie bei der Parteiidentifikation.

Aus *Tabelle 1* ist zu ersehen, in welchem Ausmaß die Parteiidentifikation die Kontakte von Wählern mit den verschiedenen Informationsquellen steuert. Offenkundig wirken sich die Parteibindungen der Wähler tatsächlich darauf aus, ob sie sich bestimmten Informationsquellen zuwenden oder nicht. Allerdings betrifft das die Massenmedien in wesentlich geringerem Umfang als die persönlichen Gesprächspartner.

---

33 Steven H. Chaffee, The Interpersonal Context of Mass Communication, in: F. Gerald Kline/ Phillip J. Tichenor (Hrsg.), Current Perspectives in Mass Communication Research, Beverly Hills 1972, S. 99.
34 R. Huckfeldt/J. Sprague (Anm. 32), S. 189.
35 Vgl. C. Fisher (Anm. 17), S. 79–122.

Auch deuten die Muster der Verteilungen eher auf typische Trends im Umgang mit den Massenmedien insgesamt als auf politisch motivierte Auswahlprozesse bezüglich bestimmter Medien hin. Das markanteste Medienverhalten haben nämlich offenkundig die Anhänger der Grünen. Sie erweisen sich in der Tendenz als generelle »Fernsehmuffel«, verschmähen auch die Regionalpresse und erst recht die Boulevardzeitungen und beziehen ihre politischen Informationen statt dessen bevorzugt aus der linken und linksliberalen Qualitätspresse. Umgekehrt fällt auf, daß Wähler, die sich an die FDP gebunden fühlen, dem Bildschirmmedium besonders zugetan scheinen. Was aber die Anhänger der beiden großen Parteien anbelangt, so sind nur geringe Unterschiede im Medienkontakt feststellbar. Am ehesten verdient Erwähnung, daß Unionsanhänger den *Spiegel* deutlich seltener, die politischen Angebote des ZDF hingegen etwas häufiger nutzen als sozialdemokratische Wähler.

Wesentlich deutlicher zeigt sich die Zuwendung nach politischer Seelenverwandtschaft bei den Gesprächspartnern, besonders, wenn es sich um Primärbeziehungen handelt. Insbesondere in Paarbeziehungen sind Gleichgesinnte weit überrepräsentiert. Unter Verwandten ist der Grad der »politischen Homophilie« etwas geringer als unter Freunden, wo das Moment der gezielten Auswahl, wie erwähnt, aus strukturellen Gründen stärker zum Tragen kommen kann. In den Sekundärbeziehungen zu Nachbarn und Kollegen ist das Ausmaß der politischen Übereinstimmung noch geringer.

Damit ist festzuhalten: Selektive Zuwendung, die sich aus politischen Prädispositionen herleitet, spielt bei der Auswahl von Informationsquellen durch die westdeutschen Wähler eine Rolle, und zwar vor allem bei den Primärbeziehungen, in geringerem Umfang auch bei den Sekundärbeziehungen und bei den Massenmedien. Erkennbar ist jedoch auch, wie strukturelle Beschränkungen die Wahlmöglichkeiten eingrenzen. Damit ist eine wichtige Vorbedingung für Einflüsse von Informationsquellen erfüllt: Ein ganz erheblicher Teil der Wähler ist auch Informationen aus solchen Quellen ausgesetzt, die politisch nicht auf ihrer Linie liegen. Damit stellt sich die Frage, wie sie mit diesen Informationen umgehen.

2.2 Selektive Verarbeitung von Informationen

John Zaller betont in seinen Überlegungen den Aspekt der durch Prädispositionen gesteuerten *selektiven Verarbeitung* der tatsächlich eingehenden Informationen. Diese These besagt, daß Prädispositionen die Entscheidung zwischen Akzeptanz und Nicht-Akzeptanz bezüglich derjenigen Informationen regulieren, die bereits empfangen wurden. »Because the totality of the communications that one accepts determines one's opinions [...], predispositions are the critical intervening variable between the communications people encounter [...], on one side, and their statements of political preferences, on the other.«[36] Die Grundannahme lautet dabei: Individuen weisen eine Tendenz auf, von den empfangenen Botschaften nur diejenigen zu akzeptieren, die mit ihren Prädispositionen übereinstimmen.

---

36 J. Zaller (Anm. 7), S. 22–23.

In welchem Ausmaß dieser Filtermechanismus funktioniert, hängt jedoch – so Zaller – entscheidend von der politischen Sensibilität (*awareness*) der Wähler ab. Damit ist das Ausmaß gemeint, »to which an individual pays attention to current political events and understands what he or she has encountered. In a phrase, political awareness denotes intellectual (as against merely emotional) engagement with public affairs.«[37] Aus einer Reihe von Gründen vermindert eine hohe politische Sensibilität die Chance, daß Botschaften, die mit den Prädispositionen von Individuen inkonsistent sind, für deren Urteile und Entscheidungen relevant werden. Mit anderen Worten: Hochgradig politisierte Wähler lassen sich von Informationen weniger stark beeindrucken und folgen eher ihren Prädispositionen. So haben diese Wähler bereits so viele für das betreffende Objekt relevante Bewertungsgesichtspunkte gespeichert, daß aus den Medien oder dem interpersonalen Austausch neu übernommene Argumente im Vergleich dazu nur ein sehr geringes Gewicht haben; sie gehen in der summarischen Gesamtbilanz daher praktisch unter. Auch sind hoch politisierte Wähler so sensibel für gesellschaftliche Informationsflüsse, daß sie im Gegensatz zu weniger aufmerksamen Wählern Argumente, die ihre eigene Position stützen, auch dann wahrnehmen, wenn sie im gesellschaftlichen Kommunikationsfluß nur eine geringe Bedeutung haben und daher nur sehr »leise« zu vernehmen sind[38]. Aus alledem folgt, daß Änderungen von Parteipräferenzen als Folge von Informationsflüssen am ehesten bei wenig oder gar nicht politisch sensibilisierten Wählern zu erwarten sind.

Verschiedene Studien konnten zeigen, daß bei amerikanischen Wählern die Stärke der Zusammenhänge zwischen Prädispositionen und politischen Orientierungen mit sinkendem Grad politischer Sensibilität abnimmt[39]. Dieser Befund wurde als Ausdruck der größeren Beeinflußbarkeit der politisch geringer Sensibilisierten interpretiert. Die Entscheidungen dieser Wählergruppe ließen sich in geringerem Maße aus ihren Prädispositionen vorhersagen – so die Annahme –, weil sich ihre Mitglieder leichter durch Informationen von der Linie ablenken ließen, die durch ihre Prädispositionen vorgegeben sei. Wenn wir die Stärke des politischen Interesses der Wähler als Indikator für ihre politische Sensibilität verwenden, dann wird erkennbar, daß Prädispositionen auch in Westdeutschland bei den in diesem Sinne geringer politisierten Wählern deutlich weniger zur Erklärung der Wahlentscheidung beitragen als bei den stärker politisierten Wählern (*Schaubild 3*)[40].

---

37 J. Zaller (Anm. 8), S. 126.
38 Vgl. Philip E. Converse, Information Flow and the Stability of Partisan Attitudes, in: Angus Campbell u. a., Elections and the Political Order, New York 1966, S. 140–141; J. Zaller (Anm. 7), S. 121.
39 Vgl. P. Converse (Anm. 38); Edward C. Dreyer, Media Use and Electoral Choices: Some Political Consequences of Information Exposure, in: Public Opinion Quarterly, 35 (1971), S. 544–553; Cliff Zukin, A Reconsideration of the Effects of Information on Partisan Stability, in: Public Opinion Quarterly, 41 (1977), S. 244–254; John R. Zaller, Bringing Converse Back, in: Modelling Information Flow in Political Campaigns, in: Political Analysis, 1 (1989), S. 214–219.
40 Dies ist das Ergebnis von Analysen analog derjenigen, die in Fußnote 28 beschrieben ist, die jedoch für schwach und für stark politisch interessierte Wähler getrennt durchgeführt wurden. Das Schaubild zeigt für jede Einzelanalyse die Maßzahl Pseudo-R^2 als Indikator für die Gesamterklärungskraft aller jeweils berücksichtigten unabhängigen Variablen.

Schaubild 3: Erklärungskraft von Prädispositionen, Massenmedien und Gesprächspartnern für Wahlentscheidung, nach politischem Interesse

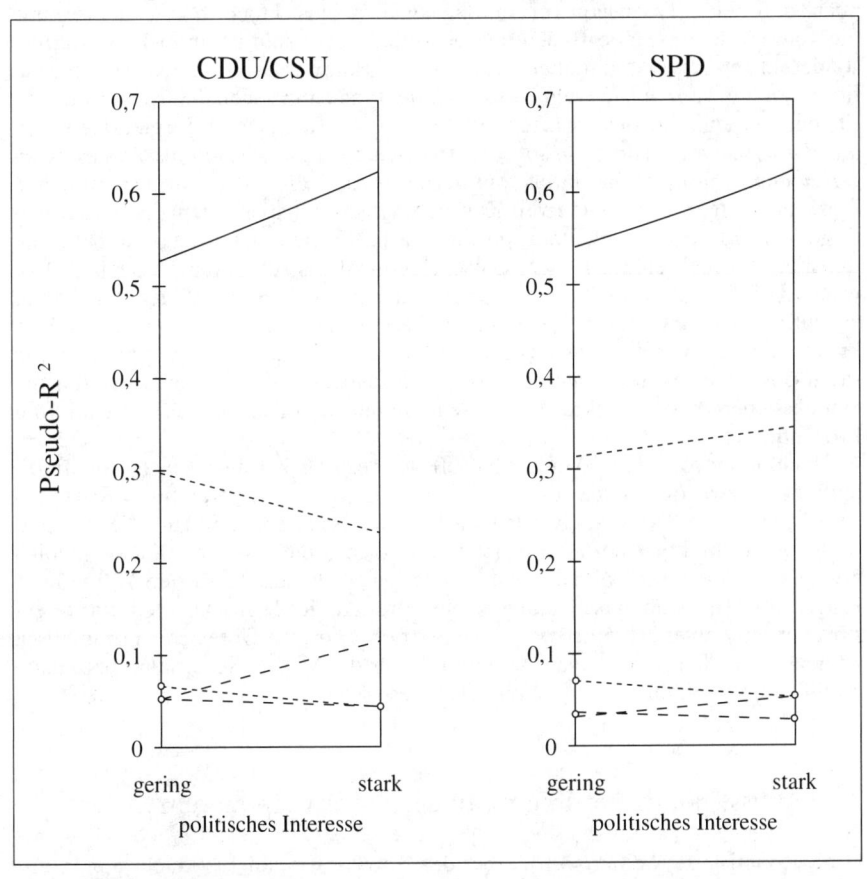

[Diagramm: Pseudo-R^2 für CDU/CSU und SPD, jeweils nach politischem Interesse (gering/stark)]

——— Prädispositionen
- - - - Gesprächspartner (unkontrolliert)
- o - Gesprächspartner (kontrolliert nach Prädispositionen)
— — Massenmedien (unkontrolliert)
— o — Massenmedien (kontrolliert nach Prädispositionen)

Doch in welchem Ausmaß wirken Informationskontakte auf die Parteipräferenzen der Wähler ein? Wir betrachten zunächst nur die Erklärungskraft bzw. Vorhersageleistung von Massenmedien bzw. persönlichen Gesprächen insgesamt. In *Abschnitt 3* wird dann diskutiert, wie die Einflüsse der einzelnen Informationsquellen ausgesehen haben, d. h. in welche Richtung sie Wahlentscheidungen verändert haben und wie groß diese Änderungen jeweils waren. Wenn wir die Prädispositionen außer acht lassen und versuchen, Parteipräferenzen nur aus Informationskontakten vorherzusagen, so wird zunächst deutlich, daß persönliche Gespräche dafür wesentlich besser geeignet sind als die Rezeption von Medieninhalten[41]. Offenkundig wird aber auch, daß beide Typen von Informationsquellen hinsichtlich ihrer Prägewirkung nicht an die überragende Bedeutung der Prädispositionen heranreichen. Von besonderem Interesse ist nun aber, wie sich die Erklärungskraft politischer Informationskontakte *vermindert*, wenn *zusätzlich* die Prädispositionen der Wähler berücksichtigt werden. Nur die ergänzende Erklärungskraft, welche Informationen *über die Vorhersagekraft von Prädispositionen hinaus* entfalten, kann als Ausdruck *eigenständiger* Informationseinflüsse gewertet werden, die nichts mit der im letzten Abschnitt aufgezeigten selektiven Zuwendung zu tun haben[42]. Unverkennbar verringert die Kontrolle nach Prädispositionen die Vorhersageleistung von Informationskontakten erheblich. Daran wird noch einmal das Ausmaß der gezielten Auswahl von Informationsquellen auf der Grundlage der Prädispositionen der Wähler ersichtlich. Die interpersonale Kommunikation behält aber einen kleinen Wirkungsvorsprung vor der Massenkommunikation. Über den Erklärungsbeitrag von Prädispositionen hinaus steigert sie die Vorhersagbarkeit der Wahlentscheidung um vier bis sieben Prozentpunkte, die Massenkommunikation hingegen um drei bis fünf Prozentpunkte.

Wichtig ist vor allem aber auch, daß der reine Erklärungsbeitrag von Informationen, so wie dies erwartet worden war, bei den politisch wenig Interessierten in der Tat etwas größer ist als bei den stärker Interessierten. Einflüsse, die von persönlichen Kontaktpartnern ausgehen, und solche, die von den Massenmedien ausgehen, spielen also bei den weniger oder gar nicht sensibilisierten Wählern als Prägekräfte für Wahlentscheidungen eine größere Rolle als bei den stark sensibilisierten Wählern. Freilich wäre es übertrieben, diesen Unterschied dramatisch zu nennen. Er liegt bei einem Prozentpunkt für die Massenmedien und bei knapp zwei Prozentpunkten für die persönlichen Gespräche.

3. Einflüsse politischer Informationen auf Parteipräferenzen

Gering politisierte Wähler wurden bei der Bundestagswahl 1990 nicht nur in insgesamt größerem Ausmaß, sondern im einzelnen auch von einer größeren Anzahl verschiedener Informationsquellen beeinflußt als politisch stark Sensibilisierte. Auch wurden bei Berücksichtigung der Bedeutung von Prädispositionen eigen-

---

41 Es wurden logistische Regressionen durchgeführt, in denen jeweils alle Medienkontakte bzw. alle Konktakte zu Gesprächspartnern als unabhängige Variablen fungierten.

42 Die einfachen gestrichelten bzw. gepunkteten Linien in *Schaubild 2* markieren die (durch Pseudo-R^2 gemessene) Gesamterklärungskraft aller Gesprächspartner bzw. aller Massenmedien für die Parteipräferenzen, wenn Prädispositionen *unbeachtet* bleiben. Die durch Kreissymbole gekennzeichneten korrespondierenden Linien zeigen demgegenüber an, um wieviel sich die durch Pseudo-R^2 gemessene Erklärungskraft von logistischen Regressionsmodellen im Vergleich zu den rein prädispositionalen Modellen *verbessert*, wenn *zusätzlich* zu den Prädispositionen auch noch Gesprächspartner bzw. Massenmedien einbezogen werden.

ständige Effekte einzelner Informationsquellen im Segment der politisch Interessierten nur im Hinblick auf die Wahl der CDU/CSU, nicht jedoch der SPD sichtbar. Wie groß waren die Einflüsse dieser Informationsquellen auf die Parteipräferenzen? Betrafen diese Einflüsse alle Wähler in uniformer Weise? Oder lassen sich Belege finden, die darauf hindeuten, daß Informationen in Abhängigkeit von den prädispositionalen Voreingenommenheiten der Wähler selektiv verarbeitet werden?

3.1 Zur Messung von Einflüssen auf die Wahlentscheidung

Wie eingangs ausgeführt, wollen wir dann von »Einfluß« sprechen, wenn Informationen, denen ein Wähler ausgesetzt ist, diesen dazu veranlassen, anders zu stimmen, als er gestimmt hätte, wenn ihn diese Informationen nicht erreicht hätten. Da hier ein realisiertes Verhalten mit einer nicht eingetretenen alternativen Verhaltensmöglichkeit verglichen werden soll, stellt sich die Frage, wie man eine solche Gegenüberstellung methodisch durchführen kann. Dahl schlägt vor, zu diesem Zweck die Wahrscheinlichkeit oder relative Häufigkeit des Auftretens des interessierenden Verhaltens bei Akteuren, die einer bestimmten Einflußquelle ausgesetzt waren, und bei Akteuren, die dieser Einflußquelle nicht ausgesetzt waren, die sich aber in anderer Hinsicht nicht voneinander unterscheiden, miteinander zu vergleichen. Der Unterschied der Wahrscheinlichkeiten oder relativen Häufigkeiten des Auftretens des interessierenden Verhaltens – in unserem Fall würde das heißen: der Wahl einer bestimmten Partei – bei diesen beiden Gruppen von Akteuren kann dann als direktes Maß für die Stärke des Einflusses interpretiert werden[43]. Im Hinblick auf die Einflüsse der Massenkommunikation auf Parteipräferenzen lautet unsere Fragestellung demnach: Wie groß ist der Unterschied der Wahrscheinlichkeit, die CDU/CSU bzw. die SPD zu wählen, zwischen Mitgliedern einer bestimmten Gruppe von Wählern, die ein Medium überhaupt nicht nutzen, und Mitgliedern derselben Gruppe, die dieses Medium regelmäßig nutzen? Bezüglich der interpersonalen Kommunikation lautet sie analog: Wie groß ist der Unterschied der Wahrscheinlichkeit, die CDU/CSU bzw. die SPD zu wählen, zwischen Mitgliedern einer bestimmten Gruppe von Wählern, die keinen Kontaktpartner eines bestimmten Beziehungstyps haben, der die CDU/CSU bzw. die SPD unterstützt, und Mitgliedern derselben Gruppe, deren Kontaktpartner dieses Beziehungstyps alle die CDU/CSU bzw. die SPD unterstützen?

Getrennt für gering und für stark politisierte Wähler zeigt *Schaubild 4*, welche Informationsquellen in diesem Sinne einflußreich waren, wie stark diese Einflüsse waren, und inwieweit sich die Einflußstärken in Abhängigkeit von den Prädispositionen der Wähler unterschieden haben[44].

---

43 Vgl. R. Dahl, The Concept of Power (Anm. 4), S. 205–207; ders., Die politische Analyse (Anm. 4), S. 46–47; siehe auch William Gamson, Power and Discontent, Homewood/Ill. 1968, S. 61–65.

44 Ausgangspunkt der folgenden Darstellung sind die Analysen, deren Gesamterklärungskraft in *Abbildung 2* wiedergegeben ist. Auf der Grundlage der Parameterschätzungen für die Effektstärken der einzelnen unabhängigen Variablen (Prädispositionen und Informations-

Schaubild 4: Einflüsse von Massenmedien auf die Wahl von CDU/CSU und SPD, nach Prädispositionen und politischem Interesse

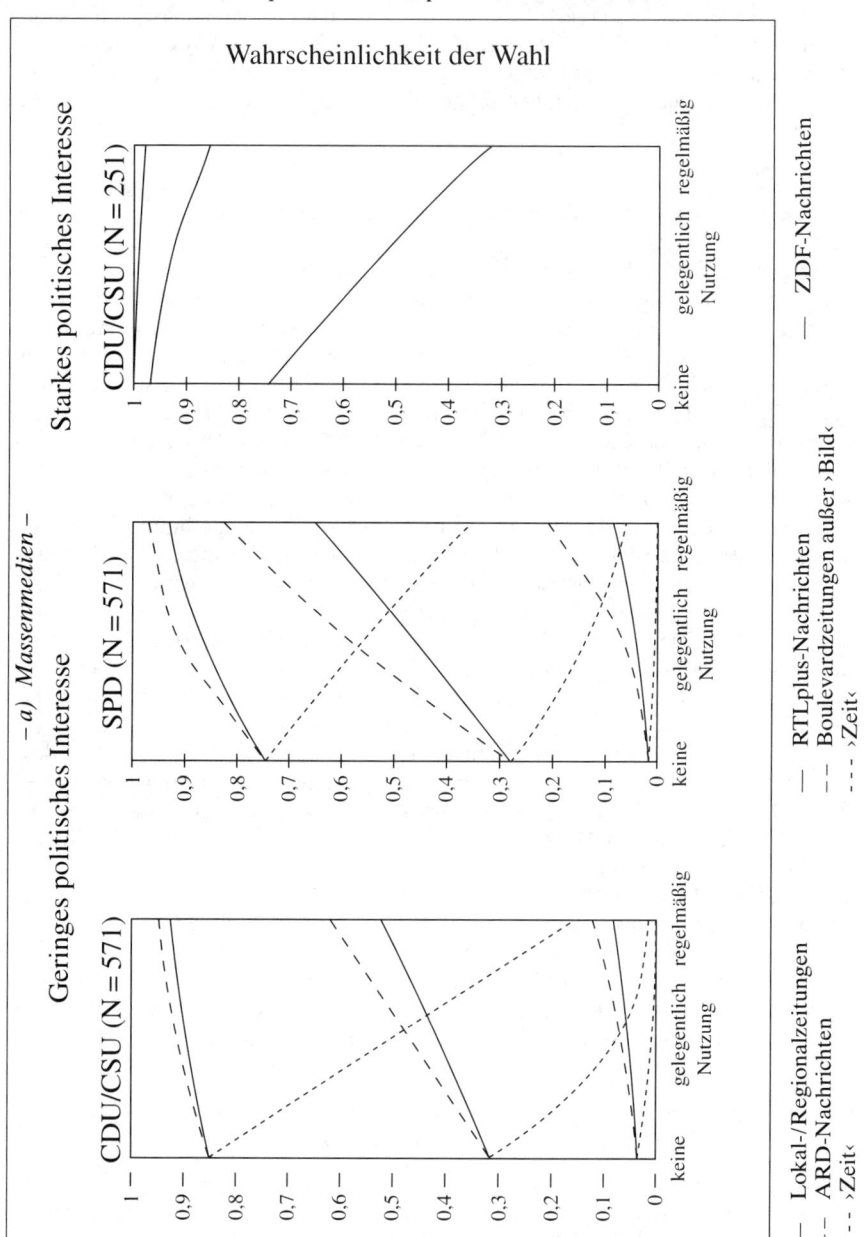

Schaubild 4

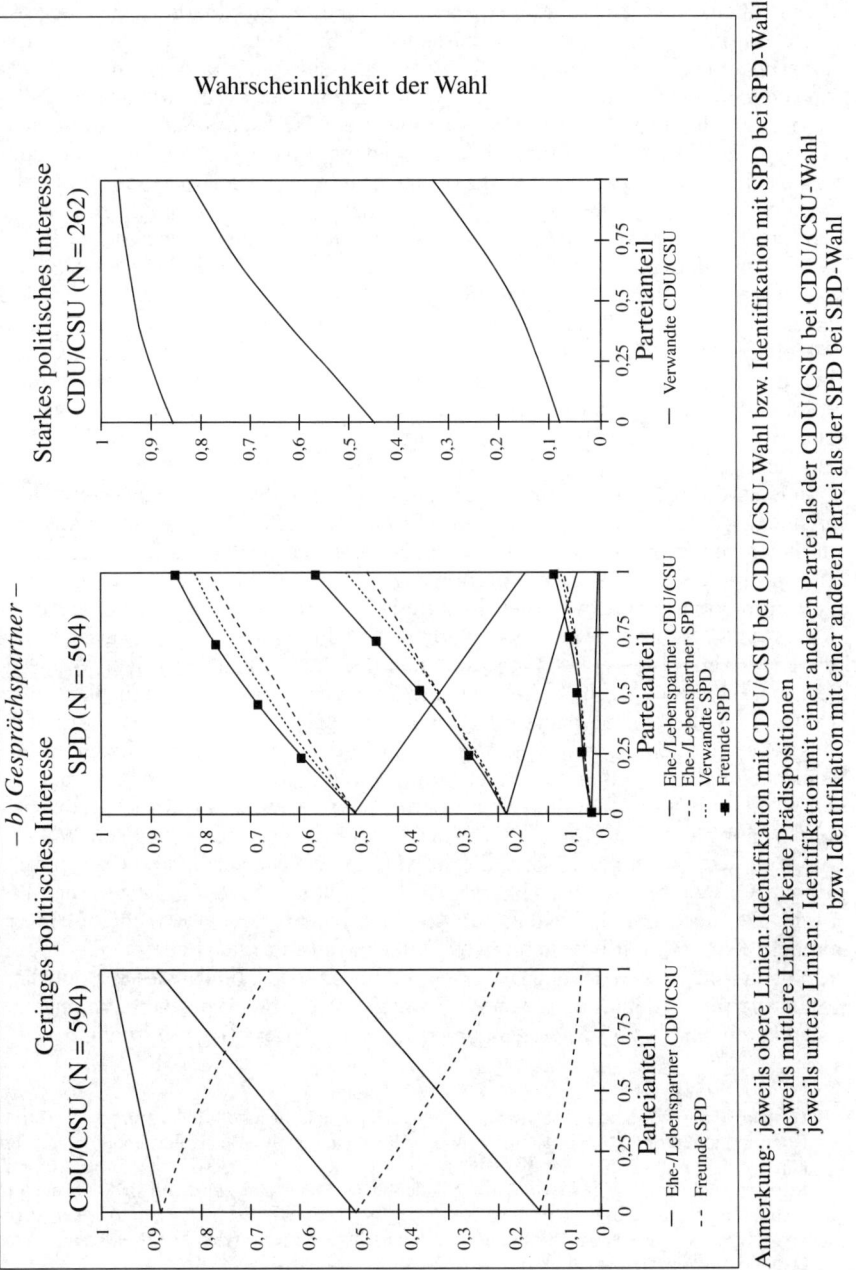

Wahrscheinlichkeit der Wahl

– *b) Gesprächspartner* –

Anmerkung: jeweils obere Linien: Identifikation mit CDU/CSU bei CDU/CSU-Wahl bzw. Identifikation mit SPD bei SPD-Wahl
jeweils mittlere Linien: keine Prädispositionen
jeweils untere Linien: Identifikation mit einer anderen Partei als der CDU/CSU bei CDU/CSU-Wahl bzw. Identifikation mit einer anderen Partei als der SPD bei SPD-Wahl

Da sich die Berücksichtigung aller relevanten Prädispositionen aus Gründen der Übersichtlichkeit verbietet, wurden exemplarisch drei unter theoretischem Aspekt besonders interessante Gruppen ausgewählt. Es handelt sich um zwei Extremgruppen, von denen aufgrund ihrer Prädispositionen entweder eine sehr geringe oder eine sehr starke Neigung zur Unterstützung der CDU/CSU bzw. der SPD erwartet werden kann, sowie eine im Hinblick auf Prädispositionen neutrale Mittelgruppe. Die eine Extremgruppe bilden in jeder der Analysen Wähler, die sich mit der Partei identifizieren, deren Wahl vorhergesagt werden soll, d. h. mit der CDU/ CSU bei der Unionswahl und mit der SPD bei der SPD-Wahl. Die entgegengesetzte Extremgruppe bilden jeweils diejenigen Wähler, die sich mit einer anderen Partei als der Partei identifzieren, deren Wahl vorherzusagen ist. Im Fall der CDU/CSU-Wahl wären das also alle Parteien außer der CDU/CSU, im Falle der SPD-Wahl alle Parteien außer der SPD. Zwischen diesen beiden Extremgruppen sind diejenigen Wähler lokalisiert, die weder durch strukturelle noch durch kulturelle Faktoren noch durch affektive Bindungen zur Wahl einer bestimmten Partei prädestiniert sind und die deswegen auch keine Filter zur politisch gefärbten Verarbeitung eingehender Informationen besitzen. Sie sollten besonders deutlich auf Informationszuflüsse reagieren.

In jeder der sechs Teilgrafiken, aus denen sich *Schaubild 4* zusammensetzt, entspricht ein Linientyp einer spezifischen Informationsquelle. Ausgewiesen sind dabei nur diejenigen Informationsquellen, deren Effekte auch nach Berücksichtigung von Prädispositionen den üblichen Kriterien der statistischen Signifikanz genügen. Für alle Informationsquellen werden die Einflüsse veranschaulicht, die sie bei der Bundestagswahl 1990 auf jede der soeben erläuterten drei Wählergruppen ausgeübt haben. Die jeweils oberen Linien in jeder Teilgrafik entsprechen denjenigen Wählern, die sich mit der jeweiligen Partei so identifizieren, daß die Wahrscheinlichkeit ihrer Wahl von vornherein auf einem relativ hohen Niveau liegt. Die jeweils unteren Linien stehen für diejenigen Wähler, die sich mit anderen Parteien identifizieren. Die Wahrscheinlichkeit, daß diese Wähler für die jeweils betrachtete Partei stimmen, ist immer relativ niedrig. Die jeweils mittlere Linie bezieht sich auf die prädispositionslosen Wähler. Jede Linie gibt an, wie sich innerhalb der jeweiligen Wählergruppe für jedes Gruppenmitglied die individuelle Wahrscheinlichkeit (bzw. für die gesamte Gruppe die relative Häufigkeit) der Wahl der CDU/CSU bzw. der SPD erhöht oder verringert hat, wenn der Kontakt mit der jeweils betrachteten Informationsquelle an Intensität zunahm. Im Fall der Massenmedien bedeutet dies: wenn die Nutzungshäufigkeit des angegebenen Mediums anstieg. Im Fall der persönlichen Kontaktpartner bedeutet dies: wenn der Anteil der Gesprächspartner vom angegebenen Beziehungstyp, welche die in Frage stehende Partei vorzogen, zunahm.

---

kontakte), die aus diesen Analysen resultierten, läßt sich für jede Wählergruppe, die durch Kombinationen der Merkmalsausprägungen der unabhängigen Variablen gebildet werden kann, die Wahrscheinlichkeit berechnen, mit der sie für eine bestimmte Partei stimmt. Selbstverständlich lassen sich die verschiedenen Gruppen dann auch hinsichtlich der errechneten Wahrscheinlichkeiten vergleichen. Es handelt sich bei diesem Auswertungsverfahren um eine Art von Simulation. Die berichteten Prozentwerte sind in Termini von Größenordnungen zu verstehen.

Unschwer ist zu erkennen, daß die Einflüsse aller Informationsquellen tatsächlich, und zum Teil kräftig, nach Wählergruppen differieren. Das bedeutet: Informationseinflüsse prägen nicht uniform die gesamte Wählerschaft in derselben Weise, sondern werden durch Prädispositionen gefiltert. Je nach den individuellen Voraussetzungen der Wähler, die Informationen aus bestimmten Quellen empfangen, können deren Einflüsse sehr schwach, aber auch sehr stark sein. Manche Gruppen sind durch bestimmte politische Informationen kaum zu beeindrucken. In anderen Segmenten der Wählerschaft können dieselben Informationen die Wahrscheinlichkeit, daß eine bestimmte Partei gewählt wird, in ganz erheblichem Ausmaß verringern oder vergrößern.

3.2 Einflüsse der Massenkommunikation

Eine Reihe von Medien übten Einflüsse auf die Parteipräferenzen der Wähler aus. Die Richtung dieser Einflüsse stimmte zumeist, allerdings nicht durchgängig, mit den Erwartungen, die sich aus den Wahrnehmungen der Wähler über die politische Tendenz dieser Medien ableiten ließen, überein. Im Segment der politisch gering sensibilisierten Wähler wuchs mit zunehmender Intensität der Rezeption der politischen Berichterstattung der lokalen und regionalen Abonnementpresse die Chance, daß die CDU/CSU gewählt wurde. Auch die Nachrichtensendungen des ersten Fernsehprogramms der ARD begünstigten die Union. Beide Medien beeinflußten vor allem die prädispositionslosen Wähler. Unter den regelmäßigen Zeitungslesern war der Anteil der CDU/CSU-Wähler um 21 Prozentpunkte höher als bei den Zeitungsabstinenten. Im Vergleich zu den Nichtsehern erhöhte er sich bei den regelmäßigen Zuschauern von »Tagesschau« oder »Tagesthemen« sogar um 31 Prozentpunkte. Die Entscheidungen der parteigebundenen Wähler blieben hingegen von diesen Medien weitgehend unbeeinflußt; die Chance der Unionswahl vergrößerte sich nur um fünf bis zehn Prozentpunkte. Die *Zeit* zog sowohl von der CDU/CSU als auch von der SPD Wähler ab. Die Leser dieses linksliberalen Wochenblattes votierten 1990 eher für eine der kleinen Parteien, besonders häufig für die Grünen. Erheblich war der negative Einfluß der *Zeit* auf die Absicht, für die Union zu stimmen, ebenfalls bei den politisch ungebundenen Wählern (Verlust von 30 Prozentpunkten). Geradezu durchschlagend war er jedoch bei denjenigen, die sich mit der CDU/CSU identifizierten. In diesem Fall versagte offenbar die Schutzfunktion der Parteibindung: Der Anteil der CDU/CSU-Wähler schmolz mit zunehmender Rezeptionshäufigkeit der *Zeit* von 85 auf 15 Prozent zusammen. Die Bedeutung der *Zeit* für die Wahl der SPD weist bei geringerer Einflußstärke ganz ähnliche Charakteristika auf. Die relative Häufigkeit der SPD-Wahl unter den politisch wenig interessierten Wählern, die sich mit der SPD identifizierten, schrumpfte bei regelmäßiger *Zeit*-Lektüre um 40 Prozentpunkte.

Die SPD profitierte bei den politisch gering sensibilisierten Wählern hingegen von der aktuellen Berichterstattung des Privatsenders RTLplus. SAT1 zeigte demgegenüber einen negativen Effekt, der jedoch knapp insignifikant blieb. Während die *Bild-Zeitung* – vielleicht für manche überraschend – die politischen Präferenzen der Wähler nicht beeinflußte, begünstigten ihre regionalen Konkurrenzangebote ebenfalls in signifikantem Umfang die SPD. Die Nachrichten von RTLplus entfalteten ebenso wie die Boulevardtitel mit Ausnahme von *Bild* ihren die SPD begünstigenden Einfluß vor allem bei den Prädispositionslosen unter den gering politisierten Wählern. Ihre intensive Nutzung erhöhte die Wahrscheinlichkeit der SPD-Wahl in dieser Gruppe um 38 Prozentpunkte (RTLplus) bzw. sogar 56 Prozentpunkte (Boulevardpresse).

Bei den hoch politisierten Wählern findet sich nur ein einziger Medieneffekt, der nach den üblichen Kriterien der statistischen Signifikanz als substantiell zu gelten hat. Die Chance der Stimmabgabe für die CDU/CSU verminderte sich, je regelmäßiger die Nachrichtensendungen des ZDF gesehen wurden. Dieser Einfluß wurde vor allem bei den Wählern wirksam, die sich mit einer anderen Partei als der CDU/CSU identifizierten. Bei regelmäßigem Sehen von »heute« oder »heute-journal« nahm der Anteil der Unionswähler in dieser Gruppe um 42 Prozentpunkte ab.

3.3 Einflüsse der interpersonalen Kommunikation

Unter den Gesprächspartnern erweisen sich auschließlich diejenigen mit intimen, affektiv geladenen Primärbeziehungen als einflußreich[45]. Gespräche mit Nachbarn und Kollegen hatten keine bedeutenden Konsequenzen für die Wahlentscheidungen. So wurden sowohl die CDU/CSU als auch die SPD sehr viel häufiger gewählt, wenn Ehe- und Lebenspartner dieselbe politische Präferenz hatten. Das galt jedoch nur für die politisch wenig interessierten Wähler. Die Prägekraft der politischen Präferenzen von Ehe- und Lebenspartnern für die Wahlentscheidungen wurde an Stärke nur von den Parteiidentifikationen übertroffen. Übereinstimmend orientierte Lebensgefährten sorgten dafür, daß Wähler, die sich an eine Unionspartei gebunden fühlten, mit einer Sicherheit von fast 100 Prozent auch tatsächlich im Einklang mit ihrer Parteiidentifikation stimmten. Fehlte dieser interpersonale Einfluß, wählten immerhin fast zehn Prozent der unionsgebundenen Wähler abweichend von ihrer Identifikation. Viel durchschlagender war der Einfluß von Eheoder Lebenspartnern, welche die CDU/CSU präferieren, jedoch bei den ungebundenen Wählern und bei denjenigen, die sich mit einer anderen Partei identifizierten. In beiden Gruppen erhöhte sich die Chance der Unionswahl unter dem Einfluß des Ehe- oder Lebenspartners um 40 Prozentpunkte. Bei denjenigen, die sich mit einer anderen Partei identifizierten, bedeutete das eine Verfünffachung der Wahrscheinlichkeit, sich für die CDU/CSU zu entscheiden, bei den Ungebundenen erhöht sich die Wahrscheinlichkeit der Unionswahl von unter 50 auf fast 90 Prozent.

Noch größer war die Bedeutung von Ehe- und Lebenspartnern für Wähler, die sich der Sozialdemokratie verbunden fühlten. Wurde ihre Parteiidentifikation nicht durch den Einfluß flankiert, den ein SPD-orientierter Partner ausübte, so wählten sie nur zu weniger als 50 Prozent sozialdemokratisch. Der Partner erhöhte die Wahrscheinlichkeit der SPD-Wahl auf 78 Prozent. Umgekehrt zogen christlich-demokratische Lebensgefährten im Segment der wenig interessierten Wähler von der SPD Stimmen ab. Unionsorientierte Partner verringerten die Wahrscheinlichkeit,

---

45 Vgl. mit ähnlichem Ergebnis R. Huckfeldt/J. Sprague (Anm. 32), S. 167–170.

daß SPD-gebundene Wähler auch für die SPD stimmen, auf ganze 15 Prozent. Bei den prädispositionslosen Wählern war der Einfluß sozialdemokratischer Ehe- oder Lebenspartner ebenso groß wie bei denjenigen, die sich mit der SPD identifzierten. Ein korrespondierender negativer Einfluß sozialdemokratischer Ehe- und Lebenspartner auf die Wahl der CDU/CSU war nicht zu beobachten.

Gespräche von gering sensibilisierten Wählern mit SPD-orientierten Freunden kosteten die CDU/CSU hingegen Stimmen, während sie der SPD Wähler zuführten. Ein sozialdemokratischer Verwandtenkreis wirkte ebenfalls vorteilhaft für die SPD, jedoch nicht nachteilig für die CDU/CSU. Diese Verwandten beeinflußten die Entscheidung zugunsten der SPD ähnlich stark wie die Lebensgefährten. Gleichgesinnte Freunde konnten die Wahlentscheidung pro SPD sogar noch stärker beeinflussen. Bei Wählern, die sich mit einer anderen Partei als der SPD identifizierten, blieben Lebenspartner, Verwandte und auch Freunde allerdings nahezu einflußlos. Zusätzliche Stimmen für die Sozialdemokraten konnten in dieser Gruppe durch persönliche Kontakte kaum mobilisiert werden.

Bei den politisch hoch interessierten Wählern übte nur die politische Zusammensetzung der Verwandtschaft einen eigenständigen Einfluß auf die Stimmabgabe aus: Je eindeutiger ein Verwandtenkreis der Union zuneigte, desto größer war auch die Wahrscheinlichkeit, daß diese Partei gewählt wurde. Für die SPD fand sich ein analoger Effekt, der jedoch knapp die Schwelle der statistischen Signifikanz verfehlte. Übereinstimmende Informationen aus dem Vewandtenkreis – demjenigen Typ von Primärbeziehungen, dessen Zusammensetzung am wenigsten durch politisch motivierte Selektion steuerbar ist – können also die Stimmabgabe für eine Partei auch bei hohem politischem Interesse beeinflussen. Ihre Wirkung war in diesem Wählersegment aber deutlich schwächer als die sämtlicher relevanter Prädispositionen. Beeinflußt wurden vor allem die Entscheidungen der Wähler ohne Prädispositionen. Die Wahrscheinlichkeit, für eine Unionspartei zu stimmen, lag bei ungebundenen Wählern, die nicht mit CDU/CSU-orientierten Verwandten interagierten, um 37 Prozentpunkte niedriger als bei solchen, deren Verwandte allesamt die Union unterstützten. Auch Wähler, die sich mit anderen Parteien als der Union identifizierten, stimmten unter dem Einfluß einer christdemokratischen Verwandtschaft deutlich häufiger für die CDU/CSU (Steigerung um 25 Prozentpunkte).

4. Resümee

Gesellschaftliche Informationsflüsse beeinflussen die politischen Entscheidungen der Bürger. Zwar versuchen die Wähler, sich nur solchen Informationsquellen auszusetzen, von denen sie Botschaften erwarten können, die mit ihren politischen Voreingenommenheiten im Einklang stehen. Aus verschiedenen systematischen Gründen gelingt es ihnen jedoch in der Regel nicht, ihre Informationszufuhr dadurch voll zu kontrollieren. Die limitierte Angebotsvielfalt auf den Medienmärkten sowie strukturelle Umgrenzungen der persönlichen Kontexte, innerhalb derer Gesprächspartner gewählt werden können, stehen dem ebenso entgegen wie Zuwendungsentscheidungen, die aus anderen als politischen Gründen herrühren. Es gibt daher *FAZ*-Leser unter den Sozialdemokraten wie auch Christdemokraten, die der SPD nahestehende Freunde haben. Kaum ein Bürger, der nicht über den einen oder anderen Kanal auch von Informationen erreicht wird, die seinen Prädispositionen widersprechen. Und diese Informationen können Wählerentscheidungen verändern.

Bei der Bundestagswahl 1990 veränderten Einflüsse von Informationsquellen in erster Linie die Parteipräferenzen von Wählern mit nur geringer Motivation und Kompetenz, sich mit politischen Sachverhalten geistig auseinanderzusetzen. Und innerhalb dieses politisch gering sensibilisierten Segments der Wählerschaft waren wiederum diejenigen Wähler, die von Prädispositionen nur schwach oder gar nicht in die Richtung einer bestimmten Partei gedrängt wurden, besonders beeinflußbar. Insgesamt stand die CDU/CSU vor der Bundestagswahl besser da als die SPD: Während Wähler, die sich mit der Union identifizierten, von negativen wie positiven Informationen relativ wenig beeindruckt wurden, konnten die Anhänger der anderen Parteien zwar nicht durch konservative Medien, aber durch christdemokratische Ehe-und Lebenspartner relativ leicht vom Kurs abgebracht werden. Die Parteiidentifikation der SPD-gebundenen Wähler setzte sich demgegenüber nur dann verläßlich in eine entsprechende Wahlentscheidung um, wenn sie durch Einflüsse gleichgerichteter Informationsquellen flankiert wurde.

Diese Ergebnisse haben verschiedene theoretische Implikationen. Die Möglichkeit überzeugender Medienwirkungen auf die politischen Präferenzen der Wähler ist in der politischen Kommunikationsforschung in den vergangenen Jahrzehnten kaum beachtet worden. Unter dem Eindruck des »Modells der begrenzten Effekte« und der Theorien indirekter, kognitiv vermittelter Medienwirkungen kam die Wahlentscheidung als abhängige Variable fast gänzlich aus der Mode[46]. Erst in jüngerer Zeit sind wieder vermehrt Stimmen zu vernehmen, die für eine Wiederbelebung der Idee plädieren, daß Berichte der Massenmedien die Richtung politischer Entscheidungen verändern können[47]. Die vorgestellten Ergebnisse deuten darauf hin, daß dieses Ansinnen nicht unberechtigt ist.

Im Hinblick auf qualitative Formaspekte der Medienberichterstattung wurden keine deutlichen Muster erkennbar. Thesen, die unterschiedlichen Präsentationsmodi verschiedenartige Einflußkapazitäten unterstellen, erfahren keine Stützung. Mit Ausnahme der Fernsehmagazine haben sich fast alle Typen von Medienangeboten als potentiell einflußreich erwiesen. Das Fernsehen hat in der Gesamtbetrachtung keinen Vorsprung gegenüber den Printmedien. Umso klarer trat die Bedeutung unterschiedlicher Kontaktqualitäten bei den Gesprächspartnern zutage. Ausschließlich die Informationsvermittlung im Rahmen intimer, affektgeladener Primärbeziehungen erwies sich als einflußmächtig. Gering politisierte Wähler wurden besonders von ihren Ehe- und Lebenspartnern, aber auch von ihren Freunden beeinflußt. Nur Verwandte – der Beziehungstyp, bei dem die Spielräume des Wäh-

---

46 Vgl. Dan Nimmo/David L. Swanson, The Field of Political Communication: Beyond the Voter Persuasion Paradigm, in: David L. Swanson/Dan Nimmo (Hrsg.), New Directions in Political Communication. A Resource Book, London 1990.

47 Vgl. J. Zaller (Anm. 20); Larry M. Bartels, Messages Received: The Political Impact of Media Exposure, in: American Political Science Review, 87 (1993), S. 267–285.

lers, seine Informationszufuhr durch selektive Zuwendung zu steuern, am stärksten begrenzt sind – konnten auch hoch politisierte Wähler beeinflussen. Für die »Stärke der schwachen Bindungen« ließen sich keine Indizien finden[48]. Bei Kontrolle nach Prädispositionen blieben Kollegen und Nachbarn ohne Einfluß auf die Parteipräferenzen.

Um die politische Bedeutung der Einflüsse von Informationsquellen abzuschätzen, ist neben der Einflußstärke selbst, die im Mittelpunkt der bisherigen Argumentation stand, auch ihre Reichweite innerhalb derjenigen Gruppen zu beachten, die sich als besonders beeinflußbar erwiesen haben. So ließ zwar die *Zeit* ein sehr großes Potential erkennen, wenig politisierte CDU/CSU- und SPD-gebundene Wähler zu einer abweichenden Wahlentscheidung zu bringen. Sie konnte diesen massiven Einfluß aber nur bei den wenigen Wählern entfalten, bei denen sie die doppelte Aufmerksamkeitshürde der politisch bedingten selektiven Zuwendung und des geringen politischen Interesses überwunden hatte, die beide die regelmäßige Lektüre dieses anspruchsvollen linksliberalen Wochenblattes nicht begünstigen. Völlig anders verhält es sich jedoch bei der lokalen und regionalen Abonnementpresse und bei den Fernsehnachrichten, die sich ebenfalls als einflußreiche Medien erwiesen haben. Dies sind Medien mit sehr großer Publikumsreichweite, deren Rezeption kaum durch Prädispositionen und geringes politisches Interesse gehemmt wird.

Die negativen Einflüsse andersgerichteter Gesprächspartner waren oft nicht weniger stark als die positiven Einflüsse politisch gleichgerichteter Kontaktpersonen. Aber die selektive Zuwendung verringerte die Chance, daß ein parteigebundener Wähler überhaupt mit politischen Kontrahenten in Berührung kam. Die interpersonale Kommunikation, die zwischen den Wählern stattfindet, wirkt in ihrer Gesamtheit daher eher in Richtung auf Bekräftigung als auf Erosion der bestehenden politischen Neigungen. Keine der beiden großen Parteien hat diesbezüglich einen komparativen Vorteil gegenüber der anderen. Anders verhält es sich jedoch bei den kleinen Parteien, die bisher aus der Betrachtung ausgeklammert waren: Sie haben ein strukturelles Handicap. Die Chancen ihrer Anhänger, Gleichgesinnte zu finden, mit denen sie interagieren können, fallen nämlich von vornherein geringer aus, weil es von diesen so wenige gibt. Insoweit werden kleine Parteien schon allein durch ihre Kleinheit benachteiligt, während großen Parteien bereits aus der Tatsache, daß sie zahlreiche Anhänger haben, ein Vorteil erwächst.

---

48 Vgl. Mark S. Granovetter, The Strength of Weak Ties, in: American Journal of Sociology, 78 (1973), S. 1360–1380.

SIGRID BARINGHORST

Zur Mediatisierung des politischen Protests. Von der Institutionen- zur »Greenpeace-Demokratie«?

1. Protest als Medienkampagne – Abschied von der subkulturellen Gegenöffentlichkeit

Ein großer Teil der deutschen Linken teilte in den sechziger und siebziger Jahren, angeregt nicht zuletzt durch die Kritik von Max Horkheimer und Theodor W. Adorno an der Kulturindustrie als technisch fortgeschrittener Form des »Massenbetrugs«, einen medienfeindlichen Kulturpessimismus[1]. Jeder Versuch einer Systemkritik werde, so deren pessimistische Annahme, vom massenmedialen Kommunikationssystem absorbiert, seiner kritischen Potenz beraubt und entgegen der ursprünglichen Intention zur Systemstabilisierung umfunktionalisiert. »Was widersteht, darf überleben nur, indem es sich eingliedert. (...) Realitätsgerechte Empörung wird zur Warenmarke dessen, der dem Betrieb eine neue Idee zuzuführen hat. Die Öffentlichkeit der gegenwärtigen Gesellschaft läßt es zu keiner vernehmbaren Anklage kommen, an deren Ton die Hellhörigen nicht schon die Prominenz wittern, in deren Zeichen der Empörte sich mit ihnen aussöhnt.«[2] Wolle man der Gefahr der Aussöhnung im Zeichen der Prominenz entgehen, bleibe nur die radikale Medienabstinenz.

In ihrem gesellschaftskritischen Engagement und kollektiven Selbstverständnis teilten die neuen sozialen Bewegungen, die in den sechziger und siebziger Jahren entstanden, diese fundamentale Medienkritik. Der Ökologie-, Friedens- und Frauenbewegung ging es im wesentlichen darum, so etwa die Interpretation von Jürgen Habermas, die fortschreitende »Kolonialisierung der Lebenswelt« durch ein sich verselbständigendes wirtschaftliches und administratives System zu durchbrechen. Gegen die Erosion von Lebenswelten sollte der »Eigensinn kommunikativer Alltagspraxis« geltend gemacht und durch eine »Revitalisierung verschütteter Ausdrucks- und Kommunikationsmöglichkeiten« auf das »Leiden an den Entzugserscheinungen einer kulturell verarmten und einseitig rationalisierten Alltagspraxis« reagiert werden[3]. Die Zivilisations- und Modernisierungskritik der neuen

---
1 Vgl. Max Horkheimer/Theodor Adorno, Kulturindustrie. Aufklärung als Massenbetrug, in: dies., Dialektik der Aufklärung, Frankfurt/M. 1971 (zuerst 1941), S. 108–150.
2 Ebd., S. 118.
3 Jürgen Habermas, Theorie kommunikativen Handelns, Bd. 2, Frankfurt/M. 1981, S. 580 f.

sozialen Bewegungen zielte auf die Einlösung der Freiheits- und Selbstverwirklichungsansprüche der Moderne und setzte zur Verwirklichung der politischen Ziele auf kollektive oppositionelle Lernprozesse und eine subjektzentrierte, subkulturelle Gegenöffentlichkeit. Die exemplarische Entfaltung einer alternativen Lebenswelt sollte jenseits der vermachteten und kommerzialisierten Öffentlichkeit der Massenmedien und des etablierten Kulturbetriebs den gegenkulturellen Anspruch auf »unmittelbare Erfahrungsproduktion und Aneignung« realisieren[4].

Es scheint jedoch, als seien die sozialen Bewegungen der siebziger und achtziger Jahre gerade an ihrem Erfolg gescheitert. Je größer die Anhängerschaft und je eindrucksvoller die Protestaktionen im Bonner Hofgarten, in Mutlangen oder Gorleben, desto stärker rückten die Protestbewegungen in den Brennpunkt massenmedialer Berichterstattung. Mit der damit einhergehenden Ausdifferenzierung einer dichotomen Rollenverteilung zwischen Protestakteuren und Protestpublikum und der zunehmenden Ausrichtung von Protestaktionen an den Bedürfnissen des Mediensystems wurde der gegenkulturelle Anspruch einer unmittelbaren Verknüpfung von Politik und privater Lebenspraxis immer unrealistischer.

Die allmähliche Einbindung der neuen sozialen Bewegungen in das massenmediale Kommunikationssystem läßt sich am Beispiel der ehemaligen Protestpartei der Grünen belegen. Manfred Knoche und Monika Lindgens haben den doppelten langsamen Anpassungsprozeß an die Funktionsbedingungen nicht nur des parlamentarisch-politischen, sondern auch des massenmedialen Kommunikationssystems nachgezeichnet: Die politische Systemintegration erfolgte in einer Entwicklung von der Protest- über die parlamentarische Oppositions- und Konkurrenzpartei zur Regierungskoalitionspartei. Parallel dazu veränderte sich das Verhältnis der Grünen zu den Massenmedien von einer Phase der Konfrontation über die Distanz und Kooperation zur gegenwärtigen Situation einer symbiotisch geprägten Beziehungsstruktur. Mediengerechtes Politmarketing und Imagebildung gehören mittlerweile zum Kerninstrumentarium politischer Öffentlichkeitsarbeit der Grünen wie aller anderen etablierten Parteien[5].

Protestieren ist kommunikatives Handeln. Ziel des Protests ist die Thematisierung von Widerspruch, Konflikt und Ablehnung. Für die medienorientierte Kommunikation von Protestakteuren bedeutet dies:
- erstens die Unverzichtbarkeit alternativer, d. h. vor allem von Bewegungsakteuren für Bewegungsakteure und -sympathisanten betriebener Medien. Medienorgane wie alternative Stadtzeitungen, Radiosender oder zunehmend auch Mailing- und Chat-Groups des Internets sind für die Binnenkommunikation einer Protestbewegung unverzichtbar. Sie bilden die zentralen kommunikativen Orte der kollektiven Abgrenzung und Selbstdefinition, der Diskussion programmatischer Ziele und der Mobilisierung eines Kerns von Unterstützern.
- zweitens die erfolgreiche Kommunikation von Widerspruch, Konflikt und Ablehnung in der massenmedialen Öffentlichkeit. Zur Durchsetzung politischer Forderungen ist schon allein aufgrund wesentlicher Strukturmerkmale des Pro-

---

4 Karl-Heinz Stamm, Alternative Öffentlichkeit. Die Erfahrungsproduktion neuer sozialer Bewegungen, New York 1988, S. 266.
5 Vgl. Manfred Knoche/Monika Lindgens, Grüne Massenmedien und Öffentlichkeit, in: Joachim Raschke (Hrsg.), Die Grünen – Wie sie wurden, was sie sind, Köln 1993.

tests eine dauerhafte Konfrontation mit dem etablierten Mediensystem wenig sinnvoll. Dies gilt insbesondere für das entwickelte massenmediale Kommunikationssystem moderner Mediengesellschaften. Schon die Studentenbewegung der sechziger Jahre hatte sich – trotz aller Idealisierung von Basisarbeit und unmittelbarer Erfahrungsproduktion – der meinungsbildenden Macht der Massenmedien, allen voran des Fernsehens, bedient und bei der Planung ihrer Aktionen die Selektionsfilter der öffentlichen Berichterstattung bewußt miteinkalkuliert. Sollten die Aktionen mehr als nur der Binnenkommunikation und der Ansprache direkt konfrontierbarer Gegner dienen, mußte man Öffentlichkeit über Massenmedien herstellen. Denn Protestakteure sind – und hierin unterscheiden sie sich von einer parlamentarischen Opposition – extrakonstitutionelle Akteure. Sie können sich in ihren Aktionen nicht auf die Legitimität demokratisch gewählter Repräsentanten berufen. Protestinitiativen argumentieren zumeist als Advokaten und Stellvertreter von Betroffenen, »als ›Betroffene‹ für ›Betroffene‹«[6]. Ihre Legitimität resultiert aus der erfolgreichen Kommunikation einer ethischen und nicht politisch-machtorientierten Haltung, der glaubwürdig dargestellten Dringlichkeit und Relevanz ihres Anliegens und der erfolgreichen, sichtbaren Mobilisierung einer möglichst großen Zahl von Unterstützern.

– drittens die Erzeugung erfolgreicher Anschlußreaktionen im politischen Zentrum der Gesellschaft. Protestakteure skandalisieren politische Probleme und fordern für deren Lösung ein entsprechendes Eingreifen verantwortlicher Funktionseliten ein. Protestkommunikation basiert als Kommunikation von Empörung und Ablehnung auf einer grundlegenden Differenzierung der Gesellschaft in Zentrum und Peripherie. Die Kritik der Protestakteure ist nicht selbstbezogen, sondern setzt strukturell andere voraus, die die eigenen Forderungen umsetzen und ausführen. Dies legt, so Niklas Luhmann, eine Fokussierung auf den Bereich der Politik als Adressaten von Protest nahe: »Da es (. . .) in der modernen Gesellschaft kein gesamtgesellschaftliches Zentrum mehr gibt, findet man Protestbewegungen nur in Funktionssystemen, die Zentren ausbilden; vor allem im politischen System und, schwächer ausgeprägt, in zentralistisch organisierten Religionen des Religionssystems. Gäbe es diese Zentrum/Peripherie-Differenz nicht, verlöre auch der Protest als Form seinen Sinn, denn es gäbe dann keine soziale (sondern nur noch eine sachliche oder zeitliche) Grenze zwischen Desiderat und Erfüllung.«[7]

Protestinitiativen müssen, um politisch erfolgreich zu sein, auch ihre Gegner, die Adressaten der Kritik, beeindrucken und zur Übernahme der eigenen Situations- und Problemdefinition zwingen. Ebenso wie die Kommunikation mit der breiten Öffentlichkeit wird auch die Kommunikation mit dem Konfliktgegner wesentlich via Medienkommunikation gestaltet. Die Massenmedien filtern Informationen nicht nur für das breite Laienpublikum, sondern auch für die politische Klasse. Da deren Schicksal von einer Wiederwahl abhängt, sind ihre Vertreter daran interessiert, im Spiegel der Medien einen möglichst positiven Eindruck zu erzeugen. Eine systematische Ignoranz gegenüber drängenden Themen und Problemen, ge-

---

6   Niklas Luhmann, Protest. Systemtheorie und soziale Bewegungen, Frankfurt/M. 1996, S. 204.
7   Ebd., S. 205.

genüber wachsender Unzufriedenheit mit bestimmten politischen Entscheidungen in relevanten Wählergruppen kann sie ihre politische Existenz kosten. So sind nicht nur Protestakteure auf die Massenmedien angewiesen, um Anschlußreaktionen bei den etablierten Politikern zu provozieren; auch die politische Klasse nutzt die Massenmedien, um sich über Protestaktionen, deren Verlauf und Resonanz zu informieren.

Hans Magnus Enzensberger deutete schon 1970 in seinem »Baukasten zu einer Theorie der Massenmedien« die Möglichkeit einer subversiven Nutzung von Massenmedien an. Die Anwesenheit von Massenmedien potenziere den Demonstrationscharakter jeder politischen Handlung. Nur aktive und kohärente Gruppen, so seine Schlußfolgerung aus den Erfahrungen internationaler Studenten- und Befreiungsbewegungen, können den Medien ihr Handlungsgesetz aufzwingen. »Die illegale politische Aktion erfordert heute maximale Geheimhaltung und maximale Publizität zugleich.«[8] Wie wohl kaum eine andere aus den neuen sozialen Bewegungen hervorgegangene Bewegungsinstitution hat sich die internationale Umweltorganisation Greenpeace diese Schlußfolgerung aus den Medienerfahrungen der Protestbewegungen der letzten Jahrzehnte zu eigen gemacht und in höchster Perfektion umgesetzt. Aber auch in vielen anderen Nichtregierungsorganisationen (NRO) und Protestinitiativen wird die ursprünglich als Basisinitiative gedachte »Politik von unten« mehr und mehr transformiert zu einer professionell inszenierten Kampagnenpolitik.

Kommerzielle und nicht profitorientierte Unternehmen gleichen sich dabei zunehmend an: In dem Maße, in dem ökologische Reinheits- und soziale Gerechtigkeitskriterien in der Warenproduktion und stärker noch in der werblichen Warenanpreisung kommerzieller Unternehmen – etwa durch Umweltengel, Trans-Fair-Embleme oder Teppichsiegel – manifest werden, übernehmen ehemalige Bewegungsinitiativen Organisationsstruktur und Arbeitsweise profitorientierter Unternehmen. Die »moralischen Unternehmen«[9] gestalten ihre interne Organisation nach modernen Managementmethoden und gleichen sich in der Art ihrer Öffentlichkeitsarbeit zunehmend den Image- und Marketingstrategien privater Unternehmen wie etablierter politischer Parteien an. Im Rahmen eines immer professioneller gestalteten »Ereignismanagements«[10] werden Protestereignisse geplant und zur strategischen Beeinflussung der öffentlichen Meinung mediengerecht inszeniert. Vergleichbar den Kampagnen des werblichen Produktmarketings werden soziale Ideen und Werte, Problemdefinitionen und Problemlösungen in Form eines *Social Marketing* zielgruppen- und medienkonform aufbereitet und vermittelt[11].

---

8 Hans Magnus Enzensberger, Baukasten einer Theorie der Medien, in: Kursbuch 20, März 1970, S. 174.
9 Bernd Giesen, Moralische Unternehmer und öffentliche Diskussion. Überlegungen zur gesellschaftlichen Thematisierung sozialer Probleme, in: Kölner Zeitschrift für Soziologie und Sozialpsychologie, 35 (1983) 2, S. 431–441.
10 Hans M. Kepplinger, Ereignismanagement, Zürich 1992.
11 Vgl. zu den Konzepten des Social Marketing z. B. Thomas Leif/Ulrich Galle (Hrsg.), Social Sponsoring und Social Marketing. Praxisberichte über das neue Produkt »Mitgefühl«, Köln 1993; Manfred Bruhn/Jörg Tilmes, Social Marketing, Stuttgart 1989; Michael Krzeminski/ Clemens Neck, Praxis des Social Marketing. Erfolgreiche Kommunikation für öffentliche Einrichtungen, Vereine, Kirchen und Unternehmen, Frankfurt/M. 1994 und zur Kritik Sigrid

Wesentliche Grundzüge sowie Chancen und Gefahren einer mediatisierten Kampagnenpolitik sollen im folgenden erläutert werden. Dabei gliedert sich die Argumentation in drei Teile. Zunächst sollen ausgehend von konstruktivistischen und kognitivistischen Ansätzen der Diskursanalyse Bedingungen einer erfolgreichen Protestkommunikation skizziert werden. Daran anschließend wird die mit der Mediatisierung des Protests einhergehende Aufwertung der expressiven Handlungsdimension exemplarisch am Beispiel von Greenpeace-Kampagnen dargestellt. Im letzten Teil werden demokratietheoretische Folgen einer primären Ausrichtung des politischen Protests an den Filtern des Mediensystems problematisiert. Der Schwerpunkt der Überlegungen liegt dabei auf Fragen der politischen Legitimität einer medienorientierten Kampagnenpolitik.

2. Zur symbolischen Konstruktion politischen Protests – Merkmale erfolgreicher Diskursstrategien

Aufrufe zum Protest sind, da sie sich gegen Entscheidungen demokratisch gewählter Eliten richten, insbesondere in Staaten wie der Bundesrepublik Deutschland mit legalistischer politischer Kultur und hohem Ansehen von Amtsautoritäten besonders begründungsbedürftig. Sie sind Teil eines generellen öffentlichen Meinungsbildungsprozesses und deshalb, um erfolgreich zu sein, gezwungen, den aus dem massenmedialen Kommunikationssystem resultierenden Anforderungen zu entsprechen. In einem »offenen Laiensystem«[12] steht der Zugang zur öffentlichen Kommunikation prinzipiell jedem potentiellen Teilnehmer offen. Deshalb kann die Nähe zum Publikum nur durch die Verwendung einer allgemein verständlichen Text- und zunehmend auch Bildsprache hergestellt werden.

Aufgrund der Konkurrenz auf dem öffentlichen Meinungsmarkt setzt erfolgreiche Protestkommunikation, wie öffentliche Überzeugungskommunikation im allgemeinen, nicht nur den Gebrauch eines allgemein verständlichen Symbolsystems voraus, sondern sie erfordert darüber hinaus Prozesse strategischer Planung, die den Prinzipien des kommerziellen Produktmarketings nicht unähnlich sind. Ihr Erfolg ist eng an die gelungene kommunikative Fokussierung, Problematisierung und zielgerichtete Kausalattribuierung, d.h. Ursachenzuweisung, sozialer, politisch-rechtlicher, ökonomischer oder ökologischer Probleme gebunden, ebenso an die erfolgreiche Selbstlegitimation von Protestorganisationen und -initiativen.

Die massenmediale Mobilisierung von Protest und Solidarität setzt die Durchsetzung bestimmter Deutungsmuster für die Wahrnehmung und Interpretation öffentlich gemachter Probleme voraus. Die Wahrnehmung von Protestnotwendigkeiten ergibt sich, wie die Wahrnehmung öffentlicher Probleme im allgemeinen,

---

Baringhorst, Öffentlichkeit als Marktplatz – Solidarität durch Marketing?, in: vorgänge 132, (1995) 4, S. 55–67.
12 Jürgen Gerhards/Friedhelm Neidhardt, Strukturen und Funktionen moderner Öffentlichkeit. Fragestellungen und Ansätze, Berlin 1990, S. 17.

nicht aus der empirisch verifizierbaren Sachnotwendigkeit als solcher. Sie ist angesichts der Fälle potentieller Probleme kulturell variant und an gelungene Überzeugungskommunikation gebunden. Im Prozeß der Durchsetzung zielgerichteter Deutungsmuster müssen Protestaufrufe dem massenmedialen Kommunikationssystem gemäß Aufmerksamkeit für ein bestimmtes Problem erzeugen. Aus der Fülle potentieller öffentlicher Probleme gilt es, ein Thema oder Ereignis zu definieren und besonders zu fokussieren, wobei die Zusammenziehung eines komplexen Themas zu einem einprägsamen Begriff oder Kürzel wie z. B. Rassismus, Castor oder Brent Spar, vor allem aber auch ein einprägsames Bildsymbol oder Logo wie der Regenbogen von Greenpeace oder der Pandabär des World Wide Fund for Nature zur Weckung und Konzentration von Aufmerksamkeit besonders geeignet sind. In Abgrenzung zu einem rein konstruktivistischen Ansatz, wie er etwa von Murray Edelman vertreten wird[13], ist dabei mit Gerhards und Neidhardt sowie Snow und Benford davon auszugehen, daß die Konstruktion eines Problems nur dann erfolgreich verläuft, wenn die angebotenen Deutungen eine hohe Glaubwürdigkeit beanspruchen und empirische Verifikationsmöglichkeiten angegeben werden können[14]. Die Glaubwürdigkeit kann zum einen sprachlich, z. B. durch Expertenaussagen oder »testimonials«, d. h. Zeugen mit hohem sozialen Ansehen, erzeugt werden, zum anderen durch die Authentizität suggerierende direkte Präsentation dokumentarischer Bilder.

Wollen Protestakteure eine breite öffentliche Zustimmung für ihr Anliegen gewinnen, müssen sie in der Lage sein, ein Laienpublikum qua »guter Argumente« zu überzeugen. Würden die Adressaten der Protestkampagne das fokussierte Thema nicht auch aufgrund einleuchtender Gründe oder emotionaler Eindringlichkeit als relevantes Problem interpretieren, richtete sich die Aufmerksamkeit schnell auf ein anderes, gewichtiger scheinendes Thema. Die Problematisierung eines Themas kommt häufig durch die Erzeugung kognitiver Dissonanzen zustande, die eine Diskrepanz zwischen Ist- und anzustrebendem Soll-Zustand aufweisen. Der notwendige Bezug auf Werte, die innerhalb einer Adressatengruppe kollektiv geteilt werden, kann dabei mittels zweier – gegenläufiger – Strategien semantischer Rahmung *(framing)* erreicht werden: zum einen durch die Herstellung eines konkreten Bezugs zur individuellen Lebenswelt des Adressaten. Diese Konkretisierung des Themas wird in der Protestkommunikation häufig durch die Mobilisierung von Angst und Befürchtungen oder durch Aufrufe zur Identifikation mit »Betroffenen« realisiert. Es ist davon auszugehen, daß ein Problem mit negativen Auswirkungen für die Lebenspraxis des Adressaten sich besonders dazu eignet, individuelle Betroffenheit zu erzeugen; es wird Aufmerksamkeit und solidarische Handlungsbereitschaft also eher wecken als ein Problem ohne konkrete Folgen für die Lebenswelt des Rezipienten. Eine andere in der Protestkommunikation häufig nachzuweisende Problematisierungsstrategie besteht in der »normativen Aufladung«[15] des Themas, wobei durch eine Abstraktion von konkreten lebensweltlichen

---

13 Vgl. Murray Edelman, Die Erzeugung und Verwendung sozialer Probleme, in: Journal für Sozialforschung, 32 (1988) 3/4, S. 175–192.
14 Vgl. David A. Snow/Robert D. Benford, Ideology, Frame Resonance and Participant Mobilization, in: International Social Movement Research, (1988) 1, S. 208.
15 Vgl. J. Gerhards/F. Neidhardt (Anm. 12), S. 41.

Bezügen das Thema oder Problem in einen übergeordneten, von der Adressatengruppe geteilten Wertzusammenhang eingebettet wird. Der Erfolg von Deutungsstrategien hängt von der Zentralität der thematisierten Werte und Solidaritätsziele in der internen Struktur des Wert- und Glaubenssystems der Zielgruppe ab[16]. Die Dringlichkeit demonstrativer Unterstützung wird dabei besonders nachdrücklich, wenn deutlich gemacht werden kann, daß durch die individuelle Solidaritätsleistung eine Eskalation des Problems verhindert oder eine drohende Katastrophe abgewendet werden kann.

Nicht nur hinsichtlich der Fokussierung, auch für die Problematisierungsleistung symbolischer Protestkonstruktionen sind bildliche Zeichen von zentraler Bedeutung: Selten finden sich rein sprachliche oder bildliche Überzeugungsstrategien. In der Kampagnenkommunikation werden gute Argumente mit starken Bildern, diskursive Wortmedien mit präsentativen Bildmedien verknüpft. Den sprachlichen Teilen kommt dabei – entsprechend der von Roland Barthes in bezug auf die kommerzielle Werbung konstatierten Funktionen – vor allem die Aufgabe einer Verankerung oder Relais-Leistung, bezogen auf die deutungsoffenen Bilder, zu[17].

Protest- und Solidaritätsappelle sind stets gerichtete Handlungsaufrufe, die angesichts des problematisierten Themas spezifische solidarische Unterstützungsleistungen einfordern. Um die Richtung der solidarischen Aktion auf das von den Initiatoren der Kampagne gewünschte Ziel zu lenken, sind konkrete Verantwortlichkeiten herauszustellen, d. h. es gilt, sowohl die Verursacher des Problems als auch die Adressaten der Veränderung sowie gewünschte Lösungsstrategien und -taktiken zu benennen. Von entscheidender Bedeutung ist in dem Zusammenhang, wie John Gusfield am Beispiel amerikanischer Kampagnen gegen Alkohol am Steuer verdeutlicht, ob ein Problem als politisches konstruiert wird, für dessen Lösung staatliche Institutionen und Interventionen verantwortlich gemacht werden, oder ob es als primär moralisches gefaßt wird, das auf eine individuelle Verantwortung gegründet ist und entsprechend ein moralisches Engagement des einzelnen einfordert[18]. Generell ist davon auszugehen, daß ein Phänomen nur dann zu einem öffentlichen Problem wird, wenn es kognitiv als veränderbar erscheint und eine moralische Dringlichkeit aufweist, die den einzelnen zur moralischen Stellungnahme und intervenierenden Handlung herausfordert. »Without both a cognitive belief in an alterability and a moral judgement of its character, a phenomenon is not an issue, not a problem.«[19] Dabei eignen sich, so die von Snow und Benford und im Anschluß daran von Gerhards und Neidhardt in bezug auf die Mobilisierung sozialer Bewegungen aufgestellte These, einfache binäre Codierungen, vor allem eine klare Gegenüberstellung von Opfern und Tätern, besser zur Motivierung einer

---

16 Snow und Benford gehen bezüglich der Mobilisierung sozialer Bewegungen von dem Axiom aus, »that the greater the correspondence between values promoted by a movement and those held by potential constituents, the greater the success of the mobilization effort, as measured by the number of contributors to or participants in the movement«. D. Snow/R. D. Benford (Anm. 14), S. 205.
17 Vgl. Roland Barthes, Mythen des Alltags, Frankfurt/M. 1964.
18 Vgl. Joseph R. Gusfield, The Culture of Public Problems. Drunk Driving and the Symbolic Order, Chicago 1981, S. 5 f.
19 Ebd., S. 10.

breiten Zielgruppe als komplexe Ursachenanalysen. Insbesondere technologische Problemdeutungen laufen Gefahr, nur für einen geringen Kreis zugänglich zu sein und die Passivität der Adressaten zu verstärken[20]. Dominierende Strategien der Protestkommunikation sind weniger rational argumentierende als emotional aufgeladene Angst-, Wut- und Schuldkommunikationen. Neben Betroffenheitsinszenierungen gibt es auch eine wachsende Zahl innovativer, mit Spaß- und Humorstrategien und erlebnisbetonten Offerten operierende Kampagnen, die, wie im folgenden Abschnitt näher erläutert, nicht mit kognitiven Dissonanzen arbeiten, sondern vor allem auf die Erfüllung expressiver Bedürfnisse der anvisierten Zielgruppen setzen.

Kampagnenappelle operieren häufig mit einem stark reduzierten Verständnis politisch-solidarischer Partizipation: Die angestrebten Aktionsformen wie Unterschrift, Demonstrationsteilnahme, Spende, Mitgliedsbeitrag oder Boykott sind oft weitgehend passiv, mit geringem Zeitaufwand verbunden und offerieren zugleich materielle wie immaterielle ästhetische Gegenleistungen.

Die Frage nach den angebotenen Strategien zur Problemlösung hängt eng zusammen mit einer gelungenen Selbstlegitimation der zum Protest aufrufenden Organisation oder Personengruppe. Dem Initiator einer Kampagne muß es gelingen, sowohl eine allgemeine als auch eine auf die besondere Vernünftigkeit des spezifischen Protestappells bezogene Glaubwürdigkeit und ein entsprechendes Vertrauen beim Adressaten zu erwerben. Aufgrund der Vielzahl miteinander konkurrierender »moralischer Unternehmer« muß in der öffentlichen Protestkommunikation auch die Exklusivität der Repräsentation einer diskriminierten Gruppe oder die Verfügung über ein effektives Problemlösungsprogramm glaubwürdig demonstriert werden, d. h., um einen Terminus von Gusfield zu verwenden, das »ownership« eines öffentlichen Problems muß Anerkennung finden[21]. Dies kann geschehen durch die Betonung der Reputation des Initiators der Kampagne[22], etwa durch den Verweis auf die Autorität sachlichen Expertenwissens, durch die Betonung vergangener Erfolge oder die Prominenz von Mitunterstützern.

Im Kontext der Förderung individueller Unterstützungsbereitschaft ist nicht nur die Glaubwürdigkeit der Appellierenden und die sachliche und normative Notwendigkeit der solidarischen Unterstützungsleistung herauszustellen. Zur Vermeidung des sogenannten Trittbrettfahrerphänomens, das vor allem bei der Mobilisierung für *public goods* mit unteilbaren Gratifikationen auftritt – wie z. B. Weltfrieden oder Vermeidung einer Klimakatastrophe –, ist die Erzeugung selektiver Anreize zur Verstärkung der individuellen solidarischen Handlungsbereitschaft bedeutsam. Diese Anreize können durch Appelle an die außerordentliche politische Dringlichkeit und moralische Pflicht zur Unterstützung einer Protestaktion geschaffen werden. Betrachtet man etwa die studentischen Protestaktionen des Herbstes/ Winters 1997, die antirassistischen Lichterketten der frühen neunziger Jahre oder den beträchtlichen Erfolg von Greenpeace-Aktionen, so scheinen in den letzten Jahren jedoch vor allem expressive, ästhetische Anreizmomente bei der Erzeugung

---
20 Vgl. D. Snow/R. D. Benford (Anm. 14), S. 204.
21 Vgl. J. Gusfield (Anm. 18), S. 10 ff.
22 Vgl. Talcot Parsons, On the Concept of Influence, in: Public Opinion Quarterly, Vol. 27 (1963), S. 50.

individueller Unterstützungsbereitschaft an Bedeutung gewonnen zu haben. Die Herausbildung einer individualisierten »Erlebnisgesellschaft«[23] und eine zunehmende Ästhetisierung symbolischer Vermittlungsprozesse haben, wie im folgenden Abschnitt exemplarisch erläutert werden soll, neue gemeinschaftsstiftende, expressive Anreizpotentiale geschaffen, die den Modus der symbolischen Konstruktion von Protest und Solidarität tiefgreifend verändern.

3. »Wasser, Schiffe und eine große Sauerei« – Merkmale spektakulärer Kampagneninszenierungen am Beispiel der Umweltorganisation Greenpeace

Die Überzeugungskraft massenmedial vermittelter Protestaufrufe erschöpft sich nicht in der gelungenen Durchsetzung kognitiver Deutungsstrategien. Solche Aufrufe sind auch als kulturelle Phänomene zu betrachten, gewissermaßen als »Kunstformen« mit eigener kultureller Bedeutungsstruktur. Als dramatische Gattung eigener Art hat sich inzwischen die von Greenpeace perfektionierte Öko-Kampagne zum Schutz der Umwelt oder zur Rettung bedrohter Gattungen entwickelt[24]. Bei aller Unterschiedlichkeit ist den Greenpeace-Kampagnen hinsichtlich ihrer expressiven Dimension eines gemeinsam: Stets geht es darum, durch möglichst spektakuläre Inszenierungen öffentliche Aufmerksamkeit auf das eigene Anliegen zu richten. Wesen und Funktion des Spektakels hat David Chaney folgendermaßen zusammengefaßt:»The essence of spectacle is to provide a way in which to dramatise communal vision through displays which lift themes or values out of the ordinary. A spectacular presentation is an attempt to get attention of onlookers by forms of display which are sufficiently striking as to be impressive or even awe-inspiring. The crucial point in the form of drama which spectacle provides is that it is images which are privileged through dramatisation in spectacle.«[25]

Wesentliche Elemente sind demnach die öffentliche Inszenierung gemeinschaftlicher Ideen und Vorstellungen sowie die Außeralltäglichkeit der dem Publikum gezeigten Erfahrungen. Die bildliche Vermittlung möglicher Erfahrungen bildet die zentrale Kommunikationsstrategie: Nicht durch rationale Argumentation, sondern durch die persuasive Kraft beeindruckender Bilder soll die Aufmerksamkeit des Publikums geweckt und gelenkt werden.

Fragt man nach den spezifischen Faktoren, die Greenpeace-Aktionen zu außerordentlich erfolgreichen, spektakulären Medienereignissen werden lassen, sind folgende Aspekte besonders hervorzuheben:
1. die Auswahl des Anlasses;

---

23 Gerhard Schulze, Die Erlebnisgesellschaft. Kultursoziologie der Gegenwart, Frankfurt/M. – New York 1992.
24 Vgl. Sigrid Baringhorst, Politik als Kampagne. Zur symbolischen Konstruktion von Solidarität in Medienkampagnen, Opladen 1998; dies., Symbolische Politik – Politische Kampagnen neuen Typs als Medien kritischer Öffentlichkeit, in: Transit, (1997) 2; dies. (Anm. 11).
25 David Chaney, Fictions of Collective Life. Public Drama in Late Modern Culture, London – New York 1993, S. 21.

2. die rituelle Dramatisierung des konflikthaften Geschehens und die Ausrichtung der Aktionsinszenierung an den ästhetischen Schemata einer Erlebnisgesellschaft;
3. die professionelle Zusammenarbeit mit den Medien als Resonanzboden und Projektionsfläche des Kampagnenverlaufs.

Konflikthaltigkeit einer Nachricht bildet einen zentralen Faktor journalistischer Selektion. Deshalb bedarf eine auf breite Aufmerksamkeit und Massenakzeptanz gerichtete Mobilisierung einer spezifischen Konfliktinszenierung. Je größer der anvisierte Kreis potentieller Unterstützer, desto eindeutiger muß die mit dem Konfliktanlaß verbundene Probleminterpretation sein.

»Schiffe, Wasser und eine große Sauerei« sind, so der Greenpeace-Chef Thilo Bode, die organisationsspezifischen, markentypischen Bedingungen erfolgreicher Protestmobilisierung. Der Verweis auf die »große Sauerei« spielt auf die zentrale Bedeutung einer eindeutigen Konfliktinterpretation an. Diese Eindeutigkeit ist in einer immer komplexer werdenden Welt, in der es zu jedem Gutachten ein relativierendes Gegengutachten gibt, kaum festzumachen. Eindeutigkeit muß, wie oben erläutert, statt dessen symbolisch durch eine entsprechende Rahmung und Thematisierungsstrategie konstruiert werden. Eine eindeutige Konfliktinterpretation wird bei Greenpeace durch die affektive Besetzung der zu schützenden Objekte garantiert. Während sich andere Umweltorganisationen auch um wenig gefällige Tierarten wie Gelbbauchunken (BUND) kümmern, konzentrieren sich Greenpeace-Aktionen auf den Schutz weithin beliebter Tierarten wie Wale, Delphine, Robben.

Orrin Klapp betont in seiner Analyse von »dramatic encounters« das – von Greenpeace perfekt beherrschte – *timing* eines moralischen Eingreifens als eine weitere notwendige Erfolgsbedingung inszenierter Konfrontationen. Ob eine Kampagne erfolgreich endet oder nicht, hängt wesentlich vom historischen Moment ab, vom Wandel des Wertebewußtseins der Bevölkerung im allgemeinen wie von der konkreten Problementwicklung. »One can ›play the hero‹«, so Klapp, »a moment too soon or too late and be the biggest kind of fool. The successful hero steps into a situation at exactly the moment when audience expectation and the plot call for such a part (...) many good deeds and worthy enterprises have failed because the time was not ripe or the ratio of forces was unfavorable. Both tragedy and comedy hinge on precarious considerations like these.«[26]

Symbolisch wird die moralische Aufladung des Problems inszeniert durch eine »dramatic confrontation between good and evil«[27], in der das als Skandalon ausgemachte Böse anhand einer klar zu bezeichnenden, aktuell durchgeführten oder für die nahe Zukunft beabsichtigten Handlung identifiziert werden kann. Neben Aktualität und Handlungscharakter ist die Personifizierung des Bösen als ein mit konkretem Namen verbundener Gegner eine zentrale Inszenierungsstrategie. Was Gusfield am Beispiel amerikanischer Kampagnen gegen Alkohol am Steuer herausgearbeitet hat, gilt auch für die erfolgreiche Greenpeace-Kampagne: »It is a drama of agents in which the individual is prime mover«.[28] Skandalisiert werden

---

26 Orrin Klapp, Dramatic Encounters, in: Joseph R. Gusfield (Hrsg.), Protest, Reform and Revolt, New York u. a. 1970, S. 379.
27 J. Gusfield (Anm. 18), S. 78.
28 Ebd., S. 79.

Personen oder zumindest einzelne, identifizierbare Unternehmen oder Regierungen, nicht strukturelle Probleme oder Systemfelder. Erst mit der klaren Personifizierung der Missetäter bringt das moralische Unternehmen Licht ins Dunkel des immer komplexer werdenden Weltgeschehens und erfüllt damit eine quasi-religiöse Orientierungs- und Sinngebungsfunktion.

Damit der potentielle Gegner möglichst negativ affektiv besetzt wird, gilt für dessen Auswahl: Je mächtiger er im Vergleich zur skandalisierenden Umweltorganisation erscheint, desto stärker die zu erwartenden Sympathien des Publikums und desto ausgeprägter die zu erwartenden geteilten Unrechtsgefühle. Auch in der *Brent-Spar*-Kampagne operierte Greenpeace gezielt mit der bekannten David-contra-Goliath-Konstellation. Die eigene konzernanaloge Organisationsstruktur wurde ausgeblendet durch Bilder mutiger und unbewehrter Schlauchbootaktivisten; der Gegner jedoch erschien als internationaler Ölmulti mit schier unüberwindlichem, stählernem Gewaltpotential.

Die Visualisierbarkeit des Konfliktanlasses wie der ungleichen Konfliktstruktur ist im Zeitalter der audiovisuellen Medien unverzichtbar: Konflikte, die nur durch Verhandlungslösungen an internationalen Konferenztischen gelöst werden können, erzielen nur dann eine Massenaufmerksamkeit, wenn sie von aktionistischen Strategien begleitet werden, deren dramatische Entwicklung, ähnlich sportiven Wettkämpfen, von den Zuschauern an den heimischen Bildschirmen kontinuierlich verfolgt werden kann. In der *Brent-Spar*-Kampagne von 1995 gelang die Verbildlichung nach dem für Greenpeace klassischen Modell einer sich zur Wasserschlacht steigernden Schlauchbootaktion. »Die Außenborder heulen auf, ein letztes Nicken, dann geben die Umweltschützer guten Gewissens vollen Stoff. Entschlossen wie ausgehungerte Moskitos werfen sich die fünf winzigen Greenpeace-Schlauchboote den drei eisernen Sicherungsbooten Rembas, Torbas und Grampian Pride entgegen. Eine Inszenierung wie aus dem Bilderbuch: aufrechte Gläubige auf dem Weg zum Löwen.«[29] Im Stil eines modernen Öko-Märchens oder seriellen Abenteuerromans kommentierten der *Spiegel* und andere Medien den Verlauf der Kampagne. Das Dramatisierungsmuster ist ungebrochen klischeehaft: moralische Integrität (»guten Gewissens«), gepaart mit Mut, Findigkeit und Entschlossenheit, prallt auf die sichtbar überlegene, »eiserne« Macht des verwerflichen Gegners. Und erst nach mühevollem Ringen und verzweifelten Momenten drohenden Scheiterns siegt der gute Wille über die böse, verhängnisvolle Macht. Die moralische Polarisierung zwischen Gut und Böse findet ihre Entsprechung in der visuellen Demonstration und sprachlichen Codierung des Machtverhältnisses, in der Gegenüberstellung von Schwäche und Stärke, Gewaltlosigkeit und Gewalteinsatz, gewitzter Spontaneität und schwerfälliger, aber massiver Gegenwehr.

Betrachtet man Greenpeace-Abenteuer als ästhetische Ausdrucksformen spektakulärer Kampagnenpolitik, so handelt es sich bei diesen Kampagnentypen um mediengerechte Darstellungsweisen, in denen Inklusion und Exklusion von Akteuren in hohem Maße durch rituelle Strategien der Verzauberung hergestellt werden. Vor allem in spätmodernen Gesellschaften, in denen kollektive Identitäten allgemein weniger am sozialen Status als an Lebensstilorientierungen festgemacht

---

29 Der Spiegel, Spezialheft Nr. 25 (1995), S. 26.

werden, fügen sich die symbolträchtigen Spektakel bruchlos in die erlebnisorientierten Handlungsrationalitäten der vor allem indirekt per TV partizipierenden Teilnehmer ein.

Bei Greenpeace stimmt nicht nur das *timing*. Szenische Kulissen und dramaturgische Handlungstypen und -abfolgen sind ausgerichtet am Spaßregister spätmoderner Erlebnissucher: Die Schlauchbootabenteuer erinnern an »*Waterworld*«-Thriller wie an spannende Hochseeregatten. Mutig werfen sich Greenpeacer zum Schutz der Robben vor die Gewehrmündung skandalisierter Tierjäger oder manövrieren ihre Schlauchboote provozierend gegen die stählerne Übermacht moderner Walfangflotten. Der absolute Einsatz des Lebens fürs Leben sowie die Betonung der körperlichen Dimension der individuellen Tat erfüllen eine wichtige, geradezu paradox anmutende Doppelfunktion: Zum einen erinnern sie an den *thrill* moderner Risikosportarten und erhöhen damit den Unterhaltungs- und Erlebniswert der umweltschützerischen Aktion. Gesteigert wird die Suggestion von Abenteuer und Ferienstimmung durch die szenische Rahmung, sei es das malerische Mururoa-Atoll oder die stürmische Nordsee. Zugleich erhöht der unmittelbare Körpereinsatz aber auch die Glaubwürdigkeit der moralischen Aktion. Entgegen allen Unkenrufen, wonach Greenpeace nicht mehr sei als ein professioneller Medienexperte, belegt der demonstrative Todesmut die Authentizität der moralischen Handlungsmotive.

Moralische Glaubwürdigkeit und spannungsreiche, bildstarke Konfliktinszenierung machen die Regenbogenkrieger von Greenpeace zu Proteststars mit geradezu charismatischem Legitimitätsanspruch. Publikumslieblinge sind sie nicht allein aufgrund ihres aktivistischen, oft lebensgefährlichen Körpereinsatzes, durch den sie immer wieder unter selbstgewählten und mitgestalteten situativen Kontexten ihre moralische Führungsrolle unter Beweis stellen. Ohne eine gezielte und stets kooperative Zusammenarbeit mit den Medien wäre angesichts der Spontaneität und geheimen Planung der meisten Aktionen wohl kaum eine geeignete Kamera zugegen, um den Heldenmut der Aktivisten in den heimischen Wohnzimmern bekannt zu machen. Damit die Einstellungen der Kameras den eigenen Problematisierungs- und Imagestrategien entsprechen, werden, ähnlich dem Pooljournalismus der alliierten Golfkrieger, die Reporter und Kameraleute, die an Bord von Greenpeace-Schiffen oder gar Schlauchbooten über den Aktionsverlauf berichten dürfen, nach Kriterien des Einflusses des vertretenen Medienorgans und der Sympathie für die Organisation handverlesen.

Der hohe Nachrichtenfaktor Greenpeace hat die Beteiligung an Kampagnenaktionen für Journalisten zu einer Prestigefrage werden lassen. Da Live-Reportagen eine besondere Dramatik innewohnt und Aktualität zu einem unverzichtbaren Bestandteil journalistischer Berichterstattung geworden ist, geben Erste-Hand-Erfahrungen den beteiligten Journalisten einen erheblichen Vorsprung vor der Konkurrenz. Die Kooperation mit Greenpeace wird mit umfassender Akteneinsicht in die wissenschaftlichen Recherchen ebenso belohnt wie mit Satelliten- oder anderen Kommunikationsverbindungen, die die Umweltschützer bereitstellen. Zugleich partizipieren die Medienvertreter durch ihre direkte Teilnahme am Abglanz der moralischen Helden, die sie und ihre Kameraaugen selbst erzeugen. Auch den Medien, für die sie arbeiten, sichert die unmittelbare Präsenz eine sekundär gewonnene Imagesteigerung.

Wie außerordentlich erfolgreich die gegenseitige Interdependenz von Mediensystem und moralischem Unternehmen für Greenpeace ist, belegt eine Untersuchung von Torsten Rossmann. In vier von fünf Fällen bestimmt die Organisation durch ihre Öffentlichkeitsarbeit, so sein Fazit, »maßgeblich die Themen und Inhalte der Berichterstattung über sich« und ihre Arbeit[30]. Vor allem Presseagenturen übernehmen im Sinne eines Verlautbarungsjournalismus in der Hälfte der untersuchten Meldungen unhinterfragt den Inhalt der Pressemitteilungen. Damit gelingt es der Umweltorganisation, die »Themenstruktur der Berichterstattung über sich selbst bzw. über ausgewählte Umweltprobleme in den Printmedien und damit in der öffentlichen Diskussion zu bestimmen«[31]. Nicht die Journalisten, sondern die Medienexperten von Greenpeace kontrollieren *agenda setting* und öffentliche Meinungsbildung in Umweltfragen.

4. Grenzen der Legitimität – Gefahren einer Greenpeace-Demokratie

Der Erfolg der *Brent-Spar*-Kampagne, herbeigeführt durch einen Massenboykott von Shell-Tankstellen, signalisiert den Anbruch eines neuen, transnationalen Politiktyps. In Feuilleton und Wissenschaft wurden Chancen und Gefahren dieser jenseits der Verfahren klassischer Institutionendemokratie operierenden Kampagnenpolitik äußerst kontrovers diskutiert. Befürworter wie Ulrich Beck sahen in der Protestkampagne den Vorschein einer entstehenden demokratischen Weltöffentlichkeit. Greenpeace liefere den Beweis dafür, daß autonome gesellschaftliche Subpolitik die verkrustete, nationalstaatliche umweltfeindliche Modernisierungspolitik aufbrechen könne. Angesichts einer fortschreitenden Globalisierung der Ökonomie und einer Denationalisierung politischer Prozesse könnten sich Protestakteure in die Reihe der *global players* einmischen und mit Hilfe massenmedial gestützter, umfassender Boykottaktionen eine wirkungsvolle, transnationale Protestgemeinschaft als kritische Gegenmacht entfalten. Die Boykottkampagne repräsentiere eine neue Form der direkten Demokratie, der direkten Intervention der Individuen in weltpolitische Belange »jenseits der repräsentativen Institutionen«, in einem Prozeß, in dem es »keine Zwischeninstanzen, keine repräsentativen Willensvermittlungen, keine Bürokratie, keine Eintragungen ins Wählerverzeichnis, keine Demonstrationsanmeldeformulare« mehr gebe[32].
». . . ein süchtigmachendes Gift für die liberale Demokratie« kommentiert demgegenüber Josef Joffe kritisch den Erfolg der *Brent-Spar*-Kampagne. Entgegen dem inszenierten Gestus von Kritik und Protest indiziere der massenhafte Boykott von Shell-Tankstellen ebenso wie die quer durch alle politischen Lager artikulierte Zustimmung der politischen Klasse den Anbruch einer risikolosen Konsenspolitik:

---

30 Thomas Rossmann, Das Beispiel Greenpeace – Öffentlichkeitsarbeit und ihr Einfluß auf die Medien, in: Media Perspektiven, (1993) 2, S. 91.
31 Ebd., S. 93.
32 Ulrich Beck, Was Chirac mit Shell verbindet. In der Weltrisikogesellschaft wird der Konsumentenboykott zum demokratischen Machtinstrument, in: Die Zeit vom 8. September 1995, S. 9.

einer »Fühlwohl-Politik« »ohne Kosten und Konsequenzen, ohne Gegner und Gegenwehr«[33].
Das direkte Eingreifen der Bürger, von den einen als demokratischer Gewinn gefeiert, gilt den anderen als blanker Rechtsbruch. Den Sieg gegen Shell betrachten sie als demokratiegefährdende Mitregierung nichtstaatlicher Organisationen und als Indiz für ein Ende staatlicher Souveränität. Der Erfolg der Kampagne offenbare das Machtpotential, das einzelne Umweltmultis, gestützt auf eine wohlwollende Medienberichterstattung und eine dadurch ausgelöste Massensympathie, in der Bevölkerung entfalten könnten: Nationale Parlamente könnten übergangen und Entscheidungen demokratisch gewählter Repräsentanten unter dem Druck einer internationalen Öffentlichkeit wirkungslos werden. Die Anti-Shell-Aktion gebe, so z. B. Gesine Schwan, zu Recht ein Alarmsignal an Politik und Wirtschaft, gegen die fortschreitende Umweltzerstörung anzugehen, doch dürfe die »Rechtlichkeit als Grundlage des Zusammenlebens« nicht in Frage gestellt werden. »Wir müssen uns davor hüten, den Bruch der Verfahren und Institutionen zu entdramatisieren und die gezielte Regelverletzung gar zur leicht und kostenlos durchführbaren Übung zu machen, die noch dazu das Gewissen entlastet.«[34]

Im Zentrum der Kritik steht die kontroverse Einschätzung der politischen Legitimation der neuen Kampagnenpolitik. Dabei vergessen die Greenpeace-Kritiker zumeist, daß das, was politisch legitim ist, keineswegs eindeutig und unverbrüchlich festgeschrieben ist: Vorstellungen von Legitimität sind nicht nur kulturell variant, sondern auch innerhalb gesellschaftlicher Ordnungen dem Wandel des »Zeitgeistes« unterworfen. Inwieweit politische Entscheidungen nicht nur der Akzeptanz der Mehrheit gewählter Repräsentanten bedürfen, sondern auch der Zustimmung der Bevölkerungsmehrheit oder nur der Mehrheit der von einer Entscheidung betroffenen Bürger, ist vom Wandel kollektiver Demokratievorstellungen abhängig. Ebenso ist die Frage, welche politische Partizipationsformen als zulässig und mit dem Rechtsstaat vereinbar gelten, nicht nur eine Angelegenheit richterlicher Entscheidung, sondern Gegenstand öffentlicher Auseinandersetzung und damit dem Wandel der öffentlichen Meinung unterworfen.

Einen hohen Geltungsanspruch hat in unserer Demokratie die »Legitimation durch Verfahren«[35]. Damit ist gemeint, daß nur die politischen Entscheidungen als legitim gelten, die entsprechend festgelegter Entscheidungsregeln und im Rahmen festgelegter institutioneller Ordnungen zustande gekommen sind. Dazu zählen vor allem periodische Wahlen, Gewaltenteilung, Repräsentations- und Rechtsstaatsprinzip, Parteienkonkurrenz, Mehrheitsregel und Öffentlichkeit. Da Verfahren aber keine ausreichende Legitimationsbasis für staatliche Entscheidungen liefern, müssen sie, um als legitim angesehen zu werden, auch normativ an die Verwirklichung letztverbindlicher, demokratischer Grundnormen wie etwa Freiheit und Gleichheit oder Sicherheit und Schutz der Bürger gebunden sein.

Verbindliche Verfahren und regulative Ideen, formale und materiale Basis politischer Entscheidungen sind nicht völlig voneinander zu trennen. Die Festlegung auf

---

33 Josef Joffe, »Das Fühlwohl-Syndrom«, in: Süddeutsche Zeitung vom 21. August 1995, S. 9.
34 Gesine Schwan, Zurück zum Krieg aller gegen alle?, in: Die Zeit vom 22. September 1995, S. 12.
35 Niklas Luhmann, Legitimation durch Verfahren, Frankfurt/M. 1983.

demokratische Entscheidungsregeln und gewählte Repräsentationsinstanzen als Voraussetzung rechtmäßiger Politikgestaltung ist selbst Ausdruck demokratischer Grundnormen. Demokratie soll vor Machtmißbrauch schützen und die Freiheit von staatlicher Willkür garantieren. So soll das Repräsentationsprinzip vor allem dem Ausgleich zwischen öffentlichem Interesse und partikularistischen Gruppen- und Einzelinteressen dienen. Dabei hebt die Verfassung die politischen Parteien als zentrale Vermittlungsinstanzen zwischen Gesellschaft und Staat besonders hervor. Deren Status als legitime Institutionen politischer Elitenrekrutierung wie der Artikulation und Aggregation gesellschaftlicher Interessen gerät jedoch in den letzten Jahren immer mehr ins Wanken.

Nichtregierungsorganisationen (NRO) wie Greenpeace oder Amnesty International profitieren von der Legitimationskrise der politischen Parteien. Gegen den Klientelismus- und Korruptionsverdacht der Parteien gelingt es ihnen, die Gemeinwohlorientierung ihrer Politik glaubhaft zu vermitteln und zugleich die Vorstellungskraft der Menschen anzusprechen. Authentische Sachverhalte werden in ihren Kampagnen so mit fiktiven und dramatischen Handlungselementen verknüpft, daß ökologische, soziale und politische Probleme, die vom Inszenierungszauber der etablierten Politik[36] verdeckt sind, öffentlich sichtbar werden.

Ihre Legitimität basiert nicht auf massenhafter Mitgliedschaft und vereinsdemokratischen Abstimmungsverfahren, sondern auf der öffentlichen Thematisierung und Skandalisierung der verdrängten Schattenseiten globaler Modernisierungsprozesse[37]. Die etablierte Politik verharrt noch immer in nationalstaatlich verengten Institutionen und Denkperspektiven. Demgegenüber setzen internationale NRO Probleme nicht nur auf die nationale politische Agenda. Mit Hilfe einer internationalen Vernetzung von Organisation und Kommunikation tragen sie wesentlich dazu bei, den politischen Diskussionshorizont weltgesellschaftlich zu öffnen.

Angesichts der Legitimationsdefizite der etablierten Politik bilden die Greenpeace-Kampagnen notwendige und legitime Politikkorrektive. Sie tragen mit ihren spektakulären Aktionen dazu bei, grundlegende Demokratienormen wie Schutz des Lebens und Gemeinwohlorientierung einzulösen und vernachlässigte, aber essentielle Probleme der Gesellschaft öffentlich zu thematisieren. Die Mehrheitsdemokratie basiert auf der Annahme einer grundsätzlichen Revidierbarkeit politischer Entscheidungen. Die Reichweite der Politik hat jedoch im Zuge beschleunigter Modernisierungsprozesse und der damit verbundenen weitreichenden Eingriffe in ökologische Systeme nicht nur die nationalen Grenzen, sondern auch die temporären Grenzen parlamentarischer Legislaturperioden längst überschritten. Immer häufiger entscheiden Politiker über das Leben nachfolgender Generationen, ohne daß deren Interessen im Entscheidungsprozeß angemessen artikuliert und repräsentiert würden. Auf Wiederwahl fixierte etablierte Reprä-

---

36 Vgl. Ulrich Sarcinelli, Symbolische Politik. Zur Bedeutung symbolischen Handelns in der Wahlkampfkommunikation in der Bundesrepublik Deutschland, Opladen 1987; Thomas Meyer, Die Inszenierung des Scheins. Voraussetzungen und Folgen symbolischer Politik. Essay-Montage, Frankfurt/M. 1992.
37 Vgl. Wolfgang Sachs, Wie viele Truppen hat Greenpeace?, in: epd – Entwicklungspolitik (1995) 21, S. 16f.

sentanten denken vor allem in kurzfristigen Zeithorizonten und beurteilen Politikfolgen primär hinsichtlich der Auswirkungen auf die jeweils nächsten Wahlen. Die Legitimität von Greenpeace-Aktionen resultiert demgegenüber gerade daraus, daß sie sich zum Fürsprecher der Stimmlosen der Natur und Nachwelt machen und gegen den beschränkten Zeithorizont der gewählten Repräsentanten die langfristigen Risiken und oft unrevidierbaren Konsequenzen politischer Entscheidungen geltend machen. Daß sie dazu in der Tradition des zivilen Ungehorsams zuweilen auch zu Mitteln der gezielten Regelverletzung greifen, ist nicht zuletzt durch die »Aufmerksamkeitsregeln« (Luhmann) des Mediensystems bedingt. Demonstrative Widerstandsakte machen eine Kampagne erst medienwirksam. Sie sind jedoch nur gerechtfertigt, wenn es sich um Formen des gewaltlosen Rechtsbruchs handelt, die dem übergeordneten Ziel des Lebensschutzes nicht widersprechen.

Auch wenn Umweltschutzkampagnen wie die *Brent-Spar*-Kampagne angesichts der Schwächen der etablierten Institutionendemokratie durchaus Legitimität beanspruchen können, sollten doch die erheblichen Folgen einer transnationalen medienvermittelten Protestöffentlichkeit nicht vergessen werden: Mit der weitgehenden Anpassung an die Funktionsbedingungen des Mediensystems verlieren die Kampagnen subpolitischer Akteure ihren radikalen, gegenöffentlichen Charakter. Die von NRO erzeugte Öffentlichkeit ist ganz analog der symbolischen Politik der etablierten Politiker strategisch hergestellte Öffentlichkeit zur Persuasion eines Massenpublikums. Auf Massenakzeptanz angewiesen, können nur diejenigen Protestinitiativen auf die Sympathie der medialen Vermittler hoffen, die ihre Ziele dem Publikumsgeschmack anpassen.

Die Rückwirkungen auf den Prozeß politischen Handelns sind nicht minder prekär als die Folgen einer symbolischen Politik von oben. Politische Kampagnen entlasten aufgrund ihrer Binärcodierung – Freund oder Feind, Unterstützung oder Protest, Konsum oder Boykott – zwar den Bürger in seiner mühevollen Orientierung in einer unübersichtlichen Umwelt. Doch die Kosten der kognitiven Entdifferenzierung sind immens. Entsprechend den Filtern medialer Berichterstattung werden differenzierte Sachauseinandersetzung und problembezogene Relevanzkriterien überlagert von sachfremden Nachrichtenfaktoren: emotionaler Gehalt, Prominenz der Akteure, moralische Aufladbarkeit, visuelle Eindringlichkeit und die Möglichkeit zur effektvollen Dramatisierung bestimmen zunehmend die politische Tagesordnung.

Die in medialen Aktionen erzeugten Protestgemeinschaften sind fragil, da abhängig vom schnellen Wechsel öffentlicher Themenkonjunktur. Die Kurzlebigkeit der Protesterlebnisse erzeugt eine Spirale der Spektakularität, die nur durch eine stärkere Dramatisierung der Inszenierung, etwa durch eine Radikalisierung des öffentlichen Tabubruchs, gesteigert werden kann. Neben Greenpeace ist in der Bilderwelt des Fernsehens wenig Raum für finanziell und organisatorisch weniger gut ausgestattete oder weniger mediengerecht arbeitende Umweltorganisationen. Inwieweit sich diese Konzentration der Medienaufmerksamkeit konkret auf die innere Struktur des gesamten Bewegungssektors auswirkt, ist zur Zeit aufgrund der schlechten Forschungslage auf diesem Gebiet noch nicht eindeutig zu beantworten. Allgemein ist jedoch davon auszugehen, daß symbolische Macht nicht nur politischen Einfluß bedeutet. Positive Medienresonanz beeinflußt auch die materiellen Ressourcen (Spenden und Mitgliedsbeiträge) sowie die soziale Anerkennung der NRO. Analog dem Konkurrenzmechanismus profitorientierter Unternehmen kommt es, so ist zu vermuten, angesichts der knappen Ressource Aufmerksamkeit im NRO-Sektor deshalb zu folgenreichen Monopolbildungen und internen Differenzierungsprozessen.

Abnehmende öffentliche Zuschüsse führen im gesamten NRO-Sektor zu einer verschärften Abhängigkeit von Spenden und Mitgliedsbeiträgen und, da diese mit der symbolischen Repräsentation in den Massenmedien steigen und fallen, auch zu einer verschärften Medienabhängigkeit. Medienorientierung ändert nicht nur die innere Marktstruktur der »moralischen Unternehmen«; sie beeinflußt auch die interne Organisationsstruktur der einzelnen NRO. Der extrem hierarchische Aufbau von Greenpeace ist nicht zuletzt der medialen Kampagnenarbeit geschuldet: Dramatische Konfliktinszenierungen verlangen von Bewegungsorganisationen flexible und schnelle Reaktionen. Da wirken langatmige Mitgliederbefragungen und diskursive Abstimmungsprozesse nur hemmend und störend. Kein politisches Entscheidungsverfahren ist zeitraubender als die Demokratie, vor allem die Basisdemokratie.

Trotz aller Einwände sollte das Urteil über die medialen Protestkampagnen jedoch nicht ausschließlich negativ ausfallen. »Der Demokrat ist auch Voyeur«, kritisiert Claus Leggewie eine ausschließliche Festlegung des Politischen auf instrumentelle Interessenaushandlung und diskursive Rationalität. Und er fordert: »Wir bitten also um politische Inszenierungen, die uns nicht von der Politik absehen lassen.«[38] Ob spektakuläre Protestkampagnen die Demokratie eher fördern oder ihr schaden, kann aufgrund der unterschiedlichen Lesbarkeit symbolischer Zeichen und der unterschiedlichen Gestaltung der Appelle nicht generell beurteilt werden. Ob sie über den Inszenierungsmoment hinaus Reflexions- und Handlungsanreize bieten, hängt ganz wesentlich von ihrer Fähigkeit ab, politische Diskurse folgen zu lassen. Von entscheidender Bedeutung ist dabei, daß eine Profanisierung der Kampagnenkommunikation durch eine Inflation des Sensationellen verhindert wird. Die steigende Zahl massenmedialer Protestkampagnen belegt die gewachsene Sensibilität von Mediengesellschaften für soziale und ökologische Probleme in globaler Dimension. Zugleich verweisen die Kampagnen aber auch auf eine mit der aufrüttelnden Bildsprache einhergehende zunehmende Oberflächlichkeit bei der Analyse von Strukturen und Hintergründen des jeweiligen Problems. Dies kann zum unerwünschten Effekt einer Abkehr von der etablierten Politik führen, sofern die Inflation von dramatischen Protestappellen lediglich eine ästhetische Oberflächensensibilisierung auslöst.

---

38 Claus Leggewie, Solidarität – Warum sie nicht funktioniert und trotzdem klappt, in: Kursbuch, (1991) 106, S. 148.

IV.

Die Bürger als Zuschauer, Betroffene und als Akteure: Zur Nutzung und Wirkung von Medien

UWE HASEBRINK

Politikvermittlung im Zeichen individualisierter Mediennutzung

Zur Informations- und Unterhaltungsorientierung des Publikums

1. Einführung

Politikvermittlung über Medien setzt voraus, daß die jeweils verfügbaren politischen Medienangebote genutzt werden, daß ihnen Zeit und Aufmerksamkeit gewidmet wird. Es bestehen in der öffentlichen Diskussion jedoch Zweifel, inwieweit diese Voraussetzungen als erfüllt gelten können. Der großen Mehrheit der Bevölkerung wird eine klare Unterhaltungsorientierung sowie die Tendenz zugeschrieben, informierenden Medienangeboten, zumal solchen über politische Themen, eher aus dem Wege zu gehen. Auch die wissenschaftliche Auseinandersetzung mit der Nutzung von Medien ist weitgehend dadurch geprägt, daß die Zuwendung der Menschen zu unterhaltenden Angeboten zumindest implizit als »zu hoch«, die Zuwendung zu informierenden Angeboten als »zu gering« angesehen wird. Vor diesem Hintergrund muß die insbesondere im Unterhaltungsbereich weiter fortschreitende Ausdifferenzierung der Medienangebote, die dazu führt, daß jederzeit zielgruppengerechte Unterhaltungsangebote verfügbar sind, zwangsläufig zu besorgten Prognosen hinsichtlich der Möglichkeiten von Politikvermittlung führen.

In diesem Beitrag sollen zunächst empirische Befunde zu der Frage dargestellt werden, welche Bevölkerungsanteile von den politischen Informationsangeboten verschiedener Medien erreicht werden. Angesichts der hervorgehobenen Rolle des Mediums Fernsehen wird dann genauer untersucht, inwieweit in der Fernsehnutzung Hinweise auf die Informations- oder Unterhaltungsorientierung der Zuschauerinnen und Zuschauer zum Ausdruck kommen. Vor dem Hintergrund dieser empirischen Bestandsaufnahmen sollen dann einige Thesen hinsichtlich der künftigen Herausforderungen und Probleme für die Vermittlung von Politik diskutiert werden. Dabei geht es insbesondere um die im Zuge der Angebotsdifferenzierung zu beobachtende Spezifizierung auch des Nutzungsverhaltens, die als zunehmende Fragmentierung des Publikums und damit auch der Öffentlichkeit problematisiert wird. Abschließend wird zusammenfassend diskutiert, welche Konsequenzen sich aus den Veränderungen des Nutzungsverhaltens für die Politikvermittlung ergeben.

2. Reichweiten politischer Informationsangebote in den drei tagesaktuellen Medien

Mediengestützte Politikvermittlung im engeren Sinne kann nur so weit wirksam werden, wie die politischen Informationsangebote der Medien in der Bevölkerung reichen. Darüber gibt insbesondere die seit 1964 in etwa fünfjährigem Rhythmus durchgeführte Studie »Massenkommunikation« Auskunft, in der Nutzung und Bewertung der drei tagesaktuellen Medien Fernsehen, Hörfunk und Tageszeitung untersucht werden[1]. Dieser Studie zufolge lag die Reichweite politischer Informationsangebote bei der jüngsten Erhebung im Jahre 1995 deutlich unter der 1990 gemessenen. Damals waren an einem durchschnittlichen Tag (Montag bis Sonntag) in den alten Bundesländern 90 Prozent und in den neuen Bundesländern 94 Prozent der Bevölkerung von einem politischen Angebot in mindestens einem der drei tagesaktuellen Medien erreicht worden. 1995 waren es dann nur noch 81 bzw. 86 Prozent[2].

Für die alten Bundesländer läßt sich die Reichweitenentwicklung über 30 Jahre hinweg nachzeichnen: 1995 wurden hier an einem durchschnittlichen Werktag (Montag bis Samstag) 82 Prozent der Bevölkerung von politischen Informationsangeboten erreicht. Umgekehrt ausgedrückt: An einem durchschnittlichen Werktag im Jahre 1995 nutzten 18 Prozent der Bevölkerung kein politisches Informationsangebot in den drei tagesaktuellen Medien; 1990 waren dies nur neun Prozent gewesen. Die entsprechenden Ergebnisse der vorangegangenen Befragungen in den Jahren 1964 (18 %), 1970 (12 %), 1974 (8 %), 1980 (6 %) und 1985 (7 %)[3] lassen sich mit diesen Werten nur eingeschränkt vergleichen, da sie etwas anders erhoben wurden. Es spricht aber insgesamt viel dafür, daß die Reichweiten politischer Informationsangebote seit Mitte der achtziger Jahre eher sinken.

Der deutliche – und nicht auf methodische Gründe zurückführbare – Rückgang der Reichweite von Politikvermittlung zwischen 1990 und 1995 beruht zu einem guten Teil darauf, daß die Erhebung von 1990 in einen Zeitraum mit besonders bedeutsamen politischen Ereignissen fiel (z. B. die erste gesamtdeutsche Bundestagswahl und die Golf-Krise), in dem entsprechend ein besonders hohes Interesse an politischen Informationen bestand. Die Konsistenz der 1995 erhaltenen Befunde in Richtung auf eine Abwendung von politischen Angeboten ist jedoch so weitgehend und durchgängig und die zugleich beobachtete Abnahme des politischen Interesses[4] so klar, daß sie durchaus als ernste Hinweise dafür angesehen werden müssen, daß politische Informationsangebote die Bevölkerung zunehmend schlechter erreichen.

Fragt man weiter, welche spezifische Rolle die hier berücksichtigten drei tagesaktuellen Medien spielen, sind zwei verschiedene Phänomene zu unterscheiden, die für die Reichweite politischer Angebote bedeutsam sind. So kann ein Medium mit seinen Informationsangeboten hohe Reichweiten in einer Bevölkerungsgruppe er-

---

1 Siehe zuletzt Klaus Berg/Marie-Luise Kiefer (Hrsg.), Massenkommunikation V. Eine Langzeitstudie zur Mediennutzung und Medienbewertung 1964–1995, Baden-Baden 1996.
2 Ebd., S. 187.
3 Ebd., S. 183.
4 Ebd., S. 305.

stens nur dann erzielen, wenn das Medium insgesamt von dieser Gruppe gern genutzt wird, also unabhängig vom konkreten Angebot hohe Reichweiten erzielt. Zweitens setzt eine hohe Reichweite politischer Informationsangebote aber auch voraus, daß das betreffende Medium informationsorientiert genutzt wird, daß also die erreichten Nutzer sich auch den Informationsangeboten zuwenden. Die nachfolgenden *Abbildungen 1a* und *b* veranschaulichen diese beiden Aspekte: Für jedes der drei Medien wird mit der hinteren, dunklen Säule veranschaulicht, welchen Anteil der jeweiligen Bevölkerungsgruppe es an einem durchschnittlichen Tag erreicht – unabhängig vom konkreten Angebot. Die vordere, helle Säule zeigt dann, welchen Anteil der betreffenden Gruppe dieses Medium mit seinen politischen Informationsangeboten erreicht. Letzterer Anteil liegt notwendigerweise unter der Reichweite des Mediums insgesamt; an der Differenz zwischen den beiden Säulen läßt sich aber leicht ablesen, wieviele Menschen zwar das jeweilige Medium nutzen, nicht aber dessen politische Angebote, denen sie also, soweit diese überhaupt verfügbar sind, aus dem Wege gehen.

In der Gesamtbevölkerung erreicht das Fernsehen danach insgesamt (83 Prozent) wie auch mit seinen Informationsangeboten (60 Prozent) die meisten Menschen. Die Differenz zwischen den beiden Werten ist so zu verstehen, daß 23 Prozent der Deutschen an einem durchschnittlichen Tag fernsehen, ohne dabei politische Informationsangebote zu nutzen. Für alle drei Medien läßt sich beobachten, daß etwa zwischen 70 und 75 Prozent der erreichten Menschen auch mindestens ein politisches Informationsangebot des jeweiligen Mediums nutzen.

Bei der Betrachtung der verschiedenen Altersgruppen (*Abbildung 1a*) ist zunächst festzuhalten, daß die Jugendlichen und jüngeren Erwachsenen sehr viel seltener Zeitung lesen als die älteren Gruppen. Entsprechend erreichen auch die politischen Informationen der Tageszeitungen nur wenige junge Leser. Bei den Jugendlichen steht das Fernsehen eindeutig im Vordergrund, ebenso bei den älteren Erwachsenen. Hier lassen sich jedoch deutlich unterschiedliche Programmvorlieben beobachten. Die Jugendlichen gehen den Informationsangeboten des Fernsehens offenbar sehr konsequent aus dem Wege. Weniger als 40 Prozent der jugendlichen Zuschauer nehmen auch ein Informationsangebot in ihr Fernsehmenü auf; bei den über 50jährigen sind dies dagegen mehr als 80 Prozent. In den drei jüngsten Altersgruppen erreicht der Hörfunk mit seinen politischen Informationen höhere Reichweiten als die beiden anderen Medien. Dies spricht dafür, daß die in die populären Begleitprogramme eingebetteten regelmäßigen (Kurz-)Nachrichten noch am ehesten die Chance haben, auch diejenigen Altersgruppen mit Informationen zu erreichen, die solche Angebote ansonsten nicht nutzen.

Abbildung 1b zeigt die entsprechenden Werte für Gruppen, die sich im Hinblick auf ihre formale Bildung und ihr politisches Interesse unterscheiden. Menschen, die ein geringeres formales Bildungsniveau haben, konzentrieren ihre Mediennutzung stark auf das Fernsehen. Überdies nutzt diese Gruppe alle drei Medien eher so, daß politische Information gemieden wird. Bei hohem Bildungsniveau ist ein nahezu ausgeglichenes Verhältnis der drei Medien zu beobachten; insbesondere die Zeitung erreicht in dieser Gruppe deutlich mehr Menschen, auch und gerade mit ihren politischen Informationsangeboten. Das insgesamt geringere Interesse der höher Gebildeten am Medium Fernsehen schlägt sich darin nieder, daß dieses Medium diese

Abbildung 1a: Tägliche Reichweite der Medien insgesamt und ihrer politischen Informationsangebote nach Altersgruppen im Jahr 1995 (in Prozent, gesamte Bundesrepublik, Montag bis Sonntag)

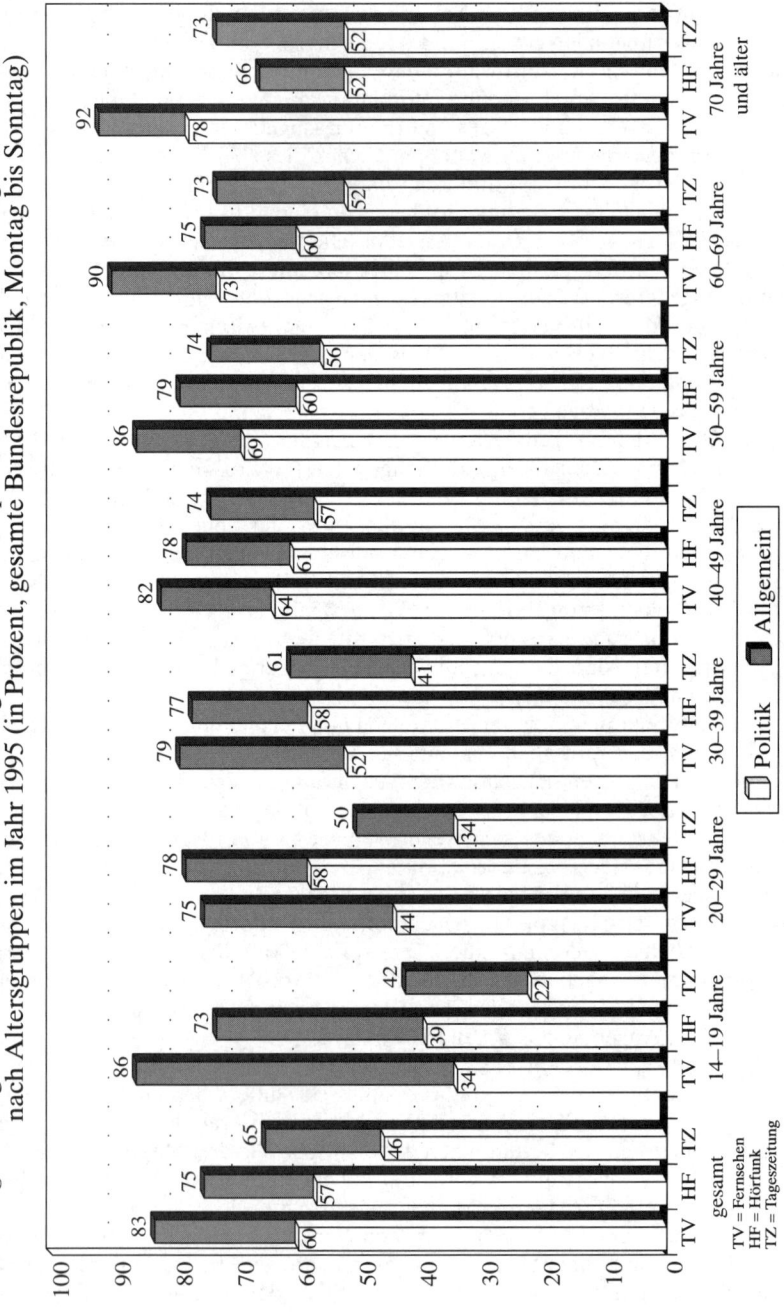

Quelle: Zusammengestellt von Uwe Hasebrink nach: Klaus Berg/Marie-Luise Kiefer (Hrsg.), Massenkommunikation V. Eine Langzeitstudie zur Mediennutzung und Medienbewertung 1964–1995, Baden-Baden 1996.

Abbildung 1b: Tägliche Reichweiten der Medien insgesamt und ihrer politischen Informationsangebote nach Bildung und politischem Interesse im Jahr 1995 (in Prozent, gesamte Bundesrepublik, Montag bis Sonntag)

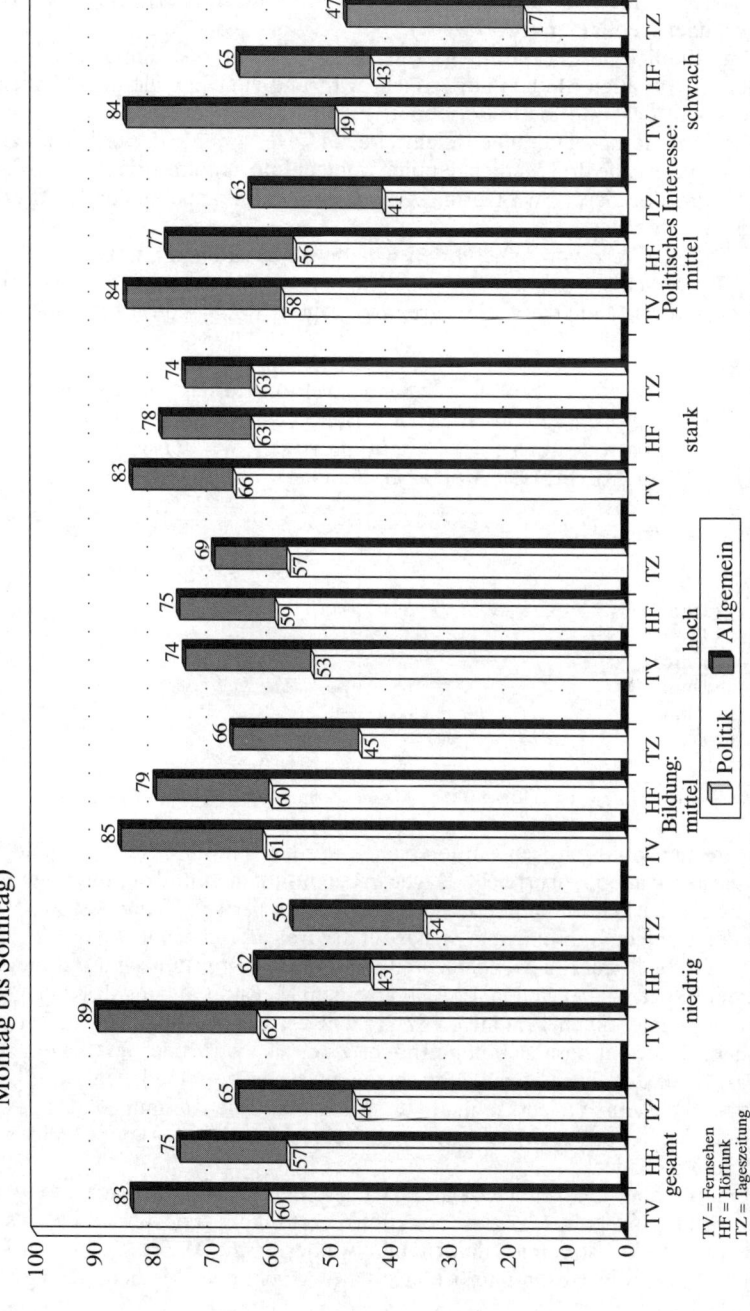

TV = Fernsehen
HF = Hörfunk
TZ = Tageszeitung

Quelle: Zusammengestellt von Uwe Hasebrink nach: Klaus Berg/Marie-Luise Kiefer (Hrsg.), Massenkommunikation V. Eine Langzeitstudie zur Mediennutzung und Medienbewertung 1964–1995, Baden-Baden 1996.

Gruppe mit seinen Informationsangeboten sogar schlechter erreicht (53 Prozent) als die weniger Gebildeten (62 Prozent).

Im Hinblick auf das politische Interesse zeigt sich, daß die Gruppe der Interessierten von allen Medien gut erreicht wird und zugleich alle drei Medien überdurchschnittlich informationsorientiert nutzt. Mit abnehmendem politischem Interesse sinkt insbesondere die Reichweite der Tageszeitung. Außerdem nutzt dieser Personenkreis alle drei Medien deutlich weniger informationsorientiert, so daß etwa nur 17 Prozent dieser Bevölkerungsgruppe vom Politikangebot der Tageszeitungen erreicht werden.

Faßt man die zuvor aufgeführten Ergebnisse zusammen und fragt, welche Anteile der verschiedenen Bevölkerungsgruppen von Politikangeboten in zumindest einem der drei Medien erreicht werden, so zeigt sich folgendes Bild *(Tabelle 1)*.

Tabelle 1: Anteil der Bevölkerung bzw. bestimmter Bevölkerungsgruppen, die pro Tag von einem politischen Informationsangebot in mindestens einem Medium erreicht werden (in Prozent, 1995, Montag bis Sonntag)

Gesamtbevölkerung	82	*Bildung:*	
		niedrig	77
Alter:		mittel	83
14–19 Jahre	59	hoch	84
20–29 Jahre	77		
30–39 Jahre	80		
40–49 Jahre	88	*politisches Interesse:*	
50–59 Jahre	88	stark	90
60–69 Jahre	87	mittel	81
70 Jahre und älter	88	schwach	66

Quelle: Klaus Berg/Marie-Luise Kiefer (Hrsg.), Massenkommunikation V., Baden-Baden 1996, S. 332.

Jüngere und politisch wenig Interessierte werden danach besonders schlecht von politischen Angeboten erreicht. Dagegen beeinflußt der Grad der formalen Bildung die Erreichbarkeit durch politische Angebote nur gering – zumindest werden auch von den weniger Gebildeten täglich mehr als drei Viertel erreicht.

Im Hinblick auf die Möglichkeiten von Politikvermittlung sind Befunde dieser Art nur schwer zu beurteilen. Es fehlt an einem Maßstab, anhand dessen angegeben werden könnte, ob ein Anteil von 82 Prozent der Bevölkerung, der täglich von politischen Informationsangeboten erreicht wird, als »viel« oder »wenig« anzusehen ist. Auch die beobachteten Unterschiede zwischen verschiedenen Bevölkerungsgruppen spiegeln zunächst einmal nur relativ plausible Zusammenhänge zwischen bestimmten Lebenslagen und Interessen einerseits und der Art der Mediennutzung andererseits wider.

Ob nun aber die Tatsache, daß pro Tag lediglich knapp 60 Prozent der 14- bis 19jährigen von politischen Informationsangeboten erreicht werden, als »problematisch« einzustufen ist, dafür fehlen wiederum die Maßstäbe. Die Diskussion darüber, inwieweit bestimmte beobachtbare Aspekte der Mediennutzung im Hinblick auf die Politikvermittlung positiv oder negativ zu bewerten sind, soll unten aufgegriffen werden. Zuvor sollen weitere Anhaltspunkte für die Art des Umgangs mit politischen Informationsangeboten skizziert werden.

3. Das Beispiel Fernsehen: Gezielte Vermeidung von Informationsangeboten durch Unterhaltungsslalom?

Welche Vorlieben zeigen die Fernsehzuschauer bei der Programmauswahl? Diese Frage wird häufig mit der Gegenüberstellung von Information und Unterhaltung verknüpft, wobei meist vereinfachend unterstellt wird, daß Unterhaltungssendungen massenattraktiver seien als andere Angebotssparten und daher die noch weiter zunehmende Kanalzahl zu einem verstärkten »Unterhaltungsslalom« führe. In der Tat gibt es einige empirische Anhaltspunkte für eine solche generelle Unterhaltungsorientierung der Zuschauer: So läßt sich anhand der täglich im Auftrag der Fernsehanbieter gemessenen Reichweitenkurven beobachten, daß dann, wenn auf eine attraktive Unterhaltungssendung ein Informationsangebot folgt und gleichzeitig auf einem anderen Programm eine Unterhaltungssendung beginnt, regelmäßig eine beträchtliche Zuschauerwanderung einsetzt[5].

Ein weiterer Anhaltspunkt für eine generelle Unterhaltungsorientierung kann auch darin gesehen werden, daß der Anteil fiktionaler Angebote und Unterhaltungssendungen an der Nutzung in der Regel höher ist, als dies ihrem Anteil am Angebot entspricht: 1995 etwa entfielen 39 Prozent des Angebots der 18 wichtigsten deutschen Fernsehprogramme auf fiktionale Sendungen (Filme und Serien); diese Sendungen machten aber 46 Prozent der Gesamtnutzung in diesem Jahr aus[6]. Für nicht-fiktionale Unterhaltungssendungen zeigte sich bei dieser Auswertung ein annähernd ausgeglichenes Verhältnis (14 Prozent des Angebots, 13 Prozent der Nutzung). Dagegen erreichten Informationssendungen bei weitem nicht den Anteil an der Nutzung (23 Prozent), den sie am Angebot einnahmen (38 Prozent). Innerhalb der Informationssparte ist allerdings zu differenzieren, denn Nachrichtensendungen wurden überproportional genutzt (sieben Prozent der Nutzung gegenüber fünf Prozent des Angebots); im Durchschnitt verwendeten die Zuschauer die »Zutat« Nachrichten in ihren Fernsehmenüs also stärker, als sich dies in der Angebotsstruktur widerspiegelt.

---

5 Siehe z. B. Andreas Grajczyk/Oliver Zöllner, Fernsehverhalten und Programmpräferenzen älterer Menschen. Daten zur Fernsehnutzung der ab 50jährigen 1995, in: Media Perspektiven, (1996) 11, S. 577–588, hier S. 587.
6 Maria Gerhards/Andreas Grajczyk/Walter Klingler, Programmangebote und Spartennutzung im Fernsehen 1995. Daten aus der GfK-Programmcodierung, in: Media Perspektiven (1996) 11, S. 572–576, hier S. 572; siehe auch Bernward Frank/Heinz Gerhard, Angebot und Nutzung von Fernsehprogrammen. Programmcodierung in der GfK-Fernsehforschung, in: Media Perspektiven (1993) 10, S. 471–478; sowie Bernward Frank, Informationsinteressen und Informationsnutzung. Möglichkeiten und Grenzen der Politikvermittlung im Fernsehen, in: Ralph Weiß (Hrsg.), Aufgaben und Perspektiven des öffentlich-rechtlichen Fernsehens (Symposien des Hans-Bredow-Instituts 12), Baden-Baden–Hamburg 1991, S. 71–79.

Bei diesen Auswertungen ist selbstverständlich zu berücksichtigen, daß bestimmte Angebotsarten eher zu den besonders zuschauerstarken Zeiten gesendet werden; dies trifft für die Nachrichten zu, aber eben auch und gerade für die Werbung, die den entsprechenden Auswertungen zufolge ebenfalls weit überproportional genutzt wird (elf Prozent der Nutzung gegenüber fünf Prozent des Angebots) – ein Befund, der sicherlich nicht als Hinweis auf eine gezielte Werbeorientierung der Zuschauer betrachtet werden darf, sondern eben auf programmstrukturelle Ursachen verweist.

Daß insbesondere Nachrichten nach wie vor wichtiger Bestandteil der Fernsehnutzung zu sein scheinen, zeigt sich auch an anderen Ergebnissen. Bei Befragungen im Hinblick auf das Interesse an verschiedenen Programmsparten liegen »Nachrichten« in der Regel unangefochten an erster Stelle[7]. Das schlägt sich zum Teil auch im Grad der Nutzung nieder: So war die 20.00-Uhr-Ausgabe der ARD-»Tagesschau« unter den 50 reichweitenstärksten Sendungen des Jahres 1995 insgesamt 24mal vertreten[8], außerdem einmal das »Heute Journal« (ZDF); daneben gehörten zu diesem Kreis die bekannten »Fernseh-Großereignisse«: sieben Box-Übertragungen (RTL), acht Fußballspiele (meist der Nationalmannschaft), sechs Ausgaben von »Wetten, daß...« (ZDF), drei Karnevalsübertragungen sowie einmal die SAT. 1-Serie »Anna Maria«. An einem durchschnittlichen Wochentag im Jahre 1996 sahen immerhin 8,44 Mio. Zuschauer die »Tagesschau«, 5,33 Mio. »Heute«, 4,25 Mio. »RTL aktuell«, 1,79 Mio. »SAT.1 News« und 1,06 Mio. die »Pro Sieben Nachrichten«[9]. Nachrichtensendungen kann also durchaus eine hervorgehobene Rolle bei der Fernsehnutzung zukommen.

Tabelle 2: Anteil der auf Informationssendungen entfallenden Fernsehnutzung[10]

Informationsnutzung...	West			Ost		
	1994	1995	1996	1994	1995	1996
in Minuten pro Tag	37	37	38	43	41	42
in % der Gesamtnutzung	22	22	21	21	21	21
Basis Sehdauer gesamt (in Minuten)	170	170	178	207	191	202

---

7 Vgl. z. B. Imme Horn/Josef Eckhard, Programm-Images und Gebührenakzeptanz. Ergebnisse der ARD/ZDF/AGM-Trendstudie 1995, 2. Welle, Arbeitsbericht März 1996.
8 ARD/NDR-Medienforschung/GfK-Fernsehforschung 1996.
9 Wolfgang Darschin/Bernward Frank, Tendenzen im Zuschauerverhalten. Fernsehgewohnheiten und Programmbewertungen 1996, in: Media Perspektiven, (1997) 4, S. 174–185, hier S. 181.
10 Basis 1994: Zuschauer ab 14 Jahre einschließlich mitsehende Gäste; Basis 1995/96: Zuschauer ab 3 Jahre ohne Gäste; Quelle: W. Darschin/B. Frank (Anm. 9); Wolfgang Darschin/ Bernward Frank, Tendenzen im Zuschauerverhalten. Fernsehgewohnheiten und Programmbewertungen 1995, in: Media Perspektiven, (1996) 4, S. 174–185; Wolfgang Darschin/ Bernward Frank, Tendenzen im Zuschauerverhalten. Fernsehgewohnheiten und Programmbewertungen 1994, in: Media Perspektiven, (1995) 4, S. 154–165.

Gleichwohl wird das Informationsinteresse der Zuschauer meist nicht hoch eingeschätzt. So wird auf den »eher nachrangigen«[11] Anteil verwiesen, den die Nutzung von Informationssendungen an der Gesamtfernsehnutzung ausmacht. *Tabelle 2* zeigt, daß dieser in den letzten Jahren relativ stabil bei gut einem Fünftel der Sehdauer liegt, d. h., beinahe vier Fünftel der Fernsehnutzung entfallen auf Filme und Serien (46 Prozent), Unterhaltungssendungen (13 Prozent), Sport (sieben Prozent) und Werbung (elf Prozent)[12].

Daß diesen Mittelwerten zum Teil erhebliche Unterschiede zwischen verschiedenen Bevölkerungsgruppen zugrunde liegen, zeigt *Tabelle 3*; hier bestätigt sich die oben bereits angesprochene niedrigere Reichweite von Informationsangeboten in den jüngeren Altersgruppen.

Tabelle 3: Anteil von Informationssendungen an der Gesamtfernsehnutzung 1995[13]

	Information gesamt	darunter Nachrichten
Gesamt	23,1	7,1
14–29 Jahre	16,4	4,5
30–50 Jahre	19,7	5,9
über 50 Jahre	29,4	9,3

Eine Sonderauswertung der GfK(Gesellschaft für Konsum-, Markt- und Absatzforschung)-Messungen für das Frühjahr 1996 kam zu dem Ergebnis, daß an einem durchschnittlichen Tag 36,3 Prozent der bundesdeutschen Bevölkerung ab 14 Jahren mindestens eine Nachrichtensendung sehen[14] – anders ausgedrückt: 64 Prozent der Bevölkerung sahen keine Nachrichten. Über eine Woche hinweg werden 71,2 Prozent der Bevölkerung von mindestens einer Nachrichtensendung erreicht. Auch hier zeigten sich die bekannten Unterschiede zwischen den Altersgruppen: Die über 64jährigen wurden am besten erreicht (64,5 Prozent pro Tag/87,6 Prozent pro Woche), die 14- bis 19jährigen (12,8 Prozent/44,4 Prozent) und die 20- bis 29jährigen (18,9 Prozent/56,8 Prozent) am schlechtesten.

Für eine Beurteilung all dieser Befunde im Hinblick auf die Voraussetzungen für die Politikvermittlung ergibt sich, wie oben angesprochen, das Problem, daß keine Kriterien vorliegen, anhand derer entschieden werden könnte, wie viele Zuschauer pro Tag durch Fernsehnachrichten erreicht werden sollten, oder wie lange sich die Zuschauer mit Informationssendungen beschäftigen sollten. Gewisse Anhaltspunkte werden aus der Entwicklung der genannten Kennwerte über die Zeit hinweg

---

11 Heinz Gerhard, Medienkonzentration und Mediendifferenzierung – Konturen der deutschen Medienlandschaft, in: Michael Jäckel/Peter Winterhoff-Spurk (Hrsg.), Mediale Klassengesellschaft? Politische und soziale Folgen der Medienentwicklung, München 1996, S. 17–30, hier S. 22.
12 Werte für 1995; vgl. H. Gerhard (Anm. 11), S. 22.
13 H. Gerhard (Anm. 11), S. 22 f.
14 Michael Jäckel/Andreas Reinold, Wer meidet Information? Fallanalysen politischen Informationsverhaltens im Fernsehen, in: M. Jäckel/P. Winterhoff-Spurk (Anm. 11), S. 31–55, hier S. 41 f.

abgeleitet. So ist oft gefragt worden, inwieweit sich die Unterhaltungsorientierung der Zuschauer seit Mitte der achtziger Jahre als Folge der Kanalvermehrung generell verstärkt hat. Zunächst ist offensichtlich, daß die neuen Fernsehangebote sich zu einem überwiegenden Teil aus fiktionaler oder nicht-fiktionaler Unterhaltung zusammensetzen[15].

In dem Maße, wie die privaten Programme Zuschaueranteile hinzugewonnen haben, war entsprechend insgesamt eine Verschiebung hin zu einer stärker unterhaltungsorientierten Fernsehnutzung zu beobachten[16]. Diese Verschiebung ging anfangs insbesondere zu Lasten von anspruchsvollen Kultursendungen und Dokumentationen[17], später zeigten – außer den Hauptnachrichten – sämtliche öffentlich-rechtlichen Informationsangebote beträchtliche Reichweitenrückgänge gegenüber der Zeit vor 1984.

Diese Hinweise auf eine in den letzten zehn Jahren generell verstärkte Unterhaltungsorientierung sind aber zu differenzieren. Denn zum einen kann aus diesen Befunden nicht geschlossen werden, daß unterhaltende Angebote per se höhere Reichweiten erzielen: Aufgrund der zahlreichen Parallelangebote sind die Zeiten, in denen sich große Teile der Bevölkerung vor ein und derselben Sendung versammeln, vorbei. Auch im Unterhaltungsbereich sind es nur einige wenige Angebote, die herausragende Reichweiten erzielen. Zum anderen gibt es – auch über die genannten Hauptnachrichten von ARD und ZDF hinaus – informierende Sendungen mit durchaus hohen Reichweiten, so der »ARD-Brennpunkt« mit im Mittel 4,7 Mio. Zuschauern (1996) und das Magazin »Frontal« (ZDF) mit 3,9 Mio. Zuschauern sowie, in den privaten Programmen, das Boulevard-Magazin »Explosiv« (RTL, 4,9 Mio.), »Akte 96« (SAT.1, 3,5 Mio.) und »Spiegel TV« (RTL, 2,9 Mio.). Und schließlich wiesen bereits Befunde aus der Begleitforschung zu den Kabelpilotprojekten[18] wie auch Sonderauswertungen der GfK-Messungen Anfang der neunziger Jahre[19] darauf hin, daß die Verfügbarkeit zahlreicher Kanäle nicht den für die Programmauswahl entscheidenden Faktor darstellt: Ausschlaggebend bleiben die jeweiligen Programminteressen der Zuschauer, die mit stabilen Unterschieden zwischen verschiedenen Zuschauergruppen hinsichtlich der Nutzung bestimmter

---

15 Siehe dazu zuletzt Udo Michael Krüger, Unterschiede der Programmprofile bleiben bestehen. Programmanalyse 1996: ARD, ZDF, RTL, SAT.1 und Pro Sieben im Vergleich, in: Media Perspektiven, (1997) 7, S. 354–366.
16 Vgl. Bernward Frank/Walter Klingler, Die veränderte Fernsehlandschaft. Zwei Jahre ARD/ZDF-Begleitforschung zu den Kabelpilotprojekten, Frankfurt/M.–Berlin 1987, S. 143–144; Friedrich Landwehrmann/Michael Jäckel, Kabelfernsehen – von der Skepsis zur Akzeptanz. Das erweiterte Programmangebot im Urteil der Zuschauer, München 1991, S. 116–121.
17 Bernward Frank/Heinz Gerhard, Fernsehnutzung in den 80er Jahren, in: Michael Jäckel/Michael Schenk (Hrsg.), Kabelfernsehen in Deutschland. Pilotprojekte, Programmvermehrung, private Konkurrenz. Ergebnisse und Perspektiven, München 1991, S. 129–145, hier S. 141.
18 Siehe z. B. F. Landwehrmann/M. Jäckel (Anm. 16), S. 120–121; Claudia Schmidt, Die biographische Prägung ist der bestimmende Faktor. Fallstudien zur Bedeutung des Fernsehens bei Kabelzuschauern, in: Media Perspektiven, (1989) 8, S. 506–511, hier S. 506.
19 Uwe Hasebrink/Friedrich Krotz, Fernsehnutzung im dualen System: duales Publikum und duales Nutzungsverhalten, in: Walter Hömberg/Heinz Pürer (Hrsg.), Medien-Transformation. Zehn Jahre dualer Rundfunk in Deutschland, Konstanz 1996, S. 359–373, hier S. 362 f.

Programmsparten einhergehen; dagegen sind zwischen der Nutzung in Kabel- und Nichtkabelhaushalten nur vergleichsweise geringe Unterschiede hinsichtlich der Spartennutzung zu beobachten[20].

4. Ausdifferenzierung von Nutzungsmustern: Fragmentierung des Publikums?

Die erhöhte Zahl der Optionen bei der Mediennutzung ist nur bedingt mit einheitlichen Veränderungen des Nutzungsverhaltens verbunden, die sich an Mittelwertveränderungen auf der Ebene der Gesamtbevölkerung beobachten lassen. Vielmehr reagieren verschiedene Zuschauergruppen unterschiedlich auf das erweiterte Angebot, so daß sich Nutzungsmuster ausdifferenzieren. Untersuchungen zu den Kabelpilotprojekten[21] etwa sprachen gegen eine generelle Abkehr von Informationsangeboten als Folge der Kanalvermehrung, sondern eher für eine verstärkte Unterhaltungsnutzung gerade bei denjenigen Zuschauern, die bereits vorher nur wenig Interesse an informierenden Sendungen gezeigt hatten. Bereits seit 1985 wurden auch Befunde aus der Studie »Massenkommunikation« im Sinne einer Ausdifferenzierung von Mediennutzungsstilen interpretiert[22], die sich etwa hinsichtlich der Zu- oder Nichtzuwendung zu bestimmten Medien und Angebotstypen sowie hinsichtlich des den Medien gewidmeten Zeitaufwandes klar unterscheiden.

4.1 Anhaltspunkte für ein »duales Publikum«

Im Hinblick auf eine solche Differenzierung von Nutzungsmustern bei Hörfunk und Fernsehen wurde oft die Frage gestellt, inwiefern die auf der Veranstalterseite bestehende Dualität »öffentlich-rechtlich versus privat-kommerziell« auch in der Nutzung zum Ausdruck kommt. Mittlerweile wurden zahlreiche Befunde vorgelegt, die für ein »duales Publikum« sprechen, indem klare Unterschiede zwischen eher »öffentlich-rechtlich« und eher »privat« orientierten Zuschauern herausgearbeitet wurden[23]. Insbesondere die Ergebnisse der Langzeitstudie »Massenkommunikation« deuten darauf hin, daß sich hier zwei Gruppen herausbilden, die nicht nur gegenüber dem Fernsehen ganz unterschiedliche Erwartungen haben: Am öffentlich-rechtlichen Programm orientierte Zuschauer nutzen das Fernsehen wie auch andere

---

20 Uwe Hasebrink/Friedrich Krotz, Wie nutzen Zuschauer das Fernsehen? Konzept zur Analyse individuellen Nutzungsverhaltens anhand telemetrischer Daten, in: Media Perspektiven, (1993) 11–12, S. 515–527, hier S. 524 f.
21 Z. B. F. Landwehrmann/M. Jäckel (Anm. 16); Barbara Pfetsch, Folgen der Programmvermehrung? Zum Zusammenhang von Kabelfernsehen und Freizeitverhalten in Ludwigshafen/Vorderpfalz, in: Rundfunk und Fernsehen, 37 (1989) 1, S. 96–111.
22 K. Berg/M.-L. Kiefer (Anm. 1), S. 23.
23 Siehe z. B. bereits Klaus Berg/Marie-Luise Kiefer (Hrsg.), Massenkommunikation IV. Eine Langzeitstudie zur Mediennutzung und Medienbewertung 1964–1990, Baden-Baden 1992, insbesondere S. 267–268; F. Landwehrmann/M. Jäckel (Anm. 16), S. 92.

Medien verstärkt für Informationszwecke; sie verfügen im Durchschnitt über einen höheren Bildungsabschluß und interessieren sich stärker für Politik und Kultur[24]. Dies bestätigte sich auch in einer Sekundärauswertung[25] dieser Studie, die der Frage galt, inwieweit sich zwischen 1985 und 1995 eine Zunahme unterhaltungsorientierter Mediennutzung nachweisen läßt. Nach dem dort zugrunde gelegten Kriterium[26] hat die Zahl der Personen mit primär unterhaltungsorientierter Nutzung des Fernsehens in den alten Bundesländern zwischen 1985 und 1995 deutlich zugenommen (von 31 auf 39 Prozent), während die Gruppe der Informationsorientierten sich verkleinert hat (von 41 auf 32 Prozent). Dabei ist allerdings zu beobachten, daß die unterhaltungsorientierten Zuschauer durchaus regelmäßig Informationssendungen nutzen; zusammen mit dem Befund, daß der zwischen 1985 und 1995 beobachtete Anstieg der mittleren Sehdauer weit überwiegend auf das Konto der Unterhaltungsorientierten geht, ergibt sich insgesamt der Eindruck, daß die unterhaltungsorientierten Zuschauer im Jahr 1995 ihr Fernsehmenü um zusätzliche Unterhaltungsangebote erweitert haben, ohne aber in größerem Maßstab auf Informationsangebote zu verzichten. Ein klares Vermeidungsverhalten zeigt sich eher bei den Informationsorientierten, die offenbar den Unterhaltungsangeboten des Fernsehens wenig abgewinnen können. Die unterschiedlichen inhaltlichen Orientierungen hängen eng mit der Vorliebe für öffentlich-rechtliche bzw. private Programme zusammen, Exklusivnutzer öffentlich-rechtlicher Programme sind eher informationsorientiert, Exklusivnutzer der privaten Programme eher unterhaltungsorientiert.

Die genannten Ergebnisse weisen darauf hin, daß es aus der Sicht der Zuschauer klare Profil- und Funktionszuschreibungen gegenüber den öffentlich-rechtlichen Programmen einerseits und den privaten andererseits gibt – das duale System wird also auch als solches wahrgenommen. Allerdings wird es offenbar von einigen Zuschauergruppen, die sich ganz auf den jeweiligen Funktionsbereich der einen oder anderen Seite beschränken, nicht als solches genutzt. Wie stark sich die jeweils spezifischen Funktionserwartungen in der Nutzung niederschlagen, wird auch dadurch bestätigt, daß 1996 70 Prozent der Informationsnutzung in Deutschland auf öffentlich-rechtliche Angebote entfielen; umgekehrt entfielen 67 Prozent der Unterhaltungsnutzung auf private Angebote[27].

Im Resümee der oben skizzierten Sonderauswertung der Studie »Massenkommunikation« wird betont, daß es ganz offensichtlich eine Spezialisierung von Mediennutzungsmustern gebe: auf der einen Seite das Publikum öffentlich-rechtlicher Programme, das sehr informationsorientiert fernsieht und auch andere Medien

---

24 K. Berg/M.-L. Kiefer (Anm. 23), S. 267; Marie-Luise Kiefer, Mediennutzung in der Bundesrepublik, in: Hans-Bredow-Institut (Hrsg.), Internationales Handbuch für Hörfunk und Fernsehen 1994/95, Baden-Baden–Hamburg 1994, S. A116–A131, hier S. A125.
25 Harald Berens/Marie-Luise Kiefer/Arne Meder, Spezialisierung der Mediennutzung im dualen Rundfunksystem. Sonderauswertung zur Langzeitstudie Massenkommunikation, in: Media Perspektiven, (1997) 2, S. 80–91.
26 »Informationsorientiert«: 60 Prozent und mehr der als regelmäßig oder häufig genutzt genannten Programmangebote sind Informationssendungen; »unterhaltungsorientiert«: 60 Prozent und mehr sind Unterhaltungssendungen; »Mischnutzer«: alle übrigen Befragten.
27 W. Darschin/B. Frank (Anm. 9), S. 180 u. 182.

häufiger zur Information nutzt, auf der anderen Seite das Publikum privater Programme, das besonders an unterhaltenden Angeboten interessiert ist. Angesichts des engen Zusammenspiels von Themeninteressen, Programmspartenpräferenzen und Programmwahlverhalten einerseits und den jeweiligen Angeboten öffentlich-rechtlicher und privater Veranstalter andererseits »deuten sich zirkuläre Prozesse in Richtung einer Interessenverfestigung und letztlich Interessenverengung an«, so hatte Marie-Luise Kiefer bereits auf der Grundlage der Erhebung von 1990 geschrieben[28]. Da diese Spezialisierungstendenzen im Umgang mit den Medien mit bestimmten Merkmalen der Lebenslage verknüpft sind, sei mit einer Verstärkung »sozialer Klüfte im Umgang mit den Medien und vor allem ihrem Angebot an politischer Information« zu rechnen: »Über die Folgen einer solchen Entwicklung für ein demokratisches Staatswesen wie die Bundesrepublik, in dem Politik bei der notwendigen Legitimitätsgewinnung für ihr Entscheiden und Handeln ja weitgehend auf die Massenmedien angewiesen ist, soll an dieser Stelle nicht spekuliert werden, sie sind zum Teil evident.«[29]

Mit der Unterscheidung zwischen Informations- und Unterhaltungsorientierung bzw. Vorlieben für öffentlich-rechtliche und private Angebote sind bereits wesentliche Dimensionen genannt, entlang derer sich das Nutzungsverhalten ausdifferenziert. Darüber hinaus sind aber noch zahlreiche weitere Aspekte des Nutzungsverhaltens im allgemeinen wie auch des Umgangs mit Informationssendungen im besonderen zu berücksichtigen, hinsichtlich derer sich verschiedene Zuschauergruppen zum Teil drastisch unterscheiden. Im folgenden Abschnitt sollen dazu nur exemplarische Hinweise gegeben werden.

4.2 Informationssendungen in individuellen Fernsehmenüs

Möchte man über die bloß eindimensionale Differenzierung zwischen mehr oder weniger informationsorientierten Zuschauern hinausgehen, so führt schon die gleichzeitige Betrachtung zweier grundlegender Merkmale individueller Fernsehnutzung zu klaren Mustern, im Rahmen derer Informationsangeboten ein sehr unterschiedlicher Stellenwert zukommt. Es läßt sich zeigen, daß der oben bereits behandelte Anteil von Informationssendungen an der Gesamtnutzung und die tägliche Sehdauer nicht miteinander zusammenhängen. Die weit verbreitete Vorstellung, daß die Bevölkerung aus informationsorientierten Wenigsehern einerseits und unterhaltungsorientierten Vielsehern andererseits bestehe, trifft also keineswegs zu. Statt dessen lassen sich Zuschauergruppen identifizieren, die durch jeweils unterschiedliche Kombinationen dieser beiden Merkmale gekennzeichnet sind: Wenigseher mit geringem Informationsanteil, Vielseher mit geringem Informationsanteil, Wenigseher mit hohem Informationsanteil und Vielseher mit hohem Informationsanteil. In einer Sonderauswertung von GfK-Messungen aus dem Jahr 1992[30]

---

28 M.-L. Kiefer (Anm. 24), S. A126.
29 H. Berens u. a. (Anm. 25), S. 90.
30 Siehe zum folgenden Uwe Hasebrink, Informationsfragmente in individuellen Fernsehmenüs, in: Bernd Schorb/Hans-Jörg Stiehler (Hrsg.), Medienlust – Medienlast. Was bringt die Rezipientenforschung den Rezipienten?, München 1996, S. 109–124. Die Auswertung

wurden in diesem Sinne vier Extremgruppen bestimmt, die insgesamt 45 Prozent einer für die alten Bundesländer repräsentativen Stichprobe ausmachten. *Per definitionem* unterschieden sich die Gruppen drastisch in ihrer täglichen Sehdauer. Die beiden Vielseher-Gruppen, insgesamt immerhin gut 20 Prozent der Gesamtstichprobe, sahen im Schnitt täglich gut fünfeinhalb Stunden fern, die beiden anderen Gruppen, insgesamt ebenfalls gut 20 Prozent der Stichprobe, weniger als eine Stunde. Auch die andere Kriteriumsvariable führte zu deutlichen Unterschieden: Bei den beiden Gruppen mit einer Vorliebe für Information machte diese Programmsparte rund ein Drittel ihrer Sehdauer aus (37 bzw. 33 Prozent), bei den beiden anderen waren dies nur neun bzw. zehn Prozent. Eine weitergehende Betrachtung der vier Gruppen zeigte folgende Besonderheiten:

a) Die Gruppe der *Wenigseher mit geringem Informationsanteil* umfaßte fast ausschließlich Kinder und Jugendliche. Die knappe Stunde Sehdauer entfiel zu fast einem Viertel auf Action-Angebote, weiter nahmen die als Kinderangebote zu bezeichnenden Sendungen einen hohen Stellenwert ein. Diese Zuschauer sahen häufiger als die anderen Gruppen mit mehreren Personen gemeinsam fern, im Durchschnitt schalteten sie am häufigsten um.

b) Die Gruppe der *Vielseher mit geringem Informationsanteil* setzte sich aus älteren und formal niedriger Gebildeten zusammen. Die tägliche Fernsehnutzung begann meist bereits vor 17 Uhr, wobei mehr als bei den anderen Gruppen allein ferngesehen wurde. Umgeschaltet wurde eher selten, obwohl insgesamt viele Kanäle genutzt wurden. Im Vordergrund standen private Programme und sowohl action- als auch unterhaltungsorientierte Fictionangebote.

c) In der Gruppe der *Wenigseher mit hohem Informationsanteil* waren Jugendliche und junge Erwachsene sowie Berufstätige mit höherer Bildung überrepräsentiert. Sie schalteten nur selten vor 17 Uhr ein. Auch wurde relativ oft umgeschaltet, wenngleich nur wenige Kanäle genutzt wurden. Dabei entfielen drei Viertel der Nutzung auf öffentlich-rechtliche Programme. Neben der weitaus überwiegenden Informationsnutzung nahmen alle anderen Programmsparten relativ niedrige Anteile an.

d) Mehr als die Hälfte der *Vielseher mit hohem Informationsanteil* waren Rentner und Nicht-Berufstätige über 60 Jahre. Ihre Fernsehnutzung war neben der hohen Sehdauer durch häufiges Zu-zweit-Sehen gekennzeichnet. Im Vordergrund standen öffentlich-rechtliche Programme. Die intensive Informationsnutzung wurde insbesondere durch die ebenfalls leicht überdurchschnittliche Nutzung von Show-Unterhaltung ergänzt.

Die hohe Plausibilität der Beschreibungen dieser vier Nutzergruppen unterstreicht noch einmal, wie eng konkrete Muster des Umgangs mit Medienangeboten auf den jeweiligen sozialen Hintergrund bezogen sind. Zugleich dokumentiert dieser Auswertungsschritt, wie massiv sich verschiedene Gruppen darin unterscheiden, welchen Stellenwert sie Informationsangeboten in ihren Fernsehmenüs einräumen, und daß dieser Stellenwert nicht allein am zeitlichen Umfang der Informationsnutzung festzumachen ist.

---

beruhen auf Nutzungsdaten einer Stichprobe von 914 Personen aus den alten Bundesländern, die im Frühjahr 1992 über vier Wochen hinweg erhoben wurden.

Einige wenige Untersuchungen haben gezeigt, daß ein Verständnis des Stellenwerts von Informationssendungen in individuellen Fernsehmenüs neben dem bisher behandelten Aspekt der Informationsnutzung – dem Anteil entsprechender Sendungen an der individuellen Sehdauer – auch weitere Kriterien erfordert. Diese beziehen sich auf den Grad der Selektivität, der mit der Informationsnutzung verbunden ist[31]. Zu nennen ist hier insbesondere eine Studie, in der hinsichtlich der Nutzung einer Nachrichtensendung danach unterschieden wurde, ob vor ihr und/ oder nach ihr eine Sendung auf demselben Kanal genutzt wird[32]. Die plausible Überlegung dabei ist, daß in einem Fall, in dem ein Zuschauer um 20.00 Uhr zur »Tagesschau« den Fernseher einschaltet und ihn um 20.15 Uhr wieder ausschaltet, von sehr hoher Selektivität im Sinne einer gezielten Auswahl der Sendung auszugehen ist. Anders verhält sich dies in einem Fall, in dem ein Zuschauer bereits zuvor bei der ARD eingeschaltet war und dort dann auch zur »Tagesschau« und darüber hinaus bleibt.

In der genannten Studie wurde auf der Basis telemetrischer Messungen für einzelne Zuschauer bestimmt, wie häufig die verschiedenen Situationen der Nachrichtennutzung zu beobachten sind. Diese Häufigkeiten stellen offensichtlich valide Indikatoren für einen jeweils unterschiedlichen Stellenwert von Informationssendungen dar: Während die bloße Zahl der gesehenen Informationssendungen nicht mit politischem Wissen korreliert, zeigt sich ein positiver Zusammenhang zwischen der Zahl der gezielt gewählten Informationssendungen und dem politischen Wissen des Nutzers. Dieser Befund bleibt auch bestehen, wenn Schicht, Schulbildung und die Gesamtsehdauer kontrolliert werden[33].

Die in den beiden letzten Abschnitten exemplarisch aufgeführten Befunde veranschaulichen, daß sich einzelne Medienutzerinnen und Medienutzer zum Teil sehr klar im Ausmaß und in der Art und Weise unterscheiden, wie sie Informationsangebote im allgemeinen und solche mit politischen Inhalten im besonderen in ihre Medienmenüs integrieren. Diese Muster der Informationsnutzung führen zu jeweils unterschiedlichen Voraussetzungen für den Prozeß der Politikvermittlung, die im abschließenden Kapitel diskutiert werden sollen. Zuvor soll jedoch die Frage behandelt werden, inwieweit aus der skizzierten Ausdifferenzierung des Nutzungsverhaltens auch auf eine »Fragmentierung« des Publikums und damit womöglich auch der politischen Öffentlichkeit geschlossen werden kann.

4.3 Zur These von der Fragmentierung des Publikums

In der öffentlichen Diskussion über die Folgen der durch Digitalisierung und Vernetzung abermals beschleunigten Medienentwicklung spielt die These eine wichtige Rolle, der zufolge die Vervielfachung und Ausdifferenzierung der Medienangebote

---

31 Siehe dazu auch die Unterscheidung hinsichtlich selektiver Informations-Suche und selektivem Informations-Involvement bei U. Hasebrink (Anm. 30), S. 117 ff.
32 Karl Gerhard Tasche, Die selektive Zuwendung zu Fernsehprogrammen. Entwicklung und Erprobung von Indikatoren der selektiven Nutzung von politischen Informationssendungen des Fernsehens, München 1996.
33 Vgl. K. G. Tasche (Anm. 32), S. 223.

und die damit einhergehende verstärkte Zielgruppenorientierung zur Fragmentierung des Publikums, zur Auflösung von Öffentlichkeit und zu gesellschaftlicher Desintegration führe[34]. Anlässe für die Wahrnehmung, daß sich mit den Angeboten auch die Mediennutzung ausdifferenziert, daß »sich das Publikum verstreut«[35] und damit die Integrationsfunktion der Medien ausgehöhlt wird, ergeben sich, wie oben zum Teil bereits gezeigt, in mehrfacher Hinsicht. Im Vordergrund der Betrachtung steht dabei meist die Entwicklung des Fernsehens und der Fernsehnutzung. Dies mag daran liegen, daß die bis Mitte der achtziger Jahre recht stabile und überschaubare Angebotssituation gerade in diesem Medium und die damit herausragende Rolle etwa der Hauptnachrichtensendungen von ARD und ZDF eine prototypische Vorstellung von »Integration« geprägt haben – noch heute läßt sich aus mancher Klage über die Fragmentierung des Publikums die implizite Prämisse herauslesen, gesellschaftliche Integration bestehe in hundertprozentigen Reichweiten der »Tagesschau«[36].

Seit 1984 hat sich die Angebotssituation des Fernsehens bekanntlich drastisch geändert. Offensichtlichste Folge der zahlreichen zusätzlichen Programmangebote war, daß sich die Fernsehnutzung auf die verschiedenen Optionen verteilte. Bereits seit einigen Jahren erreicht kein Programm in Deutschland einen Marktanteil von zumindest einem Fünftel; im europäischen Vergleich spricht dies für einen sehr fragmentierten Markt, denn nirgendwo sonst in Europa erreicht der jeweilige Marktführer einen so geringen Anteil an der Fernsehnutzung[37]. Auch andere Merkmale der Fernsehnutzung werden im Sinne einer zunehmenden Fragmentierung interpretiert: Der tendenziell zunehmende Anteil der Fernsehnutzung außerhalb der sogenannten *Prime Time,* das durch Zweit- und Drittgeräte bzw. durch die wachsende Zahl der Ein-Personen-Haushalte begünstigte Alleinsehen, das vermehrte Umschalten und die Nebenbei-Nutzung des Fernsehens[38]. Aus diesen Einzelbeobachtungen ergibt sich insgesamt das Bild, daß sich durch die gestiegene »Wahlfreiheit in der Fernsehnutzung«[39] zunehmend individualisierte, an individuellen Bedürfnissen, Interessen und Vorlieben orientierte Formen der Fernseh-

---

34 Vgl. z. B. Dieter Stolte, Totgesagte leben länger – Öffentlich-rechtlicher Rundfunk in Zeiten des Umbruchs, in: Zeitschrift für öffentliche und gemeinwirtschaftliche Unternehmen, 19 (1996), S. 464–475, hier S. 466, sowie ausführlich Otfried Jarren/Friedrich Krotz (Hrsg.), Öffentlichkeit unter Vielkanalbedingungen, Baden-Baden 1998.
35 Vgl. Uwe Hasebrink, Das Publikum verstreut sich. Zur Entwicklung der Fernsehnutzung, in: Otfried Jarren (Hrsg.), Medienwandel – Gesellschaftswandel? 10 Jahre dualer Rundfunk in Deutschland. Eine Bilanz, Berlin 1994, S. 265–287.
36 Siehe zum folgenden Uwe Hasebrink, Ich bin viele Zielgruppen. Anmerkungen zur Debatte um die Fragmentierung des Publikums aus kommunikationswissenschaftlicher Sicht, in: Helmut Scherer/Hans-Bernd Brosius (Hrsg.), Zielgruppen, Publikumssegmente, Nutzergruppen. Beiträge aus der Rezeptionsforschung, München 1997, S. 262–280.
37 Vgl. IP (Hrsg.), Television 96. European Key Facts, Neuilly sur Seine 1996. IP ist das wichtigste europäische Unternehmen für die Vermarktung von Werbeträgern.
38 Vgl. dazu ausführlich Michael Jäckel, Wahlfreiheit in der Fernsehnutzung. Eine soziologische Analyse zur Individualisierung der Massenkommunikation, Opladen 1996, insbesondere S. 167–245; Friedrich Krotz, Alleinseher im Fernsehfluß: Rezeptionsmuster aus dem Blickwinkel individueller Fernsehforschung, in: Media Perspektiven, (1994) 10, S. 505–516.
39 M. Jäckel (Anm. 38).

nutzung herausbilden[40], während die Strukturen der Medienangebote im Prozeß der Massenkommunikation an Prägekraft verlieren.

Damit fügt sich diese Wahrnehmung auf den ersten Blick nahtlos in den soziologischen Teilbereich der Lebensstilforschung; das Konzept der Individualisierung wurde darüber hinaus in der öffentlichen Diskussion zu einem Schlagwort, mit dem die Auflösung von Bindungen an traditionelle Werte und Institutionen sowie die Akzentuierung der Differenzen zwischen verschiedenen Bevölkerungsgruppen assoziiert wird und das sich daher im Hinblick auf die Medienentwicklung zur Stützung des Bildes von zunehmender Fragmentierung und Desintegration verwenden ließ. Dabei wird nicht berücksichtigt, daß in der Fachdiskussion zur Individualisierungsthese im direkten Gegensatz dazu auch die Auffassung vertreten wird, den Medien komme als Folge der Individualisierung gerade eine verstärkt homogenisierende Rolle zu[41].

Einen weiteren Schub in dieselbe Richtung erfährt die Diskussion im Zuge der Planungen und ersten Versuche für das digitale Fernsehen und der raschen Ausbreitung der Zugangsmöglichkeiten zum Internet und zu On-line-Diensten. Im Zeichen entgeltfinanzierter Fernsehangebote und jederzeit individuell abrufbarer Informationen aller Art erscheint kaum mehr vorstellbar, wie die klassische Integrationsfunktion der Massenmedien künftig erfüllbar sein könnte, setzt doch beispielsweise *Pay-TV* auf Exklusivität und unterscheidet daher zwischen denen, für die eine Information verfügbar wird, und denen, die von ihr ausgeschlossen sind. Die neuen Angebote differenzieren damit und trennen noch konsequenter Zielgruppen bis hin zur unmittelbaren Ansprache individueller Rezipientinnen und Rezipienten[42].

Insgesamt sprechen also zahlreiche Beobachtungen und Argumente für eine zunehmende Fragmentierung des Publikums, für ein Bild von der Medienentwicklung, das durch Trennungen und Klüfte zwischen verschiedenen Segmenten der Bevölkerung gekennzeichnet ist, zwischen denen die direkte Kommunikation fehlt und die Massenkommunikation nicht vermitteln kann. Dieses – hier überpointiert gezeichnete – Bild beruht allerdings zum Teil auf einem vorschnellen Schluß: Aus der Tatsache, daß verschiedene Bevölkerungsgruppen bei ihrer Mediennutzung zunehmend unterschiedliche Akzente setzen, folgt nicht zwangsläufig, daß sie als kommunikativ voneinander getrennte Teile der Bevölkerung angesehen werden können. Und daß die Medienangebote auf immer feiner definierte Zielgruppen ausgerichtet werden, bedeutet nicht unbedingt, daß sich die entsprechenden Bevölkerungsgruppen entsprechend dieser Zielgruppendefinition ausrichten.

Dies wird deutlich, wenn die Folgen der Angebotsdifferenzierung aus der Empfängerperspektive analysiert werden. Die Rezipientinnen und Rezipienten wählen aus der Palette der verfügbaren Angebote diejenigen aus, die ihren situationsüber-

---

40 Vgl. dazu die oben berichteten Spezialisierungstendenzen bei H. Berens u. a. (Anm. 25).
41 Vgl. M. Jäckel (Anm. 38), S. 44 ff.; zur Diskussion um die Anwendung der Individualisierungsthese auf den Medienbereich siehe auch Friedrich Krotz, Individualisierung, Medien und das Rezipientenverhalten, in: O. Jarren/F. Krotz (Anm. 34.).
42 Vgl. dazu die in O. Jarren/F. Krotz (Anm. 34) dokumentierten Beiträge zum Symposion des Hans-Bredow-Instituts »Öffentliche Kommunikation unter Viel-Kanal-Bedingungen«.

greifenden oder momentanen Bedürfnissen und Vorlieben am besten entsprechen. Diese können durchaus verschieden ausfallen: Nach der sozialen Konstellation, der Stimmung, der Nachrichtenlage usw. kann ein und derselbe Zuschauer durchaus unterschiedliche Dinge mit dem Fernsehen anstellen. Die so entstehenden Medienmenüs bzw. Kompositionen können, wie oben bereits gezeigt wurde, durchaus unterschiedlich akzentuiert sein; gleichwohl können sie aber auch eine mehr oder weniger vielfältige Mischung unterschiedlicher Angebote enthalten. Rezipientinnen und Rezipienten sind aus dieser Perspektive also nicht Mitglieder des Publikums eines bestimmten Angebots und entsprechend, falls sie unterschiedliche Angebote nutzen, voneinander getrennt, sondern die genutzten Angebote sind nur eine Facette der jeweiligen medialen Umgebung der Nutzer und deren alltagskultureller Milieus.

Aus dieser Perspektive stellt sich die Frage nach den Folgen der weiteren Kanalvervielfachung gleich ganz anders: Welche Gruppen kombinieren welche der vielen Fernsehangebote miteinander? Welche schließen sich offenbar aus? Inwiefern wird ein bestimmtes Fernsehmenü um andere kulturelle und kommunikative Aktivitäten ergänzt? Und wo ergeben sich dann Gelegenheiten zu gemeinsamen Erfahrungen der Empfänger oder direktem Austausch zwischen den Gruppen, die, betrachtete man sie als die Publika verschiedener Spartenkanäle oder als Exklusivnutzer öffentlich-rechtlicher oder privater Programme, als voneinander völlig abgetrennte Teilöffentlichkeiten angesehen würden? Aus diesen Überlegungen folgt, daß in den meisten Fällen, in denen von *Zielgruppen* gesprochen wird, besser von Ziel*interessen* die Rede wäre[43]: Medienangebote werden auf bestimmte Zielinteressen zugeschnitten, Rezipienten nutzen sie, um diesen Interessen nachzugehen, und diese Interessen können von Situation zu Situation sehr unterschiedlich sein.

Der Begriff der Ziel*gruppe* ist also in diesem Zusammenhang insofern irreführend, als er die Vorstellung nahelegt, die Mitglieder einer solchen Gruppe seien durch die Nutzung eines auf sie zugeschnittenen Zielgruppenangebots quasi für andere Medien »vergeben«, woraus sich wiederum die These ergibt, eine verstärkte Zielgruppenorientierung gefährde die Integrationsfunktion der Medien: Dies *kann* zwar so sein, zunächst ist aber jeweils empirisch zu klären, inwieweit die verschiedenen Zielgruppen auch solche Angebote in ihre Medienmenüs aufnehmen, denen sich auch die Mitglieder anderer Zielgruppen zuwenden. Diese relativierenden Anmerkungen zu der These von einer Fragmentierung des Publikums, von der Auflösung der Öffentlichkeit und einer zunehmenden gesellschaftlichen Desintegration dienen nicht dem Ziel, diese These zu widerlegen; es geht darum, den von ihr aufgegriffenen gesellschaftlichen Veränderungen mit angemesseneren theoretischen und empirischen Argumenten gerechter zu werden, als dies oft der Fall ist. Im abschließenden Abschnitt sollen diese Überlegungen sowie die zuvor dargestellten empirischen Befunde zusammengeführt werden und im Hinblick auf die Voraussetzungen diskutiert werden, die die Mediennutzer durch ihr Nutzungsverhalten für die Politikvermittlung schaffen.

---

43 Siehe U. Hasebrink (Anm. 36).

5. Resümee: Zur Rolle der Mediennutzer im Prozeß der Politikvermittlung

Die Forschung zur Nutzung politischer Informationsangebote geht nach wie vor im wesentlichen von klaren, eindimensionalen Unterscheidungen aus: Information versus Unterhaltung; hohes versus niedriges politisches Interesse; öffentlich-rechtliche versus private Programmangebote. Wie die hier skizzierten Befunde gezeigt haben, hängen diese Dimensionen untereinander eng zusammen; außerdem zeigen sie einen gewissen Erklärungswert, wenn es um die Untersuchung politischer Beteiligungsbereitschaft und politischer Einstellungen geht[44]. Und im Zuge der Angebotsdifferenzierung scheinen sie noch an Erklärungskraft zu gewinnen, indem sich bestimmte Bevölkerungsgruppen klar dem einen oder anderen Pol zuordnen lassen[45].

Im Hinblick auf die Möglichkeiten von Politikvermittlung ergeben sich daraus verschiedene problematische Konsequenzen: Zum einen ist es insgesamt schwerer geworden, die Menschen mit politischen Informationsangeboten zu erreichen. Zum anderen scheint die Kluft zwischen denjenigen, die immerhin noch erreichbar sind, und denen, die sich ganz auf politikferne Angebote konzentrieren und zudem ein sehr negatives Bild von der Politik haben und sich auch kaum am politischen Prozeß beteiligen[46], zu wachsen. Diese Einschätzung klingt zwar plausibel, sie ist jedoch wenig hilfreich im Hinblick auf Überlegungen, wie denn künftig Politikvermittlung unter veränderten Medienbedingungen aussehen sollte oder könnte. Es gibt deshalb Anlaß, die Leitbilder zu hinterfragen, die den entsprechenden Untersuchungen – mal eher implizit, mal durchaus explizit – zugrunde liegen und die hier, sicherlich in Teilen zuspitzend, rekonstruiert werden sollen.

Insoweit die Funktionsweise des Mediensystems aus einer normativen Perspektive betrachtet wird, im Rahmen derer den Medien für die Politikvermittlung eine herausragende Rolle zugeschrieben wird, findet sich in der Regel ein Konzept von medienvermittelter Kommunikation, das eng an frühen Vorstellungen von Wirkungsprozessen orientiert ist. Ziel ist eine möglichst hohe politische Informiertheit, die sich zudem mit einer Beteiligungsbereitschaft an politischen Prozessen verbindet.

Aus dieser Perspektive ist es im Sinne der Politikvermittlung wünschenswert, daß folgende Zielvorstellungen erfüllt sind:
1. Die Medien sollten möglichst viele, möglichst ausführliche, möglichst vielfältige und möglichst vollständige Politikangebote machen.
2. Die Mediennutzer sollten möglichst oft, möglichst lange und möglichst aufmerksam politische Informationsangebote nutzen.

Viele Untersuchungen legen diese Zielsetzungen zugrunde, weshalb es kaum erläuterungsbedürftig ist, wenn die Autoren ein Mehr an Information im Angebot oder

---

44 Vgl. z. B. Ekkehardt Oehmichen/Erk Simon, Fernsehnutzung, politisches Interesse und Wahlverhalten. Ergebnisse einer Befragung in Hessen, in: Media Perspektiven, (1996) 11, S. 562–571; Christina Holtz-Bacha, Ablenkung oder Abkehr von der Politik? Mediennutzung im Geflecht politischer Orientierungen, Opladen 1990.
45 Vgl. H. Berens u. a. (Anm. 25).
46 Siehe z. B. E. Oehmichen/E. Simon (Anm. 44).

in der Nutzung als »gut«, ein Mehr an Unterhaltung meist als »eher schlecht« und ein Vermeiden von Informationsangeboten als »sehr schlecht« bewerten. Erst in jüngerer Zeit wird auch die Kehrseite der Medaille thematisiert, das Problem einer drohenden Informationsüberflutung[47]. Um zu prüfen, inwieweit die bisherigen Prämissen der Politikvermittlung angesichts der jüngsten gesellschaftlichen und kulturellen Entwicklungen und der entsprechend veränderten Funktionen des Mediensystems zu modifizieren sind, soll die Frage der Politikvermittlung über Massenmedien aus einer konsequent rezipientenbezogenen Perspektive diskutiert werden.

Dazu soll das Modell der Alltagsrationalität in der Nachrichtenrezeption, das Hans-Bernd Brosius zur Erklärung der Wahrnehmung und Verarbeitung von Nachrichteninhalten entwickelt hat[48], sinngemäß auf den hier interessierenden Bereich – die Nutzung, d. h. die Zuwendung zu bzw. die Auswahl von bestimmten Medienangeboten – übertragen werden. Nach diesem Modell erfassen und bewerten Empfänger von Nachrichten diese nicht nach wissenschaftlichen Kriterien, sondern nach den Maßstäben der Alltagsrationalität, also weder vollständig noch systematisch, sondern nach eigenen Vorgaben und schematisch: »Dadurch werden berichtete Sachverhalte in ihrer Komplexität reduziert und in bereits bestehende kognitive Strukturen eingepaßt.«[49]

Es ist nun plausibel anzunehmen, daß diese Alltagsrationalität künftig angesichts der Ausdifferenzierung des Medienangebots auch bei der Programmauswahl, bei der Entscheidung, ob eine bestimmte Sendung überhaupt angesehen wird, verstärkt wirksam wird. Die bisherigen Studien zum Verstehen und Behalten von Nachrichten basieren meist auf einer Angebotssituation, die vielleicht als das klassische »Tagesschau«-Szenario bezeichnet werden könnte: Prämisse ist, daß es eine gemeinsame Realität gibt, von der die abendliche Nachrichtensendung einen Ausschnitt abbildet, dem wiederum die Gesellschaft das Vertrauen entgegenbringt, daß dies die wichtigsten Meldungen des Tages sind[50]. Die einschlägigen Ergebnisse zur Nachrichtenrezeption zeigen, daß diese gemeinhin als wichtig angesehenen Meldungen keineswegs für alle Zuschauer gleichermaßen relevant und in ihre kognitiven Strukturen einzuordnen sind. Solange aber die Vorstellung, daß die Nachrichten zuverlässig das Wichtigste vom Tage bringen, lebendig ist, werden diese dennoch angesehen.

---

47 Siehe z. B. Peter Winterhoff-Spurk, Individuelles Informationsmanagement: Psychologische Aspekte der Medienkompetenz, in: M. Jäckel/P. Winterhoff-Spurk (Anm. 11), S. 177–195.
48 Hans-Bernd Brosius, Alltagsrationalität in der Nachrichtenrezeption. Ein Modell zur Wahrnehmung und Verarbeitung von Nachrichteninhalten, Opladen 1995.
49 Ebd., S. 305.
50 An der Bedeutung dieser Denkfigur im Hinblick auf Studien zur Informationsnutzung hat bisher auch die Tatsache wenig geändert, daß im wissenschaftlichen Bereich diese naive Vorstellung vom Verhältnis von Medienrealität und politischer Realität weitgehend durch das Konstruktions-Paradigma abgelöst wurde. Vgl. Winfried Schulz, Massenmedien und Realität. Die »ptolemäische« und die »kopernikanische« Auffassung, in: Max Kaase/Winfried Schulz (Hrsg.), Massenkommunikation. Theorien – Methoden – Befunde, Opladen 1989, S. 135–149, sowie Frank Marcinkowski, Politisierung und Entpolitisierung der »Realität« in unterschiedlichen Medienformaten, in: Michael Jäckel/Peter Winterhoff-Spurk (Hrsg.), Politik und Medien. Analysen zur Entwicklung der politischen Kommunikation, Berlin 1994, S. 35–53.

Es mehren sich jedoch die Anzeichen, daß diese Vorstellung verblaßt. Zwar hat sich die »Tagesschau« bis heute als stabilster Orientierungspunkt im Gesamtangebot des Fernsehens bewährt, so daß sich so gut wie alle konkurrierenden Veranstalter mit ihrer Programmierung dem Ende dieser Sendung angepaßt haben. Gleichwohl ist die Gesamtreichweite gegenüber früheren Jahren deutlich zurückgegangen. Mit der Verteilung des Nachrichtenpublikums auf verschiedene Sendungen wächst die Wahrscheinlichkeit, daß die Prämisse von der einen Realität und der einen »richtigen« Abbildung dieser Realität in Zweifel gezogen wird. Mehr und mehr Zuschauer machen die Erfahrung, daß Nachrichten zu ein und demselben Tag durchaus unterschiedlich aussehen können, ohne daß klar entschieden werden könnte, welche Version der Realität besser gerecht wird. Damit ist für die klassischen Nachrichtensendungen ein ähnlicher Bindungsverlust zu beobachten, wie ihn seit mehreren Jahren viele traditionelle gesellschaftliche Institutionen erfahren.

In dieser Situation gewinnt dann die Frage an Bedeutung, ob die jeweiligen Nachrichten einen Ausschnitt aus dem aktuellen Geschehen präsentieren, der für die je eigenen Interessen und die eigene Lebenssituation relevant ist. Damit ist ein Anknüpfungspunkt für eine Ausdifferenzierung gegeben, den die Medienanbieter zu nutzen versuchen. Zur konsequenten Umsetzung ihrer Zielgruppenstrategien orientieren sie sich bereits vorab an den vermuteten Relevanzstrukturen und Interessen ihrer Zielgruppe, so daß im Ergebnis verschiedene Nachrichtenangebote entstehen, die sich von vornherein auf Meldungen konzentrieren, von denen angenommen wird, daß sie für die Zielgruppe von Bedeutung sind. Das Modell der Alltagsrationalität würde dann zunehmend bei der Entscheidung über die Zuwendung zu einer bestimmten Sendung wirksam, nicht mehr bei der Rezeption selbst, da das Irrelevante oder Unverständliche, das bisher zu den schlechten Behaltensleistungen geführt hat, gar nicht erst angeboten würde.

Ein aktuelles Beispiel für den offensiven Versuch, die Prämisse einer gemeinsamen Realität, auf die sich alle Nachrichtensendungen gleichermaßen beziehen, durch eine explizit zielgruppenorientierte Definition von Realität und Realitätsabbildung in den Nachrichten zu ersetzen, ist in einem Kino-Spot für die Nachrichten auf RTL zu sehen. Die darin angesprochenen jungen Leute werden, nachdem karikierend veranschaulicht wurde, daß sie ja wohl nicht dieselben Schuhe wie ihre Mutter, dieselben Autos wie ihr Vater, denselben Schmuck wie ihre Großmutter mögen, gefragt, warum sie denn dann dieselben Nachrichten wie ihre Eltern sehen, wobei als klassische Nachrichtenbilder berühmt gewordene Schwarz-Weiß-Ausschnitte etwa von der Krönung Königin Elisabeths II. und von Apollo-Flügen gezeigt werden. Der Schluß-Slogan unter dem dann eingeblendeten »RTL aktuell«-Logo lautet: »Die Welt hat sich verändert.« Der Begriff »Welt« macht sich hier an Zielgruppen, in diesem Fall an Altersgruppen fest, womit das Marketing-Ziel erreicht ist: jeder Zielgruppe ihre Welt und damit auch ihre Nachrichtensendung.

Die Vorstellung von der Alltagsrationalität bei der Nutzung politischer Informationen (wonach sich die Informationsnutzung aus individuellen Interessen und Bedürfnissen ergibt, die durchaus nicht mit der oben skizzierten Idealvorstellung von möglichst vollständiger und möglichst vielfältiger Information übereinstimmen müssen) ist gut vereinbar mit den Konzepten des *Uses-and-Gratifications-Approach*, mit denen versucht wird, die Zuwendung zu Informationsangeboten zu erklären⁵¹. Sie stellen heraus, daß es sehr vielfältige Motive für die Zuwendung zu Informationsangeboten geben kann, die eine Orientierungs- und Informationsfunktion ebenso umfassen wie soziale und unterhaltende Funktionen; die Vorstellung einer homogenen Zuschauergruppe für Informationsangebote ist danach falsch: Sie werden aus ganz unterschiedlichen Motiven heraus angesehen⁵². Weniger gerecht wird dieser Forschungsansatz der Tatsache, daß die Motive einzelner Nutzer nicht durchweg als zeitlich überdauernde Nutzungsorientierungen aufgefaßt werden können⁵³. Die Motive können von Zeit zu Zeit wechseln und damit, wie bereits oben in der Diskussion der Fragmentierungsthese angesprochen, auch zur Auswahl wechselnder Sendungen bzw. insgesamt zu einem Medienmenü führen, das aus sehr unterschiedlichen Angeboten zusammengesetzt ist.

Der Hinweis auf den vielfältigen Nutzen einer Informationssendung führt zu einem weiteren Aspekt, der die oben skizzierte Idealvorstellung von Politikvermittlung beeinflußt. Er betrifft die Unterscheidung zwischen Information und Unterhaltung generell. Wie gesehen, stützen sich viele Untersuchungen auf eben diese Unterscheidung, die den oftmals recht klaren Befunden zufolge offenbar auch durchaus für das Nutzungs- und Auswahlverhalten der Mediennutzer relevant ist. Gleichwohl ist diese Gegenüberstellung als wissenschaftliche Klassifizierung kaum mehr haltbar. Zum einen haben sich in den letzten Jahren die dem Informationsbereich im weiteren Sinne zugerechneten Sendungen, auf die sich auch die oben skizzierten empirischen Ergebnisse zur Informationsnutzung beziehen, stark ausdifferenziert, wobei die Grenzen zwischen zuvor relativ klar definierten Angebotsformen zusehends verschwimmen. Bezeichnungen wie »Politisches Magazin« erhalten eine neue Bedeutung, wenn Angebote wie »Explosiv« (RTL) darunter gefaßt werden. Diese Informationssendung, die als Beispiel für eine verstärkte Orientierung an Sensationsthemen und spektakulären Bildern dienen kann, ist z. B. bei Jugendlichen die meistgesehene als »politisches Magazin« eingestufte Sendung⁵⁴.

Es ist aber auch auf der Rezeptionsseite nicht sinnvoll, Information und Unterhaltung als Gegensätze zu behandeln; vielmehr sollten Rezeptionsstudien untersuchen, wie diese beiden Dimensionen der Medienrezeption jeweils miteinander verwoben werden⁵⁵. Zumindest kann es nicht von vornherein als ausgemacht gelten, daß die sogenannten Informationssendungen für die Politikvermittlung relevanter sind als die sogenannten Unterhaltungs- oder Fictionangebote. Hier bedarf es kombinierter Format- und Rezeptionsanalysen, um rekonstruieren zu können, welche Angebote zu welchen Vorstellungen von der Realität im allgemeinen und der Politik im besonderen beitragen. Hier ist also erneut eine Differenzierung not-

---

51 Vgl. z. B. Lawrence A. Wenner, The nature of news gratifications, in: Karl Erik Rosengren/ Lawrence A. Wenner/Philip Palmgreen (Hrsg.), Media gratifications research, London 1985, S. 171–194.
52 Siehe dazu auch Peter Winterhoff-Spurk, Gewalt in Fernsehnachrichten, in: M. Jäckel/P. Winterhoff-Spurk (Anm. 50), S. 55–69.
53 Siehe dazu H.-B. Brosius (Anm. 48), S. 60.
54 Claudia Schmidt, Fernsehverhalten und politische Interessen Jugendlicher und junger Erwachsener, in: Media Perspektiven, (1995) 5, S. 220–227, hier S. 223.
55 Vgl. Elisabeth Klaus, Der Gegensatz von Information ist Desinformation, der Gegensatz von Unterhaltung ist Langeweile, in: Rundfunk und Fernsehen, 44 (1996) 3, S. 402–417.

wendig: So wie es seit einigen Jahren nicht mehr ausreicht, aus der Häufigkeit und Dauer der Nutzung eines *Mediums*, etwa des Fernsehens, auf die kommunikative Orientierung einer Person oder einer Gruppe zu schließen – es kommt darauf an, *was* genutzt wird –, so wird es künftig auch kaum mehr ausreichen, aus der Häufigkeit und Dauer der Nutzung einer bestimmten Angebots*sparte*, etwa Information oder Unterhaltung, auf die Möglichkeiten für Politikvermittlung zu schließen.

Letztlich entscheidend wird in dieser Hinsicht sein, wie sich die Zusammensetzung der Medienmenüs verschiedener Zuschauergruppen entwickeln wird. Insoweit die verschiedenen Teilgruppen, wie es oben angedeutet wurde, trotz aller gruppenspezifischen Akzentsetzungen auch gewisse Angebote nutzen, in denen sie sich mit anderen Gruppen überschneiden, wäre immerhin eine gewisse Basis für gruppenübergreifende Verständigung über die jeweils unterschiedlichen Relevanzstrukturen gegeben. Es spricht viel dafür, daß die diagnostizierten Spezialisierungen der Mediennutzer in der Regel nicht zur Exklusivnutzung bestimmter Angebote führen. Dies gilt für die oben in Frage gestellte Unterscheidung zwischen Information und Unterhaltung ebenso wie für die Unterscheidung zwischen »öffentlich-rechtlich« und »privat« orientierten Nutzergruppen. Detailanalysen der Wanderungen von Zuschauern deuten nämlich darauf hin, »daß es offenbar keine echte Systemgrenze zwischen öffentlich-rechtlichen und privaten Sendern gibt«.[56] Die meisten Zuschauer kombinieren in ihrem Fernsehmenü Angebote der öffentlich-rechtlichen und der privaten Programme[57].

Im Interesse der Verständigung zwischen bestimmten Bevölkerungsgruppen gewinnt die Beobachtung des Mediensystems an Bedeutung; sie kann dazu beitragen, die Kommunikation der verschiedenen Nutzergruppen untereinander zu fördern und damit Abspaltungen zu vermeiden[58]. Und angesichts der in anderen Beiträgen in diesem Band beschriebenen aktuellen Entwicklungen des politischen Prozesses und seiner Inszenierungen ist zunächst zu fragen, ob die nur bedingt an politischen Informationen interessierten Mediennutzer sich nicht durchaus rational verhalten, wenn sie bestimmte Angebote nicht nutzen. Dies muß im Hinblick auf die Ziele von Politikvermittlung nicht nachteilig sein.

---

56 Andreas Grajczyk/Oliver Zöllner, Fernsehverhalten und Programmpräferenzen älterer Menschen. Daten zur Fernsehnutzung der ab 50jährigen 1995, in: Media Perspektiven, (1996) 11, S. 577–588, hier S. 587.
57 Siehe U. Hasebrink/F. Krotz (Anm. 19).
58 Siehe dazu die Beiträge in Hartmut Weßler u. a. (Hrsg.), Perspektiven der Medienkritik. Die gesellschaftliche Auseinandersetzung mit öffentlicher Kommunikation in der Mediengesellschaft, Opladen 1977.

HEINZ BONFADELLI

Jugend, Politik und Massenmedien

Was Jugendliche aus den Massenmedien über Politik erfahren

1. »Jugend« als soziales Problem

Die jeweils »heutige« Jugend hat schon seit jeher als Projektionsfläche eigener unerfüllter Hoffnungen und Ideale, aber mehr noch der unterdrückten Ambivalenzen und Ängste von Erwachsenen herhalten müssen[1]. Und dies gilt nicht zuletzt auch für den Bereich »Politik und Massenmedien«. Jugendliche sollen sich sowohl für politische Belange interessieren und engagieren als auch informiert sein und über Politik Bescheid wissen. Gleichzeitig nehmen es Politiker, aber auch Medienvertreter der Jugend wieder übel, wenn sie sich politisch unkonventionell engagiert, d. h. sich z. B. aktiv gegen Atomtransporte zur Wehr setzt oder gegen Bildungsabbau demonstriert.

Der Problembereich »Jugend – Politik – Medien« wird aber nicht nur in der Öffentlichkeit kontrovers und emotionalisiert diskutiert, sondern wird auch in den Sozialwissenschaften selbst nicht einheitlich und nur schlecht zugänglich behandelt. Zum einen hängt dies mit dem Gegenstand »Jugend«, aber auch »Politik« zusammen und zum anderen mit den verschiedenen sozialwissenschaftlichen Disziplinen, die sich mit der Problemstellung befassen.

2. Zur Bestimmung von »Jugend«

»Jugend« als biographische Übergangsphase oder Statuspassage entzieht sich aus verschiedenen Gründen einer einfachen Bestimmung oder Eingrenzung, darum muß »Jugend« als Forschungsgegenstand immer vieldimensional und aus verschiedenen Perspektiven heraus definiert werden[2].

---

1 Vgl. Leopold Rosenmayr, Jugend als Spiegel der Gesellschaft?, in: Herbert Janig u. a. (Hrsg.), Jugend, Linz 1990, S. 4–35.
2 Vgl. Heinz-Hermann Krüger (Hrsg.), Handbuch der Jugendforschung, Opladen 1988; Heinz Bonfadelli, Freizeitverhalten von Kindern und Jugendlichen und Medienkonsum, in: Sachverständigenkommission 8. Jugendbericht (Hrsg.), Lebensverhältnisse Jugendlicher, Band 2, München 1990, S. 81–147; ders., Adolescent Media Use in a Changing Media Environment, in: European Journal of Communication, 8 (1993), S. 225–256; Klaus Hurrelmann, Lebens-

Phänomenologische Perspektive: Obwohl in den Medien immer wieder von *der* Jugend gesprochen wird, gibt es *die* Jugend gerade heute immer weniger. Die heutigen Jugendlichen sind aufgesplittert in viele Jugendtypen, Jugendkulturen bzw. Szenen. Bezeichnungen wie »Skinheads«, »Raver«, »Snöber«, »Alternative«, »Gläubige«, »Computerfreaks«, »Ökos« etc. mögen dies andeuten. Sie weisen auf der individuellen Ebene darauf hin, daß Jugend als turbulente und belastende, aber auch intensive, anregende und ertragreiche Lebensphase betrachtet werden kann. Und auf der gesellschaftlichen Ebene entspricht dem, daß die Jugend oft als widerspenstig und rebellisch bzw. als Seismograph der vorliegenden sozialen Probleme wie z. B. Arbeitslosigkeit, aber auch als kreatives Potential verstanden werden kann.

Betont man nicht so sehr die Unterschiede, sondern fragt man nach den Gemeinsamkeiten, dann kann Jugend als Phase des Übergangs zwischen Kindheit und Erwachsensein definiert werden: Jugendliche sind nicht mehr Kinder, aber auch noch nicht Erwachsene. Altersmäßig handelt es sich bei der Adoleszenz um den Lebensabschnitt zwischen der Pubertät (12. bis 13. Lebensjahr) und etwa dem 18. Lebensjahr, wobei die Kriterien des Ein- und vor allem jene des Austritts unübersichtlich geworden sind. Eine eindeutige, nur biologische Definition aufgrund von Anzeichen wie körperliche Veränderungen, sexuelle Reife, emotionale Labilität etc. greift vor allem darum zu kurz, weil die Übernahme der Erwachsenenrolle heute durch verschiedene Statuskriterien bestimmt ist und sich die Jugendphase in den letzten Jahrzehnten auch deutlich verlängert hat, was mit dem Begriff »Postadoleszenz« bezeichnet wird.

Entwicklungspsychologische Perspektive: Das Verständnis von Jugend als einer Übergangsphase bedeutet in zeitlicher Hinsicht, daß man es nicht mit stabilen, sondern mit variablen Einstellungsstrukturen und Verhaltensmustern zu tun hat. Ältere entwicklungspsychologische Phasenmodelle, die von einer starren Abfolge endogener Entwicklungsstufen ausgingen, sind mittlerweile von Sozialisationsmodellen abgelöst worden, die von einer produktiven Auseinandersetzung der Jugendlichen einerseits mit äußeren physischen und sozialen Umweltbedingungen, andererseits mit inneren psychischen und körperlichen Vorgaben ausgehen, die auch die Gefahr des Scheiterns einschließen. Ziehe[3] hat beispielsweise »Narzißmus« als neuen Sozialisationstyp und als Problem der gegenwärtigen Form der gesellschaftlichen Sozialisation untersucht.

Für die Jugend typische Entwicklungsaufgaben sind: der Abgang von der Schule als Berufsqualifikation und die Berufsfindung, reifere Beziehungen zu Gleichaltrigen bzw. Peer-groups herstellen, die Übernahme der Geschlechterrolle und die Erprobung von Liebe und Sexualität, die eigene kulturell-ästhetische Praxis im Konsum- und Freizeitbereich, die Herausbildung einer eigenen Identität bzw. der eigenen Persönlichkeit und die Übernahme gesellschaftlicher und politischer Rechte und Verpflichtungen. Im Zusammenhang mit der zunehmenden Individualisierung und Pluralisierung der Gesellschaft als Rahmenbedingung wird zur Zeit das Konzept der fragmentierten sogenannten »Patchwork-Identität« diskutiert,

---

    phase Jugend. Eine Einführung in die sozialwissenschaftliche Jugendforschung, Weinheim–München 1994.
3 Thomas Ziehe, Pubertät und Narzißmus, Frankfurt/M. 1975.

in der Widersprüche unaufgelöst nebeneinander stehen können, im Gegensatz zur klassischen psychoanalytisch geprägten Vorstellung der Entwicklung der Ich-Identität als Einheit[4].

Gesellschaftliche Perspektive: Jugend darf aber nicht nur entwicklungspsychologisch als persönliches Problem betrachtet werden, sondern stellt aus einer Integrationsperspektive immer auch ein Systemproblem der Gesellschaft dar[5]. Wie kann die gesellschaftliche Kontinuität im Wechsel der Generationen aufrechterhalten werden? Bezogen auf Politik bedeutet dies in einer traditionellen Perspektive, die Frage nach der Integrationsleistung von politischer Bildung in die überlieferte Lebensweise zu stellen.

Sozial-historische Perspektive: »Kindheit und Jugend« müssen in einer historischen Perspektive als bürgerliche Erfindung bzw. als Folge der zunehmenden Industrialisierung Ende des letzten Jahrhunderts betrachtet werden[6]. Und im 20. Jahrhundert selbst müssen wieder verschiedene Jugendgenerationen unterschieden werden, weil das Aufwachsen zu einer bestimmten Zeit mit den je typischen sozioökonomischen und kulturellen Randbedingungen prägend wirkt. Stichworte sind hier z. B. die skeptische Nachkriegsjugend der fünfziger Jahre, die unbefangene 68er Jugend, die verunsicherte »No-Future«-Jugend der achtziger Jahre oder die eigensinnige, widersprüchliche, post-alternative Neunziger-Jugend. Für die empirische Forschung bedeutet dies, daß die vorhandenen Daten sehr rasch altern und durch neue Studien ständig auf einem aktuellen Stand gehalten werden müssen[7].

Das Stichwort »Strukturwandel der Jugend«[8] deutet zudem darauf hin, daß vor dem gesellschaftlichen Hintergrund auch die Jugendphase selbst einem ständigen Wandel unterliegt, wobei in den letzten Jahren sich verstärkende Trends in Richtung Individualisierung der Biographien und Pluralisierung von Lebensstilen diskutiert werden. Dementsprechend hat sich auch der Stellenwert von »Arbeit« und »Politik« deutlich zugunsten von »Konsum« und »Freizeit« verschoben.

Kulturperspektive: Jugend ist in der neueren Jugendforschung immer auch als kulturelle Subgruppe mit eigenen Normen, Verhaltensmustern und kulturellen Lebensstilen, und zwar besonders in Abgrenzung zur Erwachsenenwelt, untersucht worden[9]. Jüngste ethnographische Studien befassen sich vermehrt mit Jugendszenen[10] als Ausdruck von Jugendkultur, wobei solche Szenen und Stile verstärkt

---

4 Erik H. Erikson, Identität und Lebenszyklus, Frankfurt/M. 1966.
5 Vgl. K. Hurrelmann (Anm. 2).
6 Michael Mitterauer, Sozialgeschichte der Jugend, Frankfurt/M. 1986.
7 Helmut Fend, Sozialgeschichte des Aufwachsens. Bedingungen des Aufwachsens und Jugendgestalten im zwanzigsten Jahrhundert, Frankfurt/M. 1988.
8 Dieter Baacke/Wilhelm Heitmeyer (Hrsg.), Neue Widersprüche. Jugendliche in den achtziger Jahren, Weinheim–München 1985; Wilfried Ferchhoff, Jugend an der Wende des 20. Jahrhunderts. Lebensformen und Lebensstile, Opladen 1993.
9 Paul Willis, Jugend-Stile. Zur Ästhetik der gemeinsamen Kultur, Hamburg 1991, und Jürgen Zinnecker, Jugendliche Subkulturen, in: Zeitschrift für Pädagogik, 27 (1987) 3, S. 421–440.
10 Waldemar Vogelsang, Jugend und Medienkulturen. Ein Beitrag zur Ethnographie medienvermittelter Jugendwelten, in: Kölner Zeitschrift für Soziologie und Sozialpsychologie, 46 (1994) 3, S. 464–491, und Klaus Janke/Stefan Niehus, Echt abgedreht. Die Jugend der neunziger Jahre, München 1995.

medienvermittelt oder gar mediengeneriert sind: z. B. Video-Cliquen, »Lindenstraße«-Fans, Techno-Szene, Computer- und Netzszenen. Vogelgesang meint: »Die Medienfreaks und ihre alltagstranszendierenden Praktiken sind Beispiele dafür, daß unter (post-)modernen Lebensbedingungen und Daseinsverhältnissen die affektuelle und erlebnismäßige Integration sich immer weniger gesamtgesellschaftlich als vielmehr in Spezialkulturen und abgegrenzten Raumzonen vollzieht. Was heute zählt, ist situationsangepaßtes Emotionsmanagement.«[11]

Die Entsprechung in politischer Hinsicht wären jugendtypische Formen der sogenannten »neuen« Politik, wie beispielsweise politischer Protest und Demonstrationen. Jugend kann so positiv als Auslöser sozialer Bewegungen gesehen werden, die zum gesellschaftlichen Wandel beitragen; Jugendkultur wird negativ, aber auch als Gefahr betrachtet, insofern sie beispielsweise als Keim von Radikalismus interpretiert wird. Inwiefern umgekehrt die Jugend ihrerseits die Gesellschaft wahrnimmt und wie die heutige Jugend die Probleme der Gesellschaft bewertet, wird oft übergangen[12].

3. Zum Verständnis von Politik und Politik in den Medien

Aber nicht nur »Jugend«, sondern auch »Politik« läßt sich unterschiedlich weit definieren. Die Extreme reichen von einem inhaltsarm-engen Begriff der Politik als staatsbezogenes Handeln in regierungsfreundlicher Akzentuierung bis zu einem materialreich-weiten Konzept, das Politik als Gesamtheit aller ordnenden Einrichtungen und Prozesse der Gesellschaft versteht[13].

Weiter kann sich der Fokus auf verschiedene Ebenen konzentrieren: politisches Interesse, Einstellungen gegenüber Komponenten des politischen Systems wie Parteien, Regierung, Politiker, Akzeptanz von und Zufriedenheit mit dessen Entscheidungen im Kontrast politischer Entfremdung. Ferner gehören dazu politisches Wissen oder politisches Handeln, sei dies nun als Teilnahme an Wahlen oder Abstimmungen oder als Beteiligung an sogenannten »neuen« Formen der Politik wie soziale Bewegungen oder Demonstrationen.

Ein dritter Punkt betrifft das Verhältnis zwischen Medien und Politik, haben doch heute sowohl die Erwachsenen als auch die Jugendlichen im wesentlichen nur noch über die Berichterstattung der Medien Kontakt zur Politik, was mit dem Begriff »Mediatisierung der Politik« bezeichnet wird. Zudem ist festzustellen, daß die zentrale Rolle der Politik in den Medien in den letzten Jahren, d. h. seit der Einführung des Dualen Rundfunks in Deutschland, deutlich zurückgegangen ist. Politik ist heute nurmehr *ein* Medienangebot unter anderen. Außerdem wird allenthalben behauptet, daß Politik zunehmend entinstitutionalisiert und durch Schein-

---

11 Waldemar Vogelgesang, Jugendliches Medienhandeln: Szenen, Stile, Kompetenzen, in: Aus Politik und Zeitgeschichte, B 19–20/1997, S. 13–27, hier S. 24.
12 Jugendwerk der Deutschen Shell (Hrsg.), Jugend '97. Zukunftsperspektiven. Gesellschaftliches Engagement. Politische Orientierungen, Opladen 1997, S. 293.
13 Vgl. Bernhard Claußen, Jugend und Politik, in: Heinz-Hermann Krüger (Hrsg.), Handbuch der Jugendforschung, Opladen 1988.

politisierung tatsächlich auch entpolitisiert werde, was notwendigerweise eine Veränderung des Politikverständnisses nach sich ziehe[14]. Stichworte sind hier beispielsweise Tendenzen in Richtung Personalisierung, Popularisierung, Sensationalisierung und Emotionalisierung.

Und als letzter Punkt sind die Konsequenzen des Strukturwandels der Jugend für die politische Sozialisation anzudeuten: Zum einen garantieren die heutigen Lebensbedingungen für die meisten Jugendlichen einen Schonraum mit erheblichen Spielräumen wie hoher Medienautonomie und früher Konsumkompetenz bei gleichzeitig ambivalenter Perzeption der kaum beeinflußbaren Berufs- und Politiksphäre. Es handelt sich hier um die Ambivalenz einerseits zwischen der erlebten hohen Selbststeuerungsfähigkeit im Freizeit- und Konsumbereich, andererseits dem Gefühl des Ausgeliefertseins und der Nichtkontrollierbarkeit einer komplexen Lebens- und Gesellschaftssituation. Diagnostiziert wird darum eine wachsende Labilisierung der politischen Orientierungssicherheit bei der heutigen Jugend. Indikatoren sind beispielsweise die sich verstärkende Skepsis gegenüber dem Wählen, ein Rückgang der Wahlbeteiligung, ein Nachlassen der Parteibindungen und eine wachsende Distanz zu gesellschaftlichen Institutionen überhaupt[15].

4. Jugend, Politik und Medien in sozialwissenschaftlicher Perspektive

Die Forschungsgegenstände »Jugend« oder »Politik« erweisen sich somit bei näherer Betrachtung als komplex und sich ständig wandelnd. Es darf darum nicht überraschen, daß sich auch die entsprechende Forschungslage als nicht weniger unübersichtlich und widersprüchlich zeigt: »Jugend, Politik und Massenmedien« befindet sich als Forschungsbereich im Schnittpunkt verschiedenster sozialwissenschaftlicher Disziplinen, die dazu Beiträge liefern, freilich unter je anderer Fragestellung, Perspektive und Begrifflichkeit. Dementsprechend sind auch die vorliegenden empirischen Studien und Befunde verstreut, schwierig zu sichten und oft nur begrenzt vergleichbar. Im einzelnen befassen sich folgende Disziplinen mit dem Forschungsgegenstand: 1. die Politikwissenschaft im allgemeinen und die politische Psychologie im speziellen, 2. die (politische) Jugendforschung in der Soziologie und 3. die Jugendmedienforschung speziell zur politischen Kommunikation.

4.1 Politische Sozialisation als Thema der Politikwissenschaft

Die Politikwissenschaft befaßt sich mit dem Prozeß der politischen Sozialisation als dem Hineinwachsen ins politische System. Thematisch steht die Frage nach der Herausbildung eines demokratischen Charakters im Zusammenhang mit Rollen-

---
14   Ulrich Beck, Die Erfindung des Politischen, Frankfurt/M. 1993.
15   Vgl. Wilhelm Heitmeyer u. a., Jugend und Politik. Chancen und Belastungen der Stabilisierung politischer Orientierungssicherheiten, in: ders./Thomas Olk (Hrsg.), Individualisierung von Jugend, Weinheim 1990.

merkmalen wie aktive Partizipation am politischen Prozeß, Bereitschaft zur politischen Kommunikation, hoher Wissensstand, Verfechtung demokratischer Prinzipien etc. im Zentrum. Diese kognitiven, affektiven und konativen Dimensionen werden als *abhängige* Variablen oder als Resultat des Prozesses der politischen Sozialisation betrachtet. Es dominiert zudem oft eine normativ-instrumentelle Perspektive: Wie ist Sozialisation ins politische System, verstanden als gezielte politische Bildung, zu gewährleisten[16]?

Bezogen auf die Massenkommunikation wird funktional nach dem Beitrag der Massenmedien als Instanz der politischen Sozialisation gefragt. Es besteht hierzu in der Politologie die Tendenz, einerseits die Politikvermittlung der Medien im Sozialisationsprozeß als gegeben und wenig hinterfragungsbedürftig anzusehen, andererseits ein Modell begrenzter bzw. minimaler Medieneffekte auf die Bildung bzw. Beeinflussung von politischen Prädispositionen und Einstellungen zu akzeptieren[17]. Beide Sichtweisen begünstigen eine Vernachlässigung der medienvermittelten Kommunikationsprozesse in der politischen Sozialisation zugunsten anderer Sozialisationsinstanzen wie Familie oder Schule.

4.2 Jugend und Politik in der Soziologie

In der Jugendsoziologie bzw. der soziologisch orientierten Jugendforschung wird das Verhältnis zwischen Jugend und Politik empirisch meist als Teilbereich von unterschiedlicher Bedeutung miterfaßt. Oder es wird, negativ formuliert, als Abfallprodukt der empirischen Wahlforschung betrachtet, deren Datenbestände Jugendliche ab 18 Jahren wegen deren Wahlberechtigung stets einschließen, und zwar speziell in den Jugend-Surveys wie z. B. den Shell-Jugendstudien[18] oder der Untersuchung des Deutschen Jugendinstituts[19].

Gefragt wird nach den politisch-gesellschaftlichen Erfahrungen und Orientierungen wie dem Stellenwert des politischen Interesses im Jugendalter sowie der Wahlbeteiligung und dem Wählerverhalten der jungen Erwachsenen. Größere Aufmerksamkeit gefunden hat auch die Frage der Einschätzung der politischen Legitimität von Parteien oder Regierung und der Bereitschaft zu unterschiedlichen Formen von politischem Protest als Ausdruck unbefriedigter Bedürfnisse[20]. Daneben interessiert aktualitätsbedingt immer wieder von neuem die Zeitdiagnose der

---

16 Vgl. Ulrich Sarcinelli, Politikvermittlung durch Massenmedien als Bedingung oder Ersatz für politische Bildung? – Herausforderungen politischer Kommunikation in der Mediengesellschaft, in: Bundeszentrale für politische Bildung/Deutsche Vereinigung für politische Bildung (Hrsg.), Verantwortung in einer unübersichtlichen Welt, Bonn 1995, S. 443–458.
17 Vgl. Steven H. Chaffee/Seung-Mock Yang, Communication and Political Socialization, in: Orit Ichilov (Hrsg.), Political Socialization, Citizenship Education and Democracy, New York–London 1990, S. 137–157, hier S. 137.
18 Vgl. Arthur Fischer, Politik und jugendliche Lebenswelt. Gruppenportraits, in: Jürgen Zinnecker (Hrsg.), Jugend '92, Band 2: Im Spiegel der Wissenschaften, Opladen 1992, S. 49–70.
19 Vgl. Ursula Hoffmann-Lange, Jugend und Demokratie in Deutschland: Politische Orientierungen und politisches Verhalten Jugendlicher und junger Erwachsener, in: Zeitschrift für Politische Psychologie, 4 (1996) 1, S. 53–61.
20 Vgl. B. Claußen (Anm. 13).

jeweils »heutigen« Jugend, zur Zeit etwa bezogen auf den Rechtsradikalismus oder Jugend in den alten und neuen Bundesländern. Bezüge zur Massenkommunikation werden höchstens am Rande hergestellt, indem die Mediennutzung Jugendlicher allenfalls als abhängiger oder mediatisierender Faktor mitberücksichtigt wird. Als Hauptbefund wird festgestellt, daß informationsorientierte Mediennutzung sowohl mit Bildung und Geschlecht als auch mit dem politischen Interesse der Jugendlichen in Wechselbeziehungen steht.

4.3 Jugendmedien-Forschung

Das im Gefolge der klassischen amerikanischen Wahlkampfstudien der fünfziger Jahre formulierte »Paradigma minimaler Medieneffekte« auf politische Einstellungen behinderte in der Medienwissenschaft für längere Zeit eine eigenständige Forschungsentwicklung[21]. Die Aufmerksamkeit richtete sich hauptsächlich auf die Familie, der eine bedeutende Funktion bei der Vermittlung von Parteipräferenzen als politische Grundhaltungen zugemessen wurde; daß die Medien im Prozeß der politischen Sozialisation nur eine untergeordnete Rolle zu spielen vermochten, legten zudem Studien zur Mediennutzung nahe, die bei Kindern und Jugendlichen meist nur ein untergeordnetes Interesse an politischer Information dokumentierten.

Erst in den frühen siebziger Jahren wurden wieder empirische Untersuchungen zur Beziehung zwischen Mediennutzung und politischer Sozialisation in den USA durchgeführt[22]. Dazu bedurfte es freilich einer Relativierung der gängigen Fragestellungen und der Entwicklung neuer theoretischer Ansätze[23], indem als Haupteffekte der Massenkommunikation nicht mehr nur die Beeinflussung von Einstellungen, sondern das (politische) Lernen ins Zentrum gerückt wurde. Von theoretischer Relevanz sind insbesondere verschiedene neu entwickelte kognitiv orientierte Konzepte und Ansätze wie »Agenda-Setting«, Wissenskluft oder die sogenannte »Videomalaise-These«, welche den Medien eine wichtige Rolle im Prozeß der Konstituierung und Veränderung sowohl von politischen Kognitionen als auch Emotionen beimessen[24].

---

21 Vgl. Charles Atkin, Communication and Political Socialization, in: Dan Nimmo/Keith R. Sanders (Hrsg.), Handbook of Political Communication, Beverly Hills–London 1981, S. 299–328.
22 Vgl. Steven H. Chaffee u. a., Mass Communication and Political Socialization, in Journalism Quarterly, 47 (1970), S. 647–659; Sidney Kraus/Dennis Davis, The Effects of Mass Communication on Political Behavior. Pennsylvania State 1976, S. 8–47.
23 Vgl. C. Atkin (Anm. 21); Heinz Bonfadelli, Die Sozialisationsperspektive in der Massenkommunikationsforschung. Neue Ansätze, Methoden und Resultate zur Stellung der Massenmedien im Leben der Kinder und Jugendlichen, Berlin 1981, S. 336–355, hier S. 336ff.; Garrett O'Keefe/Kathaleen Reid-Nash, Socializing Functions, in: Charles R. Berger/Steven H. Chaffee (Hrsg.), Handbook of Communication Science, Newbury Park 1987, S. 419–445.
24 Christina Holtz-Bacha, Unterhaltung ist nicht nur lustig, in: Publizistik, 33 (1988) 2–3, S. 493–504; vgl. dies., Entfremdung von der Politik durch »Fernseh-Politik«? Zur Hypothese von der Videomalaise, in: Otfried Jarren (Hrsg.), Politische Kommunikation in Hörfunk und Fernsehen, Opladen 1994, S. 175–184.

5. Forschungsschwerpunkte, Fragestellungen und Befunde

Welche Forschungsschwerpunkte mit welchen Fragestellungen liegen nun aus dem deutschen Sprachraum zur politikbezogenen Mediennutzung von Jugendlichen vor? Bevor dazu einige Befunde präsentiert werden sollen, muß freilich einschränkend festgehalten werden: Obwohl zum Problembereich in den verschiedensten Studien durchaus wertvolle Einzelbefunde vorliegen, fehlt eine aktuelle, umfassend und integral angelegte Forschung, die sich gezielt nur mit der Frage nach den Zusammenhängen zwischen Politik und Medien im Leben der heutigen Jugend beschäftigen würde. Die im folgenden präsentierten Befunde sind darum kursorisch, müssen lückenhaft bleiben und können auch angesichts des beschränkten Umfangs dieser Übersicht keine Vollständigkeit beanspruchen.

Als Datenbasis der nachfolgenden Abschnitte dienen einerseits zwei Untersuchungen aus der Schweiz – *Publicitas Jugendmedien-Studie* und *Aargauer Jugend-Studie* des Seminars für Publizistikwissenschaft der Universität Zürich –, die zu Beginn der neunziger Jahre durchgeführt wurden und an deren Konzeption und Auswertung der Verfasser selbst beteiligt war. Andererseits wird auf Befunde verschiedener Jugend-Surveys[25] und Jugendmedien-Studien[26] zurückgriffen, die in den letzten Jahren in Deutschland realisiert wurden.

5.1 Politisches Interesse der Jugendlichen

Thematisch soll dabei in einem ersten Schritt nach dem politischen Interesse der Jugend gefragt werden. Damit das politische Interesse aber interpretiert und bewertet werden kann, müssen die absoluten Werte in einem zweiten Schritt in Beziehung gesetzt werden a) in zeitlicher Perspektive zu früheren Jugendgenerationen und b) zur Entwicklung im Lebensablauf; c) in sozialer Hinsicht sind verschiedene Jugendsegmente untereinander zu vergleichen, und d) in einer sachlichen Perspektive ist nach dem Stellenwert von Politik im Vergleich zu anderen Interessengebieten zu fragen.

Nach der 1990 in der Schweiz durchgeführten Publicitas Jugendmedien-Studie gaben nur vier Prozent der befragten 15- bis 17jährigen an, sie interessierten sich sehr stark und weitere 13 Prozent immerhin noch recht stark für Politik; knapp die Hälfte interessierte sich ein wenig und ein Drittel interessierte sich überhaupt nicht für Politik. Faßt man die Kategorien sehr und recht stark zusammen, so zeigt sich,

---

25 Vgl. Wolfgang Melzer, Jugend und Politik in Deutschland, Opladen 1992; Ursula Hoffmann-Lange/Martina Gille/Helmut Schneider, Das Verhältnis von Jugend und Politik in Deutschland, in: Aus Politik und Zeitgeschichte, B 19/93, S. 3–12; Spiegel-Umfrage Jugend '94, in: Der Spiegel, Nr. 38 vom 19. September 1994; Jugendwerk der Deutschen Shell (Hrsg.), Jugend '92. Lebenslagen, Orientierungen und Entwicklungsperspektiven im vereinigten Deutschland, 4 Bde., Opladen 1992; dass. (Anm. 12).
26 Vgl. Heinz Bonfadelli/Angela Fritz, Lesen im Alltag von Jugendlichen, in: Lesesozialisation. Bd. 2: Leseerfahrungen und Lesekarrieren, Gütersloh 1993, S. 7–213; Claudia Schmidt, Fernsehverhalten und politische Interessen Jugendlicher und junger Erwachsener, in: Media-Perspektiven, (1995) 5, S. 220–227. Die beiden Schweizer Studien sind nicht publiziert.

daß rund 20 Prozent der 15- bis 17jährigen ihr Verhältnis zur Politik in einem positiven Sinn beschreibt. Dieser Anteil erhöht sich während der Jugendzeit auf ein gutes Drittel bei den 21- bis 24jährigen. Im Vergleich zu allen Stimm- und Wahlberechtigten ab 18 Jahren ist das politische Interesse der Jugendlichen etwas geringer ausgeprägt *(Tabelle 1)*.

Tabelle 1: »Wie stark interessieren Sie sich ganz allgemein für Politik?«
(Angaben in Prozent)

	insg.	Geschlecht		Alter			Bildung			Erwachsene
		Mann	Frau	15 bis 17	18 bis 20	21 bis 24	tief	mittel	hoch	
sehr stark	7	10	4	4	7	9	2	4	16	11
recht stark	23	28	19	14	28	25	8	20	38	30
ein wenig	47	44	50	49	46	47	43	55	38	45
überhaupt nicht	23	19	26	31	19	19	46	21	8	14

Quellen: Nach Publicitas Jugendmedien-Studie 1990; N = 2029, 15 bis 24 J., Deutschschweiz Univox Survey 1991; N = 665 Stimm-/Wahlberechtigte ab 18 Jahren in der Deutschschweiz.

Die Werte aus der Schweiz sind dabei vergleichbar mit Befunden aus deutschen Studien: Nach dem Spiegel-*Jugend*-Survey von 1992 *(Tabelle 3)* interessieren sich 28 Prozent der 14- bis 29jährigen in Deutschland stark oder sogar sehr stark, 41 Prozent mittel und 30 Prozent schwach oder gar nicht für Politik. Und nach dem 1992 durchgeführten Survey des Deutschen Jugendinstituts[27] erhöht sich der Anteil der stark oder gar sehr stark interessierten 16- bis 17jährigen von zwölf auf 23 Prozent bei den 25- bis 30jährigen in den alten Bundesländern und von 18 auf 26 Prozent in den neuen Bundesländern bei den gleichen Altersgruppen; parallel dazu sinkt der Anteil der überhaupt nicht an Politik Interessierten von 55 Prozent bei den 16- bis 17jährigen in den alten Bundesländern auf 32 Prozent bei den 25- bis 30jährigen, in den neuen Bundesländern von 45 auf 29 Prozent, wie *Tabelle 2* zeigt. Absolut betrachtet ist es also nur eine Minderheit der Jugendlichen, die sich schon für Politik interessiert.

Tabelle 2: »Wie stark interessieren Sie sich für Politik?«
(Angaben in Prozent)

	16 bis 17 Jahre		18 bis 20 Jahre		21 bis 24 Jahre		25 bis 30 Jahre	
	West	Ost	West	Ost	West	Ost	West	Ost
sehr stark/stark	12	18	19	19	21	22	23	26
mittel	33	37	37	43	40	41	45	45
wenig/überhaupt nicht	55	45	43	38	39	37	32	29

Quelle: Jugendsurvey des Deutschen Jugendinstituts 1992, 16 bis 29 Jahre, N = 4526 alte und 2564 neue Bundesländer (Hoffmann-Lange u. a. (Anm. 25), 1993, S. 7).

---

27 U. Hoffmann-Lange u. a. (Anm. 25), S. 7.

Etwas höher, bei rund 50 Prozent, liegen die Werte freilich, wenn man beispielsweise die deutschen Shell-Jugendstudien betrachtet, die nur dichotom fragen: »Interessierst Du Dich für Politik?« An Politik interessiert waren 1984 in den alten Bundesländern 55 Prozent der 15- bis 24jährigen, 57 Prozent waren es 1991 und 47 Prozent in der neuesten Shell-Studie[28]. Und auch in dieser Befragung bekundeten mit 45 Prozent mehr junge Männer im Vergleich zu 35 Prozent der jungen Frauen ein Interesse an Politik; das Politikinteresse stieg mit dem Alter von 16 Prozent bei den 12- bis 14jährigen über 38 Prozent bei den 15- bis 17jährigen auf 46 Prozent bei den 18- bis 21jährigen und erreichte einen Höchstwert mit 57 Prozent bei den 22- bis 24jährigen. Im Vergleich dazu waren die Unterschiede zwischen den alten (39 Prozent) und neuen (41 Prozent) Bundesländern minimal.

Auf den ersten Blick bestätigen diese Befunde somit das gängige Vorurteil vieler Erwachsener vom politischen Desinteresse der heutigen Jugend. In einer genaueren Betrachtung stellen sich aber durchaus Fragen der Gültigkeit: Was verstehen Jugendliche überhaupt unter »Interesse an Politik«? Fragt man nämlich nach dem selbsteingeschätzten Interesse an konkreten politischen Problemen[29], äußern zwischen 40 und 50 Prozent der befragten West-Jugendlichen ein sehr großes Interesse an »Umweltschutz«, »Bildung«, »Rüstung und Frieden« oder »Drogenmißbrauch« und »AIDS« und immerhin noch zwischen 25 und 30 Prozent an Themen wie »Rassendiskriminierung«, »Arbeitslosigkeit«, »Europapolitik« oder »Dritte Welt«. Ähnlich wurde auch in der neuen Shell-Studie *Jugend '97* nach möglichen Problemen für unsere Gesellschaft gefragt, die die Befragten nach deren Gewichtigkeit (1 = gar kein Problem; 4 = sehr großes Problem) einzustufen hatten. Daraus ergab sich folgende Problemagenda: 1. steigende Arbeitslosenzahl (3,6), 2. Umweltverschmutzung (3,5), 3. Armut von immer mehr Menschen (3,4), 4. Schließung von Produktionsstätten in Deutschland (3,3), 5. Staatsverschuldung (3,3), 6. Unsicherheit der Renten (3,3).

Junge Menschen haben heute also ein recht klares Bewußtsein von den Zukunftsproblemen unserer Gesellschaft. Arbeitslosigkeit und die in ihrem Kontext stehenden wirtschaftlichen Schwierigkeiten stellen für die Jugendlichen *die* große Belastung dar. Dies äußert sich auch in der offenen Frage, die vor dem Einstieg ins Interview nach den »Hauptproblemen der Jugendlichen heute« gestellt wurde. Auch hier steht die Arbeitslosigkeit mit 45 Prozent an der Spitze, gefolgt von Drogenproblemen mit 36 Prozent, Problemen mit Personen im Nahbereich mit 32 Prozent und Lehrstellenmangel mit 28 Prozent sowie Schul- bzw. Ausbildungsproblemen mit 27 Prozent.

Auch wenn man die verschiedenen Fragen des Spiegel-Surveys zur Jugend '94[30] betrachtet, zeigt sich ein grundsätzlich positives Verhältnis zu Staat, Politik und Gesellschaft: Für 90 Prozent ist die Demokratie etwas Wertvolles, und 80 Prozent finden unsere Gesellschaftsordnung wert, verteidigt zu werden; für 76 Prozent sind Demonstrationen grundsätzlich sinnvoll, und immerhin 67 Prozent behaupten, jedesmal wählen zu gehen, selbst wenn für fast 70 Prozent die Mitgliedschaft in einer

---

28 Vgl. Jugendwerk der Deutschen Shell (Anm. 12), S. 303 ff.
29 Vgl. W. Melzer (Anm. 25), S. 91.
30 Vgl. Spiegel-Umfrage Jugend '94 (Anm. 25).

Tabelle 3: Einstellungen und Verhalten gegenüber Politik
(Angaben in Prozent)

»Wie stark interessieren Sie sich für Politik?«	– sehr stark	5
	– stark	23
	– mittel	41
	– schwach	18
	– gar nicht	12
»Gehen Sie bzw. werden Sie wählen gehen?«	– ja, jedesmal	67
	– unregelmäßig	19
	– nein	13
»Ist Demokratie für Sie etwas Wertvolles?«	– Ja-Anteil	90
»Ist unsere Gesellschaftsordnung wert, verteidigt zu werden?«	– Ja-Anteil	80
»Demonstrationen sind . . .«	– grundsätzlich sinnvoll	76
»Welche der folgenden Organisationen/Persönlichkeiten halten Sie für glaubwürdig?«	– Greenpeace	64
	– Amnesty International	50
	– Parteien	5
»Welche der politischen Parteien ist Ihnen am sympathischsten?«	– keine	29
	– SPD	22
	– Bündnis 90/Grüne	20
	– CDU/CSU	16
»Eine Mitgliedschaft in einer politischen Partei . . .«	– kommt nicht in Frage	69

Quelle: Nach Spiegel-Umfrage Jugend '94 (Anm. 25); N = 2034, 14- bis 29jährige.

Partei nicht in Frage kommt und Parteien nach *Tabelle 3* grundsätzlich als wenig glaubwürdig und kaum als sympathisch eingestuft werden.

Folgendes Fazit läßt sich ziehen: Empirisch festgestellte Befunde sind immer ein Resultat der verwendeten Methoden und müssen dementsprechend vorsichtig bewertet und in Relation zu anderen Befunden gesetzt werden. Jugendliche sind nämlich durchaus nicht apolitisch; ihr Interesse orientiert sich aber kaum an der institutionalisierten und durch Regierung und Parteien repräsentierten Politik, sondern ist stark an konkreten politischen Themen orientiert. Ulrich Beck[31] meint dazu, daß die klassischen stabilen Konfliktmuster der industriellen Moderne immer mehr abgelöst werden durch eine themenzentrierte, an der massenmedialen Öffentlichkeit orientierte, vagabundierende Konfliktbereitschaft. Der durch Greenpeace organisierte erfolgreiche Protest gegen die Versenkung der Ölplattform Brent Spar steht hier als Beispiel.

Der Befund in *Tabelle 3,* nach dem für fast zwei Drittel der Befragten »Greenpeace eine glaubwürdige Organisation« ist, im Vergleich zu nur fünf Prozent, die Parteien für glaubwürdig halten, stimmt damit überein. Strukturähnliche Einsichten finden sich zudem in der neuen Shell-Jugendstudie: Das höchste Vertrauen genießen bürgerschaftliche Organisationen wie Umweltschutz- und Menschenrechtsgruppen sowie Bürgerinitiativen einerseits, andererseits Gerichte und Polizei; relativ am wenigsten Vertrauen bringen junge Leute jedoch den »klassischen« poli-

---

31 Vgl. U. Beck (Anm. 14).

tischen Institutionen wie Bundesregierung, Bundestag, Kirchen und politischen Parteien entgegen. Diese Distanz der Jungen zu gesellschaftlichen Institutionen darf freilich nicht mit Demokratieverdrossenheit gleichgesetzt werden, sind es doch gerade die politisch gut Informierten und die eher gesellschaftlich Engagierten, die sich Institutionen gegenüber besonders skeptisch zeigen[32].

Aus der Perspektive der Erwachsenen bildet sich erst während der Jugendzeit allmählich ein Interesse an Politik heraus, und dieses verstärkt sich kontinuierlich, bis es einen Kulminationspunkt etwa zwischen dem dreißigsten und vierzigsten Altersjahr erreicht, wie dies die Untersuchungen aus der Schweiz und Deutschland andeuten *(Tabellen 1 und 2)*. Eine wichtige Voraussetzung für ein stabiles Verhältnis zur Politik scheint dabei der Übertritt in die Arbeitswelt zu sein. Faßt man zudem das Zeitfenster breiter, so deuten Zeitreihen des Allensbacher-Instituts in einer Langfristperspektive an, daß eine stetige Zunahme des Politikinteresses seit den fünfziger bis Mitte der achtziger Jahre stattgefunden hat[33], wobei nach den Shell-Jugendstudien in den neunziger Jahren ein leichter Rückgang zu konstatieren ist[34].

Im Vergleich der verschiedenen sozialen Jugendsegmente zeichnen die einzelnen Untersuchungen wie z. B. die *Publicitas Jugendstudie* aus der Schweiz *(Tabelle 1)* oder die Shell-Jugendstudie '97 ein recht konsistentes Bild: In geschlechtsspezifischer Hinsicht interessieren sich die jungen Männer nach wie vor etwas stärker für Politik als die jungen Frauen. Das politische Interesse verstärkt sich signifikant mit dem Bildungsniveau. Amerikanische Untersuchungen belegen zudem einen Zusammenhang mit dem familiären Kommunikationsstil: Jugendliche aus sogenannten pluralistischen Milieus, in denen viel über Sachfragen diskutiert und der affektiven Harmonie eine geringere Bedeutung beigemessen wird, interessieren sich am stärksten für politische Fragen[35]. Und nach der neuen Shell-Jugendstudie *Jugend '97* sind die persönliche Distanz zur Politik und die politische Entfremdung dann besonders hoch, wenn sich Jugendliche durch die wirtschaftlichen und sozialen Probleme der Gesellschaft in ihren eigenen Zukunftsmöglichkeiten stark beeinträchtigt fühlen: »Unsere Studie zeigt durchgängig (...), daß die junge Generation heute sich sehr betroffen von den ungelösten Zukunftsproblemen in Wirtschaft, Staat und Gesellschaft erfährt. Sie reibt sich an den aufbrechenden Widersprüchen, etwa zwischen wachsenden Chancen, eine gute Jugend zu erhalten (...) und den restriktiver werdenden Aussichten, daß sich Bildung und lange Jugend im weiteren Leben auszahlen, oder zwischen dem wachsenden Reichtum einerseits und der zunehmenden Arbeitslosigkeit andererseits.«[36]

Nachdem schon festgehalten worden ist, daß das politische Interesse sich erst während der Jugend stärker herausbildet, muß dieser Befund weiter präzisiert und verortet werden und zwar in bezug auf die Themen und Werthaltungen, die für Ju-

---

32 Vgl. Jugendwerk der Deutschen Shell (Anm. 12), S. 296.
33 Vgl. W. Melzer (Anm. 25), S. 90.
34 Vgl. Jugendwerk der Deutschen Shell (Anm. 12), S. 304.
35 Vgl. Steven H. Chaffee/J. McLeod/D. Wackman, Family Communication Patterns and Adolescent Political Socialization, in: J. Dennis (Hrsg.), Socialization to Politics, New York 1973, S. 349–364; H. Bonfadelli (Anm. 24).
36 Jugendwerk der Deutschen Shell (Anm. 12), S. 300.

gendliche besonders zentral sind *(Tabelle 4)*. Einen deutlich wichtigeren Stellenwert als Politik im Leben der Jugendlichen haben Dinge wie Geselligkeit und der Kontakt mit den Gleichaltrigen, der Freizeitbereich überhaupt, aber auch Sport und Fitneß einerseits sowie Schule und Beruf andererseits. Diese Dinge stehen den Jugendlichen sehr viel näher als Politik, zu der sie weniger direkt, sondern in der Regel indirekt, d. h. über Medien vermittelt oder im politischen Unterricht, Kontakt haben.

Tabelle 4: Themen, für die sich die Jugendlichen besonders interessieren
(Angaben in Prozent)

	ingesamt	15 bis 17 Jahre	18 bis 20 Jahre	21 bis 24 Jahre
Freizeitbereich (Ausgehen, Disco, Kino)	77	80	78	72
Reisen, Ferien, Länder, Völker	77	73	78	77
Sport und Fitneß	68	76	68	63
Beruf, Arbeitsgebiet	67	61	65	74
Natur, Umwelt, Ökologie	59	55	58	64
Politische Vorgänge im Land und in der Welt	57	47	61	62
Gesundheitsfragen, Ernährung, Medizin	56	50	55	62
Kunst, Literatur, Kultur	55	50	56	58
Psychologie, Lebensführung, Beziehungen	54	47	55	57
Verbrechen, Katastrophen, Skandale	51	58	50	47

Quelle: Nach Publicitas Jugendmedien-Studie, 1990, N = 3741, Deutsch-/Westschweiz.

Empirisch besonders deutlich äußerte sich dies beispielsweise in der Bertelsmann-Lesestudie[37], in der Jugendliche ohne Vorgaben gebeten wurden, zu erzählen, wofür sie sich besonders interessieren. Von den 1446 Angaben entfielen nur gerade 19 (1,3 Prozent der Nennungen und vier Prozent der Befragten) auf Politik und das Weltgeschehen. Und in einer weiteren Frage nach der Priorität von zwölf vorgegebenen Wertbereichen fanden es nur zehn Prozent sehr wichtig, sich für Politik zu engagieren, etwa im Kontrast zu 46 Prozent, die sich für eine bessere Umwelt einsetzen wollten. In der schon erwähnten *Publicitas Jugendstudie* interessierten sich immerhin 47 Prozent der 15- bis 17jährigen für »politische Vorgänge in unserem Land und in der Welt«, was aber auch hier dem zweitletzten Platz von zehn abgefragten Themen entspricht *(Tabelle 4)*.

Zusammenfassend betrachtet ermöglichen heute die jugendtypischen Lebensbedingungen den Jugendlichen erhebliche Spielräume: Vorab im Freundes-, Medien- und Konsumbereich erwerben sie sich schon sehr früh weitgehende Kompetenzen und ein hohes Maß an Mündigkeit, die einen erheblichen Grad an Autonomie und Selbstverwirklichung bei gleichzeitiger Abhängigkeit und Fremdbestimmung ermöglichen.

Im Gegensatz zu diesen unmittelbar zugänglichen und wählbaren Konsum- und Freizeitmöglichkeiten sind die Möglichkeiten der politischen Artikulation und des

---

37 Vgl. H. Bonfadelli/A. Fritz (Anm. 26), S. 114 ff.

politischen Engagements sehr beschränkt, ist der Politikbereich für die meisten Jugendlichen nicht direkt, sondern nur über die Medien vermittelt zugänglich und bleibt dementsprechend abstrakt, ich-fern und konsequenterweise von untergeordneter Bedeutung.

5.2 Stellenwert der Medien im Leben der Jugendlichen

Im Vergleich zur Politik ist der Stellenwert der Medien im Leben der Jugendlichen jedoch sehr groß. Ein Tag ohne Medienkonsum in irgendeiner Form ist für die Jugendlichen kaum vorstellbar. Jugendliche nutzen dabei die unterschiedlichsten Medien überall und zu jeder Tageszeit. Freizeit ist für sie wesentlich auch Medienzeit. Die heutige Jugend kann darum mit Recht als Multimedia-Generation bezeichnet werden.

Tabelle 5: Frequenzen der Mediennutzung in verschiedenen Jugendsegmenten
(Angaben in Prozent)

Anteile »(fast) täglich« in %:	insg.	Geschlecht:		Alter:		Bildung:			Wohnort:	
		Mäd.	Knab.	13 bis 15	16 bis 18	HS	RS	Gym.	Stadt	Land
Fernsehen	80	77	83	82	78	80	83	75	80	80
Musik hören	81	80	83	81	81	79	80	86	82	81
Radio hören	76	79	73	74	78	75	78	75	74	80
Zeitung/ Zeitschriften	53	48	59	50	56	48	54	58	52	56
Buch: täglich	25	31	18	28	22	17	22	34	23	28
1 bis 2 x /Woche	27	32	22	29	26	24	27	31	28	27
mind. wöchent.	52	63	40	57	48	41	49	65	51	55

Quelle: Nach Heinz Bonfadelli/Angela Fritz, Lesen im Alltag von Jugendlichen, in: Lesesozialisation, Bd. 2 Leseerfahrungen und Lesekarrieren, Gütersloh 1993, S. 89.

Innerhalb der Medien bzw. im Medienvergleich zeigen die neueren Medienstudien übereinstimmend eine Priorität für die auditiven Medien, also Hörfunk und Tonträger bzw. Musik, einerseits und für das Fernsehen andererseits. Dies gilt sowohl bezüglich der Häufigkeit der Nutzung als auch bezüglich des Zeitumfangs der Mediennutzung. Die Printmedien sind, zumindest was deren quantitativen Stellenwert anbelangt, im Vergleich zu den elektronischen Medien von untergeordneter Bedeutung. Empirisch betrachtet sehen beispielsweise in der Bertelsmann-Lesestudie 80 Prozent der befragten 13- bis 18jährigen Jugendlichen jeden Tag fern, gleich viele hörten täglich Musik und drei Viertel Radio, während nur rund 50 Prozent zu Zeitung oder Zeitschriften griffen und noch weniger, nämlich 25 Prozent, angaben, täglich Bücher zu lesen[38].

38 Vgl. ebd., S. 87 ff.

Trotz des hohen Stellenwerts der Medien und ihrer universellen Verfügbarkeit gibt es aber in sozialer Hinsicht deutliche Unterschiede zwischen den verschiedenen Jugendsegmenten, wobei dies besonders deutlich bei den Printmedien zutage tritt: Beim Medium »Buch« fallen Geschlechts- und Bildungsdisparitäten auf, während bei der Zeitung – übrigens parallel zur Entwicklung des politischen Interesses – eine kontinuierliche Zunahme der täglichen Nutzung während der Jugendzeit sichtbar ist *(Tabelle 6)*.

Tabelle 6: Familiäre Medienausstattung in Abhängigkeit
der Bildung der Eltern
(Angaben in Prozent)

Printmedien vorhanden		täglich Zeitungen	wöchentlich Zeitschriften	mindestens eine Bücherwand	mind. ein Regal eigene Bücher
Bildung der Eltern:	hoch	89	69	93	82
	mittel	83	85	67	63
	tief	74	79	33	41
insgesamt		81	79	63	61

Quelle: Nach Heinz Bonfadelli/Angela Fritz, Lesen im Alltag von Jugendlichen, in: Lesesozialisation, Bd. 2 Leseerfahrungen und Lesekarrieren, Gütersloh 1993, S. 83.

In sachlicher Hinsicht dominieren Unterhaltungsangebote deutlich vor der Information, wobei jugendspezifische Bedürfnisse nach Ablenkung und Zerstreuung, aber auch Spannung und Entspannung im Vordergrund stehen. Den Musikmedien kommt hierbei eine herausragende Rolle als Mittel der Spannungskontrolle und Stimmungsregulierung zu. Was die Nutzungsmodalitäten anbelangt, so ist der jugendliche Medienumgang sprunghaft und extensiv und nicht durch Kontinuität geprägt. Vergleiche zwischen Jugendlichen, die in unterschiedlichen audiovisuellen Umwelten aufwachsen, zeigen, daß die Tendenz sich verstärkt, ungeplant den Fernseher einzuschalten, um zu sehen, ob irgendwo gerade etwas Interessantes läuft; gleichzeitig wird aber auch rasch wieder umgeschaltet – Stichwort *zapping* –, wenn eine Sendung als langweilig empfunden wird. Solche Fernsehmuster finden sich übrigens häufiger bei jungen Männern, die über einen eher geringen Bildungshintergrund verfügen und die gleichzeitig Zugang zu einem erweiterten Programmangebot haben.

5.3 Jugend, Medien und Politik

Wie steht es nun abschließend mit den Beziehungen zwischen Jugend, Medien und Politik? Die vorliegenden empirischen Untersuchungen geben zu folgenden drei Fragestellungen Hinweise: Wie hoch ist der Stellenwert der politikorientierten Mediennutzung bei den Jugendlichen? Welche Jugendliche interessieren sich besonders stark bzw. besonders wenig für Politik in den Medien? Wie profitieren die Jugendlichen durch die Zuwendung zu Politik in den Medien?

Tabelle 7: Informationsquellen zu den persönlich wichtigen Themen
(Angaben in Prozent)

	TV	Zeitung	Zeit-schrift	Radio	Buch	Gespräch
Freizeitbereich	7	38	10	15	1	54
Reisen, Länder, Völker	36	17	44	8	25	39
Sport und Fitneß	40	30	20	19	7	29
Beruf, Arbeitsgebiet	10	14	20	4	22	48
Natur, Umwelt, Ökologie	33	31	25	15	15	25
Politische Vorgänge	41	44	11	29	6	20
Gesundheitsfragen, Medizin	25	15	25	8	18	26
Kunst, Literatur, Kultur	25	27	20	15	15	19
Psychologie, Beziehungen	12	7	14	5	24	34
Verbrechen, Katastrophen	37	38	13	20	2	11
Summe	266	261	202	138	135	305

Quelle: Publicitas Jugendmedien-Studie *1990,* N = 3741, Deutsch-/Westschweiz, 15- bis 24jährige.

Wie schon angedeutet, erstaunt es angesichts des eher gering ausgeprägten Politikinteresses der Jugendlichen nicht, wenn auch das Interesse an medienvermittelter Information über Politik im Vergleich zu den unterhaltenden Medienangeboten bescheiden ist. Politik im Fernsehen, im Hörfunk oder in der Presse wird kaum intendiert, sondern eher nebenbei mitgenutzt. Mit dem Älterwerden verstärkt sich jedoch das Interesse an politischer Information deutlich *(Tabelle 8).* Dies gilt speziell auch für das Medium »Zeitung« *(Tabelle 9),* das von den Jüngeren noch selektiv vorab bezüglich TV-Programmvorschau oder Sportberichten gelesen wird; erst allmählich erhöht sich dann auch das Interesse an Politik aus dem In- und Ausland[39].

Tabelle 8: Fernsehbezogene Genrevorlieben der Jugendlichen
und jungen Erwachsenen
(Angaben in Prozent)

»sehe ich gern bzw. sehr gern«	14 bis 19 Jahre	20 bis 29 Jahre	Privat Orientierte	Öffentl.-rechtl. Orientierte
Spielfilme	92	88	91	92
Musikvideos	86	60	82	47
Infosendungen	63	81	70	86
Nachrichten	57	80	65	87
Serien	72	48	68	40
Talkshows	44	49	49	45
Sport	49	42	48	38
Quiz/Spielshows	37	24	35	13

Quelle: Nach Claudia Schmidt, Fernsehverhalten und politische Interessen Jugendlicher und junger Erwachsener, in: Media Perspektiven, (1995) 5, S. 220–227.

---

39 Vgl. Heinz Bonfadelli, Für Junge zu alt? Ergebnisse der Tageszeitungsforschung in der Schweiz, in: Mediaspektrum, 1 (1992), S. 38–42.

Diese Hinweise deuten schon darauf hin, daß zwischen dem politischen Interesse und der Nutzung von Politik in den Medien ein enger Zusammenhang besteht, der sich wechselseitig mit dem Älterwerden verstärkt. Und sowohl das politische Interesse als auch die politikorientierte Mediennutzung bezüglich des Fernsehens wie der Zeitung sind wiederum abhängig vom Geschlecht, vom eigenen schulischen Bildungshintergrund, aber auch von den sozialen Lebensumständen der Familie, in der die Jugendlichen aufwachsen[40].

Tabelle 9: Vier Präferenzen-Typen für Zeitungsinhalte bei Jugendlichen (Angaben in Prozent)

Anteil der Typen		Geringes Interesse in allen Bereichen	Mittleres bis großes Interesse in allen Bereichen	Selektiv an Soft-News und Service interessiert	Selektiv an Politik interessiert
Geschlecht:	Männer	11	39	23	27
	Frauen	18	27	30	25
Bildung:	tief	23	25	38	14
	mittel	12	39	31	18
	hoch	8	34	11	47
Zeitungs-	selten	32	19	22	27
nutzung:	häufig	3	41	30	26
Politisches	tief	43	7	47	3
Interesse:	mittel	13	35	30	22
	hoch	4	42	7	47
Anteil des Typus in %		15	32	27	26

Quelle: Nach Heinz Bonfadelli, Für Junge zu alt? Erkenntnisse der Tageszeitungsforschung in der Schweiz, in Mediaspektrum, 1 (1992), S. 41.

In Deutschland ziehen zudem die besser Gebildeten die öffentlich-rechtlichen Programme der ARD vor, während RTL der Lieblingssender der niedriger Gebildeten ist. Fans der Privatsender sind zudem stärker unterhaltungsorientiert, während Anhänger der öffentlich-rechtlichen Programme stärker informationsorientiert sind; letztere sind auch mehr an Politik interessiert *(Tabelle 8).* Diese Unterschiede äußern sich auch in den wahrgenommenen Images der Sender[41].

Es gibt mittlerweile eine Vielzahl an Jugend-Surveys, die belegen, daß zwischen politischem Interesse, Mediennutzung und politischem Wissen Korrelationen bestehen. Politisch interessierte Jugendliche nutzen die Massenmedien politikorientiert intensiver und sind dementsprechend im allgemeinen über politische Belange besser informiert. Nach Lukesch[42] waren Jugendliche aus den neuen im Vergleich zu solchen aus den alten Bundesländern zudem politisch interessierter, und ihr

---

40 Vgl. ebd.
41 Vgl. C. Schmidt (Anm. 26).
42 Vgl. Helmut Lukesch, TV Learning: Incidental or a Systematic Process, in: Communications, 17 (1992) 2, S. 205–213.

Tabelle 10: Einstellungen zur Politik nach Senderpräferenz
(Angaben in Prozent)

»trifft voll und ganz/eher zu«	Privat Orientierte	Öffentl.-rechtl. Orientierte
Ich finde Leute gut, die sich in der Politik engagieren	78	87
Meine Politik ist es, im Kleinen zu helfen, wo man kann	74	73
Politik bewirkt, daß wir in Zukunft besser leben können	58	57
Politik ist wichtig, aber mich interessiert sie nicht	54	28
Politiker interessieren sich nicht für Jugendliche	50	39
Politik hat nichts mit meinen Alltagsproblemen zu tun	45	31
Politik ist langweilig	44	27
Ich bin eher/sehr an Politik interessiert	46	73

Quelle: Nach Claudia Schmidt, Fernsehverhalten und politische Interessen Jugendlicher und junger Erwachsener, in: Media Perspektiven, (1995) 5, S. 225.

Wissensstand war höher. Patzelt[43] belegte auch, daß Mediennutzung zur Prägung von Weltbildern wie z. B. Zukunftsangst führen kann.

Longitudinale Panelstudien[44] aus den USA zeigen darüber hinaus, daß Medienzuwendung nicht nur den Informationsstand erhöht, sondern daß sich Informiertheit wiederum in verstärktes politisches Interesse umsetzt. Dieser wechselseitige Zusammenhang von Information und Motivation wird auch im dynamisch-transaktionalen Ansatz postuliert, muß jedoch vor dem Hintergrund der Wissenskluft-Hypothese[45] differenziert werden, insofern sich durch die Nutzung der Medien der Abstand zwischen den Wohlinformierten und den weniger gut Informierten vergrößern kann.

6. Zusammenfassung

Die Jugendphase ist heute ein Schonraum mit früher Medienautonomie und hoher Konsumkompetenz bei gleichzeitig ambivalenter Wahrnehmung der kaum beeinflußbaren Berufs- und Politiksphäre. Während das allgemeine Interesse der Jugendlichen an »traditioneller« Parteipolitik gering ist, mit dem Alter aber ansteigt und vom Bildungsniveau abhängt, äußert sich an konkreten Themen wie z. B. Ökologie oder Atomenergie eine beachtliche, aber fluktuierende Bereitschaft für politisches Engagement.

Massenmedien sind heute nicht nur für Jugendliche die wichtigste Quelle politikrelevanter Information, aber auch der politischen Meinungen – wichtiger noch als Eltern oder Lehrer. Ihr Informationsangebot wird jedoch kaum regelmäßig und

---

43 Vgl. Werner Patzelt, Wie man von Politik erfährt. Jugendliche und ihre Nutzung politischer Informationsquellen, in: Publizistik, 33 (1988), 2–3, S. 520–534.
44 Vgl. S. Chaffee u. a. (Anm. 22).
45 Heinz Bonfadelli, Die Wissenskluft-Hypothese. Massenmedien und gesellschaftliche Information, Konstanz 1994.

gezielt, sondern mehrheitlich zufällig und nebenbei genutzt. Fernsehen und Zeitungen sind die dominanten Medien der politischen Sozialisation. Ihre persönliche Gewichtung ist abhängig von Alter, Bildung, politischem Interesse und dem familiären Milieu. Dabei sind zwei gegensätzliche Kulturen der medienvermittelten politischen Sozialisation deutlich erkennbar: Jugendliche, welche primär die elektronischen Medien (Privat-TV, Radio) angebots- und unterhaltungsorientiert nutzen und sich so nur nebenbei informieren, und solche, die eigenaktiv und informationsorientiert ihr politisches Wissen aus den Printmedien (Zeitung, Bücher) beziehen. Für Jugendliche sind die Medien aber nicht nur die wichtigste Info-Quelle über Politik; Mediennutzung ist auch eine Voraussetzung für die Aneignung von politischem Wissen und Meinungen. Der Einfluß der TV-Nutzung allein macht sich freilich im Vergleich zur Zeitungsnutzung, die von vornherein ein Minimum an Aktivität verlangt, wenig bemerkbar. Dementsprechend postuliert die Wissenskluft-Hypothese ein sich verstärkendes Auseinanderdriften zwischen den aktiv an Politik interessierten jugendlichen Print-Mediennutzern einerseits und den eher apolitischen, nur passiv an Fernsehunterhaltung orientierten Jugendsegmenten andererseits.

Die Auflösung traditioneller Werte und Orientierungen und die starke Medienpräsenz im Jugendalltag zusammen mit einer zunehmend an Emotionen und personalisierten Skandalen orientierten TV-Berichterstattung können besonders für das weniger gebildete, apolitische und fernsehfixierte Jugendsegment zur Gefahr werden. Die affektiv aufgeladene Vielzahl an oberflächlichen Informationshäppchen und widersprüchlichen Meinungen bei gleichzeitig bestehenden Ohnmachtserfahrungen wirkt in der aktuellen Rezeptionssituation als »Bauch-Kopf-Schere«[46] verwirrend und verunsichernd, da für deren Verarbeitung und Einordnung das notwendige politische Zusammenhang- und Hintergrundwissen fehlen. Längerfristig sind nach der »Videomalaise-These« so die Zufriedenheit mit und das Vertrauen in das politische System als Voraussetzung für die Stabilität jeder Demokratie gefährdet. Zugleich verstärken sich die Gewaltakzeptanz und die Anfälligkeit für Vorurteile gegenüber Fremden sowie für einfach-autoritäre Problemlösungen, womit wir wieder bei der Funktion und Notwendigkeit von politischer Bildung, aber auch von Medienpädagogik angelangt wären.

---

46 Bernward Wember, Die »Bauch-Kopf-Schere«. Oder: Was machen Menschen mit Informationen? in: medium spezial, 23 (1993), S. 31–36.

MICHAEL SCHENK

Mediennutzung und Medienwirkung als sozialer Prozeß

1. Einleitung: Macht der Medien, Macht des Publikums?

In unserer modernen, funktional differenzierten Gesellschaft stellen die Massenmedien das Hauptkontaktmittel zur sozialen und politischen Umwelt dar. Da viele Menschen kaum direkten, unmittelbaren Kontakt zu den Parteien, Organisationen oder Politikern haben, scheint die Abhängigkeit vom Mediensystem groß zu sein, wenn es um die Vermittlung von Politik geht. Gewissermaßen aus zweiter Hand vermittelt daher Massenkommunikation Informationen und Meinungen zu Ereignissen, Themen und Sachverhalten von gesellschaftlicher Relevanz[1]. Politische Informationen werden nahezu ausschließlich über Massenkommunikation in die Öffentlichkeit gebracht. Durch rigorose Auswahl und Strukturierung des verfügbaren Nachrichtenangebotes entsteht – über die verschiedenen Medien hinweg betrachtet – eine ziemlich einheitliche und überschaubare »Tagesordnung der öffentlichen Kommunikation«[2]. Diese Tagesordnung bestimmt in hohem Maße die öffentlichen Diskussionen.

Öffentlichkeit stellt nach Friedhelm Neidhardt ein in mehrere Ebenen differenziertes System dar, das von einfachen Interaktionssystemen über politische Veranstaltungen bis hin zu den als formale Organisationen institutionalisierten Massenmedien reicht. In diesem System sind freilich die Massenmedien zentral, da sie die wesentlichen Informationen über Politik und Gesellschaft im Rahmen ihrer Berichterstattung bereitstellen. Das Publikum bzw. die Bürger beziehen ihr Wissen über Politik, politische Themen und ähnliches daher in erster Linie aus den Massenmedien. Folgt man Neidhardt, dann ist Öffentlichkeit in modernen Gesellschaften empirisch in erster Linie eine massenmedial hergestellte Öffentlichkeit, meint öffentliche Meinung insbesondere veröffentlichte Meinung[3].

---

1 Vgl. Walter Lippmann, Public Opinion, New York 1922.
2 Vgl. Winfried Schulz, Konstruktion von Realität in den Nachrichtenmedien, Freiburg–München 1976; Joachim Staab, Nachrichtenwert-Theorie. Formale Struktur und empirischer Gehalt, Freiburg–München 1990.
3 Vgl. Friedhelm Neidhardt, Jenseits des Palavers. Funktionen politischer Öffentlichkeit, in: Wolfgang Wunden (Hrsg.), Öffentlichkeit und Kommunikationskultur, Hamburg–Stuttgart 1994, S. 19–30; Jürgen Gerhards, Westeuropäische Integration und die Schwierigkeiten der Entstehung einer europäischen Öffentlichkeit, in: Zeitschrift für Soziologie, 22 (1993), S. 98.

Man könnte nun daraus schließen, daß durch die große Bedeutung der Massenmedien bei der Politikvermittlung bzw. gar einer Abhängigkeit der Bürger vom Mediensystem eine Dominanz bzw. Macht entsteht, der nichts entgegengesetzt werden kann[4]. So scheint es, daß die Politikvermittlung durch Printmedien, Rundfunk und Fernsehen dafür verantwortlich zeichnet, welche Vorstellungen, Einstellungen und Meinungen die Bürger zu den politischen Themen und Fragestellungen entwickeln.

Die Metapher von den »mächtigen Medien«, die starke Wirkungen beim Publikum erzeugen, wurde allerdings erheblich eingeschränkt, als man im Rahmen der empirischen Kommunikationsforschung zwei Schlüsselkonzepte fand, die für eine Balance des Machtgefüges zwischen Medien und Publikum sorgen[5]: die Selektivität der Bürger und die sozialen Beziehungen, Netze und Gruppen, in denen sie leben. Beide Konzepte, die im folgenden erläutert werden, sind nicht nur die Basis des »Modells der begrenzten Effekte«, das eher schwache Medienwirkungen nahelegt, sondern auch in verschiedenen theoretischen Ansätzen zur Erklärung der Nutzung und Wirkung der Massenmedien enthalten.

Unter Selektivität werden die Prozesse der auswählenden Zuwendung, Wahrnehmung und Erinnerung verstanden. Rezipienten wenden sich selektiv den Medien und ihren Inhalten zu, interpretieren diese auch selektiv, erinnern sich schließlich auch selektiv an Wahrgenommenes. Selektive Prozesse und Strukturen durchsetzen den Kommunikationsprozeß, definieren diesen. Mit anderen Worten, der Politikvermittlung durch die Medien steht auf der Seite der Empfänger deren selektives Verhalten bei der Wahrnehmung, Interpretation und Bewertung des Gesehenen, Gehörten und Gelesenen gegenüber.

Die aus den Medien wahrgenommenen politischen Inhalte werden im Zuge der Alltagskommunikation in den Gruppen, Netzwerken oder auch in den einfachen Interaktionssystemen, den interpersonalen Beziehungen oder sozialen Netzen diskutiert. Derartige Konversationen über politische Themen, Fragen und Personen dienen hierbei sowohl der Sekundärdiffusion von (weiteren) Informationen, die ursprünglich den Massenmedien entstammen, als auch der Interpretation und Bewertung, indem akzeptable Selektionsentwürfe in Form von Meinungen entwickelt werden[6].

Die beiden Schlüsselkonzepte stellen gewissermaßen einen »Schutzschild« dar, so daß die Medien die Rezipienten nicht überrollen. Durch die selektiven Prozesse beispielsweise können sich Menschen vor allzu starkem Einfluß der Medien abschirmen. Beispielsweise scheitern viele Kampagnen einfach daran, daß sie die Personen, die »überredet« werden sollen, gar nicht erreichen, weil diese sich dem Inhalt der Botschaft nicht zuwenden[7]. Im Falle der politischen Berichterstattung zeigt sich jedoch auch, daß die Abschirmfunktion der selektiven Zuwendung ge-

---

4   Vgl. Sandra Ball-Rokeach/Melvin Defleur, A Dependency Model of Mass Media Effects, in: Gary Gumpert/Robert Cathcart (Hrsg.), Inter/Media. Interpersonal Communication in a Media World, New York–Oxford 1979, S. 229–242.
5   Vgl. Michael Schenk, Forschungsschwerpunkt Medienwirkungen – Ein Überblick, in: Walter Klingler (Hrsg.), Fernsehforschung, Baden-Baden 1998 (im Druck).
6   Siehe Klaus Merten, Kommunikation. Eine Begriffs- und Prozeßanalyse, Opladen 1977.
7   Vgl. Herber Hyman/Paul B. Sheatsley, Some Reasons Why Information Campaigns Fail, in: Public Opinion Quarterly, 11 (1950), S. 412–423.

brochen werden kann: Themen und Ereignisse mit hohem Nachrichtenwert, Spektakuläres, Aufregendes können den Schutzschild der selektiven Zuwendung überwinden[8]. Die eng gefaßte, strukturierte »Tagesordnung« der politischen Medienagenda, die Wiederholung dieser Tagesordnung in den verschiedenen Medien sorgen dafür, daß den Bürgern in der Regel die wichtigsten Themen und Ereignisse des Tages bekannt sind[9]. Durch die dem Mediensystem eigenen Auswahlmechanismen werden spezifische Wissensstrukturen erzeugt, die dann auch Eingang in die Alltagskommunikation finden.

Im eingangs erwähnten Modell der Öffentlichkeit werden allerdings interpersonale Kommunikationsprozesse nur am Rande erwähnt, es wird allenfalls auf »kleine Öffentlichkeiten« verwiesen, wo Menschen heterogener Herkunft mehr oder weniger zufällig und bei entsprechenden Gelegenheiten miteinander über Politik sprechen: im Bus, in der Eisenbahn, in Lokalen, am Arbeitsplatz etc. Meist handelt es sich um einander völlig Unbekannte, die hier über Politik reden[10]. Diese Eingrenzung der interpersonalen Kommunikation trifft jedoch den Kern der Sache nicht: Sind es nicht vielmehr die sozialen Gruppen, Netzwerke und Milieus, in denen die Konversation über politische Fragen stattfindet? Wichtige politische Themen werden gerade auch im Kreis von Familie bzw. Verwandtschaft, Freunden, Bekannten oder Kollegen diskutiert.

Die intensive Diskussion über politische Themen im Alltag kann dabei zur Vertiefung und Erweiterung des Wissens wie auch zu einer Bewertung beitragen; sogar eine gegenüber den Medien alternative Realitätserschließung scheint denkbar, wenn besonders gut informierte und kompetente Personen, die sogenannten Meinungsbildner, neue Sichtweisen eröffnen[11]. Diese Diskussionen können den einzelnen auch dazu veranlassen, weitere Informationen in den Medien zu suchen, so daß das durch die Medien bereits geschürte Problembewußtsein noch einmal verstärkt wird.

2. Informationstransfer versus soziale Kommunikation

Die Dominanz des Mediensystems hat es vielleicht nahegelegt, die Politikvermittlung über ein Transfermodell der Kommunikation darzustellen[12]. Demnach verbreiten die Massenmedien Nachrichten und Meinungen zu politischen Sachverhalten, die von den Bürgern aufgenommen werden. Lineare Kommunikationsmodelle[13] beschreiben den Informationstransfer bzw. -transport, und in vielen Fällen werden auch wichtige politische Themen und Ereignisse von den Massen-

---

8 Vgl. Wolfgang Donsbach, Medienwirkung trotz Selektion, Köln–Wien 1991.
9 Siehe dazu noch das im 4. Abschnitt behandelte Agenda-Setting-Modell.
10 Vgl. dazu J. Gerhards (Anm. 3).
11 Vgl. Michael Schenk/Patrick Rössler, The Rediscovery of Opinion Leaders. An Application of the Personal Strength Scale, in: The European Journal of Communication Research, 22, 1 (1997), S. 5–30.
12 Zum linearen Transfermodell vgl. Michael Schenk, Medienwirkungsforschung, Tübingen 1987.
13 Quelle – Botschaft – Medium – Rezipient.

medien an das Publikum herangeführt bzw. übertragen. Die »Initialzündung« geht vielfach von den Massenmedien aus[14]. Das lineare Modell beschreibt nun eher einen einfachen kommunikativen Akt, nicht aber den eigentlichen Prozeß der Kommunikation, in den die Politikvermittlung eingebettet ist. Politikvermittlung stellt keine lineare Ein-Weg-Kommunikation dar, sondern sie erfolgt in einem zyklischen Zwei-Wege-Prozeß[15]. Dabei ist insbesondere auf den Charakter der Humankommunikation hinzuweisen: Kommunikation ist definiert als sozialer Prozeß, in dem die Teilnehmer Informationen kreieren und miteinander teilen, um gegenseitige Verständigung zu erlangen[16].

Dem Prozeß der sozialen Kommunikation liegt die Intersubjektivierung von politischen Themen, Sachverhalten und insbesondere Symbolen zugrunde, die durch die Medien verbreitet werden. Kennzeichnend für den *sozialen* Prozeß ist, daß Individuen im Alltag als sozial Handelnde aktiv und zielorientiert die Themen und Symbole der massenmedialen Politikvermittlung interpretieren bzw. (re-)konstruieren. Durch interpersonale Kommunikation im Kontext der sozialen Gruppen, Netze und Milieus erlangen die Themen und Symbole dann einen jeweils spezifischen Bedeutungsgehalt. Mehrere Zyklen des Informationsaustausches über einen Gegenstand erhöhen das Verständnis, wenngleich perfekte Übereinstimmung nicht immer erlangt wird. Den sozialen Prozeß der wechselseitigen Kommunikation im Rahmen sozialer Netzwerke und Gruppen hat Everett M. Rogers als Konvergenzmodell der *Kommunikation* beschrieben[17].

Abbildung 1: Konvergenzmodell der Kommunikation

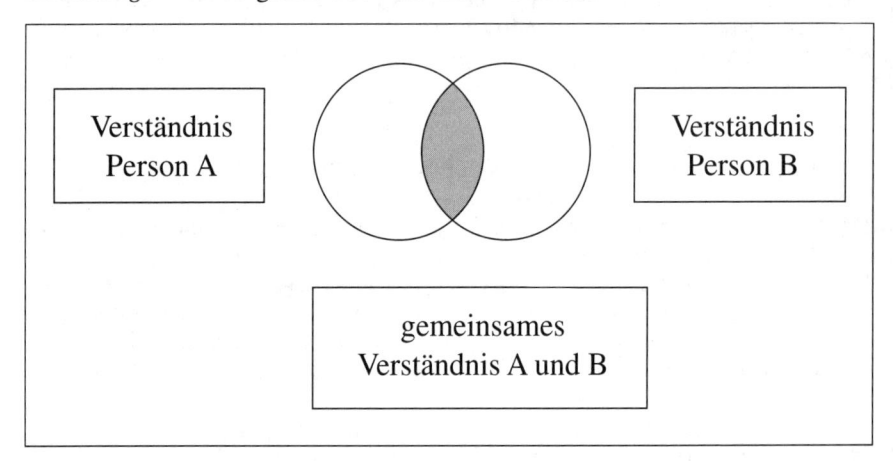

```
┌─────────────────────────────────────────────────────────┐
│  ┌──────────┐                              ┌──────────┐ │
│  │Verständnis│        ⊙⊙                  │Verständnis│ │
│  │ Person A │                              │ Person B │ │
│  └──────────┘                              └──────────┘ │
│                                                         │
│                    ┌──────────────┐                     │
│                    │ gemeinsames  │                     │
│                    │Verständnis A und B│                │
│                    └──────────────┘                     │
└─────────────────────────────────────────────────────────┘
```

---

14 Vgl. Werner Früh, Medienwirkungen. Das dynamisch-transaktionale Modell, Opladen 1991, S. 42 f.
15 Vgl. Everett M. Rogers/Lawrence Kincaid, Communication Networks, New York–London 1981, S. 31–78.
16 Zum handlungstheoretischen Ansatz vgl. z. B. Michael Charlton/Klaus Neumann-Braun, Medienkindheit, Medienjugend, München 1992, S. 81 ff.
17 Nach E. M. Rogers/L. Kincaid (Anm. 15).

In diesem Modell wird Kommunikation als Prozeß dargestellt, in dem die Teilnehmer miteinander Informationen austauschen bzw. teilen, um sich gegenseitig zu verständigen. Demzufolge ist davon auszugehen, daß über Themen und Gegenstände der massenmedialen Politikvermittlung in den Gruppen und Netzwerken des Alltags gesprochen wird mit dem Ziel der gegenseitigen Versicherung und Einschätzung, welches Gewicht und welche Bedeutung diese Themen und Gegenstände haben. Der zyklische Austausch läßt sich auch als Koorientierung bezeichnen[18]. Abgesehen von dem in der Abbildung vereinfacht wiedergegebenen Austausch zwischen zwei Personen (Dyade) als minimaler Untersuchungseinheit bilden darüber hinaus persönliche Netzwerke, Cliquen und gesamte Netzwerke (z. B. politische Organisationen, Bürgerinitiativen), die aus mehreren miteinander verbundenen Individuen bestehen, die Basis einer konvergierenden Kommunikation bzw. Koorientierung. Durch die interpersonale Kommunikation bzw. Koorientierung über Gegenstände der massenmedialen Politikvermittlung können Individuen im übrigen auch veranlaßt werden, nach weiteren Informationen zu suchen, wobei grundsätzlich sowohl personale als auch massenmediale Quellen in Frage kommen.

3. Die Bedeutung des sozialen Kontextes bei Rezeption und Wirkung massenmedialer Politikvermittlung

3.1 Rezeption

Der Gebrauch der Medien erfolgt allgemein im Kontext von alltäglichen Routinen und Ereignissen. Die Medien sind im Prozeß der Lebensbewältigung des einzelnen wie der unmittelbaren sozialen Umgebung integriert[19]. Zwei soziale Kontexte sind bei der Rezeption von Medien von Bedeutung: zum einen die aktuelle Situation und zum anderen die Struktur der Interaktionsfelder (z. B. Familie, Kollegen, *Peergroups*, gesellschaftliche Institutionen). In bezug auf die aktuelle Situation der Rezipienten beeinflussen besondere Ereignisse oder Gruppenkonstellationen das Denken und Handeln, insbesondere auch die Nutzung der Medien. Die Struktur der Interaktionsfelder, in denen Rezipienten eingebettet sind bzw. leben, nimmt ebenso Einfluß auf den Mediengebrauch, angefangen von Sozialisationswirkungen bis hin zu Einflüssen, die von den sozialen Bezugsgruppen und Netzwerken ausgehen.

Das eingangs erwähnte Schlüsselkonzept der Selektivität findet seine Entsprechung im Nutzen- und Belohnungsansatz, in welchem dargestellt ist, wie (aktive) Rezipienten aufgrund verschiedener Bedürfnisse und Interessen Medien und ihre Inhalte selektieren. Ohne an dieser Stelle auf die unterschiedlichen Funktionen der Medien einzugehen[20], läßt sich mit Elihu Katz behaupten, daß die Massenmedien von Individuen genutzt werden, um Verbindungen herzustellen, und zwar zu ganz

---

18 Vgl. Steven H. Chaffee (Hrsg.), Political Communication, Beverly Hills 1975.
19 Vgl. M. Charlton, K. Neumann-Braun (Anm. 16).
20 Vgl. den Beitrag von Uwe Hasebrink in diesem Band.

unterschiedlichen »anderen«: z. B. Familie, Freunde, Gemeinde, Nation etc.[21]. Diesem tiefgehenden Wunsch nach Verbindung liegt ein universales Bedürfnis nach Interaktion zugrunde[22]. Es ist deshalb davon auszugehen, daß die Nutzung bestimmter Medien und Inhalte vor dem Hintergrund der verschiedenen sozialen Kontexte erfolgt, etwa um für die Gespräche in den sozialen Netzen gerüstet zu sein oder um über wichtige Belange des öffentlichen Lebens Bescheid zu wissen. Auf die Spielart der Interaktion mit Medienakteuren bzw. der parasozialen Interaktion, die partiell mangelnde Interaktionsmöglichkeiten im Alltag ersetzt, kann an dieser Stelle nicht weiter eingegangen werden[23].

Insgesamt betrachtet spielen soziale Prozesse bei der Rezeption von politischen Inhalten in den Massenmedien eine wichtige Rolle. Ein sozialer Kontext, in dem Politik als Gesprächsgegenstand fest verankert ist, wird zu einer jeweils anderen Mediennutzung führen als ein Kontext, in dem etwa Unterhaltungsorientierung dominiert. Eine vielleicht noch größere Bedeutung hat der soziale Kontext hinsichtlich möglicher Medienwirkungen.

3.2 Wirkung

Unter Wirkungen der Massenmedien werden allgemein alle Veränderungen bei Individuen und in der Gesellschaft verstanden, die durch Aussagen der Massenmedien entstehen; insbesondere sind Wirkungen auf das politische Wissen sowie auf politische Meinungen und Verhaltensweisen zu nennen. Interpersonale Kommunikation mischt sich nun in den Fluß von Informationen, der von den Massenmedien ausgeht, und kann dadurch den Einfluß der Medien beispielsweise ergänzen, korrigieren oder verstärken. Persönlicher Einfluß kann dabei sogar wirksamer sein als der der Medien.

Anhand zweier Forschungsparadigmen soll zunächst die Bedeutung der interpersonalen Kommunikation bei der Politikvermittlung akzentuiert werden. Im Anschluß daran wollen wir die verschiedenen Überlegungen durch ein Fallbeispiel ergänzen.

3.2.1 Schweigespiraltheorie der öffentlichen Meinung

Die »Schweigespiraltheorie der öffentlichen Meinung« geht davon aus, daß Individuen aus Furcht vor sozialer Isolation sorgsam ihre Umwelt beobachten, um den Trend der öffentlichen Meinung abzuschätzen[24]. Dabei stünden ihnen grundsätzlich zwei Quellen der Wahrnehmung zur Verfügung: Massenkommunikation und interpersonale Kommunikation. Vor allem die direkte Beobachtung im sozialen Kontext

---

21 Vgl. Elihu Katz/Jay G. Blumler/Michael Gurevitch, Utilization of Mass Communication by Individual, in: G. Gumpert/R. Cathcart (Anm. 4), S. 214–228.
22 Vgl. Jan-Erik Nordlund, Media Interaction, in: G. Gumpert/R. Cathcart (Anm. 4), S. 175–191.
23 Vgl. ebd.
24 Zur Theorie, die hier nur ansatzweise dargestellt werden kann, vgl. Elisabeth Noelle-Neumann, The Theory of Public Opinion: The Concept of the Spiral of Silence, in: James Anderson (Hrsg.), Communication Yearbook, Jg. 14 (1991), S. 256–287.

vermittle dem einzelnen einen Eindruck, mit welchen Meinungen, welchem Verhalten er sich in der Öffentlichkeit isolieren könne, während indirekte Umweltbeobachtung durch die Medien anzeige, wie die Mehrheit denkt, wohin das Meinungsklima treibt. Die persönliche Bereitschaft, über Themen der öffentlichen Kommunikation in einfachen Interaktionssystemen oder auch in sozialen Bezugsgruppen und Netzen zu sprechen, hängt von der Mehrheitseinschätzung ab. Wer die Mehrheit hinter sich wähnt, redet, ohne Isolation zu fürchten; wer feststellt, daß seine Meinung an Boden verliert, verfällt in Schweigen[25]. Dabei können die Meinungen in konkreten (Bezugs-) Gruppen und Netzwerken unseres Erachtens für die Ausprägung der Kommunikationsbereitschaft sogar wichtiger sein als anonyme Situationen, in denen sich die einfachen Interaktionssysteme befinden, da im ersten Fall der soziale Druck und damit die Gefahr der Isolation dramatischer ausfallen[26]. Die Frage ist deshalb: Wie beeinflußt interpersonale Kommunikation in den sozialen Gruppen und Netzwerken des Alltags Wissens- und Bewertungsstrukturen über Gegenstände und Themen der massenmedialen Politikvermittlung?

3.2.2 Studien zum persönlichen Einfluß

Auf die Bedeutung der interpersonalen Kommunikation und persönlicher Einflüsse waren bereits Anfang der vierziger Jahre Paul F. Lazarsfeld und Mitarbeiter im Verlauf der Arbeit an ihrer Studie *The People's Choice* gestoßen, die während einer Präsidentschaftswahl in den USA durchgeführt wurde, um die Medienwirkung von Wahlpropaganda festzustellen. Für die meisten Menschen stellte Wählen eine »Gruppenerfahrung« dar, wurde doch geradezu in Gruppen abgestimmt: »Personen, die zusammen arbeiten oder leben oder spielen, wählen in hohem Maße dieselben Kandidaten.« Der »molekulare Druck« der persönlichen Kommunikation sorgte auch dafür, daß noch unentschiedene Wähler oder Abweichler »auf eine Linie« gebracht wurden; interpersonale Kommunikation erzeugte nämlich eine stärkere Aktivierung der Prädispositionen, so daß bereits erkennbare Absichten verstärkt wurden[27]. Das homogene Stimmverhalten zeigte sich nicht nur in der Primärgruppe der Familie, sondern auch in anderen sozialen Bezugssystemen, wie z. B. Freunden, Bekannten oder Kollegen[28]. Die homogenisierende Wirkung kleiner sozialer Gruppen stand schließlich auch der Wahlkampagneninformation in den Medien entgegen. Persönlicher Einfluß war wichtiger als die Aussagen der Wahlkampagnen.

Eine besonders aktivierende und beeinflussende Wirkung innerhalb der sozialen Gruppen und Schichten wurde freilich sogenannten *opinion leaders* (Meinungsführern) zugesprochen, die aufgrund der besseren Information bzw. großen Kom-

---

25 Vgl. Elisabeth Noelle-Neumann, Die Theorie der Schweigespirale als Instrument der Medienwirkungsforschung, in: Max Kaase/Winfried Schulz (Hrsg.), Massenkommunikation, Sonderheft 20 der Kölner Zeitschrift für Soziologie und Sozialpsychologie 1989, S. 420.
26 Vgl. Dieter Fuchs/Jürgen Gerhards/Friedhelm Neidhardt, Öffentliche Kommunikationsbereitschaft. Ein Test zentraler Bestandteile der Theorie der Schweigespirale, in: Zeitschrift für Soziologie, 21 (1992), S. 292.
27 Vgl. Paul F. Lazarsfeld/Bernard Berelson/Hazel Gaudet, The People's Choice: How the Voter Makes Up his Mind in a Presidential Campaign. New York 1948, S. 137.
28 Zur aktuellen Diskussion vgl. den Beitrag von Schmitt-Beck in diesem Band.

petenz und der Fähigkeit zur Diskussion andere im sozialen Umfeld beeinflußten[29]. An der Schnittstelle zwischen Massenkommunikation und interpersonaler Kommunikation üben Meinungsführer zwei Funktionen aus: Erstens die Relais- und Informationsfunktion, wie sie in der Hypothese des *Two-Step-Flow* beschrieben wurde: »ideas often flow from radio and print to the opinion leaders and from them to the less active sections of the population«[30], und zweitens die Verstärkerfunktion mit Rückgriff auf Gruppendruck und Gruppennormen. Die Meinungsführer beeinflussen auf der zweiten Stufe die kommunikativ weniger aktiven Menschen in ihrer sozialen Umgebung, weil sie umfangreicher und besser informiert sind (Beeinflussung, Verstärkerfunktion der Meinungsführer): Aus den verschiedenen Studien, die Lazarsfeld und seine Mitarbeiter initiierten, resultierten wesentliche Erkenntnisse über die Wirkung persönlicher Einflüsse und der Gruppenprozesse im Zusammenhang mit Massenkommunikation. Fortgesetzte Forschungsarbeiten widmeten sich vor allem dem Zweistufenfluß und der Ermittlung der Meinungsführermerkmale. Widerlegt wurde dabei die Relaisfunktion der Meinungsführer im Zweistufenfluß. Studien, in denen nämlich die Verbreitung von Informationen über aktuelle Ereignisse untersucht wurde, konnten den Zweistufenfluß nicht bestätigen: Informationen über aktuelle Ereignisse erhält die Bevölkerung in der Regel direkt aus den Medien, wobei dem Fernsehen eine besondere Rolle zukommt. Allenfalls bringen Meinungsführer im persönlichen Gespräch mit anderen zusätzliche bzw. ergänzende Informationen ins Spiel. Die Beeinflussungs- bzw. Verstärkerfunktion der Meinungsbildner bestätigte sich dagegen auch in anderen Studien[31].

Allerdings wurde die Meinungsführerkategorie ergänzungsbedürftig, da sich Meinungsführer zum einen häufig selbst bei anderen der Kategorie Zugehörenden Rat holten (»multi-step-flow«). Zum anderen wurde deutlich, daß ein Großteil der Bevölkerung die Rolle des Meinungsführers und Meinungsempfängers in der interpersonalen Kommunikation wechselt, Meinungen und Informationen wechselseitig austauscht: die sogenannte Austauscherkategorie. Beeinflussungsvorgänge im Alltag verlaufen daher in hohem Maße wechselseitig, wohingegen die asymmetrische Meinungsführerposition an Gewicht verloren hat[32]. Schließlich muß jedoch auch auf einen gewissen Anteil politisch Inaktiver hingewiesen werden, die in interpersonale Kommunikationsprozesse wenig integriert sind und daher eher dem Einfluß der Medien ausgesetzt sind.

Die eigentliche Entdeckung der Wirkung von Gruppen und Netzwerken ist im Vergleich zum Meinungsführerkonzept allerdings nicht hinreichend ausgearbeitet worden. Der Begriff des Kommunikationsnetzwerkes wurde dabei nur als Metapher benutzt und mit dem Begriff der Primärgruppe gleichgesetzt[33]. In den Columbia-Studien zum persönlichen Einfluß ging die Orientierung in Richtung kleiner Gruppen: »Unser Blickwinkel richtet sich auf die Primärgruppe. Wir denken besonders

---

29 Vgl. Anm. 27.
30 Ebd. S. 151.
31 Vgl. die Übersicht von Michael Schenk, Massenkommunikation und Interpersonale Kommunikation, in: M. Kaase/W. Schulz, (Anm. 25), S. 406–417.
32 Siehe ebd., S. 409 ff., sowie John P. Robinson, Interpersonal Influence in Election Campaigns: Two-Step-Flow Hypothesis, in: Public Opinion Quarterly, 40 (1976/77), S. 304–319.
33 Vgl. ebd., S. 412 ff.

Abbildung 2: Revidierte Stufenkonzeption des Kommunikationsflusses nach J. P. Robinson (Anm. 32).

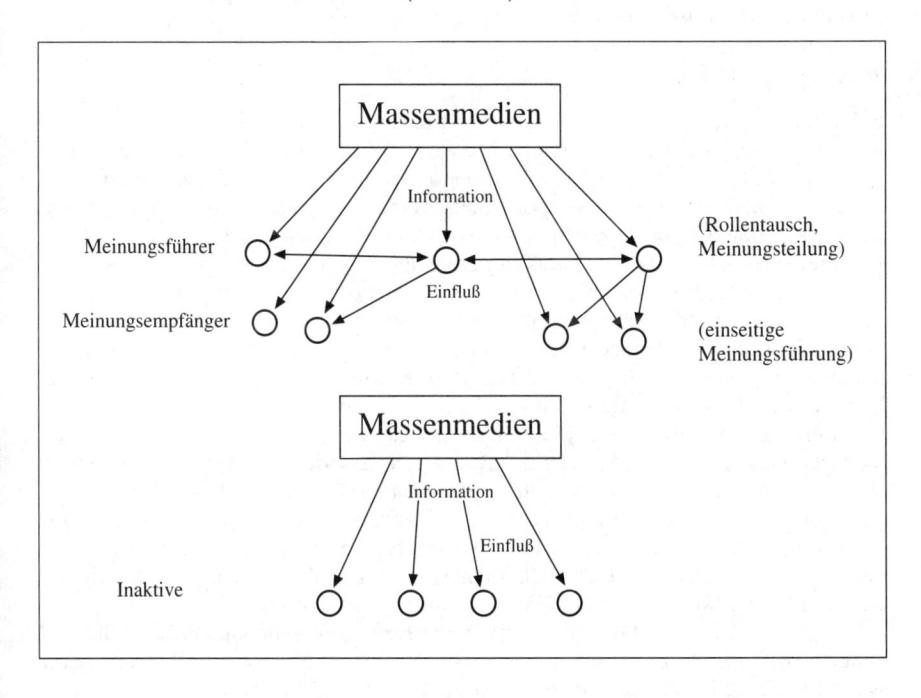

[Diagram: Massenmedien → Information/Einfluß → Meinungsführer und Meinungsempfänger (Rollentausch, Meinungsteilung); darunter Massenmedien → Information/Einfluß → Inaktive (einseitige Meinungsführung)]

an Familien, Freunde, informale Arbeitsteams usw., aber auch an die eher formalen Gruppierungen von Clubs und Organisationen aller Art, in denen Individuen das, was wir soziometrische Verbindungen nennen, eingehen, d. h. sich als Persönlichkeiten wechselseitig ›anziehen‹ Diese Gruppen werden gewöhnlich durch ihre geringe Gruppengröße, relativ große Dauerhaftigkeit, Informalität, durch ›face-to-face‹ Kontakt und mannigfache, mehr oder weniger unspezifische Ziele gekennzeichnet«[34]. Die Gruppe wird als »fester Anker« angesehen, an dem die individuellen Einstellungen und Meinungen hängen. Die Medien könnten daher ihren Einfluß nicht gegen, sondern allenfalls mit dem Gruppeneinfluß zusammen entfalten. Obwohl somit gerade in den Columbia Studien zum persönlichen Einfluß die interpersonale Umgebung bzw. die interpersonalen Netzwerke erstmals akzentuiert wurden, blieb die empirische Umsetzung des Netzwerkkonzeptes zurück. Katz – selbst Columbia-Forscher – führt methodische Probleme als Grund an: Das zentrale Problem sei, wie man den interpersonalen Beziehungen Rechnung tragen und trotzdem die Anforderungen, die üblicherweise an repräsentative *Random-Samples* gestellt werden, erfüllen könne. Er schlägt dann vor, »größere oder kleinere soziale

---

[34] Elihu Katz/Paul F. Lazarsfeld, Personal Influence: The Part Played by People in the Flow of Mass Communication. New York 1965², S. 48.

Moleküle um jedes individuelle Atom herum im Sample zu bilden«[35]. Dieser Vorschlag läßt sich inzwischen mit den Instrumenten der modernen Netzwerkanalyse (»Network Analysis«) einlösen.

3.2.3 Netzwerkanalyse

Folgt man Clyde Mitchell[36], so kann ein Netzwerk definiert werden als eine durch bestimmte Beziehungen verbundene Menge von sozialen Einheiten, wie z. B. Personen, aber auch Positionen, Organisationen usw. Eine wichtige Unterscheidung ist dabei, ob die Beziehungen zwischen annähernd allen Einheiten *(Gesamtnetzwerk)* oder ausschließlich aus der Perspektive von *ego* untersucht werden; man spricht im letzteren Fall von *ego-zentrierten* oder *persönlichen* Netzwerken.

Voll entfaltete Kommunikationsnetzwerkanalysen erfordern eine Erhebung unter allen Einheiten eines sozialen Systems, so daß die Methode Grenzen in der Anwendbarkeit hat. Einige wenige Beispiele zeigen aber auf, daß es mit dieser Methode z. B. gelingt, Cliquen und Muster in Kommunikationssystemen aufzudecken, in denen sich Kommunikation und Einfluß verdichten. Auch werden zentrale und periphere Positionen im Meinungsbildungsprozeß deutlich. Gegenüber einer Vollerhebung hat die Methode ego-zentrierter Netzwerke, auf die wir uns in diesem Beitrag konzentrieren wollen, den Vorteil, daß sie sich leicht im Rahmen der üblichen und weit verbreiteten *Random*-Stichproben von Bevölkerungsumfragen einsetzen läßt: Ein Befragter kann als einziger Informant über *sein* Netzwerk verwendet werden. Es ist deshalb möglich, Daten über solche ego-zentrierten Netzwerke in gewöhnlichen Bevölkerungsumfragen zu erfassen[37].

In solchen Netzwerkumfragen werden die Befragten gebeten, zunächst die Personen zu bestimmen, die zu ihrem Netzwerk gehören (Namensgenerator), erst dann, wenn die Namen feststehen, werden Daten über Art und Charakter der jeweiligen sozialen Beziehungen (Namensinterpretatoren) erhoben. Der Befragte wird dabei beispielsweise um Auskunft über verschiedene Merkmale seiner Netzpersonen gebeten (z. B. Alter, Bildung, Einstellungen bzw. Meinungen, Parteipräferenzen)[38].

Ein wesentlicher Vorteil von derartigen Netzwerkmethoden ist, daß neben den »starken« Beziehungen (»strong ties«) auch die »schwachen« (»weak ties«) erfaßt werden können[39]. Im Vergleich zu starken Beziehungen, die innerhalb kleiner Gruppen dominieren und z. B. als intensiv, reziprok oder dauerhaft beschrieben werden, kennzeichnen schwache Beziehungen unser Verhältnis zu Bekannten, Kollegen und sonstigen Personen, die wir nur flüchtig kennen. Diese Beziehungen sind naturgemäß weniger intensiv, ihre Berücksichtigung führt in der Regel über die engeren Grenzen kleiner Gruppen hinaus, »weak ties« schaffen mehr externe Kom-

---

35 Elihu Katz, The Two-Step-Flow of Communication, in: Public Opinion Quarterly, 21 (1957), S. 77.
36 Vgl. Clyde Mitchell, The Concept and Use of Social Networks, in: derselbe (Hrsg.), Social Networks in Urban Situations, Manchester 1969, S. 1–50, sowie Michael Schenk, Soziale Netzwerke und Kommunikation, Tübingen 1984.
37 Vgl. Franz U. Pappi (Hrsg.), Methoden der Netzwerkanalyse, München 1987, S. 20.
38 Vgl. ebd., S. 21.
39 Vgl. Mark S. Granovetter, The Strength of Weak Ties, in American Journal of Sociology, 78 (1973), S. 1361–1380.

munikations- und Kontaktmöglichkeiten. Im Vergleich zu den starken Primärgruppenbeziehungen sind schwache Beziehungen auch weniger empfänglich für »Gruppendruck«, ermöglichen dem Individuum mehr Spielraum. Daher, so wird vermutet, könnten vermehrte schwache Verbindungen innerhalb der interpersonalen Umwelt einer Person das Entstehen heterogener Kontexte, Präferenzen und Meinungen begünstigen. Die bisher angenommene Homogenität der interpersonalen Umgebung könnte in Heterogenität umschlagen, ihre Schutzschild- bzw. Ankerfunktion verloren gehen. Wenn Homogenität sich in Heterogenität wandelt, dann begünstigt dies den Medieneinfluß, gilt doch die »cross-pressure«-Situation schon lange als derjenige Ausnahmefall, bei dem mit starkem Einfluß der Massenmedien auf Einstellungen und Meinungen der Empfänger zu rechnen ist[40]. Geht die Absorptionskraft homogener Gruppen verloren, gewinnen die veröffentlichten Massenmedienmeinungen und das sogenannte Meinungsklima das Übergewicht im öffentlichen Meinungsbildungsprozeß[41].

4. Politische Kommunikation und Meinungsbildung in sozialen Netzwerken

4.1 Einführung in eine Fallstudie

Ego-zentrierte Netzwerkstudien, die sich mit politischer Kommunikation befassen, sind noch rar, nur einige wenige Studien wurden in den USA und der Bundesrepublik Deutschland durchgeführt. Bevorzugt berichten wir im folgenden daher aus einer Netzwerkstudie, die wir Anfang 1990 – unmittelbar nach der Wende in der ehemaligen DDR – in Baden-Württemberg durchgeführt haben. Es handelt sich dabei um eine repräsentative Umfrage unter 900 Personen, die zweimal befragt wurden (Panelstudie). Den Umfragen gingen Inhaltsanalysen der aktuellen Medienberichterstattung voraus. Die ego-zentrierten Netzwerke wurden dabei mit einem Instrument (Namensgenerator) erhoben, das die Dimensionen persönliche Vertrautheit, gesellige Unternehmungen, politische Diskussionen über Themen und Probleme der Zeit erfassen sollte, auch sollten die schwachen Beziehungen mit einer Frage nach gut informierten Bekannten ermittelt werden. Es folgte ferner eine Schneeball-Nachbefragung unter den von den Befragten (ego) genannten Netzpersonen (alteri). Aus der Wiederholungsbefragung der Erstbefragten und den (zeitgleich) durchgeführten Schneeballinterviews ergibt sich eine Schnittmenge von 180 Erstbefragten, die an beiden Befragungen teilgenommen haben und für die zusätzlich Antworten der von ihnen genannten Netzpersonen vorliegen. Dieses sogenannte Kernsample wird uns noch besonders interessieren.

Die Studie gibt Aufschluß über die politischen Inhalte der Massenmedien, die Wahrnehmung dieser politischen Inhalte bzw. Themen im Publikum, Themen-

---

40 Vgl. schon Joseph Klapper, The Effects of Mass Communication, Glencoe – New York 1960, S. 84 ff.
41 Vgl. E. Noelle-Neumann (Anm. 24).

präferenzen und politische Einstellungen der Rezipienten sowie Themenpräferenzen und politische Einstellungen der Netzpersonen im sozialen Umfeld[42]. Die in diesem Beitrag vorgestellten Ergebnisse beruhen auf dem Grundsample der 900 Befragten bzw. – sofern die Meinungen und Themenpräferenzen im sozialen Kontext untersucht werden – auf dem Kernsample der 180 *Recall*-Antworten mit Netzinformation.

4.2 Bekanntheit der Themen der Medienberichterstattung

Im Zentrum der Medienberichterstattung der Print- und Funkmedien während des Untersuchungszeitraumes standen Themen der deutschen Wiedervereinigung. Nach Ergebnissen der Medieninhaltsanalyse war über einen Zeitraum von vier Monaten (11. 12. 1989 – 31. 3. 1990) eine Verdichtung der medialen Realitätsrekonstruktion auf das Thema der Wiedervereinigung und verwandte Themen, wie Grenzöffnung, Währungsunion, DDR-Übersiedler usw. feststellbar; zwei von drei veröffentlichten Artikeln bzw. Beiträgen beschäftigten sich mit einem Thema aus diesem Bereich. In »normalen« Nachrichtenzeiten hochrelevante Themen, wie beispielsweise die militärische Invasion der USA in Panama, wurden durch die massiv auf Deutschland bezogene Berichterstattung an den Rand gedrängt. Die Wiedervereinigung, Wahlen in der DDR und die Übersiedler aus der DDR standen auf der Medienagenda an der Spitze. Aufgrund der intensiven Berichterstattung verwundert es nicht, daß diese Themen auch in der breiten Bevölkerung nahezu vollkommen bekannt waren (fast 100 Prozent der Befragten), weniger bekannt dagegen der Panama-Konflikt (68 Prozent) oder der während der ersten Befragungswelle stattfindende Gewerkschaftsstreik (68 Prozent). Der Aufstand gegen Ceauçescu war wiederum fast allen bekannt (96 Prozent), den Konflikt in Aserbaidschan nahmen immerhin vier von fünf Befragten wahr.

Wie *Tabelle 1* zeigt, stellen für diese aktuellen Themen die Massenmedien, allen voran das Fernsehen, die wichtigste Erstinformationsquelle dar. Dies bedeutet, daß die Massenmedien aufgrund ihrer dichten Berichterstattung in der Lage sind, erhebliche Bekanntheitseffekte der politischen Themen zu erzielen. Interpersonale Kommunikation dient zwar nicht der Erstinformation, über die bekannten Themen wird aber im Alltag zumeist intensiv gesprochen. Es bestätigt sich auf diese Weise, daß für die Verbreitung von Nachrichten die Massenmedien die zentrale Informationsquelle bilden. Interpersonale Kommunikation dient eher der Anschlußkommunikation.

---

42 Zu den Methoden im einzelnen vgl. Michael Schenk/Patrick Rössler, Das unterschätzte Publikum. Wie Themenbewußtsein und politische Meinungsbildung im Alltag von Massenmedien und Interpersonaler Kommunikation beeinflußt werden, in: Friedhelm Neidhardt (Hrsg.), Öffentlichkeit, Öffentliche Meinung, Soziale Bewegungen, Opladen 1994, S. 272 ff., ferner Michael Schenk, Soziale Netzwerke und Massenmedien, Untersuchungen zum Einfluß persönlicher Kommunikation, Tübingen 1995. Die Untersuchung wurde durch die Deutsche Forschungsgemeinschaft unterstützt und ist durch sechs Berichtsbände dokumentiert. (An der Studie haben unter anderem mitgewirkt: Astrid Gelzleichter, Uwe Pfennig und Patrick Rössler.)

Die Medienresonanz und die Resonanz, die die Themen in der interpersonalen Kommunikation finden, schlagen sich auch entsprechend in der Bedeutung nieder, die das Publikum diesen Themen beimißt. Am wichtigsten wird die Wiedervereinigungsdiskussion eingestuft, gefolgt von den Problemen mit DDR-Übersiedlern und den Wahlen in der DDR. Die restlichen Themen liegen im Mittelfeld recht eng beisammen, wobei der Konflikt in Panama, trotz vergleichsweise hoher Medienresonanz, das Schlußlicht bildet. Man könnte daher sagen, daß die Thematik der deutschen Wiedervereinigung andere Themen aus dem Bewußtsein verdrängt (sogenanntes »killer-issue«).

Tabelle 1: Themenresonanz und Informationsquellen

Mittelwerte auf einer Skala von 1 (z. B. völlig unwichtig) bis 5 (z. B. sehr wichtig) bzw. Prozentangaben

Thema	n	Thema bekannt	über Thema geredet	wichtigste Informationsquelle (in Prozent)				ø persönl. wichtig	ø vom Thema betroffen
		(in Prozent)		TV	Zeitung	pers. Gesp.	k. A.	(MW)	(MW)
Wiedervereinigung	888	98,8	88,5	81,9	14,2	3,8	0,1	4,2	3,9
DDR-Übersiedler	886	98,6	87,0	80,9	14,9	3,8	0,3	4,1	4,0
Wahlen in der DDR	872	97,0	78,6	82,7	14,3	2,8	0,2	3,8	3,3
Gewerkschaftsstreik	617	68,6	60,5	63,2	26,1	8,1	2,6	2,8	2,6
Aufstand gg. Ceauçescu	865	96,2	75,0	80,7	16,1	2,7	0,6	3,2	3,7
Aserbaidschan	775	84,0	60,3	80,9	15,8	1,6	1,7	3,0	3,3
Panama-Konflikt	616	68,5	52,8	77,1	20,3	1,6	1,0	2,7	2,8
ø (7 Themen)		87,4	71,8	78,2	17,4	3,5		3,4	3,4

Die Anzahl der »Thema bekannt«-Angaben aus Spalte 2 ist die Bezugsgröße für die Prozentangaben und Mittelwerte in den folgenden Spalten.

4.3 Netzwerke und politische Gespräche

Die ego-zentrierten Netzwerke der Befragten umfassen zwischen drei und vier Netzpersonen. Die wichtigsten Netzpersonen stellen dabei Familien- und Verwandtschaftsmitglieder dar (36 Prozent), es folgen Beziehungen zu Freunden (28 Prozent) und schließlich zu Bekannten (15 Prozent), Kollegen (13 Prozent) und Nachbarn (acht Prozent). Starke Beziehungen sind dominant, während die schwächeren Gelegenheitskontakte zu Bekannten, Nachbarn und anderen von deutlich geringerer Bedeutung sind. Die Kommunikationsnetzwerke der Befragten lassen sich zusammenfassend als kleine, dichte und homogene Umwelten beschreiben. Nur an den Rändern der Netzwerke finden wir – vor allem bei jüngeren Personen, die auch über größere Netzwerke verfügen – einige schwache und heterogene Kontakte.

Die politischen Diskussionen bzw. Gespräche sind zum Zeitpunkt der Erhebung sehr verbreitet. Die meisten der Befragten, nämlich über 56 Prozent, diskutieren *mit allen* genannten Netzpersonen über politische Themen. Nur eine Minderheit von neun Prozent der Befragten spricht mit keiner Netzperson über Politik, der Rest diskutiert zumindest mit einem Teil der Netzpersonen. Politische Kommunikation im Alltag konzentriert sich vor allem auf den Kernbereich der sozialen Netze. Auch findet politische Kommunikation häufig unter Personen statt, die hinsichtlich des Merkmales Bildung homogen sind. Vieles spricht daher dafür, daß politische Kommunikation im homogenen Milieu bzw. in einer homogenen Umgebung erfolgt, politische Gespräche im heterogenen Milieu und im Rahmen schwacher Beziehungen sind vergleichsweise seltener. Offenbar ist dies ein Beleg für die Sensibilität des politischen Bereiches. Hervorzuheben ist aber, daß es eine intensive Bürgerkommunikation über politische Themen der Zeit gibt, die vor allem auch durch die jeweilige gesellschaftliche Situation und Problemlage induziert wird.

4.4 Meinungskongruenz oder Dissens?

Die Uniformität von politischen Meinungen, wie sie Katz und Lazarsfeld im Primärgruppenmilieu fanden, könnte im weiter gefaßten Netzwerk, das auch schwache Kontakte enthält, gebrochen werden, die Heterogenität könnte zunehmen. Wir fanden allerdings in der erwähnten Studie, daß die politischen Diskussionen in egozentrierten Netzwerken zum Thema Wiedervereinigung von beträchtlicher Meinungskongruenz begleitet waren (siehe *Abbildung 3*).

Abbildung 3: Meinungskongruenz im Netz zum Thema Wiedervereinigung nach M. Schenk (Anm. 42)

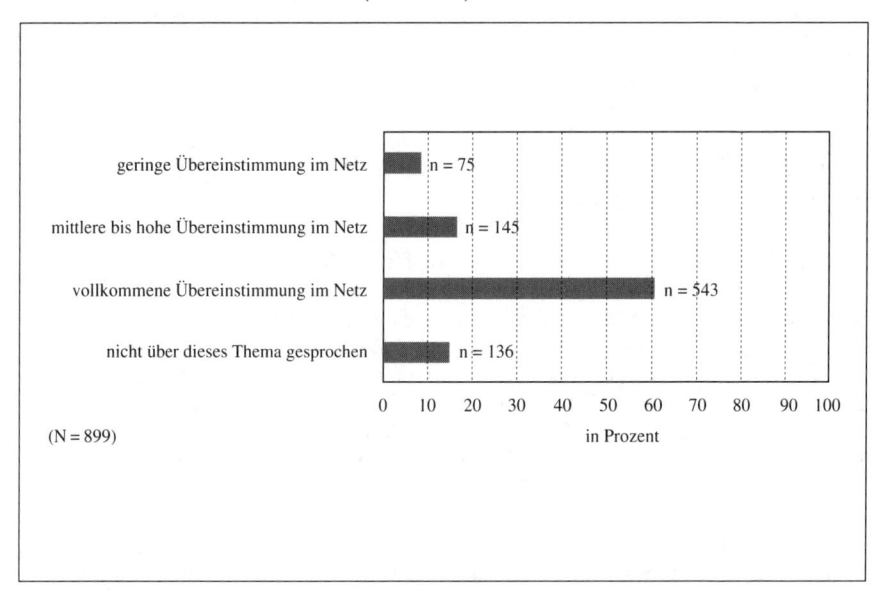

geringe Übereinstimmung im Netz	n = 75
mittlere bis hohe Übereinstimmung im Netz	n = 145
vollkommene Übereinstimmung im Netz	n = 543
nicht über dieses Thema gesprochen	n = 136

(N = 899)   in Prozent (0–100)

Aus der Sicht von ego trifft die vollkommene Übereinstimmung mit allen Netzpersonen auf 60 Prozent aller Netzwerke zu, mittlere bis hohe Übereinstimmung weisen immerhin weitere 16 Prozent der Netze auf, während geringe Übereinstimmung in nur acht Prozent der Netze gegeben ist. Die Meinungskongruenz ist daher im Netzwerk der Befragten insgesamt sehr hoch. Dies bedeutet, daß in der interpersonalen Umgebung der Befragten weitgehend Konsens über die Beurteilung von aktuellen Themen herrscht. Diskrepanzen sind trotz Brisanz der zugrundeliegenden Themen rar.

Da es sich allerdings um Aussagen von ego über seine Netzpersonen handelt, haben wir mittels der Schneeballinterviews auch die tatsächliche Übereinstimmung in den politischen Meinungen anhand von Einstellungsitems zum Thema Wiedervereinigung, DDR-Übersiedler etc. überprüft. Dabei ergab sich, daß in der Tat weitgehende Homogenität der Einstellungen zwischen ego und seinen Netzpersonen vorhanden ist. Übereinstimmung der Meinungen zu aktuellen politischen Themen ist somit wesentliches Ergebnis interpersonaler Kommunikation in egozentrierten Netzwerken.

Ein weiteres interessantes Ergebnis ist, daß mit der wahrgenommenen Meinungskongruenz im sozialen Netzwerk auch die Diskussions- und Redebereitschaft zunimmt (Pearson's R = .328; p <.001). Menschen scheinen eher bereit zu sein, über politische Themen zu sprechen, wenn sie in ihrer Meinung mit anderen Personen in der interpersonalen Umgebung übereinstimmen. Die Bezugsgruppenmeinung hat demnach einen Effekt auf die Kommunikationsbereitschaft – möglicherweise mehr als die wahrgenommene öffentliche Meinung in anonymen Situationen[43]. Auch die auf dem politischen Themengebiet besonders fachkundigen (politischen) Meinungsbildner tragen – trotz ihres besseren Wissens – kaum zu Dissonanzen bei, indem sie etwa kontroverse Ansichten äußern. Wir stellten vielmehr beträchtliche Korrelationen zwischen der ausgeübten Meinungsführerrolle und der Meinungskongruenz im Netzwerk fest[44]. Im übrigen führt auch der im Alltag verbreitete Austausch von Meinungen zu kongruenten Ansichten. Damit ergibt sich, daß die interpersonale Kommunikation über politische Themen, die sowohl in den Medien als auch in der Öffentlichkeit hohe Priorität haben, in der interpersonalen Umgebung weitgehend Kongruenz der Meinungen erbringt.

4.5 Medienwirkung oder sozialer Prozeß?

Wie dargestellt wurde, führen soziale Prozesse zur Kongruenz der politischen Meinungen und Vorstellungen. Um mögliche soziale und mediale Effekte vergleichend zu untersuchen bzw. zu testen, wählen wir als theoretischen Hintergrund im folgenden das Modell des Agenda-Setting[45]. Führt die nachweislich bevorzugte Behandlung bestimmter Themen in den Medien dazu, daß auch die Rezipienten diese

---

43 Vgl. D. Fuchs et al. (Anm. 25), S. 292.
44 Vgl. Michael Schenk, Die ego-zentrierten Netzwerke von Meinungsbildnern (Opinion Leaders), in: Kölner Zeitschrift für Soziologie und Sozialpsychologie (1993) 2, S. 253–269.
45 Zur Agenda-Setting-Forschung vgl. z. B. Everett Rogers/James W. Dearing, Agenda-Setting-Research: Where Has It Been, Where is it Going?, in: James Anderson (Hrsg.): Communi-

Themen für wichtiger halten als andere? Da die Wiedervereinigung nach den Ergebnissen der Medieninhaltsanalyse an der Spitze der Medienagenda liegt, müßte dasselbe auch für die Publikumsagenda gelten.

Allgemein werden in der Agenda-Setting-Forschung verschiedene Wirkungsdimensionen unterschieden, nämlich
- die *Awareness* bzw. *Bekanntheit* eines Themas: die Betonung in den Medien führt zur Bekanntheit im Publikum,
- das *Salience-Modell:* je mehr über ein Thema berichtet wird, für um so wichtiger wird es gehalten, und
- das *Priorities-Modell:* die Rangfolge, in der über Themen in den Medien berichtet wird, überträgt sich auf das Publikum[46].

Nach den Annahmen des Agenda-Setting-Modells ist davon auszugehen, daß ein Thema wie die deutsche Wiedervereinigung in der Medienberichterstattung besonders stark betont und dadurch allgemein bekannt wird. Ferner dürfte sowohl die im Publikum wahrgenommene Wichtigkeit *(salience)* als auch die interpersonale Wichtigkeit (Häufigkeit, mit der über das Thema gesprochen wird) entsprechend ausgeprägt sein.

Zahlreiche Agenda-Setting-Studien, die die Wirkung der Medienberichterstattung im Sinne eines Mikromodells auf die individuelle Themenwahrnehmung untersuchten, gelangten allerdings zum Ergebnis, daß außer den Medien noch andere Wirkungsmechanismen von Bedeutung sind[47].

Als eine »intervenierende Variable« gilt beispielsweise die Themenaufdringlichkeit *(obtrusiveness)*, da Ereignisse oder Themen, zu denen das Publikum direkte Erfahrungen beisteuern kann, keinem Media-Agenda-Setting unterliegen. Dies könnte beim Thema der Wiedervereinigung der Fall sein, wobei allerdings zu Recht eingewendet wird, Aufdringlichkeit sei kein pauschales Merkmal eines Themas, sondern variiere von Rezipient zu Rezipient, je nach dessen persönlichen Prädispositionen. Auch weitere Rezipientenmerkmale sind von Bedeutung, so z. B. die allgemeine Mediennutzung bzw. die tatsächliche Wahrnehmung von Medienberichten sowie das sogenannte Bedürfnis nach Orientierung. Schließlich ist auf das Ausmaß interpersonaler Kommunikation hinzuweisen: Persönliche Gespräche können im Falle des Agenda-Setting in Konkurrenz zu der Medienberichterstattung stehen, interpersonale Kommunikation kann für die Einschätzung der Themenwichtigkeit entscheidender als Massenkommunikation sein.

Intensive Diskussionen in den sozialen Netzwerken im Alltag könnten die Themenwichtigkeit stärker beeinflussen als die Massenmedien. In einer Gesellschaft,

---

cation Yearbook, Vol. 11, London 1988, S. 555–594; Patrick Rössler, Agenda-Setting: Theoretischer Gehalt und empirische Evidenzen einer Medienwirkungshypothese, Opladen 1997.

46 Vgl. Maxwell McCombs, Agenda Setting Function of Mass Media, in: Public Relations Review, (1977) 3, S. 89–95.

47 Vgl. z. B. Lutz Erbring/Edie N. Goldenberg/Arthur Miller, Front Page News and Real World Cues. A New Look at Agenda-Setting by the Media, in: American Journal of Political Science, 24 (1980), S. 16–49; sowie Literatur bei Patrick Rössler (Anm. 45); ferner Rolf Hügel/Werner Degenhardt/Hans-Jürgen Weiß, Structural Equation Models for the Analysis of the Agenda-Setting-Process, in: European Journal of Communication, (1989) 4, S. 191–210.

die spricht, könnte der Medieneinfluß von geringerer Bedeutung sein, da die Verdichtung der Kommunikation bis in die einfachen Interaktionssysteme und in die normativ stärker strukturierten sozialen Gruppen und Netzwerke hineinreicht, die als Filter oder gar Schutzschild vor allzu starkem Medieneinfluß fungieren.

Um den Effekt »sozialer Prozesse im sozialen Netzwerk« herauszuarbeiten[48], konzentrieren wir uns im folgenden auf das erwähnte Kernsample, wobei zunächst die *Themenkongruenz* zwischen jedem Befragten und den Angehörigen seines persönlichen Netzwerkes ermittelt wird. Die zugrundeliegende Fragestellung ist, ob die Themen der politischen Berichterstattung im Umfeld der Personen eine ähnliche Einschätzung erlangen, was der weiteren Kommunikation förderlich wäre. Hierzu wird für jedes Thema die jeweilige Relevanzzuweisung des Befragten von der Relevanzzuweisung jeder seiner Netzpersonen abgezogen, und die resultierenden Abweichungswerte werden anschließend gemittelt *(Tabelle 2)*.

Tabelle 2: Themenkongruenz zwischen dem Befragten und seinen Netzpersonen bezüglich der Wichtigkeit politischer Themen

(Mittlere Abweichungswerte auf Basis einer dreistufigen Skala; Prozentwerte)

	N	absolut	Kongruenz mittel	hoch	gering
Wiedervereinigung	180	46	17	30	7
DDR-Übersiedler	180	34	18	38	9
Wahlen in der DDR	180	42	16	33	9
Gewerkschaftsstreik	157	31	5	47	17
Nelson Mandela	170	34	12	39	15
Präsidentenwahl SU	149	33	14	36	17
Wahl in Nicaragua	144	46	17	27	10

absolute Kongruenz: keine Abweichung zwischen der Einschätzung von ego und der seiner Netzpersonen
hohe Kongruenz: mittlere Abweichung bis 0,5 Skalenpunkte
mittlere Kongruenz: mittlere Abweichung < 0,5 und < 1,5 Skalenpunkte
geringe Kongruenz: mittlere Abweichung mehr als 1,5 Skalenpunkte.

Insgesamt ist eine hohe Übereinstimmung in der Themeneinschätzung zwischen ego und seinen Netzpersonen zu beobachten: Zwischen einem Drittel und der Hälfte aller Respondenten des Kernsamples weisen eine absolute Themenkongruenz auf, d. h. ihre Relevanzeinschätzung und die ihrer Netzpersonen deckt sich bei dem jeweiligen Thema exakt. Dementsprechend ist der Anteil von Personen, die in ihrer Relevanzeinschätzung von der ihres Netzwerks stark abweichen, durchweg gering. Am ehesten trifft dies noch bei den Randthemen der Berichterstattung zu, bei de-

---
48 Die Ausführungen stützen sich auf einen Beitrag von Michael Schenk/Patrick Rössler, Deutschland, Deutschland über alles. Massenkommunikation, interpersonale Kommunikation und Medienwirkungen während der deutschen Wiedervereinigung, in Kurt Imhof/Peter Schulz (Hrsg.), Kommunikation und Revolution, Reihe Mediensymposium Luzern, Band 3, Zürich 1998. Vgl. ferner P. Rössler (Anm. 44).

nen tendenziell geringere Kongruenzwerte erreicht werden; die Themenlandschaft hat sich im übrigen in der zweiten Welle gegenüber der ersten Welle *(Tabelle 1)* verändert. Für die deutschen Umbruchthemen liegt erwartungsgemäß eine hohe Kongruenz in der Zuweisung von (großer) Relevanz vor; die überragende Bedeutung, die diese Themen im sozialen Umfeld bzw. der interpersonalen Umgebung der Befragten erfahren haben, ist offenkundig. Die intensiven Gespräche über diese Thematik haben – entsprechend dem erwähnten Konvergenzmodell – zu einer Kongruenz der Vorstellungen geführt. Wechselseitige Koorientierung bringt eine einheitliche Auffassung über die Relevanz dieser Themen hervor.

Welche Wirkung haben nun Einflüsse, die einerseits dem sozialen Umfeld und andererseits der Medienberichterstattung entstammen, auf die persönliche Themenwichtigkeit? Mögliche Einflüsse von persönlichem Netzwerk und medialer Berichterstattung auf die persönliche Wichtigkeit der Themen wurden anhand von Strukturgleichungsmodellen im Rahmen einer Pfadanalyse ermittelt[49]. Als Zielvariable des Modells dient die jeweilige persönliche Wichtigkeit, die der Befragte einem Thema zumißt (PW, siehe auch *Tabelle 1*). Zwei Gruppen von direkten Einflußvariablen auf diese »salience«-Angabe wurden spezifiziert, und zwar als potentielle Einflüsse der Massenmedien und als potentielle rezipientenspezifische Einflüsse. Zu der ersten Gruppe von Einflußvariablen gehören:
- die Nutzungshäufigkeit von politischen Inhalten in Printmedien (NPR), Hörfunk (NHF) und Fernsehen (NTV) und
- die individuell wahrgenommene Relevanz des Themas in den vom jeweiligen Rezipienten genutzten Massenmedien, unterschieden nach den Inhalten von Printmedien (IPR), Hörfunk (IHF) und Fernsehen (ITV) und drei unterschiedlichen Zeiträumen im Vorfeld der Befragung (14 Tage, 28 Tage, 42 Tage). Dazu wurden die Befunde der *Inhaltsanalyse* weiterverarbeitet, und zwar jedem Befragten aufgrund seiner persönlichen Mediennutzungsmuster als quasi-individuelle Daten zugespielt. Damit erhielt jeder Befragte einen individuellen Kennwert zugewiesen, der nicht nur die individuelle Mediennutzung widerspiegelt, sondern auch erfaßt, welche Bedeutung das jeweilige Thema in den jeweils individuell genutzten Medien besaß.

Unter potentiellen rezipientenspezifischen Einflüssen versteht man:
- die interpersonale Kommunikation des Rezipienten über das Thema (IPK);
- die Kongruenz seiner Themen-Relevanzeinstufung mit der der Angehörigen seines sozialen Netzwerks (themenbezogene Netzkongruenz, NK);
- seine persönliche Betroffenheit vom Thema (BTR) als individuelle Ausprägung der »obtrusiveness«.

Als indirekte Einflußvariablen wurden spezifiziert:
- die Größe des jeweiligen Kommunikationsnetzwerks (NG); und
- das themenbezogene Orientierungsbedürfnis des Befragten (NFO), das sich zusammensetzt aus seinem allgemeinen politischen Interesse und seiner Unsicherheit in der Beurteilung des jeweiligen Themas; diese Variable wird in der Literatur als Stimulans für massenmediale und interpersonale Kommunikation zum Thema betrachtet.

---

49 LISREL-Programm für SPSS X.

Abbildung 4 dokumentiert das Strukturgleichungsmodell für das Thema *Wiedervereinigung*. Es fällt unmittelbar der massive, hochsignifikante Einfluß der themenbezogenen Netzkongruenz auf die persönliche Wichtigkeit des Themas auf. Trotz des erheblichen konkurrierenden Einflusses der anderen Kontextvariablen erreicht dieser Zusammenhang einen Wert von .44. Wie bereits vermutet, ist die persönliche Relevanz, die ein Thema für den Befragten besitzt, eng damit verknüpft, für wie wichtig die Personen in seiner unmittelbaren Umgebung das Thema halten.

Abbildung 4: Pfadanalyse zum Thema »Wiedervereinigung« nach M. Schenk/P. Rössler (Anm. 48).

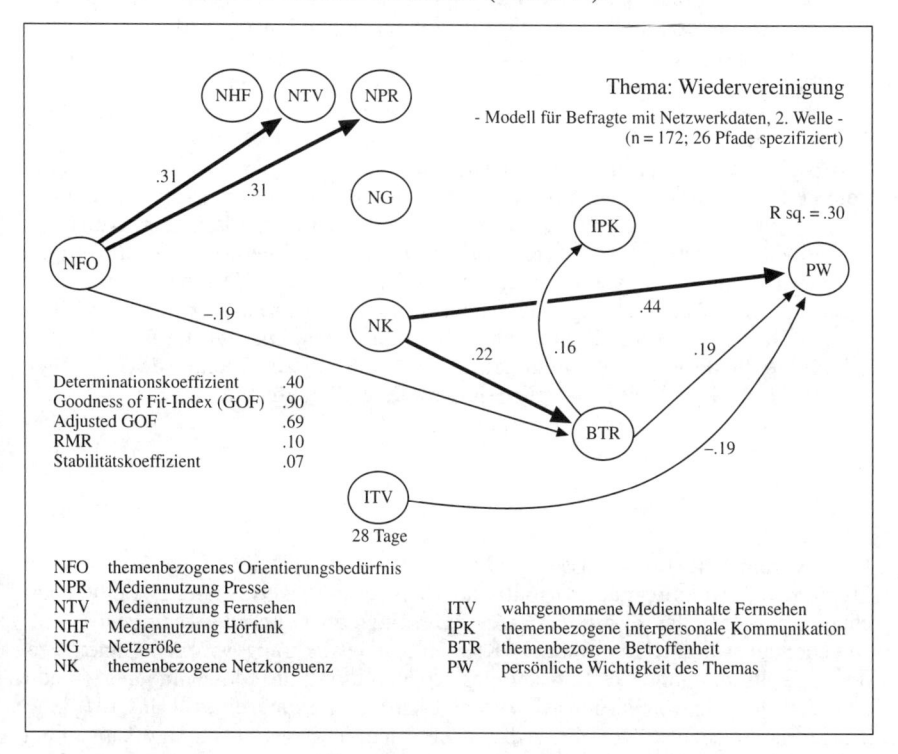

Thema: Wiedervereinigung
- Modell für Befragte mit Netzwerkdaten, 2. Welle -
(n = 172; 26 Pfade spezifiziert)

R sq. = .30

Determinationskoeffizient .40
Goodness of Fit-Index (GOF) .90
Adjusted GOF .69
RMR .10
Stabilitätskoeffizient .07

NFO	themenbezogenes Orientierungsbedürfnis
NPR	Mediennutzung Presse
NTV	Mediennutzung Fernsehen
NHF	Mediennutzung Hörfunk
NG	Netzgröße
NK	themenbezogene Netzkonguenz
ITV	wahrgenommene Medieninhalte Fernsehen
IPK	themenbezogene interpersonale Kommunikation
BTR	themenbezogene Betroffenheit
PW	persönliche Wichtigkeit des Themas

Die Betroffenheit vom Thema erweist sich als zweiter bedeutsamer Einfluß auf die Themenrelevanz, auch sie erreicht durchweg hohe Koeffizienten. Zu beachten sind ferner Effekte des persönlichen Netzwerks bzw. der Netzkongruenz auf die Betroffenheit: Je wichtiger die eigenen Bezugspersonen das Thema nehmen, um so eher haben die Befragten den Eindruck, daß das Problem auch ihr Leben betrifft. Die aus dem Thema resultierende Betroffenheit regt ihrerseits wiederum interpersonale Kommunikation an, die jedoch keinen unmittelbaren Einfluß auf die Themenwichtigkeit besitzt. Da nahezu alle Befragten über dieses Thema geredet haben, geht von der interpersonalen Kommunikation kein diskriminierender Einfluß aus. Entscheidende Erklärungskraft für die Themenrelevanz kommt also nicht der Tatsache zu, daß sich der Einzelne über ein Thema unterhält, sondern der Frage, ob die Personen in seinem persönlichen Netzwerk seine Einschätzung teilen, wie wichtig das jeweilige Thema ist. Die Größe des jeweiligen Netzwerks ist dabei belanglos.

Signifikante Medieninhaltseffekte können für die wahrgenommenen Fernsehberichte zur *Wiedervereinigung* in den vier Wochen vor der Befragung nachgewiesen werden. Die Koeffizienten sind allerdings negativ, d. h. je mehr der dazu offerierten Inhalte wahrgenommen werden, desto weniger wird das Thema für relevant gehalten. Nutzungseffekte der Massenmedien sind nicht anzutreffen – die reine Häufigkeit, mit der eine Person politische Inhalte in den Massenmedien nutzt, wirkt sich nicht auf die persönliche Bedeutung einzelner Themen aus. Die Nutzung selbst wird dagegen – zumindest was Fernsehen und Printmedien angeht – von dem jeweiligen themenbezogenen Orientierungsbedürfnis des Rezipienten beeinflußt: Politisch interessierte Menschen sind durch eine höhere Nutzung von Fernsehen und Tageszeitung gekennzeichnet. Insgesamt finden sich in diesen Analysen somit keine Belege für den Agenda-Setting-Effekt der Medien. Zwar tragen die Massenmedien zur Themenbekanntheit bei, ein Einfluß der Medienberichterstattung auf die individuelle Themenwichtigkeit *(salience)* kann nicht mehr festgestellt werden. Sozialer Einfluß ist viel wichtiger. Die eigentliche Themenbedeutung resultiert vor allem aus der Wahrnehmung, daß Bezugspersonen im sozialen bzw. persönlichen Umfeld das Thema bzw. die Themen für wichtig halten. Dies gilt im übrigen nicht nur für die Wiedervereinigung, sondern auch für die anderen Themen des deutschen Umbruchs, die hier nicht ausführlich dargestellt werden können.

5. Fazit

Politikvermittlung durch Massenmedien ist nach den Ergebnissen der vorliegenden Studie recht erfolgreich darin, politische Themen und Sachverhalte bekanntzumachen. Vor allem das Fernsehen trägt dazu bei, daß politische Themen bei entsprechender Aufmachung in weiten Kreisen der Bevölkerung wahrgenommen werden. Die offenkundige Verbreitung der Themen durch die Massenmedien scheint zunächst die kommunikationswissenschaftliche Vorstellung eines Transport- bzw. Transfermodells zu stützen. Da sich für die eigentliche Bewertung und Einstufung der Themen jedoch soziale Prozesse als maßgeblicher erweisen, wird die Vorstellung eines Konvergenzmodells ausschlaggebend. Politische Themen, die die Aufmerksamkeit des Publikums erreicht haben, werden im Kernbereich der engeren sozialen Bindungen, beispielsweise zu Partnern, Verwandten, Freunden, zum Teil aber auch bei Gesprächen mit Bekannten, Kollegen und anderen ausgiebig diskutiert. Die Diskussionen sind, wie wir am Beispiel zeigen konnten, von hoher Meinungskongruenz geprägt: Im Alltag ist man sich überwiegend einig, wie bestimmte Probleme und Themen einzuschätzen sind und welche Relevanz ihnen zukommt. Interpersonale Kommunikation im sozialen Netzwerk sichert die Koorientierung bzw. wechselseitige Verständigung, so daß Themenbedeutung und Meinungsbildung im sozialen Umfeld übereinstimmen. Soziale Prozesse intervenieren somit in den Fluß der Medienbotschaften, so daß etwa im Hinblick auf die eigentliche Themenrelevanz *(salience)* wahrgenommene Themenübereinstimmungen in der interpersonalen Umgebung ausschlaggebender sind als die in den Medien wahrgenommene Themenbedeutung. Mit anderen Worten, soziale Prozesse sind wirksamer als die Darstellungen der Massenmedien.

Eine intensive Bürgerkommunikation, die in den sozialen Netzwerken im Alltag stattfindet, dient der Bewertung, Interpretation und Einstufung der medialen Politikdarstellung, insbesondere bei Themen und Ereignissen, die von hohem Nachrichtenwert geprägt sind, aber auch bei Randthemen, die unter Umständen von den Massenmedien nicht genügend berücksichtigt werden wie beispielsweise Themen aus dem lokalen oder regionalen Bereich. Eine Übereinstimmung der Meinungen und Themenvorstellungen im sozialen Netzwerk bildet einen stabilen sozialen Mechanismus – man kann von einem »Schutzschild« sprechen – vor dem somit medial geäußerte Journalistenmeinungen oder Politikermeinungen auch ihre Grenzen finden. Bei hoher Kongruenz der politischen Ansichten und Prioritäten in den persönlichen Netzwerken ist auch die Kommunikationsbereitschaft, über ebensolche Themen und Gegenstände zu sprechen, ausgeprägt[50]. Dies gilt schon für einfache Interaktionssysteme, aber noch mehr für die sozialen Netzwerke und Bezugsgruppen des Alltags. Die öffentliche Meinung ist keineswegs ausschließlich identisch mit der veröffentlichten Massenmedienmeinung, sondern findet ein zusätzliches Korrektiv durch die Meinungen, die im Rahmen persönlicher Netzwerke, im Alltag, geäußert bzw. diskutiert werden. Der in letzter Zeit bei vielen Themen und Problemen gewonnene Eindruck, wonach sowohl Politiker als auch Journalisten zu wenig die Meinungen und Vorstellungen der Bürger »treffen«, ja geradezu »an den Problemen vorbeireden«, mag seine Ursachen in einer mangelhaften Berücksichtigung der interpersonalen Meinungsbildung, wie sie sich in den Netzwerken des Alltags vollzieht, haben. Neben der Medienberichterstattung spielt interpersonale Kommunikation für den Meinungsbildungsprozeß nach wie vor eine wichtige Rolle bei der Politikvermittlung.

---

50 Vgl. Carrol J. Glynn/Eunkyung Park, Reference Groups, Opinion Intensity, and Public Opinion Expression, in: International Journal of Public Opinion Research, 9 (1997), S. 213–232.

ULRICH SARCINELLI/MANFRED WISSEL

Mediale Politikvermittlung, politische Beteiligung und politische Bildung: Medienkompetenz als Basisqualifikation in der demokratischen Bürgergesellschaft

1. Der mediale Wandel als Herausforderung und Chance

Der Erfolg der industriellen Revolution ruhte im wesentlichen auf drei Säulen: der nationalen Souveränität als Bezugspunkt des politischen Systems, der nationalen Ökonomie als Rahmen des wirtschaftlichen Systems und der militärischen Macht nach innen und außen als dem entscheidenden Garanten der Ordnung[1]. Inzwischen unterliegen die nationalstaatlichen politischen Institutionen im Zuge sich beschleunigender transnationaler Verflechtungen einem dramatischen Wandlungsprozeß. Dessen wichtigste Ursache sind die mit dem Begriff Globalisierung umschriebenen Veränderungen vor allem im Wirtschaftsbereich. Hier haben verbesserte Transport- und Kommunikationswege im Weltmaßstab dem Produktionsfaktor Kapital und damit der Entwicklung in unterschiedlichen Bereichen eine derartige Dynamik verschafft, daß Staatsgrenzen viel von ihrer Bedeutung verloren haben.

Dieser Wandel blieb nicht auf das politische und ökonomische System beschränkt. Er hat auch das staatliche Gewaltmonopol unterlaufen. Militärische und polizeiliche Macht sind längst nicht mehr die allein entscheidenden Voraussetzungen für Herrschaft und Einfluß. Die Macht der wirtschaftlichen »global players« beruht im internationalen Maßstab immer weniger auf den traditionellen Instrumenten exekutiver Gewalt, sondern zunehmend auf ihrer Fähigkeit, weltweit effizient auf Märkten zu operieren. Das Potential, verbindliche Entscheidungen herbeizuführen, ist also nicht mehr ausschließlich auf den Staat beschränkt. Mit korporativen Akteuren, d. h. zahlreichen anderen Institutionen und gesellschaftlichen Kräften, teilt er diese Aufgabe[2].

Politik unterliegt in modernen Gesellschaften erhöhten Anforderungen an Information und Kommunikation, an denen die Zentralverwaltungssysteme gescheitert sind. Sie ist diesen Anforderungen nur gewachsen, wenn sie sich vielfältiger Öffent-

---
1 Vgl. Walter B. Wriston, Bits, Bytes und Diplomacy, in: Foreign Affairs, (1997) 10/11, S. 173 f.
2 Vgl. Renate Mayntz, Policy-Netzwerke und die Logik von Verhandlungssystemen, in: Adrienne Héritier (Hrsg.), Policy-Analyse. Kritik und Neuorientierung, Opladen 1993, S. 40.

lichkeitsformen und Medienzugänge zu bedienen weiß[3]. Im Gegenzug ist es aber auch von Bedeutung, daß die von unterschiedlichen politischen Akteuren ausgehende politische Kommunikation immer reibungsloser ihren Adressaten, die staatliche Verwaltung, erreicht.»Medien werden in den Verhandlungsnetzwerken benötigt und genutzt, und zwar zur eigenen (organisationsinternen) Information über Problemlagen, zur Information der Mitglieder oder der Klientel und zum Öffentlichmachen von Verhandlungspositionen gegenüber Wählern.«[4]. Die Steuerungserfolge staatlicher Institutionen werden, so Fritz W. Scharpf,»durch die Enthierarchisierung der Beziehung zwischen Staat und Gesellschaft« erkauft, durch ein »Nebeneinander von hierarchischer Steuerung und horizontaler Selbstkoordination«[5].

Dies zeigt, daß Verhandlungs-, Koordinatoren- und Moderatorenkompetenz, Akzeptanz- und Konsensmanagement, kommunikativen Fähigkeiten also, eine wachsende Bedeutung zukommt[6]. Dies erschwert zweifellos das Geschäft gesellschaftlicher und politischer Willensbildung. Hinzu kommt, daß auch politisches Verhalten weniger prognostizierbar wird. Die Angst geht um in den politischen Stäben vor dem neuen politischen Verhaltenstypus, den man neudeutsch als »rational choice«-Typus bezeichnen könnte, dem in einem ganz generellen Sinne verstandenen (weil nicht nur auf Wahlen bezogenen) Wechselwähler. Dieser Verhaltenstypus bildet zwar nicht die Mehrheit, aber er wird häufiger, wird zur strategischen Größe. Der auch politisch mobiler werdende Bürger will immer wieder neu informiert, überzeugt, überredet und im übrigen auch unterhalten werden. In den Worten des britischen Soziologen Antony Giddens heißt dies: »In posttraditionalen Kontexten haben wir keine andere Wahl, als zu wählen, wer wir sein und wie wir handeln wollen.«[7] Niklas Luhmann formuliert es noch drastischer: Die Postmoderne »erträgt keine Abschlußgedanken, sie erträgt deshalb auch keine Autorität«[8]. Sie kenne keine Positionen, von denen aus die Gesellschaft in der Gesellschaft für andere verbindlich beschrieben werden könne. Daher gehe es auch nicht um Emanzipation zur Vernunft, sondern um Emanzipation von Vernunft, und diese Emanzipation sei nicht anzustreben, sondern bereits geschehen.

Man mag solchen zugespitzten Formulierungen skeptisch gegenüberstehen. Richtig ist jedoch, daß die Postmoderne gekennzeichnet ist durch eine Zunahme von Optionen bei gleichzeitiger Abnahme von Verbindlichkeiten. Hier ergeben sich

---

3 Vgl. Fritz W. Scharpf, Die Handlungsfähigkeit des Staates am Ende des zwanzigsten Jahrhunderts, in: Politische Vierteljahresschrift, 32 (1991) 4, S. 621–634.
4 Ottfried Jarren, Politik und politische Kommunikation in der modernen Gesellschaft, in: Aus Politik und Zeitgeschichte, B 39/94, S. 7.
5 Vgl. F. Scharpf (Anm. 3), S. 95, 104 und 107. Vgl. ebenso ders., Politische Steuerung und politische Institutionen, in: Macht und Ohnmacht politischer Institutionen. 17. Wissenschaftlicher Kongreß der DVPW. 12. bis 16. September 1988 in der Technischen Hochschule Darmstadt. Tagungsbericht. Im Auftrag der Deutschen Vereinigung für Politische Wissenschaft hrsg. von Hans-Hermann Hartwich, Opladen 1989, S. 16–29.
6 Vgl. Ulrich Sarcinelli, Demokratiewandel im Zeichen medialen Wandels? Politische Beteiligung und politische Kommunikation, in: Ansgar Klein/Rainer Schmalz-Bruns (Hrsg.), Politische Beteiligung und Bürgerengagement in Deutschland, Bonn 1997, S. 323.
7 Antony Giddens, Leben in einer posttraditionalen Gesellschaft, in: Ulrich Beck/Antony Giddens/Scott Lash, Reflexive Modernisierung. Eine Kontroverse, Frankfurt/M. 1996, S. 142.
8 Niklas Luhmann, Beobachtungen der Moderne, Opladen 1992, S. 42.

Chancen und Zukunftsaufgaben für politische Bildungsarbeit. Der Bedarf an Orientierung, an Bewertung, an Hilfe zur eigenständigen Urteilsbildung steigt, und es erscheint eher zweifelhaft, daß dieser durch die Medienexplosion wesentlich verursachte steigende Orientierungsbedarf durch die Medien selbst gedeckt werden kann.

Dies muß kein Nachteil für die Demokratie sein. Positiv kann man sogar sagen: Mehr denn je steht Politik, stehen politische und gesellschaftliche Akteure im Zwang zur Begründung und Rechtfertigung ihres Handelns. Mehr denn je werden von ihnen kommunikative Leistungen erwartet, wird ihnen »Legitimation durch Kommunikation« abverlangt, wird Publizität zur gesellschaftlichen und politischen Eintritts- oder Trumpfkarte. Das – gleichsam modernisierungstheoretisch – grundsätzlich Neue ist dabei, daß die klassischen Konfliktmuster der Industriegesellschaft, die Auseinandersetzungen zwischen mehr oder weniger stabilen Interessengruppen, gesellschaftlichen Großgruppen, zwar keineswegs abgelöst werden. Das alles gibt es noch. Es wird aber zunehmend bestimmt, oft auch überlagert und relativiert durch eine eher themenzentrierte, an der massenmedialen Öffentlichkeit und weniger an sozialen Gruppen und Milieus orientierte, vagabundierende Konfliktbereitschaft. Nicht selten gilt das als wichtig, was medial gerade Beachtung findet. Doch ist es immer das Wichtige, was die Medien besonders beachten?

Man muß sich das in seiner erkenntnistheoretischen Radikalität vorstellen, um zu erkennen, was politische Wirklichkeit heute eigentlich ist. »Was wir über unsere Gesellschaft, ja über die Welt, in der wir leben, wissen«, so meint jedenfalls Niklas Luhmann, wissen wir »durch die Massenmedien«. Von der »Realität der Massenmedien«, so der Titel seines Buches, spricht er deshalb, weil diese »für sie oder durch sie für andere als Realität erscheint«. Die Massenmedien seien es, die die Themen durchsetzten. Durch die Massenmedien beobachte sich das politische System selbst. Ihre Primärfunktion sei es, die Selbstbeobachtung für andere soziale Systeme zu ermöglichen. Das Mediensystem sei deshalb auf schnelles Vergessen und Erinnern angelegt, es veralte sich selber[9].

Das wäre nun wirklich ein fundamentaler Befund, wenn Politik zunehmend unter den Druck sich rasch verändernder Erwartungslagen geriete, im Dauerstreß einer medial gestützten »Stimmungsdemokratie«[10] stände. Von der traditionellen Vorstellung, daß das politische System Macht im eigentlichen Sinn generiere, die Medien sie hingegen nur verteilten, müßte in diesem Fall Abschied genommen werden[11]. Im Dreieck von Politik, Medien und Öffentlichkeit scheint erstere in eine gewisse Defensive geraten zu sein. Mit den Instrumenten des »Ereignismanagements«[12] und der »ständigen Produktion von Kommunikationsange-

---

9 Niklas Luhmann, Die Realität der Massenmedien, Opladen 1995, S. 1f. und S. 16ff. Vgl. ebenso Frank Marcinkowski, Publizistik als autopoietisches System. Politik und Massenmedien. Eine systemtheoretische Analyse, Opladen 1993.
10 So der Titel des Buches von Heinrich Oberreuter, Stimmungsdemokratie. Strömungen im politischen Bewußtsein, Osnabrück 1987.
11 Vgl. Otfried Jarren, Problemskizze: Medien und Politik, erstellt im Auftrag der Bertelsmann Stiftung, Hamburg 1992, S. 5.
12 Vgl. Hans Mathias Kepplinger, Ereignismanagement. Wirklichkeit und Massenmedien, Zürich–Osnabrück 1992.

boten«[13] versucht sie auf die ihr eigene Art, sich auf das Spiel einzulassen, einen Teil der politischen Initiative zurückzugewinnen.

2. Verstreut sich das Publikum? – Orientierungsprobleme im medialen Markt

Inzwischen darf es als gesichert gelten, daß die Medien zu einem integralen Bestandteil von Gesellschaft und Politik geworden und nicht bloß passive Vermittler im Sinne von Relais oder Reflektoren einer Wirklichkeit sind, die autonom und unabhängig von Massenkommunikation existiert. Die Medien müssen statt dessen, so drückt es Winfried Schulz aus, »als aktives Element in dem sozialen Prozeß begriffen (werden), aus dem eine Vorstellung von Wirklichkeit erst hervorgeht«; sie hätten »Teil am kollektiven Bemühen, eine Realität zu konstruieren und diese – durch Veröffentlichung – allgemein zugänglich zu machen, so daß eine gemeinsame Basis für soziales Handeln entsteht«[14]. Die Autoren des Funkkollegs Kommunikationswissenschaft bezeichnen die Medien in diesem Sinne treffend als »Wirklichkeitsgeneratoren«[15].

Daß diese »Wirklichkeitsgeneratoren« an Dynamik gewonnen haben, zeigt bereits ein kursorischer Blick auf die Entwicklungen des elektronischen Medienmarktes[16]. Dem Fernsehzuschauer standen bis Mitte der achtziger Jahre gemeinhin drei Programme zur Verfügung. Die flächendeckende terrestrische Telekommunikation trug Merkmale eines natürlichen Monopols[17]. Markt und Wettbewerb waren weitgehend ausgeschaltet. In der öffentlich-rechtlichen Organisationsform hatte sich die Gesellschaft ein Statut gegeben, mittels dessen das aufwendig produzierte und folglich knappe Gut Information möglichst gerecht verteilt werden sollte. Deutlicher als in dem vom Bundesverfassungsgericht kreierten Begriff der »Grundversorgung« hätte sich das staatliche Regulierungsinteresse nicht ausdrükken können. In eingeschränkter Zahl verfügbare Sendefrequenzen gestatteten nur wenige Alternativen im Angebot. Auf der Seite der Informations- und Unterhaltungsabnehmer führte dies zu einem recht homogenen Publikum. Seiner besonderen Expressivität (Visualisierung), vielleicht auch seiner öffentlichkeitskonstituierenden Wirkung verdankte das Fernsehen mehr noch als der Hörfunk

---

13 Ulrich Sarcinelli, Mediatisierung und Wertewandel: Politik zwischen Entscheidungsprozeß und politischer Regiekunst, in: Frank E. Böckelmann (Hrsg.), Medienmacht und Politik. Mediatisierte Politik und politischer Wertewandel, Berlin 1989, S. 166.
14 Winfried Schulz, Massenmedien und Realität, in: Max Kaase/Winfried Schulz (Hrsg.), Massenkommunikation. Theorien, Methoden, Befunde, in: Kölner Zeitschrift für Soziologie und Sozialpsychologie, Sonderheft 30, Opladen 1989, S. 141–149, hier S. 142.
15 Klaus Merten/Siegfried Weischenberg (Hrsg.), Die Wirklichkeit der Medien. Eine Einführung in die Kommunikationswissenschaft, Opladen 1994, S. 1.
16 Vgl. spezielle Hinweise unter anderem in den Beiträgen von Ulrich Saxer, Otfried Jarren, Frank Marcinkowski und Hans J. Kleinsteuber in diesem Band.
17 Kommunikationsordnung 2000. Grundsatzpapier der Bertelsmann Stiftung zu Leitlinien der zukünftigen Kommunikationsordnung, Gütersloh 1997, S. 11.

seine kulturelle Leitfunktion. Wer mit Politikvermittlung zu tun hat, kam und kommt nicht umhin, sein besonderes Interesse auf dieses Medium zu richten.

In den letzten zehn Jahren hat der technische Wandel die Situation weitgehend verändert. Mit der Aufhebung des öffentlich-rechtlichen Monopols und der Einführung von Kabel- und Satellitentechnologie können die derzeit ca. 8,7 Mio. Haushalte mit Satellitenschüsseln etwa 60 Fernsehprogramme empfangen, ca. 18,6 Mio. verkabelte Haushalte immerhin noch 28 Programme[18]. Im Vergleich mit der heutigen Mediendiskussion, die sich mit der ökonomischen Standortdiskussion verwoben hat, ist der Übergang zum Privatfernsehen Mitte der achtziger Jahre relativ geräuschlos verlaufen[19]. Dies mag im nachhinein verwundern, denn der für eine Demokratie nicht folgenlose Prozeß der Auflösung der Nachfrageseite in eine Vielzahl von Spezialpublika war nunmehr in vollem Gange. »Das Publikum verstreut sich«[20], bilanzierte 1994 Uwe Hasebrink das Ergebnis einer Entwicklung, die in der öffentlichen Diskussion wenig Widerhall gefunden hatte. Ob sich die Diversifizierung des Medienmarktes noch durch *Pay-TV*-Angebote weiter fortsetzt oder ob der Markt aufgrund eines kaum mehr wachsenden »Werbekuchens« trotz weiterer technischer Fortschritte schon weitgehend gesättigt ist, kann hier vernachlässigt werden[21].

Mit der Digitalisierung der Informationen hat jedenfalls eine neue Phase der Entwicklung begonnen. Die neuesten Medienveränderungen, die nicht auf das Fernsehen beschränkt sind, die Rolle des Fernsehens im Medienverbund aber modifizieren, hat Peter Glotz als »Änderung des Schaltplans«[22] unserer Zivilisation bezeichnet. Man darf skeptisch bleiben gegenüber Vermutungen, bei der Festlegung auf eine Telekommunikationsordnung der kommenden Jahre handele es sich um eine Schicksalsentscheidung, die mit der Option für eine bestimmte Wirtschaftsordnung am Vorabend der Bundesrepublik 1948 zu vergleichen sei[23]. Man muß auch nicht die Hoffnungen auf allgemeine Weltpazifizierung teilen, die Nicholas Negroponte, Gründungsdirektor des Medienlabors am MIT (Mass. Institute of Technology in Harvard), mit dem Übergang von einer analogen zu einer digitalen Welt verbindet[24], um die Bedeutung der Entwicklungen zu erahnen, mit denen unsere Sprache nicht Schritt hält, und für die wir nur begriffliche »Verlegenheitslösungen wie ›neue Medien‹ und ›Multimedia‹ oder die Sammelbezeichnung ›IuK‹«[25] bereit

---

18 Vgl. Christina Holtz-Bacha, Das fragmentierte Medien-Publikum – Folgen für das politische System, in: Aus Politik und Zeitgeschichte, B 42/97, S. 13.
19 Vgl. Friedrich Besch, Medienkompetenz als Ziel schulischer Bildung, in: Bertelsmann Stiftung/Heinz Nixdorf Stiftung (Hrsg.), Bildungsinnovation durch Medien, Gütersloh 1997, S. 69.
20 Vgl. Uwe Hasebrink, Das Publikum verstreut sich. Zur Entwicklung der Fernsehnutzung, in: Otfried Jarren (Hrsg.), Medienwandel – Gesellschaftswandel? 10 Jahre dualer Rundfunk in Deutschland. Eine Bilanz, Berlin 1994, S. 265–287.
21 Vgl. Mark Wössner, Entwicklung der Medienmärkte, in: Ingrid Hamm (Hrsg.) Kommunikationsgesellschaft der Zukunft. Medienforum mit dem Bundespräsidenten, Gütersloh 1997, S. 51.
22 Peter Glotz, Änderung des Schaltplans, in: Die Zeit Nr. 46 vom 10. November 1995, S. 58.
23 Kommunikationsordnung 2000 (Anm. 17), S. 13.
24 Nicholas Negroponte, being digital, New York 1995, S. 230.
25 Winfried Schulz, Neue Medien – Chancen und Risiken. Tendenzen der Medienentwicklung und ihre Folgen, in: Aus Politik und Zeitgeschichte, B 42/97, S. 3.

halten. Unverkennbar ist jedenfalls: Grundlegend verändert haben sich durch Globalisierung, Kommerzialisierung, zunehmende Diversifizierung und Individualisierung der medialen Umwelt Politikvermittlung und Politikwahrnehmung, so daß sich die Fragen nach der Rolle des Bürgers in der Mediengesellschaft und nach den Aufgaben politischer Bildung neu stellen.

3. Politische Beteiligung in der Mediengesellschaft: Zwischen Mediencitoyen und Medienbourgeois

Der durch seine Konfliktdidaktik in der politischen Bildung vielbeachtete Hermann Giesecke war es, der 1985 in einem Aufsatz mit dem Titel »Wozu noch ›Politische Bildung‹« die These aufstellte, »der ›Geruch‹ der Umerziehung hafte(t) der politischen Bildung bis heute an«[26]. Obwohl Giesecke in diesem Aufsatz wie auch später noch Selbstverständnis und Traditionen politischer Bildungsarbeit grundsätzlich in Frage stellte und stattdessen das Training des richtigen Umgangs mit der Publizistik als eine pädagogisch-politische Kernaufgabe empfahl, gab es kaum Reaktionen aus der Kollegenschaft[27].

Bei aller Übertreibung ist an Gieseckes Kritik sicherlich richtig, daß der politischen Bildung – allerdings wohl mehr in der Theorie und weniger in der praktischen Bildungsarbeit – eine gewisse Neigung zu einem idealisierten Bürgerbild nicht abzusprechen ist. Wer nicht schwarze Pädagogik betreiben will, braucht einen gewissen Idealismus, ein Menschenbild, das am Aufklärungsgedanken, an humanistischen, emanzipatorischen, herrschaftskritischen oder anderen Prinzipien orientiert ist. Vor diesem normativen Horizont politischer Bildung erscheint der Bürger gerne als eine Art »Mediencitoyen«, der sich politisch interessiert und mit einer starken Informationsorientierung den Medien zuwendet. So hätten wir es jedenfalls gerne.

Tatsächlich hat es dann die politische Bildungsarbeit aber mit Menschen zu tun, deren Medienrezeptionsgewohnheiten es eher rechtfertigen, aufgrund starker Un-

---

26 Hermann Giesecke, Wozu noch »Politische Bildung«. Anmerkungen zum 40. Geburtstag einer nach wie vor umstrittenen Bildungsaufgabe, in: Neue Sammlung, 25 (1985), S. 465–474; ders., Politische Bildung. Didaktik und Methodik für Schule und Jugendbildung, Weinheim–München 1993, insb. S. 49.

27 Vgl. Ulrich Sarcinelli, Politikvermittlung durch Massenmedien – Bedingung oder Ersatz für politische Bildung?, in: Verantwortung in einer unübersichtlichen Welt. Aufgaben wertorientierter politischer Bildung. Referate und Diskussionsergebnisse des Bundeskongresses der Deutschen Vereinigung für Politische Bildung in Zusammenarbeit mit der Bundeszentrale für politische Bildung vom 10. bis 12. März 1994 in Erfurt, Bonn 1995, S. 443–458; ders., Politische Bildung und Medien, in: Klaus Körber (Hrsg.), Politische Weiterbildung zwischen Gesellschafts- und Subjektorientierung, Bremen 1994, S. 205–227; ders., Massenmedien und politische Bildung: Komplementärfunktion oder Konkurrenz, in: Bundeszentrale für politische Bildung (Hrsg.), Vierzig Jahre politische Bildung in der Demokratie. Dokumentation. Kongreß im Berliner Reichstag vom 10.–12. November 1989, Bonn 1990, S. 97–108.

terhaltungsorientierung von einem »Medienbourgeois«[28] zu sprechen. Denn mit einer Vorstellung gilt es aufzuräumen: der Vorstellung nämlich, junge Menschen beispielsweise verfügten aufgrund entsprechender Mediennutzung über einen fundierten politischen Informationsvorrat. Einige ausgewählte Befunde bzw. Thesen der Mediennutzungs- und Medienwirkungsforschung[29] vermögen dieses Bild leicht zu korrigieren bzw. zu differenzieren:

- Politische Informationsaufnahme ist in hohem Maße »ein Nebenprodukt von Alltagshandlungen«[30], die in der Regel anderen Zwecken dienen. Das trifft auf junge Menschen ebenso zu wie auf ältere. Dabei ist der Hörfunk – Stichwort »Musikteppich« – das gerade von Jugendlichen besonders genutzte klassische »Nebenbei-Medium«.

- Die flächendeckende Versorgung mit Print- und elektronischen Medien bedingt keineswegs automatisch einen hohen Informationsgrad. Vielmehr variieren Umfang und Art der informationellen Teilnahme am politischen Geschehen in den verschiedenen Medien – Zeitung, Hörfunk und Fernsehen – je nach politischen Prädispositionen und sozialstrukturellem Hintergrund der Rezipienten. Unterschiedliche Präsentationsweisen und »Politikformate«[31] von Druck-, Hör- und Sehmedien verstärken zudem die Selektivität in der Zuwendung zu politischen Informationen. Sie führen dazu, daß Intensität und Qualität der Informationsvermittlung und politischen Mobilisierung in hohem Maße differieren. So gelten Printmedien in der Vermittlung politischen Faktenwissens gegenüber dem Fernsehen als überlegen. Dies wirkt sich vor allem bei der Gruppe der politisch stark Interessierten und höher Gebildeten mit ausgeprägter Informationsneigung und überdurchschnittlicher Lesebereitschaft aus.

- Mit der sogenannten Wissenskluft-Forschung kann inzwischen gut belegt werden, daß die Ausweitung des Mediensektors und der gestiegene Nutzungsumfang schichtspezifische Differenzen und Benachteiligungen nicht ausgleichen können, wie dies als politisches Argument lange Zeit im Zusammenhang mit der Dualisierung des Rundfunks und der Ausweitung des elektronischen Mediensektors insgesamt vorgetragen wurde. Im Gegenteil: Die »Wissenskluft« zwischen informationsorientierten, vor allem auch die Druckmedien rezipierenden Mediennutzern und den vor allem auf das Fernsehen ausgerichteten unter-

---

28 Zur Unterscheidung zwischen »Mediencitoyen« und »Medienbourgeois« und den damit verbundenen partizipatorischen Konsequenzen vgl. U. Sarcinelli (Anm. 6), S. 330.
29 Vgl. detailliertere Befunde in den Beiträgen von Heinz Bonfadelli, Uwe Hasebrink und Michael Schenk in diesem Band.
30 Barbara Pfetsch, Bürger – Publikum, in: Otfried Jarren/Ulrich Sarcinelli/Ulrich Saxer (Hrsg.), Politische Kommunikation in der demokratischen Gesellschaft. Ein Handbuch mit Lexikonteil, Opladen 1998, S. 406–413.
31 Unter einem Format versteht man die Logik und die Regeln, »die inhaltliche Informationen in die klar erkennbare Form eines Mediums überführen und dadurch zeitlich und räumlich strukturieren«. So gelten etwa als zentrale Formatkriterien des Fernsehens die »Visualisierung«, die zeitliche Verkürzung, die Vereinfachung und eine gewisse Dramatisierung. Dazu mit weiteren Verweisen: Barbara Pfetsch, Politische Fernsehwelten: Die Politikberichterstattung in privaten und öffentlich-rechtlichen Sendern, in: Otfried Jarren (Hrsg.), Politische Kommunikation in Hörfunk und Fernsehen, Opladen 1994, S. 113.

haltungsorientierten Publika nimmt tendenziell zu[32]. Die seriöse Presse empfindet diesen Sachverhalt als Zwang zur Boulevardisierung, dem sie selbst sich nur noch schwer entziehen könne[33].
– Eine annähernd gleiche Versorgung mit moderner Medieninfrastruktur ist demnach eine zwar wichtige Voraussetzung, keineswegs aber schon die Gewähr für eine politisch-mediale Chancengleichheit. Im Zuge der langjährigen Forschung über Grundlagen und Folgen des Wertewandels konnte zudem nachgewiesen werden, daß sich mit der Erhöhung des Bildungsgrades die Publikumsrolle verändert. So hat sich in den letzten Jahrzehnten die »Beobachtungskompetenz für und die Beteiligungskompetenz . . . sowie der faktische Beteiligungswunsch an Politik erhöht«[34]. Ausschlaggebend dafür sind neben und in Verbindung mit einer breiten kognitiven Mobilisierung (gemessen als Erhöhung des formalen Bildungsgrades) der Bevölkerung die Faktoren ökonomisches Wachstum und wohlfahrtsstaatliche Entwicklung, die über den Modernisierungsprozeß die kognitive Fähigkeit der Bürger steigern, sich für Politik zu interessieren und sich daran zu beteiligen. Allerdings stellt sich die Frage, inwieweit das erhöhte politische Beteiligungsinteresse über ein mediales »Anpolitisiertsein«[35] hinausgeht, denn interessanterweise gibt es einen Zusammenhang zwischen Einführung bzw. Verbreitung des Fernsehens und steigendem politischen Interesse. Andererseits eignet sich gerade dieses Medium geradezu ideal für die bloß symbolische Teilnahme an der Politik.
– Schon vor mehr als zehn Jahren stellte Winfried Schulz eine auch heute noch interessante These auf. Er sieht in dem medieninduzierten gesteigerten Beteiligungsanspruch eine »diskrepante Situation«: Obwohl die meisten Leute vom politischen Geschehen objektiv wenig wüßten, hätten sie doch zunehmend das Bedürfnis nach Anteilnahme und das Gefühl der Betroffenheit entwickelt. Sie lebten, salopp ausgedrückt, mit ihren partizipatorischen Ansprüchen über die Verhältnisse ihrer politischen Bildung[36].
– Ein weiterer Befund aus der Massenkommunikationsstudie von Berg/Kiefer weist auf eine ungebrochene Attraktivität des Fernsehens, das sogar noch einen »Nutzungsschub« im Laufe der letzten zehn Jahre erfahren hat. Zu-

---

32 Vgl. dazu grundlegend Heinz Bonfadelli, Die Wissenskluft-Perspektive. Massenmedien und gesellschaftliche Information, Konstanz 1994.
33 Vgl. Eva Wyss, Steigende Anforderungen an den Mediennutzer. Die Wissenskluft als Demokratieproblem, in: Neue Zürcher Zeitung vom 8. März 1996, S. 65.
34 Vgl. Jürgen Gerhards, Politische Öffentlichkeit. Ein system- und akteurstheoretischer Bestimmungsversuch, in: Friedhelm Neidhardt (Hrsg.), Öffentlichkeit, öffentliche Meinung, soziale Bewegungen, in: Kölner Zeitschrift für Soziologie und Sozialpsychologie, Sonderheft 34, Opladen 1994, S. 101, mit Verweis auf: Dieter Fuchs/Hans-Dieter Klingemann (Hrsg.), Citizens and the State, Oxford 1994.
35 Zu Begriff und These vgl. Heinrich Oberreuter, Wirklichkeitskonstruktion und Wertwandel, in: Aus Politik und Zeitgeschichte, B 27/87, S. 17–29, hier insb. S. 25. Im Tenor ähnlich: Bericht zu Lage des Fernsehens für den Präsidenten der Bundesrepublik Deutschland, vorgelegt von Jo Groebel u. a., Gütersloh 1995, insb. 71 ff.
36 Vgl. Winfried Schulz, Politikvermittlung durch Massenmedien, in: Ulrich Sarcinelli (Hrsg.), Politikvermittlung. Beiträge zur politischen Kommunikationskultur in der Bundesrepublik Deutschland, Bonn 1987, S. 143.

nehmende Unterhaltungsorientierung und beiläufige Inanspruchnahme bei gleichzeitiger partieller Entpolitisierung des Programmangebots, so Berg/Kiefer[37], reduzierten die subjektive Einschätzung der Glaubwürdigkeit des Fernsehens und seine Bedeutung als Mittler politischer Informationen. Wesentlich sei dabei, daß diese Entwicklung wohl auch auf die Nutzung von Tageszeitungen abstrahle und sich langsam aber doch merklich die Lesesozialisation verändere[38]. – Vielleicht ist dies speziell unter politisch-pädagogischen Gesichtspunkten das eigentlich dramatische Faktum.

- Schließlich sollte man Abschied nehmen von naiven Medienwirkungsmodellen. Schon seit geraumer Zeit beschäftigt sich die Wirkungsforschung nicht nur mit der Frage: »Was machen die Medien mit den Mediennutzern?«, sondern auch mit der Frage: »Was machen die Mediennutzer mit den Medien?« – Es gibt nicht nur eine idealisierende Überhöhung des Bürgers. Es gibt auch eine Unterschätzung des Publikums. Netzwerkanalysen jedenfalls berechtigen zu der Frage, inwieweit die apokalyptischen Befürchtungen eines Verfalls demokratischer Öffentlichkeit tatsächlich berechtigt sind, sind doch Medienrezeption und politische Meinungsbildung kein Akt überwiegend isolierter Informationsverarbeitung. Michael Schenk und seine Forschungsgruppe haben nachgewiesen, daß Menschen in ihrer persönlichen Umgebung durchaus eigene Ansichten und Meinungen zu relevanten Dingen besitzen und äußern und sich nicht von der Mediendarstellung blenden lassen. Die Forscher sehen einen »zyklischen Zusammenhang von Massen- und interpersonaler Kommunikation«. Massenmedien dienten der themenspezifischen Erstinformation und leiteten interpersonale Kommunikation ein, die zur Themengewichtung *(Agenda-Setting)* beitrage. Interpersonale Kommunikation über »wichtige« Themen führe dann zu weiterer Aufnahme von Informationen aus den Medien. »Interpersonale Kommunikation stellt somit ein entscheidendes Scharnier im Medienwirkungsprozeß dar, indem sie die Themenwichtigkeit und die fortgesetzte Medienwahrnehmung stützt«. Nach ihren Untersuchungen ist der »Einfluß massenmedialer Themenwichtigkeit allenfalls gleichrangig zu den Wirkungen interpersonaler Kommunikation«. Im Themengewichtungs- wie im politischen Meinungsbildungsprozeß des Alltags sind demnach Bezugsgruppeneinflüsse, ist der Schutzschild ›Interpersonaler Kommunikation‹ ... weithin intakt«[39].

---

37 Vgl. dazu Marie-Luise Kiefer, Massenkommunikation 1995. Ergebnisse der siebten Welle der Langzeitstudie zur Mediennutzung und Bewertung, in: Media Perspektiven, (1996) 5, S. 234–248, hier insb. S. 245 ff.; dies.; Schwindende Chancen für anspruchsvolle Medien, in: Media Perspektiven, (1996) 11, S. 589–597; siehe dazu auch: Klaus Berg/Marie-Luise Kiefer (Hrsg.), Massenkommunikation V. Eine Langzeitstudie zur Mediennutzung und Medienbewertung 1964–1995, Baden-Baden 1996.
38 Vgl. z. B. Stiftung Lesen (Hrsg.), Leseverhalten in Deutschland 1993. Repräsentativstudie zum Lese- und Medienverhalten der erwachsenen Bevölkerung im vereinten Deutschland, o. O. (Mainz) 1993.
39 Michael Schenk/Patrick Rössler, Das unterschätzte Publikum, in: F. Neidhardt (Anm. 34), S. 282 f. und S. 293. Siehe ebenso: Michael Schenk, Meinungsbildung im Alltag – Zum Einfluß von Meinungsführern und sozialen Netzwerken, in: Michael Jäckel/Peter Winterhoff-Spurk (Hrsg.), Politik und Medien. Analysen zur Entwicklung der politischen Kommunikation, Berlin 1994, S. 143–158, sowie den Beitrag von Michael Schenk in diesem Band.

Wenn es aber richtig ist, daß die Medienberichterstattung zwar starken Einfluß auf die Wahrnehmung eines Themas hat, weniger jedoch darauf, wie das Thema bewertet wird, dann liegt hier auch ein Ansatz für politische Bildungsarbeit. Chancen, aber auch Probleme für politische Beteiligung und politische Bildung ergeben sich auch aus den neuen informations- und kommunikationstechnologischen Möglichkeiten. Auf die Potentiale einer »Cyberdemokratisierung« soll deshalb im folgenden eingegangen werden.

4. Cyberdemokratie – Onlinedienste als Chance politischer Beteiligung und politischer Bildung

Demokratische Herrschaft ist in Abgrenzung zu identitätstheoretischen Modellen der Machtausübung unterschiedlichster Prägung in der politischen Praxis bisher nur als repräsentative Herrschaft verwirklicht worden. Selbst Referendumsdemokratien mit weitgehenden Mitwirkungsmöglichkeiten (Beispiel: Schweiz) kommen ohne Repräsentation und ohne Repräsentanten nicht aus. »Denn alle Machtausübung unterliegt dem Gesetz der kleinen Zahl; immer müssen diejenigen, welche die organisatorisch vereinigten Machtleistungen aktualisieren, über ein gewisses Maß an Entscheidungsfreiheit und damit demokratisch nicht gebundener Macht verfügen«.[40] Ohne eine relative Unabhängigkeit der Repräsentanten könnte Verantwortlichkeit nicht entstehen. Selbst Rousseau vermochte sich die direkte Delegation der Macht an das Volk und durch das Volk nur in überschaubaren Gemeinwesen, in sehr kleinen Republiken vorzustellen[41].

Die Ausübung von Macht in einer anderen als der repräsentativen Form wäre an eine politische Willensbildung gebunden, die als Versammlungsdemokratie dem Dilemma der Abordnung entginge oder doch wenigstens soviel Responsivität des Souveräns in Richtung auf seine Beauftragten gestattete, daß der Umweg über die herkömmlichen Vermittlungsinstanzen (insbesondere Parteien und Parlamente) überflüssig wäre. Bisher galten die Transaktionskosten häufiger politischer Referenden in einem großen Flächenstaat als zu hoch. Repräsentative Verfahren schienen der einzig brauchbare Kompromiß zu sein, um zu kollektiv verbindlichen, demokratischen Entscheidungen zu kommen.

Kritiker moderner Repräsentativverfassungen, die in den interaktiven Medientechnologien via Internet das Wegfallen solcher Barrieren stürmisch begrüßen, sind überzeugt, daß ein neuer Strukturwandel der Öffentlichkeit bevorstehe.[42] Claus Leggewie glaubt, einen »latenten, aufgestauten Partizipationsbedarf«[43] in der Bevölkerung feststellen zu können. In der Tat ist ihm zuzustimmen, daß dort, wo eli-

---

40 Hermann Heller, Staatslehre, Leyden 1971, S. 247.
41 Vgl. Giovanni Sartori, Demokratietheorie, Darmstadt 1992, S. 39.
42 Vgl. Benjamin Barber, Strong Democracy. Participatory Politics for a New Age, Berkeley 1984, S. 273. Das *dilemma of scale,* das Größenproblem der Demokratie, glaubte er seinerzeit durch das Kabelfernsehen lösen zu können.
43 Claus Leggewie, Netizens: Der gut informierte Bürger, in: Transit. Europäische Revue, 13 (1997), S. 10.

täre Beschlüsse die Entscheidungskosten gering halten, gemeinhin überproportional hohe Implementationskosten, also Kosten bei der Umsetzung bzw. Durchsetzung von Entscheidungen, entstehen. Leggewie neigt keineswegs zu einer romantizistischen Verklärung nach Art der antiken Agora oder der Salons in der Zeit der Aufklärung, an deren Vorbild sich zum Ende des Jahrhunderts die öffentlich Debatte im Internet als *electronic townhall*, als »Dorflinde des global village«[44]nach Meinung mancher Enthusiasten ein Beispiel nehmen sollte[45]. Gleichwohl ist er davon überzeugt, daß Meinungsumfragen und *televoting* dank der neuen Technologien in einen »kontinuierlichen Prozeß des Austauschs von Argumenten«[46] münden könnten.

Es wäre demnach durchaus eine Art »teleplebiszitäre« Ergänzung oder Anreicherung der – zumindest auf Bundesebene – geradezu ultrarepräsentativen Demokratie vorstellbar mit der Folge, daß vor allem die Dominanz der Parteien über den politischen Willensbildungsprozeß beschnitten würde. Ebenso würde sich damit vermutlich die Rolle des politischen Journalismus wie die aller »traditioneller *gate keeper*«, unter denen Leggewie die »alten Medien, Parteien und Interessenverbände« versteht, ändern. Ihre Selektionsmacht werde relativiert, dies beuge »deren Zensur und Manipulation«[47] vor. Ähnlich glaubt auch Peter Glotz an die politisch segensreiche Wirkung der neuen Technik, vorausgesetzt, sie verbinde sich mit dem »Mut zur riskanten Selbststeuerung«[48]. Damit will Glotz zweierlei zum Ausdruck bringen: zum einen die offensichtlichen Grenzen der (politischen) Außensteuerung, zum anderen die Risiken, die auch bei noch so guten Selbstkontroll- bzw. Selbststeuerungssystemen prinzipiell nicht ausgeschlossen werden können.

Während sich bei Glotz und Leggewie ein vorsichtiger Optimismus mit einer ausgeprägten Kenntnis der politischen Realität und ihrer Veränderungsmöglichkeiten verbindet, gilt letzteres weniger für euphorische Vertreter einer elektronischen Demokratie. Bei aller Kritik an der Unzulänglichkeit der Repräsentativität westlicher Demokratien ist doch andererseits Skepsis geboten gegenüber allzu euphorischen Erwartungen an die gleiche politische Teilhabe aller an allem[49]: Dies gilt zumindest dann, wenn in der technologischen Variante des Bürgernetzes die Chance einer Art »Telekratie« und »nahezu parlamentsfreien Volksgesetzgebung« gesehen wird[50]. Nachdem die These vom »Ende der Geschichte« (Fukuyama) allzu schnell von der Wirklichkeit eingeholt wurde, scheint an ihre Stelle die Vision vom Ende der Geographie getreten zu sein. Wo der Ort der Politik an Bedeutung verloren und politische Willensbildung sich ins Virtuelle verflüchtigt hat, darf man weiterhin dem Traum von der de-institutionalisierten Politik anhängen. Im Internet scheinen sich die politikspezifischen Sichtweisen lokaler Eliten und die lebensweltlichen Wahrnehmungen

---

44 Der Kampf wird härter, in: Spiegel special Nr. 3/1997, S. 108.
45 Roberta Lamb, Informational Imperatives and Socially Mediated Relationships, in: The Information Society, Irvine (University of California) 1996.
46 C. Leggewie (Anm. 43), S. 11.
47 Ders. (Anm. 43), S. 13.
48 Peter Glotz, Verantwortung sichern, in: I. Hamm (Anm. 21), S. 64.
49 Vgl. Richard E. Sclove, Democracy and Technology, New York 1995, S. 61.
50 In Auseinandersetzung mit einem solchen Denkansatz vgl. Uwe Thayssen, Vom Primat des Politischen: ein Plädoyer für die Parlamente, in: Gegenwartskunde, 46 (1997) 4, S. 429–441.

aller Bürger zu treffen und zu ausgewogenen Entscheidungen zu aggregieren. Hier vermischt sich technologisches Fortschrittsdenken mit einem anthropologischen Optimismus zu einer von der Partizipationswirklichkeit weit entfernten, idealisierten elektronischen Beteiligungsdemokratie, gegenüber der sich dann die politische Gegenwartsrealität noch »auf der Kriechspur« der Demokratie bewegt[51].

Den Hoffnungen auf die globale Durchsetzung eines westlich geprägten Kapitalismus entsprechen im Politischen die Erwartungen, die nicht wenige mit einem Paradigmenwechsel der politischen Willensbildung als Folge der Universalisierung von »Cybersalons«[52] verbinden, der ersehnten Form des politischen Diskurses in der »Siliziumzeit«[53]. Realistischer, was die Einschätzung des Veränderungsdrucks auf die politischen Institutionen betrifft, ist deren politisches Management. Recht zufrieden klingen die Meldungen aus den politischen Institutionen, für deren Öffentlichkeitsarbeit das Internet eine gewisse Bedeutung gewonnen hat. Beispielsweise hat der Deutsche Bundestag in der Zeit von April bis Juni 1997 2 456 Benutzer des Netzes nach ihrem Urteil über das Angebot befragt, aus den Antworten eine Gesamtnote von 2,25 (gut) errechnet und daraus den Schluß gezogen, »daß die Benutzer mit dem Programm des Bundestages im Internet sehr zufrieden sind«[54]. Auch die Parteizentralen geben sich optimistisch. Das Konrad-Adenauer-Haus der CDU (www.cdu.de) zählt nach eigenen Angaben monatlich 350 000 elektronische Besucher, Bündnis 90/Die Grünen (www.gruene.de) 31 000 Internetkontakte. Und die SPD hat aus der Not des tendenziellen Rückgangs ihrer Mitglieder und der Schließung so manchen Ortsvereins die Tugend eines virtuellen Ortsvereins (VOV) gemacht, eines Arbeitskreises beim Parteivorstand, in dem sich Mitglieder im Netz treffen können, manchmal auch, um *online* Wahlen durchzuführen[55]. Ginge es schließlich nach der Anzahl der *hits,* also der aufgerufenen Internetseiten, müßte sich die F.D.P. (www.liberale.de) mit 200 000 Treffern keine Sorgen um ihre politische Zukunft machen[56].

Betrachtet man allerdings die Interessen der Besucher, welche im untersuchten Zeitraum auf die Internetseiten des Deutschen Bundestages gelangten, genauer, so fällt auf, daß der größte Teil (43,9 Prozent) zum ersten Mal im Angebot weilte und die Abteilung »neueste Info Parlamentsgeschehen« die höchste Aufmerksamkeit erzielte (28 Prozent). Informationen über Parteien und Fraktionen stießen mit sechs Prozent hingegen auf recht wenig Interesse. Nicht überraschend ist auch, daß relativ zu den übrigen Gruppen die meisten Ankömmlinge den Weg über *links* anderer Programme gefunden hatten (34 Prozent), beim »Surfen« folglich irgendwann ein-

---

51 Michael Hanfeld, Das elektronische Volk. Und eine reale Elitenkarambolage: Internet und Politik, in: Frankfurter Allgemeine Zeitung vom 24. Februar 1997, S. 35.
52 Zur Kritik an diesem Ansatz vgl. Hubertus Buchstein, Cyberbürger und Demokratietheorie, in: Deutsche Zeitschrift für Philosophie, (1996) 4, S. 583–607.
53 In Anlehnung an eine Formulierung von Hans-Joachim Queisser, Die Siliziumzeit, in: Heinz Maier-Leibnitz (Hrsg.), Zeugen des Wissens, Mainz 1986, S. 203–236.
54 Simone Fühles-Ubach, Internet – Was erwartet der Bürger vom Bundestagsprogramm. Ergebnis einer Umfrage (Fragebogen mit Gewinnspiel), Bonn 1997.
55 Vgl. H. Giesecke (Anm. 26); in Auseinandersetzung mit Hermann Giesecke vgl. U. Sarcinelli (Anm. 27).
56 Marco Althaus, Nur einen Mausklick entfernt – Wählerstimmen sammeln auf der Datenautobahn, in: Frankfurter Allgemeine Zeitung vom 19. Juli 1997, S. 4.

mal beim Bundesparlament vorbeigekommen waren. Die relativ stärkste Gruppe gab auf die Frage nach dem Provider des Internetzugangs einen Hochschulserver an (39 Prozent). Den unteren Bildungsschichten bliebe diese Form der Informationsbeschaffung und der möglichen politischen Einflußnahme also noch weitgehend versperrt. Das Interesse der Nutzer an Interaktivität hielt sich in Grenzen. Zwar wandte sich fast jeder dritte Besucher auf die eine oder andere Art und Weise an das Referat Öffentlichkeitsarbeit. Doch nur 14,2 Prozent schickten eine Email. Die meisten (27,5 Prozent) baten um Informationsmaterial[57].

Mit den Vorstellungen vom diskursorientierten Bürger, der mit den Abgeordneten einen regen Meinungsaustausch pflegt und von letzteren als geschätzter Gesprächspartner gesucht wird, haben die Angebote von Institutionen und Parteien noch wenig gemeinsam[58]. Ob nach der geplanten Reform des Bundestagsangebotes, die Homepage eines jeden einzelnen Parlamentariers zugänglich zu machen, diese tatsächlich dann auch als ein die Responsivität erhöhendes, interaktives Medium politischer Kommunikation in größerem Umfang genutzt wird, bleibt abzuwarten.

5. Demokratietheoretische Aspekte einer Cyberdemokratisierung der parlamentarischen Demokratie

Eine wesentliche Voraussetzung repräsentativer Demokratie ist, daß Parlamentarier aus allen Bereichen der Gesellschaft Impulse und Informationen erhalten sowie Kritik erfahren. Sie müssen eingebettet sein in ein Netzwerk von parlamentarischen Gremien, von Parteien und Verbänden, in ihren Wahlkreis, die Medien und die vielfältigen sonstigen Kontakte im vorpolitischen Raum, welche es ihnen erst ermöglichen, ihr Mandat responsiv auszuüben[59]. Der Souverän begegnet ihnen in ihrem politischen Alltag in vielerlei Weise. Die Dominanz der Parteien im politischen Prozeß und ihre Allpräsenz im vorpolitischen Raum lassen allerdings wenig Spielraum für eine direkte Einflußnahme auf die Staatswillensbildung. Vielleicht fasziniert uns daher mehr als in anderen vergleichbaren Demokratien die unmittelbare Interaktion zwischen Volk und politisch Beauftragten, die ohne mediatisierende Instanzen und Akteure, ohne die Verfahrensregulierung der gewachsenen Institutionen zustande kommen soll.

Die Empirie verhilft hier zu einer nüchternen Einschätzung. Als der Medienwissenschaftler Frank Nürnberger eine *newsgroup* zur britischen Politik untersuchte, konnte er feststellen, daß sich die Diskussion weitgehend an die thematische Vorgabe der Medien gehalten hatte, daß in Abweichung dazu lediglich sogenannte weiche, d. h. allgemein menschliche Themen häufiger vorkamen. Homosexualität, Tierschutz, Rassismus sowie Kapitalismus versus Sozialismus gehörten zu dieser Art

---

57 Vgl. S. Fühles-Ubach (Anm. 54).
58 Vgl. dazu auch Ulrich Sarcinelli/Manfred Wissel, »Internetisierung« von Öffentlichkeit und Demokratie? Trends, Chancen und Probleme für Politikvermittlung und politische Bildung im Online-Zeitalter, in: Thomas Meyer (Hrsg.), Jahrbuch 1996. Medien, Politik, Politische Bildung, Bonn 1996, S. 40.
59 Vgl. Werner J. Patzelt, Abgeordnete und ihr Beruf, Berlin 1995, S. 206.

von »Bauchthemen«, von denen der Wissenschaftler meinte, daß sich bei ihnen »minimales Fachwissen leicht in maximalen Wortausstoß verwandeln«[60] lasse. Als sich Herta Däubler-Gmelin vor einigen Jahren einer *chat*-Gruppe im Internet stellte und ihr Thesenpapier »Mehr Partizipationsdemokratie, globale Wertegeltung und Lernkultur durch das Internet« vorlegte, wollten ihre Gesprächspartner lieber über Zensur im Netz und das Telekommunikationsgesetz debattieren[61], also über Themen, die so eng an das Netz geknüpft sind, daß sich ihre Relevanz für breite Bevölkerungsgruppen jenseits der neuen Technologie in Nichts auflöste.

Es gehört zu den Charakteristiken offener Gesellschaften, daß sie nicht nur Spielräume für eine demokratische Öffentlichkeit, sondern auch Raum für Gegenöffentlichkeiten lassen und damit die Chance bieten, die Legitimitätsfrage politischer Herrschaft immer wieder neu zu stellen. Gegenwärtig ist es die »Cyberdemokratie«, die zum Kristallisationspunkt für Hoffnungen auf eine grundlegende Demokratisierung von Staat und Gesellschaft geworden ist. Gerade diesen Aufbruchstimmungen haftet »ein eigentümliches Konglomerat von postmodernen Desintegrationstheoremen und New-Age-Elementen« an. »Ein nicht unbedeutender Aspekt der Computerkultur ist der prickelnde Reiz der Freiheit für diejenigen, die es sich wirtschaftlich leisten können, eine radikal-libertäre Haltung gegenüber politischen Fragen einzunehmen. Die radikal-libertäre Weltanschauung der Computerkultur legitimiert die derzeitigen Modernisierungsgewinner.«[62] Ihre Befindlichkeit hat Sherry Turkle, Soziologieprofessorin am Massachusetts Institute of Technology, als »fluid, emergent, decentralized, multiplicitous, flexible, and ever in process«[63] beschrieben.

Die Parteien haben sich gut informiert über diese Klientel, die ab und zu bei ihnen vorbeisurft. Nach einer Studie der Hamburger Agentur Fittkau & Maaß haben mindestens 78 Prozent das Abitur. Sie sind »mobil, gut verdienend, kommunikativ, jung, meist männlich, und darunter sind viele Wechselwähler«[64]. Wie weit trägt aber das Partizipationsverlangen solcher selbstbewußt auftretenden Minderheiten? Erschöpft es sich dann, wenn die Verantwortungsübernahme auch für Routineaufgaben ansteht, die in einer komplexen Gesellschaft nun einmal zu bewältigen sind und dem verstärkten Selbstentfaltungsbedürfnis nicht gerade entsprechen? So betont Klaus von Beyme: »Eine Demokratietheorie, die über den berechtigten normativen Partizipationspostulaten den Kontakt zur Realität nicht völlig verliert, wird sich damit abfinden müssen, daß auch der aufgeklärte Bürger in bestimmten Bereichen... nur Konsument von angebotenen Dienstleistungen und passiver Zuschauer bleibt.«[65] Wer aber bietet gemeinhin solche politischen Dienstleistungen an? Einen Kreis von Cyberdemokraten hat Peter Graf Kielmansegg sicherlich nicht gemeint, als er feststellte, daß politische Herrschaft im Alltag auf eine Führungsminderheit angewiesen sei. Es sei weniger das diffuse Partizipationsverlangen ersterer, das über Wohl und Wehe einer Demokratie entscheide. Konstanz und Beharrlichkeit seien

---

60 Frank Nürnberger, Keine Bildung im Netz, in: Tageszeitung (TAZ) vom 20. Januar 1996, S. 1.
61 Vgl. Oliver Buschek, Große Koalition, in: pl@net. Das Internet Magazin, (1996) 9, S. 25.
62 H. Buchstein (Anm. 52), S. 591.
63 Sherry Turkle, Life on the Screen, New York u. a. 1995, S. 263 f.
64 Vgl. M. Althaus (Anm. 56).
65 Klaus von Beyme, Die Politischen Theorien der Gegenwart, München–Zürich 1986, S. 210.

gemeinhin nicht ihre Stärke. Mehr Verlaß, so seine Meinung, sei auf »das spezifische Legitimitätsbewußtsein derer, die zum Herrschaftsapparat gehören«. In ihnen sieht er »ein entscheidendes Element der Festigkeit und Leistungsfähigkeit der Herrschaftsordnung«[66].

»Wirkliche« Demokratie ist langsam, kann sich wegen des institutionalisierten Willensbildungs- und Entscheidungsprozesses nicht primär nach der Geschwindigkeit der Datenübertragung richten, so sehr auch Politik zunehmend unter öffentlichem Reaktions- und damit vielfach Handlungszwang steht. Dieser schafft Fakten, die Teil politischer Wirklichkeit werden. Die Folge ist vielfach nicht nur medieninszenierte »heiße Luft«, sondern häufig auch eine Umwertung von Wichtigkeiten in Darstellung und Wahrnehmung von Politik. Die Wirklichkeit im demokratischen Entscheidungssystem[67] steht aber im Gegensatz zu den schrillen Alternativen »Heißer Stühle« und medieninszenierter Betroffenheitsrituale, die im Internet über Pro-und-kontra-Buttons zu ihren Entscheidungen finden würden. Solange es möglich ist, partizipatorisches Verlangen aus dem privaten Raum in die virtuelle Sphäre zu tragen, ohne die eigene Anonymität zu verlassen, kann dieses die skurrilsten und grellsten Formen anzunehmen. Daher ist Skepsis gegenüber weittragenden Hoffnungen auf eine Cyberdemokratisierung geboten.

Das Internet könnte sich im Bereich der Meinungsbildung in Ergänzung tradierter politischer Willlensbildungskanäle und auch mit neuen Formen und Foren der Politik- und Interessenvermittlung durchaus bewähren. Es bietet neue Möglichkeiten schneller Informationsbeschaffung und -vermittlung für etablierte Organisationen, aber auch für neue Akteure und Individuen auf dem politischen Markt. Es schafft neue Chancen der Selbstorganisation, Interessenartikulation und Themenproduktion für die politische Agenda. Es eröffnet neue Möglichkeiten zu verstärkter Interaktivität und könnte langfristig der Gegengewichtsbildung zur Wirklichkeit parteienstaatlicher Allzuständigkeit dienlich sein. Gerade in Phasen der Problemdefinition, für Themenfindung, Informationsbeschaffung und -weitergabe bietet die neue Technologie noch nicht genutzte Potentiale. Dagegen dürfte das Internet als Instrument der Teilhabe am politischen Entscheidungsprozeß, zumal in komplexeren Entscheidungszusammenhängen, kaum geeignet sein. Der Modus der »Erlebnisgesellschaft« (Schulze), Informationen und Eindrücke zappender- und surferderweise aufzunehmen, ist dort, wo es um Politikerzeugung geht, wenig sinnvoll. Überhaupt dürfte die Antwort auf die Frage, ob andere Verfahren der Legitimierung politischer Macht wünschenswert seien, nicht primär von der Entdeckung neuer technischer Möglichkeiten abhängen, »es sei denn, daß technische Durchführungsprobleme bisher eine allseits gewünschte Einführung verhindert hätten«[68].

Damit soll das demokratisierende Potential neuer Medien nicht unterschätzt werden. Dem Souverän bieten sich bisher nicht geahnte Chancen: Er kann nicht nur

---

66 Peter Graf Kielmansegg, Legitimität als analytische Kategorie. Nachdruck des ersten Kapitels der Habilitationsschrift des Verfassers, in: Wolfgang Seibel u. a., Demokratische Politik – Analyse und Theorie, Opladen–Wiesbaden 1997, S. 93.
67 Vgl. Klaus von Beyme/Hartmut Weßler, Politische Kommunikation als Entscheidungskommunikation, in: O. Jarren/U. Sarcinelli/U. Saxer (Anm. 30).
68 Stefan Marschall, Politik »online« – Demokratische Öffentlichkeit dank Internet?, in: Publizistik, 42 (1997) 3, S. 321.

Informationen ungefiltert aufnehmen, sondern auch die eigenen Belange unmittelbar einbringen. Dabei ist allerdings vor der cyberdemokratischen Illusion zu warnen, es bedürfe zukünftig weniger der Informationen selektierenden und bewertenden, insgesamt also Orientierung gebenden Zwischeninstanzen, heißen sie nun Journalismus, politische Bildung oder sonstwie. Das Gegenteil ist der Fall. Angesichts der Bemühungen aller politischen Organisationen und Institutionen, über eine zunehmende Professionalisierung medienzentrierter Öffentlichkeitsarbeit bzw. des Direktmarketings im Kampf um das knapper werde Gut Aufmerksamkeit erfolgreich zu sein, sind kritischer Journalismus und politische Bildung verstärkt gefragt. Denn was gerade dem digitalen Medium fehlt, ist die Vermittlung von Orientierungswissen und das Training der Fähigkeit, Wichtiges von Unwichtigem zu unterscheiden. Wer jenseits der elektronischen Medien gelernt hat, Bedeutsames von Unbedeutendem zu trennen, wird sich auch des Netzes mit Erkenntnisgewinn bedienen. Wer diese Fähigkeit besitzt, kann sie in einem Medium, in dem das Angebot des Deutschen Bundestages gleichberechtigt neben dem des Verbandes der keramischen Industrie oder der Homepage eines Einzelnen steht, nicht erworben haben. Reich an Wissen zu sein ist etwas anderes, als reich zu sein an Informationen.

In seiner sozialen Umwelt würde der weitgehend auf sich selbst gestellte Informationssammler auf Dauer beträchtlichen Schaden erleiden. Auch wenn es betulich klingen mag, so gilt doch im traditionellen wie auch im Bereich der neuen Medien mehr denn je: »Vertrauen auf der personalen Ebene ist die ›bevorschussende‹ Annahme, daß die Verantwortungsträger – gestützt auf ihre Information, ihre Erfahrung, ihre Integrität und ihr Können – sachgerechte Entscheidungen treffen. Eine solche Annahme gilt selbst für den Fall, daß die konkrete Entscheidung der Erwartung des Vertrauenden widerspricht. Der Vertrauende macht sich – wie im privaten so auch im öffentlichen Bereich – Informationen zu eigen, die andere für ihn verarbeitet haben; sie selbst verarbeiten zu wollen wäre zumeist mit hohem Zeitaufwand verbunden und würde rasches Handeln erschweren oder verhindern. Mit dem bisher Gesagten ist nur die eine Seite des Problems beschrieben. Es erschöpft sich jedoch nicht allein in der Frage, wie in einer geradezu unendlichen Informationsflut der Einzelne Schwimmhilfen der Orientierung zu finden vermag.«[69]

Die Vorstellung, mit der technischen Realisierung eines fast unbegrenzt datenverbreitenden Mediums und mit dem theoretisch ebenso unbegrenzten Zugriff stünden jedem grundsätzlich alle politisch entscheidungsrelevanten Informationen zur Verfügung, man müsse sie bloß noch finden, verkennt den Zusammenhang von Herrschaft und Wissen auch in einer offenen Gesellschaft. In der Geschichte des Parlamentarismus hat in der Auseinandersetzung zwischen Parlament und Krone, die trotz Politikverflechtung eine gewisse Fortsetzung in der Rivalität zwischen parlamentarischer Opposition und Exekutive erfahren hat, die Frage der rechtzeitigen Information der gewählten Volksvertretung immer eine große Rolle ge-

---

[69] Walter Gut, Vertrauen als Basis der politischen und sozialen Gemeinschaft, In: Neue Zürcher Zeitung vom 2. Oktober 1996, S. 16. Zur wachsenden Bedeutung von »Vertrauen« und »Glaubwürdigkeit« für die politische Kommunikation vgl. Günter Bentele, Der Faktor Glaubwürdigkeit. Forschungsergebnisse und Fragen für die Sozialisationsperspektive, in: Publizistik, 33 (1988) 2/3, S. 406–426; ders., Immer weniger öffentliches Vertrauen, in: Bertelsmann Briefe, Mai 1993, S. 39–43.

spielt. Enquetekommissionen zur Verfassungs- und Parlamentsreform empfehlen nicht umsonst die Stärkung gerade jener Rechte, welche den Wissensstand der Abgeordneten, vor allem der oppositionellen Fraktionen, über Regierungsvorhaben erhöhen würden: das Fragerecht, das Auskunftserteilungsrecht und das Aktenvorlagerecht[70]. Mehr denn je sind der frühe Zugang zu und die Weitergabe von Informationen besondere Machtfaktoren, weshalb es auch der Erweiterung und Durchsetzung von Informationsrechten des Parlaments bedarf.

In den Weiten des Internet wird man solche herrschaftsrelevanten Nachrichten vergeblich suchen. Da helfen keine Suchmaschinen und keine noch so geschickt komponierten Boolschen Operatoren. Eine gut arbeitende Fraktion, die ihre Rechte zu nutzen weiß, oder ein sorgfältig recherchierender Journalist, der sich in Hintergrundgesprächen seiner informellen Kontakte bedient, werden der Wahrheit näher kommen. Innovationsverdichtung ist nicht automatisch ein Beitrag zum Fortschritt im kulturgeschichtlichen Sinne. Wer lange genug im Internet auf der Suche nach Bill Gates' Verheißungen der »informations at your fingertips« verweilt hatte, fragt sich am Ende oft nach dem Verhältnis von Nutzen und Aufwand. Hermann Lübbe bilanziert diese leider nicht seltene Erkenntnis folgendermaßen: »Ist nicht der Gewinn, den das erste Raumsondenphoto von der Rückseite des Mondes für unser kulturell maßgebliches Weltbild gebracht hat, ein Gewinn von vollendeter Irrelevanz? Steht nicht zur hochentwickelten Technik jener Raumsonde der kulturelle Gewinn der Erkenntnis, daß der Mond, im wesentlichen, von hinten genauso aussieht wie von vorn, in einem Verhältnis eindrucksvoller Belanglosigkeit?«[71]

Nach verbreiteter Auffassung haben gerade die autoritären Führer jeder Couleur die grundsätzlich eher demokratiebegünstigende Systemwirkung des Internets zu fürchten; möchten sie sich doch gerne des technologischen Innovationspotentials dieses dynamischen Mediums versichern, ohne jedoch die Konsequenz der Beteiligung und Mitwirkung aller potentiellen Nutzer zu akzeptieren. Diese Überlegung klingt plausibel, läßt sich aber empirisch nicht stützen. Es mag ja sein, daß ein Medium, das sich schon aufgrund seiner Konzeption jeder Zensur – auch staatlicher – entzieht, »demokratische Viren in Diktaturen einschleppen«[72] kann. Doch genauso richtig ist, daß es auch totalitäres Gedankengut in demokratischen Gesellschaften verbreiten und die Grenzen des moralisch Zumutbaren dramatisch unterbieten kann.

Alles in allem könnte man vielleicht bilanzieren: Das neue Informationsmedium befindet sich zwar noch in einem dynamischen Veränderungsprozeß. Doch gewisse Grundtendenzen haben sich herauskristallisiert, die für politische Bildung insofern eine Herausforderung darstellen, als sie auf die politischen und ökonomischen Verhältnisse nicht ohne Auswirkung bleiben. »Die Politik sucht nach rechtlichen Rahmenbedingungen, die Wirtschaft ist längst am Drücker, und die Wissenschaft analysiert bereits die Folgen. Das Internet ist dabei, seine endgültige Form anzu-

---

70 Vgl. z. B. den Schlußbericht der Enquetekommission Verfassungs- und Parlamentsreform, hrsg. von der Präsidentin des Schleswig-Holsteinischen Landtages, Baden-Baden 1989, S. 82.
71 Hermann Lübbe, Im Zug der Zeit. Verkürzter Aufenthalt in der Gegenwart, Berlin u. a. 1994², S. 265.
72 Fides Krause-Brewer, Birgt das Internet Gefahren für die Demokratie? in: Das Parlament Nr. 28 vom 4. Juli 1997, S. 2.

nehmen, nicht als Utopie direkter Demokratie, nicht als rechtsstaatlich organisierte Gemeinde, sondern als Spiegel der Verhältnisse, wie die Welt sie außerhalb des Internets kennt.«[73]

6. Medienkompetenz und politische Bildung

Insgesamt sind die Veränderungen im medialen Bereich zu vielschichtig, zu komplex, als daß sie sich auf einen Nenner bringen ließen. Pauschale Thesen, wie etwa die vom medienverursachten Niedergang der politischen Kultur, die einer fernsehbedingten Politikverdrossenheit, die These von der angeblich allgemeinen Entertainisierung des Medienangebots oder auch die Verheißung der »Cybercitizenship« im Zuge einer »Internetisierung von Öffentlichkeit und Demokratie«[74] helfen der politischen Bildung nicht viel weiter. Politische Bildung sollte sich nicht durch jede Modetorheit verschrecken und ihre Zielsetzungen, Gegenstände und Problemstellungen in Frage stellen lassen. Vielmehr sollte sie aufgeschlossen für das Neue, aber mit nüchternem Blick auf die Modernisierungsentwicklungen im medialen Bereich Orientierung dadurch geben, daß sie immer wieder zur Auseinandersetzung mit politischen Grundfragen[75] Gelegenheit gibt. Dies könnte beispielsweise geschehen
- mit der Frage, inwieweit der mediale Wandel geeignet ist, Autonomie und Freiheit von Menschen zu fördern oder zu behindern;
- mit der Frage, wie durch die medialen Veränderungen Herrschaft abgebaut, aber auch verstärkt werden kann;
- mit der Frage, wie die durch Gesellschaftsstruktur und soziale Schichtung bedingte ungleiche Teilhabe an den medialen Chancen überwunden oder ausgeglichen werden kann;
- mit der Frage auch, ob die Medien den institutionalisierten politischen Entscheidungsprozeß des parlamentarisch-repräsentativen Systems adäquat vermitteln;
- schließlich mit der Frage, wie sich politisches Handeln selbst – und zwar die »Herstellung« wie auch die »Darstellung« von Politik – im Zuge von »Mediatisierung« und »Internetisierung« verändern.

Auch wenn Medien zu allgegenwärtigen »Miterziehern« geworden sind und insofern eine bedeutende Rolle im Sozialisationsprozeß spielen, so können sie die intentionale, zielgerichtete politische Bildungsarbeit gleichwohl nicht ersetzen. Dabei muß sich die »formelle politische Bildung ... stets des Informationsballasts (vielleicht auch -mülls) gewärtig sein, der sich bei ihren Teilnehmern angehäuft hat, sie muß ihn bearbeiten, abtragen, aufteilen und aussortieren, bevor sie sich an selbstgesteckte Informationsziele machen kann«[76]. Es wäre ein politisch möglicherweise

---
73 M. Hanfeld (Anm. 51), S. 35.
74 Vgl. dazu mit weiteren Verweisen U. Sarcinelli/M. Wissel (Anm. 58), S. 31–44.
75 Vgl. in diesem Sinne Roman Herzog, Kommunikation als Fundament der Demokratie, in: I. Hamm (Anm. 21), S. 13.
76 Hans Kübler, Politische Bildung und Medien, in: Außerschulische Bildung, (1991) 2, S. 173.

folgenreiches didaktisches Mißverständnis, würde sich politische Bildung auf die Funktion reduzieren lassen, junge Menschen an die Medien heranzuführen und im richtigen Umgang mit der Publizistik zu trainieren, wie es ein namhafter Vertreter der politische Bildung, nämlich Hermann Giesecke, gefordert hat[77]. Zwar ist es fraglos wichtig, junge Menschen zum angemessenen Umgang mit Medien zu befähigen, zumal bei Jugendlichen die Sorge über möglichen politischen »Informationsballast« in der Regel unbegründet ist und schon eher von einer Unterversorgung auf dem Gebiet medienvermittelter Politik ausgegangen werden muß[78]. Bei je unterschiedlichen Bildungsvoraussetzungen leben Jugendliche – trotz Medien – doch überwiegend in selbstgewählter politischer Informationsdiät. Die Konzentration politischer Bildungsarbeit auf eine medienpädagogische und »publizistische Zubringerfunktion«[79] greift zu kurz, weil sie Politik mit dem medienvermittelten Bild von Politik gleichsetzt. Sie verkennt den komplexen Interaktions- und Wirkungszusammenhang von Politik und Publizistik in der modernen Mediengesellschaft, den zu erhellen gerade Aufgabe politischer Bildungsarbeit sein sollte.

Im Mittelpunkt praktischer politischer Bildungsarbeit sollte deshalb nicht nur die »Aufklärung« über die mediale »Darstellung« von Politik stehen, sondern auch die vertiefende Auseinandersetzung mit den medienbedingten bzw. medienunabhängigen Fragen der »Herstellung« von Politik. Ohne praktische Ratschläge im Detail erteilen zu können, erscheinen doch folgende Aufgaben und Zielvorstellungen für die politische Bildungsarbeit vordringlich:

- Die mediale Angebotsvielfalt überhaupt kennen- und mit Vielfalt umgehen lernen! – Welcher Schüler, welcher Student weiß, daß es auch ein werbefreies Radio mit anspruchsvollen Informationsangeboten gibt?
- Die Medienwirklichkeit entschlüsseln lernen! – Die Gesetzmäßigkeiten der Bildmedien, Nachrichtenwerte, Konkurrenz, Ökonomisierung, die Veränderung der Druckmedien von der Partei- und Meinungspresse hin zu Forumsmedien, die umfassende Auseinandersetzung mit den Arbeits- und Marktbedingungen als ein Stück Aufklärung über die mediale Wirklichkeit gehören zum Kernauftrag politischer Bildung.
- Mediale Wirklichkeitsangebote und -konstruktionen vergleichen lernen! – Der Vergleich ist der erste Schritt zur Informationserweiterung und rationalen Auseinandersetzung, ein Schritt zur Relativierung, zur inneren Distanz, Reflexion und Kritik.
- Durch intensive Auseinandersetzung mit Druckmedien einen Gegenakzent zur wachsenden Visualisierung setzen! – Auch wenn es »altmodisch« klingen mag: Das Wort bleibt in der politischen Bildung ein zentrales Leitmedium der Auseinandersetzung mit Politik. Befähigung zum »politischen Lesen« und verbale Auseinandersetzung sind und bleiben Kernanliegen politischer Bildungsarbeit.
- Über politische Prozesse jenseits medialer Darstellungen informieren und mit politischen Realitäten jenseits der Medien konfrontieren! – Hier geht es um die Beschäftigung mit Kernbereichen des Institutionensystems und politischer Pro-

---

77 Vgl. H. Giesecke (Anm. 26).
78 Vgl. insb. den Beitrag von Heinz Bonfadelli in diesem Band.
79 U. Sarcinelli, Politikvermittlung durch Massenmedien ... (Anm. 27), S. 456.

zesse, die nach wie vor medienresistent, d. h. über Medien nicht vermittelbar, gleichwohl aber politisch von zentraler Bedeutung sind. Dies ist auch der Ort für einen »aufgeklärten Institutionalismus«[80], für die Auseinandersetzung mit der »Legitimation durch Verfahren« (Luhmann), mit den Spielregeln der Demokratie.
- Politische Erfahrungen »aus erster Hand« ermöglichen! – Gemeint sind im Rahmen politischer Bildungsarbeit organisierte Realbegegnungen mit Institutionen und Personen.
- Medien und gegebenenfalls auch mit Medien Politik selber machen! – Handlungsorientierte politische Bildungsarbeit, selbsttätiger und selbstproduzierender Umgang mit Druck-, Hör- und Bildmedien zwingen zur Auseinandersetzung mit den medienspezifischen Codierungen. Schließlich schafft die aktive Nutzung des Internets zur Informationsbeschaffung und -weitergabe auch im Rahmen politischer Bildung neue Möglichkeiten der Interessenartikulation, der politischen Interaktion und gegebenenfalls politischen Aktion.

Wenn die Zunahme von »Wahlmöglichkeiten« bei gleichzeitiger Abnahme von Verbindlichkeiten ein zentrales Merkmal der (Post-)Moderne ist, dann hat politische Bildung die gesellschaftspolitisch bleibende Aufgabe, einen Beitrag zur politischen Orientierung und rationalen Urteilsbildung zu leisten. Politikbezogene Medienkompetenz stellt dabei ein wichtiges Element dessen dar, was man als demokratische Bürgerkompetenz bezeichnen könnte. Die Fähigkeit zum Umgang mit den Medien als Basisqualifikation in der demokratischen Bürgergesellschaft muß zum integralen Bestandteil politischer Bildungsarbeit werden.

---

80 Vgl. dazu Ulrich Sarcinelli, Politische Institutionen, Politikwissenschaft und politische Bildung. Überlegungen zu einem »aufgeklärten Institutionalismus«, in: Aus Politik und Zeitgeschichte, B 50/91, S. 41–53.

V.
Anhang

JOCHEN HOFFMANN

Glossar

Agenda-Setting
Agenda-Setting ist eine empirisch belegte Medienwirkung: In den Medien diskutierte Themen stufen auch die Rezipienten als wichtig ein. Gleichwohl bleibt die Rolle des Journalismus bei der Festlegung der öffentlichen »Tagesordnung« eher passiv. Das sogenannte Agenda-Building wird von der Öffentlichkeitsarbeit und von Kommunikationsstrategien politischer Akteure dominiert.

Corporate Identity
Als Corporate Identity (CI) wird die vor allem durch Public Relations- und Marketing-Strategien angestrebte Identität eines Unternehmens bezeichnet. Im Idealfall ist die Corporate Identity nicht nur Maßstab für das Erscheinungsbild nach außen, sondern für das gesamte Unternehmen handlungsleitend. Im politischen Bereich ist der Begriff (noch) wenig gebräuchlich.

Darstellungsform
Darstellungsformen sind Muster, welche die mediale Berichterstattung strukturieren. Sie folgen je nach Medium zum Teil gemeinsamen (z. B. Personalisierung) und zum Teil unterschiedlichen Regeln (z. B. Grad an Subjektivität). Bericht, Kommentar oder Reportage sind traditionelle Darstellungsformen. Ihre Bedeutung läßt insbesondere im privaten Rundfunk nach.

Darstellungspolitik
Im Gegensatz zur Entscheidungspolitik im engeren Sinne ist von Darstellungspolitik dann zu sprechen, wenn Politiker ihr Handeln zum Zwecke der Legitimationsbeschaffung an den Nachrichtenfaktoren der Medien ausrichten. Zu nennen wäre etwa die Ausnutzung der Konfliktorientierung in der Berichterstattung, welche einer politischen Entscheidungsfindung eher im Wege steht.

Diskurs
In den deutschsprachigen Sozialwissenschaften hat sich ein Diskursbegriff in Anlehnung an Habermas etabliert. Gemeint sind Kommunikationen, welche sich vor allem durch Reflexivität und Informalität auszeichnen. Weil »Geltungsgründe« von Aussagen selbst zum Thema der Kommunikation werden, kann Diskursivität zur Lösung politischer Konflikte beitragen.

Dualer Rundfunk
In Deutschland gibt es ein duales Rundfunksystem. Das bedeutet, daß sowohl private Unternehmen als auch öffentlich-rechtliche Organisationen in einem geordneten Nebenein-

ander als Veranstalter von Radio- und Fernsehprogrammen auftreten. Zur Gewährleistung der sogenannten »Grundversorgung« muß der öffentlich-rechtliche Rundfunk höheren Anforderungen (politischer) Vielfalt und Ausgewogenheit genügen. Gleichwohl steht er auch in einem marktwirtschaftlich definierten Konkurrenzverhältnis zu den privaten Anbietern.

Elektronische Demokratie

Im Begriff der elektronischen Demokratie wird zum Ausdruck gebracht, daß sowohl neue, raumüberwindende Informations- und Kommunikationsmöglichkeiten wie das Internet als auch die digitale Integration bestehender Kommunikationstechniken (Multimedia) die politische Partizipation der Bürger am Gemeinwesen erweitern können.

Elitenkommunikation

Elitenkommunikation läßt sich in horizontaler und vertikaler Hinsicht beschreiben: In horizontaler Hinsicht ist es den ranghöchsten Eliten in Deutschland gelungen, systemübergreifende Kommunikationsnetzwerke auszubilden, die eine wichtige politische Steuerungsfunktion übernehmen. In vertikaler Hinsicht führt dies zur Gefahr einer Abschottung etwa zu Experten- oder Laienkommunikationen. Insbesondere politische Eliten können hier eine Moderationsfunktion übernehmen.

Entertainisierung

Der Begriff umschreibt die Beobachtung, daß mit dem zunehmenden Einfluß des privaten Rundfunks in Deutschland unterhaltende Elemente auch in der Politikberichterstattung an Bedeutung gewonnen haben.

Entscheidungspolitik

Politik als System dient der Herstellung allgemeinverbindlicher Entscheidungen. Als Entscheidungspolitik im engeren Sinne wäre demnach derjenige institutionelle politische Kernbereich zu bezeichnen, welcher diese Systemfunktion nach eigenen Kriterien und damit weitgehend unbeeinflußt von den Aufmerksamkeitsregeln des Mediensystems gewährleistet.

Ereignismanagement

Bestimmte Ereignisse entfalten nur eine politische Wirkung, wenn sie von den Medien wahrgenommen werden. Die Überwindung dieser Medienbarriere ist Aufgabe des Ereignismanagements politischer Akteure und Institutionen. Unter Ausnutzung von Nachrichtenfaktoren können Ereignisse – für die Medien – inszeniert werden.

Expertenkommunikation

Experten verfügen über spezifisches Wissen und eine besondere Glaubwürdigkeit, die politisches Handeln legitimieren können. Im Kontext der Politikvermittlung steht Expertenkommunikation vor zwei Herausforderungen: Neben einer angemessenen Übersetzung der komplexen Expertensprache in die Alltagssprache muß sie sich Instrumentalisierungsversuchen erwehren. Diese erfolgen vor allem durch die strategisch-selektive Heranziehung von Experten(wissen).

Format

Die Kombination verschiedener Darstellungsformen kann einem Medienprodukt einen eigenständigen Charakter verleihen. Läßt sich dieser reproduzieren und etablieren, spricht man von einem Format. Politische Magazine oder Talkshows haben ihre je eigenen Formate entwickelt. Stets kommt es zu einer wechselseitigen Beeinflussung von Form und Inhalt, so daß Medienformaten ähnlich wie der Sprache ein realitätskonstituierendes Potential zugeschrieben wird.

Fragmentierung

Zunehmend differenzierte Medienangebote, welche sich an Personenkreise mit spezifischen Interessen wenden (Special-Interest-Zeitschriften, Spartenprogramme, Internet), können zu einer Fragmentierung des Publikums führen, d. h. zur Herausbildung weitgehend voneinander isolierter Teilöffentlichkeiten mit unterschiedlichen Werten und Orientierungen. Dies wiederum könnte die gesellschaftliche Forums- und Integrationsfunktion der Medien gefährden.

Framing

Politische Ereignisse oder Vorhaben können nicht in Reinform vermittelt werden. Erforderlich ist ihre Einbettung in vorhandene Interpretationsschemata (Frames). Als strategisches Handeln ist Framing der Versuch, Ereignisse und Vorhaben an solche gesellschaftlich anerkannte Interpretationsschemata zu binden, welche den eigenen Kommunikationserfolg erleichtern.

Free Flow of Information

Free Flow of Information bezeichnet die ursprünglich von den Vereinten Nationen forcierte Forderung, daß der innerstaatliche und internationale Informationsfluß möglichst frei von staatlichen Beschränkungen sein soll. Aufgrund einseitiger Informationsströme sehen einige Länder der Dritten Welt darin ein Instrument zur Aufrechterhaltung einer kulturellen und wirtschaftlichen Dominanz von Industrieländern.

Gatekeeper

Als Gatekeeper (Schrankenwärter, Schleusenwärter) werden in der Kommunikationsforschung Personen bezeichnet, die über die Nachrichtenauswahl in Medien entscheiden. Das können Journalisten, Verleger, aber auch Politiker sein. Inzwischen hat eine eher institutionelle, systemische oder funktionalistische Sichtweise den individualistischen Gatekeeper-Ansatz verdrängt: Die Nachrichtenauswahl läßt sich vornehmlich mit spezifischen Nachrichtenfaktoren sowie beruflichen Routinen erklären.

Globalisierung

Globalisierung bezeichnet die Annahme, daß staatliche Einheiten Kommunikationsströme immer weniger begrenzen. Internet und Satellitenausstrahlung sind aktuelle Techniken, die eine solche Entwicklung fördern. Die Folgen für die Kommunikationspolitik werden ambivalent eingeschätzt: Politische Zensurmaßnahmen scheitern an der Globalisierung genauso wie ein wirksamer Jugendschutz oder eine Konzentrationskontrolle weltweit agierender Medienunternehmen.

Informationsgesellschaft

Der Begriff der Informationsgesellschaft hat sich in Deutschland Anfang der neunziger Jahre zum Schlagwort entwickelt. Ihm liegt die Annahme zugrunde, daß das gesellschaftliche Leben zunehmend von neuen Kommunikations- und Computertechnologien geprägt wird. Während dies als Faktum in Gesellschaft und Politik kaum mehr strittig ist, entzünden sich Diskussionen vor allem an der Frage, welcher politische Regelungsbedarf hieraus entsteht.

Glossar

Informationspflicht
Der Terminus bezeichnet zunächst die Auskunftspflicht von Behörden gegenüber Medienvertretern. Sie ist in den Landespressegesetzen geregelt. Darüber hinaus folgt aus verfassungsrechtlichen Prinzipien eine allgemeine Pflicht des Staates, die Bürger über seine Politik zu informieren, d. h. Öffentlichkeitsarbeit zu betreiben.

Infotainment
Als Wortspiel aus Information und Entertainment bezeichnet Infotainment den Versuch, Politik in den Medien unterhaltsam zu vermitteln. Derartige Formate spielen in Deutschland vor allem seit dem Aufkommen des privaten Rundfunks eine Rolle. Möglichkeiten und Grenzen des Infotainments sind umstritten.

Instrumentelle Aktualisierung
Die Nachrichtenauswahl der Medien läßt sich nicht ausschließlich mit spezifischen Ereignismerkmalen (Nachrichtenfaktoren) erklären, sondern kann auch Folge einer intentionalen politischen Auswahlentscheidung von Journalisten sein. Die Theorie der Instrumentellen Aktualisierung beschreibt dies als bewußtes Hoch- oder Herunterspielen von Nachrichten bzw. Informationen.

Inszenierung
Politische Ereignisse sind dann inszeniert, wenn es sie nur gibt, weil es die Medien gibt. Dies trifft stets auf Presseerklärungen zu, kann aber z. B. auch für Demonstrationen oder Gipfeltreffen von Staatsoberhäuptern gelten.

Interaktivität
Massenmediale Kommunikation ohne prinzipiell festgelegte Kommunikator- und Rezipientenrolle wird als interaktiv bezeichnet. Ein Beispiel sind Diskussionsrunden (Newsgroups) im Internet. Auch digitales Fernsehen ermöglicht einen größeren Einfluß auf das Programmgeschehen – bis hin zur Kameraeinstellung bei Sportereignissen. Für die Politikvermittlung bieten interaktive Medien neue Möglichkeiten der Basiskommunikation.

Internet
Das Internet ist ein weltweiter dezentraler Verbund mehrerer Millionen Computer, auf dessen Grundlage sich digitalisierte Informationen austauschen lassen. Das Internet stellt Multimedia-Angebote bereit (vor allem im World-Wide-Web) und bietet Möglichkeiten interaktiver Kommunikation (vor allem E-mail, Newsgroups).

Kommunikationsfreiheit
Zu den verfassungsrechtlich geschützten Kommunikationsfreiheiten zählen die individuelle Meinungs- und Informationsfreiheit sowie die Presse-, Rundfunk- und Filmfreiheit. Diese Rechte sind nicht nur ein Schutz gegen staatliche Eingriffe, aus ihnen ergibt sich auch eine weitergehende staatliche Verpflichtung, so etwa der institutionelle Schutz der Rundfunkfreiheit durch eine angemessene Rundfunkordnung.

Konstruktivismus
Der Konstruktivismus geht davon aus, daß es Menschen und Gesellschaftssystemen nicht möglich sei, ihre Umwelt direkt und objektiv zu erkennen. Realität werde vielmehr auf der Grundlage eigener, operativ geschlossener Kreisläufe konstruiert (Autopoiesis). Damit bliebe auch Medien und Rezipienten ein unmittelbarer Zugang zur Realität des politischen

Systems verwehrt. Nach konstruktivistischem Verständnis bildet Politikvermittlung Realität nicht einfach ab, sondern ist selbst Bestandteil der Konstruktion politischer Wirklichkeit.

Konvergenzthese

Die Konvergenzthese besagt, daß sich öffentlich-rechtliche und private Vollprogramme vor allem hinsichtlich der Qualität ihrer Politikvermittlung einander anpassen werden. Eine Annäherung erfolge hierbei von beiden Seiten. Empirische Untersuchungen führen zu widersprüchlichen und umstrittenen Ergebnissen: Sollte die Konvergenzthese zutreffen, wäre öffentlich-rechtlichen Veranstaltern eine wichtige Legitimationsgrundlage entzogen.

Laienkommunikation

Politische Laienkommunikation ist im Gegensatz zur Eliten- oder Expertenkommunikation in der Regel interpersonal, nicht organisiert, nicht auf Dauer angelegt und nicht (unmittelbar) entscheidungsrelevant. Handlungsorientierte Forschungsansätze bemühen sich, gesellschaftliche Innovationspotentiale der Laienkommunikation freizulegen. Einen Beitrag hierzu könnten auch neue interaktive Medien leisten.

Mediation

Die Mediation ist ein Verhandlungsmodell mit einem neutralen Konfliktmittler als zentralem Element. Seine Aufgabe ist es, die politischen Kommunikationen der Konfliktparteien im Rahmen eines geordneten Verfahrens zu moderieren und gemeinsam mit ihnen nach Problemlösungen zu suchen.

Mediatisierung

Politisches Handeln ist mediatisiert, wenn sich Akteure nahezu ausschließlich an den Gesetzmäßigkeiten der Medien orientieren. Die politische Wahrnehmung ist mediatisiert, wenn Rezipienten politische Informationen nahezu ausschließlich aus den Medien gewinnen.

Mediengesellschaft

Dem Begriff Mediengesellschaft liegt die Annahme zugrunde, daß zunehmende gesellschaftliche Komplexität insbesondere über technisch vermittelte Kommunikation, also Medien, bewältigt wird. Die expandierende und sich institutionalisierende Medienkommunikation wird so zum sozialen »Totalphänomen«.

Medienkompetenz

Medienkompetenz ermöglicht einen angemessenen Umgang mit Massenmedien. Sie beschränkt sich nicht auf ein Verständnis der Medientechnik. Von Medienpädagogik wird gefordert, daß sie Rezipienten zur Auswahl relevanter Medienangebote, gegebenenfalls zur eigenen Medienproduktion und insgesamt zu einer kompetenten Orientierung in der Medienwirklichkeit befähige.

Medienpolitik

Ziel von Medienpolitik sind allgemeinverbindliche Regelungen zur Medienordnung. In Deutschland sind hierfür weitgehend die Länder zuständig. Aufgrund der verfassungsrechtlich garantierten Kommunikationsfreiheit und allgemeiner Zweifel an der Steuerungsfähigkeit des Staates ist der medienrechtliche Rahmen weit gesetzt. Es dominieren Mechanismen der Verhandlung und Selbstregulierung.

Meinungsführer

Personen, die auf Meinungen und Einstellungen anderer Personen in ihrem sozialen Umfeld einen besonderen Einfluß ausüben, lassen sich als Meinungsführer bezeichnen. Als potentielle Multiplikatoren erfahren sie in der Politikvermittlung besondere Beachtung. Darüber hinaus gibt es auch innerhalb des Mediensystems Meinungsführer. Beispiele sind das Nachrichtenmagazin Der Spiegel oder überregionale Tageszeitungen wie die Frankfurter Allgemeine Zeitung oder die Süddeutsche Zeitung.

Multimedia

Multimedia ist eine aufeinander abgestimmte Kombination von Einzelmedien (vor allem Text, Graphik, Bild, Ton, Video). Eine computergestützte Ausweitung von Multimedia ist durch die zunehmende Digitalisierung von Medientechniken zu erwarten. Zusammen mit den Möglichkeiten der Interaktivität, die etwa das Internet bietet, wird daher gerne von einem neuen Informationszeitalter gesprochen.

Nachrichtenfaktor

Nachrichtenfaktoren sind Ereignismerkmale bzw. journalistische Konstrukte, die darüber entscheiden, ob über ein Ereignis in den Medien berichtet wird oder nicht. Empirisch belegt sind Nachrichtenfaktoren wie Relevanz, Negativismus oder Personalisierung.

Netzwerk

Politikvermittlung findet nicht ausschließlich über die Medien, sondern auch in persönlichen Netzwerken über direkte Kommunikationen statt. Relevant ist insbesondere der unmittelbare Verwandten- und Freundeskreis, wo es meist zu einer Angleichung der Einstufung und Bewertung politischer Sachverhalte kommt.

Öffentliche Meinung

Eine öffentliche Meinung ist eine in den Medien als dominant wahrnehmbare Meinung. Als Meinung der Öffentlichkeit und ihrer Akteure spiegelt sie nicht zwangsläufig die Mehrheitsmeinung der Bevölkerung wider.

Öffentlichkeit

Eine Massendemokratie bietet nur begrenzte Möglichkeiten der unmittelbaren politischen Einflußnahme durch Bürger. Daher kommt der Öffentlichkeit in freiheitlichen Systemen eine wichtige vermittelnde Rolle zwischen Bürgern und gesellschaftlichen Eliten bzw. Institutionen zu. Öffentlichkeit und Öffentliche Meinung werden über Massenmedien hergestellt – idealiter, ohne ihre Zugangsoffenheit zu verlieren. Umstritten sind sowohl ihre demokratische Qualität als auch ihre Rolle in Entscheidungsprozessen.

Ökonomisierung

Ökonomisierung der Massenkommunikation meint die Beobachtung, daß sich Medien zunehmend als reine Wirtschaftsunternehmen verstehen und traditionelle Bindungen zu politischen und gesellschaftlichen Gruppierungen aufgeben.

Personalisierung

Unter Personalisierung wird die Annahme verstanden, daß sowohl in der Politikvermittlung zum Bürger als auch in der Wahlentscheidung des Bürgers personale Attribute von Kandidaten an Bedeutung gewinnen. Dies stehe in Zusammenhang mit einem medialen

Politikbild, welches handelnde Akteure in den Mittelpunkt stelle. Eine mögliche Folge sei die Vernachlässigung der inhaltlichen und institutionellen Dimension von Politik.

Political Correctness
Der aus den USA stammende und inzwischen meist abwertend gebrauchte Begriff umfaßt in einem engeren Sinn die Anwendung von (Sprach-)Regeln, mit deren Hilfe der Diffamierung von Minderheiten entgegengewirkt werden sollte. Kritiker sehen in der im Prinzip auf alle Bereiche des öffentlichen Lebens ausdehnbaren Definitionsmacht politischer Korrektheit eine Beschneidung der Meinungsfreiheit (vor allem durch die Medien) und eine Tabuisierung gesellschaftlicher Konflikte.

Politikverdrossenheit
Politikverdrossenheit bezeichnet eine allgemeine Unzufriedenheit der Bürger mit politischen Akteuren und Entscheidungen, ohne daß deswegen das politische System als solches in Frage gestellt wird. Die Folge von Politikverdrossenheit ist eine nachlassende konventionelle politische Beteiligung, was zu Nachwuchssorgen bei Parteien und Verbänden führt. Während die Wissenschaft kontrovers über mögliche kausale Zusammenhänge zwischen medialer Politikvermittlung und Politikverdrossenheit diskutiert, wird die Rolle der Medien als »politischer Sündenbock« in der politischen Alltagskommunikation kaum mehr in Frage gestellt.

Politikvermittlung
Politikvermittlung umfaßt alle Prozesse der Darstellung und Wahrnehmung von Politik. Sie dient dem Erwerb politischer Legitimität und der Beteiligung der Bürger in der Demokratie. Von Bedeutung ist hierbei, daß in einer modernen Gesellschaft Politikvermittlung fast ausschließlich über Massenmedien erfolgt.

Propaganda
Propaganda ist spätestens seit den nationalsozialistischen Erfahrungen ein negativ besetzter Begriff. Auf dieser Grundlage wäre eine Kommunikationsstrategie, die die Beeinflussung vieler Personen zum Ziel hat, dann Propaganda, wenn sie wichtige Informationen verschweigt, nicht dialogisch ist, mit Feindbildern arbeitet oder Ziele verfolgt, die mit gesellschaftlich anerkannten Werten nicht vereinbar sind (z. B. Kriegshetze).

Responsivität
Responsivität beschreibt, in welchem Ausmaß politische Repräsentanten für Erwartungen der Bürger empfänglich sind. Ein hohes Maß an Responsivität erfordert neben einer permanenten Beobachtung der öffentlichen Meinung direkte Kontakte zu Interessengruppen und Bürgern. Ein geringes Maß an Responsivität erschwert eine erfolgreiche Politikvermittlung.

Risikokommunikation
Risikokommunikation ist der Versuch, mit Risiken behaftete gesellschaftlich relevante Vorhaben in der Öffentlichkeit zu legitimieren. Beispiele finden sich in den Diskussionen um Atomkraft oder Gentechnologie. Probleme der Risikokommunikation ergeben sich aus einem Glaubwürdigkeitsverlust von Experten und einer möglicherweise übertriebenen Risikodarstellung in den Medien.

Glossar

Schweigespirale

Die Theorie der Schweigespirale basiert auf der Annahme, daß sich Individuen aus Furcht vor Isolation an der Mehrheitsmeinung ihrer Umwelt orientieren: Sie schweigen, wenn sie sich in der Minderheit fühlen. Die Medien als eine Quelle der Umweltbeobachtung können eine Schweigespirale in Gang setzen, wenn sie häufig und gleichförmig über ein Thema berichten.

Selbstregulierung

Die politische Steuerbarkeit gesellschaftlicher Teilsysteme wird zunehmend in Frage gestellt. Die Kommunikationsfreiheit setzt der medienpolitischen Regulierung von Massenkommunikation Grenzen. Das Mediensystem ist über berufskulturelle Standards und spezifische Organisationen der Selbstkontrolle (z. B. Deutscher Presserat) nur eingeschränkt zur Selbstregulierung fähig.

Symbolische Politik

Symbolische Politik trägt der Tatsache Rechnung, daß jedes politische Phänomen erst als Deutung Realität wird. Insofern ist symbolische Politik nicht oder nicht immer eine Ersatz- oder Täuschungshandlung, sondern eine sinnproduzierende Reduktion gesellschaftlicher Komplexität, welche Kommunikatoren und Rezipienten im Prozeß der Politikvermittlung Orientierung ermöglicht.

Uses-and-Gratifications-Ansatz

Der Uses-and-Gratifications-Ansatz versucht die selektive Zuwendung des Publikums zu Medienangeboten auf der Grundlage des individuellen Nutzens zu erklären. Dieser kann sich als situativ wechselnder Bedarf nach Information, Orientierung, Anpassung, Selbstbestätigung oder Unterhaltung manifestieren.

Videomalaise

Mit Videomalaise wird die Annahme bezeichnet, daß insbesondere das Fernsehen für Politikverdrossenheit verantwortlich sei. Ursache sei vor allem der Nachrichtenfaktor Negativismus, der beim Rezipienten aufgrund der Verbreitung und Glaubwürdigkeit des Fernsehens zu politischer Entfremdung führe. Bisherige empirische Studien hatten vor allem mit der Schwierigkeit zu kämpfen, den Fernsehkonsum als Variable von anderen möglichen Ursachen für Politikverdrossenheit zu isolieren.

Vierte Gewalt

Die Vorstellung von den Medien als einer faktischen vierten Gewalt neben Legislative, Exekutive und Judikative gründet in der Annahme, Journalisten würden oder sollten eine kritische gesellschaftliche Kontrollfunktion wahrnehmen. Der Begriff der vierten Gewalt alleine kann jedoch weder deskriptiv noch normativ der Bedeutung der Medien bei der Herstellung von Öffentlichkeit gerecht werden.

Visualisierung

Visualisierung umschreibt den zunehmenden Einsatz von Bildern bei der Vermittlung von Politik. (Medien)nutzer erfassen Bilder mit geringerem Aufwand als beispielsweise Texte. Entsprechend entwickelte sich das Fernsehen zu einem »Leitmedium«, welches Visualisierungstrends in Politik und Printmedien begünstigt.

Wissenskluft

Die Wissenskluft-Hypothese geht davon aus, daß ein zunehmendes mediales Informationsangebot vor allem formal gebildeteren und statushöheren Schichten zugute kommt. Diese verfügten über mehr Kompetenz zur Aneignung relevanten Wissens, so daß sich die Wissenskluft in der Gesellschaft vergrößere. Empirische Studien haben über den Einbezug weiterer Variablen zu einer Differenzierung der Wissenskluft-Hypothese beigetragen.

JOCHEN HOFFMANN

Auswahlbibliographie zur Politikvermittlung

Die Auswahlbibliographie erfaßt nicht die kaum mehr zu übersehende Literatur zum weiten Feld der politischen Kommunikation(sforschung)[1]. Sie orientiert sich vielmehr an den Schwerpunkten dieses Bandes. Dabei wird allerdings deutlich, daß die Verlagerung der Forschungsinteressen insbesondere auf den elektronischen Mediensektor zur Vernachlässigung anderer politik- und medienrelevanter Bereiche, insbesondere der Printmedien, geführt hat. Bei aller Bedeutung, die inzwischen dem Fernsehen und zunehmend auch dem Internet für Politikvermittlung zugemessen wird, muß erneut auf die Zeitung als politisch unterschätztes Medium verwiesen werden. Dies gilt insbesondere für die überregionale, meinungsführende Tages- und Wochenpresse.

I. Politikvermittlung: Grundlagen

II. Politikvermittlung und Mediensystem
   1. Politikvermittlung und Journalismus
   2. Politikvermittlung und Printmedien
   3. Politikvermittlung und Funkmedien
   4. Politikvermittlung und neue Medien
   5. Politikvermittlung und Globalisierung

III. Politikvermittlung und politisches System
   1. Politikvermittlung und Öffentlichkeitsarbeit
   2. Politikvermittlung und Regierung
   3. Politikvermittlung und Parlament
   4. Politikvermittlung und Parteien
   5. Politikvermittlung und Wahlen
   6. Politikvermittlung und Protest

IV. Politikvermittlung und Bürger
   1. Politikvermittlung und Mediennutzung/Medienwirkung
   2. Politikvermittlung und Jugend
   3. Politikvermittlung und politische Bildung

---

1 Zum Versuch der systematischen Erschließung dieses Feldes für den deutschsprachigen Raum vgl. Otfried Jarren/Ulrich Sarcinelli/Ulrich Saxer (Hrsg.), Politische Kommunikation in der demokratischen Gesellschaft. Ein Handbuch mit Lexikonteil, Opladen 1998.

I. Politikvermittlung: Grundlagen

1. Dean E. Alger, The Media and Politics, Englewood Cliffs, N. J. 1989.
2. Günter Bentele/Michael Haller (Hrsg.), Aktuelle Entstehung von Öffentlichkeit. Akteure – Strukturen – Veränderungen, Konstanz 1997.
3. Frank E. Böckelmann (Hrsg.), Medienmacht und Politik. Mediatisierte Politik und politischer Wertewandel, Berlin 1989.
4. Hermann Boventer (Hrsg.), Medien und Demokratie. Nähe und Distanz zur Politik, Konstanz 1993.
5. Wolfgang van den Daele/Friedhelm Neidhardt (Hrsg.), Kommunikation und Entscheidung. Politische Funktionen öffentlicher Meinungsbildung und diskursiver Verfahren, Berlin 1996.
6. Wolfgang Donsbach, Inhalte, Nutzung und Wirkung politischer Kommunikation, in: Österreichische Zeitschrift für Politikwissenschaft, 22 (1993), S. 389–407.
7. Murray Edelman, Politik als Ritual. Die symbolische Funktion staatlicher Institutionen und politischen Handelns, Frankfurt/M.–New York 1976.
8. Murray Edelman, Constructing the Political Spectacle, Chicago 1988.
9. Jürgen Gerhards, Die Macht der Massenmedien und die Demokratie. Empirische Befunde, Berlin 1991.
10. Gerhard Göhler (Hrsg.), Macht der Öffentlichkeit – Öffentlichkeit der Macht, Baden–Baden 1995.
11. Doris A. Graber, Political Communication: Scope, Progress, Promise, in: Ada W. Finifter (Hrsg.), Political Science. The State of the Discipline, Washington/D. C. 1995, S. 305–332.
12. Adi Grewenig (Hrsg.), Inszenierte Information. Politik und strategische Kommunikation in den Medien, Opladen 1993.
13. Michael Jäckel/Peter Winterhoff-Spurk (Hrsg.), Politik und Medien. Analysen zur Entwicklung der politischen Kommunikation, Berlin 1994.
14. Otfried Jarren, Politik und Medien im Wandel: Autonomie, Interdependenz oder Symbiose? Anmerkungen zur Theoriedebatte in der politischen Kommunikation, in: Publizistik, 33 (1988), S. 619–632.
15. Otfried Jarren/Ulrich Sarcinelli/Ulrich Saxer (Hrsg.), Politische Kommunikation in der demokratischen Gesellschaft. Ein Handbuch mit Lexikonteil, Opladen–Wiesbaden 1998.
16. Otfried Jarren/Heribert Schatz/Hartmut Weßler (Hrsg.), Medien und politischer Prozeß. Politische Öffentlichkeit und massenmediale Politikvermittlung, Opladen 1996.
17. Max Kaase/Winfried Schulz (Hrsg.), Massenkommunikation. Theorien, Methoden, Befunde, Opladen 1989.
18. Hans Mathias Kepplinger, Ereignismanagement. Wirklichkeit und Massenmedien, Zürich–Osnabrück 1992.
19. Christoph Kuhlmann, Die öffentliche Begründung politischen Handelns. Eine theoretische und empirische Studie zur Argumentationsrationalität in der politischen Massenkommunikation, Leipzig 1997.
20. Wolfgang R. Langenbucher, Politische Kommunikation. Grundlagen, Strukturen, Prozesse, Wien 1986.
21. Judith Lichtenberg (Hrsg.), Democracy and the Mass Media, Cambridge 1990.
22. Frank Marcinkowski, Publizistik als autopoietisches System. Politik und Massenmedien, Eine systemtheoretische Analyse, Opladen 1993.

23. Klaus Merten/Siegfried J. Schmidt/Siegfried Weischenberg (Hrsg.), Die Wirklichkeit der Medien. Eine Einführung in die Kommunikationswissenschaft, Opladen 1994.
24. Brian McNair, An Introduction to Political Communication, London 1995.
25. Thomas Meyer, Die Inszenierung des Scheins. Voraussetzungen und Folgen symbolischer Politik, Essay-Montage, Frankfurt/M. 1992.
26. Ralph Negrine, The Communication of Politics, London 1996.
27. Friedhelm Neidhardt (Hrsg.), Öffentlichkeit, öffentliche Meinung, soziale Bewegungen, Opladen 1994.
28. Dan Nimmo/James E. Combs, Mediated Political Realities, New York 1990.
29. Fritz Plasser/Peter A. Ulram/Manfried Welan (Hrsg.), Demokratierituale. Zur politischen Kultur der Informationsgesellschaft, Wien 1985.
30. Iwan Rickenbacher, Politische Kommunikation, Stuttgart 1995.
31. Ulrich Sarcinelli (Hrsg.), Politikvermittlung. Beiträge zur politischen Kommunikationskultur, Bonn 1987.
32. Ulrich Sarcinelli, Massenmedien und Politikvermittlung – eine Problem- und Forschungsskizze, in: Rundfunk und Fernsehen, 39 (1991), S. 469–486.
33. Ulrich Sarcinelli, Mediale Politikdarstellung und politisches Handeln: analytische Anmerkungen zu einer notwendigerweise spannungsreichen Beziehung, in: Otfried Jarren (Hrsg.), Politische Kommunikation in Hörfunk und Fernsehen. Elektronische Medien in der Bundesrepublik Deutschland, Opladen 1994, S. 35–50.
34. Ulrich Sarcinelli, Repräsentation oder Diskurs? Zu Legitimität und Legitimitätswandel durch politische Kommunikation, in: Zeitschrift für Politikwissenschaft, 8 (1998) 2, S. 549–569.
35. Ulrich Saxer (Hrsg.), Politik und Kommunikation. Neue Forschungsansätze, München 1983.
36. Heribert Schatz/Klaus Lange (Hrsg.), Massenkommunikation und Politik. Aktuelle Probleme und Entwicklungen im Massenkommunikationssystem der Bundesrepublik Deutschland, Frankfurt 1982.
37. Winfried Schulz, Politische Kommunikation. Theoretische Ansätze und Ergebnisse empirischer Forschung zur Rolle der Massenmedien in der Politik, Opladen 1997.
38. David L. Swanson/Dan Nimmo, New Directions in Political Communication. A Resource Book, Newbury Park 1990.
39. Gerhard W. Wittkämper (Hrsg.) Medien und Politik, Darmstadt 1992.

II. Politikvermittlung und Mediensystem

1. Politikvermittlung, Medien und Journalismus

1. Eric. A. Abbott/Lynn T. Brassfield, Comparing Decisions on Releases by TV and Newspaper Gatekeepers, in: Journalism Quarterly, (1989) 4, S. 853–857.
2. Frank Böckelmann, Journalismus als Beruf. Bilanz der Kommunikatorforschung im deutschsprachigen Raum von 1945 bis 1990, Konstanz 1993.
3. Frank Brettschneider, Agenda-Setting. Forschungsstand und politische Konsequenzen, in: Michael Jäckel/Peter Winterhoff-Spurk (Hrsg.), Politik und Medien. Analysen zur Entwicklung der politischen Kommunikation, Berlin 1994, S. 211–230.
4. Janet A. Bridges, Daily Newspaper Managing Editors' Perception of News Media Functions, in: Journalism Quarterly, (1991) 4, S. 718–728.

5. Hans-Bernd Brosius, Agenda-Setting nach einem Vierteljahrhundert Forschung: Methodischer und theoretischer Stillstand?, in: Publizistik, 39 (1994), S. 269–288.
6. Joseph N. Cappella/Kathleen Hall Jamieson, The Spiral of Cynicism. The Press and the Public Good, New York–Oxford 1997.
7. Wolfgang Donsbach, Legitimationsprobleme des Journalismus. Gesellschaftliche Rolle der Massenmedien und berufliche Einstellung von Journalisten, Freiburg–München 1982.
8. Wolfgang Donsbach u. a., Beziehungsspiele – Medien und Politik in der öffentlichen Diskussion, Fallstudien und Analysen, Gütersloh 1993.
9. Petra E. Dorsch, Verlautbarungsjournalismus – eine notwendige Medienfunktion, in: Publizistik, (1982) 4, S. 530–540.
10. Wolfgang Eichhorn, Agenda-Setting-Prozesse. Eine theoretische Analyse individueller und gesellschaftlicher Themenstrukturierung, München 1996.
11. Lutz Erbring, Nachrichten zwischen Professionalität und Manipulation. Journalistische Berufsnormen und politische Kultur, in: Kölner Zeitschrift für Soziologie und Sozialpsychologie, Sonderheft 30 (1989), S. 301–313.
12. Josef Ernst, The Structure of Political Communication in the United Kingdom, the United States and the Federal Republic of Germany. A Comparative Media Study of The Economist, Time and Der Spiegel, Frankfurt/M. 1988.
13. Frederick Fico, How Lawmakers Use Reporters: Differences in Specialization and Goals, in: Journalism Quarterly, 61 (1984), S. 793–800, 821.
14. Lutz M. Hagen, Die opportunen Zeugen. Konstruktionsmechanismen von Bias in der Zeitungsberichterstattung über die Volkszählungsdiskussion, in: Publizistik, 37 (1992), S. 444–460.
15. Friderike Harmgarth, Wirtschaft und Soziales in der politischen Kommunikation. Eine Studie zur Interaktion von Abgeordneten und Journalisten, Opladen 1997.
16. Hans-Joachim Hoffmann, Journalismus und Kontrolle. Eine Studie zum Konflikt um die politischen Fernsehmagazine der ARD: Panorama, Report Baden-Baden, Report München, Monitor, Kontraste, München 1990.
17. Hans Mathias Kepplinger, Instrumentelle Aktualisierung. Grundlagen einer Theorie publizistischer Konflikte, in: Max Kaase/Winfried Schulz (Hrsg.), Massenkommunikation: Theorien, Methoden, Befunde, Opladen 1989, S. 199–220.
18. Hans Mathias Kepplinger, Journalisten: Macht ohne Verantwortung?, in: Michael Kunczik/Uwe Weber (Hrsg.), Fernsehen. Aspekte eines Mediums, Köln 1990, S. 20–30.
19. Renate Köcher, Spürhund und Missionar. Eine vergleichende Untersuchung über Berufsethik und Aufgabenverständnis britischer und deutscher Journalisten, München 1985.
20. Rainer Mathes/Andreas Czaplicki, Meinungsführer im Mediensystem. »Top-down« und »Bottom-up«-Prozesse, in: Publizistik, (1993) 2, S. 153–166.
21. Maxwell E. McCombs/Donald L. Shaw, The Agenda-Setting Function of Mass Media, in: Public Opinion Quarterly, 36 (1972), S. 176–187.
22. Maxwell E. McCombs/Donald L. Shaw, The Evolution of Agenda-Setting Research: Twenty-Five Years in the Marketplace of Ideas, in: Journal of Communication, (1993), S. 58–67.
23. Werner J. Patzelt, Abgeordnete und Journalisten, in: Publizistik, 36 (1991), S. 315–329.
24. Patrick Rössler, Agenda-Setting. Theoretische Annahmen und empirische Evidenzen einer Medienwirkungshypothese, Opladen 1997.
25. Holger Rust, Entfremdete Elite? Journalisten im Kreuzfeuer der Kritik, Wien 1986.
26. Ulrich Saxer, »Bericht aus dem Bundeshaus«. Eine Befragung von Bundeshausjournalisten und Parlamentariern in der Schweiz, Zürich 1992.

27. Beat Schaller, Wechselseitige Wahrnehmungsmuster zwischen Journalisten und Parlamentariern. Ein theoretischer Ansatz mit einer empirischen Anwendung, in: Publizistik, 33 (1988), S. 651–664.
28. Klaus Schönbach/Dieter Stürzebecher/Beate Schneider, Oberlehrer und Missionare. Das Selbstverständnis deutscher Journalisten, in: Friedhelm Neidhardt (Hrsg.), Öffentlichkeit, öffentliche Meinung, soziale Bewegungen, Opladen 1994, S. 139–161.
29. Scholl, Armin/Siegfried Weischenberg, Journalismus in der Gesellschaft. Theorie, Methodologie und Empirie, Opladen–Wiesbaden 1998.
30. Winfried Schulz, Die Konstruktion von Realität in den Nachrichtenmedien. Analyse der aktuellen Berichterstattung, Freiburg i. Br.–München 1990^2.
31. Joachim Friedrich Staab, Nachrichtenwerttheorie. Formale Struktur und empirischer Gehalt, Freiburg i. Br.–München 1990.
32. Siegfried Weischenberg, Die Glaubwürdigkeit des Fernsehjournalisten, in: Bundeszentrale für politische Bildung (Hrsg.), Politische Gesprächskultur im Fernsehen, Bonn 1989, S. 37–48.
33. Siegfried Weischenberg, Gladiatoren und Propagandisten? Die Akteure politischer Kommunikation in der medialen Streitkultur, in: Ulrich Sarcinelli (Hrsg.), Demokratische Streitkultur. Theoretische Grundpositionen und Handlungsalternativen in Politikfeldern, Opladen 1990, S. 101–120.

2. Politikvermittlung und Printmedien

1. Wolfgang Donsbach, Medienwirkung trotz Selektion. Einflußfaktoren auf die Zuwendung zu Zeitungsinhalten, Köln u. a. 1991.
2. Heinz-Dietrich Fischer, Handbuch der politischen Presse in Deutschland 1480–1980. Synopse rechtlicher, struktureller und wirtschaftlicher Grundlagen der Tendenzpublizistik im Kommunikationswandel, Düsseldorf 1981.
3. Lutz M. Hagen, Informationsqualität von Nachrichten. Meßmethoden und ihre Anwendung auf die Dienste von Nachrichtenagenturen, Opladen 1995.
4. Manfred Knoche/Monika Lindgens, Selektion, Konsonanz und Wirkungspotential der deutschen Tagespresse. Politikvermittlung am Beispiel der Agentur- und Presseberichterstattung über die Grünen zur Bundestagswahl 1987, in: Media Perspektiven, (1988) 8, S. 490–510.
5. Walter A. Mahle (Hrsg.), Pressemarkt Ost. Nationale und internationale Perspektiven, München 1992.
6. Claudia Mast, Tageszeitung und neue Medien, Konstanz 1986.
7. Heinz Pürer/Johannes Raabe, Medien in Deutschland, Bd. 1: Presse, München 1994.
8. Klaus Schönbach, Trennung von Nachricht und Meinung. Empirische Untersuchung eines journalistischen Qualitätskriteriums, Freiburg i. Br.–München 1977.
9. Klaus Schönbach, Das unterschätzte Medium. Politische Wirkungen von Presse und Fernsehen im Vergleich, München 1983.

3. Politikvermittlung und Funkmedien

1. Günter Bentele, Symbolische Politik im Fernsehen. Ein Analysemodell, in: Ernst W. B. Hess-Lüttich (Hrsg.), Medienkultur – Kulturkonflikt. Massenmedien in der interkulturellen und internationalen Kommunikation, Opladen 1992, S. 215–232.
2. Harald Berens/Lutz M. Hagen, Der Fall »Brent Spar« in Hauptnachrichtensendungen. Ansätze zur Operationalisierung von Qualitätskriterien für die Bildberichterstattung, in: Günter Bentele/Michael Haller (Hrsg.), Aktuelle Entstehung

von Öffentlichkeit. Akteure – Strukturen – Veränderungen, Konstanz 1997, S. 539–549.
3. Thomas Bruns/Frank Marcinkowski, Politische Informationen im Fernsehen. Eine Längsschnittstudie zur Veränderung der Politikvermittlung in Nachrichten und politischen Informationssendungen, Opladen 1997.
4. Akiba A. Cohen, Answers Without Questions. A Comparative Analysis of Television News Interviews, in: European Journal of Communication, (1989) 4, S. 435–451.
5. Wolfgang Donsbach/Hans-Bernd Brosius/Axel Mattenklott, How Unique is the Perspective of Television? A Field Experiment on the Perception of a Campaign Event by Participants and Television Viewers, in: Political Communication, 10 (1993), S. 37–53.
6. Bernward Frank, Informationsinteressen und Informationsnutzung. Möglichkeiten und Grenzen der Politikvermittlung im Fernsehen, in: Ralph Weiß (Hrsg.), Aufgaben und Perspektiven des öffentlich-rechtlichen Fernsehens, Baden-Baden – Hamburg 1991, S. 71–79.
7. Elfriede Fürsich, Fernsehnachrichten als Ritual. Ein neuer Ansatz zur Interpretation, in: Publizistik, (1994) 1, S. 25–57.
8. Kurt R. Hesse, Fernsehen und Revolution, Zum Einfluß der Westmedien auf die politische Wende in der DDR, in: Rundfunk und Fernsehen, (1990) 3, S. 328–342.
9. Rolf-Rüdiger Hoffmann, Politische Fernsehinterviews. Eine empirische Analyse sprachlichen Handelns, Tübingen 1982.
10. Silke Holgersson/Otfried Jarren/Heribert Schatz (Hrsg.), Dualer Rundfunk in Deutschland. Beiträge zu einer Theorie der Rundfunkentwicklung, Münster–Hamburg 1994.
11. Werner Holly/Peter Kühn/Ulrich Püschel, Politische Fernsehdiskussionen. Zur medienspezifischen Inszenierung von Propaganda als Diskussion, Tübingen 1986.
12. Werner Holly, Confrontainment, Politik als Schaukampf im Fernsehen, in: Louis Bosshart/Wolfgang Hoffmann-Riem (Hrsg.), Medienlust und Mediennutz. Unterhaltung als öffentliche Kommunikation, München 1994, S. 422–434.
13. Walter Hömberg/Heinz Pürer (Hrsg.), Medien-Transformation. Zehn Jahre dualer Rundfunk in Deutschland, München 1996.
14. Shanto Iyengar/Donald R. Kinder, News that Matters. Television and American Opinion, Chicago–London 1997.
15. Wolfgang Jäger, Fernsehen und Demokratie. Scheinplebiszitäre Tendenzen und Repräsentationen in den USA, Großbritannien, Frankreich und Deutschland, München 1992.
16. Otfried Jarren (Hrsg.), Medienwandel – Gesellschaftswandel? 10 Jahre dualer Rundfunk in Deutschland, Eine Bilanz, Berlin 1994.
17. Otfried Jarren (Hrsg.), Politische Kommunikation in Hörfunk und Fernsehen. Elektronische Medien in der Bundesrepublik Deutschland, Opladen 1994.
18. Otfried Jarren/Patrick Donges, Keine Zeit für Politik? Landespolitische Berichterstattung im Rundfunk: Journalisten, Öffentlichkeitsarbeiter und Politiker in der Interaktion. Das Beispiel Hamburg, Berlin 1996.
19. Otfried Jarren/Friedrich Krotz (Hrsg.), Öffentlichkeit unter Vielkanalbedingungen, Baden-Baden 1998.
20. Angela Keppler, Präsentation und Information. Zur politischen Berichterstattung im Fernsehen, Tübingen 1985.
21. Hans J. Kleinsteuber, Radio – Das unterschätzte Medium. Erfahrungen mit nichtkommerziellen Radiostationen in 15 Staaten, Berlin 1991.
22. Klaus Lange, Das Bild der Politik im Fernsehen. Die filmische Konstruktion einer politischen Realität in den Fernsehnachrichten, Frankfurt/M. 1991.

23. Yvonne Petter-Zimmer, Politische Fernsehdiskussionen und ihre Adressaten, Tübingen 1990.
24. Uwe Pöhls, Politik im Fernsehen. Zur Personalisierung in den Fernsehnachrichten der USA, Frankreichs und der Bundesrepublik Deutschland, Düsseldorf 1989.
25. Ulrich Püschel, Zwischen Wissen und Gewißheit. Zur Ereignisberichterstattung im Fernsehen, in: Adi Grewenig (Hrsg.), Inszenierte Information. Politik und strategische Kommunikation in den Medien, Opladen 1993, S. 269–286.
26. Folker Quack, Die Auswirkungen des lokalen Rundfunks auf die politische Kommunikation, Würzburg 1991.
27. Klaus Radke, Phoenix: Ziele, Programm und Programmphilosophie, in: Media Perspektiven, (1997) 4, S. 206 ff.
28. Dirk Rütten, Strukturelle Merkmale politischer Rundengespräche im Fernsehen am Beispiel der »Elefantenrunde«, in: Josef Klein (Hrsg.), Politische Semantik, Opladen 1989, S. 187–230.
29. Heribert Schatz (Hrsg.), Fernsehen als Objekt und Moment des sozialen Wandels. Faktoren und Folgen der aktuellen Veränderungen des Fernsehens, Opladen 1996.
30. Heribert Schatz/Winfried Schulz, Qualität von Fernsehprogrammen. Kriterien und Methoden zur Beurteilung von Programmqualität im dualen Fernsehsystem, in: Media Perspektiven, (1992) 11, S. 690–712.
31. Heribert Schatz, Ist das Fernsehen noch zu retten? Zum Funktionswandel des Fernsehens als »Medium und Faktor der öffentlichen Meinungsbildung«, in: Rupert Breitling/Winand Gellner (Hrsg.), Machiavellismus. Parteien und Wahlen. Medien und Politik, Gerlingen 1988, S. 70–90.
32. Franz Schneider, Informations-Transport? Kritik an politischen Magazinen der ARD, Köln 1987.
33. Winfried Schulz, Politik und Fernsehen, in: Heinz Bonfadelli/Werner A. Meier (Hrsg.), Krieg, Aids, Katastrophen ... Gegenwartsprobleme als Herausforderung für die Publizistikwissenschaft, Konstanz 1993, S. 239–263.
34. Andreas Wittwen, Infotainment. Fernsehnachrichten zwischen Information und Unterhaltung, Bern–Berlin 1995.

4. Politikvermittlung und neue Medien

1. Stephen Barnett, New Media, Old Problems. New Technology and the Political Process, in: European Journal of Communication, 12 (1997), S. 193–218.
2. Michael X. Delli Carpini, Voters, Candidates, and Campaigns in the New Information Age. An Overview and Assessment, in: Press/Politics, (1996) 1, S. 57–75.
3. Kurt Imhof/Peter Schulz (Hrsg.), Politisches Raisonnement in der Informationsgesellschaft, Zürich 1996.
4. Paul Kevenhörster, Politik im elektronischen Zeitalter. Politische Wirkungen der Informationstechnik, Baden-Baden 1984.
5. Hans Kleinsteuber (Hrsg.), Der Information Superhighway. Amerikanische Visionen und Erfahrungen, Opladen 1996.
6. Herbert Kubicek/Ulrich Schmid/Heiderose Wagner, Bürgerinformation durch »neue« Medien?, Opladen 1997.
7. Stefan Marschall, Politik »online« – Demokratische Öffentlichkeit dank Internet?, in: Publizistik, 42 (1997), S. 304–324.
8. Karl Rohe (Hrsg.), Politik und Demokratie in der Informationsgesellschaft, Baden-Baden 1997.

9. Ulrich Sarcinelli, Moderne Medien für Politik-Information und politische Bildung, in: Uwe Beck/Winfried Sommer (Hrsg.), LEARNTEC. Europäischer Kongreß für Bildungstechnologie und betriebliche Bildung. Tagungsband, Heidelberg 1995, S. 53–66.
10. Heribert Schatz/Otfried Jarren/Bettina Knaup (Hrsg.), Machtkonzentration in der Multimediagesellschaft? Beiträge zu einer Neubestimmung des Verhältnisses von politischer und medialer Macht, Opladen 1997.
11. Winfried Schulz, Neue Medien – Chancen und Risiken. Tendenzen der Medienentwicklung und ihre Folgen, in: Aus Politik und Zeitgeschichte, B 42/97, S. 3–12.
12. Markus Stöckler, Politik und Medien in der Informationsgesellschaft. Ein systemtheoretisch basierter Untersuchungsansatz, Münster 1992.
13. John Street, Remote Control? Politics, Technology and »Electronic Democracy«, in: Journal of Communication, 12 (1997), S. 27–42.
14. Jörg Tauss/Johannes Kollbeck/Jan Mönikes (Hrsg.), Deutschlands Weg in die Informationsgesellschaft, Baden-Baden 1996.
15. Jürgen Wilke/Christiane Imhof (Hrsg.), Multimedia. Voraussetzungen, Anwendungen, Probleme, Berlin 1996.
16. Thomas Zittel, Über die Demokratie in der vernetzten Gesellschaft. Das Internet als Medium politischer Kommunikation, in: Aus Politik und Zeitgeschichte, B 42/97, S. 23–29.

5. Politikvermittlung und Globalisierung

1. Christian Breunig, Kommunikationspolitik der UNESCO. Dokumentation und Analyse der Jahre 1946 bis 1987, Konstanz 1987.
2. Robert S. Fortner, International Communication. History, Conflict, and Control of Global Metropolis, Belmont/CA.
3. Jürgen Gerhards, Westeuropäische Integration und die Schwierigkeit der Entstehung einer europäischen Öffentlichkeit, in: Zeitschrift für Soziologie, 22 (1993).
4. Ernst W. B. Hess-Lüttich (Hrsg.), Medienkultur – Kulturkonflikt. Massenmedien in der interkulturellen und internationalen Kommunikation, Opladen 1992.
5. Hans J. Kleinsteuber/Torsten Rossmann, Europa als Kommunikationsraum. Akteure, Strukturen und Konfliktpotentiale, Opladen 1994.
6. Michael Kunczik, Die manipulierte Meinung. Nationale Image-Politik und internationale Public Relations, Köln–Wien 1990.
7. Walter A. Mahle, Deutschland in der internationalen Kommunikation, Konstanz 1995.
8. Marshall McLuhan/Bruce R. Powers, The Global Village, New York 1989.
9. Miriam Meckel/Markus Kriener (Hrsg.), Internationale Kommunikation. Eine Einführung, Opladen 1996.
10. Hamid Mowlana, International Flow of Information: A Global Report and Analysis, Paris 1995.
11. Winfried Schulz, Massenkommunikation in den internationalen Beziehungen, in: Deutsches Institut für Fernstudien (Hrsg.), Problemfelder internationaler Beziehungen – Einführung aus der Sicht verschiedener Wissenschaften, Tübingen 1988, S. 133–155.
12. John Sinclair/Elizabeth Jacka/Stuart Cunningham (Hrsg.), New Patterns in Global Television, Peripheral Vision, Oxford 1996.
13. Robert L. Stevenson, Global Communication in the Twenty-First Century, Capel Hill/NC 1994.

14. Gerald Sussman/John A. Lent (Hrsg.), Transnational Communication. Wiring the Third World, Newbury Park/CA 1991.
15. Jürgen Wilke, Internationalisierung der Massenkommunikation. Auswirkungen auf die internationale Politik, in: Internationale Politik, (1996) Nov., S. 3–10.

III. Politikvermittlung und Politisches System

1. Politikvermittlung und Öffentlichkeitsarbeit

1. Wolfgang Armbrecht/Ulf Zabel (Hrsg.), Normative Aspekte der Public Relations. Grundlagen und Perspektiven, Eine Einführung, Opladen 1994.
2. Horst Avenarius/Wolfgang Armbrecht (Hrsg.), Ist Public Relations eine Wissenschaft? Eine Einführung, Opladen 1992.
3. Barbara Baerns, Öffentlichkeitsarbeit oder Journalismus? Zum Einfluß im Mediensystem, Köln 1991².
4. Günter Bentele, Public Relations – ein konstitutives Element demokratischer Kommunikationsgesellschaften: Thesen zu den Zukunftsperspektiven der Öffentlichkeitsarbeit, Bonn 1996.
5. Frank Böckelmann, Pressestellen der öffentlichen Hand, München 1991.
6. Wolfgang Donsbach (Hrsg.), Public Relations in Theorie und Praxis. Grundlagen und Arbeitsweise der Öffentlichkeitsarbeit in verschiedenen Funktionen, München 1997.
7. Johanna Dorer/Klaus Lojka (Hrsg.), Öffentlichkeitsarbeit. Theoretische Ansätze, empirische Befunde und Berufspraxis der Public Relations, Wien 1991.
8. Johanna Dorer/Matthias Marschik, Kommunikation und Macht. Public Relations – eine Annäherung, Wien 1993.
9. Marc. R. Gramberger, Die Öffentlichkeitsarbeit der Europäischen Kommission 1952–1996. PR zur Legitimation von Integration?, Baden-Baden 1997.
10. Otfried Jarren, Kann man mit Öffentlichkeitsarbeit die Politik »retten«?, in: Zeitschrift für Parlamentsfragen, (1994) 4, S. 653–673.
11. Michael Kunczik, Public Relations. Konzepte und Theorien, Köln 1993.
12. Philippe J. Maarek, Political Marketing and Communication, London 1995.
13. Bettina Nöthe, PR-Agenturen in der Bundesrepublik Deutschland. Bestandsaufnahmen und Perspektiven, Münster 1994.
14. Franz Ronneberger/Manfred Rühl, Theorie der Public Relations. Ein Entwurf, Opladen 1992.
15. Ulrike Röttger (Hrsg.), PR-Kampagnen. Über die Inszenierung von Öffentlichkeit, Opladen 1997.
16. Ulrich Saxer, Public Relations and Symbolic Politics, in: Journal of Public Relations Research, (1993) 5, S. 127–151.

2. Politikvermittlung und Regierung

1. Wolfgang Bergsdorf, Probleme der Regierungskommunikation, in: Hans-Hermann Hartwich/Göttrik Wewer (Hrsg.), Regieren in der Bundesrepublik III. Systemsteuerung und »Staatskunst«, Opladen 1991.
2. Frank Böckelmann/Gunter Nahr, Staatliche Öffentlichkeitsarbeit im Wandel der politischen Kommunikation, Berlin 1979.
3. Frank Böckelmann, Pressestellen der öffentlichen Hand, München 1991.

4. Heinz-Dietrich Fischer (Hrsg.), Regierungssprecher. Zwischen Information und Geheimhaltung. Zur publizistischen und kommunikativen Funktion staatlicher Presseamts-Leiter in Bund-Länder-Gemeinden, Köln 1981.
5. Roland Czada/Manfred G. Schmidt (Hrsg.), Verhandlungsdemokratie, Interessenvermittlung, Regierbarkeit. Festschrift für Gerhard Lehmbruch, Opladen 1993.
6. Klaus-Eckart Gebauer, Anforderungen an ein Regierungsinformationssystem. Politische, fachliche und Steuerungs-Komponenten, in: Verwaltung und Management, 1 (1995) 2, S. 101–105.
7. Hermann Hill, Staatskommunikation, in: Juristenzeitung, 48 (1993) 7, S. 330–336.
8. Hermann Hill (Hrsg.), Staatskommunikation. Dokumentation der Frühjahrs-Arbeitstage des Deutschen Kommunikationsverbandes BDW e. V. und der Hochschule für Verwaltungswissenschaften Speyer vom 22./23. April 1993, Köln u. a. 1993.
9. Otto B. Roegele, Massenmedien und Regierbarkeit, in: Wilhelm Hennis/Peter Graf Kielmansegg/Ulrich Matz (Hrsg.), Regierbarkeit. Studien zu ihrer Problematisierung, Bd. 2, Stuttgart 1979, S. 177–210.
10. Frank Schürmann, Öffentlichkeitsarbeit der Bundesregierung. Strukturen, Medien, Auftrag und Grenzen eines informalen Instruments der Staatsleitung, Berlin 1992.
11. Horst O. Walker, Das Presse- und Informationsamt der Bundesregierung. Eine Untersuchung zu Fragen der Organisation, Koordination und Kontrolle der Presse- und Öffentlichkeitsarbeit der Bundesregierung, Frankfurt/M. 1982.

3. Politikvermittlung und Parlament

1. Heinz Bäuerlein, Damit sich der Bürger ein Bild machen kann. Wie sich der Deutsche Bundestag auf Fernsehberichterstattung einstellt, in: Zeitschrift für Parlamentsfragen, 23 (1992), S. 216 ff.
2. Klaus von Beyme, Die Massenmedien und die politische Agenda des parlamentarischen Systems, in: Friedhelm Neidhardt (Hrsg.), Öffentlichkeit, öffentliche Meinung, soziale Bewegungen, Opladen 1994, S. 320–336.
3. Heiko Braß, Enquete-Kommissionen im Spannungsfeld von Politik, Wissenschaft und Öffentlichkeit, in: Thomas Petermann (Hrsg.), Das wohlberatene Parlament. Orte und Prozesse der Politikberatung, Berlin 1990, S. 92 ff.
4. Frank Brettschneider, Öffentliche Meinung und Politik. Eine empirische Studie zur Responsivität des Deutschen Bundestages zwischen 1949 und 1990, Opladen 1995.
5. Edwin Czerwick, Debattenordnung und Debattenstil, in: Aus Politik und Zeitgeschichte, B 24–25/85, S. 17 ff.
6. Andreas Dörner/Ludgera Vogt (Hrsg.), Sprache des Parlaments und Semiotik der Demokratie. Studien zur politischen Kommunikation in der Moderne, Berlin–New York 1995.
7. Dietrich Herzog, Der Funktionswandel des Parlaments in der sozialstaatlichen Demokratie, in: Dietrich Herzog/Hilke Rebenstorf/Bernhard Weßels (Hrsg.), Parlament und Gesellschaft. Eine Funktionsanalyse der repräsentativen Demokratie, Opladen 1993, S. 13–52.
8. Dietrich Herzog u. a., Abgeordnete und Bürger. Ergebnisse einer Befragung der Mitglieder des 11. Deutschen Bundestages und der Bevölkerung, Opladen 1990.
9. Werner Holly, Politikersprache. Inszenierungen und Rollenkonflikte im informellen Sprachhandeln eines Bundestagsabgeordneten, Berlin 1990.
10. Sabine Lemke-Müller, Zur Parlamentsreform im Deutschen Bundestag: Mehr Transparenz, Öffentlichkeit und Effektivität, in: Aus Politik und Zeitgeschichte, B 27/96, S. 13 ff.

11. Stefan Marshall, TV-Berichterstattung aus dem Parlament: in neuer Form, auch mit neuem Format?, in: Zeitschrift für Parlamentsfragen, 28 (1997), S. 286 ff.
12. Sten Martenson, Parlament, Öffentlichkeit und Medien, in: Hans-Peter Schneider/ Wolfgang Zeh (Hrsg.), Parlamentsrecht und Parlamentspraxis in der Bundesrepublik Deutschland, Berlin–New York 1989, S. 271 f.
13. Gregor Mayntz, Zwischen Volk und Volksvertretung. Entwicklung, Probleme und Perspektiven der Parlamentsberichterstattung unter besonderer Berücksichtigung von Fernsehen und Deutschem Bundestag, Bonn 1992.
14. Gregor Mayntz, Die Fernsehberichterstattung über den Deutschen Bundestag. Eine Bilanz, in: Zeitschrift für Parlamentsfragen, 24 (1993), S. 351 ff.
15. Heinrich Oberreuter, Parlament und Medien in der Bundesrepublik Deutschland, in: Uwe Thaysen/Roger H. Davidson/Robert G. Livingston, (Hrsg.), US-Kongreß und Deutscher Bundestag. Bestandsaufnahmen im Vergleich, Opladen 1988, S. 500–516.
16. Henry Puhe/H. Gerd Würzberg, Lust & Frust. Das Informationsverhalten des deutschen Abgeordneten. Eine Untersuchung, Köln 1989.
17. Ulrich Sarcinelli (Hrsg.), Öffentlichkeitsarbeit der Parlamente. Politikvermittlung zwischen Public Relations und Parlamentsdidaktik, Baden-Baden 1994.
18. Ulrich Sarcinelli, Parlamentsbesuche: Wege und Hindernisse bei der Auseinandersetzung mit parlamentarischer Wirklichkeit, in: Gegenwartskunde, 43 (1994), S. 449 ff.
19. Heinrich Wefing, Parlamentsarchitektur, Zur Selbstdarstellung der Demokratie in ihren Bauwerken. Eine Untersuchung am Beispiel des Bonner Bundeshauses, Berlin 1995.
20. Bernhard Weßels, Kommunikationspotentiale zwischen Bundestag und Gesellschaft: Öffentliche Anhörungen, informelle Kontakte und innere Lobby in wirtschafts- und sozialpolitischen Parlamentsausschüssen, in: Zeitschrift für Parlamentsfragen, 18 (1987), S. 285 ff.
21. Bernhard Weßels, Politische Repräsentation als Prozeß gesellschaftlich-parlamentarischer Kommunikation, in: Dietrich Herzog/Hilke Rebenstorf/Bernhard Weßels (Hrsg.), Parlament und Gesellschaft. Eine Funktionsanalyse der repräsentativen Demokratie, Opladen 1993, S. 99 ff.
22. Wolfgang Zeh, Theorie und Praxis der Parlamentsdebatte, in: Hans-Peter Schneider/ Wolfgang Zeh (Hrsg.), Parlamentsrecht und Parlamentspraxis in der Bundesrepublik Deutschland, Berlin–New York 1989, S. 917 ff.

4. Politikvermittlung und Parteien

1. Ulrich von Alemann, Die politischen Parteien, die Medien und das Publikum, in: Oscar W. Gabriel/Oskar Niedermayer/Richard Stöss (Hrsg.), Parteiendemokratie in Deutschland, Bonn 1997, 478–494.
2. Karl-Heinz Blessing (Hrsg.), SPD 2000. Die Modernisierung der SPD, Marburg 1993.
3. Stephan E. Frantzich, Political Parties in the Technological Age, New York–London 1989.
4. Winand Gellner, Medien und Parteien, Grundmuster politischer Kommunikation, in: ders./Hans-Joachim Veen (Hrsg.), Umbruch und Wandel in westeuropäischen Parteiensystemen, Frankfurt/M. 1995, S. 17–33.
5. Paul S. Herrnson, Party Campaigning in the 1980s., Cambridge 1988.
6. Wolfgang R. Langenbucher/Michael Lipp, Kontrollieren die Parteien die politische Kommunikation?, in: Joachim Raschke (Hrsg.), Bürger und Parteien. Ansichten und Analysen einer schwierigen Beziehung, Opladen 1982, S. 217–234.

7. Rainer Linnemann, Die Parteiorganisation der Zukunft. Innerparteiliche Projektarbeit, Münster–New York 1995.
8. Dwaine Marvick, Communication in Political Parties, in: Ithiel de Sola Pool/Wilbur Schramm u. a. (Hrsg.), Handbook of Communications, Chicago 1973, S. 722–754.
9. Rainer Mathes/Uwe Freisens, Kommunikationsstrategien der Parteien und ihr Erfolg. Eine Analyse der aktuellen Berichterstattung in den Nachrichtenmagazinen der öffentlich-rechtlichen und privaten Rundfunkanstalten im Bundestagswahlkampf 1987, in: Max Kaase/Hans Dieter Klingemann (Hrsg.), Wahlen und Wähler. Analysen aus Anlaß der Bundestagswahl 1987, Opladen 1989, S. 531–568.
10. Richard Meng, Nach dem Ende der Parteien. Politik in der Mediengesellschaft, Marburg 1997.
11. Heinrich Oberreuter, Defizite der Streitkultur in der Parteiendemokratie, in: Ulrich Sarcinelli (Hrsg.), Demokratische Streitkultur. Theoretische Grundpositionen und Handlungsalternativen in Politikfeldern, Opladen 1990, S. 77–100.
12. Heinrich Oberreuter (Hrsg.), Parteiensystem am Wendepunkt? Wahlen in der Fernsehdemokratie, München–Landsberg a. L. 1996.
13. Manfred Opp de Hipt, Denkbilder in der Politik. Der Staat in der Sprache von CDU und SPD, Opladen 1987.
14. Gabriele M. Pauli-Balleis, Polit-PR. Strategische Öffentlichkeitsarbeit politischer Parteien. Zur PR-Praxis der CSU, Zirndorf 1987.
15. Fritz Plasser, Parteien unter Stress, Wien u. a. 1987.
16. Fritz Plasser, Medienlogik und Parteienwettbewerb, in: Frank E. Böckelmann (Hrsg.), Medienmacht und Politik. Mediatisierte Politik und politischer Wertewandel, Berlin 1989, S. 207–218.
17. Fritz Plasser/Peter A. Ulram/Manfred Welan (Hrsg.), Demokratierituale, Wien u. a. 1985.
18. Peter Radunski, Wahlkämpfe. Moderne Wahlkampfführung als politische Kommunikation, München–Wien 1980.
19. Stefan Reiser, Parteikampagne und Medienberichterstattung im Europawahlkampf 1989. Eine Untersuchung zu Dependenz und Autonomieverlust im Verhältnis von Massenmedien und Politik, Konstanz 1994.
20. Horst Pöttker, Das Fernsehen und die Krise der Parteien. Inhaltsanalysen als Beiträge zur politischen Soziologie, in: Publizistik, (1985) 2/3, S. 330–345.
21. Franz Ronneberger/Jürgen Walchshöfer, Parteien als Kommunikationssysteme, in: Oscar W. Gabriel (Hrsg.), Strukturprobleme des lokalen Parteiensystems, Bonn 1975, S. 115–160.
22. Reinhold Roth, Parteimanagement und politische Führungseliten in der Politikvermittlung, in: Ulrich Sarcinelli (Hrsg.), Politikvermittlung. Beiträge zur politischen Kommunikationskultur, Bonn 1987, S. 184–202.
23. Barbara Salmore/Stephen Salmore, Candidates, Parties and Campaigns, Washington 1989[2].
24. Ulrich Sarcinelli, Symbolische Politik. Zur Bedeutung symbolischen Handelns in der Wahlkampfkommunikation der Bundesrepublik Deutschland, Opladen 1987.
25. Ulrich Sarcinelli, Symbolische Politik und politische Kultur. Das Kommunikationsritual als politische Wirklichkeit, in: Politische Vierteljahresschrift, 30 (1989) 2, S. 292–309.
26. Ulrich Sarcinelli, Von der Parteien- zur Mediendemokratie. Das Beispiel Deutschland, in: Heribert Schatz/Otfried Jarren/Bettina Knaup (Hrsg.), Machtkonzentration in der Multimediagesellschaft?, Opladen 1997, S. 34–45.
27. Astrid Schütz, Selbstdarstellung von Politikern. Analyse von Wahlkampfauftritten, Weinheim 1992.

28. Paul D. Webb, Election campaigning, organisational Transformation and the Professionalisation of the British Labour Party, in: European Journal of Political Research, 21 (1992), S. 267–288.
29. Elmar Wiesendahl, Parteien als Instanzen der politischen Sozialisation, in: Bernhard Claußen/Rainer Geißler (Hrsg.), Die Politisierung des Menschen. Instanzen der politischen Sozialisation, Leverkusen 1996, S. 399–422.
30. Elmar Wiesendahl, Parteienkommunikation, in: Otfried Jarren/Ulrich Sarcinelli/ Ulrich Saxer (Hrsg.), Politische Kommunikation in der demokratischen Gesellschaft. Ein Handbuch mit Lexikonteil, Opladen–Wiesbaden 1998.
31. Edgar Wangen, Polit-Marketing. Das Marketing-Management der politischen Parteien, Opladen 1983.

5. Politikvermittlung und Wahlen

1. Stephen Ansolabehere/Roy Behr/Shanto Iyengar, Mass Media and Elections. An Overview, in: American Politics Quarterly, 19 (1991), S. 109–139.
2. Michael Bauer, Regulierter Journalismus. Spielregeln lokaler Wahlkampfberichterstattung, München 1989.
3. Bertelsmann Stiftung (Hrsg.), Politik überzeugend vermitteln. Wahlkampfstrategien in Deutschland und den USA. Analysen und Bewertungen von Politikern, Journalisten und Experten, Gütersloh 1996.
4. Jay G. Blumler, Elections, the Media, and the Modern Publicity Process, in: Majorie Ferguson (Hrsg.), Public Communication. The New Imperatives. Future Directions for Media Research, London-Beverly Hills 1990, S. 101–113.
5. Frederick J. Fletcher (Hrsg.), Media, Elections and Democracy, Toronto 1991.
6. Stefan Hönemann/Markus Moors, Wer die Wahl hat. Bundestagswahlkämpfe seit 1957. Muster der politischen Auseinandersetzung, Berlin 1994.
7. Daniel C. Hallin, Sound Bite News: Television Coverage of Elections, 1968–1988, in: Journal of Communication, 42 (1992) 2, S. 5–24.
8. Albrecht Hesse, Wahlwerbung und Wahlberichterstattung im Rundfunk, in: Rundfunk und Fernsehen, 42 (1994), S. 351–368.
9. Christina Holtz-Bacha/Lynda L. Kaid (Hrsg.), Die Massenmedien im Wahlkampf. Untersuchungen aus dem Wahljahr 1990, Opladen 1993.
10. Christina Holtz-Bacha/Lynda L. Kaid (Hrsg.), Wahlen und Wahlkampf in den Medien. Untersuchungen aus dem Wahljahr 1994, Opladen 1996.
11. Christina Holtz-Bacha, Politikvermittlung im Wahlkampf. Befunde und Probleme der Wirkungsforschung von Wahlkampfspots, in: Media Perspektiven, (1994) 3, S. 340–350.
12. Robert Huckfeldt/John Sprague, Citizens, Politics, and Social Communication. Information and Influence in an Election Campaign, Cambridge 1995.
13. Hans Mathias Kepplinger/Hans-Bernd Brosius/Stefan Dahlem, Wie das Fernsehen Wahlen beeinflußt. Theoretische Modelle und empirische Analysen, München 1994.
14. Klaus Kindelmann, Kanzlerkandidaten in den Medien, Opladen 1994.
15. Jürgen Lass, Vorstellungsbilder über Kanzlerkandidaten. Zur Diskussion um die Personalisierung von Politik, Wiesbaden 1995.
16. Jean-Louis Missika/Dorine Bregman, On Framing the Campaign. Mass Media Roles in Negotiating the Meaning of the Vote, in: European Journal of Communication, (1987) 2, S. 289–309.
17. Elisabeth Noelle-Neumann, Wahlentscheidung in der Fernsehdemokratie, Freiburg–Würzburg 1980.

18. Ekkehardt Oehmichen/Erik Simon, Fernsehnutzung, politisches Interesse und Wahlverhalten. Ergebnisse einer Befragung in Hessen, in: Media Perspektiven, (1996) 11, S. 562–571.
19. Peter Radunski, Wahlkämpfe. Moderne Wahlkampfführung als politische Kommunikation, München–Wien 1980.
20. Holger Rust, »Politischer Journalismus«, Landtagswahlkämpfe in regionalen Tageszeitungen, Tübingen 1984.
21. Ulrich Sarcinelli, Symbolische Politik. Zur Bedeutung symbolischen Handelns in der Wahlkampfkommunikation der Bundesrepublik Deutschland, Opladen 1987.
22. Ulrich Sarcinelli, Wahlkampfkommunikation als symbolische Politik. Überlegungen zu einer theoretischen Einordnung der Politikvermittlung im Wahlkampf, in: Hans Dieter Klingemann/Max Kaase (Hrsg.), Wahlen und politischer Prozeß, Opladen 1986, S. 180–200.
23. Rüdiger Schmitt-Beck, Eine »vierte Gewalt«? Medieneinfluß im Superwahljahr 1994, in: Wilhelm Bürklin/Dieter Roth (Hrsg.), Das Superwahljahr. Deutschland vor unkalkulierbaren Regierungsmehrheiten?, Köln 1994, S. 266–292.
24. Klaus Schönbach, Journalisten, Medien und Publikum in Wahlkämpfen der Bundesrepublik Deutschland, in: Hans Wagner (Hrsg.), Idee und Wirklichkeit des Journalismus. Festschrift für Heinz Starkulla, München 1988, S. 113–127.
25. Peter Schrott/Michael Meffert, Wahlkampf in den Fernsehnachrichten 1987 und 1990. Themenstruktur, Politikerpräsenz und Wirkungspotential der politischen Berichterstattung, in: Otfried Jarren (Hrsg.), Medienwandel – Gesellschaftswandel? 10 Jahre dualer Rundfunk in Deutschland. Eine Bilanz, Berlin 1994, S. 305–330.
26. Astrid Schütz, Selbstdarstellung von Politikern: Analyse von Wahlkampfauftritten, Weinheim 1992.
27. Winfried Schulz/Klaus Schönbach (Hrsg.), Massenmedien und Wahlen, München 1983.
28. Winfried Schulz, Wird die Wahl im Fernsehen entschieden? Der »getarnte Elefant« im Lichte der neueren Forschung, in: Media Perspektiven, (1994) 7, S. 318–327.
29. David L. Swanson/Paolo Mancini, Politics, Media, and Modern Democracy. An International Study of Innovations in Electoral Campaigning and Their Consequences, Westport/CT–London 1996.
30. Judith S. Trent/Robert V. Friedenberg, Political Campaign Communication, Principles and Practices, New York 1991.
31. Hans-Jürgen Weiss, Massenmedien und Wahlen. Der Wahlkampf im Alltag des Wählers, in: Jürgen W. Falter/Christian Fenner/Michael Th. Greven (Hrsg.), Politische Willensbildung und Interessenvermittlung, Opladen 1984, S. 351–371.
32. Jürgen Zeh, Parteien und Politiker in der Wahlberichterstattung europäischer Zeitungen, Frankfurt/M. 1992.

6. Politikvermittlung und Protest

1. Sigrid Baringhorst, Politik als Kampagne. Zur symbolischen Konstruktion von Solidarität in Medienkampagnen, Opladen 1998.
2. Sigrid Baringhorst, Symbolische Politik – Politische Kampagnen neuen Typs als Medien kritischer Öffentlichkeit, in: Transit, 2 (1997).
3. Wolfgang Beywl, Die Alternativpresse – ein Modell für Gegenöffentlichkeit und seine Grenzen, in: Aus Politik und Zeitgeschichte, B 45/82, S. 18–31.

4. Dieter Fuchs, The Normalisation of the Unconventional. Forms of Political Action and New Movement, in: Gerd Meyer/Franciszek Ryska (Hrsg.), Political Participation and Democracy in Poland and West Germany, Warschau 1991, S. 148–167.
5. Jürgen Gerhards, Diskursdimensionen und Diskursstrategien mobilisierender Protestakteure, in: Journal für Sozialforschung, 32 (1992), S. 307–318.
6. Jürgen Gerhards, Neue Konfliktlinien in der Mobilisierung öffentlicher Meinung. Eine Fallstudie, Opladen 1993.
7. Bernd Guggenberger/Claus Offe (Hrsg.), An den Grenzen der Mehrheitsdemokratie. Politik und Soziologie der Mehrheitsregel, Opladen 1984.
8. Manfred Knoche/Monika Lindgens, Grüne, Massenmedien und Öffentlichkeit, in: Joachim Raschke (Hrsg.), Die Grünen – Wie sie wurden, was sie sind, Köln 1993, S. 742–768.
9. Walter Oeckl, Chancen von Gegenöffentlichkeiten, in: Helga Reimann/Horst Reimann (Hrsg.), Information, München 1977, S. 69–92.
10. Torsten Rossmann, Das Beispiel Greenpeace – Öffentlichkeitsarbeit und ihr Einfluß auf die Medien, in: Media Perspektiven, (1993) 2, S. 85–94.
11. Roland Roth, Lokale Bewegungsnetzwerke und die Institutionalisierung von neuen sozialen Bewegungen, in: Friedhelm Neidhardt (Hrsg.), Öffentlichkeit, öffentliche Meinung, soziale Bewegungen, Opladen 1994, S. 413–436.
12. Dieter Rucht, Gegenöffentlichkeit und Gegenexperten: Zur Institutionalisierung des Widerspruchs in Politik und Recht, in: Zeitschrift für Rechtssoziologie, 9 (1988), S. 290–305.
13. Dieter Rucht, Öffentlichkeit als Mobilisierungsfaktor für soziale Bewegungen, in: Friedhelm Neidhardt (Hrsg.), Öffentlichkeit, öffentliche Meinung, soziale Bewegungen, Opladen 1994, S. 337–348.
14. Rüdiger Schmitt, Die Friedensbewegung in der Bundesrepublik Deutschland. Ursachen und Bedingungen der Mobilisierung einer neuen sozialen Bewegung, Opladen 1990.
15. Rüdiger Schmitt-Beck, Über die Bedeutung der Massenmedien für soziale Bewegungen, in: Kölner Zeitschrift für Soziologie und Sozialpsychologie, 42 (1990), S. 642–662.
16. Karl-Heinz Stamm, Alternative Öffentlichkeit. Die Erfahrungsproduktion neuer sozialer Bewegungen, Frankfurt/M.–New York 1988.

IV. Politikvermittlung und Bürger

1. Politikvermittlung und Mediennutzung/Medienwirkung

1. Larry M. Bartels, Messages Received: The Political Impact of Media Exposure, in: American Political Science Review, 87 (1993), S. 267–285.
2. Michael Beckmann/Edmund Görtler, Der Einfluß der Massenmedien auf den politischen Diskurs in der Familie, in: Publizistik, (1989) 3, S. 310–328.
3. Harald Berens/Marie-Luise Kiefer/Arne Meder, Spezialisierung der Mediennutzung im dualen Rundfunksystem, in: Media Perspektiven, (1997) 2, S. 80–91.
4. Klaus Berg/Marie-Luise Kiefer (Hrsg.), Massenkommunikation V. Eine Langzeitstudie zur Mediennutzung und Medienbewertung 1964–1995, Baden-Baden 1996.
5. Heinz Bonfadelli, Die Wissenskluft-Perspektive. Massenmedien und gesellschaftliche Information, Konstanz 1994.

6. Hans-Bernd Brosius, Alltagsrationalität in der Nachrichtenrezeption. Ein Modell zur Wahrnehmung und Verarbeitung von Nachrichteninhalten, Opladen 1995.
7. Wolfgang Darschin/Imme Horn, Die Informationsqualität der Fernsehnachrichten aus Zuschaueransicht. Ausgewählte Ergebnisse einer Repräsentativbefragung zur Bewertung des Fernsehprogramms, in: Media Perspektiven, (1997) 5, S. 269–275.
8. Christiane Eilders, Nachrichtenfaktoren und Rezeption. Eine empirische Analyse zur Auswahl und Verarbeitung politischer Information, Opladen 1997.
9. Cornelia Eisenstein, Meinungsbildung in der Mediengesellschaft. Eine Analyse zum Multi-Step Flow of Communication, Opladen 1994.
10. Heinz Gerhard, Politische Sendungen im Fernsehen – Publikumspräferenzen im dualen Fernsehsystem, in: Michael Jäckel/Peter Winterhoff-Spurk (Hrsg.), Politik und Medien. Analysen zur Entwicklung der politischen Kommunikation, Berlin 1994, S. 123–142.
11. Maria Gerhards/Walter Klingler, Politikmagazine im öffentlich-rechtlichen Fernsehen. Nutzungsdaten und Zuschauererwartungen, in: Media Perspektiven, (1995) 4, S. 166–171.
12. Uwe Hasebrink, Das Publikum verstreut sich, in: Otfried Jarren (Hrsg.), Medienwandel – Gesellschaftswandel? 10 Jahre dualer Rundfunk in Deutschland. Eine Bilanz, Berlin 1994, S. 265–287.
13. Uwe Hasebrink, Informationsfragmente in individuellen Fernsehmenüs, in: Bernd Schorb/Hans-Jörg Stiehler (Hrsg.), Medienlust – Medienlast. Was bringt die Rezipientenforschung den Rezipienten?, München 1996, S. 109–124.
14. Susan Herbst, The Meaning of Public Opinion: Citizens' Constructions of Political Reality. Media, Culture and Society, London u. a. 1993.
15. Christina Holtz-Bacha, Ablenkung oder Abkehr von Politik? Mediennutzung im Geflecht politischer Orientierungen, Opladen 1990.
16. Christina Holtz-Bacha, Das fragmentierte Medien-Publikum. Folgen für das politische System, in: Aus Politik und Zeitgeschichte, B 42/97, S. 13–21.
17. Reinhold Horstmann, Medieneinflüsse auf politisches Wissen. Zur Tragfähigkeit der Wissenskluft-Hypothese, Wiesbaden 1991.
18. Michael Jäckel/Andreas Reinold, Wer meidet Information? Fallanalysen politischen Informationsverhaltens im Fernsehen, in: Michael Jäckel/Peter Winterhoff-Spurk (Hrsg.), Mediale Klassengesellschaft? Politische und soziale Folgen der Medienentwicklung, München 1996, S. 31–55.
19. Michael Jäckel, Politisches Desinteresse und Fernsehverhalten. Welchen Einfluß hat die Programmvermehrung auf politische Einstellungen?, in: Media Perspektiven, (1991) 10, S. 681–698.
20. Hans Dieter Klingemann/Katrin Voltmer, Massenmedien als Brücke zur Welt der Politik. Nachrichtennutzung und politische Beteiligungsbereitschaft, in: Kölner Zeitschrift für Soziologie und Sozialpsychologie, Sonderheft 30 (1989), S. 221–238.
21. Elisabeth Noelle-Neumann, Die Schweigespirale. Öffentliche Meinung – unsere soziale Haut, München–Zürich 1980.
22. Vincent Price/John Zaller, Who Gets the News? Alternative Measures of News Reception and their Implications for Research, in: Public Opinion Quarterly, 57 (1993), S. 133–164.
23. Holger Rust, Geteilte Öffentlichkeit: Alltagskommunikation und Massenpublizistik, in: Publizistik, 27 (1982), S. 505–529.
24. Michael Schenk, Soziale Netzwerke und Massenmedien. Untersuchungen zum Einfluß der persönlichen Kommunikation, Tübingen 1995.
25. Rüdiger Schmitt-Beck, Politikvermittlung durch Massenkommunikation und interpersonale Kommunikation. Anmerkungen zur Theorieentwicklung und ein em-

pirischer Vergleich, in: Michael Jäckel/Peter Winterhoff-Spurk (Hrsg.), Politik und Medien. Analysen zur Entwicklung der politischen Kommunikation, Berlin 1994, S. 159–180.
26. Karl-Gerhard Tasche, Die selektive Zuwendung zu Fernsehprogrammen. Entwicklung und Erprobung von Indikatoren der selektiven Nutzung von politischen Informationssendungen des Fernsehens, München 1996.

2. Politikvermittlung und Jugend

1. Heinz Bonfadelli u. a., Jugend und Medien. Eine Studie der ARD/ZDF-Medienkommission und der Bertelsmann Stiftung, Frankfurt/M. 1986.
2. Heinz Bonfadelli, Die Sozialisationsperspektive in der Massenkommunikationsforschung. Neue Ansätze, Methoden und Resultate zur Stellung der Massenmedien im Leben der Kinder und Jugendlichen, Berlin 1981.
3. Steven H. Chaffee/Seung-Mock Yang, Communication and Political Socialization, in: Orit Ichilov (Hrsg.), Political Socialization. Citizenship Education, and Democracy, New York-London 1990, S. 137–157.
4. Bernhard Claußen, Kommunikationswissenschaftliche Aspekte: Politisches Handeln Jugendlicher in der Informations- und Mediengesellschaft, in: Christian Palentien/ Klaus Hurrelmann (Hrsg.), Jugend und Politik. Ein Handbuch für Forschung, Lehre und Praxis, Berlin 1997, S. 68–121.
5. Gina M. Garramone/Charles K. Atkin, Mass Communication and Political Socialization: Specifying the Effects, in: Public Opinion Quarterly, 50 (1986), S. 76–86.
6. Klaus Hurrelmann/Christian Palentien, Politik, politische Kommunikation und Medien: Jugend im deutsch-deutschen Vergleich, in: Otfried Jarren (Hrsg.), Politische Kommunikation in Hörfunk und Fernsehen. Elektronische Medien in der Bundesrepublik Deutschland, Opladen 1993, S. 175–184.
7. Hans Mathias Kepplinger/Rainer Mathes, Massenmedien und politische Sozialisation, in: Dirk Berg-Schlosser/Jakob Schissler (Hrsg.), Politische Kultur in Deutschland, Opladen 1987, S. 183–196.
8. Werner J. Patzelt, Wie man von Politik erfährt. Jugendliche und ihre Nutzung politischer Informationsquellen, in: Publizistik, 33 (1988), S. 520–534.
9. Ulrich Saxer, Aspekte und Modalitäten politischer Wertsozialisation durch Medienkommunikation, in: Frank E. Böckelmann (Hrsg.), Medienmacht und Politik. Mediatisierte Politik und politischer Wertewandel, Berlin 1989, S. 121–137.
10. Claudia Schmidt, Fernsehverhalten und politische Interessen Jugendlicher und junger Erwachsener, in: Media Perspektiven, (1995) 5, S. 220–227.
11. Heinz R. Uekermann, Massenmedien und Jungwähler. Ergebnisse einer Untersuchung zur Themenstrukturierungsfunktion tagesaktueller Pressemedien und dem Kommunikationsverhalten von Jugendlichen, Frankfurt/M. 1984.

3. Politikvermittlung und politische Bildung

1. Paul Ciupke/Norbert Reichling, Politische Erwachsenenbildung als Ort öffentlicher Verständigung. Argumente für ein erweitertes Selbstverständnis, in: Aus Politik und Zeitgeschichte, B 45–46/94, S. 13–21.
2. Horst Dichanz, Medienkompetenz: Neue Aufgabe politischer Bildung, in: Aus Politik und Zeitgeschichte, B 47/95, S. 27–39.

3. Hermann Giesecke, Wozu noch »Politische Bildung«. Anmerkungen zum 40. Geburtstag einer nach wie vor umstrittenen Bildungsaufgabe, in: Neue Sammlung, 25 (1985), S. 465–474.
4. Robert M. Entman, Educating for the New Information Age, in: Press/Politics, (1997) 2, S. 96–103.
5. Hans Kübler, Politische Bildung und Medien, in: Außerschulische Bildung, (1991) 2.
6. Ulrich Sarcinelli u. a., Politikvermittlung und politische Bildung, Bad Heilbrunn 1990.
7. Ulrich Sarcinelli, Politikvermittlung durch Massenmedien als Bedingung oder Ersatz für politische Bildung? – Herausforderungen politischer Kommunikation in der Mediengesellschaft, in: Bundeszentrale für politische Bildung (Hrsg.), Verantwortung in einer unübersichtlichen Welt. Aufgaben wertorientierter politischer Bildung, Bonn 1995, S. 443–458.
8. Ulrich Sarcinelli, Mediatisierung von Politik als Herausforderung für eine Neuorientierung – Politische Bildung zwischen »Antiquiertheit« und Modernitätsdruck, in: Politische Bildung in der Bundesrepublik. Zum dreißigjährigen Bestehen der Deutschen Vereinigung für politische Bildung. Im Auftrag der DVPB hrsg. von Dorothea Weidinger, Opladen 1996, S. 202–207.
9. Ulrich Sarcinelli, Demokratiewandel im Zeichen medialen Wandels? Politische Beteiligung und politische Kommunikation, in: Ansgar Klein/Rainer Schmalz-Bruns (Hrsg.), Politische Beteiligung und Bürgerengagement in Deutschland. Möglichkeiten und Grenzen, Baden-Baden 1997, S. 314–345.
10. Peter Winterhoff-Spurk, Individuelles Informationsmanagement: Psychologische Aspekte der Medienkompetenz, in: Michael Jäckel/Peter Winterhoff-Spurk (Hrsg.), Mediale Klassengesellschaft? Politische und soziale Folgen der Medienentwicklung, München 1996, S. 177–195.

Die Autorinnen und Autoren

ALTMEPPEN, KLAUS-DIETER, M. A., geb. 1956; wissenschaftlicher Mitarbeiter am Institut für Journalistik der Universität Hamburg; Arbeitsschwerpunkte: Politische Kommunikation, Journalismusforschung, Medienökonomie, Technikfolgen – *Veröffentlichungen u.a.:* (zus. mit S. Weischenberg und M. Löffelholz) Die Zukunft des Journalismus, Opladen 1994; (Hrsg.) Ökonomie der Medien und des Mediensystems, Opladen 1996.

BARINGHORST, SIGRID, Dr. phil., geb. 1957; Lecturer in Cultural Politics an der School for Economic and Social Studies, University of East Anglia (UK) und Privatdozentin für Politikwissenschaft am Fachbereich Gesellschaftswissenschaften der Justus-Liebig-Universität Gießen. – *Veröffentlichungen u. a.:* Fremde in der Stadt. Multikulturelle Minderheitenpolitik, dargestellt am Beispiel der nordenglischen Stadt Bradford, Baden-Baden 1991; (Mithrsg.) Politik der Multikultur. Vergleichende Perspektiven zu Einwanderung und Integration, Baden-Baden 1994; (Mithrsg.) Backlash – Frauen in der Defensive?, Münster 1995; Politik als Kampagne – Zur symbolischen Konstruktion von Solidarität in Medienkampagnen, Opladen 1998.

BENTELE, GÜNTER Dr. phil., geb. 1948; 1989–1994 Professor für Kommunikationswissenschaft/Journalistik an der Universität Bamberg; seit 1994 Inhaber des Lehrstuhls für Öffentlichkeitsarbeit/Public Relations an der Universität Leipzig; Erster Vorsitzender der Deutschen Gesellschaft für Publizistik- und Kommunikationswissenschaft (DGPuK). – *Veröffentlichungen u. a.:* (Hrsg. zus. mit K. Hesse) Theorien öffentlicher Kommunikation, München 1993; (Hrsg.) Public Relations in Forschung und Lehre II, Wiesbaden 1994; (Hrsg. zus. mit P. Szyska) PR-Ausbildung in Deutschland, Opladen 1995; (Hrsg. zus. mit H. Steinmann und S. Zerfaß) Dialogorientierte Unternehmenskommunikation, Berlin 1996; (Hrsg. zus. mit M. Haller) Aktuelle Entstehung von Öffentlichkeit, Konstanz 1997.

BONFADELLI, HEINZ, Dr. phil., geb. 1949; Professor für Publizistikwissenschaften am Seminar für Publizistikwissenschaften der Universität Zürich. – *Veröffentlichungen u. a.:* (Hrsg.) Krieg, AIDS, Katastrophen ... Gegenwartsprobleme als Herausforderung der Publizistikwissenschaft, Konstanz 1993; (zus. mit A. Fritz) Lesen im Alltag von Jugendlichen, in: Lesesozialisation 2, Gütersloh 1993; Die Wissenskluft-Perspektive. Massenmedien und gesellschaftliche Information, Konstanz 1994.

HASEBRINK, UWE, Dr. phil., geb. 1958; Geschäftsführender Referent des Hans-Bredow-Instituts für Medienforschung an der Universität Hamburg. – *Veröffentlichungen u. a.:* (zus. mit F. Krotz) Die Zuschauer als Fernsehregisseure?, Baden-Baden 1996; (Koautor) Europäisches Bildungsfernsehen, Hamburg 1993; (zus. mit R. Weiß) Hörertypen und ihr Medienalltag, Berlin 1995.

HOFFMANN, JOCHEN, M. A., geb. 1969; Wissenschaftlicher Mitarbeiter am Institut für Politikwissenschaft der Universität Koblenz–Landau, Abt. Landau. – *Veröffentlichungen u. a.:* (zus. mit U. Sarcinelli) Öffentlichkeitsarbeit zwischen Ideal und Ideologie: Wieviel Moral verträgt PR und wieviel PR verträgt Moral?, in: U. Röttger (Hrsg.), PR-Kampagnen. Über die Inszenierung von Öffentlichkeit, Opladen 1997; (zus. mit O. Decken u. a.), Leitbilder für eine nachhaltige Mobilität unter besonderer Berücksichtigung neuerer Modelle politischer Partizipation, in: F. Marz/G. Seeber/A. Stipproweit (Hrsg.) Wie gestalten wir die Zukunft?

Modernisierungskonzepte und Lösungswege für eine nachhaltige Entwicklung, Bd. 2, Landau 1998.

KAASE, MAX; Dr. rer. pol., geb. 1935; Professor für Politische Wissenschaften und International Vergleichende Sozialforschung an der Universität Mannheim; dort zur Zeit beurlaubt zur Wahrnehmung einer Forschungsprofessur am Wissenschaftszentrum Berlin für Sozialforschung. – *Veröffentlichungen u. a.:* (zus. mit S. H. Barnes u. a.) Political Action. Mass Participation in Five Western Democracies, Beverly Hills 1979; (zus. mit F. Neidhardt) Politische Gewalt und Repression, Berlin 1990; (zus. mit K. Newton) Beliefs in Government, Oxford 1995; (zus. mit A. Eisen u. a.) Politisches System, Opladen 1996; (Mithrsg.) The Eurobarometer: Measurement Instruments for Opinions in Europe, Mannheim 1997; (Mithrsg.) Wahlen und Wähler. Analysen aus Anlaß der Bundestagswahl 1994, Opladen – Wiesbaden 1998.

KLEINSTEUBER, HANS J., Dr. rer. pol., geb. 1943; seit 1976 Professor für Politische Wissenschaft an der Universität Hamburg, seit 1989 auch am Institut für Journalistik. Leiter der Arbeitsstelle Medien und Politik an der Universität Hamburg, Deutscher Korrespondent der Euromedia Research Group, Mitglied der Enquetekommission des Deutschen Bundestages zur Zukunft der Medien. Arbeitsschwerpunkte u. a.: Vergleichende Analyse von Mediensystemen, Medienpolitik, Medienökonomie und Kommunikationstechnik in Deutschland, Nordamerika und Westeuropa. – *Veröffentlichungen u. a.:* (zus. mit T. Rossmann) Europa als Kommunikationsraum, Opladen 1994; (Hrsg.) Der Information Superhighway. Amerikanische Visionen und Erfahrungen, Opladen 1996; (Hrsg.) Information Highway – Exit Hamburg, Hamburg 1997.

JARREN, OTFRIED, Dr. phil. geb. 1953; o. Professor für Publizistikwissenschaft an der Universität Zürich sowie Direktor des Hans-Bredow-Instituts, Institut für Medienforschung an der Universität Hamburg. – *Veröffentlichungen u. a.:* (zus. mit P. Donges) Keine Zeit für Politik?, Berlin 1996; (Hrsg. zus. mit H. Schatz/H. Weßler) Medien und politischer Prozeß, Opladen 1996; (Hrsg. zus. mit U. Hasebrink u. a.) Perspektiven der Medienkritik, Opladen 1997; (Hrsg. zus. mit B. Knaup/H. Schatz) Machtkonzentration in der Multimediagesellschaft?, Opladen 1997; (Hrsg. zus. mit F. Krotz) Öffentlichkeit unter Viel-Kanal-Bedingungen, Baden-Baden 1998.

LÖFFELHOLZ, MARTIN, Prof. Dr., geb. 1959; Professor für Medienwissenschaft an der Technischen Universität Ilmenau; Arbeitsschwerpunkte: Kommunikatorforschung, Politische Kommunikation, Medienzukunftsforschung, Internationale Kommunikation. – *Veröffentlichungen u. a.:* Politik im Wissenschaftssystem, Münster 1989; Krieg als Medienereignis, Opladen 1993; (Koautor) Die Zukunft des Journalismus, Opladen 1994; (Koautor) Trends der Informationsgesellschaft, Münster 1995; (Koautor) Journalism education in Pakistan, Islamabad 1996.

MARCINKOWSKI, FRANK, Dr. phil., geb. 1960; Wissenschaftlicher Assistent im Fach Politikwissenschaft der Gerhard-Mercator-Universität Duisburg. Projektleiter am Rhein-Ruhr-Institut für Sozialforschung und Politikberatung, Duisburg. – *Veröffentlichungen u. a.:* Publizistik als autopoietisches System, Opladen 1993; Die Massenmedien der Gesellschaft als soziales System?, in: Soziale Systeme – Zeitschrift für soziologische Theorie, 2 (1996); (zus. mit T. Bruns) Politische Information im Fernsehen. Eine Längsschnittstudie, Opladen 1997; Politische Macht und Publizität von Politik. Das Verhältnis zweier Medien und die Empirie des »dualen« Fernsehens, in: H. Schatz u. a. (Hrsg.), Machtkonzentration in der Multimediagesellschaft, Opladen 1997.

PFETSCH, BARBARA, Dr. phil., geb. 1958; Wissenschaftliche Mitarbeiterin in der Abteilung »Öffentlichkeit und soziale Bewegungen« am Wissenschaftszentrum Berlin für Sozialforschung und Lehrbeauftragte an der FU Berlin. – *Veröffentlichungen u. a.:* (zus. mit W. Donsbach u. a.) Politische Folgen der Dualisierung des Rundfunksystems der Bundesrepublik Deutschland, Baden-Baden 1991; Beziehungsspiele – Medien und Politik in der öffentlichen Diskussion, Gütersloh 1993; weitere Aufsätze zu den Bereichen politische Kommunikation, Politikdarstellung in den Medien, Mediennutzung und politische Einstellungen.

SARCINELLI, ULRICH, Dr. phil., geb. 1946; Professor für Politikwissenschaft an der Universität Koblenz–Landau, Abt. Landau; Leiter des Frank-Loeb-Instituts Landau an der Universität. – *Veröffentlichungen u. a.:* Symbolische Politik, Opladen 1987; (Hrsg.) Politikvermittlung. Beiträge zur politischen Kommunikationskultur, Bonn 1987; (Hrsg.) Demokratische Streitkultur, Opladen 1990; (Hrsg. zus. mit O. W. Gabriel u. a.) Der Demokratische Verfassungsstaat, München 1992; (Hrsg.) Öffentlichkeitsarbeit der Parlamente, Baden-Baden 1994; (Hrsg. zus. mit O. Jarren und U. Saxer) Politische Kommunikation in der demokratischen Gesellschaft. Ein Handbuch mit Lexikonteil, Opladen – Wiesbaden 1998; Repräsentation oder Diskurs. Zu Legitimität und Legitimitätswandel durch politische Kommunikation, in: Zeitschrift für Politikwissenschaft, 8 (1998) 2.

SAXER, ULRICH, Dr. phil., geb. 1931; Professor für Publizistik und Leiter des Seminars für Publizistikwissenschaften der Universität Zürich (1978–1996); seit 1997 Professor für Soziologie der Kommunikation an der Universität Lugano: Pride Award der American Commission for Public Relations (1993); Mitherausgeber von »Publizistik«. – *Veröffentlichungen u. a.:* (Hrsg. zus. mit O. Jarren und U. Sarcinelli) Politische Kommunikation in der demokratischen Gesellschaft. Ein Handbuch mit Lexikonteil, Opladen – Wiesbaden 1998; »Bericht aus dem Bundeshaus«. Eine Befragung von Bundeshausjournalisten und Parlamentariern in der Schweiz, Zürich 1992; Kommunikationsethik, in: G. W. Wittkämper (Hrsg.), Medien und Politik, Darmstadt 1992; Die Zeitung als politische Sozialisationsinstanz, in: Relatio (1996) 1; (Hrsg. und Autor) Kulturkommunikation, Publizistik-Themenheft 1998, Opladen 1998 (i. E.).

SCHENK, MICHAEL, Dr. rer. pol., Dr. habil., geb. 1948; o. Professor für Kommunikationswissenschaft und Sozialforschung an der Universität Stuttgart–Hohenheim und geschäftsführender Direktor des Instituts für Sozialwissenschaften. – *Veröffentlichungen u. a.:* Kommunikationsstrukturen in Bürgerinitiativen, Tübingen 1982; Medienwirkungsforschung, Tübingen 1987; Soziale Netzwerke und Massenmedien, Tübingen 1995.

SCHMITT-BECK, RÜDIGER, Dr. phil., geb. 1956; Wissenschaftlicher Assistent am Lehrstuhl für Politische Wissenschaft und International Vergleichende Sozialforschung der Universität Mannheim. – *Veröffentlichungen u. a.:* Die Friedensbewegung in der Bundesrepublik Deutschland, Opladen 1990; (zus. mit B. Pfetsch) Politische Akteure und die Medien der Massenkommunikation. Zur Generierung von Öffentlichkeit in Wahlkämpfen, in: F. Neidhardt (Hrsg.), Öffentlichkeit, öffentliche Meinungen, soziale Bewegungen (Sonderheft 34 der Kölner Zeitschrift für Soziologie und Sozialpsychologie), Opladen 1994; Mass Media, the Electorate, and the Bandwagon. A Study of Communication Effects on Vote Choice in Germany, in: International Journal of Public Opinion Research, 8 (1996); Medieneinflüsse auf Kandidatenbewertungen. Eine vergleichende Analyse deutscher und spanischer Wähler, in: M. Kaase/H. D. Klingemann (Hrsg.), Wahlen und Wähler. Analysen aus Anlaß der Bundestagswahl 1994, Opladen – Wiesbaden 1998.

TENSCHER, JENS, M. A., geb. 1969; Wissenschaftlicher Mitarbeiter im Fachgebiet Kommunikationswissenschaft und Sozialforschung der Universität Hohenheim, ab Herbst 1998 am Institut für Politikwissenschaft der Universität Koblenz-Landau, Abt. Landau. – *Veröffentlichungen u. a.:* (zus. mit P. Schrott) Elefanten unter sich? Das Aufeinandertreffen von Moderatoren und Politikern in den deutschen Wahlkampfdebatten, in: Politische Vierteljahresschrift, 37 (1996) 3; (zus. mit M. Schenk) Wandel der politischen Kommunikation unter dem Einfluß von Markt- und Werbestrategien, in: K. Imhof/P. Schulz (Hrsg.), Die Veröffentlichung des Privaten – die Privatisierung des Öffentlichen (Mediensymposium Luzern, Bd. 4), Zürich 1998 (i. D.).

THOMASS, BARBARA, Dr. phil, geb. 1957; Wissenschaftliche Mitarbeiterin der Arbeitsstelle Medien und Politik am Institut für Politische Wissenschaft der Universität Hamburg. Arbeitsschwerpunkte: Journalismusforschung, europäische Medienpolitik, journalistische Ethik. – *Veröffentlichungen u. a.:* Arbeit im kommerziellen Fernsehen. Quantitative und qualitative Effekte neuer Anbieterformen in Deutschland, Belgien, Frankreich, Großbritannien und Spanien, Münster 1993; Journalistische Ethik. Diskurse in Ausbildungsinstitutionen und Berufsorganisationen in Frankreich, Großbritannien und Deutschland, Opladen 1998 (i. E.).

WILKE, JÜRGEN, Dr. phil., geb. 1943; Professor für Publizistik an der Universität Mainz. – *Veröffentlichungen u. a.:* Das »Zeitgedicht«, Meisenheim a. G. 1974; Literarische Zeitschriften des 18. Jahrhunderts, Stuttgart 1978; Nachrichtenauswahl und Medienrealität in vier Jahrhunderten, Berlin–New York 1984; (Hrsg.) Pressefreiheit, Darmstadt 1984; (zus. mit B. Rosenberger) Die Nachrichten-Macher. Zu Strukturen und Arbeitsweisen von Nachrichtenagenturen am Beispiel von AP und dpa, Köln–Weimar–Wien 1991; Agenturen im Nachrichtenmarkt, Köln–Weimar–Wien 1993; (Hrsg.) Massenmedien in Lateinamerika, 3 Bde., Frankfurt/M. 1992–1996; (zus. mit B. Schenk/A. A. Cohen/T. Zemach) Holocaust und NS-Prozesse. Die Presseberichterstattung in Israel und Deutschland zwischen Aneignung und Abwehr, Köln–Weimar–Wien 1995; (Hrsg.) Pressepolitik und Propaganda. Historische Studien vom Vormärz bis zum Kalten Krieg, Köln–Weimar–Wien 1997; (Hrsg.) Nachrichtenagenturen im Wettbewerb. Ursachen – Faktoren – Perspektiven, Konstanz 1997; (Hrsg.) Nachrichtenproduktion im Mediensystem, Köln–Weimar–Wien 1998.

WISSEL, MANFRED, geb. 1950; Studienleiter für Wirtschaft/Politik am Landesinstitut Schleswig-Holstein für Praxis und Theorie der Schule, Regionalseminar Nord, Abteilung für Gymnasien. – *Veröffentlichungen u. a.:* (zus. mit U. Sarcinelli und J. Walter) Ein multimediales Präsentationssystem für Besucherdienste von Parlamenten: Werkstattbericht aus dem Projekt »Parlamentspädagogik« des Schleswig-Holsteinischen Landtages, in: U. Sarcinelli (Hrsg.), Öffentlichkeitsarbeit der Parlamente, Baden-Baden 1994; Parlamentspädagogik und Multimedia. Erfahrungsbericht aus einem Projekt im Kieler Landtag, in: Gegenwartskunde, (1995) 1; (zus. mit U. Sarcinelli) »Internetisierung« von Öffentlichkeit und Demokratie? Trends, Chancen und Probleme für Politikvermittlung und politische Bildung im Online-Zeitalter, in: T. Meyer/J. Kandel (Hrsg.), Medien, Politik, Politische Bildung, Jahrbuch 1996.

Gliederung der Beiträge
Eine ausführliche Übersicht

I. Einleitung und Grundlegung 9

ULRICH SARCINELLI
Politikvermittlung und Demokratie:
Zum Wandel der politischen Kommunikationskultur 11

1. Politikvermittlung – ein politischer Allerweltsbegriff? 11
2. Politikvermittlung jenseits medieninszenierter Darstellungspolitik 13
3. Grundlegung und disziplinäre Zugänge (zu Teil I) 15
4. Medialer Wandel und Politikvermittlung: Strukturen, Prozesse und Strategien (zu Teil II) 16
5. Regierungssystem und Politikvermittlung: Mediatisierung von Politik, demokratische Willensbildung und politische Entscheidungsfindung (zu Teil III) 19
6. Die Bürger als Zuschauer, Betroffene und als Akteure: Zur Nutzung und Wirkung von Medien (zu Teil IV) 21
7. Literaturhinweise und Glossar 23

Max Kaase
Demokratisches System und die Mediatisierung von Politik   24

1. Was ist eigentlich das Problem?   24
2. Welches Demokratiemodell soll gelten?   26
3. Bürger und Politik in der Demokratie   30
4. Einige ausgesuchte Probleme der Massenkommunikationsforschung   32
5. Massenmedien, Mediatisierung und politischer Prozeß: Strukturierung des Forschungsfeldes   35
5.1 Entscheidungspolitik und Darstellungspolitik   35
5.2 »Elektronische Demokratie« – zum technisch induzierten Übergang von der Massen- zur Individualkommunikation   37
5.3 Die Bürger und die Massenmedien: Zur Entwicklung der Nutzung von Fernsehen, Hörfunk und Zeitung in Deutschland   39
6. Zur Mediatisierung von Politik: ausgewählte Befunde   41
6.1 Zur Präsentation von Politik in den Massenmedien und ihren Folgen   41
6.2 Zur Mediatisierung von Wahlkämpfen   44
6.3 Massenmedien und politischer Prozeß   48
7. Resümee   50

ULRICH SAXER
Mediengesellschaft: Verständnisse und Mißverständnisse 52

1. »Mediengesellschaft«: Zur Karriere eines Begriffs 52
1.1 Gesellschaftswandel 52
1.2 Medium 54
1.3 Medien als problemlösende und -schaffende Systeme 56

2. Medien als Institution 58
2.1 Institutionalisierung von Medienkommunikation 58
2.2 Institutioneller Wandel in Mediengesellschaften 59

3. Medienimpact und Medienentwicklung 62
3.1 Darstellungsmacht und Herstellungsohnmacht? 62
3.2 Interdependenz und Symbiose 64

4. Dynamik und Optimierung von Medienkommunikation 66
4.1 Medienwandel und Demokratieentwicklung 66
4.2 Optimierungsmöglichkeiten demokratischer Medienkommunikation 69
4.3 Demokratische Mediengesellschaft wohin? 71

OTFRIED JARREN
Medien, Mediensystem und
politische Öffentlichkeit im Wandel					74

1.	Fragestellung						74

2.	Entwicklung zur »Mediengesellschaft«			75

3.	Medien und Mediensystem im Strukturwandel		78
3.1	Ökonomisierung						78
3.2	Internationalisierung					80
3.3	Technischer Wandel					81
3.4	Neue Medientypen					82
3.5	Wandel der Medienkultur					84

4.	Medienwandel und das intermediäre System		85

5.	Medienwandel und Politikberichterstattung		87

6.	Medien- und Öffentlichkeitswandel und die Folgen
	für politische Akteure – Schlußbemerkungen		90

II. Medialer Wandel und Politikvermittlung: Strukturen, Prozesse und Strategien 95

KLAUS-DIETER ALTMEPPEN/MARTIN LÖFFELHOLZ
Zwischen Verlautbarungsorgan und »vierter Gewalt«.
Strukturen, Abhängigkeiten und Perspektiven
des politischen Journalismus 97

1.	Vom »Anhängsel« der Politik zum eigenständigen System	97
2.	Journalismus als System und Handlungszusammenhang	98
3.	Strukturen des (politischen) Journalismus in Deutschland	101
3.1	Bestandsaufnahme und repräsentativer Überblick	102
3.2	Lokal, regional, national: Dimensionen der politischen Berichterstattung	104
3.3	Journalistisches Selbstverständnis: Vermittler, Unterhalter, Missionare?	105
3.4	Ein Profil politischer Journalistinnen und Journalisten	110
3.5	Die Interaktionen zwischen Journalisten und Politikern	113
4.	Neue Chancen – neue Risiken: individueller, globaler, rationeller	115
4.1	Kommerzialisierung und Instrumentalisierung	115
4.2	Individualisierung und Funktionswandel	116
4.3	Formatierung und Nutzungswandel	117
4.4	Rationalisierung, Technisierung und Organisationswandel	119
5.	Die Aktivierung der journalistischen Kritik- und Kontrollfunktion	121

GÜNTER BENTELE
Politische Öffentlichkeitsarbeit 124

1. Der Begriff »Politische Öffentlichkeitsarbeit« in der Literatur: Einleitende Bemerkungen 124

2. Abgrenzungen: Der Begriff »politische Öffentlichkeitsarbeit« und verwandte Begriffe 126
2.1 Bisherige Definitionen von politischer Öffentlichkeitsarbeit 126
2.2 Ein differenziertes und modernes Verständnis von PR und politischer Öffentlichkeitsarbeit? 128
2.3 Typen politischer Kommunikation 130

3. Akteure, Formen und Instrumente politischer Öffentlichkeitsarbeit 135
3.1 Personen und Organisationen als Akteure, funktionale und organisierte PR 135
3.2 Organisation, Aufgaben und Instrumente politischer Öffentlichkeitsarbeit 138

4. Funktionen politischer Öffentlichkeitsarbeit 140

5. Zukünftige Trends politischer Öffentlichkeitsarbeit 144

JÜRGEN WILKE
Politikvermittlung durch Printmedien 146

Vorbemerkungen 146

1. Historische Tradition 147

2. Bedingungen und Voraussetzungen 149
2.1 Medienspezifische Merkmale 149
2.2 Selektionsregeln 151
2.3 Rechtsstellung und Unternehmensform 152
2.4 Instrumentelle Aktualisierung 152
2.5 Vorleistungen durch Nachrichtenagenturen 153

3. Arten und Erscheinungsformen von Printmedien 153
3.1 Überregionale Qualitätszeitungen 154
3.2 Regionale Abonnementzeitungen 155
3.3 Straßenverkaufszeitungen 156
3.4 Politische Wochenzeitungen 157
3.5 Nachrichtenmagazine 158

4. Reichweite und Nutzung politischer Information 159

5. Printmedien als Meinungsführer 161

6. Veränderungen des »unterschätzten Mediums« 162

7. Die elektronische Zukunft: On-line-Zeitungen 163

FRANK MARCINKOWSKI
Politikvermittlung durch Fernsehen und Hörfunk 165

1. Politik und ihre Vermittlung: Was ist das Problem? 165

2. Politikvermittlung und elektronische Medien:
   Was prädestiniert Fernsehen und Hörfunk? 167

3. Massenmediale Politikvermittlung im »dualen« Rundfunksystem:
   Was hat sich verändert? 169

3.1 Politische Inhalte im Rundfunk 170

3.2 Nutzung politischer Angebote im Rundfunk 174

3.3 Politische Wirkungen von Fernsehen und Hörfunk 178

4. Fernsehen und Hörfunk als Medien der Politikvermittlung:
   Was darf man in Zukunft erwarten? 181

JENS TENSCHER
Politik für das Fernsehen – Politik im Fernsehen.
Theorien, Trends und Perspektiven

1.	Fragestellung	184
2.	Politik für das Fernsehen	185
2.1	Politikvermittlung und symbolische Politik	185
2.2	Das Leitmedium Fernsehen	186
2.3	Politische Öffentlichkeitsarbeit und »Pseudo-Ereignisse« für das Fernsehen	188
2.4	Veränderungen politischer Prozesse und deren Vermittlung	190
3.	Politik im Fernsehen	192
3.1	Nachfrage und Angebot	192
3.2	Nachrichtensendungen und -magazine	195
3.3	Politische Magazine und Infotainmentsendungen	197
3.4	Politische Diskussionssendungen, Interviewsendungen und Fernsehshows	199
3.5	Wahlwerbespots	202
4.	Politik und Fernsehen	203
4.1	Wechselwirkungen	203
4.2	Politische Entfremdung und Glaubwürdigkeitsschwund des Fernsehens	205
5.	Perspektiven	207

HANS J. KLEINSTEUBER/BARBARA THOMASS
Politikvermittlung im Zeitalter von Globalisierung
und medientechnischer Revolution.
Perspektiven und Probleme   209

1. Kommunikationstechniken und Politikvermittlung
   in der Geschichte   209

2. Zur politischen Gestaltung der internationalen Kommunikation   212

3. Neue Medientechniken und globale Kommunikation   214
3.1 Satelliten als globale Ausstrahlungstechnik   214
3.2 Internet: Globalität und Dezentralität   216

4. Politikvermittlung im Angesicht von Globalisierung
   und neuen Medientechniken   218
4.1 Neue Anbieter und Allianzen als Folge der Kommerzialisierung   218
4.2 Verlust an Staatlichkeit – Verlust an Regulierung   221
4.3 Gewandelte Anforderungen an den Journalismus   223
4.4 Segmentierung der Politikvermittlung   225

5. Fazit   227

III. Regierungssystem und Politikvermittlung: Mediatisierung von Politik, demokratische Willensbildung und politische Entscheidungsfindung   231

BARBARA PFETSCH
Regieren unter den Bedingungen medialer Allgegenwart   233

1. Einleitung   233

2. Regieren als Interdependenzmanagement und kommunikative Leistung   235
2.1 Was heißt Regieren?   235
2.2 Regieren, öffentliche Meinung und Legitimität   238

3. Strukturelle Bedingungen der Regierungskommunikation   241
3.1 Politische Systemfaktoren: Der Status der Regierung als Kommunikator   241
3.2 Strukturbedingungen des Mediensystems als »constraints« der Regierungskommunikation   243

4. Strategische Kommunikation und die Zukunft der Regierungskommunikation   249

EDWIN CZERWICK
Parlamentarische Politikvermittlung –
zwischen »Basisbezug« und »Systembezug«   253

1.   Politikvermittlung und Parlamentarismus   253

2.   Dimensionen parlamentarischer Politikvermittlung   256
2.1 Der »Basisbezug« parlamentarischer Politikvermittlung   256
2.1.1 »Basisbezug« durch Legitimation   257
2.1.2 »Basisbezug« durch Transformation   262
2.2 Der »Systembezug« parlamentarischer Politikvermittlung   264

3.   Parlamentarische Politikvermittlung und politische Willensbildung   268

ULRICH SARCINELLI
Parteien und Politikvermittlung:
Von der Parteien- zur Mediendemokratie?   273

1.   »Parteienstaat – oder was sonst?« –
     Einführung und Problemstellung   273

2.   Funktionen und Funktionswandel:
     Vom Aufmerksamkeitsprivileg zum Flexibilitätsmanagement   276
2.1 Die Parteien im Verfassungsgefüge   276
2.2 Veränderte Rahmenbedingungen für die Politikvermittlung
     der Parteien   277

3.   Parteien als Kommunikatoren und als Kommunikationsraum:
     Grundlagen der Politikvermittlung »nach innen« und »nach außen«   281
3.1 Politikvermittlung »nach innen«   282
3.2 Politikvermittlung »nach außen«   284

4.   Politikvermittlung im Rahmen neuer institutioneller Arrangements   286

5.   Die Parteien in der Mediengesellschaft – ein Ausblick   293

RÜDIGER SCHMITT-BECK
Wähler unter Einfluß.
Massenkommunikation, interpersonale Kommunikation
und Parteipräferenzen ... 297

1. Persuasion durch Information ... 300
1.1 Eine Theorie der politischen Beeinflussung ... 300
1.2 Qualitative Aspekte der Informationsvermittlung ... 302
1.3 Zur Messung von Informationskontakten ... 304

2. Die Bedeutung politischer Prädispositionen ... 307
2.1 Selektive Zuwendung zu Informationsquellen ... 308
2.2 Selektive Verarbeitung von Informationen ... 313

3. Einflüsse politischer Informationen auf Parteipräferenzen ... 316
3.1 Zur Messung von Einflüssen auf die Wahlentscheidung ... 317
3.2 Einflüsse der Massenkommunikation ... 321
3.3 Einflüsse der interpersonalen Kommunikation ... 322

4. Resümee ... 323

SIGRID BARINGHORST
Zur Mediatisierung des politischen Protests.
Von der Institutionen- zur »Greenpeace-Demokratie«?

1. Protest als Medienkampagne –
Abschied von der subkulturellen Gegenöffentlichkeit ... 326

2. Zur symbolischen Konstruktion politischen Protests –
Merkmale erfolgreicher Diskursstrategien ... 330

3. »Wasser, Schiffe und eine große Sauerei« –
Merkmale spektakulärer Kampagneninszenierungen
am Beispiel der Umweltorganisation Greenpeace ... 334

4. Grenzen der Legitimität – Gefahren einer Greenpeace-Demokratie ... 338

IV. Die Bürger als Zuschauer, Betroffene
und als Akteure:
Zur Nutzung und Wirkung von Medien   343

UWE HASEBRINK
Politikvermittlung im Zeichen individualisierter Mediennutzung.
Zur Informations- und Unterhaltungsorientierung
des Publikums   345

1.   Einführung   345

2.   Reichweiten politischer Informationsangebote
     in den drei tagesaktuellen Medien   346

3.   Das Beispiel Fernsehen: Gezielte Vermeidung
     von Informationsangeboten durch Unterhaltungsslalom?   351

4.   Ausdifferenzierung von Nutzungsmustern:
     Fragmentierung des Publikums?   355

4.1 Anhaltspunkte für ein »duales Publikum«   355

4.2 Informationssendungen in individuellen Fernsehmenüs   357

4.3 Zur These von der Fragmentierung des Publikums   359

5.   Resümee: Zur Rolle der Mediennutzer
     im Prozeß der Politikvermittlung   363

HEINZ BONFADELLI
Jugend, Politik und Massenmedien
Was Jugendliche aus den Massenmedien über Politik erfahren   368

1.   »Jugend« als soziales Problem   368

2.   Zur Bestimmung von »Jugend«   368

3.   Zum Verständnis von Politik und Politik in den Medien   371

4.   Jugend, Politik und Medien in sozialwissenschaftlicher Perspektive   372
4.1 Politische Sozialisation als Thema der Politikwissenschaft 372
4.2 Jugend und Politik in der Soziologie   373
4.3 Jugendmedien-Forschung   374

5.   Forschungsschwerpunkte, Fragestellungen und Befunde   375
5.1 Politisches Interesse der Jugendlichen   375
5.2 Stellenwert der Medien im Leben der Jugendlichen   381
5.3 Jugend, Medien und Politik   382

6.   Zusammenfassung   385

MICHAEL SCHENK
Mediennutzung und Medienwirkung als sozialer Prozeß 387

1. Einleitung: Macht der Medien, Macht des Publikums? 387
2. Informationstransfer versus soziale Kommunikation 389
3. Die Bedeutung des sozialen Kontextes bei Rezeption und Wirkung massenmedialer Politikvermittlung 391
3.1 Rezeption 391
3.2 Wirkung 392
3.2.1 Schweigespiraltheorie der öffentlichen Meinung 392
3.2.2 Studien zum persönlichen Einfluß 393
3.2.3 Netzwerkanalyse 396
4. Politische Kommunikation und Meinungsbildung in sozialen Netzwerken 397
4.1 Einführung in eine Fallstudie 397
4.2 Bekanntheit der Themen der Medienberichterstattung 398
4.3 Netzwerke und politische Gespräche 399
4.4 Meinungskongruenz oder Dissens? 400
4.5 Medienwirkung oder sozialer Prozeß? 401
5. Fazit 406

ULRICH SARCINELLI/MANFRED WISSEL
Mediale Politikvermittlung, politische Beteiligung
und politische Bildung:
Medienkompetenz als Basisqualifikation
in der demokratischen Bürgergesellschaft   408

1. Der mediale Wandel als Herausforderung und Chance   408

2. Verstreut sich das Publikum? –
    Orientierungsprobleme im medialen Markt   411

3. Politische Beteiligung in der Mediengesellschaft:
    Zwischen Mediencitoyen und Medienbourgeois   413

4. Cyberdemokratie – Onlinedienste als Chance
    politischer Beteiligung und politischer Bildung   417

5. Demokratietheoretische Aspekte einer Cyberdemokratisierung
    der parlamentarischen Demokratie   420

6. Medienkompetenz und politische Bildung   425